AFONSO DE LIGÓRIO

O triunfo
da benignidade
frente ao
rigorismo

MARCIANO VIDAL

AFONSO DE LIGÓRIO

O triunfo da benignidade frente ao rigorismo

3
A moral afonsiana

Coleção "Introdução à Theologia Moralis" de Santo Afonso

EDITORA SANTUÁRIO

scala EDITORA

Direção editorial: Marcos Vinícius Ramos de Carvalho, CSSR
Direção administrativa: José Rosa de Morais, CSSR
Secretário editorial: Giovane Costa Bastos, CSSR
Conselho editorial:
- Alan Santana Rauschkolb, CSSR
- Antônio Ranis Rosendo dos Santos, CSSR
- Fábio Mendonça Pascoal, CSSR
- Paulo Júnior Silva Leão, CSSR

Tradução: Claudiberto Fagundes, CSSR
Diagramação: Marcia Lezita Silveira
Revisão:
- Vítor Edézio Tittoni Borges, CSSR
- Cláudio Mallmann, CSSR
- Irmã Carina Malcomes
- Divina Maria de Queiroz

© Editorial El Perpetuo Socorro
Covarrubias, 19 - 28010 MADRI
Tfno.: 914 455 126
Fax: 914 455 127
www.pseditorial.com
E-mail: perso@pseditorial.com
1.ª Edición 2019
ISBN (Tomo 1): 978-84-284-0811-0
ISBN (Obra completa): 978-84-284-0813-4
Depósito Legal (Tomo 1): M-38485-2018
Depósito Legal (Obra completa): M-38556-2018
Impressão: CIMAPRESS

Dados Internacionais de Catalogação na Publicação (CIP)
GPT/BC/UFG

M648 Vidal, Marciano.
Afonso de Ligório: o triunfo da benignidade frente ao rigorismo / Marciano Vidal. - Aparecida,SP : Santuário ; Goiânia : Scala Editora, 2022.
609 p. : il. - (Coleção Introdução à Theologia Moralis de Santo Afonso, A moral afonsiana, 3)

Inclui bibliografia.
ISBN : 978-65-86176-87-2

1. Afonso Maria de Ligório, Santo, 1696-1787 - Biografia. 2. Biografia religiosa. 3. Santos Cristãos. I. Título.

CDU: 929:27-36

Bibliotecária responsável: Rosemarilany Barbosa Guida / CRB1: 3165

Impresso no Brasil
Printed in Brazil
2022
Edição: 1ª

Dedico este volume aos meus
formadores e professores redentoristas:
em El Espino (Miranda de Ebro, Burgos),
em Nava del Rey (Valladolid),
em Laguna de Duero (Valladolid),
na Academia Alfonsiana (Roma).

SUMÁRIO

Décima quarta seção

Décima quinta seção

Décima sexta seção

Décima sétima seção

Décima oitava seção

Décima nona seção

Vigésima seção

Vigésima segunda seção

Apresentação da Coleção

"Introdução à *Theologia Moralis* de
Santo Afonso de Liguori"

"Não". Essa foi, em 5 de julho de 1831, a resposta da Penitenciaria Apostólica (depois aprovada por Gregório XVI) à consulta do cardeal arcebispo de Besançon, formulada na seguinte questão: "Deve se preocupar o confessor que, na prática do confessionário, segue todas as opiniões do bem-aventurado Afonso de Liguori pelo motivo de a Santa Sé ter declarado que, em suas obras, nada foi encontrado digno de censura?" Resposta negativa que era, portanto, uma afirmação, fruto de longo e conturbado percurso, da autoridade incontestável de Afonso de Liguori no campo da Teologia Moral. Mas não apenas isso, uma autoridade ainda matizada nos limites do inaudito quando, na mesma consulta, surge caracterizado o hipotético confessor: "O confessor em questão, leu as obras do santo Doutor apenas para conhecer sua doutrina, sem avaliar as razões e motivos com que apoia as mesmas conclusões". Em outras palavras, a Penitenciaria Apostólica responde não dever se preocupar o confessor que segue tão somente as conclusões de Afonso, sendo desnecessário verificar a argumentação com que o santo justifica tais conclusões. Ou seja: confiança cega, granítica, monolítica. Impossível, e não verificada na história da Igreja, maior consagração para um autor. Um quase semideus da Teologia Moral. Santo Afonso do século XIX.

Poderíamos então perguntar: mas, o que o próprio Santo Afonso acharia deste "sem avaliar as razões e motivos com que apoia as mesmas conclusões"? Nada melhor, sem dúvida, que ouvir o interessado. No prefácio à *Theologia Moralis*, com o sugestivo subtítulo "que o autor pede ao leitor que leia para a compreensão de toda a obra", depois de explicitar o motivo da composição (ensinar aos jovens da Congregação a arte de orientar as consciências através da pregação e da confissão durante as Missões), encontramos um autor insatisfeito com sua obra: "Eu mesmo acabei não ficando satisfeito, pois muitas coisas não saíram bem explicadas ou ficaram expostas em uma ordem confusa"; tentando remediar os problemas encontrados: "Apliquei-me à segunda edição cuidando em levar tudo a uma ordem melhor" e explicando o motivo e oportunidade desse procedimento: "Como sou humano, também reformei algumas opiniões que, com o passar do tempo, havia chamado a um julgamento mais atento"; nessa atitude, orgulhoso, então, de nobre companhia: "Não me envergonho disso, pois o próprio Santo Agostinho não se envergonhou de se retratar em muitas questões; Santo Tomás também o fez, como atestam Caetano, Catharino e Capreolo, e o próprio doutor Angélico confessa, quando diz: *Embora tenha escrito diferentemente em outro lugar (3p., quaest. 9, art. 4)*. O mesmo também afirmou Túlio [Cícero]: É coisa própria do sábio mudar de opinião [Sapientis est mutare consilium]. E, em outra passagem: *Nunca se elogiou a insistência em uma sentença única.*" Explicitando a mola propulsora de seu método de estudo: "Empreguei muito trabalho para conseguir escolher as sentenças de acordo com a verdade da questão. Investiguei, por muitos anos e em muitos volumes de autores clássicos, tanto as sentenças rígidas, quanto as benignas que, recentemente (pelo que sei), vieram a público"; baseado na reflexão e não apenas na autoridade: "Mas, na escolha das sentenças, o meu maior cuidado foi sempre colocar a razão na frente da autoridade..." e, por isso, "não duvidei em modificar o julgamento sobre muitas sentenças" e "quando não encontrei razão convincente em favor de uma parte, não ousei condenar a oposta, como fazem alguns que têm muita facilidade em reprovar opiniões..." para que "não julgues esteja eu aprovando as opiniões que não reprovo, pois geralmente as exponho fielmente, com suas razões e defensores, para que outros, por sua prudência, julguem qual o seu peso". Santo Afonso do século XVIII.

Não precisamos ir além desse importante prefácio à *Theologia Moralis*, embora pudéssemos nos estender muito, já que, para nossa sorte, Santo Afonso deixou consignadas, em passagens memoráveis das oito revisões de sua obra magna, bem como em numerosíssimas cartas e outros muitos escritos, seu modo de entender e fazer Teologia Moral. O que aqui apresentamos quer apenas aguçar a curiosidade do leitor para esse fenômeno editorial (nove edições durante a vida do autor, mais cinquenta desde então), *semper reformanda*, que foi para seu autor a *Theologia Moralis*. E, ao mesmo tempo, a história profícua e polêmica de sua recepção social, cultural e eclesial. Talvez, por isso, o melhor elogio que poderíamos fazer ao autor, e o que ele mais aprovasse, fosse a constatação de, em sua materialidade, a obra-prima teológica de sua vida estar hoje grandemente desatualizada. Desatualizada porque, de tal modo próxima às necessidades concretas de sua época que, uma vez modificadas radicalmente, não pode deixar de perder a atualidade. Mas, ao mesmo tempo, com um espírito pastoral tão fecundo e criativo, com abertura de pensamento tão larga, que não pode deixar de ser, mais que nunca, atual para a compreensão e o fazer moral que desafia a teologia nos dias de hoje. Santo Afonso do século XXI.

Prova disso são as numeráveis publicações que começam a reflorescer sobre o estudo do texto da *Theologia Moralis* afonsiana. Apenas nos últimos tempos pudemos contar três importantes contribuições nesse sentido: "*Conscience - writings from Moral Theology, by Saint Alphonsus*" ("Consciência - escritos de Teologia Moral, por Santo Afonso") de Raphael Gallagher, publicado pela Liguori Publications, em abril. "*Alfonso de Liguori (1696-1787): la victoria de la benignidad frente al rigorismo*", em dois volumes publicados pela Editorial Perpétuo Socorro, Espanha, de Marciano Vidal, dentro da coleção de História da Teologia Moral. Bem como o projeto editorial de tradução da *Theologia Moralis* para o português, que já vai para o quarto volume, pelo Centro Dom Bosco - projeto análogo está em andamento nos Estados Unidos, também já com vários volumes publicados: *Moral Theology by Liguori CSSR*, Ryan Grant. Ante toda essa movimentação editorial, não podemos deixar de augurar que, de fato, Santo Afonso seja um dos grandes autores redescobertos dessa primeira metade de século.

Contudo, tal redescoberta do texto afonsiano, vai acompanhada por um desafio muito mais árduo: o desafio da interpretação. Se é verdade que, de Afonso já foram feitas tantas interpretações quantos retratos, a exigência é enorme, visto a enorme galeria pictórica que, do santo, a tradição nos legou. Nem é necessário, portanto, retornarmos ao primeiro parágrafo para uma pequena ideia de quanto a mesma tradição, com a melhor das intenções conservativas, acabou por acrescentar tantas camadas de verniz que terminaram, algumas vezes, mais por obscurecer, que por revelar, o genuíno pensamento do doutor zelantíssimo. É nesse sentido, então, que a União dos Redentoristas do Brasil - URB - apresenta esta publicação como abertura de toda a coleção, ou seja, uma grande introdução ao pensamento moral e à figura de Santo Afonso. Mais que oportuna, com certeza, pois, embora muito querido e admirado, o Doutor da Igreja e Padroeiro dos Confessores e Moralistas, nem sempre é correspondentemente conhecido, talvez por sua inabarcável bibliografia, constantemente atualizada, nem sempre estar disponível em português.

Decidimos abrir a coleção com aquele que é, sem dúvida, o maior conhecedor da obra moral de Santo Afonso na atualidade, o missionário redentorista Pe. Marciano Vidal. No primeiro livro poderemos acompanhar como a tradição afonsiana repercutiu vivencialmente na trajetória acadêmica e pastoral desse seu filho e, ao mesmo tempo, a partir de seus olhos e atuação, na inteira segunda metade do século XX. Preferimos fazer assim, começar com um testemunho, também para professar nossa opção por uma moral viva e encarnada, pastoral, atenta às demandas do tempo presente, ao mesmo tempo em que, por isso mesmo, comprometida com a fidelidade ao Evangelho, como o fez Santo Afonso em sua época.

Na sequência, teremos então os quatro volumes do que se pode chamar uma "verdadeira enciclopédia" jamais escrita sobre Santo Afonso e a Teologia Moral. Do mesmo autor, Pe. Marciano Vidal, publicados em 2019, condensam em grande panorama interpretativo e bibliográfico, tudo o que se escreveu de mais importante sobre o assunto. O leitor terá, por exemplo, um comentário sobre as mais de 128 obras de Santo Afonso, inseridas e analisadas nos contextos vitais do autor e referidas em suas várias edições.

Depois dessa desafiante incursão biobibliográfica, estaremos prontos para o "curso avançado". Destinado apenas aos "fortes", acompanharemos toda a gênese do pensamento moral afonsiano pelas mãos de um de seus insuperáveis pesquisadores, o falecido Pe. Domenico Capone, diretor da Academia Alfonsiana e profundo estudioso do tema. Nessa obra, passando em detalhada revista todos os escritos morais de Santo Afonso, o leitor poderá encontrar uma visão realista e ontológica do "mais napolitano dos santos e mais santo dos napolitanos", tanto das implicações atuais de sua proposta, quanto de seu labor e amadurecimento teológico-moral.

Por fim, algo que pensamos esteja ainda faltando aos estudiosos iniciantes, traremos uma introdução didática ao texto da *Theologia Moralis*, sobretudo, aos tratados do Livro I, ou seja, *Sobre a Consciência* e *Sobre a Lei*, bases do método afonsiano e sua grande contribuição à ciência moral.

Agradecemos ao Pe. Claudiberto Fagundes, mestre em teologia e doutor e pós-doutor em letras, pela proposição e organização dos textos, bem como aos outros confrades que se estão unindo a essa empreitada editorial. Agradecemos às editoras que assumiram a tarefa ingente de disponibilizar esse importante material aos leitores de língua portuguesa. Agradecemos a URB, União dos Redentoristas do Brasil, aos provinciais e confrades, pela aprovação e apoio necessário ao projeto. Por último, mas não em último lugar, a todos os leitores que, com suas observações, sugestões e críticas, auxiliarão na concretização do mesmo projeto.

Pe. Vitor Edezio Tittoni Borges

Pela União dos Redentoristas do Brasil.

Coleção "Introdução à Theologia Moralis" de Santo Afonso

1. "Conversa com Marciano Vidal",
   José Manuel Caamaño. (publicado)

***

"Afonso de Liguori (1696-1787): O triunfo da benignidade frente ao rigorismo". Marciano Vidal. Apresentado em quatro volumes:

2. A Paisagem e o Personagem (publicado).
3. A Mensagem (publicado).
4. **A Moral Afonsiana (publicado).**
5. Espiritualidade Afonsiana e Moral.
   Significado histórico de Afonso de Liguori (publicado).

***

6. A proposta moral de Santo Afonso: desenvolvimento e atualidade. Domenico Capone (em preparação).

7. Theologia Moralis: A Consciência e a lei.
   Tradução e introdução didática.

Apresentação Geral

O livro que o leitor tem em mãos ou, em razão do tamanho do volume, apoiado em um suporte, foi concebido com dois objetivos. Em primeiro lugar, formar parte de uma História da Teologia Moral Católica e, nesse sentido, constitui o terceiro tomo de sua parte V. De Trento ao Vaticano II. O segundo objetivo - para quem escreve, o principal - oferecer um balanço, o mais completo possível, do significado histórico de Afonso de Liguori.

Embora sejam diferentes, não **são** objetivos excludentes, e o texto pode perfeitamente ser - e de fato é - o mesmo. Também **é** o mesmo o título para os dois objetivos apresentados: Afonso de Liguori (1696-1787). O triunfo da benignidade frente ao rigorismo. A mesma, ainda, a imagem abaixo do título: uma reprodução do magnífico quadro com o qual o pintor ferrolano, radicado em Madri, **Fernando Álvarez de Sotomayor** (1875-1960), diretor do Museu do Prado (1922-1931, 1939-1960), quis render homenagem ao santo napolitano e retribuir a relação de amizade com os redentoristas espanhóis.

Toda apresentação de uma obra constitui um corpo a corpo do autor com o leitor. O autor promete ao leitor que, chegando ao final do livro, poderá comprovar que lhe foi entregue o prometido. Sendo assim, asseguro ao benévolo leitor que, chegando ao final da leitura:

1. Conhecerá *o conteúdo de todas as obras de Afonso* - conforme as últimas contagens, chegam a 128 títulos.

2. Terá oportunidade de entrar em contato com (quase) toda *a produção bibliográfica* de temática afonsiana. Ainda que, nesse ponto, não possa oferecer novas descobertas arquivísticas, garanto o contato com a maior parte da bibliografia afonsiana, embora em algumas passagens precise continuar empregando a convencional confissão: "A bibliografia afonsiana é inabarcável".
3. Contará com uma biografia completa da obra principal de Afonso, sua *Theologia Moralis*, analisada com o **método original que o autor denomina** *método sociobiográfico*.
4. Em poucas bibliografias afonsianas o leitor encontrará análise tão minuciosa sobre *o pensamento moral de Afonso* e história tão detalhada de sua *recepção*, seja pelos teólogos moralistas, seja pelo magistério eclesiástico. Nesse âmbito, o autor se sente feliz por ter lançado um neologismo - *liguorização* da moral católica - para referir o fenômeno da recepção teológico-moral e eclesial da moral afonsiana; e, mais feliz ainda, por ter sido um dos primeiros, se não o primeiro, a empregar a expressão *benignidade pastoral* para caracterizar a peculiaridade da orientação moral de Afonso.
5. Na presente obra, alguns leitores se sentirão mais satisfeitos com determinados conjuntos temáticos: a ampla exposição sobre *a espiritualidade afonsiana*, a análise da *experiência familiar* de Afonso, a apresentação de *sua formação, tanto civil, quanto eclesiástica*, a descrição da *trajetória biográfica* do santo napolitano, onde o leitor avisado apreciará a apresentação de Afonso *enquanto escritor*.
6. Em poucas obras gerais, como *é o caso*, o leitor poderá dispor de tantos conhecimentos necessários para avaliar a contribuição de Afonso aos vários campos do *saber teológico*: teologia bíblica, teologia da história, teologia dogmática e, sobretudo, apologética.
7. Pode acontecer que algum leitor desavisado - não é o caso - pergunte sobre a amplitude do espaço dedicado à descrição geográfica, histórica, social, cultural e religiosa do Reino e da Cidade de Nápoles. Como autor, confesso que não poderia ter feito diferente, na medida em que pretendo explicitar o significado histórico do *santo mais napolitano de todos os santos* (alguns acrescentam: *do napolitano mais santo de todos os napolitanos*).

Comumente, a apresentação da obra também oferece uma espécie de guia para o leitor se sentir mais confortável em sua tarefa - oxalá, grata - de explorador literário. Se o inteligente leitor já conhecer outros escritos meus, saberá que me agradam a clareza e a simplicidade - quem sabe, sejam a mesma coisa - no plano da obra.

O esquema da presente obra não poderá ser mais claro e simples para quem seguir o itinerário das partes assinaladas com letras maiúsculas:

A) *A Paisagem,* descreve o *Settecento* napolitano em suas três vertentes: social, religiosa e cultural.

B) *A Figura,* ou seja, a apresentação de Afonso de Liguori em sua experiência familiar, formação e trajetória biográfica.

C) *A Mensagem,* exposta inicialmente em confronto com os movimentos culturais, sociais e teológicos da época (Iluminismo, Racionalismo, Jurisdicionalismo, Jansenismo, Probabiliorismo) e, na continuação, abordando diretamente o pensamento teológico de Afonso.

D) *A Moral Afonsiana,* analisada com método sociobiográfico e estudo direto dos textos afonsianos.

E) *A Espiritualidade Afonsiana,* vista em articulação com a Moral.

F) *Esquema sintético* onde, como em um mapa conceitual, recapitula o significado de Afonso de Liguori.

Conhecido o panorama geral da obra, cada leitor poderá buscar as partes que mais lhe interessam e traçar seu próprio itinerário. Para os diretamente interessados na História da Teologia Moral, será decisiva a parte D) A Moral Afonsiana. Mas não poderão deixar de conhecer o autor que a compôs: B) A Figura; bem como, a sociedade a que se dirigiu: A) A Paisagem; a cultura civil e eclesiástica com a qual dialogou: C) A Mensagem; e a espiritualidade com que forma unidade temática: E) A Espiritualidade.

Como autor, não seria fiel à obra, se não expressasse o desejo de o texto ser lido em sua totalidade e, se possível, acompanhando o itinerário das partes, seções e capítulos apresentados no volume. Também penso que nenhum leitor poderia deixar de ler, em primeiro lugar, a *Introdução Geral* com a síntese biográfica de Afonso e apresentação das referências bibliográficas gerais.

O último parágrafo da Apresentação e, segundo o ritual, o último escrito pelo autor, precisa ser reservado aos agradecimentos.

Na *Dedicatória,* faço referência a vários grupos de formadores e professores redentoristas aos quais me sinto especialmente agradecido.

Em obras como esta, o autor ainda deve reconhecer sua gratidão aos pesquisadores anteriores, dos quais é, necessariamente, devedor. Citarei os mais representativos (apenas os falecidos): a) Entre os *biógrafos* de Afonso: Antônio Maria Tannoia, Alois Pichler, Raimundo Tellería, Théodule Rey-Mermet, Frederick M. Jones. b) Dos bibliógrafos afonsianos: sobressai o belga Maurice De Meulemeester. c) Entre os muitos *estudiosos* da vida e da obra de Afonso: Celestino Berruti, Charles Keusch, Clément Dillenschneider, Oreste Gregorio, Ambroggio Fredda, Vincenzo Toglia, Germain Liévin, Giuseppe Cacciatore, Andreas Sampers, José Fidel Hidalgo, Hernán Arboleda, Sante Raponi, Dionisio Ruiz, Manuel Gómez Ríos, Giuseppe Orlandi, Hamish F. G. Swanston, Otto Weiss. d) Autores de *monografias,* ainda valiosas e sugestivas, como as de: Candido Romano, Giovanni Getto, Rodrigo Bayón, Giuseppe de Luca. e) *Especialistas no pensamento moral* de Afonso: Leonardo Gaudé, Gabriel M. Blanc, Domenico Capone, Bernhard Häring, Louis Vereecke, Rodrigue Théberge.

Expresso um agradecimento especial ao diretor da Editorial PS, Francisco J. Caballero, que dedicou grande interesse à presente obra por se tratar de Afonso de Liguori, o fundador da Congregação do Santíssimo Redentor e joia literária mais apreciada do *Editorial Perpetuo Socorro.* Também agradeço a amigável e desinteressada colaboração de Vicente García, atual secretário da Província espanhola redentorista, nos aspectos informáticos da edição.

Por último, agradeço aos que me animaram com suas benévolas recensões - e com suas aquisições - dos volumes precedentes e aos que me proporcionaram o afeto necessário para viver e trabalhar.

Sem desmerecer o que disse antes, pelo contrário, dando-lhe plenitude de significação, é a Deus, o doador de todos os dons, a quem rendo totalmente minha ação de graças.

SIGLAS E ABREVIATURAS

I. Gerais

Sagrada Escritura:

Ab (Abdias)	Gn (Gênesis)	Mt (Mateus)
Ag (Ageu)	Hab (Habacuc)	Nm (Naum)
Am (Amós)	At (Atos)	Ne (Neemias)
Ap (Apocalipse)	Hb (Hebreus)	Nm (Números)
Br (Baruc)	Is (Isaías)	Os (Oseias)
Ct (Cânticos)	Jó (Jó)	Pe (Pedro)
Cl (Colossenses)	Jd (Judas)	Pv (Provérbios)
Cor (Coríntios)	Jt (Judite)	Rs (Reis)
Cr (Crônicas)	Jr (Jeremias)	Rm (Romanos)
Dn (Daniel)	Jl (Joel)	Rt (Rute)
Dt (Deuteronômio)	Jo (João)	Sb (Sabedoria)
Ecle (Eclesiastes)	Jn (Jonas)	Sl (Salmos)
Eclo (Eclesiástico)	Js (Josué)	Sm (Samuel)
Ef (Efésios)	Jz (Juízes)	Tg (Tiago)
Es (Esdras)	Lm (Lamentações)	Sf (Sofonias)
Est (Ester)	Lc (Lucas)	Ts (Tessalonicenses)
Êx (Êxodo)	Lv (Levítico)	Tm (Timóteo)
Ez (Ezequiel)	Mac (Macabeus)	Tt (Tito)
Fm (Filemon)	Mal (Malaquias)	Tb (Tobias)
Fl (Filipenses)	Mc (Marcos)	Zc (Zacarias)
Gl (Gálatas)	Mq (Miqueias)	

Documentos do Concílio Vaticano II (1962-1965):

AA Apostolicam actuositatem.
AG Ad gentes.
CD Christus Dominus.
DH Dignitatis humanae.
DV Dei Verbum.
GE Gravissimum educationis.
GS Gaudium et spes.

IM Inter mirifica.
LG Lumen gentium.
NA Nostra aetate.
OE Orientalium ecclesiarum.
OT Optatam totius.
PC Perfectae caritatis.
PO Presbyterorum ordinis.
SC Sacrosanctum concilium.
UR Unitatis redintegratio.

Documentos pontifícios (encíclicas, cartas, exortações apostólicas, etc.):

AL Amoris laetitia.
CA Centesimus annus.
CC Casti connubii.
ChF Christifideles laici.
CiV Caritas in veritate.
CT Catechesi tradendae.
DCE Deus caritas est.
DM Dives in misericordia.
DetV Dominum et vivificantem.
EdE Ecclesia de Eucharistia.
EG Evangelii gaudium.
EN Evangelii nuntiandi.
ES Ecclesiam suam.
EV Evangelium vitae.
FC Familiaris consortio.
FR Fides et Ratio.
GSa Gratissimum sane.
HV Humanae vitae.
LE Laborem exercens.
LS Laudato sì.
LF Lumen fidei.
MD Mulieris dignitatem.

MM Mater et magistra.
OA Octogesima adveniens.
PP Populorum progressio.
PT Pacem in terris.
NMA Novo millennio adveniente.
NMI Novo millennio ineunte.
QA Quadragesimo anno.
RH Redemptor hominis.
RM Redemptoris missio.
RP Reconciliatio et paenitentia.
RN Rerum novarum.
SRS Sollicitudo rei socialis.
VS Veritatis splendor.

Documentos de Dicastérios romanos:

AN Aetatis Novae.
CP Communio et progressio.
DoVe Donum veritatis.
DP Dignitas personae.
DV Donum vitae.
LC Libertatis conscientia.
LN Libertatis nuntius.
PH Persona humana.

Outras:

AAS Acta Apostolicae Sedis.
BAE Biblioteca de Autores Españoles.
Bund J. Bund, *Catalogus qui scripserunt de Theologia morali et practica* (Ruon, 1900).
CC Corpus Christianorum.
CCCM Corpus Christianorum. Continuatio Mediaevalis.
CCL Corpus Christianorum. Series Latina.

CDF	Congregação para a Doutrina da Fé.
CEC	Catecismo da Igreja Católica.
Catholicisme	Catholicisme hier, aujourd'hui, demain.
CIC	Código de Direito Canônico.
CSEL	Corpus Scriptorum Ecclesiasticorum Latinorum.
CTI	Comissão Teológica Internacional.
DACL	Dictionnaire d'archéologie chrétienne et de liturgie.
DH	H. Denzinger - P. Hünermann, *El Magisterio de la Iglesia* (Barcelona, 2000[2]). [= H. Denzinger - P. Hünermann. *Compêndio dos símbolos, definições e declarações de fé e moral*. São Paulo: Paulinas/ Loyola, 2006. 1468 p].
DPAC	A. Di Berardino (ed.), *Diccionario Patrístico y de la Antigüedad Cristiana*, I y II. Ediciones Sígueme (Salamanca, 1991, 1992). [= *Dicionário Patrístico e de Antigüidades Cristãs*. São Paulo: Vozes/Paulus, 2002. Tradução: Cristina Andrade. 1484 p].
DS	Dictionnaire de spiritualité ascétique et mystique.
DTC	Dictionnaire de Théologie Catholique.
Dizionario	L. Pacomio - G. Occhipinti (ed.), *Lexicon. Dizionario dei Teologi*. Piemme (Casale Monferrato, 1998).
EC	Enciclopedia Cattolica.
Fitzgerald	A. D. Fitzgerald (ed.), *Diccionario de San Agustín*. Editorial Monte Carmelo (Burgos, 2001). = *Agostinho através dos tempos*: uma enciclopédia. São Paulo: Paulus, 2018. 1000 p.
Hurter	H. Hurter, *Nomenclátor literarius theologiae catolicae*, 6 vol. (Innsbruck, 1903-1913).
LTK	Lexikon für Theologie und Kirche.
Mansi	J. D. Mansi, *Sacrorum Conciliorum nova et amplissima collectio* (Florença, 1759-1798; reim-

	pressão, Graz, 1960-1962).
MGH	Monumenta Germaniae Historica.
PG J.-P.	Migne, *Patrologiae Cursus completus. Series Graeca.*
PL J.-P.	Migne, *Patrologiae Cursus completus. Series Latina.*
Sommervogel	C. Sommervogel, *Bibliotèque de la Compagnie de Jésus* (Bruxelas-Paris, 1890 ss.).
SC	Sources chrétiennes.

II. Especiais

Siglas e abreviaturas para o presente volume:

A56:	Alfonso de Liguori [*Apologia*], *Risposta ad un'anonimo che ha censurato ciò che ha scritto l'autore nel capo V al paragrafo 1° della prima parte; ed insieme l'opera morale del medesimo.* Apêndice ao livro *Le Glorie di Maria* (Nápoles, 1756). Citada pela edição de L. Corbetta, t. 30 (Monza, 1831) 73-93.
A64a:	Alfonso de Liguori [*Apologia*]. *Risposta apologetica ad una lettera d'un religioso circa l'uso dell'opinione egualmente probabile.* Foi publicada no livro *Confessore diretto per le confessioni della gente di campagna* (Veneza, 1764) 505-530. Citada pela edição de L. Corbetta, t. 30 (Monza, 1831) 95-131.
A64b:	Alfonso de Liguori [*Apologia*], *Apologia in cui si difende la Dissertazione dell'a. sull'uso moderato dell'opinione probabile dalle opposizioni fattegli da un molto Rev. P. Lettore, che si nomina "Adelfo Dositeo"* (Veneza, 1764). Citada pela edição de L. Corbetta, t. 30 (Monza 1831) 133-339.

A69: Alfonso de Liguori [*Apologia*], *Apologia della Teologia morale dell'Ill.mo e Rev.mo Mons. D. Alfonso de' Liguori, vescovo di s. Agata de' Gotti, tracciata da taluni per lassa come seguace del sistema probabilistico e specialmente dell'opinione meno probabile.* Unida à obra *Delle cerimonie della Messa* (Bassano, 1769) 193-264. Citada pela edição de L. Corbetta, t. 30 (Monza, 1831) 5-71.

Boland: BOLAND, A. J. *A Dictionary of the Redemptorists* (Roma, 1987).

Cacciatore: CACCIATORE, G. *S. Alfonso de' Liguori e il giansenismo. Le ultime fortune del moto giansenistico e la restituzione del pensiero cattolico nel secolo XVIII* (Florença, 1942).

CC: Alfonso de Liguori, *Cose di Coscienza.* Caderno manuscrito de Afonso. Arquivo Geral dos Redentoristas, Roma, SAM, VI, 10.

Contributi: GREGORIO, O.; CAPONE, D.; FREDDA, A.; TOGLIA, V., *Sant'Alfonso de Liguori. Contributi bio-bibliografici* (Bréscia, 1940).

D49: Alfonso de Liguori [*Dissertação*], *Dissertatio scholastico-moralis pro usu moderato opinionis probabilis in concursu probabilioris* (Nápoles, 1749). Citada pela edição de L. Corbetta, t. 28 (Monza, 1832) 5-79.

D55: Alfonso de Liguori [*Dissertação*], *Dissertatio scholastico-moralis pro usu moderato opinionis probabilis in concursu probabilioris* (Nápoles,1755). Citada pela edição de L. Corbetta, t. 29 (Monza, 1831) 81-258.

D62: Alfonso de Liguori [*Dissertação*], *Breve dissertazione dell'uso moderato dell'opinione probabile* (Nápoles, 1762). Citada pela edição de L. Corbetta, t. 29 (Monza,1831) 365-472.

D65: Alfonso de Liguori [*Dissertação*], *Dell'uso moderato dell'opinione probabile* (Veneza, 1765). Citada pela edição de L. Corbetta, t. 29 (Monza, 1831) 3-364.

D74: Alfonso de Liguori [*Declaração*], *Dichiarazione del sistema che tiene l'autore intorno alla regola delle azioni morali, e si risponde ad alcune nuove opposizioni che gli vengono fatte.* Publicada como apêndice ao livro *Traduzioni de' Salmi* (Nápoles, 1774). Citada pela edição de L. Corbetta, t. 31 (Monza, 1872) 5-95.

De Meulemeester: DE MEULEMEESTER, Maurice. *Bibliographie générale des écrivains rédemptoristes,* 3 vol. (Haya-Lovaina, 1933-1939).

Ferrero-Boland: FERRERO, F. ; BOLAND, S. J. *Las obras impresas por S. Alfonso María de Liguori*: Studia et Subsidia de vita et operibus S. Alfonsi Mariae de Ligorio (1696-1787) (Roma, 1990) 485-543.

Gaudé: S. Alphonsi Mariae de Ligorio, Doctoris Ecclesiae, *Opera Moralia. I. Theologia Moralis.* Editio nova cum antiquis diligenter collata, in singulis auctorum allegationibus recognita, notisque criticis et commentariis illustrata cura et studio P. Leonardi Gaudé, C.SS.R., Romae 1905-1912, 4 vol. Citada por tomo (números romanos) e por página (números arábicos).

Introduzione generale: GREGORIO, O.; CACCIATORE, G.; CAPONE, D. *Introduzione generale* [Opere Ascetiche] (Roma, 1960).

Jones: JONES, F. M. *Alphonsus de Liguori. The Saint of Bourbon Naples. 1696-1787* (Dublim, 1992).

Lettere: *Lettere di S. Alfonso Maria de' Liguori*. Ed. F. Kuntz e F. Pitocchi, I, II, III (Roma, 1887-1890).

Rey-Mermet: REY-MERMET, T. *El Santo del Siglo de las Luces. Alfonso de Liguori (1696-1787)* (Madri, 1985). **Na presente tradução será empregada, tanto nas citações diretas, quanto nas referências, a edição brasileira: *Afonso de Ligório: uma opção pelos abandonados*. Aparecida: Santuário, 1984. 719 p.** Trad. : Pe. José Braz Gomes; Carlos Felício da Silveira. [Original: REY-MERMET, T. *Le saint du siècle des lumières: Alfonso de Liguori (1696-1787)*. Paris, 1982].

SA: *Sant'Alfonso*. Periodico mensile (Pagani, desde 1930).

SH: *Spicilegium Historicum Congregationis SS. Redemptoris* (Roma, desde 1953).

SM: *Studia Moralia* (Academia Alfonsiana, Roma).

Tannoia: TANNOIA, A. M. *Della vita, ed istituto del venerabile servo di Dio Alfonso Mª Liguori*, 3 tomos (Nápoles, 1798-1800-1802). Citado por tomo (números romanos) e página (números arábicos).

Tellería: TELLERÍA, R. *San Alfonso María de Ligorio, Fundador, Obispo y Doctor*, 2 tomos (Madri, 1950-1951). Citado por tomo (números romanos) e página (números arábicos).

TM: Alfonso de Liguori, *Theologia Moralis* (9 edições durante a vida do autor).

INTRODUÇÃO GERAL

Síntese biográfica de Afonso de Liguori e referências bibliográficas gerais

Neste capítulo introdutório, concebido a modo de abertura de uma ampla sinfonia, apresento a síntese da biografia de Afonso de Liguori, bem como as referências bibliográficas gerais dos estudos sobre seu significado histórico.

I. Síntese biográfica de Afonso de Liguori (1696-1787).

Afonso de Liguori nasceu em uma família patrícia napolitana, no dia 27 de setembro de 1696, às sete horas da manhã, na casa rural que seus pais possuíam em Marianella, bairro periférico (*casale*) situado ao norte da cidade de Nápoles[1]. Faleceu no dia 1º de agosto de 1787, na casa religiosa redentorista de Pagani (província de Salerno, região da Campania), com 91 anos. Se acrescentarmos à sua longevidade o fato de, contradizendo ao estereótipo napolitano do *dolce farniente*, ter feito voto de não perder um minuto de tempo, facilmente poderemos concluir que a vida de Afonso foi extensa em tempo físico e densa em tempo biográfico.

---

[1] Aos 15 anos, o pai de Afonso, Dom Giuseppe, tinha herdado de seu pai, Dom Domingos, uma casa em Marianella, "uno de' Casali di Napoli" (Tannoia, I, 3). Nessa casa, começaram a viver os recém-casados, pais de Afonso. Sobre o destino da casa em geral e, mais concretamente, da habitação onde Afonso nasceu: PIETRAFESA, P. *Marianella: la casa natale di S. Alfonso M. d' Liguori.* (Pompeia, 1978), mimeografado. Ver, também, as notas históricas de GREGORIO, O. em: Contributi, 30-36.

Foi batizado na paróquia de seus pais, Santa Maria *dei Vergini*. Ao nome de Afonso, foram acrescentados os nomes de Maria, Antônio, João, Francisco, Cosme, Damião, Michelângelo, Gaspar. A referência mariana do segundo nome (Afonso *Maria*) - algo também comum entre seus companheiros e primeiros redentoristas - provavelmente se deve à devoção mariana da mãe[2]. Começou a usar o segundo nome tardiamente: "Uma vez bispo, esse menino assinará, não mais Afonso de Liguori, mas Afonso Maria, sem mais"[3]. "Os demais santos protetores se explicam pelo calendário e pelos padroeiros de outros membros da família"[4].

> O nome de Afonso é de origem visigótica, com o significado original, segundo indicam os elementos linguísticos que o compõem: (*adal*: nobre; *funs*: pronto ou preparado; *hatus*: luta), *nobre guerreiro pronto ou preparado para a luta*. O inicial uso visigótico do nome continuou nas Astúrias cristãs, de onde passou ao restante da Espanha e então à Itália e outros ambientes europeus[5]. Por causa dessa raiz gótica, não é procedente escrever o nome à maneira latina (ou francesa) com ph: *Alphonsus, Alphonse*[6]. Tampouco se aceita hoje a latinização (e consequente castelhanização) do sobrenome: *Ligorius, de Ligorio*.

Quase certamente, a escolha do nome não teve nada a ver com tal origem visigótica, nem com a lembrança de Santo Ildefonso de Toledo[7]. Afonso herdou o nome do primeiro membro da família que se dedicara à magistratura na cidade partenopeia, sede de Portanova: Alfonso Liguori (1593?-1652)[8].

Quanto ao sobrenome - de amplo e variado uso, como documentou O. Gregorio[9] - , para seguir a maior exatidão histórica,

---

[2] Tellería, I, 9; Jones, 9.

[3] Rey-Mermet, 28.

[4] Tellería, I, 9.

[5] LÖW, J. *De nomine Alfonso*: SH 1 (1953) 114-118.

[6] *Ibid.*, 118: atualmente, os livros litúrgicos trazem *Alfonsus*, enquanto, até 1900, preferiam escrever *Alphonsus*.

[7] Assim pensa: PICHLER, A. *Der heilige Alfons von Liguori. Ein Charakterbild* (Regensburgo, 1922) 2.

[8] SWANSTON, H. F. G. *Saint Alphonsus and His Brothers. A Study of the Lives and Works of Seven Redemptorists* (Liguori, Missouri, 2000) 9-10.

[9] *Contributi*, 19-22. Também: GREGORIO, O. *Ricerche storiche intorno al cognome di S. Alfonso*: SH 1 (1953) 106-113.

deveria ser escrito *de' Liguori* (*dei Liguori*); contudo, com exceção das citações, onde será mantida a forma empregada pelo autor, as páginas que seguem apresentarão *de Liguori*.

O menino Afonso foi batizado na cidade de Nápoles, dois dias depois do nascimento, ou seja, 29 de setembro, na igreja de *Santa Maria dei Vergini* (assim: *dei Vergini*; e não: *delle Vergini*). Apesar do tempo transcorrido e de outros percalços bélicos (Segunda Guerra Mundial), ainda se conserva a bela pia batismal, bem como o registro do pároco que batizou Afonso, Pe. Giuseppe del Mastro. Era a igreja paroquial dos pais de Afonso e de seus avós paternos, cujo "palácio em Nápoles (se encontrava) fora dos muros da porta de São Genaro e a alguns passos da paróquia de *Santa Maria dei Vergini*"[10].

Os pais de Afonso, Dom Giuseppe de Liguori (provavelmente com longínquos ancestrais vindos da Ligúria) e Dona Ana Cavalieri (com comprovados ascendentes próximos à nobreza catalã em uma das linhas[11]), se casaram na paróquia da catedral em 1695, ambos com a mesma idade, 25 anos. Dom Giuseppe exercia o cargo de capitão (*capitano di fanteria*) na Armada Real de Nápoles, mais tarde chegaria ao grau de comandante (*tenente colonello*). Dona Ana que, sem dúvida, constituía um prestigioso partido em razão de seu sobrenome e educação, trouxe como dote ao matrimônio a quantia de 5.000 ducados.

No lar Liguori-Cavalieri nasceram oito filhos, embora uma menina gêmea tenha morrido praticamente no parto. A média dos lares da época era de quatro a cinco filhos e, na família de Afonso, a proporção foi de quatro meninas e quatro meninos. Afonso era o primogênito, fato que marcou sua vida de maneira decisiva. A família tinha a estrutura própria da classe aristocrática da época: junto com os pais e filhos vivia também o pessoal de serviço. Dada a condição geopolítica marítima de Nápoles, e em razão do ofício de Dom Giuseppe na Armada, não é de estranhar a presença de um jovem escravo negro entre os serviçais.

---

[10] Tellería, I, 7-8.

[11] Ver as notas históricas de GREGORIO, O. em: Contributi, 23-30.

A família Liguori pertencia à nobreza napolitana do Antigo Regime, a chamada *nobreza de praça*, com o título de *cavaleiros*.

Costumava-se dizer que os napolitanos desprezavam os outros italianos, que a *nobreza* de Nápoles desprezava o restante dos napolitanos, e que os *cavaleiros* desprezavam os demais nobres. Havia uma centena e meia de famílias com o título de cavaleiros. Os cavaleiros napolitanos estavam envolvidos na vida da cidade através das *sedes* (subprefeituras): cinco para a nobreza e uma para o povo. Os representantes das seis sedes formavam a Junta Suprema da Cidade[12].

Aos Liguori correspondia a *sede* de Portanova, com suas obrigações e, sobretudo, seus privilégios. Afonso foi iniciado nessa atividade e participou dela[13]. Já redentorista, exerceu ainda por três vezes seu direito ao voto.

Afonso nasceu súdito espanhol, dentro de um vice-reinado de Nápoles integrado à monarquia espanhola. De 1707 a 1734, viveu sob os Astúrias de Viena e, a partir dessa última data (1734), foi cidadão do Reino Livre de Nápoles, embora dependente da família dos Bourbon e, consequentemente, vinculado aos monarcas espanhóis.

Realizou os primeiros estudos em casa e fez carreira de Direito na Universidade de Nápoles, na época, um dos centros mais prestigiosos da Europa nessa área de conhecimento.

Exerceu a profissão de advogado durante uns dez anos (1714-1723), quando uma experiência negativa impulsionou a mudança de sua orientação vocacional. Contrariando as expectativas do pai, abandonou a profissão forense e ingressou no estado eclesiástico, realizando estudos filosófico-teológicos no seminário de Nápoles como aluno externo.

---

[12] SODANO, G. *Governing the City*: ASTARITA, T. (ed.). A Companion to Early Modern Naples (Leiden-Boston, 2013) 109-130. Também: DE LUTIO DI CASTELGUIDONE, L. *I Sedili di Napoli (Origini, Azione Politica e Decentramento Amministrativo)* (Nápoles, 1973).

[13] Ver a descrição dessa forma de governo em: Tellería, I, 41-50: "En el sejo de Portanova (1713-1723)".

Nessa mesma cidade, exerceu o ministério pastoral nos primeiros anos de seu sacerdócio, período em que vivia no ambiente familiar. Em 1729, aos 33 anos, começou a se dividir entre o domicílio familiar e uma residência sacerdotal, chamada *Colégio dos Chineses* em razão de sua orientação missionária, voltada para o Extremo Oriente. Nessa primeira etapa, a atividade pastoral de Afonso foi o ministério da confissão e direção espiritual, bem como o da pregação. Realizou esse ministério da Palavra em Nápoles e em outros lugares do Reino, sobretudo, através das Missões Populares e participação, como membro ativo, na instituição diocesana das *Missões Apostólicas*.

Em 1732, com 36 anos de idade, iniciou em Scala (vilarejo próximo de Amalfi, na península sorrentina), a fundação de uma congregação de missionários, chamada mais tarde de Congregação do Santíssimo Redentor (redentoristas). Seu ministério pastoral continuou sendo o da Palavra, agora especialmente através das Missões Populares e Exercícios Espirituais, preferentemente nas zonas rurais do Reino de Nápoles. Envolvido com o ministério da Palavra e tarefas de fundador, Afonso também teve outro trabalho constante: o ministério da pena. Contabilizam-se 111 escritos seus (há outras formas de contar que elevam a cifra a 128 obras). Contra sua vontade, foi nomeado bispo (1762) de uma pequena diocese do Reino, Santa Águeda dos Godos, cuja nomeação dependia direta e exclusivamente da Santa Sé. Exerceu o ministério episcopal durante 13 anos e, renunciando em 1775, retirou-se a Pagani, uma das casas da Congregação por ele fundada.

Passou os últimos dez anos de sua vida na comunidade redentorista de Pagani, padecendo de uma enfermidade dolorosa e sofrendo, sobretudo nos últimos cinco anos, crises psicológicas de conteúdo religioso[14]. Faleceu em 1 de agosto de 1787.

---

[14] ILLIANO, G. *Sant'Alfonso, vescovo emerito in Pagani*: VICIDOMINI, G. (ed.). Alfonso M. de Liguori. Un santo per il terzo millennio (Materdomini, s. a. = 2010) 251-260.

II. Estudos biográficos sobre Afonso de Liguori

Diz uma acertada formulação de F. Chiovaro: "Ao menos com seus biógrafos, Afonso teve sorte"[15]. Estes foram muitos e, em termos gerais, bons profissionais.

As três últimas biografias, cada qual com características peculiares, são suficientemente críticas:

- TELLERÍA, R. ***San Alfonso María de Ligorio, Fundador, Obispo y Doctor*****, 2 vol. (Madri, 1950-1951).**

"A obra de Tellería é uma história monumental da vida de Santo Afonso e, como a de Tannoia, de sua Congregação: dois volumes, respectivamente, de 885 e 1.023 páginas, fruto de pesquisas realizadas em todos os lugares onde se esperasse ou pudesse encontrar algum documento ou livro que, direta ou indiretamente, se referisse à história de Santo Afonso e dos redentoristas ou pudesse esclarecê-la. A documentação é simplesmente extraordinária. (...) Talvez tenha se preocupado um pouco demais em imitar os clássicos da língua espanhola, o que não favorece sua leitura. O certo é que o livro não teve o sucesso que merecia. (...) O *San Alfonso* de Tellería (...) permanece, contudo, o vade-mecum indispensável para quem quer se ocupar, não só da vida de Santo Afonso, mas também da história redentorista, principalmente do período das origens, já que a documentação bibliográfica e arquivística é de tal modo rica que parece impossível ter sido reunida por um só homem."[16]

- T. Rey-Mermet, ***Le saint du siècle des lumières: Alfonso de Liguori (1696-1787)*****. (Paris, 1982).** [= *Afonso de Ligório: uma opção pelos abandonados*. Aparecida: Santuário, 1984].

"Théodule Rey-Mermet declara-se em sua última grande biografia afonsiana, *Le saint du siècle des Lumières Alfonso de Liguori*, em favor da total paternidade afonsiana da Congregação Redentorista, embora não negue as contribuições de Crostarosa, de Falcoia e da experiência vivida nas Missões Apostólicas de Nápoles. Embora sua posição não tenha alcançado unanimidade dentro da Congregação

---

[15] CHIOVARO, F. *S. Alfonso Maria de Liguori. Ritratto di un moralista*: SH 45 (1997) 121.

[16] CHIOVARO, F. *Introdução*: Id. (ed.). *História da Congregação do Santíssimo Redentor*. Volume 1: As Origens (1732-1793). Aparecida: Santuário/Scala, 2019, p. 31-32.

– nem se poderia esperá-lo –, conseguiu difusão só comparável à do *Saint Alphonse* de Berthe".[17]

T. Rey-Mermet também compôs uma síntese sobre a biografia afonsiana relacionada ao processo fundacional da Congregação: T. Rey-Mermet, O fundador (1696-1732), p. 113-158; Da fundação à aprovação pontifícia (1732-1749), p. 159-232; Da aprovação pontifícia até a questão do "Regulamento" (1749-1779), p. 233-264: F. Chiovaro (ed.). *História da Congregação do Santíssimo Redentor*. Volume 1: As Origens (1732-1793). Aparecida: Santuário/Scala, 2019.

Sobre a biografia afonsiana de T. Rey-Mermet, ver: ORLANDI, G. *Una biografia di S. Alfonso M. de Liguori. A proposito dell'opera di Théodule Rey-Mermet CSSR*: SM 21 (1983) 383-403; A. de Spirito, *Una nuova biografia di S. Alfonso*: Ricerche di storia sociale e religiosa. Nuova Serie 13 (1984) n. 25-26, 339-347. Também: L. Vereecke em: SH 35 (1987) 223-230; O. Weiss em: Theologie der Gegenwart 30 (1987) 215-216. Além disso: VEREECKE, L. *In memoriam. R. P. Théodule Rey-Mermet, CSSR (1910-2002)*: SH 50 (2012) 629-630.

– F. M. Jones, *Alphonsus de Liguori. The Saint of Bourbon Naples, 1696-1787.* (Dublin, 1992).

Concebida e preparada durante muitos anos, essa biografia de Afonso foi publicada depois da obra de T. Rey-Mermet, não como oposta, mas com opções metodológicas e orientações um pouco diferentes. Companheiro de R. Tellería durante muitos anos em Roma, o autor se serviu da documentação, sobretudo da arquivística civil, reunida pelo biógrafo espanhol. Embora traduzida para outros idiomas, a de F. M. Jones segue sendo a biografia afonsiana mais utilizada em ambientes anglo-saxões. Assim como T. Rey-Mermet faz um aceno ao público de fala francesa em seu título (*Le Saint du siècle des Lumières*), da mesma forma F. M. Jones conecta o leitor de fala inglesa, fazendo de Afonso de Liguori *The Saint of Bourbon Naples*. Não sabemos se R. Tellería pensou em intitular seu Santo Afonso como *El Santo nacido en la Nápoles del Virreinato español*.

Antes das três biografias citadas (e comentadas), precisamos assinalar como expoente do início dos estudos críticos sobre a biografia afonsiana (e em geral, sobre a obra afonsiana), a obra coletiva de:

---

[17] *Ibid.*, 33-34.

- **O. Gregorio; D. Capone; A. Fredda; V. Toglia.** ***Sant'Alfonso de Liguori. Contributi bio-bibliografici*** **(Bréscia, 1940).**

Essa obra, "embora se limitando à figura do Fundador, dava mais fôlego à pesquisa histórica, saindo, do âmbito restrito da documentação interna para procurar documentos nos arquivos fora do Instituto Redentorista, a saber, no Arquivo de Estado de Nápoles"[18].

Foram muitas as biografias de Afonso anteriores ao mencionado estudo, e suficientes em qualidade - algumas vezes, com qualidade preferentemente literária, outras, com qualidade histórica, e outras ainda, com qualidade espiritual: J. Jeancard (1828), J.-B. A. Verdier (1833), P. L. Rispoli (1834), A. Bossers (1856), C. Villecourt (1863), V. Loyodice (1874), C. Dilgskron (1887), A. Capecelatro (1893), F. Kuntz (1879-1905), A. Berthe (1900), J. L. Jansen (1910), A. Pichler (1922).

Já na época dos acontecimentos biográficos de Afonso, houve os que se dedicaram a anotar fatos e palavras. Sobressaem as testemunhas: José Landi (1725-1797) e Antônio Maria Tannoia (1725-1808); os dois reuniram dados e redigiram sínteses históricas, sem que houvesse relação profissional entre eles. No fundo de todas as apresentações históricas sobre Afonso, encontra-se, por fim, a obra do memorialista Antônio Maria Tannoia:

- A. Mª. Tannoia, *Della vita, ed instituto del venerabile servo di Dio Alfonso Mª. Liguori*, 3 vol. (Nápoles, 1798-1800-1802), edição anastática com *Apresentação* de T. Rey-Mermet (Materdomini, 1982).

"(O livro), embora nos limites que os autores desse volume [*História da Congregação do Santíssimo Redentor.* Volume 1: As Origens (1732-1793)] não deixam de realçar, permanece até hoje a narração mais vivaz, porque vivida a partir de dentro da Congregação Redentorista até a morte do Fundador"[19].

Tannoia funde, na unidade histórica, a biografia de Afonso ["le azioni di Monsignore"] com a história dos inícios da Congregação.

---

[18] *Ibid.*, 28.

[19] *Ibid.*, 13-14.

Para a cronologia afonsiana:

- A. M. Santonicola, *Vita cronologica di S. Alfonso M. de' Liguori Dottore della Chiesa* (Pagani, 1972).
- A. Amarante - P. Marrazzo, *Cronologia*: MASONE, E.; AMARANTE, A. (ed.). S. Alfonso de Liguori e la sua opera. Testimonianze bibliografiche (Nápoles, 1987) 17-26.

Nota bibliográfica sobre as biografias de Alfonso.

- WEISS, O. *Alfons von Liguori und seine Biographen*: SH 36-37 (1988-1989) 151-284 (o estudo não alcança a biografia de F. M. Jones).
- ORLANDI, G. *Una biografia di S. Alfonso M. de Liguori. A proposito dell'opera di Théodule Rey-Mermet CSSR*: SM 21 (1983) 383-403 (sobre a biografia escrita por T. Rey-Mermet).
- A. de Spirito, *Una nuova biografia di S. Alfonso*: Ricerche di storia sociale e religiosa 25-26 (1984) 339-349.

III. Bibliografia Afonsiana

A imensa (e dificilmente abarcável) bibliografia afonsiana pode ser consultada nos seguintes elencos bibliográficos, publicados de forma escalonada desde o ano de 1938 até o ano de 1999.

- SAMPERS, A. *Bibliographia Alfonsiana (1938-1953)*: SH 1 (1953) 248-271; *(1953-1971)*: SH 19 (1971) 410-448; *(1972-1974)*: SH 22 (1974) 437-443; *(1974-1978)*: SH 26 (1978) 478-489.
- WEISS, O.; FERRERO, F. *Bibliografia alfonsiana (1978-1988)*: SH 36-37 (1988-1989) 565-612.
- FERRERO, F. *Orientación bibliográfica sobre temas alfonsianos*: SH 36-37 (1988-1989) 547-563.
- OWCZARSKI, A. *Bibliografia alfonsiana (1989-1995)*: SH 44 (1996) 495-565; *(1996-1999)*: SH 48 (2000) 329-392.

Ao longo das páginas que compõem a presente obra, percorreremos a bibliografia mais significativa sobre os diferentes temas tratados. Mas, já desde agora, anotamos algumas referências que apresentam a figura e obra de Afonso em seu conjunto.

Sobre o significado histórico de Afonso.

- MEFFERT, F. *Der heilige Alfons von Liguori, der Kirchenlehrer und Apologet des XVIII. Jahrhunderts* (Mogúncia, 1901).
- LIEVIN, G. *Alphonse de Liguori (Saint):* DS, I (Paris, 1932) 357-389.
- DE LUCA, G. *S. Alfonso, il mio maestro di vita spirituale*, edição de O. Gregorio (Alba, 1963).
- MONDRONE, D. *Sant'Alfonso come era*: La Civiltà Cattolica 114 (1963) I, 37-50.
- GÓMEZ RÍOS, M. *San Alfonso de Liguori, ayer y hoy*: Vida Religiosa 62 (1987) 245-255.
- CIPRIANI, S. *Attualità della figura di S. Alfonso*: Asprenas 35 (1988) 3-6.
- NAPOLETANO, A. *Sulle orme di S. Alfonso* (Nápoles, 1989).
- DE ROSA, G. *La figura e l'opera di sant'Alfonso nell'evoluzione storica*: SH 45 (1997) 207-224.
- MAJORANO, S. *Essere Chiesa con gli abbandonati. Prospettive alfonsiane di vita cristiana* (Materdomini, 1997).
- MONGILLO, A. D. *Un maestro per l'umanità del duemilla*: DE SPIRITO, A. (ed). La figura e l'opera di Alfonso de Liguori nel Sannio (Milão, 1999) 279-293.
- CAPONE, D. *Ligorio (Liguori), Alfonso María de*: O'NEILL, C. E.; DOMÍNGUEZ, J. M. (ed). Diccionario histórico de la Compañía de Jesús. Biográfico-temático (Roma-Madri, 2001), III, 2356-2357.

Trabalhos coletivos sobre a pessoa de Afonso e sobre seu projeto existencial.

- MASONE, E.; AMARANTE, A. (ed.). *S. Alfonso de Liguori e la sua opera. Testimonianze bibliografiche* (Nápoles, 1987).
- VÁRIOS. *S. Alfonso M. de Liguori: una teologia dalla prassi pastorale. Nel secondo centenario della morte, 1787-1987*: Asprenas 35 (1988) fascicolo 1.
- RICCI, V. (ed.). *Alfonso M. de Liguori maestro di vita spirituale* (Milão, 1998).
- VICIDOMINI, G. (ed.). *Alfonso M. de Liguori. Un santo per il terzo millennio.* Atti del Convegno nel 170º. Anniversario della canoniz-

zazione di S. Alfonso (1939-2009). Scala - Ciorani - Pagani, 22-26 maggio 2009 (Materdomini, s. a. = 2010).

- PIAZZA, F.; ABBATIELLO, A. (ed.). *Alfonso Maria de Liguori e il Concilio Vaticano II. Attualità e intuizioni* (Roma, 2013).

Apresentações breves (mas valiosas) da pessoa e da obra de Afonso.

- GETTO, G. *Sant'Alfonso de Liguori* (Milão, 1945).
- HEINZMANN, J. *Unruhe der Liebe. Alfons Maria von Liguori (1696-1787)* (Friburgo da Suíça, 1983).
- RUIZ, D. *San Alfonso María de Ligorio* (Madri, 1987).
- CHIOVARO, D. *S. Alfonso* (Materdomini, 1996).
- AMARANTE, A. V. *Dio sul percorso di un uomo. Alfonso de Liguori, una vita per l'abbondante redenzione di Cristo* (Materdomini, 2009).
- ROJAS, L. A. *Alfonso María de Liguori, un santo para el siglo XXI* (Bogotá, 2012).

IV. Escritos de Marciano Vidal sobre a tradição afonsiana (e redentorista)

Livros

- *Frente al rigorismo moral, benignidad pastoral. Alfonso de Liguori (1696-1787)*, Perpetuo Socorro (Madri, 1986). Tradução italiana: *La morale di sant'Alfonso. Dal rigorismo alla benignità*, Academia Alfonsiana (Roma, 1992).
- *La familia en la vida y en el pensamiento de Alfonso María de Liguori (1696-1787)*, Perpetuo Socorro (Madri, 1995).
- *Moral y espiritualidad. De la separación a la convergencia*, Perpetuo Socorro (Madri, 1997). Tradução italiana: *Morale e spiritualità. Dalla separazione alla convergenza*, Cittadella Editrice (Assis, 1998).
- *Dios misericordioso y conciencia moral. La propuesta antijansenista de S. Alfonso Mª de Liguori, 1696-1787*, Perpetuo Socorro (Madri, 2000).
- *La espiritualidad de San Alfonso. Proyecto de vida cristiana*, Ediciones Scala (Bogotá, 2004).

Capítulos de livro

- *S. Alfonso de Liguori moralista. Significato storico e messaggio attuale*: R. Tremblay; D. Billy (ed.). Historia: memoria futuri (Roma, 1991) 275-301.
- *Alfonso de Liguori*: VIDAL, M. *Diccionario de ética teológica* (Estella, 1991, 2002) 649. [= *Dicionário de Moral*. Dicionário de Ética Teológica. Aparecida: Santuário, s. d. p. 19-20].
- *Carisma redentorista y propuesta moral*: LONDOÑO, N. (ed.). Ser redentorista hoy. Testimonios sobre el carisma, Comisión de Espiritualidad CSSR (Roma, 1996) 409-420. [= Carisma Redentorista e proposta moral: *Espiritualidade Redentorista 7*. Ser redentorista hoje: testemunhos sobre o carisma. Goiânia: Gráfica e Editora Redentorista, 1996. 403-414].
- *Espiritualidad y moral en la existencia cristiana*: VÁRIOS. Contemplación y evangelización misionera, Perpetuo Socorro (Madri, 1997) 189-215.
- *El rostro benigno del Dios cercano*: VÁRIOS. ¿Quién es tu Dios? Rostros cercanos en la vida consagrada, Publicaciones Claretianas (Madri, 1999) 95-108.
- *La coabitazione prima delle nozze*: DE SPIRITO, A. (ed). La figura e l'opera di Alfonso de Liguori nel Sannio, Ancona (Milão, 1999) 227-239.
- *Moral Responsibility of Saint Alphonsus*: DOUZIECH, R. (ed.). Proceedings of the Fourth International Congress of Redemptorist Moral Theologians (Krakaw, 4-9 july 1999) (Edmonton, 2000) 337-364.
- *Rasgos innovadores en la moral matrimonial de San Alfonso María de Liguori*: CASTÁN, J. M.; GUZMÁN, C.; PÉREZ-AGUA, T. M.; SÁNCHEZ GARCÍA, J. M. (ed.). Hominum causa omne ius constitutum est. Escritos sobre el matrimonio en homenaje al Prof. José María Díaz Moreno, S. J., Publicaciones de la Universidad P. Comillas (Madri, 2000) 191-218.
- *Aproximaciones hermenéuticas a "Pratica di amar Gesù Cristo" (1768) de Alfonso de Liguori*: DOUZIECH, R. (ed.). Proceedings of the Fifth International Congress of Redemptorist Moral Theologians (Materdomini, Itália, 7-12 July 2002) (Roma, 2003) 151-185.

- *Bernhard Häring - Ein Theologe in der alfonsianischen Tradition*: SCHMIED, A.; RÖMELT, J. (ed.). 50 Jahre "Das Gesetz Christi". Der Beitrag Bernhard Härings zur Erneuerung der Moraltheologie (Münster, 2005) 143-173.
- *Redención y moral. Perspectivas desde la tradición redentorista*: CORRIVEAU, R.; DE MINGO, A. (ed.). La Redención en Cristo. Espiritualidad Redentorista 13 (Roma, 2007) 145-166 [= *Redemption and the Moral Life*: CORRIVEAU, R.; DE MINGO, A. (ed.). Readings on Redemption (Roma, 2006) 199-229. = Redenção e moral. Perspectivas a partir da Tradição Redentorista: *Espiritualidade Redentorista 10*. Aparecida: Santuário, 2007. p. 227-253].
- *Benignity*: WALES, S.; BILLY, D. (ed.). Lexicon of Redemptorist Spirituality. General Secretariat for Redemptorist Spirituality (Roma, 2011) 30-32 = *Benignidad*: WALES, S.; BILLY, D. (ed.). Cien palabras para el camino. Diccionario de Espiritualidad Redentorista (Bogotá, 2012) 56-59. [= Benignidade: WALES, S.; BILLY, D. (ed.). *Dicionário de Espiritualidade Redentorista*. Goiânia: Scala, 2012. 41-43].

Artigos

- *Una espiritualidad centrada en la práctica del amor. La propuesta espiritual de San Alfonso*: Vida Religiosa 62 (1987) 256-273 = Segno 19 (1993) n. 142-143, 90-108.
- *Un Santo para reorientar el espíritu de la Ilustración. San Alfonso*: Ecclesia n. 2330 (1987) 6-8.
- *La moral de San Alfonso de Liguori y la Compañía de Jesús*: Miscelánea Comillas 45 (1987) 391-416.
- *La "praxis": rasgo característico de la moral alfonsiana y reto a la teología moral actual*: SM 25 (1987) 249-326.
- *Del rigorismo a la benignidad. Significado histórico de la moral alfonsiana*: Moralia 10 (1988) 157-191.
- *La pastoralidad de la teología moral. La moral de San Alfonso de Liguori (1696-1787)*: Confer 27 (1988) 437-460.
- *La science morale au service des priorités pastorales selon le dynamisme de Saint Alphonse de Liguori*: Le Supplément n. 166 (1988) 119-136 = VÁRIOS. *Actualité Pastorale d'Alphonse de Liguori* (Ste-Anne de Beaupré, Canadá, 1987) 41-56.

- *S. Alfonso de Liguori moralista. Significato storico e messaggio attuale*: SM 28 (1990) 363-389.
- *Die Familie in Leben und Lehre des Alfons von Liguori (1696-1787)*: SH CSsR 42 (1994) 5-32 = (tradução italiana:) SM 32 (1994) 341-366.
- *Las relaciones prematrimoniales. El pensamiento de Alfonso de Liguori (1696-1787)*: Moralia 17 (1994) 357-378 = DE SPIRITO, A. (ed). La figura e l'opera di Alfonso de Liguori nel Sannio (Milão, 1999) 227-239.
- *A moral de Santo Afonso de Ligorio. Significado histórico e mensagem atual*: Fragmentos de Cultura 5 (1995) 51-68.
- *La conciencia en el proyecto moral de Alfonso de Liguori*: Moralia 19 (1996) 389-410 = (tradução italiana:) Segno n. 184 (1997) 15-30.
- *La imagen de Dios en la tradición redentorista*: SH CSsR 46 (1998) 263-286 = (tradução italiana:) Segno 25 (1999) n. 202, 57-63.
- *Estudios recientes sobre la Moral de san Alfonso*: Moralia 22 (1999) 129-140.
- *La moral de San Alfonso según el Magisterio eclesiástico reciente*: Moralia 22 (1999) 255-280.
- *Significato storico e messaggio attuale della morale alfonsiana*: Segno 26 (2000) n. 213, 60-72.
- *La moral alfonsiana: una respuesta a los retos de ayer y de hoy*: Moralia 23 (2000) 241-242.
- *Rasgos innovadores en la moral de san Alfonso*: SM 38 (2000) 347-380.
- *S. Alfonso: un obispo renovador de la Teología Moral. Aspectos innovadores y actualidad de la moral alfonsiana*: Istituto storico redentorista, 250º dell'ordinazione vescovile di S. Alfonso M. de Liguori (1762-2012) (Roma, 2012) 33-66 - SH CSsR 60 (2012) 33-66.

D

A MORAL AFONSIANA

O triunfo da benignidade frente ao rigorismo moral

Introdução

A leitura textual (conteudística) e sociobiográfica do pensamento moral de Afonso de Liguori

Tudo o que foi exposto até agora no presente volume (tomo 1) está em função do objetivo desta quarta parte - D) A *moral afonsiana*: analisar e expor o pensamento moral de Afonso de Liguori.

O edifício construído por Afonso pode ser analisado e descrito de várias formas e com diferentes interesses. Aqui pretendemos fazê-lo com orientação preferentemente histórica, ou seja, procurando descobrir o significado da obra moral afonsiana no contexto da reflexão teológico-moral do séc. XVIII. O trabalho teológico-moral de Afonso adquire seu autêntico significado histórico quando situado no conjunto da época em que nasce e com a qual mantém efetiva relação.

Nossa proposta é realizar a tarefa combinando dois tipos de metodologia:

- A metodologia *textual ou conteudística*, que consiste em ir diretamente ao texto e analisar seu *conteúdo*. Quem escreve estas linhas teve como norma ir *diretamente* ao texto escrito por Afonso. Sem deixar de apreciar e utilizar as interpretações feitas dos escritos afonsianos, o primeiro critério metodológico adotado consistiu em captar o que realmente diz o texto afonsiano.

- A metodologia *sociobiográfica*, com a qual o texto é lido em relação com os condicionamentos sociais e biográficos em que surgiu.

Dando por suposto o significado da metodologia *conteudística*, explicito e desenvolvo o significado da metodologia sociobiográfica. Além disso, também acrescento algumas anotações sobre as fontes para o estudo e indico as seções em que está organizada esta parte decisiva do presente volume.

I. Um fato novo: a leitura sociobiográfica do pensamento moral afonsiano

Os estudos recentes sobre a moral afonsiana abandonaram o tom polêmico, a aura hagiográfica e o prurido de autoestima familiar. Situam-se dentro das exigências da metodologia histórica, sem deixar, por isso, de descobrir a capacidade de atualização que o pensamento afonsiano possui.

Apesar desse florescimento de estudos, é preciso reconhecer a necessidade de continuar investigando o significado especificamente *histórico* do pensamento moral afonsiano. É necessário situá-lo em seu próprio momento e analisar sua contribuição específica em relação aos desafios morais de sua época. Creio que esta será, ou deverá ser, a orientação que adotarão os estudos do futuro próximo sobre a moral afonsiana. A grande preocupação será descobrir o que realmente significou em seu momento histórico, e não só, nem principalmente, nas "leituras" e nos "usos" que teve posteriormente, sobretudo, no séc. XIX e primeiras décadas do séc. XX.

A tarefa hermenêutica a que acabamos de aludir se identifica na prática com o fato de uma leitura *sociobiográfica* da moral afonsiana, leitura que serve de complementação às outras leituras:

- Para a leitura do texto, oferece o contexto *sócio-histórico* em que o mesmo texto adquire sentido pleno.

- Para a leitura do conteúdo, proporciona o contraponto do *significado real-histórico* do personagem e da obra.
- Para a leitura de orientação geral, oferece o *devir biográfico* que constitui o contexto vital pessoal do autor sobre a qual cresce a doutrina.

A leitura sociobiográfica utiliza uma metodologia *correlacionista*. Esta correlação se estabelece em três momentos:

1. Correlação da obra com a peculiar *biografia do autor*, analisando as repercussões que os fatores biográficos têm sobre a produção escrita.
2. Correlação da obra com o entorno sócio-histórico, para ponderar o grau de originalidade, a carga de servidão e o peso de influência que os fatores/condicionamentos sociais proporcionam à obra.
3. Correlação da biografia com o entorno sócio-histórico enquanto formadores de uma *unidade de influência* sobre a gênese e o desenvolvimento da obra escrita.

O pensamento moral de Afonso de Liguori constitui um dos casos mais qualificados em que se verifica de modo eminente a correlação entre fatores biográficos e sociais e a configuração objetiva da obra escrita. Por isso, a leitura sociobiográfica é particularmente necessária para interpretar adequadamente a moral afonsiana.

Esse é o quadro metodológico-epistemológico em que se situa esta parte decisiva do presente volume dedicada a expor o pensamento moral do padroeiro dos confessores e moralistas.

O autor adverte que:

- Os condicionamentos mais diretamente biográficos serão expostos na seção seguinte (14ª).
- Os condicionamentos mais diretamente socioambientais serão analisados na seção posterior (15ª).

II. Fontes e dados para o estudo

Para o estudo da obra moral de Afonso há dados abundantes, além daqueles oferecidos pelos próprios escritos.

Ocupam o primeiro lugar os testemunhos do próprio autor, chegados até nós através da recopilação de seu *epistolário*. Sobretudo, a partir da preparação da 3ª edição da TM (*Theologia Moralis*), as cartas de Afonso constituem, não apenas um testemunho veraz e explicativo de seu labor literário, mas também uma autêntica crônica de seus trabalhos, dedicação, alegria e reações a respeito da evolução de sua obra.

As cartas estão recopiladas em: *Lettere di S. Alfonso Maria de' Liguori* (ed. F. Kuntz e F. Pitocchi) I, II, III (Roma, 1887-1890); faremos referência a essa edição.

Sobre o significado histórico do epistolário afonsiano: ver o que foi dito no cap. 8 da precedente sétima seção.

Junto com as cartas, é necessário situar outros testemunhos do autor. Entre eles, destacam-se os de seus cadernos de *notas pessoais*.

Nesses cadernos, intitulados *Cose di coscienza*, Afonso ia anotando pensamentos, esquemas de pregação, casos de consciência, resoluções recebidas de seus diretores espirituais. São manuscritos que se encontram no Arquivo Geral dos Redentoristas de Roma na seção de Santo Afonso (AGR, SAM, VI 10).[1] Serão citados segundo as referências apresentadas pelos biógrafos (Tellería, Rey-Mermet) com a sigla: CC.

Também têm importância as alusões de tipo biográfico contidas em outras obras e referidas diretamente à TM. Nesse sentido, as *dissertações* sobre o uso da opinião provável, bem como os *escritos apologéticos* sobre sua moral, contêm abundante e precioso material para conhecer a complexa gestação da obra moral afonsiana.

---

1 Sobre o primeiro caderno, há um estudo detalhado: FERRERO, F. *La mentalidad moral de San Alfonso en su cuaderno espiritual "Cose di coscienza" (1726-1742)*: SH 21 (1973) 198-258.

Tanto as *Dissertações*, quanto as *Apologias*, são descritas no cap. 1 da próxima seção (14ª); e citadas com as siglas aí indicadas.

A esses dados de primeira mão, é preciso acrescentar outros, de não menor importância. As referências do primeiro biógrafo, A. Tannoia, às diversas edições da TM constituem material de inegável valor histórico.[2] Além disso, os dados históricos sobre a evolução da Congregação do Santíssimo Redentor e sobre as dificuldades sofridas pela Companhia de Jesus têm, em grande medida, relação estreita com as variações introduzidas em várias etapas da gestação literária da TM. Também projetam abundante luz sobre a gênese e o desenvolvimento da TM os conhecimentos sobre o momento histórico da Igreja, sobre as disputas teológico-morais da época, e sobre o gênero literário das *Institutiones Morales* no qual se enquadra a moral afonsiana.

Em correlação com essa série de fontes, de caráter preferentemente sociobiográfico, é preciso situar os dados que a própria obra da TM nos oferece.

- A página de rosto das edições. A página de rosto (frontispício) antecede a página de apresentação, em cujo centro vinha expresso o título abreviado da obra (em outros casos, continha uma incisão a modo de ilustração ou um *motto* explicativo).
- As introduções gerais (*Ad Lectorem*).
- As passagens mais pessoais (introduções particulares a determinados tratados, advertências ou *Monitum* sobre o sistema moral, etc.).

Não julgo necessário justificar de forma extensa a importância desses três grupos de elementos enquanto testemunhos objetivos da atuação dos fatores condicionantes na gênese da TM. Basta indicar as breves anotações que seguem.

As páginas de rosto oitocentescas dos livros religiosos constituem não apenas a porta de entrada ao conteúdo do livro, mas também oferecem chaves para a compreensão da origem, razão,

---

[2] São de particular interesse para nosso tema os seguintes capítulos: Livro II, c. 26, c. 38, c. 48, c. 55; Livro III, c. 21; Libro IV, c. 16.

viés e interesses que justificam a própria existência da obra. As páginas de rosto da TM, sobretudo as compostas nas prensas de Remondini com duas cores, são um exemplo típico e qualificado de folha de rosto oitocentesca.

Na introdução geral, o autor apresenta ao leitor (Ad Lectorem) sua obra, utilizando uma fórmula intermediária entre a descrição técnica e asséptica e a apresentação comercial ou propagandística: apresenta a obra, mas acrescentando motivações, expressando desejos, desculpando imperfeições, oferecendo as chaves em que o autor deseja que sua obra seja lida. Ao longo das edições da TM, há duas importantes introduções gerais, com acréscimo de matizações nas edições seguintes. É preciso reconhecer que o autor pôs particular interesse nelas, pedindo encarecidamente sua leitura prévia ao leitor da obra. Constituem bom testemunho de como funcionam, de fato, os fatores que assinalei como condicionantes na gênese da TM.

O mesmo deve ser dito, e com maior razão ainda, sobre as passagens mais pessoais da obra. Sobretudo, as anotações que Afonso intitula *Monitum* apresentam elementos valiosos para conhecer a biografia literária da TM. Além disso, o fato dessas passagens pessoais estarem sujeitas às modificações nas diferentes edições aumenta seu valor testemunhal para analisar a gênese literária da obra.

III. Organização do estudo

Organizamos o estudo da moral afonsiana em oito seções.

- Iniciamos o desenvolvimento pela descrição dos escritos morais de Afonso e assinalando a orientação fundamental de seu pensamento moral (seção 14ª).
- Na continuação, nos detemos na análise da obra principal de Afonso no campo da moral, sua *Theologia Moralis* (=TM), da qual traçamos uma detalhada biografia, aludindo também aos condicionamentos socioambientais do pensamento moral afonsiano (15ª).
- Fixando a consideração nessa obra principal (TM), expomos como Afonso construiu seu edifício moral (seção 16ª).

- Depois, analisamos o conteúdo da edificação moral de Afonso: tanto nos tratados de moral geral (seção 17ª), quanto nos tratados de moral concreta (seção 18º).
- Dentro do projeto moral de Afonso, duas realidades adquirem significado especial, uma de caráter teórico e outra de orientação pastoral. Referimo-nos: à questão do Sistema Moral, que será objeto da seção 19ª; e à prática pastoral da Confissão, objeto da seção 20ª.
- A recepção da moral afonsiana nos dois últimos séculos também será objetivo de nossa atenção: tanto no que diz respeito à recepção por parte dos moralistas, quanto pelo que se refere ao Magistério eclesiástico (seção 21ª).
- Na última seção (seção 22ª) é oferecida uma espécie de balanço (até o momento) da moral afonsiana.

Característica relevante na proposta cristã afonsiana é a articulação entre moral e espiritualidade. Dada a importância do tema, dedicamos a ele a quinta parte do volume, integrando nela três seções.

Descontada esta quinta parte que acabamos de citar, temos aqui assinaladas as seções, com seus respectivos conteúdos, tal como integram esta quarta e decisiva parte do presente volume:

- Décima quarta seção:
A obra moral de Afonso: escritos e orientação fundamental.

- Décima quinta seção:
A "Theologia Moralis" de Afonso. Biografia de uma obra de Moral.

- Décima sexta seção:
Como Afonso construiu seu edifício moral.

- Décima sétima seção:
A moral geral no projeto teológico-moral de Afonso.

- Décima oitava seção:
A moral concreta no projeto teológico-moral de Afonso.

- Décima nona seção:
O sistema moral afonsiano.

- Vigésima seção:
A Confissão no pensamento afonsiano.

- Vigésima primeira seção:
História da interpretação e da recepção da Moral afonsiana (séc. XIX-XX).

- Vigésima segunda seção:
Balanço (até agora) sobre a obra moral de Afonso de Liguori.

IV. Apontamentos bibliográficos sobre a moral afonsiana

Consideração diacrônica

- VEREECKE, L. *Saint Alphonse de Liguori dans l'histoire de la Théologie Morale du XVIe. au XVIII siècle:* VÁRIOS. Alphonse de Liguori, Pasteur et Docteur (Paris, 1987) 95-125.
- AMARANTE, A. V. *Alfonso de Liguori: da studente di Morale a dottore della Chiesa:* G. Vicidomini (ed.). Alfonso M. de Liguori. Un santo per il terzo millennio (Materdomini, s. a. [= 2010]) 297-319.

O autor divide a cronologia do pensamento moral afonsiano em três momentos:

- A etapa formativa.
- Da insatisfação com a prática pastoral à formulação do sistema moral.
- Etapa de amadurecimento.

Afonso recebeu uma formação probabiliorista (1722-1726); do probabiliorismo, passou ao probabilismo (1744-1754); para chegar à solução definitiva mediante a formulação do sistema moral equiprobabilista (1756-1767).

O autor também examina os condicionamentos que influenciaram o pensamento moral afonsiano: a discussão com Patuzzi; a tormenta na Sicília; o confronto com o cônego Magli; a intervenção do fiscal De León.

Consideração sincrônica:

- THÉBERGE, R. *Liguori et la formation morale de la conscience* (Sainte Foy, 1987).

Estudo detalhado do Homo apostolicus, desde a perspectiva da formação da consciência.

Breve síntese do estudo em: VÁRIOS. *Alphonse de Liguori, Pasteur et Docteur* (Paris, 1987) 127-138.

- REY-MERMET, T. *La Morale selon St. Alphonse de Liguori* (Paris, 1987).
- DELUMEAU, J. *Morale et pastorale de saint Alphonse: bienveillance et juste milieu.* VÁRIOS. Alphonse de Liguori, Pasteur et Docteur (Paris, 1987) 139-159.
- VEREECKE, L. *Sant'Alfonso de Liguori moralista ieri e oggi.* La Civiltà Cattolica 139 (1988) III, 365-378.
- GALINDO, Á. *La obra moral de San Alfonso María de Ligorio. Polémicas e influencias:* Salmanticensis 36 (1989) 73-94.
- LÓPEZ, T. *El problema de las fuentes y el método de la Teología Moral en San Alfonso María de Ligorio*: Scripta Theologica 21 (1989) 141-149.
- KLAFKA, Z. *Il Cristo Redentore come icona della misericordia di Dio Padre, centro della proposta morale alfonsiana* (Roma, 2001).
- HURTUBISE, P. *La casuistique dans tous ses états. De Martín Azpilcueta à Alphonse de Liguori* (Montreal, 2005) 181-203, e *passim.* Trata-se de um detalhado e bem documentado estudo sobre o conteúdo e sobre o significado histórico da Teologia Moral afonsiana. Para este autor:

A moral de Afonso expressa perfeitamente o paradigma da moral casuísta, uma disciplina nova dentro do tronco teológico, essencialmente prática e com um método mais próximo dos postulados do direito canônico que da teologia (p. 202-203).

Afonso de Liguori, "pode ser que não tenha sido, como alguns pretenderam, o maior dos moralistas da época moderna, mas foi certamente um dos mais representativos e um dos mais influentes" (p. 202).

- FORTE, B. *Attualitá della morale alfonsiana. Sant'Alfonso e la coscienza ieri e oggi:* SM 45 (2007) 163-183.
- Também: G. Normanno, *La morale di s. Alfonso M. De Liguori e le concezioni etiche del suo tempo*: GIANNANTONIO, P. (ed.). Alfonso M. De Liguori e la civiltà letteraria del Settecento (Città di Castello, 1999) 385-387. Uma aproximação esquemática, onde constam as seguintes afirmações:

"Santo Afonso não é um filósofo, mas certamente sua reflexão moral se apoia em uma antropologia, que não é a pessimista dos jansenistas, e responde à situação cultural de sua época" (p. 385).

"O modelo antropológico em que Afonso se inspira é o da dignidade do homem, o da responsabilidade ética da pessoa e o da articulação entre liberdade humana e graça divina" (p. 385).

"Na base da moral afonsiana encontram-se os princípios fundamentais que é fácil encontrar na cultura do *Settecento*: a verdade, a razão e a consciência" (p. 385).

A modernidade de Afonso consiste "em preferir a liberdade à lei, a responsabilidade subjetiva à objetividade da norma" (p. 386).

"Na base da avaliação moral está a verdade. Mas, esta não é concebida como absoluta e perene, no sentido metafísico, mas sim, é vista como 'certeza', constituída de diversos graus, à qual o sujeito chega mediante um raciocínio a partir dos primeiros princípios e considerando a situação concreta" (p. 386).

"Certamente Afonso é fiel à tradição, mas não apela nunca ao princípio de autoridade sozinho, privilegiando o juízo do sujeito" (p. 386). "O conceito mais importante da moral de Santo Afonso é o de consciência, mediante a qual se supera, tanto o rigorismo quanto o laxismo e que apresenta certa afinidade com a moral kantiana pela prioridade que dá, ao menos quanto aos princípios, à moralidade frente a legalidade" (p. 386).

"A consciência não tem o valor de pura subjetividade, nem, muito menos, de arbitrariedade, mas é sinônimo de responsabilidade pessoal, de atividade de reflexão, de interiorização da lei (p. 386-387).

"Concluindo, uma moral aberta ao homem, respeitosa da liberdade deste, aberta à compreensão pastoral das exigências e das debilidades humanas" (p. 387).

Traços a destacar na proposta moral afonsiana

- THÉBERGE, R. *Une morale pour une pastorale de la miséricorde. L'"Homo apostolicus"*. VÁRIOS. Saint Alphonse de Liguori, Pasteur et Docteur (Paris, 1987) 127-138.
- CAPONE, D. *Il personalismo in Alfonso M. de Liguori*: GIANNANTONIO, P. (ed.). Alfonso M. de Liguori e la società civile del suo tempo (Florença, 1990) I, 221-257.

O personalismo em seu estilo de pessoa (p. 223-226).

O personalismo em sua vida pastoral em relação com o povo simples (p. 226-236).

O personalismo em sua teologia moral (p. 237-256): frente à opção legalista, a moral afonsiana "é, principalmente, teologia da pessoa que se expressa e se realiza em sua atuação; desse modo, a moral se transforma, de casuísta, em moral prudencial" (p. 240).

- [Além disso]: Id., *Per una Teologia morale prudenziale con S. Alfonso*: VÁRIOS. Attualità della Teologia Morale (Roma, 1987) 63-85; Id., *Prudenzialità nella scienza casistica per la prudenza nella coscienza*: SM 25 (1987) 27-78; Id., *Fattualismo e personalismo in morale*: SM 26 (1988) 183-207.

Ver o estudo de: AMARANTE, A. V. *Prudenza e prudenzialità in s. Alfonso. Lettura con Domenico Capone C.Ss.R.*: SM 43 (2005) 469-492, especialmente p. 479-499: "Prudenza e Prudenzialità nella TM alfonsiana".

- DELUMEAU, J. S. *Alfonso dottor della fiducia:* GIANNANTONIO, P. (ed.). Alfonso M. de Liguori e la società civile del suo tempo (Florença, 1990) I, 205-218.

Esse traço se percebe, sobretudo, nas orientações afonsianas sobre a prática pastoral da Confissão.

Afonso se situa na tradição "compreensiva" de Gerson, Antonino de Florença e Francisco de Sales. Por outra parte, rebaixa o rigor que se encontra nas *Instruções aos confessores,* de Carlos Borromeo.

- MAJORANO, S. *Misericordia e teologia morale: il contributo della visione alfonsiana:* WODKA, A. S. (ed.). Inaugurazione. Anno Accademico 2014-2015 (AA, Roma) (Roma, 2015) 45-63.

Aproximações breves e simples

- DE GAMARRA, V. P. *[San Alfonso] El moralista*: El Perpetuo Socorro 12 (1910) 347-352.
- Anônimo, *La moral de san Alfonso*: El Perpetuo Socorro 14 (1912) 379-384. O artigo recolhe elogios de diversas revistas à moral de Afonso: *Espanha e América* (dos Agostinianos), *The Irish Theological Quarterly* (1903), *The Ecclesiastical Review* (1906) [Filadelfia], *La Scuola Cattolica* (1912) [Milão], *Il Santuario di Varallo* (1912), *Nouvelle Revue Théologique* (1906), *Monitore Ecclesiastico* (1906), *L'Ami du clergé* (1915).
- MIGUEL PALACIOS, L. *San Alfonso moralista (Apontamentos históricos):* El Perpetuo Socorro 18 (1916) 471-474, 542-554, 602-606; 19 (1917) 10-15.
- ZALBA, C. P. *El Doctor moralista:* El Perpetuo Socorro 23 (1921) 330-337.

Situação da reflexão teológico-moral no séc. XVIII

Ver o volume precedente da presente Historia de la Teologia Moral: V/2. Também:

- DE FRANCESCHI, S. H. *La théologie morale comme Science au XVIII siècle:* Revue théologique de Louvain 49 (2018) 201-225.

DÉCIMA QUARTA SEÇÃO

A obra moral de Afonso: escritos e orientação fundamental

Nesta primeira das seções dedicadas à análise do pensamento moral de Afonso, lançamos um olhar de conjunto sobre sua obra moral para, dessa maneira, poder descobrir seu significado geral. Em primeiro lugar, tomamos nota dos *escritos* que Liguori dedicou ao tema moral. Em segundo lugar, situamos esse trabalho dentro das *coordenadas* da vida do autor. A terceira aproximação se detém na *orientação fundamental* dessa obra, que não é outra, que a conversão do "rigorismo" à "benignidade".

Estes são os títulos dos três capítulos que compõem a presente seção.

14.1. Os escritos afonsianos sobre a Moral.

14.2. A Moral afonsiana dentro das coordenadas biográficas do autor.

14.3. A orientação fundamental da obra moral afonsiana: a conversão do "rigorismo" à "benignidade".

14.1. OS ESCRITOS AFONSIANOS SOBRE A MORAL

Se dividirmos a produção literária de Afonso em nove partes, a divisão temática poderia ser organizada da seguinte maneira: uma parte para a dogmática (incluindo a apologética), quatro partes para a espiritualidade e pastoral, e outras quatro partes para a moral.[1] Como se vê, os escritos sobre a moral ocupam lugar destacado na obra escrita de Afonso, não apenas, como veremos, por sua qualidade, mas também, por sua quantidade.

O presente capítulo reconta quase exaustivamente os escritos de Afonso sobre a moral.[2] Por outro lado, me proponho a justificar o posto central da *Theologia Moralis* (=TM), assinalando como, quase todos os outros escritos morais, guardam relação com ela.

A produção afonsiana sobre a moral pode ser classificada tomando sua grande obra TM como critério organizativo de todo o conjunto. O restante dos escritos morais se vincula a ela como *complementos* do tema, como *compêndios* de seu amplo conteúdo ou como *estudos* que a apoiam e defendem. A TM é o grande manancial da doutrina moral afonsiana, para o qual afluem, e do qual saem, as águas dos escritos morais menores.

14.1.1. A "Theologia Moralis" e seus complementos, compêndios e apoios

– Theologia Moralis (TM).[3]

Afonso considerou a TM como sua *Obra Grande,* não apenas em razão do volume, mas, sobretudo, por sua grande qualidade. Refere-se a ela com as expressões "la mia opera morale", "la mia opera", "il mio Libro".[4]

---

1 BAYÓN, R. *Cómo escribió Alfonso de Ligorio* (Madri, 1940) 110.

2 Ver a narração oferecida nos artigos de R. Tellería e D. Capone, citados no texto, no final do presente capítulo.

3 De Meulemeester, I, 62-68: detalhada apresentação das nove edições; Ferrero-Boland, 505-508.

4 A56, 75, 77, 78, 92, 93. Nas Lettere encontram-se as seguintes expressões: *mia Teologia Morale*: III, 389; *Teologia grande*: III, 170; *Opera grande*: III, 48, 51, 69, 75, 85, 87, 175, 264; *Opera grande della Morale*: III, 59, 97, 178, 263; *Morale grande*: III, 66, 73, 86, 88, 89, 90, 91, 92, 94, 95, 96, 100, 106, 113, 114, 116, 117, 185, 203, 263, 445, 487.

A TM de Afonso nasceu como uma edição e um comentário (*Adnotationes*, 1748) ao livro de Busenbaum. A partir da 2ª edição, em dois tomos (1753, 1755), os comentários alcançam notável desenvolvimento e se tornam uma autêntica obra, intitulada, a partir desse momento, *Theologia Moralis*. Contudo, o texto de Busenbaum permanece em todas as edições da TM como estrutura imprescindível sobre a qual se apoia a reflexão afonsiana; apenas desaparece totalmente do tratado da *consciência*, a partir da 8ª edição.

A união indissolúvel entre o texto de Busenbaum e a obra moral de Liguori é o condicionamento mais importante que a TM apresenta enquanto sua configuração literária. Além disso, o nome e a obra de Busenbaum estão vinculados à moral jesuítica e, consequentemente, às repercussões que tiveram para Afonso as vicissitudes da Companhia de Jesus, na segunda metade do século XVIII.

A TM será analisada detidamente na próxima seção. Mas, desde agora, dizemos que essa obra é, praticamente, o *todo* da moral afonsiana. Antônio Tannoia afirma que "para Afonso, tudo é glorioso nesta obra",[5] uma obra em que "Afonso evitou, com suma prudência, os dois extremos, do laxo probabilismo e do rígido tuciorismo, nocivos para as almas, tanto um, quanto outro".[6] Ainda que "neste campo da moral, Afonso não quisesse mais que assumir os resultados dos dois séculos de elaboração doutrinal",[7] sua *Theologia Moralis* pode ser considerada como "a maior obra da Igreja do séc. XVIII".[8] Para alguns, constitui uma autêntica enciclopédia do humanismo cristão do séc. XVIII.[9]

14.1.2. Complementos da "Theologia Moralis"

A edição da TM não estará completa se não vier acompanhada por outros dois escritos afonsianos, que anotamos na continuação:

---

5 Tannoia, II, 247.

6 *Ibid.*, II, 245.

7 JEMOLO, A. C. *Il giansenismo in Italia prima della Rivoluzione* (Bari, 1928) 188.

8 Rey-Mermet, 432.

9 SACCHETTI, A. *Illuminismo e cristianesimo. Ragioni e confronto. Alfonso Maria de Liguori. (II): Apologetica e Teologia morale. Umanesimo alfonsiano*: Sangue della Redenzione 8 (2010) 107-180, especialmente, p. 147-180: "La teologia morale, un'enciclopedia dell'umanesimo cristiano".

- *Prática do Confessor*

A *Prática do Confessor* apareceu em italiano na 2ª edição napolitana da TM e, também, em edição separada: agradou muito.[10] Para que pudesse ser lida "na Alemanha, na Espanha e em outras regiões ultramontanas,"[11] foi traduzida para o latim pelos padres Jerônimo Ferrara e Gaspar Caione, sob a supervisão de Afonso.[12] Este, por sua vez, anota que a tradução latina lhe custou "três meses de fadiga" e foi feita "com toda a atenção".[13] A partir da 3ª edição veneziana da TM, a versão latina, *Praxis Confessarii,* sempre acompanhou a obra moral grande.

Dada a enorme importância que essa obra recebe no conjunto do pensamento moral afonsiano, a ela dedicaremos uma atenção singular. Será, precisamente, quando analisarmos o pensamento afonsiano sobre a Confissão. Aqui consignamos a edição crítica da versão latina, bem como uma edição do texto italiano e uma tradução espanhola dele.

- Edição crítica do texto latino: Sanctus Alphonsus M. de Ligorio, *Praxis confessarii ad bene excipiendas confessiones.* Editio nova cum antiquis editionibus et italico textu collata in singulis auctorum allegationibus recognita notisque criticis et commentariis illustrata cura et studio p. Gabrielis Mariae Blanc (Roma, 1912). Este texto também se encontra na edição crítica da TM: Gaudé, IV, 521-647.
- Edição crítica do texto italiano: S. Alfonso Maria d' Liguori, *Pratica del confessore per ben esercitare il suo ministero.* A cura del can. Giuseppe Pistoni, del Seminario Metropolitano di Modena in collaborazione con i Padri Francescani Coventuali di Casa Mariana, Frigento (AV). Con aggiunta, in appendice, di materiale a cura di P. Alfonso Maria Sutton, OFM Conv., S. T. D. (Frigento, 1987²; a 1ª edição: Frigento, 1948).

---

[10] Lettere, III, 29, 31.

[11] Lettere, III, 31, 33.

[12] Lettere, III, 36. Afonso recomenda ao Pe. Caione que faça uma tradução em estilo simples, com termos fáceis e sem usar circunlóquios; ou seja, "com o mesmo estilo fácil em que está escrita a minha Moral" (Lettere, III, 38).

[13] Lettere, III, 40, 43, 44, 47.

- Tradução espanhola a partir do original italiano: S. Alfonso Mª. de Ligorio, *La práctica del confesor para ejercitar bien su ministerio.* Versión del original italiano y anotaciones del R. P. Nicanor Moriones, redentorista, doctor en derecho canónico (Madri, 1952).
- Tradução brasileira (da versão latina): LIGÓRIO, Santo Afonso Maria de. *Prática dos confessores.* Rio de Janeiro: Ed. CDB, 2020. Tradução: Tiago Gadotti.

- *Exame dos ordenandos*

Afonso acrescentou, na versão latina da "Prática do Confessor", um resumo prático da Teologia Moral com objetivo de refrescar a memória para o exame das ordens sagradas. Intitulou-o *Examinen ordinandorum.*[14] Em carta a Remondini, Afonso pondera a utilidade prática do folheto.[15] Mas o editor não ouviu as sugestões e o deixou de fora da 3ª edição da TM, imprimindo-o à parte, em edição que não agradou ao autor[16] e não teve êxito comercial.[17]

Afonso inseriu o resumo, por sua conta, como apêndice da *Instrução e prática do confessor.*[18]

O original latino se encontra, na edição crítica, em Gaudé, IV, 649-698.

14.1.3. Compêndios (em latim e italiano) da "Theologia Moralis"

Da "obra grande" da TM nascem, na forma de compêndios, três livros: um compêndio em italiano (*Istruzione e Pratica*), sua versão em latim (*Homo Apostolicus*) e um seu resumo em língua italiana (*Il Confessore diretto*).

---

[14] De Meulemeester, I, 93; Ferrero-Boland, 514. Ver a contextualização histórica em: Tellería, I, 652-653.

[15] Lettere, III, 40, 43, 47.

[16] Lettere, III, 67-68.

[17] "O Pe. Ferrara, procurador de Afonso e do Instituto em Nápoles, e seu corretor, e de Remondini, na venda dos livros, anotou em suas contas, dois anos depois, esta cifra desoladora para os cálculos remondinianos: '27 de abril de 1760. Do *Exame dos ordenandos* - de Veneza - não despachei um só exemplar'" (TELLERÍA, R. *Actividad moral de San Alfonso*: Moralia [1ª época] 3 [1955] 114).

[18] Lettere, III, 67-68.

- *Instrução e Prática do confessor*

É o compêndio da TM[19] escrito em italiano para "os confessores rurais que não querem gastar muito e sabem pouco latim".[20] Era inovação escrever manual de moral em língua vulgar. Afonso consultou Roma e a Sagrada Congregação do Índice aprovou o projeto, sugerindo manter em latim o tratado sobre o sexto mandamento e uso do matrimônio.[21]

A redação da obra custou notável esforço.[22] Foi publicada em Nápoles (1757) às suas próprias custas e com tiragem reduzida.[23] Costumava fazer assim com as primeiras edições napolitanas, que considerava uma espécie de manuscrito passado a limpo e apresentado ao público; se agradasse, corrigia os erros de impressão, aperfeiçoava o texto e o publicava novamente de forma definitiva.[24]

A *Instrução e Prática* teve boa acolhida,[25] conforme as previsões de Afonso, que a avaliou como uma "boa coisa"[26] e que planejou divulgá-la "por toda a Itália".[27]

- *Homo Apostolicus*

Diante da boa acolhida da *Instrução e Prática*, o editor veneziano, Remondini, solicitou a tradução para o latim.[28] Afonso tomou para si mais esse trabalho, embora auxiliado por seus colaboradores.[29] Enviou o manuscrito em meados de outubro de 1758[30] e o viu transformado em livro em fins de 1759, após longa espera.[31]

---

19 De Meulemeester, I, 89; Ferrero-Boland, 513-514.
20 Lettere, III, 34 (cf. 55).
21 Lettere, III, 62.
22 Lettere, III, 44, 45, 48, 50, 52, 55.
23 Lettere, III, 62.
24 BAYÓN, R. *Cómo escribió...*, 249. Ver: Lettere, III, 85-86, 96, 113, 160, 219, 222, 227, 355, 439.
25 Lettere, III, 63: "Estão me arrancando das mãos estes exemplares".
26 Lettere, III, 51.
27 Lettere, III, 60.
28 De Meulemeester, I, 89-92.
29 Lettere, III, 56, 58, 60, 61, 63, 65, 69, 71, 75, 77.
30 Lettere, III, 80, 82.
31 Lettere, III, 82, 91, 93, 96, 100, 101, 102, 104, 105, 108, 109.

Afonso considerou-o um bom manual de Teologia Moral[32] e, por isso, adotou-o como livro de texto no seminário de sua diocese.[33]

> "Quero mandar comprá-lo para todos os meus sacerdotes e seminaristas".[34] "Estou aguardando para dá-lo a meus seminaristas".[35] "Este é um livro que pode servir para os seminaristas e para todos os jovens que começam a estudar a moral. Sei que os jesuítas o utilizam no exame para as confissões".[36]

O *Homo Apostolicus* é "sem dúvida a obra mais perfeita, mais pessoal, do moralista".[37]

– O *Confessor da gente do campo*

É um resumo de 400 páginas em formato *in-8º*, da *Instrução e Prática*,[38] publicado em Veneza, em 1764. Seus destinatários são os sacerdotes das pequenas aldeias.[39]

14.1.4. Textos de suporte à "Theologia Moralis"

Na produção afonsiana, há um conjunto de escritos que, nascidos autonomamente, conseguiram engrossar, como afluentes, o caudal do grande rio da TM. São peças que se encontram incorporadas no edifício da TM.

Apresentamos os escritos principais:

– Carta sobre o abuso de maldizer os mortos (1746)

É o primeiro escrito de Afonso sobre a moral.[40] Começou como um escrito, ou carta, que circulou por várias pessoas pró-

[32] Lettere, III, 82, 92, 93, 194-195, 236.
[33] Rey-Mermet, 573.
[34] Lettere, II, 151.
[35] Lettere, III, 169.
[36] Lettere, III, 194-195.
[37] Rey-Mermet, 503.
[38] De Meulemeester, I, 122-123; Ferrero-Boland, 520.
[39] Lettere, III, 179.
[40] De Meulemeester, I, 68; Ferrero-Boland, 505.

ximas a Afonso.[41] Depois, tornou-se um escrito público ou *Carta* publicada. Podemos supor que o bom tino que soube imprimir nessa reflexão valeu a Afonso que a porta da Teologia Moral se lhe abrisse com facilidade e com promessa de êxito.[42]

No escrito, Afonso analisa um problema prático: o fato de amaldiçoar "seus mortos" para insultar alguém constitui uma blasfêmia? A sensibilidade pastoral, além da reflexão e consultas realizadas, levou-o a uma resposta negativa, solução contrária à opinião comumente admitida.[43]

Não se conhece nenhum exemplar dessa *Carta*, mas o conteúdo entrou na TM (1748), no tratado sobre a blasfêmia (Lib. III, tract. II, c. 1). "A partir de 1757, foi substituída por um trabalho novo, inserido na *Instrução e Prática*".[44]

Além disso, também entraram na TM, acréscimos de Afonso referentes a duas polêmicas posteriores sobre a solução dada por ele à questão da maldição dos mortos:

- Uma *Justificação* (*Expiatio*), que se encontra na 1ª edição de 1748 (cc. 1029-1032).[45]

Essa Justificação "serviu de palanque aberto para Afonso desde onde reivindicar com brio a ortodoxia de suas diretrizes missionárias e recalcar o vigor da marcha ascensional do Instituto".[46]

- Uma *Carta de resposta,* que apareceu na 4ª edição de 1760 (t. I, p. 114-119).

A proposta moral de Afonso sobre a "maldição dos mortos" teve um êxito que poderíamos qualificar de histórico. "Como resulta-

[41] Sobre a história e documentação desse escrito: SAMPERS, A. *Controversia quam S. Alfonsus sustinuit ann. 1746-48 "De maledictione mortuorum"*: SH 14 (1966) 3-47. Ver a contextualização histórica em: Tellería, I, 405-409.

[42] Ver as sugestivas reflexões de: SWANSTON, H. F. G. *Celebrating Eternity Now. A Study in the Theology of St Alphonsus de Liguori (1696-1787)* (Chawton, Hampshire, UK, 1995) 145-148.

[43] Tannoia, I, 185-186.

[44] De Meulemeester, I, 68.

[45] Tellería, I, 407-408.

[46] Tellería, I, 408.

do imediato da controvérsia, desapareceu, em muitas dioceses, o pecado [de maldizer os mortos] da lista dos pecados reservados".[47]

Detalhe que corrobora a aceitação da tese de Afonso é os editores da *Moral* póstuma do padre jesuíta Mazzotta terem incorporado as ideias sustentadas por Afonso.[48]

– Dissertações *sobre o uso moderado da opinião provável* (1749, 1755, 1762, 1765)

As *Dissertações* constituem um conjunto importante na produção literária de Afonso acerca da Teologia Moral. Todas elas têm por objetivo explicar e justificar a opção de Afonso (seu *sistema moral*) acerca do uso da opinião provável.[49]

A *Dissertação* de 1749, de orientação antiprobabiliorista, apareceu sem nome de autor.[50] Não foi reimpressa, mas sim, substituída pela *Dissertação* de 1755 que, por sua vez, foi inserida parcialmente nas edições 3ª (1757) e 4ª (1760) da TM em substituição àquela da 2ª edição de 1753[51]. É preciso notar que a tese antiprobabiliorista da *Dissertação* se transforma, na TM, em tese antitutiorista.[52] "Advirta-se que por probabilioristas [Afonso] entendia os de sua época, ou seja, os que, na prática, se confundiam com os tucioristas ou, pelo menos, com um ramo destes".[53]

A *Dissertação* de 1762 "é inteiramente diferente das dissertações de 1749 e de 1755".[54] Foi atacada por João Vicente Patuzzi (1764: *A Causa do probabilismo*).

---

47 *Ibidem*.

48 *Theologia Moralis*, I (Nápoles, 1748) 338. Citado por: Tellería, I, 408, nota 12.

49 De Meulemeester, I, 68, 84-85, 119-120, 128-129; Ferrero-Boland, 509, 512, 519-520, 522.

50 Tellería, I, 423-424.

51 A *Dissertação* de 1755 segue presente na 5ª edição (1763). Afonso pediu que fosse substituída, nesta 5ª edição, pela *Dissertação* de 1762 (cf. Lettere, III, 169, 171-172, 174, 181, 184, 188, 201).

52 CAPONE, D. *Disertazioni e Note di S. Alfonso sulla probabilità e la coscienza (1748-1763)*: SM 1 (1963) 281.

53 Tellería, I, 424.

54 De Meulemeester, I, 119.

A *Dissertação* de 1765, retomando o conteúdo da *Dissertação* de 1762 e da *Apologia* contra Patuzzi[55], é um escrito mais cuidado e melhor ordenado que os das dissertações anteriores. O texto dessa importante *Dissertação* está recolhido, em síntese, na 6ª edição da TM (1767), substituindo o antigo texto das edições 3ª, 4ª e 5ª (resumo da *Dissertação* de 1755).

Advertimos que, dada a importância das *Dissertações* afonsianas para o conhecimento da evolução do pensamento moral de Afonso, voltaremos a elas na exposição do sistema moral afonsiano (cap. 4 da 19ª seção).

- Dissertação sobre a absolvição de clérigo habituado em matéria torpe (1751)

Depois de manter postura um tanto benigna na 1ª edição da TM (c. 598), submete o tema à nova e mais documentada análise e muda de parecer.[56] Essa *Dissertação* foi incorporada ao segundo tomo da 2ª edição da TM (1755).

Ao significado histórico desse texto afonsiano, fizemos referência no cap. 3 da 3ª seção.

- Dissertação sobre os livros proibidos (1759)

Dissertação para a qual o Pe. Alessandro Di Meo havia preparado toda sorte de notas eruditas, que Afonso não publica[57], foi incorporada à TM a partir da 4ª edição (t. I, p. 68-78). Analisamos detidamente o significado desse texto afonsiano no cap. 3 da 9ª seção.

- *Dissertação sobre a ignorância invencível* (1765)

Foi publicada diretamente na 6ª edição da TM (t. I, p. 41-46). Seu conteúdo será comentado no cap. 3 da 17ª seção.

---

55 Lettere, III, 261.

56 De Meulemeester, I, 77; Ferrero-Boland, 510. Ver a contextualização histórica em: Tellería, I, 555-560.

57 Rey-Mermet, 682.

- Outros escritos de apoio à *Theologia Moralis*

Outros dois textos menores, de conteúdo moral, entraram no corpo da TM, em sua primeira edição (1748):

- *Praxis interrogationum magis obviarum in excipiendis rusticorum confessionibus* (cc. 89-94).
- *Brevis Dissertatio super Propositionem ab Alexandro VIII* (sobre a autoridade do Papa acima do concílio ecumênico) (cc. 97-112).

Na primeira edição da TM, ou seja, nas *Adnotationes,* também entraram outros textos de conteúdo não diretamente moral, como:

- *Brevis dissertatio super censuras circa Immaculatam Conceptionem,* de conteúdo mariológico.
- *Brevis dissertatio super propositionem 29 damnatam ab Alexandro VIII,* de orientação eclesiológica.

Há outros escritos que passaram a formar parte dos *Compêndios* da TM, embora não tenham entrado no corpo da obra moral grande. São:

- A *Risposta apologética* (1764), que aparece anexada ao livro *Il Confessore diretto,* do mesmo ano de 1764.[58]
- A *Apologia da Teologia Moral* (1769), que também aparece na 3ª edição do *Homo Apostolicus* (1770).

O conteúdo dos textos anotados é exposto e analisado nos lugares pertinentes do presente volume. Por esse motivo, agora não faremos comentários extensos sobre os textos indicados.

- Completando o elenco

Tratando de anotar todos os escritos afonsianos com temática moral, cabe assinalar um que não entrou em nenhuma das obras recensionadas e que se encontra nas *Cartas* de Afonso:

- *Dissertatio super abusum duelli,* dissertação que se encontra editada em: Lettere, III, 637-639.

[58] Lettere, III, 200.

- Balanço

Da apresentação do elenco de escritos afonsianos sobre a moral, deduzem-se duas conclusões óbvias: a primeira, sublinha a grande abundância de obras que Afonso dedicou às questões de moral; a segunda, põe em relevo o lugar de primeira ordem que a TM ocupa na vida literária de Afonso. Em torno desse livro se aglutina sua produção sobre a moral e, ao mesmo tempo, é a expressão da faceta mais importante de Liguori enquanto escritor.

14.1.5 A Moral no "Corpus Alphonsianum"

A relação entre os escritos de moral com os outros, de índole teológico-pastoral e espiritual, não está à flor da página. Precisa ser buscada em zonas mais profundas, nas quais respira o único e mesmo pensamento afonsiano. Liguori compôs sua moral em uma época em que essa disciplina corria por trilhos paralelos à dogmática e à espiritualidade. Por isso, sua obra estritamente moral não tem conexão direta e imediata, nem com a dogmática, nem com a espiritualidade. Contudo, essa conexão existe. Dedicaremos a quinta parte do presente volume (na edição brasileira será o próximo volume) à conexão entre moral e espiritualidade no pensamento afonsiano.

Pode-se, portanto, falar com razão de um *corpus alphonsianum* no qual se integram dogmática, moral, espiritualidade e pastoral. Alguns estudos atuais realizam uma hermenêutica do pensamento moral afonsiano partindo da unidade de toda a obra de Afonso (ver a contribuição de Antonietta Serino na nota bibliográfica ao final deste capítulo).

> Entre os estudiosos atuais do pensamento de Afonso, existe uma tendência generalizada a não dividir seus escritos em compartimentos separados: moral, espiritualidade, dogmática, pastoral. Prefere-se falar de um "corpo de doutrina afonsiana" (*corpus alphonsianum*) em que todas as obras convergem para uma proposta de vida cristã destinada ao povo (ver as contribuições citadas na nota bibliográfica ao final deste capítulo).

João Paulo II também falou da "proposta afonsiana em nível espiritual, moral e pastoral".[59]

Sobre a relação entre a compreensão teológica e a concepção moral em Afonso, expressei meu ponto de vista em outro lugar.[60]

Sobre a unidade de objetivo no corpus alfonsianum:

- SERINO, A. *Il corpus alphonsianum: per una lettura compiuta dell'opera morale e ascetica di Alfonso de Liguori*: VICIDOMINI, G. (ed.). Alfonso M. de Liguori. Un santo per il terzo millennio (Materdomini, s. a. [= 2010]) 377-383.

Sobre a articulação da moral no corpus alphonsianum:

- MAJORANO, S. *La teologia morale nell'insieme del pensiero alfonsiano*: SM 25 (1987) 79-103.
- RAPONI, S. *Attualizzazione del pensiero di S. Alfonso soprattutto in merito all'attività pastorale a carattere popolare e alla chiamata di tutti alla santità:* Ibid., 327-358.
- REY-MERMET, T. *Teologia morale e vita cristiana nell'insegnamento di Sant'Alfonso de Liguori:* Asprenas 43 (1996) 231-246.

14.1.6. Complemento bibliográfico

Sobre as obras morais de Afonso de Liguori - resumo e exposição de seus conteúdos - e sobre seu significado no conjunto da biografia afonsiana, podem ser lidos os seguintes estudos (além dos já citados no presente capítulo):

- TELLERÍA, R. *Actividad moral de San Alfonso:* Moralia (1ª época) 3 (1955) 89-126 (um resumo quase exaustivo dos escritos afonsianos sobre a moral).
- CAPONE, D. *Dissertazioni e Note di S. Alfonso sulla probabilità e la coscienza (1748-1763), (1764-1769), (1769-1777):* SM 1 (1963) 265-343; 2 (1964) 89-155; 3 (1965) 82-149.
- SWANSTON, H. F. G. *Celebrating Eternity Now. A Study in the Theology of St Alphonsus de Liguori (1686-1787)* (Chawton, Hamsphire, UK, 1995) 148-170.

---

59 Lettera di Giovanni Paolo II per il III Centenario della nascita di sant'Alfonso Maria de' Liguori. *L'Osservatore Romano*, n. 222, anno CXXXVI, 27 set 1996. p. 5.

60 VIDAL, M. *Dios misericordioso y conciencia moral. La propuesta antijansenista de san Alfonso Mª. de Liguori (1696-1787)* (Madri, 2000).

14.2. A MORAL AFONSIANA DENTRO DAS COORDENADAS BIOGRÁFICAS DO AUTOR

A obra moral de Afonso não pode ser adequadamente entendida se não for situada na relação com os significados básicos do autor. Referimo-nos às coordenadas biográficas do autor, que concretizamos nas seguintes:

- O devir biográfico.
- As outras atividades.
- As peculiaridades biopsíquicas.
- O universo motivacional.
- A própria experiência moral.
- O esquema de vida literária do autor.

14.2.1. Dentro da ampla cronologia do autor

Em vários momentos do presente volume apresentamos o desenvolvimento biográfico de Afonso. De modo explícito, o fizemos no capítulo inicial, que serviu de *enquadramento geral* ao presente volume, bem como ao longo da extensa sétima seção. Agora limitamos a consideração à *Theologia Moralis* (=TM) afonsiana, observando-a dentro do marco cronológico do autor.

A colocação da TM no devir cronológico da vida de Afonso tem duas características:

1. Situa-se em uma etapa avançada na idade do autor.
2. Vai sendo gestada ao longo de muitos anos.

Já sublinhei que Afonso chegou à experiência de escritor em idade madura. Foi uma vocação literária tardia ou, ao menos, de maturidade. Encontrava-se ao redor dos cinquenta anos quando apareceram seus primeiros escritos. Sua primeira pequena obra de espiritualidade (uma centena de páginas) veio à luz pública em 1743: *Considerazioni sopra le virtù e pregi di S. Teresa di Gesù*.[61]

[61] De Meulemeester, I, 53-54. Advirto que, ao correlacionar a vida de Afonso com a cronologia de suas obras, conto o ano em que aparece a primeira edição dos escritos, sabendo que sua redação deve ser situada algum tempo antes da publicação.

Entre esses primeiros escritos de Afonso, precisamos situar a primeira edição da que, mais tarde, será sua *Theologia Moralis*, que fez sua aparição com o humilde título de *Adnotationes* (1748). O autor tinha, então, cinquenta anos.[62]

Não deixa de ter importância esse dado para interpretar a obra moral de Liguori e, em geral, sua obra literária. Seus escritos carecem do encanto da juventude, mas contêm a experiência da maturidade. Neles, não há preocupação excessiva com a forma. O interesse se centra no conteúdo. Afonso conhece sua debilidade e sua força enquanto escritor chegado ao ofício na maturidade de sua vida. Sua TM deve ser interpretada também desde esse dado biográfico: o que está contido nela não é fruto do entusiasmo juvenil, mas da longa decantação de uma experiência prolongada e refletida.

O que acabo de anotar é complementado por outra constatação. A TM começa sua jornada literária na etapa dos primeiros escritos afonsianos. Não aparece quando o autor está consolidado, mas sim, em seus primeiros ensaios de publicador.[63] A publicação das *Adnotationes ad Busenbaum* (1ª edição da TM) tem caráter tateante e de ensaio.

Precisamos reconhecer que a experiência de escritor foi gratificante para Afonso. Os primeiros ensaios tiveram êxito. A TM contribuiu para isso de modo especial, já que foi a obra mais qualificada nessa etapa inicial.

Costuma acontecer que, quem chega a escritor na idade adulta e consegue êxito em seus primeiros escritos, sente uma incontida propensão para publicar. Se, a esse dado psicológico, acrescentarmos o de ter qualidades para a comunicação escrita e o afã de es-

[62] Suscita um leve sorriso a anotação cronológica que Afonso faz, em 1774, (aos setenta e oito anos) para se referir à idade dos cinquenta anos: "Em meus primeiros livros de moral, publicados em idade mais jovem (*in età più fresca*)" (D74, 7).

[63] De Meulemeester, I, 47-62. Os escritos que nascem da pena de Afonso "acabados" e "redondos" pertencem às etapas posteriores.

tender, com todos os meios possíveis, a mensagem cristã, teremos representada a situação de Afonso como escritor nessa fase inicial.

Ao situar a TM na cronologia da vida de Liguori, percebe-se, não apenas a idade avançada do autor ao publicá-la pela primeira vez, com as implicações que acabo de anotar, mas também a amplidão de anos que ocupa a permanente preocupação com ela. Outras obras de Afonso têm reedições, traduções, adaptações e revisões. Mas, em nenhuma outra, emprega tanto tempo e tanto trabalho como na TM. Pode-se afirmar que a TM esteve continuamente presente nas preocupações de Afonso durante sua longa etapa de escritor.

Já notei como a 1ª edição, praticamente, coincide com o começo de sua vida literária: 1748; a preparação da 8ª edição (1779) marca, também, o fim dessa atividade. Entre as duas datas passaram-se trinta e um anos e, durante todos esses anos, a reflexão teológico-moral foi uma preocupação constante, pois, para Afonso, a Teologia Moral era "um canteiro de obras aberto e sempre muito ativo: reedições, dissertações, ensino dos seus futuros missionários."[64] Dão mostras dessa permanente preocupação os numerosos testemunhos do próprio Afonso em suas cartas e as alusões biográficas contidas em seus escritos, como será possível constatar ao longo das próximas páginas.

O fato de a TM ter ocupado tanto tempo na vida de Afonso fez dela uma obra em contínua gestação, pois o autor não se sentia satisfeito com seu trabalho e, por isso, continuava submetendo-o à constante revisão. Tal atitude do autor ante sua obra estava condicionada por vários fatores:

- Em primeiro lugar, pelo sucesso alcançado: a demanda do público exigia reedições e, para continuar atraindo a atenção do comprador/leitor, precisavam oferecer alguma novidade;
- Em segundo lugar, a necessidade de estar em dia com os problemas de moral em vista das urgências da pastoral: a reformulação contínua se traduzia em adaptações e acréscimos ao livro;

[64] Rey-Mermet, 526.

- Por fim, a constante documentação, através da leitura de obras antigas e de publicações contemporâneas: trazia, como óbvia consequência, a revisão constante da obra.

Afonso confessa que o mundo da moral é um mar sem fundo, pois sempre surgem problemas diferentes, e a leitura de livros, tanto antigos, quanto de publicação recente, suscita novas interrogações e abre novos horizontes.[65] O que fazer? Liguori não deixa de trabalhar em sua obra. Sabe que as modas passam rapidamente e que também atingem o mundo do livro.[66] Não quer que sua TM passe à estante de livros históricos, quer vê-la entre as obras do catálogo e adquirida por novos compradores e leitores.

Podemos afirmar que a TM termina seu processo de gestação quando o autor começa a sentir faltarem as forças necessárias para continuar submetendo a obra às novas adaptações. O fato de Afonso considerar a oitava edição como expressão acabada de seus desejos[67] deve ser entendido como resignada constatação de seu fim enquanto escritor.

A TM começou como espécie de ensaio, em 1748, e teve a sorte de encontrar um autor dotado de grande laboriosidade e de uma longa vida. Sem essas duas condições, o intento teria permanecido como mero esboço. A ampla cronologia da vida de Afonso é, ao mesmo tempo, a moldura e a razão de ser da TM, tal como a temos hoje. Em síntese: a correlação entre TM e cronologia afonsiana se concretiza em duas afirmações: a TM é obra de maturidade e obra de gestação prolongada.

14.2.2. Conexão entre a TM e as outras atividades de Afonso

Além da cronologia, o quadro biográfico de Afonso é constituído também, e principalmente, pela atividade desenvolvida du-

[65] "Estudo a moral há quarenta anos, e sempre encontro coisas novas" (Lettere, III, 141). "A moral é um caos que não termina nunca. Eu estou continuamente lendo, e sempre encontro coisas novas". (Lettere, III, 144-145).

[66] Lettere, III, 477, 519, 521.

[67] "Esta última reedição me deixa morrer contente; se não fosse assim, haveria de morrer com pena de não ter visto esta reedição" (Lettere, III, 530, cf. 531).

rante esse longo arco temporal e, por isso, assinalei a estreita conexão entre as diversas atividades de Afonso. Assim sendo, quais as implicações ou condicionamentos percebidos na obra moral quando situamos a TM no conjunto de sua atividade?

A definição básica da atividade de Afonso é o *exercício pastoral*. É precisamente o exercício do ministério sacerdotal explícito que dá configuração à atividade afonsiana. No exercício desse ministério sacerdotal explícito, há elementos importantes que caracterizam sua atividade: pregação extraordinária do Evangelho (através de missões populares, exercícios espirituais, novenas, etc.), serviço religioso da reconciliação sacramental e da direção espiritual, e ministério episcopal durante treze anos.

Colocada sobre esse pano de fundo da atividade afonsiana, a TM adquire dupla característica e formulação:

1. A TM *não é* obra de um profissional da Teologia;
2. A TM *é* obra de um profissional da Pastoral.

– A TM não é obra de um profissional da Teologia

A afirmação deve ser entendida no contexto histórico e eclesial do século XVIII, quando a profissão teológica ainda não estava tão definida e caracterizada como hoje. Naquela época, o saber teológico, e o conseguinte exercício da publicação de obras, não era reserva fechada ou patrimônio exclusivo de uma elite.

Contudo, apesar dessa relativização histórica, é preciso reconhecer que Afonso não foi um profissional da Teologia. É verdade que fez carreira no Direito e que conseguiu o doutorado aos dezesseis anos; também é verdade que recebeu esmerada formação teológica no Seminário de Nápoles, quando a instituição vivia período de notável esplendor;[68] mas não realizou estudos teológicos especiais. Sua preparação em Teologia Moral é fruto das urgências pastorais e do seu particular interesse pela análise de problemas jurídico-morais. Afonso teve vários mestres, mas, particularmente,

[68] Tellería, I, 99-116; Rey-Mermet, 141-163. Ver o que foi dito no cap. 2 da 6ª seção.

foi um frequentador especial da biblioteca: obras antigas e contemporâneas foram sua universidade. É um autodidata que, com certa complacência, apresenta, como diploma, o muito tempo passado na reflexão e leitura de temas morais, muito mais que um título acadêmico.[69]

Por outro lado, Afonso também não foi um profissional do ensino da Teologia. Não foi *Professor* de Teologia em um centro acadêmico, como alguns de seus adversários, a quem, com atitude, entre reverencial e irônica, reconhece esse título.[70] Sem dúvida, o impulso para publicar a TM lhe veio de sua experiência como professor de moral no, recém-inaugurado, estudantado (escolasticado) da Congregação.[71] Mesmo não sendo um profissional da Teologia, sua moral apresenta conexão mais direta com o ensino que as publicações de seus adversários, como Patuzzi (e Concina).

A condição de não profissionalismo teológico age em Afonso como mecanismo de superação. Coloca-o em permanente alerta para alcançar níveis de dignidade capazes de tornar sua obra aceitável e plausível também ao grupo dos profissionais.[72] De alguns desses, porém, recebeu injustificado desprezo.

> Tal foi o caso do padre dominicano Dandolfo, que, sob o pseudônimo de Ciríaco Criseo, desaforou Afonso com termos tão depreciativos quanto estes: "Quem és tu que, saindo do mato [alusão a *Deliceto*, local onde Afonso se encontrava], te metes a legislador e a botar banca de mestre?"[73]

---

[69] Exagera um pouco o número de anos quando escreve em 21 de janeiro de 1762: "Dediquei quarenta anos ao estudo da moral" (Lettere, III, 141). Já em 1756 tinha escrito: a moral "foi meu estudo pelo período de trinta anos" (Lettere, III, 27). Ver também A74, 60: "Sobre essa matéria, eu li inumeráveis livros durante trinta anos".

[70] Assim o faz, no próprio título da A64b, quando responde às críticas de Patuzzi: "Um muito Rev. Padre Professor, que se chama Adelfo Dositeo" (pseudônimo de Patuzzi). Cf. Lettere, III, 228-229.

[71] Tannoia, I, 367; Tellería, I, 250-252; Rey-Mermet, p. 432-433. Cf. Lettere, III, 677.

[72] Lettere, III, 519. 521.

[73] Tannoia, I, 186; Tellería, I, 407.

- A TM é obra de um profissional da Pastoral

A contrapartida do não profissionalismo teológico é que a TM saiu ganhando ao depender diretamente das atividades pastorais e não do elitismo acadêmico. O fator mais decisivo para o sucesso da moral afonsiana radica-se, precisamente, no cruzamento entre reflexão teológico-moral e atividade pastoral. A *pastoralidade* é a marca característica da reflexão teológico-moral de Afonso de Liguori pois, embora nascida do impulso da docência, a TM se sustenta na força recebida de seu enraizamento pastoral.[74]

14.2.3. *Peculiaridades biopsíquicas*

Essas peculiaridades pertencem ao quadro biográfico do autor. A primeira delas faz referência à conexão entre a TM e as *enfermidades* na vida de Afonso. Sendo a saúde debilitada uma constante na longa vida de Afonso,[75] não poderia faltar a relação entre essa constante e a obra moral. Bastará recordar os seguintes dados:

- Terminada a publicação da 2ª edição, na qual a TM adquire identidade própria pela primeira vez (1753-1755), sobrevém a Afonso uma enfermidade que o deixa entre a vida e a morte (Pagani, abril de 1756). Seu pensamento se concentra, com satisfação, na obra recém-concluída: "Minha Teologia Moral está terminada".[76] Superada a enfermidade, novamente ressurgirá a preocupação com sua obra.[77]
- A preparação da 3ª edição (1757) e, em menor medida, da 4ª edição (1760), foram notavelmente fatigantes para Afonso. Sua saú-

[74] FERRERO, F. *Génesis y condicionamientos de la actividad literaria de San Alfonso como moralista*: Moralia 10 (1988) 125-156, especialmente, p. 145-155: "Al servicio de la evangelización".

[75] A enfermidade acompanhou Afonso durante grande parte de sua vida. Para constatar, ver o grande número de referência que contém o termo saúde no "índice de matérias" da biografia de Rey-Mermet, 765 (edição espanhola, pois não há índice temático na edição brasileira). Em muitas passagens de suas cartas a Remondini, Afonso fala de sua má saúde ("mala salute", "mala sanità"): Lettere, III, 131, 150 etc. (ver no *Índice* das Cartas a palavra "Malatie", onde serão encontradas as referências, seguindo a ordem cronológica, das enfermidades de Afonso: Lettere, III, 712).

[76] Cf. Rey-Mermet, p. 501.

[77] "Na semana da paixão tive uma enfermidade mortal, mas o Senhor me deixou uns poucos dias a mais aqui nesta terra..." (Lettere, III, 27).

de se ressentiu. Caiu gravemente enfermo em Pagani (1761): "O escritor, envelhecido, fala em quebrar a pena e parece tocar seu próprio dobre fúnebre".[78] Tais sentimentos se refletem em suas cartas.[79]

- Os meses de maior trabalho na preparação da importante 6ª edição (publicação atrasada até 1767) coincidem com um período de convalescença em Pagani, após ter sofrido forte crise pulmonar durante visita pastoral a Airola (junho de 1762).
- A preparação das edições 7ª (1772) e 8ª (1779) ocorrem em situação de permanente enfermidade, e até, de extrema prostração. Basta recordar a descrição de seu estado físico, que o próprio Afonso faz, ao solicitar demissão dos encargos episcopais.[80]

Dizem que as grandes obras são gestadas em meio a grandes dificuldades. As dificuldades que Afonso sofreu ao compor sua TM são numerosas e pertencem, tanto à ordem moral (críticas, oposições pessoais, difamações), quanto à ordem física. No último caso, além das contínuas enfermidades que acabo de recordar, gostaria de acrescentar um detalhe transmitido por testemunha ocular: Enquanto compunha, em Deliceto, as *Anotações* a Busenbaum (que aparecerá como a 1ª edição da TM em 1748), "ele, que escrevia então sua Moral, a fim de desentorpecer um pouco as mãos, achegava-se, de tempos em tempos, a um ferro aquecido, colocado ao lado de sua mesa".[81]

A segunda particularidade biopsicológica de Afonso, relacionada com a gênese da TM, é sua característica hiperatividade. É normal que uma personalidade tão ativa como a de Afonso se

---

[78] Rey-Mermet, p. 535.

[79] "Daqui para a frente, imprimirei pouco ou nada, pois já sou velho e minha cabeça está muito debilitada" (Lettere, III, 114-115). "Querido amigo, já estou velho e já não tenho mais cabeça para isso: por isso estou esperando o dia da minha morte" (Lettere, III, 125). "Estou velho e com má saúde, cada ano tenho uma enfermidade mortal: cada dia espero a morte" (Lettere, III, 150).

[80] Cf. Rey-Mermet, p. 663.

[81] LANDI, Giuseppe. *Istoria della Congregazione del SS. Redentore*, I, p. 223 - citado por Rey-Mermet, p. 426.

ressentisse do excesso de trabalho e ficasse exposta ao perigo de esgotamento. No trabalho de pregação, experimentou essa sensação em várias ocasiões, e a pregação do jubileu em Nápoles (1750) também provocou reações desse tipo.

De todos os seus escritos, nenhum exigiu tanto tempo quanto a TM; da mesma forma, em nenhum deles Afonso se sentiu tão escravizado. Lendo algumas passagens de suas cartas e de outros escritos sobre a composição da TM, temos a impressão de encontrar um autor dominado por sua obra: trabalha nela de "oito a nove horas por dia", sente-se impotente para organizar a imensa documentação acumulada, parece-lhe que o livro que está escrevendo não quer ser terminado por seu autor.[82]

Se conhecêssemos Afonso apenas através dessas passagens que expressam sua psicologia de hiperativo, pensaríamos em uma personalidade temerosa ou desejosa de supervalorizar o próprio esforço. Não sendo tais as características pessoais de Afonso, temos que aceitar a objetividade de seu testemunho e reconhecer o incomensurável esforço que lhe custou o livro da TM.

14.2.4. Universo motivacional do autor

Em que medida a TM de Afonso depende da experiência, motivações e interesses do autor? Para responder a essas perguntas, farei alusão às motivações que guiam Afonso em sua tarefa de escritor.

O século XVIII foi um século de controvérsias teológicas.[83] Escrevendo sobre temas de moral, Afonso sabia que estava entrando em um emaranhado de disputas, réplicas e tréplicas.[84] Sem a possibilidade de realizar a discussão no âmbito de revistas ou jornais,

---

82 São muitas as passagens de suas cartas em que fala do trabalho dispendido na composição da TM. Ver, por exemplo: Lettere, III, 35. 431. 435-436. Ver também: A56, 75. Em 1772 escreve: A Moral "me custou quinze anos de fadiga" (Lettere, III, 419).

83 BAYÓN, Rodrigo. *Cómo escribió Alfonso de Ligorio*. Madri, 1940, p. 236-237.

84 "Quem escreve sobre a moral, mantendo-se no justo meio, haverá de ter contraditores" (Lettere, III, 130). Cf. A56, 76.

acorria-se, com grande facilidade, à impressão - quase sempre às próprias custas - dos escritos de ataque ou defesa. Esta, também, foi a prática de Afonso. Digna de nota é sua controvérsia com o dominicano João Vicente Patuzzi sobre o uso da opinião provável em moral.[85]

Nessas disputas intermináveis, nem sempre se respeitava a necessária moderação, requerida para um confronto que busca o esclarecimento da verdade, mais que a prevalência pessoal ou institucional. Era comum envolver a pessoa do interlocutor no meio das razões reais, ou aparentes, com objetivo de feri-lo em seus sentimentos e interesses pessoais.

Afonso não esteve livre dos ataques estritamente pessoais: foi atacada sua falta de preparação intelectual, colocada em dúvida a pureza de suas motivações pessoais ao mandar imprimir tantos livros, foi envolvida no ataque sua obra mais querida - a Congregação por ele fundada; chegou-se, mesmo, a ameaçá-lo com a condenação eterna se não se retratasse de suas opiniões morais.

A reação de Afonso aos ataques foi declarar publicamente as motivações meta-intelectuais que o guiavam na tarefa de escritor moralista. Tendo presentes as passagens em que faz a confissão de seus interesses pessoais, é possível construir o seguinte quadro motivacional de Afonso de Liguori enquanto escritor, sobretudo, em relação aos escritos de moral.

- *Motivações negativas*

Afonso declara que, ao compor e ao imprimir sua obra moral, não foi motivado:

- Pelo desejo de alcançar renome ou ser elogiado;
- Para conseguir fama de literato;
- Por ânsia de dinheiro.[86]

---

[85] Cf. Tellería, II, 287-305; Rey-Mermet, p. 612-613.

[86] A56, 75-76; D74, 62; Lettere, III, 65, 101, 212, 439, 449, 522.

Declara que seria louco ao se deixar guiar por semelhantes motivos, depois de ter abandonado tudo, conhecendo a pouca importância da "fumaça" da glória humana e constatando o imenso esforço imposto pelo trabalho de moralista.

- *Motivações positivas*

Conforme a própria confissão de Afonso, as motivações de seu trabalho como escritor moralista foram:

- a glória de Deus;
- o esclarecimento e a defesa da verdade;
- o bem público (do povo cristão);
- o serviço aos membros de sua Congregação, sobretudo aos jovens que se iniciam no estudo da moral.[87]

Tal esquema motivacional era conscientemente explícito para Afonso.[88] Ao escrever obras de moral, ele sabia da importância de seu trabalho em razão da influência que poderia exercer em área tão decisiva como a da consciência moral. Por isso mesmo, submete-se, frequentemente, à autoanálise para purificar seu mundo motivacional. Examina a consciência, verificando se está sendo guiado pela paixão ou por algum interesse não legítimo.[89] Realiza a autoanálise em clima de oração, para que o discernimento seja mais seguro.[90] Chega a sentir implicada sua salvação eterna na autenticidade de seu trabalho como moralista.[91] Aproveita a enfermidade grave e a proximidade da morte como ocasiões propícias para aquilatar a limpidez de suas motivações na escolha da orientação doutrinal de sua moral.[92]

---

[87] A56, 75-76; D65, 18; D74, 62; Lettere, III, 477.

[88] Ver um desenvolvimento criativo dessas ideias em: SWANSTON, H. F. G. *Celebrating Eternity Now. A Study of St Alphonsus de Liguori (1696-1787)* (Chawton, Hampshire, UK, 1995) 150-154.

[89] A64a, 115; A64b, 137. 140; D65, 284.

[90] A64a, 116.

[91] A56, 77; A64a, 114; D65, 355.

[92] A 69, 71.

Por outro lado, está consciente de que, abandonando sua orientação moral, de cunho mais benigno, para aderir às posturas rígidas, encontraria o aplauso dos autores mais influentes, seria louvado entre os escritores da moda e até alcançaria fama de santo.[93] Naquela época, ser rigorista significava ser intelectual, estar na moda e viver a radicalidade evangélica. Mas Afonso prefere a verdade pastoral, porque sabe que ser rígido é ofender o povo cristão e lançar na perdição grande número de fiéis.[94]

A TM surgiu e se desenvolveu nesse clima motivacional. Livros não são produtos meramente técnicos, ficam marcados com os sinais vitais de seus autores. O livro da TM leva o selo da sinceridade do autor. Afonso escreve para formar a consciência moral, mas, primeiro, submete seu pensamento ao controle de sua própria consciência moral. Não se deixa guiar por interesses obscuros, luta na contracorrente, defende a verdade por motivo de coerência pessoal. Unicamente se submete ao juízo da Igreja e declara acatá-lo se, no futuro, declarar algo contrário ao seu parecer pessoal.[95]

14.2.5. A própria experiência moral

Falar sobre a própria experiência moral de Afonso significa entrar em um tema de grande interesse, tanto para o conhecimento da personalidade de Afonso, quanto para o estudo sociobiográfico de sua obra moral.

No momento, o que se pode fazer diante dessa questão é assinalar sua importância, indicar pistas para o estudo e convidar à realização de investigações monográficas sobre aspectos concretos da psicologia moral de Afonso. A partir dos resultados das investigações, será possível analisar a correlação entre a psicologia moral afonsiana e sua obra moral.

---

[93] A64a, 115; A64b, 334; D65, 19. 315.
[94] A64a, 116-117. 119.
[95] A64b, 334-335.

Atrevo-me a oferecer um conjunto de perspectivas desde as quais se poderia estudar a correlação entre experiência moral do autor e configuração da TM:

Uma análise caracteriológica da consciência moral de Afonso responderia à pergunta sobre o substrato psicológico de sua vida moral. Reconhecendo em Afonso "uma tendência ao escrúpulo", muito provavelmente transmitida por sua mãe através da herança psicológica e através da educação,[96] seria possível compreender algumas passagens de seus escritos morais como tentativa de superar dúvidas e inquietudes.[97]

O estudo do contexto cultural e religioso dos séculos XVII e XVIII na Europa, no qual se insere a vivência moral de Afonso, proporcionaria à TM uma nova chave de interpretação. Verificando a existência de uma crise profunda da consciência cristã durante esses séculos e a tendência de buscar a saída/salvação através da angústia escrupulosa e legalista, a TM orientaria essa busca concreta de salvação.[98]

Estão ainda por estudar as marcas deixadas na TM de Afonso pela influência que, tanto a imagem paterna, quanto a imagem materna, exerceram em sua formação moral. Não há dúvida de que o pai, autoritário e desejoso do prestígio social para o filho, bem como a ternura compreensiva e próxima da mãe, constituíram autênticos filtros para as ideias e vivências morais de Afonso. Seria preciso constatar, na TM, a incidência desse condicionamento biográfico.

A influência dos confessores e diretores de consciência foi notável, sobretudo, nos primeiros anos da vida sacerdotal de Afonso. Nomes como os do oratoriano Tomás Pagano, de Dom Júlio Torno, do bispo Tomás Falcoia, do abade José Muscari, dos redentoristas Paulo Cáfaro e André Villani,[99] aparecem com frequência em seus

---

96 Rey-Mermet, p. 114.

97 Cf. FERRERO, F. La mentalidad moral de San Alfonso en su cuaderno espiritual "Cose di coscienza" (1726-1742): *SH* 21, 1973, p. 242-243.

98 FERRERO, F. La mentalidad moral de San Alfonso en su cuaderno espiritual "Cose di coscienza" (1726-1742): *SH* 21, 1973, p. 243-245.

99 Sobre os confessores de Afonso, ver: BELLUCCI, A. I confessori di S. Alfonso Maria dei Liguori: *SH* 4, 1956, p. 469-474. Sobre Pagano, cf. Tannoia, I, 4-5.

Cadernos de Consciência (*Cose di Coscienza*).[100] Os conselhos desses diretores exerceram influência decisiva na evolução de Afonso, de posturas morais rigoristas, para posturas probabilistas. A 1ª edição da TM foi forjada nessa etapa em que Liguori, guiado pelo conselho de seus diretores espirituais, realiza a *conversão* de seu pensamento moral, tal como será exposto no próximo capítulo.

14.2.6. *Dentro do esquema da atividade literária de Afonso*

A obra moral de Afonso deve ser enquadrada dentro do conjunto de sua obra escrita. Dedicamos a essa dimensão de Afonso, enquanto escritor, o amplo desenvolvimento dos cap. 7, 8 e 9 da sétima seção. Tudo o que foi dito ali constitui o contexto necessário para interpretar a obra moral afonsiana. Voltamos a insistir em alguns aspectos:

- *A casa editorial*: a TM, depois das duas primeiras edições realizadas em Nápoles, conseguiu ser editada em Veneza. A partir da 3ª edição, leva no rodapé de imprenta/editora, a assinatura de Remondini. Essa assinatura editorial, a cidade de Veneza e o uso do latim como língua veicular constituíram três fatores importantes para a promoção da obra moral afonsiana.
- *O estilo*: na TM fica manifesto, de forma eminente, a conformação jurídica e cartesiana da mente afonsiana. O próprio Afonso declara, no prólogo da 1ª edição da TM, que dá preferência à clareza frente à elegância. O estilo é seco, conciso, despojado, mas, ao mesmo tempo, preciso, claro e substancioso. No que se refere à língua, as páginas da Teologia Moral estão "escritas num latim vivo, acessível e não desprovido de elegância".[101]

---

[100] Ver os textos de *Cose di Coscienza* em: Tellería, I, 139-140; Rey-Mermet, p. 210. 409-500.

[101] Rey-Mermet, p. 57. Tellería, I, 565, citando CORDOVANI, fala de um "latim discreto de escola". Cf. AVVALONE, R. Alfonso de Liguori latinista: GIANNANTONIO, P. (a cura di). *Alfonso M. de Liguori e la società civile del suo tempo*. Florença, 1990, p. 505-537 (o latim de Afonso "superior ao de Busenbaum" facilitou a difusão de sua obra); LIBRANDI, R. S. Alfonso grammatico e retore: GIANNANTONIO, P. (a cura di). *Alfonso M. de Liguori e la società civile del suo tempo*. Florença, 1990, p. 439-504.

- *Correlação com o restante da produção literária:* A gestação da TM acontece em correlação com a diversidade dos momentos e períodos de atividade literária de Afonso. A TM surge (1ª edição: 1748) na primeira etapa dessa atividade literária, coincidindo, temporalmente, com os primeiros escritos (1732-1751). A 2ª edição (1753-1755), que constitui "sua verdadeira e própria Teologia Moral"[102], bem como a 3ª edição (1757), que abre à TM os mercados controlados, desde Veneza, por Remondini, e a 6ª edição (1767), em que aparecem os tratados próprios de Afonso, coincidem com a etapa da maturidade literária (1751-1769). Por sua vez, a 8ª edição (1779), onde está excessivamente presente a prudência temerosa, e na qual busca repudiar posições mais abertas de épocas anteriores, pertence à terceira etapa literária (1769-1776), de cunho um pouco pessimista. Quanto ao restante, a preparação das edições da TM coincide com os momentos mais intensos no ritmo da produção literária de Afonso.

14.2.7. Balanço

Através das perspectivas que acabamos de notar, conseguimos formular o enquadramento biográfico em que nasce a obra moral de Afonso. Descrever esse entroncamento da obra moral afonsiana na condição biográfica do autor foi o objetivo do presente capítulo. Para aprofundamento em alguns detalhes apresentados no texto, remetemos a outros estudos:

- BAYÓN, R. *Cómo escribió Alfonso de Ligorio* (Madri, 1940).
- FERRERO, F. *La mentalidad moral de San Alfonso en su cuaderno espiritual "Cose di coscienza" (1726-1742):* SH 21 (1973) 198-258.
- FERRERO, F. *Génesis de la doctrina moral alfonsiana:* SH 23 (1975) 293-365.
- FERRERO, F. *Génesis y condicionamientos de la actividad literaria de San Alfonso moralista:* Moralia 10 (1988) 125-156.

102 Introduzione Generale: *Opere ascetiche*. Roma, 1960, p. 304.

14.3. A ORIENTAÇÃO FUNDAMENTAL DA OBRA MORAL AFONSIANA: A CONVERSÃO DO "RIGORISMO" PARA A "BENIGNIDADE"

Após uma leitura imparcial dos escritos de Afonso sobre a moral, e levando em conta os dados históricos, tanto sobre sua formação teológico-moral, quanto sobre a crise moral sofrida no exercício pastoral durante seus primeiros anos de sacerdócio, não se pode colocar em dúvida a existência de uma *evolução* em seu pensamento moral. Sobre o que se poderá continuar a discutir é:

- a *direção exata* dessa evolução (foi sempre linear: do rigorismo para posições mais benignas? Ou foi uma evolução com retorno: do rigorismo ao probabilismo, para retornar, novamente, ao probabiliorismo?);
- a *profundidade* da mudança (foi uma variação substancial? ou foi uma modificação de matizes?);
- a *função* dessa mudança para a configuração de sua obra moral (concretamente, de sua *Theologia Moralis* = TM; foi uma questão paralela, ainda que influente, na TM? Ou foi o fator decisivo de todo o seu conjunto moral?);
- a *influência* dos fatores externos (extra-acadêmicos ou extraintelectuais) na colocação e na solução das questões (foi um tema formulado a partir das exigências científicas? Ou problema induzido por fatores extracientíficos?).

Da nossa parte, consideramos que se tratou de uma autêntica *conversão*, tanto por motivos pastorais, quanto de teoria moral, e que tal conversão deu a *orientação fundamental* a todo o conjunto de seu projeto teológico-moral. Na continuação, de maneira interligada, apresentamos os dados e oferecemos uma interpretação pessoal.

14.3.1. O rigorismo moral: experiência e conversão

– Etapa de experiência rigorista (1722-1726)

Afonso teve conhecimento, teórico e prático, do rigorismo moral. À espera de um estudo caracteriológico sobre o substrato psíquico da consciência moral de Afonso, pode-se aceitar, por enquanto, a afirmação convencional da existência nele de "uma tendência ao escrúpulo", muito provavelmente, transmitida por sua mãe através da herança psicológica e através da educação.[103] Também está por estudar a influência que, tanto a imagem paterna, quanto a imagem materna, exerceram em sua formação moral. O pai, autoritário e desejoso de prestígio social para o filho, assim como a ternura compassiva e próxima da mãe, constituíram, sem dúvida, autênticos filtros das ideias e das vivências morais de Afonso.

No entanto, esses dados não são suficientes para provar a existência de uma formação moral rigorista de Afonso herdada da educação familiar. Tampouco, há dados positivos apoiando tal formação rigorista através do ambiente religioso que Afonso frequentou em sua adolescência e primeira juventude. O ambiente do Oratório dos filipinos, embora não pudesse prescindir de elitismo intelectual, caracterizava-se pela normalidade na vivência religiosa e pelo espírito alegre e otimista, nada inclinado à morbidez de tipo rigorista.

Apesar desses dados e fatores nada negativos, é possível supor que a vivência moral de Afonso participou da condição própria de sua época histórica. Uma condição que esteve mais propensa ao polo do temor, do rigor e da culpabilização, que ao da vivência alegre e despojada. Em todo caso, em alguns períodos, Afonso sofreu em sua carne os tormentos da angústia moral. O caderno *Cose di coscienza* é um testemunho eloquente das dúvidas que a alma de Afonso atravessou por causa das inquietações e dúvidas morais, durante os anos imediatamente posteriores à ordenação sacerdotal.[104]

Para explicar essa situação, é preciso retroagirmos à formação moral recebida por Afonso nos anos de formação sacerdotal (1723-1726). No que diz respeito à moral, sofreu a formação (ou deformação) probabiliorista do Seminário de Nápoles. Estudou

---

[103] Rey-Mermet, p. 114.

[104] FERRERO, F. *La mentalidad moral de San Alfonso en su cuaderno espiritual "Cose di coscienza" (1726-1742)*: SH 21 (1973) 198-258; Id., *Génesis y condicionamientos de la actividad literaria de San Alfonso moralista*: Moralia 10 (1988) 125-156.

Teologia Moral pelo manual de Francisco Genet (1640-1703), filo-jansenista e expositor da, chamada, "moral de Glenoble".[105] Liguori recorda, com certa amargura, essa etapa de formação rigorista[106] e não perde ocasião para renegar o autor do texto de moral que lhe puseram nas mãos para a iniciação teológico-moral.[107]

> "Direi simplesmente a verdade: quando comecei a cursar Teologia Moral aconteceu de ter um mestre seguidor da doutrina rígida e, da minha parte, como tantos outros daqueles tempos, a defendi ardorosamente" (*Breve dissertazione,* 1762).
>
> "Saiba, Vossa Reverência, que, na fase dos meus estudos eclesiásticos, não tive, desde o princípio, outros professores que os partidários da opinião rígida. O primeiro autor que me puseram nas mãos foi Genet, seguidor dos probabilioristas, motivo pelo qual, durante algum tempo, também eu fui acérrimo defensor do probabiliorismo" (*Risposta apologética,* 1764).

No entanto, se renega o manual de moral, Afonso não renega o mestre que o introduziu no saber moral, Júlio Nicolás Torno (1672-1756)[108]; sempre citando-o com respeito e admiração;[109]deve a ele, em parte, o amor pela verdade e a seriedade intelectual, bem como o grande apreço pela doutrina de Tomás de Aquino.

- Abandono do rigorismo (1744-1755)

A realidade da prática pastoral provocou em Afonso a experiência do conflito irreconciliável com a formação rigorista, recebida no seminário. Essa formação imprimiu nele tal medo em

---

[105] POLLOCK, J. R. *François Genet*: the man and his methodology. Roma, 1984; com bibliografia. Sobre F. Genet ver, nesta Historia de la Teología Moral, o volume V/1, 777-778.

[106] Ver as passagens referidas em sua biografia intelectual: D49, 77-78; D55, 256; A64a, 112; D65, 283.

[107] Cf. D49, 76. 77; D55, 85. 256. Na TM, ed. Gaudé, II, p. 468. 470, fala do "intolerável rigor" de Genet.

[108] Tellería, I, 103-104, 590. Sobre a figura histórica de Torno, voltamos a recordar o estudo de: PACIA, O. *Giulio Nicolò Torno. Un teologo e giurista del Settecento napoletano* (Nápoles, 1999).

[109] Tannoia, I, 31-32, diz que Afonso sempre se referia a Torno com a expressão "mio maestro".

relação à prática sacramental da Penitência, que não se atreveu a confessar durante o primeiro ano de sacerdócio (1727).

Em condições psicológicas de inquietação, realizou a conversão para o extremo oposto do probabiliorismo: a tendência probabilista.[110] Como constatamos, Afonso narra essa evolução em várias passagens de suas obras.

Três fatores o ajudaram, de modo especial, na passagem do rigorismo para a benignidade pastoral:

1. A experiência pastoral, vivida com lúcida responsabilidade e com coração sacerdotal;
2. A orientação de diretores de consciência equilibrados;
3. A leitura de moralistas jesuítas.[111]

Fruto teórico dessa etapa probabilista são as *Dissertações* de 1749 e 1755, que não devem ser menos valorizadas por causa das *Dissertações* posteriores, de 1762 e 1765.[112] É nessa etapa probabilista do pensamento afonsiano (1744-1755) que surge a 1ª edição da *Theologia Moralis*.

- Amadurecimento, teórico e pastoral, da postura moderada (1756-1767)

Nos anos seguintes, a "conversão" de Afonso, do rigorismo para a benignidade, alcança a maturidade conveniente. São os anos de maior densidade intelectual de Afonso (1756-1767). Por sua

---

110 Sobre a relação entre o "estado psicológico" de Afonso e sua conversão ao probabilismo: MONDINO, S. *Studio storico-critico sul sistema morale di S. Alfonso de Liguori* (Monza, 1919) 17; CACCIATORE, G. *S. Alfonso de' Liguori e il giansenismo* (Florença, 1944) 376.

111 Essa experiência pessoal o levará a aconselhar aos que iniciam estudos de Teologia Moral que não leiam apenas autores rígidos, mas frequentem também a leitura de obras com tendência mais benigna (D49, 76-77; D55, 255-256). Sobre a influência dos autores jesuítas na orientação de Afonso para posturas benignas, cf. VIDAL, M. *La moral de San Alfonso de Liguori y la Compañía de Jesús*: Miscelánea Comillas 45 (1987) 391-416. Ver também: MOORE, E. *San Alfonso y la moral de los jesuitas*: Moralia 10 (1988) 219-234.

112 Assim também: Rey-Mermet, p. 500, frente à tendência contrária, da historiografia afonsiana precedente, de caráter apologético.

própria dinâmica pessoal, e como reação aos ataques de Patuzzi, o pensamento moral afonsiano alcança estatuto teórico próprio (o equiprobabilismo) e orientação pastoral equidistante do rigorismo desumano e do laxismo irresponsável. De fato, seu pensamento moral evoluiu desde o probabilismo simples, defendido nas *Dissertações* de 1749 e de 1755, até a proposta pessoal de um "uso moderado" da opinião provável, expressa nas *Dissertações* citadas, de 1762 e 1765.

Nessa etapa, aparecem as edições mais importantes da TM. As matizações começam nas "proposições reformadas" da 2ª edição, em cujo texto, como também no da 3ª edição, transpira equilíbrio teórico e pastoral. Por fim, a 6ª edição coincide com o cume dessa fase de amadurecimento no pensamento moral afonsiano.

Chegado a essa maturidade intelectual, ganha mais sentido a repulsa de Afonso ante o rigorismo moral. Iniciado, durante os anos de formação, na mentalidade rigorista, realizou uma autêntica conversão para a benignidade. Toda conversão supõe a rejeição de algo. No caso de Afonso, trata-se da rejeição à opção moral probabiliorista. Anotemos as características com que essa rejeição opera na consciência de Afonso.

Em primeiro lugar, estava consciente de que, com sua nova postura de benignidade e de rejeição do rigorismo, nadava contra a corrente e se distanciava dos que se consideravam, e eram considerados, como representantes e defensores do genuíno espírito cristão. De fato, sabe que:

- a moda do momento era entrar na corrente majoritária do rigorismo[113] e seguir o *partido da França,* com a consequente ruína das almas;[114]

---

[113] "Hoje em dia poucos autores publicam contra o rígido sistema moderno: mas o que se vai fazer? Assim corre a moda" (D65, 315). E acrescenta em seguida: "Para não serem inquietados pelas injúrias e reprovações feitas usualmente contra os seguidores do probabilismo moderado, evitam declarar-se tais" (D65, 315).

[114] "Não é considerado literato quem não segue a moda de defender o tuciorismo, coisa de grande ruína para as almas. O partido da França se espalhou por muitos reinos católicos e triunfa. Apesar disso, as almas vão à ruína" (Lettere, III, 275). D65, 19.

- ninguém quer passar por laxista e todos buscam ser reconhecidos como rígidos;[115]
- se mudasse de opinião, e passasse para o lado dos rigoristas, seria tido como santo e receberia grandes elogios.[116]

Embora, no século XVIII, rigorismo e pureza evangélica passassem por sinônimos, Afonso não se deixa seduzir pelas alentadas perspectivas oferecidas pela posição rigorista. Seus motivos vão muito além das vantagens pessoais. Sua conversão à benignidade se apoia em motivações desinteressadas e relacionadas com a própria salvação eterna.

Dentro do quadro motivacional de Afonso em sua tarefa de moralista, é pertinente recordar a conexão existente entre sua repulsa ao rigorismo e o compromisso de sua salvação pessoal.

Ele afirma que:

- temeria por sua salvação se adotasse a posição rígida, especialmente na prática do confessionário (negando, indevidamente, a absolvição, obrigando à restituição incerta, fazendo passar a pecados formais os pecados apenas materiais);[117]
- é preciso dar contas a Deus, tanto da exagerada benignidade, quanto do excessivo rigor.[118]

A terceira característica, em que aparece a rejeição do rigorismo, tem a ver com um dos traços decisivos da compreensão afonsiana da

115 "A nota de laxo desagrada a todos, mas muitos se gloriam com a nota de rígidos e fazem dela objeto de sua estima" (D65, 19).

116 "No caso em que eu me retratasse da minha sentença, com isso adquiriria facilmente o nome de santo da parte de todos os senhores probabilioristas, e poderia também esperar ser contado entre o número dos literatos *da moda*" (A64a, 115). "Retratar-me não seria causa de desonra para mim, mas muito mais dos louvores de todo mundo... Os antiprobabilistas então, que elogios não me dariam em toda a parte, se eu me tornasse do seu partido!" (A64b, 333-334).

117 "Temeria condenar-me se, contra o ditame da minha consciência, seguisse o sistema rígido dos modernos probabilioristas" (A64a, 46).

118 "Como se devêssemos apenas dar contas a Deus da muita indulgência e não também da muita rigidez" (A64a, 119). "É certo que nós não apenas deveremos dar contas a Deus do uso da excessiva benignidade na direção das consciências, mas também de usar muito rigor, prendendo as almas e com grande perigo de perderem-se." (A65, 13-14). "Pois não apenas deveremos dar contas a Deus a respeito da indulgência excessiva; mas também da excessiva rigidez, pela qual as consciências das almas são enredadas" (Gaudé, I, 70).

moral. Afonso entende a moral como um saber salvífico. Pois bem, o rigorismo é a negação prática desse caráter salvífico da moral cristã. Em diversos tons, e com matizes variados, sua pena sempre volta de novo sobre o caráter não salvífico do rigorismo. Aos probabilioristas de seu tempo, que chama de "grandes zeladores da rigidez" e cataloga como "partido da França"[119], dirige as seguintes admoestações:

- por que não têm os mesmos escrúpulos em ensinar a doutrina rígida, como os têm em relação àquelas muito benignas, sabendo que, com tal posição, coloca-se em perigo a salvação de muitos?[120]
- por que não são proibidos os livros de doutrina rígida e pede-se apenas a proibição daqueles de sentença benigna?[121]
- para a formação moral não é bom ler só livros de tendência rígida;[122]
- sendo os extremos do laxismo e do rigorismo igualmente perigosos, as tendências rígidas causam ainda mais ruína que as benignas;[123]
- semelhante rigor não se encontra no Evangelho[124] e nem foi ensinado ou praticado pela Igreja;[125]

---

[119] D74, 65; Lettere, III, 24, 275.

[120] "Eu não consigo entender como se deva apenas ter escrúpulo em ensinar as sentenças muito benignas e não também as muito rigorosas que enredam as consciências dos penitentes e, como fala Santo Antonino, 'aedificant ad gehennam', isto é, por causa do rigor imoderado são causa da condenação de muitos, que, crendo-se obrigados a seguir tais sentenças, e depois não as seguindo, se perdem miseravelmente" (D74, 65).

[121] "Mas como, meu padre, dizeis que se devem proibir porque são muito laxos, por que não dizeis também que deveriam ser proibidos juntamente todos os autores que são muito rígidos?" (A64, 109).

[122] "Queremos pedir aos alunos que desejam se iniciar na ciência moral para o ministério da salvação das almas que, ainda que queiram seguir os autores da sentença rígida, não deixem de ler os nossos autores" (D49, 75).

[123] "Ambas são perigosas, relaxar demais e carregar demais as consciências, contudo, mais danosa é a rigidez que a laxidão" (D49, 68). "Tanto estes [= livros laxos] como aqueles [= livros rígidos] podem trazer grande dano; contudo, os últimos podem causar maior ruína para as almas" (A64a, 109). Cf. também Lettere, III, 298 ("não há dúvida de que assim os tucioristas com o seu rigor fazem grande dano, como os probabilistas que seguem a reconhecidamente menos provável") onde constata que "certamente existem mais confessores laxistas que rigoristas".

[124] Sobre seguir apenas as sentenças moralmente certas: "Mas onde jamais, e em qual Evangelho, Jesus Cristo ensinou isso?" (A64b, 337-338).

[125] "Tal rigor excessivo nunca foi ensinado ou praticado na Igreja" (A64b, 144).

- com a posição rigorista, as almas são postas em perigo de condenação,[126] pois a excessiva severidade fecha o caminho da salvação;[127]
- a prática penitencial rigorista é inaceitável e intolerável;[128] do confessor exige-se que evite a posição prejudicial do rigorismo[129] e se mantenha em uma posição de equilíbrio salvífico;[130]
- é claramente arrogante a posição dos rigoristas:[131] quem dera fossem assim consigo mesmos e benignos com os outros![132]
- menos mal que estaremos diante do tribunal de Cristo, e não diante do tribunal dos probabilioristas.[133]

---

126 Defender o tuciorismo é "coisa de grande ruína para as almas" (Lettere, III, 275), "traria a ruína para as almas" (Lettere, III, 458; cf. 277) e supõe deixá-las perderem-se dizendo: "Deixa que se condenem, pior para elas" (A64a, 117).

127 "É certamente errado relaxar na observância das leis divinas mais que o permitido; mas não é mal menor tornar o jugo divino mais duro que o necessário para os outros. Pois a severidade excessiva... fecha o caminho da salvação eterna." (Gaudé, I, 61).

128 "Aqui está aquele rigor que, sem dúvida nenhuma, considero e reprovo como imoderado e injusto" (Gaudé, I, 62). "Contra a sentença que, com intolerável rigor afirma que o consuetudinário não pode ser absolvido a não ser depois que uma longa experiência comprove a sua emenda" (Lettere, III, 470). "Alguns partidários da rigidez conduzem as almas pelo único caminho do rigor" (Lettere, III, 477).

129 "Hinc adnimadvertatur in quale discrimen se immittant illi qui rigidam doctrinam sectantes, facile damnant homines de peccato mortali in iis in quibus gravis malitia evidenti ratione non apparet, eos sic exponendo periculo damnationis aeternae. Et quidem dicendum de iis qui de facili notam laxitatis inurunt sententiis quae aperte improbabiles non videntur" [*Assim sendo, muita atenção para o perigo que correm os que seguem a doutrina rígida, condenando como mortais os pecados em que não há evidência clara de malícia, pois assim fazendo, expõem os homens ao perigo da condenação eterna. E o mesmo se diga sobre os que facilmente taxam de laxismo as sentenças que não se mostram abertamente improváveis*] (Gaudé, II, 747-748).

130 "De resto, protesto que, assim como não aprovo aqueles confessores que, aderindo à excessiva austeridade, facilmente condenam o uso de várias opiniões que apresentam fundamento grave; da mesma forma, ao contrário, não posso aprovar aqueles que facilmente aprovam opiniões sem fundamento como se fossem prováveis" (Gaudé, I, 62; cf. I, 63-64. 70; III, 630-631. 467-471. 477).

131 "Por certo, é necessário um belo espírito e um ânimo bem grande para usar sem escrúpulos tal rigor com os pobres penitentes" (A64a, 119). "Coisa digna de admiração é ver que alguns não consideram nenhum modo mais seguro para salvar as almas do que conduzi-las através dos caminhos mais ásperos" (Gaudé, I, 70).

132 "Como é bela a máxima de São João Crisóstomo: a respeito da tua vida, sê austero; a respeito da vida alheia, benigno" (D74, 65).

133 "Contudo, serve-nos de máxima consolação o fato de nos havermos de apresentar diante do tribunal de Cristo e não dos probabilioristas" (D49, 78).

Muitas, e de grande peso, foram as razões que levaram Afonso a refutar o rigorismo. A experiência pessoal, a reflexão imparcial, a sensibilidade cristã e a prática pastoral assumida com responsabilidade, fizeram com que ele abandonasse definitivamente o rigorismo moral. Foi no contato com a realidade, e não apenas nos livros, que Afonso tomou consciência da fragilidade da condição humana e da impraticabilidade pastoral do rigorismo, constatação que plasmou em fórmulas axiomáticas seguras: "Humanae conditionis praesente fragilitate spectata, non est semper verum, tutius esse animas per viam arctiorem dirigere": *Levando em conta a presente fragilidade da condição humana, não é sempre verdade que o mais seguro é dirigir as almas pela via mais estreita.*[134]; "res admiratione digna est videre aliquos, nullum reputare tutiorem modum salvas faciendi animas, quam eas per semitas asperiores ducere; sed non minus isti errant, quam alii qui conscientias per laxiorem perducunt viam": ... *coisa digna de admiração é ver que alguns não consideram nenhum modo mais seguro para salvar as almas do que conduzi-las através dos caminhos mais ásperos; mas estes não erram menos que aqueles que conduzem as consciências pelos caminhos mais laxos.*[135]

Afonso apela à "fragilidade humana" para justificar uma forma de deliberação moral que abre caminho entre o excesso de "severidade" e o excesso de "laxidão".[136] Essa *via media* é o caminho da benignidade.

14.3.2. O significado da opção afonsiana pela benignidade

É possível descrever bem o significado da opção afonsiana pela benignidade aludindo a três aspectos, ou traços, que a caracterizam: é uma "via media" entre dois excessos extremos; está guiada, como pressuposto e como objetivo, pelo afã de salvação; e se encontra, preferentemente, no campo da prática sacramental.

---

[134] Gaudé, II, 53.

[135] Gaudé, I, 70.

[136] BORDEYNE, P. *Pierre Haubtmann au Concile Vatican II*: Ephemerides Theologicae Lovanienses 77 (2001) 278, nota 74.

- A "via media" entre os excessos extremos do rigorismo e do laxismo

A benignidade afonsiana não tem nenhuma relação com o *laxismo*, fenômeno verificado no contexto da moral casuística, sobretudo, na primeira metade do século XVII, e cujo significado foi analisado suficientemente em volume precedente: V/1, 745-762.

Em seu trabalho de documentação para construir o edifício da Teologia Moral, Afonso sabe discernir e catalogar as fontes; como conhece os autores rigoristas, da mesma forma distingue os moralistas laxistas. Destaca, entre os laxistas: Caramuel, Diana, Fagnano, Sporer, Tamburini etc.[137] Embora não deixe de reconhecer e aceitar o que os autores laxistas oferecem de positivo, distancia-se nitidamente de sua postura global.[138]

Esse distanciamento do laxismo aparece mais evidente se tivermos em conta duas orientações seguidas por Afonso e que inclinam sua postura para o polo da exigência:

- É consciente de que, na solução concreta dos problemas morais, sua tendência normal é de caráter exigente: embora sustente o probabilismo,[139]sabe que este, em sua época, é mais estreito que o do século precedente;[140]sabe, além disso, que, entre os probabilistas, é considerado como um dos mais rigorosos;[141]em algumas questões até chega a sustentar posturas mais rígidas que as defendidas pelos próprios probabilioristas.[142]
- Por outro lado, em razão da prudência pastoral e buscando a salvação do penitente, formula a necessidade de seguir o tucioris-

---

137 Caramuel: "laxorum facile princeps" (Gaudé, I, 286), docto, pero falto de prudencia (D55, 248-249). Diana: sempre benigno (Gaudé, III, 224). Fagnano: "probabilistarum facile princeps" (D49, 15). Sporer (Gaudé, II, 601). Tamburini (Gaudé, III, 645).

138 A69, 67.

139 Lettere, III, 24.

140 Lettere, III, 32.

141 Lettere, III, 333; cf. III, 126, 130, 345, 359, 507; A69, 70.

142 Declarando-se contrário ao probabiliorismo de D. Concina (Lettere, III, 32), contudo, considera algumas opiniões dele como excessivamente benignas (A64a, 114; Gaudé, 445).

mo em questões em que a postura de benignidade acarretaria o perigo de cair em pecado formal;[143] concretamente, crê que em questões de moral sexual é mais salvífica a postura rigorista que a atitude benigna.[144]

Conhecendo essa atitude exigente de Afonso, chama a atenção que, durante sua vida, tenha sido acusado de laxo probabilista, como ele mesmo se queixa amargamente.[145]Contudo, essa acusação é ainda pequena quando comparada com outras em que se afirmava:

- É um "homem de mente doentia" e de "má consciência";[146]
- Por pertencer ao número dos equiprobabilistas, inscreve-se entre os "libertinos e licenciosos" e entre os seguidores do maniqueísmo, de Epicuro, de Hobbes e de Spinoza.[147]

Tais exageros não podem deixar de suscitar sorrisos nos leitores de hoje. A distância temporal nos faz compreender distorções originadas por controvérsias apaixonadas, e o século XVIII é exemplo típico de controvérsias teológicas arrastadas e inúteis. O próprio Afonso reconhece, com certa ironia e com muita paciência, que "quem escreve sobre moral, na medida em que se mantém na via do meio, há de ter contraditores".[148]

Na última citação, aparece a expressão que, segundo o próprio Afonso, qualifica sua opção pela benignidade: *justo meio*. Entre os dois excessos, do laxismo e do rigorismo, Afonso traça o caminho seguro da exigente benignidade evangélica. É a "via do meio" como ele mesmo afirma,[149] a posição de equilíbrio prudencial que sustenta porque:

---

143 Gaudé, I, 62-63.

144 Gaudé, I, 707 nota a; III, 465.

145 A69, 7.

146 "Cervello storto, lassista, ridicolo e ostinado, uomo di mala coscienza" (A64b, 334).

147 A74, 12-13. 56-57. 59-60.

148 Lettere, III, 130. Cf. A56, 76.

149 "Agrada-me a via do meio... Detenho-me na via do meio" (Lettere, III, 20). A mesma expressão "via di mezzo" em Lettere, III, 32. 477. Afonso lembra que o Papa Bento XIV "me louvava por ser equilibrado nas opiniões" (Lettere, III, 131). Descrevendo a si mesmo, exprime uma idêntica avaliação: "Eu não sou muito estreito, mas também não muito largo" (Lettere, III, 24).

- oferece uma via de saída teológico-moral para os irreconciliáveis desencontros teóricos entre os moralistas rigoristas (probabilioristas) e moralistas laxistas (probabilistas);[150]
- abre um caminho de salvação e de libertação para a consciência cristã, escravizada pelo rigor sem misericórdia ou pelo relaxamento desesperado.[151]

A opção afonsiana pelo justo meio tem concretização teórica na formulação do sistema moral equiprobabilista. Sem querer desvalorizar a importância histórica dessa questão do "sistema" na trajetória da obra moral afonsiana, pode-se pensar que não é a perspectiva decisiva para captar a orientação moral genuinamente afonsiana. Esta, originava-se, não tanto das reflexões teóricas sobre as diferentes escolas de moral, quanto das convicções pastorais acerca da força salvífica - universal e abundante - da redenção cristã.

Afonso não foi um homem "de escola", nem autor facilmente "catalogável" em um grupo preestabelecido. Tampouco, empenhou-se em configurar um "sistema" próprio e diferenciado. Quando defende como válida sua orientação (equi)probabilista,[152] não é para justificar a verdade de uma questão acadêmica, mas para apoiar sua orientação pastoral para a benignidade. De fato, suas soluções morais concretas não dependem, direta ou imediatamente, da orientação adotada na questão teórica sobre o uso da opinião provável.

O válido de seu sistema equiprobabilista não é tanto a coerência teórica de um sistema, distinto de outro, (concretamente, dis-

---

150 No *Prefácio* da *Theologia Moralis* (a partir da segunda edição) Afonso apresenta reiteradamente sua obra como um livro "que sustenta a via média entre outros, ou muito rígidos ou muito benignos" (Gaudé, I, p. LV) e como uma obra "que entre as opiniões muito benignas e muito severas sustenta o lugar intermediário" (Gaudé, I, p. LVI).

151 "Eu escrevi contra os autores muito benignos... [que tiram o vigor da moral cristã com a 'imoderada liberdade de opinião'] ... Escrevi agora contra os autores rígidos... para não ver amarradas as consciências e colocadas as almas em perigo de se perderem devido ao rigor imoderado" (D74, 62). Cf. Lettere, III, 421, 516.

152 A64a, 97, 114.

tinto do probabilismo), quanto a liberdade que oferece para aplicar critérios morais como: equidade, flexibilidade, humanidade.

Nesse último sentido, sim, é possível afirmar que a opção afonsiana pela benignidade se integra com a postura teórica do equiprobabilismo; as duas se unificam na "via media", traçada por ele entre os excessos do rigorismo e do laxismo.[153]

- Justificação da benignidade pela dimensão salvífica do cristianismo

A rejeição do rigorismo e a opção pela benignidade têm, em Afonso, um mesmo motivo: sua compreensão do cristianismo como oferta e caminho de salvação. Afonso considera a moral um saber ordenado para a salvação. Não entende a reflexão moral como simples busca pela verdade moral objetiva, nem, muito menos, um exercício da capacidade discursiva da mente humana. Para ele, a moral "está direcionada diretamente para a prática". Essa "prática", critério que guia todo seu trabalho no campo moral, identifica-se com a busca da verdade que salva.

O dinamismo salvífico da moral encontra pleno significado no inteiro conjunto do *corpus alphonsianum*. Tomando complexivamente a produção teológico-moral-espiritual de Afonso, sua concepção de moral se identifica com o ensinamento prático da santidade cristã.

Todavia, mesmo restringindo o saber moral ao estritamente exigido, em Afonso a moral adquire clara orientação salvífica.

A compreensão salvífica da moral, e a consequente opção pela benignidade salvífica, se apoiam sobre uma concepção antropológica e teológica de mesmo tipo, ou seja, de clara orientação

[153] É essa a visão de muitos intérpretes da Moral afonsiana. Basta recordar a expressão do editor francês da TM, D. Le Noir: "Saint Alphonse invoque la 'fragilité humaine' (*humana imbecillitas*) pour justifier la nécessité d'une 'nouvelle délibération' morale, qui ouvre une 'voie moyenne' entre 'excès de sévérité' et 'excès de bénignité'": *Theologia Moralis*. Ed. Vivès par D. Le Noir, t. I (Paris, 1872) p. XXX. Citado por BORDEYNE 3, P. *Pierre Haubtmann au Concile Vatican II*: Ephemerides Theologicae Lovanienses 77 (2001) 378, nota 74.

salvífica. O cristianismo é compreendido e vivido por ele como abundante salvação. Esse é um traço tão característico de seu pensamento e de sua vida que não precisa de uma prova ou uma análise detalhada. Basta tê-lo recordado como apoio e justificação da opção afonsiana pela benignidade.

O rigorismo probabiliorista do séc. XVIII, herdeiro do jansenismo em muitos aspectos, negava, na prática, a condição do cristianismo como salvação plena e universal (*copiosa redemptio*). Em contraposição, unicamente a benignidade cristã poderia ser base adequada para a moral.

- Âmbito privilegiado da benignidade pastoral

A moral afonsiana está organizada em torno de duas preocupações: o estudo do funcionamento do *juízo de consciência* e a determinação de sua aplicação na prática da *confissão*. A Teologia Moral de Afonso faz parte das "morais de consciência" e das "morais do confessionário".

Se, para alguns, o *proprium* da moral afonsiana está na doutrina sobre a função da consciência na vida moral,[154] com igual ênfase, e pelas mesmas razões, é possível afirmar que a peculiaridade da TM se encontra, também, na aplicação do juízo de consciência na prática da Confissão. Consciência e Confissão constituem dois eixos sobre os quais gira o conjunto doutrinal da TM. De fato, foram precisamente esses dois temas que originaram as grandes polêmicas sobre a moral de Afonso. Também são consideradas as suas duas contribuições mais importantes para a história da reflexão teológico-moral.

O dilema do rigorismo e da benignidade tem lugar nesse duplo âmbito onde atua o discurso teológico-moral afonsiano: na sede moral da consciência e na prática sacramental da Penitência. Reduzindo o âmbito de aplicação, é possível afirmar que o rigorismo e a benignidade funcionam, de fato, na prática pastoral da Penitência. É o lugar onde se debate, durante os séc. XVII, XVIII e XIX, o confronto entre as posturas rigoristas e as posturas de benignidade pastoral. O adiamento ou a negação da absolvição foi o

---

[154] CAPONE, D. Per la teologia della coscienza cristiana: *SM* 20, 1982, p. 67. Ver nota 77.

nó do conflito dos usos galicanos em relação com a Penitência; aí também radicou, durante os três séculos indicados, o conflito entre o rigorismo e a benignidade.[155]

No dizer de um biógrafo do século XIX, Afonso realizou uma "revolução copernicana" na prática do sacramento da Penitência.[156] A benignidade propugnada em sua moral é toda endereçada à prática desse sacramento. É uma benignidade para a prática da reconciliação sacramental (sem esquecer o sacramento da Eucaristia: comunhão).

Para expor o significado da "revolução copernicana" que Afonso opera na pastoral do sacramento da Penitência, guiado por sua opção a favor da benignidade, precisaríamos fazer uma exposição mais longa de sua doutrina sobre a *prática do confessor*. Para essa temática ele dedicou um de seus livros de maior transcendência histórica ("A Prática do Confessor": primeira edição italiana em 1755 e primeira latina em 1757) que o autor sempre faz acompanhar sua *Theologia Moralis*, já que essa, segundo ele, ficaria "manca e imperfeita" sem o livro sobre a "prática do confessor".[157]

Deixando para um próximo capítulo (cap. 3 da 20ª seção) a análise da obra e do pensamento de Afonso sobre a prática pastoral do sacramento da Confissão, limito-me aqui a assinalar características de sua moral em que se decanta a opção pela benignidade:

- Critério geral da prática sacramental: Afonso adere plenamente ao axioma "sacramenta propter homines" - *os sacramentos existem em benefício dos homens.*"[158]
- Atitude fundamental que o confessor deve adotar em moral: dele se pede uma posição de equilíbrio salvífico (entre o laxismo e o

---

155 GUERBER, C. *Le ralliement du clergé français à la morale liguorienne* (Roma, 1977) 19-93, sobretudo: 21-25.

156 BOUTRY, P. *Prêtres et paroisses au pays du Curé d'Ars* (Paris, 1986) 408-422: "Une révolution copernicienne: Mgr Devie et la morale de saint Alphonse de Liguori". Também : Cf. JEANCARD, J. *Vie du B. A. M. de Liguori.* Marseille, 1828, p. 419. Cf. o desenvolvimento das implicações históricas dessa afirmação em DE ROSA, G. S. Alfonso e il secolo dei lumi: *Rassegna di teologia* 28, 1987, p. 29-30.

157 Lettere, III, 40.

158 Lembra que os sacramentos "non sunt deneganda eis qui catholice vivunt... Ministri non sunt judices, sed dispensatores" - [*não devem ser negados aos que vivem como católicos... Os ministros não são juízes, mas dispensadores*] (Gaudé, III, 36-37).

rigorismo, os dois extremos que não conduzem à salvação). Afonso dedica a esse tema páginas vibrantes e originais da *Theologia Moralis*, tanto no Tratado sobre a Consciência,[159] quanto no Tratado sobre a Penitência.[160] Embora não deixe de constatar que, na prática penitencial, sacerdotes de tendência laxa são muito mais numerosos que os rigorosos,[161] sem dúvida, na doutrina dos moralistas vê mais rigor que benignidade.[162]

- A prática pastoral da reconciliação caminha junto com a responsabilidade. O livro da *Prática do Confessor* constitui exposição completa sobre o significado desse ministério. Os biógrafos insistiram muito sobre a importância atribuída por Afonso ao serviço sacramental da reconciliação.[163]
- A perfeição e a salvação devem ser critérios que guiam o confessor na maneira de conduzir moralmente a prática da reconciliação. Por causa da perfeição, o confessor deve dirigir, o penitente bem-disposto, pelo caminho da exigência, mas sem cair no rigorismo imprudente.[164] Na maior parte dos casos, o critério da sal-

---

159 Cf. Gaudé, I, 61-64. 70.

160 Cf. Gaudé, III, 421. 630-631.

161 "Non dubio quin maiori quidem detrimento semper in Ecclesia fuerint confessarii nimis indulgentes; cum major hominum pars ad vitia proni sint" [*Não tenho dúvidas de que sempre foram mais prejudiciais na Igreja os confessores excessivamente indulgentes; pois a maior parte dos homens se inclina para os vícios*] (Gaudé, III, 421).

162 Cf. Gaudé, III, 468. 470. 477.

163 Cf. Tannoia, I, cap. 55.

164 "Si paenitens ostendat se paratum ad sequendum id quod est tutius, tenetur confessarius (per se loquendo) eum dirigere secundum sententias tutiores; quia, cum hoc sit majoris perfectionis, tenetur quidem confessarius incumbere maiori profectui sui poenitentis. Spectat autem ad prudentiam confessarii deinde perpendere, utrum tutioris vel minus tutae sententiae usus suo poenitenti sit profuturus..." [*Se o penitente se mostrar preparado para seguir o que é mais seguro, o confessor deve (falando em tese) dirigi-lo conforme as sentenças mais seguras; porque, como é de maior perfeição, o confessor deve promover o maior proveito de seu penitente. Mas é tarefa confiada à prudência do confessor avaliar se será mais proveitoso para o penitente seguir a sentença mais segura ou a menos segura*] (Gaudé, III, 630).

vação inclina a balança para a benignidade,[165] embora aconselhe o tuciorismo nas questões em que se incorre facilmente no perigo de cometer pecado formal.[166]

- Mais que em conteúdos concretos, a benignidade emerge, claramente, nas avaliações gerais do confessor a serem concretizadas, posteriormente, nas diversas situações. Afonso indica as seguintes orientações valorativas:
  a) não qualificar de pecado mortal um comportamento sem uma razão evidente para isso;[167]
  b) aceitar a ignorância inculpável para evitar o pecado formal;[168]
  c) não tachar como laxas as opiniões, a menos que se mostrem claramente improváveis;[169]
  d) aceitar a opinião do penitente, se possuir fundamento objetivo suficiente, sobretudo, quando acompanhada de retidão subjetiva.[170]

---

165 "In praxi, confessarius potius (quoad fieri potest) debet esse benignus quam rigidus cum poenitentibus" [*Na prática, na medida do possível, o confessor deve ser mais benigno que rígido com os penitentes*] (Gaudé, III, 630). "Sapienter autem dicit Holzmann quod confessarius in delectu opinionum tunc debet benigniores sententias sequi, quando illae potius inducunt poenitentem ad vitandum peccatum" [*Sabiamente diz Holzmann que, na escolha das opiniões, o confessor deve seguir as sentenças mais benignas quando forem mais úteis para levar o penitente a evitar o pecado*] (Gaudé, III, 631).

166 Cf. Gaudé, I, 707, nota a; III, 465. 631.

167 "Hinc animadvertatur in quale discrimen se immittant illi qui rigidam doctrinam sectantes, facile damnant homines de peccato mortali in iis in quibus gravis malitia evidenti ratione non apparet, eos sic exponendo periculo damnationis aeternae" [*Assim sendo, muita atenção para o perigo que correm os que seguem a doutrina rígida, condenando como mortais os pecados em que não há evidência clara de malícia, pois assim fazendo, expõem os homens ao perigo da condenação eterna*] (Gaudé, II, 747-748).

168 "Unum peccatum formale omnibus praeponderat materialibus peccatis" [*Um só pecado formal tem mais peso que todos os pecados materiais*] (Gaudé, III, 636). "Deus tantum formale punit, siquidem hoc solummodo in sui offensam habet" [*Deus apenas pune o pecado formal, pois é apenas esse que considera como ofensa contra si*] (Praxis confessarii, n. 8). Sobre a ignorância inculpável, Gaudé, I, 4. 147-161 (dissertação sobre a ignorância invencível); III, 633-634. Sobre o pecado formal/material, Gaudé, I, 62.

169 Cf. Gaudé, II, 748.

170 Gaudé, III, 625-630 (sobretudo, 630).

- Ao mesmo tempo, a benignidade pastoral deve se manifestar nos aspectos concretos referentes aos requisitos da prática sacramental penitencial: acusação, absolvição, satisfação.[171] Deve, da mesma maneira, respirar benignidade o contato pastoral com os penitentes ocasionais, habituados e reincidentes.[172]
- Como objetivo final, a benignidade pastoral precisa ter como meta última dar *descanso* para a consciência do cristão, mas sem que isso suponha qualquer rebaixamento do Evangelho, nem tranquilidade descomprometida, ou perda da tensão para perfeição evangélica.[173]

14.3.3. Abertura à questão do "Sistema Moral"

No presente capítulo quisemos sublinhar um dado de primeira ordem na biografia intelectual de Afonso enquanto moralista: sua passagem (melhor: *sua conversão*) do rigorismo para a benignidade. Trata-se de uma variação que, embora sustentada por razões intelectuais, esteve movida por motivos pastorais. A esse tipo de variação, quadram bem as expressões de *rigorismo* e de *benignidade*. Por esse motivo, não quis entender, nem formular a questão, em termos de *escola* de moral.

Contudo, deixamos a questão aberta para ser retomada, na mesma clave referida, de *escola* moral, ou seja, enquanto formulação do *sistema moral* afonsiano. Essa é a perspectiva que utilizaremos para analisar o projeto moral de Afonso na 19ª seção.

---

171 A satisfação deve consistir em penitências salutares, não compensativas, que não devem ser excessivas (Gaudé, III, 518. 521). Afonso é, em princípio, contrário ao adiamento da absolvição (Gaudé, III, 477).

172 Cf. Gaudé, III, 470 (habitudinários), 477 (reincidivos). Sobre a absolvição dos ocasionários, o tratamento de Afonso é muito articulado, segundo o tipo de ocasião (Gaudé, III, 457-467).

173 Sobre o significado histórico do "quietare il penitente" cf. DE ROSA, G. Saint Alphonse et le siècle des Lumières: VÁRIOS. *Saint Alphonse de Liguori*. Pasteur et Docteur. Paris, 1987, p. 36-46. No pensamento afonsiano o "acquietamento" refere-se à paz psicológico-religiosa dada às almas que se debatem em angústias neurótico-religiosas. Afonso intitula assim uma sua obra: *Quiete per le anime scrupulose* (1751). A situação dos escrúpulos tem muito a ver com o rigorismo.

DÉCIMA QUINTA SEÇÃO

A *Theologia Moralis* de Afonso. Biografia de uma obra de moral

Na presente edição nos propomos a escrever a *biografia* de um livro, concretamente, do livro *Theologia Moralis* (=TM) de Afonso de Liguori. É nessa obra que expôs, em quase sua totalidade, seu pensamento teológico-moral.

A biografia da TM se encontra aqui descrita através da sequência das *edições*, mediante os *condicionamentos* que explicam seu peculiar desenvolvimento, pelas *formas literárias* empregadas e na *edição crítica* realizada, no começo do séc. XX, por L. Gaudé.

Os quatro aspectos sublinhados constituem o conteúdo dos capítulos que compõem a presente seção. Dividimos os *condicionamentos* em três grupos, dando, a cada grupo, um capítulo independente.

15.1. A sequência das edições da *Theologia Moralis*.

15.2. Os condicionamentos da TM: 1. O manual de Busenbaum.

15.3. Os condicionamentos da TM: 2. A Companhia de Jesus.

15.4. Os condicionamentos da TM: 3. A Congregação do Santíssimo Redentor.

15.5. As formas literárias empregadas.

15.6. A edição crítica.

15.1. A SEQUÊNCIA DAS EDIÇÕES DA *THEOLOGIA MORALIS*

Como foi sublinhado no capítulo 1 da seção precedente, a *Theologia Moralis* (=TM) é a obra manancial da produção teológico-moral de Afonso de Liguori. Todas as outras confluem para ela ou procedem dela. Daí que seja essa obra a que deve ser levada mais em conta no estudo histórico sobre a moral afonsiana.

No presente capítulo, e nos três seguintes, oferecemos, como já foi referido, uma espécie de biografia da TM afonsiana. Fazemos isso seguindo a história das nove edições em que apareceu ao público e levando em conta os condicionamentos a que a obra foi submetida. Quem pretende fazer um estudo preciso sobre a temática moral afonsiana não pode desconhecer o devir das edições da TM, ao menos, das que marcam variações importantes, bem como os condicionamentos externos da obra.

Para a apresentação das diversas edições da TM, levamos em conta os estudos existentes, sobretudo, o oferecido por Leonardo Gaudé na edição crítica de 1905-1912. Além desses estudos, nossa apresentação depende da análise direta de cada uma das edições. O contato direto com as diversas edições vai acompanhado – em muitos casos, orientado – pela análise da correspondência de Afonso, sobretudo, a que ele manteve com o editor veneziano, Remondini.

No prefácio da edição crítica, L. Gaudé fez uma descrição de cada uma das nove primeiras edições da TM.[1] É uma descrição de caráter mais estático, embora baseada em dados históricos. Tratando, pois, de completar essa descrição, na continuação ofereço uma apresentação sequencial das edições da TM durante a vida do autor.

---

1 Gaudé, I, p. XIII-XXIII.

15.1.1. Primeira edição (1748)

A grande obra da TM teve um nascimento humilde.[2] Cabe aplicar, aqui, o axioma latino: "Magna nascuntur ex parvis"[3].

Nasce como uma edição do manual de Busenbaum (*Medulla Theologiae Moralis*), preparada por Afonso; procedimento em nada novo ou estranho para a época, especialmente no caso do manual de Busenbaum, do qual vários autores do séc. XVIII tinham feito edições e comentários (Zaccaria, Franzóia e outros). Tal dependência de Busenbaum, com suas vantagens e muitos inconvenientes, será avaliada no próximo capítulo desta mesma seção.

Sobre o manual de Busenbaum, Afonso fez suas próprias *anotações* (por isso o título da primeira página: *Adnotationes in Busembaum*) incluídas no corpo da obra do referido autor (Busenbaum). São anotações de dois tipos:

- o primeiro tipo apresenta notas curtas, com caráter predominantemente bibliográfico, indicando autores que sustentam as opiniões do texto (referidas com letras minúsculas: a, b, c, etc.);
- no segundo tipo, as notas são mais longas e de caráter doutrinal, analisando as opiniões do texto e introduzindo novas questões (referidas com letras maiúsculas: A, B, C, etc.).

É no último conjunto de notas que já está contido em gérmen o pensamento moral afonsiano: seus interesses temáticos, orientação pastoral, predileção por determinados autores. Tannoia assinala que as passagens próprias de Afonso nasceram dos casos morais com que se deparou na atividade pastoral.[4]

Conforme o gosto da época, o livro contém várias *Dissertações*, sendo que as duas mais importantes – sobre a infalibilidade

---

[2] Para a história da 1ª edição da TM: Tellería, I, 420-423. Também: ver a minuciosa análise de FERRERO, F. *Génesis de la doctrina moral alfonsiana*: SH 23 (1975) 293-365.

[3] [*As grandes coisas nascem das pequenas*] (Anônimo) citado em VÁRIOS. Bi-centenarium magni operis moralis S. P. N. Alphonsi (1748-1948): Analecta CSSR 20, 1948, p. 186.

[4] Tannoia, I, 245.

do Papa e sobre a Imaculada Conceição de Maria - permanecerão nas edições posteriores, embora a primeira dissertação mude de lugar a partir da 2ª edição (passa do *apêndice* para o *tratado sobre as leis*) e seja notavelmente ampliada.

Juntamente com a fonte pastoral assinalada por Tannoia, é necessário colocar, ainda, o interesse intelectual e a docência. Conforme seu próprio testemunho, Afonso dedicou-se com particular interesse ao estudo da moral desde a etapa de formação seminarística, e sua precedente carreira jurídica constituía boa preparação para a reflexão moral daquele tempo. Por outra parte, o ensino da moral aos jovens da Congregação foi situação propícia para plasmar seu pensamento e motivo último para publicar suas notas de aula, ou seja, a TM nasceu nas aulas do primeiro Escolasticado da Congregação do Santíssimo Redentor (em Ciorani e em Deliceto).

Como se tornará habitual, Afonso avalia o esforço empregado na preparação das *Anotações*. Escreve ao Abade Giuseppe Muscari (20 de setembro de 1748): "Custou-me anos e anos de fadigas, especialmente nos últimos cinco anos lhe dediquei oito, nove e dez horas por dia, de sorte que, quando penso nisso, eu mesmo fico espantado."[5] M. De Meulemeester afirma: "Já desde 1734, ou seja, quatorze anos antes de publicar sua TM, ele se preocupava em reunir materiais para sua Obra."[6]

A preparação imediata deve ter começado por volta de 1743, data em que iniciou o Escolasticado redentorista em Ciorani, onde Afonso ensinava a Moral. Em setembro de 1746, a obra estava concluída, já que em 22 de setembro desse ano o impressor solicita a aprovação eclesiástica e, em 30 de janeiro de 1747, a licença régia. Em 1748, Afonso permaneceu vários meses em Nápoles, corrigindo as provas e preparando os índices.[7]

---

5 Ver a carta em FERRERO, F. Génesis de la doctrina moral alfonsiana: *SH* 23, 1975, p. 253.

6 De Meulemeester, I, 24.

7 Tellería, I, 441, fala de seis meses: Rey-Mermet, p. 449, fala de quatro.

Da tipografia de Aléssio Pellechia (Nápoles) saiu, em 1748, um tomo de pequenas dimensões, manejável conforme o desejo de Afonso, com duas colunas densas por página e em número de 1.032, sem contar o prólogo, a dedicatória, os índices e outros temas acrescentados no final da obra. A dedicatória é a Giuseppe Nicolai, arcebispo de Conza, a quem o autor queria agradecer pela designação de Materdomini para uma fundação da Congregação.[8] "Escreve a dedicatória em latim, e se diverte desenrolando períodos enfáticos que teriam enchido de alegria seu mestre Buonaccia [seu professor de latim]."[9] O custo da obra foi pago por um amigo, Dom José Olivieri.[10]

Afonso avaliou sua obra antes da aparição pública. Como em outras ocasiões, não esconde o amor paterno ante sua criatura literária: "A mim, parece uma obra boa, mas, às vezes, a paixão engana."[11] Mais tarde, quando tiver terminado a 2ª edição, olhará as *Adnotationes* (1ª edição) com avaliação já não tão positiva.[12] De modo mais imparcial, sem exagerar por um ou outro extremo, hoje podemos dizer que a 1ª edição da TM é um "franco prelúdio de sua carreira de moralista"[13], porém, sem o desenvolvimento posterior, o prelúdio teria passado, rapidamente, ao esquecimento. Por isso, precisamos repetir que a TM constitui uma única obra que vai desde a 1ª até a 8ª (9ª) edição, obra reescrita em várias ocasiões.

---

8 Tellería, I, 420-423.

9 Rey-Mermet, p. 447.

10 Cf. Gaudé, I, p. XIV, nota 1.

11 Carta ao Abade Giuseppe Muscari (ver em: FERRERO, F. Génesis de la doctrina moral alfonsiana: *SH* 23, 1975, p. 353).

12 "Opus absolvi; sed quia nimis festinanter fuit illud typis demandatum, ut aliis satisfacerem mihi non satisfeci; plura enim in eo vel non bene excusa exciderunt, vel confuso ordine fuerunt exposita. Idcirco cum ea diligentiore examine necnon clariore methodo indigere animadvertissem, animum ad hanc secundam editionem applicui in qua ad meliorem ordinem omnia redigere curavi" (edición 2ª, t. I, *Ad lectorem*). [*Completei a obra, mas, porque foi mandada rapidamente ao editor para satisfazer a outros, a mim mesmo não satisfez. De fato, muitas coisas, ou não saíram bem explicadas, ou foram expostas numa ordem confusa. Por isso, pelo exame mais diligente, e como não julguei precisar de método mais claro, apliquei-me à segunda edição, na que cuidei em levar tudo a uma ordem melhor e entregar um livro mais copioso de doutrinas úteis*]. (*Ad lectorem*, 2ª ed., t. I).

13 Tellería, I, 420.

Liguori escrevia para ser lido e pelo maior número possível de pessoas. Consequentemente, deu muita importância à publicidade de suas obras, como dissemos em capítulo precedente (cap. 8 da 7ª seção), servindo-se dos canais normais da época (folhetos, volantes, anúncios em jornais, etc.); contou, inclusive, com sua própria organização publicitária: envio de folhetos de propaganda a bispos, casas religiosas, centros eclesiásticos, etc.; além disso, montou uma espécie de escritório, em Nápoles, para venda e publicidade de seus livros.[14]

Quando publica as *Adnotationes in Busenbaum* está nos inícios de sua atividade literária, portanto, a propaganda ainda não poderia ser muito intensa, mas sabemos que, quando o Padre Andrea Villani foi a Roma solicitar a aprovação das Regras da Congregação (1749), fez propaganda da 1ª edição da TM durante o caminho e na cidade eterna.[15]

A 1ª edição teve sucesso,[16] se assim não fosse, Afonso não teria se lançado ao projeto da 2ª edição, onde, propriamente, configura-se seu pensamento moral. Sobre os exemplares dessa primeira edição, temos algumas reedições com título diferente, por exemplo: *Compendium Theologiae Moralis S. Alfonsi* (Iria, 1840).

15.1.2. Segunda edição (1753, 1755)

Como fica claro desde o título, *Theologia Moralis concinnata a R. P. Alphonso de Ligorio*, essa 2ª edição já constitui obra autônoma e, não apenas, reimpressão anotada do manual de Busenbaum. Certamente, o texto de Busenbaum continua presente, mas o trabalho de Afonso de Liguori já é tão independente que é fácil constatar a presença de uma nova obra, inserida no tronco do antigo manual.

A preparação dos originais ocupou Afonso durante muito tempo: a preocupação com a obra vai de 1748 a 1753 e se prolonga

---

14 BAYÓN, R. *Cómo escribió Alfonso de Ligorio*. Madri, 1940, p. 259-262; FERRERO, F. Génesis de la doctrina moral alfonsiana: *SH* 23, 1975, p. 338-343. Cf. A74, 53.

15 Tellería, I, 450; Rey-Mermet, p. 461.

16 Na dedicatória a Bento XIV da 2ª edição (1753), Afonso afirma que a 1ª edição "foi aceita por todos" e que precisou de imediata reedição ("cum universe fuerit acceptum, rursusque debuerit publici juris fieri").

até 1755. Em alguns períodos absorveu totalmente sua atividade, com um ritmo febril de "oito a dez horas diárias". Em 1772 dirá: "Boa parte da moral, para não dizer toda ela, eu escrevi de próprio punho".[17]

Foi um trabalho de grande envergadura, orientado pela tríplice vertente da documentação, do conteúdo e da metodologia.[18]

- Quanto à *documentação,* Afonso consagra uma das características de sua obra: consultar numerosos autores, tanto antigos, quanto contemporâneos. Na realização desse trabalho, contou com a valiosa colaboração de alguns jovens padres de sua Congregação, dentre os quais sobressai o Pe. Ângelo Ruscigno.
- Quanto ao *conteúdo,* a 2ª edição da TM contém a estrutura definitiva do pensamento moral afonsiano: haverá progressos nas edições posteriores, mas sempre dentro da estrutura estabelecida nessa 2ª edição.
- Quanto ao *método,* para Afonso consistia fundamentalmente na clareza da exposição e no ordenamento adequado das partes, características que mereceram sua especial atenção na presente edição.

A obra foi impressa em Nápoles por Giovanni de Simone. Estava dividida em dois tomos, com um intervalo temporal de dois anos entre eles: 1753 e 1755. O formato é *in quarto* e a impressão é boa, tanto pelo papel, quanto pelos tipos de letra utilizados.

Nessa 2ª edição aparece, pela primeira vez, um detalhe importante que ocupará as primeiras páginas em todas as edições posteriores: a *dedicatória* ao Papa Bento XIV (em latim) e a correspondente carta de resposta do Pontífice (em italiano). O fato de

---

[17] Lettere, III, 420. Na carta a um jovem redentorista (1755), dirá que nessa 2ª edição "existem muitas coisas novas, especialmente sobre a Restituição, sobre a Penitência e sobre o Matrimônio" (Lettere, III, 677).

[18] Esse tríplice interesse aparece claramente expresso, tanto na dedicatória a Bento XIV, quanto no prólogo: "Redigi em uma ordem melhor algumas doutrinas já explicadas e, de maneira mais diligente, acrescentei outras muitas" (dedicatória); "apliquei-me à segunda edição cuidando levar tudo a uma ordem melhor e entregar um livro mais copioso de doutrinas úteis" (Prólogo).

solicitar a dedicatória, supõe que Afonso reconhecia em sua obra um livro pessoal e suficientemente meritório.[19]

> Mas esse fato não deve ser supervalorizado, já que os Papas da época, e, em especial, Bento XIV, aceitavam facilmente dedicatórias de livros e, às vezes, recebiam dedicatórias de autores e de obras com tendências opostas, como é o caso de Afonso e Concina, que dedicam suas respectivas Teologias Morais a Bento XIV. De resto, todos reconheciam nele, antes e depois da elevação ao pontificado, especial competência em matéria jurídica e moral.[20]

Afonso, que, como moralista, foi estimado por Bento XIV[21], conhecia a grande consideração do Pontífice por suas próprias Bulas e, nesse sentido, viu-se obrigado a fazer uma modificação de última hora na 3ª edição.[22] O nome de Bento XIV, com quem os redentoristas sempre se sentiram ligados afetuosamente[23], também permanecerá sempre unido à TM afonsiana.

A 2ª edição oferece outro detalhe que denota a gênese progressiva da doutrina moral afonsiana: há dois elencos de questões reformadas referentes à doutrina exposta na 1ª edição - um elenco de 58 questões no tomo I, e outro elenco de 41 questões no tomo II. Voltarei a falar sobre o significado dessas mudanças, mas, por

---

19 Como resultado das explorações em Roma, Afonso recebeu este conselho do Pe. Sanseverino, pio operário: "Fará muito bem, V. P, em reimprimir o livro da Moral, sobretudo, com melhores tipos, e dedicá-lo ao Papa, por mais que tal dedicatória signifique ter que presentear vários exemplares e arcar com os custos de uma boa encadernação. Permito-me adverti-lo cuidar que a dedicatória esteja redigida com a pureza do fraseado latino" (TELLERÍA, R. *Actividad moral de San Alfonso*: Moralia [1ª época] 3 (1955) 95-96, citando a Kuntz, IV, 165).

20 Por outro lado, "Bento XIV será o maior papa do século XVIII. O único grande". (Rey-Mermet, 374).

21 Bento XIV em seu livro "De Synodo dioecesana" qualifica Afonso como "prudens auctor", avaliação que Ligório utilizou em momentos difíceis (Lettere, III, 477; A56, 75). Além disso, o Papa Bento XIV, diante de uma consulta de G. Jorio sobre a "maldição dos mortos", respondeu: "Vós tendes o vosso Ligório, consultai-o" (Carta de Jorio, em FERRERO, F. a.c., 365; Tannoia, I, 248-249). Sobre os amigos de Afonso em Roma, cf. BAYÓN, R. *Cómo escribió Alfonso de Ligorio*. Madri, 1940, p. 283-290.

22 Lettere, III, 53.

23 ORLANDI, G. Benedetto XIV, S. Alfonso Maria de Liguori e i Redentoristi: *SH* 27, 1979, p. 279-297.

enquanto, basta sublinhar que Afonso deu bastante importância a essas *retractationes*.[24] Creio que a importância não estava tanto no conteúdo das opiniões modificadas, mas na impressão que o procedimento causava aos outros.[25]

A segunda edição não traz nada sobre os *atos humanos*, mas apresenta a *Dissertatio pro usu moderato opinionis probabilis* (tomo I, p. 15-27, inserido no tratado sobre a consciência) e contém o *Tractatus praeambulus De Justitia et Jure* (tomo I, p. 280-292). Nessa edição começam temas de certo interesse histórico:

1. A obrigação de dar aos pobres parte do supérfluo, mas sem deixar sem absolvição a quem não o faz "quia semper praeferre potest aliquam causam excusantem" (tomo I, 99-100) - *porque sempre pode ter algum motivo que o escuse*).
2. Se pecam as mulheres que trazem o peito semidescoberto por motivos de elegância (tomo 1, 112).
3. Se é possível permitir um mal menor para evitar um mal maior (tomo 1, 113-114).
4. Sobre matar um agressor injusto (tomo I, 238-243).

Há outros detalhes de menor importância. O *Prólogo* não recebe número de página. O *Monitum ad Lectorem* vem depois das Proposições Reformadas. Há um erro de impressão na paginação: a 89 deveria ser a 99.

Também no caso dessa 2ª edição, a obra continuou tendo boa acolhida. Em fins de 1755, Afonso podia escrever: "Me sobram muito poucos exemplares e se esgotarão logo, dado que, de todas as partes, chovem pedidos".[26] Assim se cumpria o augúrio de Ben-

---

[24] O anúncio aparece no próprio frontispício: "Com várias sentenças reformadas"; no prólogo foi feita uma explicação que é, ao mesmo tempo, justificação: "Porém, como sou humano, reformei algumas opiniões que, com o passar do tempo, chamei novamente a um julgamento mais atento. Não me envergonho disso, já que o próprio Santo Agostinho não se envergonhou de se retratar em muitas questões. Santo Tomás também o fez, como atestam...". Em carta a seus congregados explica as reformas pelo fato de ter levado em maior consideração as razões intrínsecas (Lettere, I, 260-261).

[25] A56, 92.

[26] Lettere, I, 19. 26.

to XIV na carta de resposta, quando prognosticou que a obra teria "aceitação geral" (*gradimento universale*).[27]

15.1.3. *Terceira edição (1757)*

Estando ainda fresca a 2ª edição, no verão de 1755 Afonso inicia a correspondência com o editor Remondini para publicar, em Veneza, a 3ª edição[28]: "A iniciativa partiu de Remondini, provavelmente, por indicação do Padre Zaccaria ou de algum outro jesuíta, com quem o veneziano mantinha boas relações na época."[29]

Para a preparação do original, Afonso utilizou exemplares impressos da 2ª edição[30], pois não era o caso de compor um texto novo do início ao fim, embora custasse esforço e dedicação de tempo. O trabalho concentrou-se, principalmente, em detalhes de adaptação do texto, correção de erros, aumento da documentação bibliográfica, matização de opiniões e coisas semelhantes, como costuma acontecer quando a obra passa de uma edição para outra sem a refundição total ou parcial do texto.[31]

A maior preocupação de Afonso foi que a obra já impressa (2ª edição) conseguisse passar, com sucesso, na revalidação dos "sábios" controladores do mercado de ideias morais em Veneza, pois uma qualificação boa reverteria em permissão para imprimir a TM na referida cidade, trazendo a aprovação dos mesmos intelectuais. Pessoas essenciais no momento de emitir o veredito eram os *revisores* e, por isso, Afonso fez todo o possível para que os revisores de sua Teologia Moral fossem, além de pessoas qualificadas e de reconhecido prestígio, teólogos mais próximos de sua maneira de

[27] Anos mais tarde, Afonso anota a verificação desse prognóstico: Lettere, III, 130-131.

[28] São mais de 25 as cartas conservadas e nas quais Afonso traça um verdadeiro diário da preparação dessa 3ª edição: Lettere, III, 18-61.

[29] TELLERÍA, R. Actividad moral de San Alfonso: *Moralia* 3, 1955, p. 99.

[30] No Arquivo Geral dos Redentoristas (Roma) conserva-se algum exemplar da 2ª edição com anotações autógrafas de Afonso, muito provavelmente, destinadas à impressão das edições seguintes.

[31] Para conhecer em detalhe o trabalho de adaptação realizado por Afonso, ver: Lettere, III, 18. 19. 20-22. 24. 26. 28-29. 30. 32. 33. 39-40. 43. 49. 50-51. 52-53. 57.

pensar. Nas cartas a Remondini, não deixou de solicitar revisores da Companhia de Jesus e apresentar sua inconformidade com a possibilidade de revisores dominicanos.[32]

Afonso alegrou-se ao saber que o revisor de sua obra seria o padre jesuíta Francisco Antônio Zaccaria[33], pois conhecia os méritos e prestígio desse ilustre jesuíta[34], tinha admiração por suas obras,[35] por sua pessoa[36] e se interessava por suas opiniões sobre sua TM.[37] Ainda mais, Afonso tinha tomado notas para sua própria moral a partir da edição de Lacroix feita por Zaccaria.[38] Além de revisar a obra, Zaccaria antepôs uma longa *Dissertação* sobre a história e a importância da moral casuística.[39]

Nessa ocasião, Afonso ficou contente com a inclusão da *Dissertação*[40], mas depois foi se desfazendo dela pouco a pouco.[41] A vinculação do nome de Liguori com o de Zaccaria trouxe para

---

32 Lettere, III, 20. 23. 26.

33 Lettere, III, 37. 44.

34 Francisco Antônio Zaccaria (1714-1795) foi teólogo, historiador e escritor profícuo (cf. SOMMERVOGEL, VIII, 1381-1435). Quando começou sua relação com Afonso, contava pouco mais de quarenta anos. "Desde que foi prefeito da Biblioteca Estenense, de Módena, onde havia sucedido Muratori, revelara-se sempre mais uma das figuras proeminentes do século" (TELLERÍA, R. Actividad moral de San Alfonso: *Moralia* 3, 1955, p. 99). Cf. DTC, XV, 364; NCE, XIV, 1103.

35 Lettere, III, 24. 44. 70. 84.

36 Afonso teve contato direto com Zaccaria quando este se transferiu de Módena para Nápoles (Lettere, III, 89-90); ficou admirado com sua personalidade ("grand'uomo di garbo: Lettere, III, 91); recomendou-o a Remondini quando este se mostrava indignado contra outros teólogos, como Berti (Lettere, III, 91-94).

37 Lettere, III, 27. 28. 35.

38 Lettere, III, 23.

39 Tal Dissertação ele tomou, no essencial, da que havia composto para a edição de Lacroix (Bolonha, Veneza, 1749); na parte III, c. VI há um esquecimento na adaptação: o *author noster* e a referência não correspondem, nem a Afonso, nem ao seu livro, mas sim a Lacroix e ao seu livro. Exagera a originalidade do trabalho ao afirmar que não conhece ninguém (*vidi neminem*) que tivesse tratado anteriormente da questão, quando, de fato, em parte, está seguindo Besombes. Na concepção da moral sobressai a tendência *minimalista*: a moral é para o mínimo exigido e não para a perfeição.

40 Lettere, III, 31. 60-61.

41 Desaparece completamente na edição 8ª (e 9ª).

Afonso grande vantagem inicial ao abrir-lhe as portas de Veneza e promover seu reconhecimento como autor douto; por outro lado, trouxe notáveis inconvenientes ao identificá-lo com o partido filo-jesuíta.

A obra saiu em Veneza, com indicação tipográfica de Roma. Estava distribuída em 3 tomos e, contra o desejo de Afonso[42], em tamanho *in folio*. Nessa edição, não aparecem os elencos de proposições reformadas, tal como havia na 2ª edição. A atitude de Afonso sobre a publicação desses elencos[43] não é clara, já que não os considerava totalmente necessários. A ausência dos dois elencos gerou pequenas variações no prólogo.

Afonso se agradou da edição: "Resultou em uma edição magnífica, de bom papel e de estampa esmerada, e já são muitos os que a adquiriram e muitos outros os que a solicitam".[44] Mas não deve ter gostado do nome de Busenbaum ocupar o primeiro lugar no título e seu trabalho ter sido rebaixado a simples *acréscimos*.[45] De fato, o frontispício respira abundante jesuitismo.[46]

15.1.4. Quarta edição (1760)

Através de carta a Remondini, com data de 5 de junho de 1758, passado apenas um ano da publicação da 3ª edição, temos notícia da intenção do editor veneziano de reimprimir novamente a TM.[47] Certamente, de início o autor recebeu a proposta com agrado, mas a satisfação veio mesclada com o temor por sua obra. O agridoce da proposta já transparece no plano enviado por Re-

---

42 Afonso desejava um formato mais manejável: Lettere, III, 25.

43 Lettere, III, 50-51.

44 Lettere, III, 60. Sobre os panfletos de difusão empregados por Afonso para promover sua obra: Lettere, III, 18. 26. 27. 64. 66. 71. 74. 89. 94. 100. 101. 102. 105. 107. 108. 121.

45 *R. P. Hermanni Busenbaum, Societatis Jesu, Theologia moralis, nunc pluribus partibus aucta a R. P. D. Alphonso de Ligorio.*

46 No fronstispício aparece duas vezes, de forma destacada, a sigla de pertencimento jesuítico: *Societatis Jesu* (para Busenbaum) e *S. J.* (para Zaccaria); o escudo do fronstispício também é de teor nitidamente jesuítico.

47 Lettere, III, 68-69.

mondini: "Fazer acréscimos e correções, particularmente, nas proposições condenadas pelas assembleias da França".[48] Nuvens de tormenta começavam a surgir no horizonte.

Afonso começou a trabalhar imediatamente nos "acréscimos e correções", submetendo a obra à nova revisão entre o verão de 1758 e maio de 1759, do que dão prova os constantes testemunhos de suas cartas.[49] Em sua opinião, os muitos acréscimos que realiza são suficientes[50] e francamente bons[51]; também melhora a distribuição externa do conteúdo.[52] Tirou proveito de estar trabalhando, ao mesmo tempo, no *Compêndio* da TM, pois os acréscimos eram intercambiáveis.[53] Não faltaram anotações de última hora quando as correções já estavam nas mãos do editor.[54] Depois de vários avisos[55], as correções foram enviadas no mês de maio de 1759[56], anotadas sobre as páginas de um exemplar da edição anterior.[57]

As correções mais importantes se referem às "proposições condenadas pelos parlamentos da França", como Remondini havia pedido. Afonso não conhecia, precisamente, quais eram tais proposições e, de julho a dezembro de 1758 ficou esperando que o Padre Zaccaria as enviasse, conforme aviso dado pelo editor[58]; por sua conta, buscou informações em Nápoles, sobretudo com os jesuítas;[59] e, em março de 1759, conseguiu conhecê-las.[60] Concretamente, eram três proposições:

1. licitude do tiranicídio em defesa da própria vida;

---

[48] Lettere, III, 68.
[49] Lettere, III, 71. 73. 75. 80. 85. 87. 88. 89-90. 91. 92-93. 95.
[50] Lettere, III, 89. 97.
[51] Lettere, III, 93. 95.
[52] Lettere, III, 71. 75. 93. 95.
[53] Lettere, III, 68-69. 75.
[54] Lettere, III, 106. 109. As anotações não chegaram a tempo para serem incorporadas em seu devido lugar e encontram-se em um *Monitum* na p. VII do tomo I.
[55] Lettere, III, 90. 91. 92-93. 93.
[56] Lettere, III, 95. 97.
[57] Lettere, III, 102
[58] Lettere, III, 71. 73.
[59] Lettere, III, 88.
[60] Lettere, III, 89.

2. licitude de matar o agressor da própria honra em matéria grave;
3. doutrina sobre os proscritos.

As duas primeiras afetavam o texto de Busenbaum e os comentários de Afonso, que considerava a doutrina exposta como "comum e probabilíssima"[61], mas, por motivos práticos, e em acordo com o Pe. Zaccaria, com quem se encontrou em Nápoles,[62] decidiu eliminar tais passagens do livro da TM.[63]

O contexto histórico dessa censura diz respeito a incidentes ocorridos na França e em Portugal: em 15 de janeiro de 1757 um antigo empregado dos jesuítas (Francisco Roberto Damiens) atacou o rei Luís XV, ferindo-o com um punhal, mas não mortalmente. Surgiu, e espalhou-se, então, o boato de que os jesuítas defendiam o regicídio. Como consequência, diversas assembleias da França ordenaram a queima do livro de Busenbaum e de outros autores jesuítas. Ao saber da notícia, Afonso comenta: "Também queimarão o nosso livro" e pede que Remondini não o comercialize na França.[64]

Outro boato, semelhante ao da França, surgiu em Portugal por ocasião de um atentado contra o rei José Manuel I (3 de setembro de 1758). Pombal aproveitou o ocorrido para desacreditar os jesuítas, afirmando que sua moral defendia a doutrina do tiranicídio. Tais livros de moral dos jesuítas foram proibidos e os próprios jesuítas expulsos. Afonso lamentou muito essa expulsão,[65] e, por prudência, eliminou da TM a passagem sobre o tiranicídio.[66] Os condicionamentos sócio-históricos começavam a influir de forma direta e inequívoca sobre sua obra moral.

---

61 Lettere, III, 64. 103
62 Lettere, III, 89.
63 Lettere, III, 89. 103
64 Lettere, III, 64.
65 Lettere, I, 423.
66 Lettere, III, 103 (cf. Lettere, 86. 89 nota 1).

Afonso esperou com ilusão e alegria essa 4ª edição da TM.[67] Afirma que são muitos os que a desejam.[68] Mesmo antes de ser publicada, já a considerava verdadeiramente perfeita.[69] Não há nenhum testemunho nas cartas sobre sua reação ao vê-la publicada.

A edição saiu com a indicação de impressão de Bolonha, em três tomos e com o tamanho *in folio*. O editor não atendeu às reiteradas sugestões de Afonso, que lhe havia manifestado descontentamento por tal formato, e mostrado preferência pela divisão em três ou quatro tomos *in quarto*.[70]

O texto estava enriquecido com várias *Dissertações*, conforme anunciava o frontispício. Em uma dessas *Dissertações*, a dos livros proibidos, ele havia empregado particular atenção.[71] No apêndice, vinha inserido o *Epitome* de Mansi sobre os principais ensinamentos canônico-morais de Bento XIV.[72] Ambos, as *Dissertações* e o *Epítome*, permanecerão nas edições restantes. Além disso, foram novamente transcritas as proposições reformadas na 2ª edição que não haviam sido recolhidas na 3ª; agora compondo um só elenco de 99 questões, colocado depois do prólogo do tomo I.

É preciso destacar que, como no caso da 3ª edição, o nome de Busenbaum segue ocupando o primeiro lugar no frontispício da maior parte dos exemplares dessa 4ª edição. A pedido do autor,[73] em alguns exemplares o nome de Busenbaum passa para o segundo lugar e o primeiro é ocupado por Afonso de Liguori.

15.1.5. Quinta edição (1763)

Em junho de 1763, Afonso propõe a Remondini uma nova edição da TM.[74] A proposta apresenta variação importante para o

---

[67] Lettere, III, 103. 105. 114. 116. 119.
[68] Lettere, III, 105. 113. 117.
[69] Lettere, III, 113.
[70] Lettere, III, 69-70. 90. 93. 97. 142-143. 158-159. 176.
[71] Lettere, III, 95-96. 99.
[72] Lettere, III, 122. Sobre o autor e sobre o apêndice, cf. Tellería, II, 309.
[73] Gaudé, I, p. XVI-XVII.
[74] Lettere, III, 168.

conjunto da obra: eliminar o texto de Busenbaum e refazer completamente o livro para que pareça, e seja, totalmente seu. Afonso tem a intenção de dar um novo ordenamento à TM[75] seguindo o método empregado no compêndio italiano *Instruzione e pratica*.[76] Caso a proposta de reelaboração da obra parecesse excessiva ao editor, o autor oferece uma solução alternativa: submeter o texto à revisão, ainda uma vez mais e, com as oportunas correções e acréscimos, torná-lo apto para a nova edição. Remondini aceita a proposta sem se inclinar, decididamente, por uma ou outra das alternativas.[77]

Sem dúvida, o anseio de melhorar a obra é o que leva Afonso a preparar a reedição da TM, mas, sobretudo, também exista um condicionamento externo: os membros de sua Congregação, particularmente os que trabalhavam na Sicília, pressionavam pela eliminação de todos os resquícios jesuíticos que pudessem envolver os redentoristas na campanha de desprezo e perseguição desencadeada contra os jesuítas.[78] Naturalmente, para que sua TM não tivesse sabor jesuítico, o primeiro eliminado da obra deveria ser o texto de Busenbaum, autor que se tornara odiado por quase todos.[79] As ofensivas antijesuíticas dos governos da França e de Portugal tiveram grande influência nas mudanças introduzidas na 4ª edição; já para esta 5ª edição, as pressões antijesuíticas vieram especialmente de ambientes eclesiásticos. A evolução da TM não pode ser explicada sem tais condicionamentos sócio-históricos e eclesiais.

Afonso organiza o trabalho de preparação da edição conforme as duas possibilidades referidas. Por um lado, com a ajuda de seus colaboradores,[80] faz a releitura do texto para corrigir erros, para melhor ordená-lo e, sobretudo, introduzir novos aspectos e temas. Com o otimismo de sempre, diz que as anotações são "mui-

---

75 Lettere, III, 169. 170.

76 Lettere, III, 172.

77 Lettere, III, 170. 171.

78 Lettere, III, 167.

79 Lettere, III, 170. 177-178.

80 Neste caso, como na preparação da 2ª e da 3ª edições, o trabalho dos colaboradores foi decisivo: Lettere, III, 173-174. 175.

tas e boas".[81] Por outro lado, no verão de 1763, convalescendo em Pagani depois de sofrer uma crise de sua enfermidade em Airola, dedica-se a refazer todo o texto da TM, eliminando Busenbaum. O trabalho, realizado por dois padres sob sua supervisão, revela-se maior do que havia previsto. Terminados os tratados sobre a *Consciência* e sobre os *Atos humanos*,[82] foram obrigados a desistir, momentaneamente, de eliminar o texto de Busenbaum.[83] Tomada essa decisão, a atenção voltou-se para a primeira alternativa: fazer anotações tendo como base a edição anterior.

Em fins de outubro de 1763, estava terminada a preparação da edição prevista. No projeto de Afonso, a nova edição terá as seguintes características:

- contará com o novo tratado sobre a *Consciência* e com o, praticamente novo, tratado sobre os *Atos humanos*;
- a *Dissertação sobre o uso da opinião provável,* de 1755, será substituída pela nova *Dissertação,* de 1762;[84]
- será reproduzido o texto de Busenbaum como suporte e fio condutor de todo o livro;[85]
- será mantida a *Dissertação preliminar* de Zaccaria e o *Epitome* de Mansi;[86]
- serão inseridas, em seus respectivos lugares, as correções e adições, a maior parte referente ao primeiro livro.[87]

Seguindo essa programação, Afonso considera que a obra alcançará uma perfeição singular.[88] Depois de tudo pronto, é enviada a Remondini, com indicações precisas para os tipógrafos e corretores.[89]

---

81 Lettere, III, 178. 183.
82 Lettere, III, 181. 185.
83 Lettere, III, 176-177. 179. 181.
84 Lettere, III, 171-172. 174. 181.
85 Lettere, III, 171.
86 Lettere, III, 171. 176. 181. 185. 189. 191. 193.
87 Lettere, III, 181. 183. 186. 201.
88 Lettere, III, 179. 191.
89 Lettere, III, 190-191. Como em outras ocasiões, Afonso envia correções de última hora: Lettere, III, 196-197. 199.

Mas, contemplando a obra reeditada, não poderia ter sido maior a desilusão de Afonso:[90] faltavam os novos tratados da *Consciência* e dos *Atos humanos*; ainda permanecia a *Dissertação* de 1755, que colocava Afonso em contradição, depois de haver escrito a *Dissertação* de 1762;[91] o frontispício passava em silêncio o nome de Zaccaria e, em seu lugar, falava de "um distintíssimo teólogo"; em alguns exemplares o frontispício não trazia nenhuma referência a Busenbaum.[92] A indicação de impressão traz Bolonha, apresenta-se em três tomos e, sem fazer caso da reiterada petição de Afonso pelo *in quarto*, está em tamanho *in folio*.

Essa edição, preparada por Afonso com tanto cuidado, resultou em uma autêntica decepção. Sua obra sofria pressões e condicionamentos, não apenas externos, mas também originados das influências exercidas pelos recursos e cálculos econômicos de seu editor veneziano.[93]

15.1.6. Sexta edição (1767)

Ante o fracasso da 5ª edição, Afonso fez todo o possível para convencer o editor da conveniência de uma imediata reedição. O trabalho de preparação já estava pronto e nas mãos de Remondini, pois não o utilizara na edição precedente. Afonso calculava que a 6ª edição seria a última de sua vida,[94] por isso desejava que fosse a mais perfeita.[95] O editor aceitou a proposta,[96] mas as coisas foram se arrastando de tal modo[97] que o autor pensou fosse morrer sem ver a nova edição.[98]

---

[90] Lettere, III, 201-202.

[91] Lettere, III, 202.

[92] Os exemplares que Afonso vê pela primeira vez não trazem no frontispício o nome de Busenbaum (Lettere, III, 202). Por pressão do autor, Remondini acrescentou no frontispício dos exemplares restantes: "juxta methodum Medullae R. P. Hermani Busenbaum Societatis Jesu, cuius ideo liber in hoc Opere praemittitur".

[93] Lettere, III, 181.

[94] Lettere, III, 208. 214. 223.

[95] Lettere, III, 203. 209. 214. 223. 231.

[96] Lettere, III, 203.

[97] Lettere, III, 207. 208. 211. 213. 226. 227. 229. 231. 233. 240. 242. 243. 245. 250. 253. 256. 260. 264. 265. 267-268. 270. 272. 281. 283. 284-285. 287. 289. 291-292.

[98] Lettere, III, 240. 242. 253. 260. 268.

Nesse longo compasso de espera, ainda teve tempo para introduzir algumas novidades:

- alguns breves acréscimos ao texto;[99]
- algumas páginas, que lhe custaram um mês de trabalho, sobre a matéria e forma da Confirmação;[100]
- reelaboração do texto sobre o ministro do matrimônio;[101]
- uma importante *Dissertação* sobre a ignorância invencível;[102]
- a reelaboração da *Dissertação sobre o uso da opinião provável* (no final do tratado sobre a *Consciência*) levando em conta os materiais utilizados na controvérsia com Patuzzi (D65);[103]
- uma Advertência (ou *Monitum*) para ser acrescentada no final da mencionada *Dissertação sobre o uso da opinião provável;*[104]
- o elenco das opiniões reformadas na 2ª edição, que não tinha aparecido na 5ª edição e agora recebia o acréscimo de mais 23 opiniões;[105]
- a Advertência (ou *Monitum*) do editor ao leitor[106] evidenciando a difusão da TM (inclusive "fora da Europa"), sua aceitação geral e a importância da nova edição, apesar das dificuldades geradas pela distância geográfica entre o editor e o autor.

Todo esse novo material, com as importantes modificações preparadas para a 5ª edição e ainda não publicadas, constituía um conjunto que, com toda a razão, devia deixar o autor satisfeito.

---

99 Lettere, III, 208. 209. 213. 216. 217. 220. 221. 223. 225. 226. 233. 239. 251. 271. 285. 290. 293. 295. 304. 306. 307.

100 Livro VI, n. 64. Lettere, III, 293. 299-300.

101 Lettere, III, 297.

102 Livro I, n. 170 ss. Lettere, III, 241. 243. 245. Aparece nesta e nas edições restantes.

103 Lettere, III, 263-264. 267. 269. 276. Sofrerá uma adaptação na 8ª edição, enquanto permanece inalterada na 7ª.

104 Lettere, III, 247-248. Encontra-se, nesta e em todas as edições posteriores, no final do tratado sobre a "Consciência".

105 Lettere, III, 262. 264. 268-269. 272. 276.

106 Lettere, III, 295. 296-297. Essa "advertência do editor ao leitor", sobre a qual Afonso afirma que "não poderia ser melhor" (Lettere, III, 296), volta a aparecer nas edições seguintes.

Realizado o trabalho com os *índices*,[107] Afonso esperou os 30 exemplares prometidos por Remondini.[108] Depois de tê-los recebido e examinado, aflora sua satisfação ante a obra bem feita: "Essa reimpressão está tão plena de doutrinas e referências novas que dificilmente se encontrará uma Moral melhor".[109]

A edição saiu com indicação de impressão de Roma, em três tomos, no tamanho *in folio*, apesar da reiterada promessa do editor de usar o tamanho *in quarto*.[110] A impressão foi realizada com muito cuidado, seguindo as numerosas e prolixas recomendações de Afonso.[111] O nome de Busenbaum desaparece do fronstispício e do prólogo; seu texto permanece no corpo do livro com a atribuição "a um celebérrimo teólogo"; no tratado sobre a *Consciência* aparecem justapostos os dois textos, de Busenbaum e de Afonso. O nome de Zaccaria é silenciado no fronstispício sob a expressão "de um teológo distintíssimo"; o anúncio de sua *Dissertação* passa a segundo plano, enquanto, toma em primeiro plano, o anúncio do *Epitome* de Mansi.

A satisfação de Afonso ante a nova impressão de sua TM também se traduz no desejo prático da difusão do livro: "Pensei em anunciar esta nova edição nos *Archivi* de Nápoles, cuja seção de avisos bibliográficos é lida em todo o reino".[112] Embora a propaganda tenha se deparado com dificuldades econômicas geradas pela escassez da colheita daquele ano,[113] os méritos da obra garantiram sua difusão e venda.[114]

15.1.7. Sétima edição (1772)

Recém-publicada a 6ª edição, e mesmo tendo previsto que seria a última de sua vida, Afonso começa a reunir material para

---

107 Lettere, III, 292. 295. 300. 301-302. 304-306.
108 Lettere, III, 308. 310.
109 Lettere. III, 312.
110 Lettere. III, 209. 214. 223. 272.
111 Lettere, III, 268. 270. 272-273. 302. Os corretores das provas estampam seus nomes na obra: vol. III, p. 200.
112 Lettere, III, 312; cf. 315-316.
113 Lettere, III, 312. 318.
114 Lettere, III, 315-316. 318. 322.

uma futura reedição.[115] Nos primeiros meses de 1772, Remondini comunica a decisão de reimprimir a obra.[116] Essa nova revisão, que será a 7ª edição, apresentará características particulares, garantindo seu lugar entre as edições mais importantes da TM, tanto pelo conteúdo, quanto pela relação com a situação sócio-histórica do momento.

A preparação da 7ª edição coincide, temporalmente, e está em relação causal, com os acontecimentos político-religiosos de caráter regalista que provocaram a supressão da Companhia de Jesus (1773). Os ataques à Companhia de Jesus alcançaram também a TM, pois Afonso foi listado entre os moralistas que defendiam a chamada *moral jesuítica*. Nas cartas a Remondini, demonstra preocupação com a campanha antijesuítica desencadeada em Portugal,[117] onde foram proibidos todos os livros de moral de autores jesuítas, mesmo os de orientação rigorista.

A TM também é proibida em Portugal por incluir o texto de Busenbaum e por Liguori ser considerado mais um dos autores jesuítas.[118] A tormenta chega a Nápoles, embora sem descarregar o raio da proibição,[119] e as dificuldades sofridas pela TM repercutem sobre a Congregação do Santíssimo Redentor. Como já assinalei, o medo da supressão faz com que os redentoristas questionem a moral de seu fundador. Desse modo, para uns, a TM se converteu em alvo das iras antijesuíticas, e, para outros, em motivo de temor frente ao regalismo.

Diante dessa situação, é normal que Afonso pense, novamente, em eliminar de sua obra o texto de Busenbaum.[120] Tenta, ainda, uma vez mais, como já havia tentado nove anos antes (1763). Agora já não pretende fazer um texto alternativo ao de Busenbaum,

[115] Lettere, III, 314.
[116] Lettere, III, 415.
[117] Lettere, III, 327. 328-329. 332. 333. 336. 338. 339.
[118] Lettere, III, 361. 363-364. 369. 371. 414. 420. 477. Também foi proibido o *Homo Apostolicus* (Lettere, III, 393. 396. 487).
[119] Lettere, III, 320-321. 335. 336. 358. 359.
[120] Lettere, III, 413-414.

objetivo que constatou ser inalcançável na tentativa precedente, de 1763. O que busca no momento é recolher e organizar seu próprio material, de modo a apresentá-lo como um livro autônomo e coerente. Trabalhou nessa tarefa durante algumas semanas, mas seu senso de realidade lhe dizia ser um projeto impossível. Sem o texto de Busenbaum, o material próprio de Afonso perdia o suporte e a estrutura que o mantinham de pé. Por outro lado, fabricar uma estrutura e suporte próprios levaria, segundo seus cálculos, de cinco a seis anos. Dada a sua idade (setenta e sete anos), optou por manter o texto de Busenbaum.[121] Consolou-se ao pensar que, graças ao texto de Busenbaum, sua obra foi, é, e seguirá sendo vendida.[122]

Estando fechado o caminho da eliminação de Busenbaum, Afonso se concentra na segunda alternativa: melhorar o texto da edição precedente. Tais melhorias se concretizaram da seguinte maneira:

- Introduz pequenas variações no texto (correções, acréscimos, reformulações)[123], algumas das quais já estavam impressas no compêndio latino do *Homo Apostolicus*[124] e outras provinham da leitura de obras recentes, como a moral de Patuzzi;[125]
- Suprime ou retoca algumas opiniões que, mesmo considerando corretas e, enquanto tal, sustentáveis, resultavam "perigosas" para a censura regalista e antijesuítica do momento;[126]
- Introduz duas novas questões, ou breves dissertações, dentro do texto: a questão sobre a moralidade do tiranicídio e a questão sobre a licitude de matar o agressor em caso de legítima defesa pessoal.

---

[121] Lettere, III, 415. 429.
[122] Lettere, III, 419.
[123] Lettere, III, 386. 387-388. 389. 415. 420. 430. 432. 434. 436. 453. 461.
[124] Lettere, III, 384-385. 386. 388-389.
[125] Lettere, III, 384. 388.
[126] O autor mandou suprimir a afirmação sobre o direito que os Concílios e o Papa possuem de impor tributos quando são necessários para o regime espiritual; "nos tempos que correm, é uma doutrina execrável para os regalistas; e se essa proposição for lida na França, e mesmo na Espanha, certamente mandarão queimar o livro (Lettere, III, 319; cf. 432). Afonso fez o possível para conhecer as quatro proposições que, segundo o duque de Bovino, diziam que eram "condenáveis"; para conseguir a informação, escreveu diretamente para a própria duquesa de Bovino; desconhece-se quais eram essas quatro proposições (Lettere, III, 320-321).

A dissertação sobre o *tiranicídio* havia sido preparada para outra obra,[127] mas Afonso decide introduzi-la na nova edição da TM pensando ter resumido perfeitamente tudo quanto se poderia dizer sobre a questão;[128] sua postura, totalmente contrária ao tiranicídio, não lhe causará problemas, muito diferente disso, agradará aos regalistas.[129]

Na questão *sobre a morte de um agressor injusto*, contra a opinião "extravagante" de Patuzzi e de alguns autores franceses, defende a licitude de matar, em legítima defesa, o agressor injusto.[130]

Essas duas questões não serão mais reproduzidas nas edições seguintes,[131] muito provavelmente, por descuido do editor.[132]

- Acrescenta um segundo Aviso (*Monitum*) no final do tratado da *Consciência*, depois da *Dissertação sobre o uso da opinião provável* e do primeiro Aviso (*Monitum*) introduzido na 6ª edição.

Esse segundo *Aviso*, que será reproduzido nas edições seguintes, é sua resposta à difamação apresentada na obra póstuma de Patuzzi (morto em 1769) *Ethica Christiana sive Theologia Moralis* (Veneza, 1770). No *elogium* do autor, o Padre Sineo afirmava que Afonso, não sabendo como contestar Patuzzi, serviu-se de sua própria influência episcopal e tomou providências para que a obra do ilustre dominicano fosse condenada pela Sagrada Congregação do Índice. Afonso replicou: "Vá lá! Era só o que me faltava: ser tachado de delator... não o delatei, nem nunca me veio à mente fazê-lo".[133] Esclarecida a situação, Liguori volta a resumir seu pensamento moral, contrário ao de Patuzzi, fazendo algumas observações de passagem sobre outro autor dominicano, Fulgêncio Cuniliati que, juntamente com Concina e Patuzzi, formava o trio de autores dominicanos rigoristas do convento reformado de Veneza.

---

127 Trata-se do livro *Vindiciae... adversus Febronium* (1762) (Lettere, III, SI 4).
128 Lettere, III, 314. 317. 362.
129 Lettere, III, 362.
130 Lettere, III, 317. 362.
131 Encontram-se na 7ª edição da TM (L. III, tract. 4, n. 380) e no compêndio latino do *Homo Apostolicus* (tract. VIII, c. 2, n. 12 e 13).
132 Cf. Gaudé, I, p. XXI. XXII; Lettere, III, 317, nota no pé da página.
133 O *Monitum* encontra-se nas páginas 22-24 (as frases citadas estão nas páginas 22 e 23). Cf. Lettere, III, 286.

- Insere um *Aviso* (*Monitum*) no final da obra, depois dos *Índices*, no qual reelabora a questão sobre o uso da opinião provável.[134] Empenhou-se profundamente na elaboração desse *Aviso*, já que nele "aparece com clareza meu sistema de probabilidade e serve para orientar toda a minha Moral".[135] Custou-lhe um mês de trabalho e, para deixá-lo a seu gosto, mandou imprimir primeiramente em Nápoles.[136] O conteúdo substancial já estava na dissertação incluída, anteriormente, no final do tratado da *Consciência*; mas o autor apreciava muito esse *Aviso* por apresentar seu pensamento com formulação breve e clara.[137]

Como sempre, Afonso preocupou-se com a exatidão e elegância da impressão.[138] O livro saiu com indicação tipográfica de Bassano, em três tomos e no tamanho *in folio* - não foi dessa vez que o editor atendeu a preferência pelo tamanho *in quarto*. Busenbaum desaparece do fronstispício; o nome de Zaccaria segue colocado em segundo plano, como na 6ª edição, depois do anúncio do *Epitome* de Mansi, mas desaparece do texto de sua *Dissertação* a parte apologética (embora o frontispício a anuncie como completa).

Afonso se alegra com essa sétima e importante edição de sua TM.[139] Também acompanha, com interesse e alegria, o andamento das vendas e da divulgação.[140] Afirma que "foi bem recebida pelos alemães", que "em Nápoles, entre as Morais que mais se vendem, está a minha", que "em Roma, a minha é talvez a mais estimada" e que, apesar da proibição, também é vendida em Portugal.[141]

Alguns exemplares dessa 7ª edição trazem a data de 1773.

---

134 Lettere, III, 430. 431. 433-434. 435. 436. Sugere colocá-lo no final do livro para que chame a atenção dos leitores (Lettere, III, 430. 433). De fato, apareceu depois do Índice, no volume III, p. 201-204.

135 Lettere, III, 431.

136 Lettere, III, 431. 433-434.

137 Lettere, III, 491.

138 Lettere, III, 387.

139 Lettere, III, 436.

140 Lettere, III, 445-446. 449. 450. 453-454. 455. 456. 461. 471. 490. 510.

141 Lettere, III, 441. 449. 487. 490 (cf. 420. 487).

15.1.8. *Oitava edição (1779)*

A TM teve quatro edições antes de Afonso ser bispo, três durante seu episcopado, e duas depois da renúncia. A 8ª edição é a primeira desse terceiro grupo. O trabalho de reimpressão foi executado durante o ano de 1779, embora, já em fins de 1776, Afonso tenha recebido uma vaga notícia da intenção do editor.[142] Com maior razão que na 6ª edição, também agora pressente que será a última edição antes de sua morte e, consequentemente, deseja que seja perfeita.[143] O pressentimento estava errado: haveria ainda uma 9ª edição durante a vida do autor.

Preparou a edição em seu retiro de Pagani, como havia feito outras vezes. Realizou as anotações necessárias usando um exemplar da edição anterior[144] e fazendo as anotações convenientes: correções, adições e supressões.[145] Dessa vez, o maior trabalho consistiu nas *supressões*. Ao examinar a edição precedente com o devido distanciamento temporal, Afonso teve impressão que sua obra não estava "de acordo com o gosto do momento" e conforme "as novas Morais editadas na Europa".[146] Era preciso aliviá-la dos prolegômenos e de outros detalhes menos atuais, ainda que isso a tornasse mais breve.[147]

Contudo, a principal razão das supressões não foi o caráter científico ou literário, mas o resultado do condicionamento sociorreligioso sofrido pela TM afonsiana. Naquele momento, havia apenas um único vencedor, embora com distintos nomes e com diversas manifestações:

- no campo político, o regalismo;
- no campo religioso, o antijesuitismo;
- no âmbito teológico-moral, o antiprobabilismo.

---

142 Lettere, III, 490 (dezembro de 1776). 507 (abril de 1777). 517 (novembro de 1777). 520 (abril de 1778).

143 Lettere, III, 511. 513. 521.

144 Lettere, III, 508. 511.

145 Lettere, III, 492. 508. 509. 511.

146 Lettere, III, 509. 511. 517.

147 Lettere, III, 511.

Afonso era suspeito nas três áreas: defendia o Papado, era amigo da Companhia de Jesus e não era, nem rigorista, nem probabiliorista. O que fazer em tal situação, quando se deseja continuar defendendo e editando uma obra suspeita, de um autor, igualmente, suspeito?

A solução de Afonso consistiu em preservar sua obra durante a tormenta, continuar a editá-la e, assim, manter o testemunho de sua orientação benigna em meio ao rigorismo moral generalizado. Para alcançar esse objetivo, precisou eliminar toda aparência de jesuitismo e de probabilismo.[148] Era o preço a ser pago para manter sua TM de pé. Portanto, as mudanças mais evidentes na 8ª edição precisam ser vistas como o preço exigido para uma obra continuar existindo:

- Desaparece a Dissertação prolegômena do jesuíta Zaccaria (mantém dela, apenas, a exposição sobre a autoridade dos Decretos Pontifícios em Teologia Moral, seguida das decisões canônico-morais dos últimos papas);[149]
- Desaparece o texto do jesuíta Busenbaum no tratado sobre a *Consciência* e seu nome é silenciado no frontispício;
- Aparece a retratação de três opiniões sustentadas anteriormente: a razão dessa mudança é apoiar o valor da lei, no que se refere à posse, frente ao valor da liberdade;
- O Aviso (*Monitum*), incluído no final da 7ª edição, passa a ocupar lugar mais relevante, no final do tratado da *Consciência*[150] e, com a Dissertação, que já existia, passou a constituir o que Afonso chama de seu *Sistema Moral*.[151]

---

[148] Lettere, III, 514-515. 517.

[149] Segundo Afonso, essa Dissertação "tinha sentido antes, quando eu sustentava em parte o sistema dos jesuítas", mas agora "segundo o meu sistema, que expus no 'Monitum', serve para pouco ou quase nada": Lettere, III, 490-491.

[150] Lettere, III, 510.

[151] A Dissertação anterior forma a segunda parte e o *Monitum* a primeira; tanto o *Monitum* quanto a Dissertação, sofrem pequenas modificações para se acoplarem entre si (cf. Gaudé, I, p. XXII). A respeito dessa costura e sobre o significado doutrinal e sociobiográfico do *Monitum*, ver: CAPONE, D. Dissertazioni e Note di S. Alfonso sulla probabilità e la coscienza (1769-1777): *SM* 3, 1965, p. 121-143.

A 8ª edição transpira precaução e, até mesmo, medo. O texto foi expurgado de toda aparência probabilista e pende para declarações defensivas para não criar ocasião de interpretações malévolas, por isso, dá a impressão de ser um texto escrito para escapar do controle da censura.

Além do mais, na 8ª edição, nem sempre é retomado o texto da 7ª edição onde Afonso havia reelaborado algumas questões de particular interesse (por exemplo, a questão do tiranicídio). Como se pode constatar pelas erratas, o editor tomou placas da 6ª e da 7ª edições, e foi assim, primando pela economia, que imprimiu a 8ª edição.[152]

Parece que Afonso não se deu conta dessas deficiências imediatamente, nem levou a sério as pressões sofridas na reedição da obra, quando se entusiasmou ao receber os primeiros exemplares da 8ª edição: "Já posso morrer contente, pois, se não tivesse visto esta reimpressão, haveria de morrer triste... Não posso expressar-lhe meu agradecimento pela formosa obra de moral que me reeditou."[153] Eram palavras de um ancião de oitenta e quatro anos que, contemplando sua obra em três tomos e em tamanho *in folio*, escrevia a seu editor Remondini, com quem, a partir desse momento, desapareceria a comunicação epistolar.

> "Era o adeus à pena, mas adeus digno e glorioso. Tinha passado cerca de meio século desde que, nos albores do sacerdócio, iniciara seu apostolado de escritor com a *Pequena Coroa do Menino Jesus* [San Alfonso 21 (1950) 206], com o manual das capelas, com as *Máximas Eternas* e a 'cançõezinhas' de feitio popular. Entre aqueles balbuceios e a *Teologia Moral* de 1779 tinha alinhado todo um caudal de obras, tão diferentes em tamanho e conteúdo, até o ponto de superar a centena de títulos e poder dizer com maior razão que os amigos de Sêneca: *Nullis annis vacationem damus*: 'Não conheci trégua, nem repouso' [L. A. Sêneca, *De otio sapientiae*, cap. 28]."[154]

[152] Gaudé, I, p. XXII.
[153] Lettere, III, 530. 531. Sobre a difusão e venda, cf. Lettere, III, 531. 532. 533.
[154] Tellería, II, 554-555.

Seguramente também Remondini se alegrou que a obra "foi impressa em nossas máquinas outras sete vezes e foi enviada para as longínquas terras de além-mar".[155]

15.1.9. *Nona edição (1785)*

Essa edição não conta para descrever a gênese da TM na relação com seu autor e com o ambiente que o condicionava. Embora saindo durante a vida de Afonso, o autor, nonagenário, não teve nenhuma intervenção em sua elaboração.

O texto é o mesmo da 8ª edição. No frontispício é modificado o ano e supressos, no anúncio do *Epitome* de Mansi, as palavras "nunc primum ab eodem auctore plurimis additamentis illustrata et plurimis in locis correcta" - *agora, pela primeira vez, explicada pelo autor com vários acréscimos e corrigida em diversas passagens.* O elenco das proposições reformadas é colocado no final do terceiro tomo, antes da *Praxis confessarii.*

Apresenta algumas novidades na forma externa: o tamanho é, finalmente, *in quarto*, coisa que o autor havia solicitado, sem resultado positivo, para as edições anteriores; além disso, a edição também apresenta um retrato do autor, com que pretende sua dignificação.[156]

"Ao interromper, para sempre, sua fecunda atividade literária, Afonso tinha fundamento para esperar que sua obra sobrevivesse a ele, para o bem das almas de todo o orbe católico".[157]

15.1.10. *Anotações conclusivas*

Finalizando as considerações sobre a sequência de edições da TM, brota, espontânea, uma conclusão geral: a obra moral afon-

---

[155] *Monitum typographi ad lectorem*, p. IX. Cfr. Lettere, III, 496.

[156] Afonso tinha se negado a atender a petição feita por Remondini para conseguir um retrato do autor, destinado à projetada edição completa das obras espirituais (Lettere, III, 142. 161-162. 166). Sobre a forma pitoresca de retratá-lo para a 9ª edição, ver: BAYÓN, R. *Cómo escribió Alfonso de Ligorio*. Madri, 1940, p. 246-247 (cf. Lettere, III, 161, nota 1; 394, nota 2). Cf. também Tannoia, II, 349.

[157] Tellería, III, 555.

siana apresenta gênese longa e complexa, sobre ela incidem múltiplos fatores que serão analisados mais detidamente nos capítulos seguintes. A gênese e os fatores que a condicionam tornam a TM afonsiana um exemplo paradigmático de livro escrito e reescrito ao longo de trinta anos.

O pano de fundo humano que dá consistência vital para a TM é fornecido pelo peculiar quadro biográfico do autor. A vida de Liguori é longa e, embora sua obra moral tenha iniciado na idade madura, ainda ofereceu possibilidades para variações. Por outro lado, a biografia do autor possui uma notável riqueza de facetas (missionário, fundador, bispo, etc.); aspectos que tiveram, necessariamente, influência na gênese e no desenvolvimento da TM, aumentando os condicionamentos do livro.

A TM não é filha única, forma parte de uma família literária extensa. Afonso possui um mundo literário próprio e é nele que cresce e se desenvolve a TM. Ela leva o selo peculiar de obra afonsiana, tem um *ex libris* que a identifica como parte da biblioteca produzida por Afonso. Por ser seu livro mais qualificado, sobre ele incidiram, de forma também qualificada, os condicionamentos da vida literária do autor.

A sequência das edições é a expressão primeira e mais objetiva da gênese e do desenvolvimento da TM. Nessa sequência se concretiza a diacronia e a sincronia da obra moral afonsiana e, através da análise de cada uma das edições, situadas em seu momento peculiar e no processo que as integra, foi possível constatar três características:

Primeira: a TM, apesar de, ou precisamente pela, diversidade de edições, goza de unidade em todo o seu conjunto, é obra de *um* autor concreto que proporciona ao livro o ambiente vital em que foi possível tecê-lo.

Segunda: a TM possui gênese unitária, mas com etapas diferenciadas: na primeira edição Afonso toma a resolução e decide o destino; a segunda edição supõe a configuração do esquema da obra, esquema que não será alterado; a terceira edição marca a consagração científica da obra e do autor; na quarta edição percebem-se as primeiras nuvens da tormenta; a quinta edição é uma reedição de transição; na sexta edição a personalidade científica do autor alcança seu zênite buscando autonomia literária e expressando livremente seu pensamento; as edições sétima e oitava manifestam a servidão do autor aos condicionamentos sociorreligiosos, bem como a lúcida decisão de defender a obra durante a tormenta; a nona edição é a reimpressão de uma obra que, já sem a necessidade da supervisão do autor, afirma seu valor e assegura sua própria continuidade.

Terceira: a TM é obra do gênio de Afonso, mas também é efeito de variados fatores condicionantes que orientam a criatividade do autor, dando liberdade e originando servidões. Os próximos três capítulos tratarão sobre os mais importantes desses fatores.

15.2. OS CONDICIONAMENTOS DA TM. (1) O MANUAL DE BUSENBAUM

15.2.1. Introdução

A obra teológico-moral de Afonso é um fato literário que pertence à sociologia político-religiosa do século XVIII. Os traços desse horizonte político-religioso foram vivenciados com três sensibilidades peculiares:

- *A crise da consciência moral católica,* expressa, vivencialmente, na angústia generalizada da culpa e registrada, teoricamente, nas controvérsias sobre os sistemas morais. Sobre o pano de fundo do jansenismo, o laxismo e o rigorismo disputavam entre si a solução católica para a angústia da culpa. Enquanto o laxismo havia dominado durante o século XVII (desde a metade do séc. XVI), o rigorismo se impôs durante o século XVIII (desde a segunda metade do séc. XVII). Afonso lutou na contracorrente, pois sua mensagem de equilíbrio, moderação e benignidade não tinha a plausibilidade sociorreligiosa em seu momento histórico.
- O *antijesuitismo* baseado, teoricamente, na pretensão de posturas mais evangélicas, mas expresso, na prática, através da rivalida-

de, inveja e busca do poder econômico e cultural. Embora Afonso não fosse jesuíta, sofreu os impactos da campanha antijesuítica, pois ser moderado no campo da moral era o mesmo que ser jesuíta. Além disso, sua TM havia sido apresentada à sociedade intelectual pelas mãos de jesuítas: Busenbaum, Zaccaria, etc.

- *O regalismo*, que atiçou e se aproveitou do antijesuitismo e vestiu o manto rigorista para se intrometer em assuntos religiosos, fortalecendo seu despotismo político. A TM de Afonso foi o motivo evocado pelos poderes políticos para criar dificuldades para a Congregação do Santíssimo Redentor, especialmente na Sicília.

Buscando concretizar as três sensibilidades anotadas, na terceira parte do presente volume, analisamos cinco fatores típicos do global dinamismo sociorreligioso do séc. XVIII europeu:

- O *Iluminismo* ou movimento ilustrado.
- O *Racionalismo* filosófico, iniciado no séc. XVII e com colheita madura no século das *Lumières*.
- O *Jurisdicionalismo*, termo que caracteriza a nova forma de relação do poder político com o poder religioso, concretamente, com o poder pontifício.
- O *Jansenismo*, em sua fase tardia, tal como se manifestou na Europa do sul.
- O *Probabiliorismo* ou rigorismo moral, dentro dos limites da ortodoxia católica.

Estes são os cinco principais *contextos* onde adquire significado a personalidade e obra de Afonso de Liguori. Tais contextos exercem especial influência na gênese da TM.

Ao sofrer esse impacto dos fatores sociorreligiosos do séc. XVIII, a TM constitui-se fenômeno típico da sociologia religiosa desse século. A TM de Afonso é um indicador literário da crise social e religiosa em que viveu a sociedade e a Igreja do século do Iluminismo.

Juntando os condicionamentos biográficos com os condicionamentos sociorreligiosos, temos um quadro de fatores que apresenta a gestação literária da TM. Essa unidade biográfico-social constitui o campo de força com o qual se relaciona ou entra em dialética o gênio moral de Afonso; dessa correlação surgem, ao mesmo tempo, mecanismos de potenciação e pressões de servidão para o exercício da liberdade do autor.

Seleciono três fatores como os mais representativos do conjunto de condicionamentos externos que influenciaram especialmente na gênese e no desenvolvimento da TM afonsiana.

- O primeiro pertence à peculiaridade literária da TM. Surgiu como um comentário a outro autor (H. Busenbaum), fato que acarretará evidentes vantagens, mas, também, servidões indeclináveis.
- O segundo fator provém da sociologia religiosa do séc. XVIII. A supressão da Companhia de Jesus é um sintoma do mal-estar febril da sociedade europeia e da Igreja do séc. XVIII; as repercussões dessa convulsão sociorreligiosa (tensão regalismo-papado, laxismo-rigorismo, etc.) atingiram o livro da TM, condicionando sua evolução e chegando a colocar em perigo seu direito de vir a público.
- O terceiro dos fatores vai unido à biografia do autor. A TM, por ser obra literária mais qualificada de Liguori, não podia deixar de estar correlacionada com a outra obra fundamental de Afonso: a Congregação do Santíssimo Redentor.

Os três fatores selecionados são indicadores exatos e objetivos dos condicionamentos selecionados a que se viu submetida a TM de Afonso. Na continuação, analiso, separadamente, cada um deles, sabendo que, na realidade histórica, funcionaram de maneira conjunta. Além disso, convém levar em conta que não existe um corte entre estes fatores e os que já foram anotados nos capítulos precedentes.

Tenha em conta o leitor que, no precedente cap. 2 da 14ª seção, analisamos os condicionamentos *biográficos* da obra moral afonsiana. Além disso, em toda a ampla terceira parte, foram assinalados e analisados os condicionamentos socioculturais mais amplos do pensamento moral afonsiano.

15.2.2. *Afonso: Comentarista de Busenbaum ou autor independente?*

A TM de Afonso surge como edição e comentários (*Adnotationes*) ao livro de Hermann Busenbaum. Depois da 1ª edição, os comentários alcançaram notável desenvolvimento e se converteram em uma verdadeira obra. Sem dúvida, em todas as edições permanece o texto de Busenbaum como estrutura imprescindível sobre a qual se apoia a TM; só desaparecerá totalmente do tratado da Consciência, a partir da 8ª edição.

A união indissolúvel entre o texto de Busenbaum e a obra moral de Liguori é o condicionamento mais importante da TM quanto a sua configuração literária. Além disso, o nome e a obra de Busenbaum estão vinculados à moral jesuítica e, consequentemente, às vicissitudes da Companhia de Jesus na segunda metade do século XVIII. Esse segundo aspecto do significado de Busenbaum para a obra moral de Afonso, será englobado no tratamento geral sobre a Companhia de Jesus e a TM. Aqui, apenas refiro Busenbaum enquanto texto moral que condiciona a gênese e o desenvolvimento do livro de Afonso.

- Motivos que levaram Afonso a escolher Busenbaum como texto-base da TM

No século XVIII, ninguém estranhava o fato de um teólogo tomar o texto de determinado autor clássico para editar e acrescentar seu próprio pensamento em determinadas questões na forma de comentários, apêndices ou dissertações anexas: era uma das maneiras de compor obras e escrever livros.

O texto de Busenbaum já tinha recebido um grande editor e comentador, o padre jesuíta Claude Lacroix (1652-1714), que compôs notável obra de moral casuística com muita influência sobre o pensamento de Afonso, especialmente, na época da preparação das edições 2ª e 3ª da TM. A obra de Lacroix foi reeditada por Francisco Antônio Zaccaria e, dessa reedição, provém a *Dissertação Prolegômena* que abria a 3ª edição da TM. Ao livro de Busenbaum-

-Lacroix-Zaccaria, quis fazer frente Ângelo Franzoia, editando o texto de Busenbaum (Bolonha, 1760) e acrescentando comentários de cunho rigorista, ou seja, contradizendo a orientação do texto comentado. Sobre as obras de Busenbaum-Lacroix-Zaccaria e de Busenbaum-Franzoia, ver a exposição que fizemos em volume precedente: História da Teologia Moral, V/2, 867-870.

Em época mais recente, Busenbaum voltou a encontrar outro grande comentarista: o padre jesuíta Antônio Ballerini compôs a grande obra de moral casuística do século XIX (continuada, depois de sua morte, por Domenico Palmieri) na forma de comentários a Busenbaum.

O comentário de Afonso está situado, temporalmente, entre o de Lacroix e Ballerini, mas, sem dúvida, quem proporcionou maior honra à obra e ao nome de Busenbaum foi Liguori.

Por que Afonso escolheu o texto de Busenbaum para tornar públicas suas anotações morais? Certamente tinha motivos, tanto para tomar um *texto* de moral como base para seus comentários, quanto para selecionar, entre as alternativas possíveis, o texto concreto de Busenbaum.

Motivos para tomar um texto-base

Afonso não foi partidário da utilização de *apontamentos* para aulas de Teologia. Deixou-se guiar pelo axioma "um mau manual sempre é melhor que vários bons apontamentos". Como bispo, foi contrário aos professores imporem o uso de apontamentos pessoais para transmitir o conteúdo aos alunos de seu seminário. Ao contrário de Francisco de Vitória, no século XVI, Afonso considerava o ditado um método antipedagógico. Além do mais, o uso indiscriminado de apontamentos não garantia o controle da qualidade e da ortodoxia do ensinamento.[158] O bispo Afonso costumava dizer aos professores: "Se suas anotações valem mais que os livros, mandem imprimi-las; se não, usem bons manuais".[159] De

158 Tellería, II, 71-72.
159 Rey-Mermet, p. 573. Cf. Tannoia, II, 47.

fato, em seu seminário ele impôs, como Manual de Teologia Moral, seu Compêndio intitulado *Homo Apostolicus*.[160]

Conhecendo essas preferências pedagógicas de Afonso, é fácil compreender que, em seus primeiros anos de docência da moral aos jovens de sua Congregação, tenha tomado a decisão de proporcionar aos alunos a orientação de um manual de Teologia Moral. Suas anotações pessoais se integrariam na estrutura de um texto prévio. Portanto, o escritor moral nasceu da atividade docente, do confronto com o conteúdo de um texto e estimulado pela necessidade de confrontar a doutrina geral com a experiência concreta da atividade pastoral:

> "De fato, enquanto residia em Deliceto, desde dezembro de 1744 ele ensinava moral aos padres jovens e iniciava sua atividade de escritor de Teologia Moral."[161]

Desse modo, os alunos tinham assegurada a matéria do ensino em um manual e o enriquecimento com os acréscimos pessoais de Afonso que, por sua vez, era auxiliado, pelos mesmos alunos, na preparação do manuscrito de suas anotações.[162]

Querendo publicar seus apontamentos, Liguori percebeu a necessidade de se apoiar em um manual de moral, pois não tinha, naquele momento, nem tempo, nem meios, para construir um texto próprio. Decidiu reimprimir um manual clássico que trouxesse, conjuntamente, suas anotações pessoais: assim nasceu a TM de Afonso de Liguori.

Motivos para escolher o texto de Busenbaum

É difícil um professor encontrar manual escrito por outro autor que o satisfaça plenamente. A dificuldade é ainda maior se o manual servirá de suporte para comentários pessoais destinados à

---

[160] Tellería, II, 72: Rey-Mermet, p. 573.

[161] CAPONE, D. S. Alfonso e Paolo Cafaro primi lettori di Teologia nello Studentato redentorista nel 1743-1749: *SH* 29, 1981, p. 79.

[162] CAPONE, D. S. Alfonso e Paolo Cafaro primi lettori di Teologia nello Studentato redentorista nel 1743-1749: *SH* 29, 1981, p. 92.

publicação. Tal foi a situação de Afonso quando decidiu escolher um manual de Teologia Moral como texto-base para suas aulas e, especialmente, para seus comentários destinados à impressão.

No prólogo da 1ª edição, Afonso expõe os critérios que guiaram a seleção do Manual:

- que não seja, nem excessivamente amplo, nem excessivamente breve (alios nimis redundantes, alios nimis contractos esse existimavi - *avaliei que uns eram muito redundantes; outros, muito resumidos*);
- apresentar um conjunto de doutrina condensando tudo o que é necessário saber sobre a moral (omnia magis scitu necessaria - *todas as coisas mais necessárias de se saber*);
- utilizar método de exposição: conciso (brevius - *mais breve*), sintético (paucis omnia magis scitu necessaria colligens - *reunindo, em poucas palavras, todas as coisas mais necessárias de se saber*) e ordenado (ordinatim - *ordenadamente*);
- manter a orientação doutrinal entre os excessos do rigorismo e os exageros do laxismo;
- servir como introdução para principiantes (tyronibus - *iniciantes*); mas que, ao mesmo tempo, proporcione suficiente preparação para o ministério sacerdotal (non modicam supellectilem parat - *fornece não pouca preparação*).

Com tais critérios diante de si, Afonso revisou e examinou muitos autores (plurimos relegi, et perpendi auctores - *analisei e avaliei novamente diversos autores*) e, dentre todos, selecionou Busenbaum.[163]

Afonso estimava, nesse autor, especialmente a excelente *metodologia*: o livro oferecia esquema harmônico do conjunto da Teologia Moral, tinha exposição concisa e sintética, apresentava boa orientação doutrinal em termos gerais.

---

[163] Afonso escreve o sobrenome de Busenbaum com "m". Considero mais exata a transcrição com "n". Por isso, quando transcrevo passagens de outros, modifico o "m" para "n". A edição crítica de Gaudé não é uniforme na maneira de transcrever o sobrenome de Busenbaum; por exemplo, no *Prólogo* (I, p. LVI) escreve com "m", enquanto no lib. I, tract. II, dubium VI, Appendix, escreve com "n". Afonso, às vezes, declina o sobrenome Busemba-um (nominativo), Busemba-i (genitivo).

Quanto ao último aspecto, Afonso deixa claro, no Prólogo da 2ª edição, que a doutrina de Busenbaum é aceitável (non contemnendus - *de não pouco valor*), salvo em algumas questões concretas (aliquibus exceptis - *com algumas exceções*). A partir da 7ª edição, essa aceitação se reduz à afirmação de que se serve de Busenbaum unicamente pelo método (tantum ut ejusdem methodum sequerer - *apenas para seguir o seu método*), o que não pressupõe aprovar todas as suas opiniões (ut omnes ipsius auctoris opiniones approbarem - *não que aprove todas as opiniões do referido autor*).

Ao preferir Busenbaum, a escolha de Afonso recai sobre uma das obras morais mais apreciadas nos séculos XVII e XVIII, tal como foi exposto no volume V/1, 721-723 da presente História da Teologia Moral.

Em relação à *Medulla* de Busenbaum, todos reconhecem as qualidades metodológicas encontradas por Afonso: clareza, precisão, concisão, ordem.[164] O gênero literário é claramente casuístico: resolução de casos à luz de uns poucos princípios, previamente estabelecidos. Suas fontes principais são as *Sumas de Casos*. Quanto à doutrina, deve-se a Busenbaum o estabelecimento de orientações claras no emaranhado das opiniões existentes na época.

A obra de Busenbaum sofreu os ataques dirigidos contra a moral probabilista e contra a Companhia de Jesus.[165] Foi proibida na França e em Portugal, na segunda metade do século XVIII, por expor a doutrina, por certo comum e tradicional, do tiranicídio.[166] A TM de Afonso também foi envolvida nesses injustos ataques. No final do século XIX, na Alemanha e por parte de setores protestantes, Busenbaum voltou a ser falsamente acusado de defender o princípio maquiavélico de que "os fins justificam os meios".[167]

---

164 THEINER, J. *Die Entwicklung der Moraltheologie zur eigenstandigen Disziplin*. Regensburgo, 1970, p. 312-315.

165 BAYÓN, R. *Cómo escribió Alfonso de Ligorio*. Madri, 1940, p. 191-193; Tellería, II, 307-309.

166 L. III, tract. IV, c. 1, dubium III, n. 8. Essa doutrina, que Busenbaum tomou ao pé da letra de Santo Antonino, era comum entre os moralistas e estava baseada no ensinamento de Santo Tomás de Aquino (II-II, q. 69, a. 4). Concina também a sustentava. Cf. Tellería, II, 304.

167 L. IV, c. 3, dubium VII, art. 2, n. 3.

Afonso iniciou a grande obra de sua TM fazendo o papel[168] de editor e comentarista de Busenbaum. Utilizou, para isso, a edição de Pádua (1737), da qual se conserva um exemplar em Catanzaro anotado pelo próprio Liguori.[169]

Vantagens e inconvenientes derivados da escolha do texto-base de Busenbaum

Foram muitas as *vantagens* que Busenbaum ofereceu à TM de Liguori. A primeira, e principal, foi ser base para publicação das *anotações morais* de Afonso. Sem Busenbaum, talvez, não teria existido a TM.

O nome de Busenbaum inseriu Liguori em uma corrente específica do pensamento moral que, mesmo tendo-lhe causado problemas durante a vida, assegurou a continuidade no futuro. A orientação equilibrada do manual de Busenbaum concordava com o sentido pastoral da moral afonsiana e a escolha de Busenbaum foi sinal eficaz de sua ruptura com o rigorismo e entrada na *via media* da exigente benignidade cristã.

Quanto à estrutura da obra moral afonsiana, o texto de Busenbaum ofereceu à TM um esquema, ordenado e harmônico, onde encaixar o conjunto temático da moral. Embora não fosse perfeito, como notarei em seguida, o manual de Busenbaum recolhia o melhor das experiências casuísticas nesse aspecto. Além disso, sua clareza e concisão também coincidiram com o estilo pessoal de Afonso.

Entretanto, junto com as vantagens, é preciso notar, também, os *inconvenientes*. O principal deles foi submeter a criatividade literária de Afonso a uma estrutura preestabelecida. Ser comentarista não exige o mesmo trabalho de autor independente, mas, também,

[168] A respeito do trabalho realizado por Afonso sobre o texto de Busenbaum, ver a análise minuciosa de FERRERO, F. Génesis de la doctrina moral alfonsiana: *SH* 23, 1975, p. 308-310.

[169] CAPONE, D. Un documento sulla preparazione della Theologia moralis: *S. Alfonso* 19, Pagani, 1948, p. 153-156; GREGORIO, O. La soppresione del collegio redentorista di Catanzaro: *SH* 11, 1963 (sobre o tema, p. 47-48). No Arquivo Geral dos redentoristas (Roma) conserva-se um exemplar da edição de Pádua (1733) com o autógrafo de Afonso.

não proporciona a mesma liberdade. O pensamento moral afonsiano estará, inicialmente, condicionado por um esquema alheio, escolhido como estrutura-base para dar forma ao livro.

Por precisar se manter no esquema de Busenbaum, Afonso precisou cortar tratados que necessitariam desenvolvimento mais amplo. O exemplo mais chamativo está no tratado sobre os *Atos Humanos,* ausente no esquema de Busenbaum. Afonso percebeu a necessidade do estudo da responsabilidade humana como base da análise moral das ações humanas e, por isso, precisou abrir espaço, no começo do tratado sobre os *Pecados,* para inserir um *Tratado prévio* sobre a responsabilidade humana.[170] Ao mesmo tempo, o tratado sobre os *Pecados*, da forma como aparece na TM, herdou de Busenbaum sua localização pouco apropriada (depois da exposição dos *Mandamentos do Decálogo* e dos *Deveres dos diferentes estados*).

Afonso não era ciumento de sua paternidade literária, nem buscou o exclusivismo de seu nome. Não se preocupou que seu nome compartilhasse o frontispício da TM com Zaccaria e Mansi,[171] e, naturalmente, com Busenbaum. Por outro lado, não gostou que a 3ª edição (primeira impressa em Veneza) tributasse toda a glória do frontispício ao nome de Busenbaum.

Em duas ocasiões, tentou se desvencilhar do texto de Busenbaum e tornar a TM totalmente sua (*tutta mia*[172]): ao preparar a 5ª edição (de fato seria a 6ª) no ano de 1763, e ao preparar a 7ª edição, em 1772. Nas duas ocasiões precisou desistir. Da primeira tentativa, restou a refundição do *Tratado sobre a Consciência,* uma autêntica "obra-prima do grande moralista napolitano e da teologia católica".[173] Sua TM estava tão vinculada ao manual de Busenbaum que a independência lhe custaria o trabalho de redigir uma obra quase nova. Nesses dois momentos, Afonso experimentou o nível de liberdade e de servidão que lhe oferecia ter tomado Busenbaum como texto-base.

---

170 O tratado sobre os "Atos Humanos" toma corpo na 6ª edição. Nas anteriores (4ª e 5ª) apenas existem breves anotações sobre o ato voluntário e involuntário.

171 Lettere, III, 191.

172 Lettere, III, 170. 171-172. 175.

173 CACCIATORE, Giuseppe. *S. Alfonso de Liguori e il Giansenismo.* Florença, 1944, p. 381.

Os inconvenientes aumentaram quando o nome de Busenbaum[174] começou a "tornar-se odioso para todos". Ao receber a notícia de que o livro de Busenbaum tinha sido queimado na França[175] e estava proibido em Portugal[176], Afonso se arrepende de tê-lo utilizado como texto-base.[177] Faz todo o possível para que os traços de Busenbaum não apareçam na obra;[178] tira seu nome do frontispício da TM (em alguns exemplares da 5ª edição; na 6ª, 7ª e 8ª) e do início do tratado da Consciência (edição 6ª e 7ª, na 8ª edição o próprio texto foi suprimido).[179]

São dessa época as numerosas declarações de Afonso sobre a relação de sua TM com o manual de Busenbaum. O conteúdo das declarações se reduz a duas afirmações:

- Primeira: escolhi Busenbaum unicamente para apresentar um bom esquema onde encaixar minhas *Anotações*. Desse ponto de vista, todos o consideram excelente. Autores de tendência rigorista, como Franzoia,[180] também o utilizaram;
- Segunda: não admito todas as opiniões de Busenbaum. Mais ainda, declarei-me abertamente contrário a muitas delas. Consequentemente, minha TM não deve ser incluída entre as morais probabilistas.[181]

Apesar das reiteradas declarações de Afonso, sua TM precisou carregar o inconveniente de estar apoiada sobre o suporte da *Medulla* de Busenbaum. Não seria justo ter desfrutado das vantagens e agora querer se livrar dos inconvenientes. A TM esteve, e permaneceria, indissoluvelmente vinculada, para o bem e para o mal, ao manual de Busenbaum.[182]

---

174 Lettere, III, 170. 177-178.

175 Lettere, III, 64.

176 Lettere, III, 103. 328-329. 369. 363-364. 369. 371. 420.

177 Lettere, III, 168.

178 Lettere, III, 413-414. 419. 421. 429.

179 Contudo, seu nome permanece no Prólogo da 6ª edição; também aparece seu nome no tratado *De Legibus*, c. 4, dubium VI, Appendix (edições 1ª, 7ª e 8ª).

180 Lettere, III, 178; A74, 7-8.

181 Lettere, III, 333. 396; A74, 7.

182 Os inconvenientes que Afonso sofreu por ter utilizado o texto de Busenbaum estenderam-se sobre seus filhos. É curiosa a relação entre a tradução árabe de Busenbaum e a tentativa de missões na Mesopotâmia. Cf. ORLANDI, G. I Redentoristi italiani nel '700 e le Missione estere, Il caso del p. Antonio Mascio: *SH* 32, 1984, p. 85-125 (sobre o tema, p. 104-105).

15.3. CONDICIONAMENTOS DA TM. (2) A COMPANHIA DE JESUS

O cronista Tannoia parece ter especial interesse em destacar a admiração e o carinho de Afonso para com a Companhia de Jesus, pois, com notável pontualidade, vai assinalando as conexões entre a vida de Afonso e os jesuítas: um padre jesuíta, Francisco de Jerônimo (1642-1716), amigo da família Liguori, pronuncia a profecia sobre Afonso recém-nascido: "Não morrerá antes dos noventa anos, será bispo e fará grandes obras por Deus"[183]; a supressão da Companhia de Jesus provoca em Afonso uma grande e particular dor;[184] alegra-se ao receber notícias de que os jesuítas estão estabelecidos na Rússia e na Prússia.[185] Tannoia anota o detalhe de que o último panegírico sobre Santo Inácio na igreja dos jesuítas de Nápoles, antes da sua supressão, foi pregado por Afonso.[186] Pode-se afirmar que Afonso foi amigo dos jesuítas e que neles também encontrou amigos numerosos e fiéis.[187]

Esse primeiro plano da amizade entre Afonso e os jesuítas precisa ser posto sobre um fundo histórico de tonalidade escura: a luta antijesuítica, promovida no século XVIII, especialmente, por

---

183 Tannoia, I, 4. Sobre a personalidade de Francisco de Jerônimo e sua atividade pastoral entre os vagabundos, prostitutas e escravos de Nápoles, ver: Rey-Mermet, p. 44-46. Em 26 de maio de 1839, o Papa Gregório XVI elevará conjuntamente Afonso e Francisco de Jerônimo à glória dos santos.

184 Tannoia, I, 126-128. 282.

185 Tannoia, III, 252.

186 Tannoia, II, 205-206.

187 BAYÓN, R. *Cómo escribió Alfonso de Ligorio*. Madri, 1940, p. 293-296. 310-317. Cf. JANSEN, J. L.; HENZE, K. M. *Der hl. Alfons Maria von Liguori und die Gesellschaft Jesu in ihren freundschaftlichen Besiehungen zueinander*. Friburgo i. Br. 1920; SANTONICOLA, A. M. *Sant'Alfonso e la Compagnia di Gesù*. Pompeia, 1941; TELLERÍA, R. *Un admirador de san Ignacio de Loyola e de Compañia de Jesús en el siglo XVIII: San Alfonso Maria de Ligorio: Manresa*, 29, 1957, p. 33-48; VIDAL, M. *La moral de san Alfonso de Liguori y la Compañia de Jesús: Miscelánea Comillas*, 45, 1957, p. 391-416; MUCCI, G. *In margine al centenario alfonsiano: La Civiltà Cattolica*, 138, 1987, IV, p. 140-148; MOORE, E. *San Alfonso y la moral de los Jesuitas*: TREMBLAY, R; BILLY, D. (ed.). *Historia: memoria futuri*. Mélanges Louis Vereecke, Roma, 1991, p. 227-249; IAPPELLI, F. *S. Alfonso M. de Liguori e i Gesuiti: Societas*, 36, 1987, p. 48-54 = GIANNANTONIO, P. (a cura di). *Alfonso M. de Liguori e la società civile del suo tempo*. Firenze, 1990, p. 77-98.

legalistas e jansenistas e que levou o, tristemente famoso, Clemente XIV a suprimir a Companhia de Jesus com o breve *Dominus ac Redemptor* (21 de julho de 1773).[188] Ao conhecer a decisão pontifícia, Afonso exclamou: "Vontade do Papa, vontade de Deus"; mas também sentenciou, talvez pensando em sua moral: "Obra de jansenistas".[189]

O desenvolvimento da TM foi condicionado, tanto pela admiração e amizade de Afonso para com os jesuítas, quanto pela luta antijesuítica que envolveu a obra moral de Liguori. Nas duas partes que compõem o presente capítulo, faremos alusão, tanto às repercussões positivas (parte I), quanto às negativas (parte II), que a relação amistosa entre Afonso e a Companhia exerceu sobre o livro da TM.

15.3.1. Etapa positiva: a admiração e a amizade com os jesuítas

Na primeira etapa de gestação da TM (1747-1762) percebe-se grande influência de autores jesuítas sobre o pensamento moral afonsiano. O livro da TM nasceu abrigado na corrente moral dos jesuítas. Assinalo, a seguir, os principais dados comprovando a veracidade dessa afirmação:

A leitura de autores jesuítas, conjugada com a experiência pastoral e a direção de sacerdotes sensatos, foi fator decisivo na evolução de Afonso, desde o rigorismo moral, recebido na formação do seminário, para posturas mais benignas. Essa experiência pessoal vai levá-lo a aconselhar aos que se iniciam nos estudos de Teologia Moral que não leiam apenas autores rígidos, mas, também, mantenham o hábito de consultar obras com tendência mais benigna.[190]

Ao escolher Busenbaum como texto-base de sua TM, Afonso não levou em conta, diretamente, a condição jesuítica do autor, mas, de fato, o autor selecionado era um moralista jesuíta.

---

188 Cf. Rey-Mermet, p. 652-653.
189 Tannoia, II, 281-282.
190 D19. 76-77; D55. 255-256.

Entre os autores assiduamente consultados por Afonso na preparação das *Anotações* a Busenbaum (1ª edição da TM), estão presentes numerosos moralistas da Companhia de Jesus. No *Prólogo* da 1ª edição, dos onze expressamente citados: Santo Tomás de Aquino, Léssio, Sánchez, Castropalao, Lugo, Laymann, Bonacina, Viva, Lacroix, Roncaglia e os Salmanticenses, oito pertencem à Companhia de Jesus.

O jesuíta Lacroix foi autor muito consultado por Afonso nos primeiros anos de sua atividade literária como moralista. O probabilismo defendido por Liguori nas *Dissertações* de 1749 e de 1755 tem sua principal fonte de inspiração na obra de Lacroix.[191] Como já assinalei, Afonso preparou a 3ª edição da TM tomando muitas anotações desse autor jesuíta.

Afonso pediu, com insistência, a Remondini que não confiasse a função de revisor da 3ª edição da TM a um dominicano, mas a um jesuíta.[192] O editor atendeu seu pedido e confiou o trabalho de revisão ao padre jesuíta Zaccaria, fato que alegrou Afonso.[193] Desse jesuíta, Afonso também aceitou a *Dissertação Prolegômena* com a qual iniciava a TM em várias de suas edições.

Nessa primeira etapa, Afonso emite juízos muito elogiosos sobre os jesuítas como cultivadores e expositores do saber teológico-moral: "São verdadeiros mestres da moral";[194] "foram, e são, os mestres da moral";[195] "deles, confesso ter aprendido o pouco que escrevi"[196] e "o pouco que sei de moral".[197] Deles, afirma receber "muita consideração"[198] e até "elogio público".[199]

Tais dados manifestam claramente a estreita vinculação da TM com a tendência jesuítica da moral católica. No entanto, con-

[191] CAPONE, D. Dissertazioni e Note di S. Alfonso sulla probabilità e la coscienza (1748-1763): *SM* 1, 1963, p. 271.
[192] Lettere, III. 20-23.
[193] Lettere, III. 23.
[194] Lettere, III. 20.
[195] Lettere, III. 23.
[196] Lettere, III, 23.
[197] Lettere, III. 27.
[198] Lettere, III. 28.
[199] Lettere, III. 20.

vém não exagerar. O próprio Afonso precisou defender sua autonomia e deixar fora de suspeita a paternidade da obra. Adversários, como Patuzzi, chegaram a afirmar que os livros de Afonso eram feitos por jesuítas, devido à grande presença de tais autores. Liguori respondeu com a seguinte afirmação: "Eu li muitas coisas, tanto em autores jesuítas, quanto em outros, mas quem fez a obra fui eu."[200] Essa avaliação vale para a TM: a obra é de Afonso, mas, em sua gestação, houve notável influência da leitura de autores jesuítas.

Também quanto ao Sistema Moral, Afonso precisou se defender por sua "paixão excessiva" em favor dos jesuítas[201] e responde: "Menos mal que, além de apaixonado, não me chamaram 'terciário'[202] dos jesuítas; estimo-os muito, mas, em moral, sigo o que me dita a consciência". Além do mais, lembra que os jesuítas não são como ovelhas que andam umas atrás das outras; entre eles há diversidade de opiniões.[203] Consequentemente, também ele se afasta das opiniões dos jesuítas quando não o convencem.[204]

As últimas apreciações já pertencem à etapa defensiva, quando Afonso é forçado a exagerar sua independência em relação aos jesuítas para não ser rotulado de "jesuíta disfarçado" e, assim, evitar que sua obra (a TM e a Congregação) sofresse o mesmo destino da moral jesuítica e da Companhia de Jesus.

15.3.2. Etapa defensiva: proclamação da autonomia pessoal frente à pretendida **identificação jesuítica**

De 1763 até o final de sua vida como escritor (1779), Afonso adotou atitude defensiva contra as tentativas que pretendiam envolver sua Congregação com o destino da Companhia de Jesus (supressa pela Igreja em 1773) e sua obra moral com a proscrição dos autores moralistas jesuítas. Se, na etapa precedente, a TM cres-

---

200 D65, 357.

201 A64a, 111-112 (cf. Lettere, III, 205).

202 A64a, 130.

203 Lettere, III, 23.

204 A64a, 112.

ceu com o apoio da moral jesuítica, na segunda etapa, participou dos ataques sofridos pelos autores jesuítas.

Quando os livros de moral escritos por jesuítas foram proibidos em Portugal,[205] queimados na França[206] e começaram a ser malvistos em quase todos os ambientes políticos e eclesiásticos da Europa, Afonso levantou sua voz para defendê-los: "Nem todos os livros de moral dos jesuítas são, realmente, de doutrina corrompida. Os livros do cardeal Lugo, de Suárez, de Laymann, Léssio, Castropalao e outros semelhantes não são de doutrina corrompida".[207]

Pressionado pelos membros de sua Congregação[208], e sabendo que ser amigo dos jesuítas era motivo suficiente para sofrer com a rígida censura,[209] Afonso sente a necessidade de defender sua autonomia pessoal e proclamar a diferenciação em relação aos jesuítas. Era a única saída para não ver supressa sua Congregação e proibida sua obra escrita de moral.

Foram dois os métodos de defesa empregados:

- O primeiro, consistia em eliminar de sua obra quaisquer traços jesuíticos. Já assinalei como tentou fazer todo o possível para que o nome de Busenbaum desaparecesse da TM. Fez o mesmo com o nome e a *Dissertação* introdutória do padre Zaccaria: na 8ª edição não deixou rastro, nem de Zaccaria, nem de sua *Dissertação*, para não parecer vinculado aos jesuítas.[210] Nessa mesma 8ª edição, também suprimiu muitas citações de autores jesuítas na exposição de seu Sistema Moral.[211]

- O segundo método de defesa consistiu em destacar a diferenciação em relação à doutrina moral dos jesuítas, que defendiam o probabilismo simples. De fato, seu pensamento moral tinha evoluído desde o probabilismo simples, defendido nas *Dissertações* de 1749

[205] Lettere, III, 103. 327. 328. 329. 394.
[206] Lettere, III, 64. 334.
[207] Lettere, III, 333.
[208] Lettere, III, 167.
[209] Lettere, III, 369.
[210] Lettere, III, 167-168. 490-491.
[211] CAPONE, D. Dissertazioni e Note di S. Alfonso sulla probabilità e la coscienza (1769-1777): *SM* 3, 1965, p. 132.

(D47) e de 1755 (D55), até a proposta pessoal de um *uso moderado* da opinião provável (equiprobabilismo) expressa nas *Dissertações* de 1762 (D62) e de 1765 (D65). Apoiando-se nessa nova fronteira de seu Sistema Moral, Afonso conseguiu se defender dos que o identificavam como um "probabilista a mais" e, portanto, como um "jesuíta disfarçado"; pois, naquele momento, ser probabilista em moral era, para efeitos sociorreligiosos, o mesmo que ser jesuíta.[212]

Há dois grupos de escritos em que Afonso proclama, insistente e repetidamente, o distanciamento do probabilismo simples e, consequentemente, sua diferença frente à figura sociorreligiosa do jesuíta = probabilista. O primeiro grupo compreende escritos destinados ao público em geral e, o segundo, as cartas dirigidas a pessoas particulares.

Entre os primeiros, sobressaem: a *Apologia,* do ano de 1769 (A69) e o *Monitum,* introduzido no final da 7ª edição da TM (1772), que se transforma em escrito autônomo, em 1774, com o título *Declaração do sistema* (D74), e, depois, na 8ª edição da TM, é integrado com a preexistente *Dissertação sobre o uso da opinião provável,* formando, então, o *Sistema Moral,* inserido no final do tratado sobre a *Consciência.* Nesses textos, Afonso esclarece que sua postura não é a do probabilismo, nem, tampouco, do probabiliorismo. Sobre esses importantes textos afonsianos, voltaremos no cap. 4 da 19ª seção.

O segundo grupo compreende, por exemplo, cartas a Remondini, onde volta ao tema uma ou outra vez para declarar: "Minha moral não é a rigorista, nem é a dos jesuítas; está no meio de uma e de outra";[213] "não sou dos probabilistas antigos, nem jesuíta daqueles jesuítas que foram demasiado benignos";[214] "eu não sigo a doutrina dos jesuítas, mas sim, sou contrário ao sistema dos jesuítas, e, talvez, à maior parte das sentenças particulares dos jesuítas";[215] "muitas sentenças dos jesuítas, eu as reprovei como laxas";[216] "meu

[212] Lettere, III, 477.
[213] Lettere, III, 421.
[214] Lettere, III, 477.
[215] Lettere, III, 487.
[216] Lettere, III, 130.

sistema da probabilidade não é aquele dos jesuítas"[217]; "quanto ao sistema da probabilidade, eu não sigo o dos jesuítas, mas sim, sou contrário a ele"[218]; "não sigo o sistema dos jesuítas sobre a probabilidade"[219]; "sou contrário às doutrinas dos jesuítas"[220]; "publiquei um livro (A69) para que o mundo veja que eu, em moral, não sigo a doutrina dos jesuítas, como alguns me querem fazer afirmar"[221]; "eu não sigo os sistemas dos jesuítas, nem na teologia escolástica, nem na moral"[222]; "eu não fui educado por jesuítas"[223]; "eu não defendo os jesuítas por ter parentes entre eles ou por haver sido educado por eles, pelo contrário, defendo a verdade como me parece diante de Deus."[224]

Tais afirmações contrastam com o que escreveu entre os anos de 1748 e 1756, quando sua admiração e amizade com os jesuítas podiam ser expressas publicamente sem qualquer problema. A obra moral de Liguori, sobretudo sua TM, é, ao mesmo tempo, causa e efeito dessa mudança. A glória e a paixão da Companhia de Jesus na segunda metade do século XVIII constituem condicionamentos importantes do livro afonsiano da TM e a supressão da Companhia de Jesus constitui fato imprescindível para a leitura sociobiográfica da TM.

15.3.3. Complemento bibliográfico

- JANSEN, J. L.; HENZE, K. M. *Der hl Alfons Maria von Liguori und die Gesellschaft Jesu in ihren freundschaftlichen Beziehungen zueinander* (Friburgo, 1920).
- BAYÓN, R. *Cómo escribió Alfonso de Ligorio* (Madri, 1940) 293-296.
- SANTONICOLA, A. M. *Sant'Alfonso e la Compagnia di Gesù* (Pompeia, 1941).

[217] Lettere, III, 333-334.
[218] Lettere, III, 335.
[219] Lettere, III, 358.
[220] Lettere, III, 361.
[221] Lettere, III, 370.
[222] Lettere, III, 396 (cf. 371).
[223] Lettere, III, 487 (cf. A64a, 111).
[224] Lettere, III, 215.

- TELLERÍA, R. *Un admirador de san Ignacio y de la Compañía de Jesús en el siglo XVIII: san Alfonso María de Ligorio*: Manresa 29 (1957) 33-48.
- VIDAL, M. *La moral de san Alfonso de Liguori y la Compañía de Jesús*: Miscelánea Comillas 45 (1987) 391-416.
- JAPELLI, F. *Alfonso M. de Liguori e i gesuiti*: GIANNANTONIO, P. (ed.). Alfonso Mª de Liguori e la società civile del suo tempo (Florença, 1990), I, 77-98.
- ORLANDI, G. *San Alfonso M. de' Liguori e l'ambiente missionario napoletano nel Settecento: la Compagnia di Gesù:* SH 38 (1990) 5-196.
- ORLANDI, G. S. *Alfonso con i Gesuiti di Napoli per l'ultima celebrazione della festa di S. Ignazio celebrata prima della loro espulsione dal Regno (1767):* SH 59 (2011) 181-206.
- CAPONE, D. *Ligorio (Liguori), Alfonso Maria de:* O'NEILL, C. E.; DOMÍNGUEZ, J. M. (ed.). Diccionario histórico de la Compañía de Jesús. Biográfico-temático (Roma-Madri, 2001), III, 2356-2357.

15.4. OS CONDICIONAMENTOS DA TM. (3) A CONGREGAÇÃO DO SANTÍSSIMO REDENTOR

Condicionamento importante para a TM também foi sua relação com a Congregação do Santíssimo Redentor (redentoristas), fundada por Afonso. Desenvolvemos o significado desse condicionamento aludindo às duas vertentes do tema:

- A Obra grande de Afonso nasceu em razão e em função do apostolado da Congregação.
- Algumas das dificuldades externas da Congregação tiveram sua origem (real? Imaginária?) no sistema de moral professado pelo fundador e, sobretudo, repercutiram no devir de sua obra moral.

15.4.1. A TM nasceu em razão e em função da Congregação

O livro da TM surge como resposta a uma necessidade concreta da Congregação recém-fundada por Afonso.[225] Ele havia or-

[225] Sobre a vinculação da TM com a Congregação: BAYÓN, R. *Cómo escribió Alfonso de Ligorio* (Madri, 1940) 307-310; Tellería, II, 314 ss., 435, 458 ss., 593.

ganizado um estudantado (escolasticado) para formar os jovens candidatos a redentoristas e queria que tivessem formação qualificada no campo da moral, tão necessária para a pregação das missões paroquiais e para o exercício do ministério da Confissão. O próprio Afonso reservou para si as aulas de Teologia Moral no novo estudantado e o fruto dessa docência se concretizou nas *Anotações* ao manual de Busenbaum.

O autor da TM frequentemente recorda que iniciou e prosseguiu o trabalho de impressão de sua obra moral pensando no bem de seus congregados:

- O prólogo da 1ª edição (1748) inicia com a declaração dessa intenção: "Há alguns anos venho pensando em oferecer aos jovens da nossa mínima Congregação do Santíssimo Salvador (assim se chamava então) um manual com que, de forma breve e bom método, eles pudessem se formar na ciência da Teologia Moral, tão difícil e, ao mesmo tempo, tão necessária para a salvação das almas".[226]
- Tal declaração continuou ocupando as primeiras linhas do prólogo da 2ª edição (1753); e, também, aparece na dedicatória ao Papa Bento XIV. Os estudantes redentoristas, por sua vez, aguardaram com impaciência a edição da TM para fazer dela seu manual de Teologia Moral.[227]
- Quando um dos adversários de Afonso (G. F. Soli, sob o pseudônimo de Lamindo Pritânio) criticou a TM por ser excessivamente laxa e pediu ao autor proibir que seus "companheiros a leiam", Afonso lhe responde que, ao escrever sua obra, tinha em mente, como destinatários, os "jovens de nossa Congregação".[228]
- Em carta de 1754, a todos os congregados, afirma sobre a TM: "Eu a escrevi pensando exclusivamente em vós"[229]. É verdade que

[226] "Pluribus ab hinc annis excogitavi tradere Tyronibus nostrae minimae Congregationis SS. Salvatoris librum, quo brevius, et ordinatim in scientia Theologiae Moralis tam difficili, et animarum saluti necessaria sufficienter instituerentur" (*Praefatio ad Lectorem*, l ed. 1748). Cf. A56, 75-76.

[227] Lettere, III, 57-58.

[228] A56, 75-76.

[229] Lettere, I, 261. Sobre a vinculação da TM com a causa da CSSR, cf. BAYÓN, R. *Cómo escribió Alfonso de Ligorio*. Madri, 1940, p. 307-310; Tellería, II, 314 ss.; 435; 458 ss.; 593.

nunca lhes impôs a obrigação de segui-la em todas as opiniões.[230] Mais ainda, em algumas ocasiões, lamentou não terem sido os membros da sua Congregação os que mais leram e apreciaram sua obra.[231]

15.4.2. *A TM foi causa de dificuldades para a Congregação*

Já vimos como a TM, e seu autor, Afonso de Liguori, foram envolvidos na perseguição político-religiosa sofrida pelos jesuítas na segunda metade do século XVIII. Agora, convém acrescentar que, também a Congregação do Santíssimo Redentor se viu envolvida nessa perseguição. E, precisamente, por causa da doutrina moral sustentada por seu fundador.

Aludimos aos dois focos mais importantes dessas dificuldades: as sofridas pelos redentoristas na Sicília; e, as provenientes dos pleitos que, sustentados por Villani e Maffei, a Congregação teve que suportar.

- A tempestade na Sicília

A campanha antijesuítica foi especialmente dura na Sicília,[232] onde, expulsos os jesuítas pelos Bourbons, os redentoristas passaram a ser considerados "rebento dos jesuítas" e estiveram a ponto de também ser expulsos.

Como causa das dificuldades - mais aparente que real - aludia-se à doutrina moral de Afonso. É preciso levar em conta que, conforme testemunho do próprio Afonso, os probabilioristas Concina e Patuzzi gozavam de notável crédito na ilha.[233]

> "O partido do rigorismo, encastelado em muitos redutos intelectuais da ilha, havia, ao longo do século, rendido mais ou menos acres polêmicas com os principais representantes do partido oposto que eram os jesuítas. Quando estes foram desbancados, viraram um pouco a direção e concentraram seus ataques em Afonso e seus

---

[230] Lettere, I, 260 (cf. BAYÓN, R. *Cómo escribió Alfonso de Ligorio*. Madri, 1940, p. 21-22).

[231] Lettere, II, 38 (cf. BAYÓN, R. *Cómo escribió Alfonso de Ligorio*. Madri, 1940, p. 23).

[232] Tellería, II, 458-468.

[233] Lettere, III, 266.

discípulos, cuja simpatia pela falange inaciana interpretavam como afinidade, se não, identidade, de visão e de conduta".[234]

A reação desses grupos rigoristas foi envolver o partido político. Fizeram isso recorrendo ao "espalhafatoso [Deodato] Targianni",[235]conselheiro real e membro do governo na Sicília, onde atuava como vice-rei o marquês de Fogliani de Aragão, distante de tais conflitos. D. Targianni escreveu a Afonso, que comentou ao Padre Blasucci, superior dos redentoristas na Sicília (Agrigento): "Escreveu-me uma longa carta de próprio punho impugnando a moral relaxada dos probabilistas e acusando os padres de Agrigento de serem fáceis em conceder a absolvição".[236]

Os redentoristas sicilianos - dirigidos pelo padre Paulo Blasucci - tiveram que se defender proclamando que "não eram probabilistas, mas sim, probabilioristas", que "não seguiam a doutrina de seu fundador" e que, "depois da morte deste, publicariam um novo manual de moral. Isso foi exposto pelo padre Pedro Paolo Blasucci a D. Targianni, em carta de 22 de março de 1769. Também foi comunicado ao padre A. Villani, em carta de 3 de abril de 1769[237].

As afirmações do padre Blasucci eram fortes. Sobre o significado real de tais afirmações, Afonso se dignou manter uma importante correspondência com o autor.[238] Não chegaram à realização as tentativas redentoristas de publicar um manual de moral distinto do de Afonso.[239]

Afonso precisou explicar novamente seu Sistema Moral, tanto aos congregados, quanto às autoridades e ao público em geral[240].

---

[234] Tellería, II, 459.

[235] Tellería, II, 459.

[236] Lettere, II, 103.

[237] Ver os textos dessas cartas (com comentários) em: CAPONE, D. *Dissertazioni e Note*: SM 2 (1964) 138-143.

[238] As cartas publicadas podem ser encontradas em: Lettere, III, 342-345, 347-351, 402-407, 421-423; e em: CAPONE, D. *a. c.*, 143-155. Ver a apresentação dessa importante discussão epistolar entre Blasucci e Afonso em: CAPONE, D. *a. c.*, 128-138.

[239] CAPONE, D. *a. c.*, 102-105, 109-114.

[240] Ver a *Apologia...* de 1789 (A69) e a *Dichiarazione...* de 1774 (D74). Para publicar esse último escrito, Afonso precisou vencer dificuldades colocadas pelo padre Andrea Villani (cf. Lettere, III, 457-460).

"Possivelmente, não chegaram ao conhecimento de Afonso todos os passos do Pe. Blasucci, mas a suspeita de uma divergência doutrinal em um de seus filhos prediletos e missionário tão ponderado, como era o superior da Sicília, causou-lhe uma profunda dor na alma. 'Porque eu o aprecio muito, direi logo, me incomoda a ideia ou a dúvida de que V. R. se tenha tornado concinista' (Lettere, III, 350). Durante vários meses desde seu leito de enfermo, em que logo o veremos, lutou Afonso para aclarar as dúvidas de seu filho e para rebater suas objeções de sabor patuzziano, cuidando para que, com seu prestígio de superior e missionário, não criasse, na Sicília, um foco doutrinal dissidente".[241]

Afonso escreveu diretamente a D. Targianni, mas não julgou conveniente fazê-lo a Tanucci.[242] Sobre Targianni, Afonso escreveu que pertencia àquela classe de gente que falava e julgava sobre a moral sem compreender o significado de "provável", "probabilior", "probabilíssima".[243]

Afonso ofereceu ao público geral a *Apologia* de 1769 (A69) e a *Dichiarazione* de 1774 (D74). Para publicar esse último escrito, precisou vencer as dificuldades apresentadas pelo padre Villani.[244]

Notas bibliográficas sobre a tempestade na Sicília.

- Sobre o pano de fundo histórico das dificuldades surgidas na Sicília:

  SAMPERS, A. *Die Schwierigkeiten in Sizilien wegen der Moraltheologie des Hl. Alfons in den Jahren 1768/69 und 1772/73:* SH 19 (1971) 257-279.

- Sobre a implicação dos redentoristas (na Sicília) nas discussões sobre o sistema moral do fundador:

  CHIOVARO, F. *Alfonso de Liguori avvocato* (Palermo, 1999) 13-18. Também: GIAMMUSSO, S. (ed.). *Lettere dalla Sicilia a S. Alfonso* (Roma, 1991).

241 Tellería, II, 317-318.
242 Lettere, III, 341.
243 Lettere, III, 422.
244 Lettere, III, 457-460.

- Sobre as tentativas, não realizadas, de os redentoristas publicarem um manual de moral distinto do de Alfonso e durante a vida deste:

  CAPONE, D. *Dissertazioni e Note:* SM 4 (1968) 102-105,109-114.

- Sobre a repercussão dessas dificuldades nas obras de Afonso:

  CAPONE, D. a. c., 88-92 (*Monitum* acrescentado ao final da 7ª edição), 92-101 *(Declaração do Sistema,* de 1774), 101-109 *(Manifesto,* de 1776), 114-120 (*Contra memorial,* de 1777), 121-143 *(Sistema de Moral,* da edição 8ª).

A tempestade siciliana se acalmou; mas vieram outras dificuldades, às quais aludiremos brevemente na continuação.

- As dificuldades provenientes da administração bourbônica napolitana

Esse grupo de dificuldades vai unido a uma questão de longo e amplo significado na história da Congregação do Santíssimo Redentor. Referimo-nos aos pleitos, tanto dos descendentes da família Sarnelli, quanto dos herdeiros da família Maffei.

O pleito dos primeiros começou em 1759 e tinha por objeto a reinvindicação das doações outorgadas à casa de Ciorani. O dos segundos, foi iniciado em 1765 e a contenda era sobre as doações feitas à casa de Deliceto. As duas causas se uniram e se radicalizaram quando, em 1775, entrou no processo contencioso, Fernando de León, primeiro ministro e fiscal do Reino. Suavizaram-se com a chegada do Marquês della Sambuca a primeiro ministro do Reino (1777). No final, houve uma sentença a favor da Congregação; foi assinada em 4 de fevereiro de 1783 e divulgada em 10 de abril desse mesmo ano.

A causa prosseguia ao longo dos 25 anos, produziu muitos documentos.[245] Alguns têm a ver com a *Theologia Moralis* de Afonso. De fato, o fiscal Fernando de León usou como argumento para

[245] Alguns foram publicados: SAMPERS, A. *Duo memorialia in defensionem Sancti Alfonsi et Congregationis in processu Sarnelli-Maffei-De León, an. 1777, et summarium argumentationis totius causae*: SH 15 (1967) 208-299.

sua defesa a orientação *probabilista (jesuítica)* da Moral de Afonso de Liguori.[246]

Foi esse outro momento em que correu perigo o projeto teológico-moral de Afonso. Fundamentalmente, em razão da *intromissão* das instâncias civis da Administração bourbônica.

Entre os que saíram em defesa de Afonso precisamos recordar o padre P. P. Blasucci, que fez uma defesa do pensamento moral do Fundador respondendo, ponto a ponto, às objeções do fiscal F. de León. Vale a pena ler esse texto, escrito com carinho pelo autor, mas também com conhecimentos precisos sobre os temas de moral, submetidos ao confronto.[247]

Afonso também soube se defender. Dessa defesa chegaram até nós dois textos. Um, longo, incorporado aos documentos do processo.[248] Outro, mais curto, a defesa ou *Contra memorial* que Afonso dirigiu (1777) sobre sua moral aos senhores Ministros da real Câmara de S. Clara de Nápoles.[249]

Foi por essa ocasião e por motivo das acusações do fiscal sobre a moral de Afonso, que voltou a aparecer no horizonte das possíveis soluções a velha ideia de compor um texto de moral alternativo ao de Afonso. Tampouco nesse momento, a possibilidade pensada chegou à realização efetiva.

De fato, "os advogados sugeriram a conveniência de publicar um manual ou resumo de Teologia Moral com orientações novas. Equivalia a ressuscitar o projeto acalentado pelo Pe. Blasucci. Os Pes. Villani e Maione aceitaram a sugestão e pensaram no Padre Di Meo para traçar o programa. Desde Agrigento, o Pe. Blasucci pontuava, em 13 de maio do mesmo ano de 1776, as normas pelas quais se deveriam regular (...). Afonso aceitou aquela proposta e foi um dos principais motivos para repatriar, durante esse verão, o Pe. Blasucci, mas não se desinteressou o fundador do que plane-

---

[246] Ver a síntese do fiscal F. de León em: SAMPERS, A. *a. c.*, 280-290.
[247] Ver o texto em: SAMPERS, A. *a. c.*, 272-290, especialmente, p. 280-290.
[248] Ver el texto en: SAMPERS, A. *a. c.*, 209-272.
[249] Lettere, III, 492-507.

javam: "Enquanto eu viver, quero dar ao menos uma olhada em tudo o que for escrito" (Lettere, II, 375). Tais projetos ficaram sem concretização ou foram superados pelos acontecimentos, o mais transcendental dos quais, foi a destituição - com todos as honras - intimada pelo rei ao marquês Tanucci, no sábado do 25 de novembro".[250]

Se Afonso teve que defender sua TM frente aos ataques de orientação antijesuítca, também teve de fazê-lo frente aos que envolviam seu sistema moral em contendas de índole, principalmente, econômica.

Tanto Hermann Busenbaum, quanto a Companhia de Jesus e a Congregação do Santíssimo Redentor, foram fatores que ajudaram a criatividade de Afonso, mas, ao mesmo tempo, foram condicionamentos de sua liberdade intelectual. Liberdade e servidão são os dois polos dialéticos entre os quais se movem os três fatores que analisamos no presente capítulo e nos precedentes. Seu conhecimento ajuda a compreender melhor a biografia de uma obra, concretamente, a biografia da TM de Afonso.

15.4.3. Balanço

Concluo a exposição deste, e dos dois capítulos precedentes, com duas afirmações gerais:

- A TM não se explica unicamente pelos condicionamentos biográficos e sociorreligiosos, já que é, também, e sobretudo, o produto da livre criação de um autor.
- Contudo, a atuação da liberdade criadora do autor somente consegue efetividade dentro do quadro sociobiográfico descrito. Esse quadro sociobiográfico é a segunda matriz da gestação literária da *Theologia Moralis* de Afonso de Liguori.

[250] Tellería, II, 588.

15.5. FORMAS LITERÁRIAS USADAS NA TM

Para completar a descrição da TM, fazemos uma breve referência às formas literárias empregadas na obra. Limitamo-nos a propor um esquema geral, enquadrando as principais estruturas formais da TM. No final do capítulo, acrescentamos algumas normas para ler, com exatidão, o pensamento de Afonso em sua obra moral.

15.5.1. Gênero literário geral

O gênero literário da TM é o *casuísmo*, forma de fazer teologia que, catalogando as exigências morais da vida cristã em um esquema que sirva de suporte a todo o conjunto, procede ao exame das referidas exigências por meio de *questões* com situações paradigmáticas (*casos*) do comportamento moral cristão. Os livros de moral casuística não utilizam procedimento uniforme no desenvolvimento concreto da matéria, como acontece, por exemplo, na Suma Teológica de Tomás de Aquino, onde o desenvolvimento temático avança uniformemente por partes (e subpartes), questões e artigos, e onde a unidade básica (artigo) conserva sempre a mesma estrutura formal.

As formas literárias utilizadas na TM constituem dois grupos notavelmente diferenciados: o primeiro é constituído por formas que exprimem o conteúdo *normal*, o segundo é constituído por formas em que se expressa o conteúdo *especial*. Classifico, segundo essa divisão, as formas literárias específicas da TM (as referências são da edição de Gaudé, tomo e página).

15.5.2. Formas próprias do conteúdo "normal"

A maior parte da TM é formada pelo que se considera o conteúdo *normal* de um livro de moral casuística. Embora haja afinidade em todas as formas empregadas para expor esse conteúdo, não é a uniformidade que prevalece entre elas, mas sim a *pluralidade* de formas. A pluralidade de formas se deve, quase sempre, à diversidade dos tratados; há formas que correspondem melhor à moral dos princípios e outras são mais adequadas à moral concreta. Catalogo-as, então, conforme essa divisão geral:

- Formas preferentemente "assertivas"

São todos os procedimentos de exposição onde predomina o caráter assertivo e a doutrina é formulada por meio de definições, divisões e princípios axiomáticos. São encontrados nos seguintes tratados: - Consciência. - Leis. - Atos humanos. - Pecados. - *De Justitia et Jure.*

Exemplos:

- Consciência: noção, classes, critérios do seu agir: I, 3-5.
- Princípios da moralidade: II, 700-701.

- Formas preferentemente "casuísticas"

Essa forma corresponde à moral concreta. Sua particularidade consiste em analisar uma *situação* ou *caso de consciência*. A análise se realiza de diversos modos que possibilitam extensa gama de matizações nas formas *casuísticas*. A título de exemplificação assinalo algumas formas:

Simples análise de casos:

É a forma mais utilizada na TM: posta uma situação, é feita a análise casuística correspondente. O procedimento ordinário consiste em: *exposição das opiniões* e a proposta de *solução pessoal.*

Variantes na análise dos casos:

Às vezes, são acrescentados outros elementos: anotações complementares, matização da solução, etc. Eis algumas modalidades, com seu exemplo correspondente:

- Análise de caso com pressupostos, exposições e avaliações das opiniões, solução pessoal ao núcleo do caso e anotações complementares. Exemplo: I, 22-23, *experimentação médica.*
- Análise de caso com exposição de opiniões, solução pessoal e matização da solução dada. Exemplo: I, 328-329, *obrigação da esmola.*

Soluções mediante axiomas:

Assinalando as condições da moralidade da questão proposta.

Exemplo: II, 95-96, *moralidade dos tributos.*

Análise mediante um raciocínio aberto:

Descreve-se a situação de maneira mais específica (que, geralmente, faz parte da realidade histórica imediata), indicam-se as opiniões sustentadas pelos moralistas (às vezes, contemporâneos), faz-se um arrazoado vivo e dá-se a solução pessoal. Exemplo: II, 85-96, *moralidade da moda feminina de trazer o seio semidescoberto.*

15.5.3. Formas literárias no conteúdo "especial"

Na TM, há exposições que superam o módulo normal de uma obra de moral casuística. Podem ser catalogadas nos seguintes grupos, segundo o título que recebem do autor:

- Dissertações

São exposições, geralmente amplas, de caráter monográfico e de orientação sistemática. Constituem uma espécie de pequeno livro inserido no grande livro da TM. Em razão do conteúdo são:

Dissertações de conteúdo não diretamente moral:

- Sobre a autoridade do Romano Pontífice: I, 93-121.
- Sobre a proibição dos livros: I, 253-291.
- Sobre a Imaculada Conceição: IV, 398-408.

Dissertações de conteúdo moral:

Creio que devam ser catalogadas em dois subgrupos, segundo a tipologia e, consequentemente, a extensão:

a) Dissertações monográficas:

- Sobre o sistema moral: I, 25-64.
- Sobre a ignorância invencível: I, 147-161.

b) Dissertações que ampliam um ponto da matéria tratada:

- Sobre o clérigo habitudinário: II, 48-59.

- Sobre matéria e forma do sacramento da Confirmação: III, 141-150.

- Sobre o ministro e a forma do sacramento do Matrimônio: IV, 75-81.

- Advertências (*Monitum*)

São esclarecimentos sobre uma questão tratada em outro lugar da obra. Apresentam notável carga de polêmica e aludem a situações relacionadas com a vida do autor. Na TM existem duas *Advertências* a respeito do sistema moral, recolhidas na edição atual:

- *Monitum* I: I, 64-66.

- *Monitum* II: I, 76-70.

- Apêndices

São exposições sobre dados preferentemente jurídicos:

- Dispensa da Sagrada Penitenciaria (Apêndice de Busenbaum): I, 183-186.

- Privilégios: I, 187-252.

- Solicitação na Confissão: III, 691-716.

Afonso também dá o título de apêndice (*Appendix sive Dissertatio*) para a dissertação sobre a proibição dos livros.

15.5.4. Duas Advertências

Para completar a exposição desse breve capítulo sobre as formas literárias empregadas na TM de Afonso, quero sublinhar duas coisas:

Em primeiro lugar, as formas literárias enumeradas não se encontram isoladas e perfeitamente separadas, mas entrelaçadas umas com as outras, compondo estrutura formal densa e complexa.

Em segundo lugar, além das indicadas, existem muitas outras formas literárias que se apresentam, tanto como variantes ou matizações das que elencamos, quanto como estruturas originais. Entre as últimas, devem ser sublinhadas as passagens biográficas contidas na TM. São exemplos qualificados desse *gênero biográfico* as passagens onde Afonso descreve:

- a trajetória de sua formação no campo da moral (I, 62-64)
- o modo como realiza a reflexão teológico-moral (II, 52-53).

15.5.5. Complemento temático: regras para conhecer o pensamento do autor

O leitor não habituado à leitura de textos morais casuísticos pode encontrar certa dificuldade para captar, com precisão, o pensamento próprio de Afonso. Por isso, oferecemos as seguintes orientações:

– O texto de H. Busenbaum e o pensamento de Afonso

Em primeiro lugar, é óbvio que Afonso *assume* o texto de H. Busenbaum como esquema para a exposição do campo disciplinar da Teologia Moral. Também considera-o válido, em termos gerais, quanto ao conteúdo moral que oferece.

No entanto,

- Afonso não garante todas e cada uma das afirmações contidas no manual do jesuíta westfaliano.
- A apresentação que H. Busenbaum oferece dos temas (situação dentro do conjunto, tratamento concreto, orientações práticas, etc.) tampouco deve ser tida como a maneira de pensar de Afonso. Vimos como ele tentou se libertar do esquema de Busenbaum e introduzir o seu; fez isso, no tratado sobre a consciência e, em parte, no tratado sobre os atos humanos.
- O tipo de sociedade *na qual* escreve e *para a qual* se dirige o manual de Busenbaum não é a sociedade em que vive, pensa e se dirige Afonso.

Sirva, como exemplo disso, a apresentação que o manual de Busenbaum faz da atitude ou comportamento que a comunidade cristã deve ter com os judeus que estão em seu meio. Encontra-

-se essa exposição no Lib. II, tract. I, cap. IV, dubium II: Gaudé, I, 309-310. Afonso transcreve o texto e não acrescenta absolutamente nada. É evidente que se trata de uma situação sem maiores interesses para a sociedade italiana, concretamente, napolitana. Se essa situação tivesse alguma peculiaridade na sociedade italiana, encontraríamos, nessa passagem da TM, a formulação e a correspondente análise de questões próprias de Afonso.

- Regras para conhecer a opinião moral de Afonso

Nos manuais de moral casuística, são utilizadas fórmulas muito precisas para dar a conhecer a maneira de pensar do autor. Estes procedimentos adquirem maior importância nos séc. XVII-XVIII, já que nesse momento histórico, a solução de muitas questões morais dependia do uso da *probabilidade.* Cada escola e, dentro dela, cada autor, tinha seu modo peculiar de utilizar o valor do *provável* para se expressar sobre as obrigações morais.

A TM afonsiana está situada dentro dessas coordenadas históricas e, consequentemente, epistemológicas. Mais ainda, em Afonso essa estrutura epistemológica adquire uma importância especial, já que ele encontrou e propôs um caminho novo para entender e utilizar a probabilidade no campo da moral: a *equiprobabilidade.*

A partir desses dois contextos - o geral da moral dos "sistemas" e o próprio de Afonso que é o "equiprobabilismo" - é como deve ser captado o pensamento afonsiano na solução concreta das questões morais. O redentorista Clement Marc compôs um conjunto de normas para interpretar com exatidão o pensamento próprio de Afonso através das fórmulas que este utiliza.[251] Transcrevemos, primeiramente, o texto latino de Marc; depois, apresentamos um resumo em português.

Texto completo

1° Generatim ea sola opinio, quam S. Alphonsus *probabilem* appellat, ipsi revera probabilis est. - Hinc, quando hac formula

[251] MARC, C.; GESTERMANN, F. X. *Institutiones morales alphonsianae*. Editio decima octava (Lião-Paris, 1927) I, 64.

utitur: *Probabiliter dicunt auctores,* in hoc casu, eorum sententiam probabilem censet. - Quando vero hac altera formula utitur: *Dicunt auctores probabiliter licere,* exinde non liquet illam sententiam ab ipso ceu probabilem existimari; nam ipsius verba sulummodo indicant, se auctorum, quos citat, judicium proferre.

2° Si de aliqua opinione loquens dicit: *non videtur improbabilis;* aut: *non improbabiliter dicitur;* in hoc casu, regulariter, opinionem ut satis probabilem habet, nisi forte opinioni aliquid certe vel notabiliter probabilius opponat.

3° Opinionem, quam *neque probabilem* appellat, *neque improbabilem,* aliorum generatim judicio relinquit. - Videndum tamen est, quid, sive antea, sive postea dicat: nam, si nihil omnino opponat, et gravis sit auctor quem citat, opinio illa generatim ut satis probabilis habenda est: uti, v. gr., quando sub quaestionis fine adjungit: *Lugo... addit... advertit.*

4° Si de aliqua sententia expresse ait: *non audeo damnare,* vel *non audeo eam improbabilem dicere,* eo ipso declarat illam, suo judicio, dubie esse probabilem, aut illam a se prudentiorum judicio remitti.

5° Cum aliquam opinionem dicit *veriorem,* vel *multo* aut *absolute probabiliorem,* vel *probabiliorem* simulque *communem* aut *communissimam:* in hoc casu oppositam non amplius, respectu alterius, ut solide probabilem judicat, etiamsi eam ceu improbabilem non expresse rejiciat.

6° Idem dicendum est, quando unam ex sententiis *probabiliorem* aut *communiorem* vocat, nec judicium de opposita profert; hoc enim loquendi modo significare intendit, illam opinionem sibi ita videri probabiliorem, ut oppositam tanquam vero probabilem non agnoscat.

7° Sententia, cui nihil opponitur, et quam simpliciter vocat *probabilem* (qui tamen casus raro contingit), ordinarie fundat pro praxi certitudinem moralem (cfr. n. 78).

8° Sententia, quam simpliciter *communem* dicit, nullo de opposita lato judicio, sua certe dicenda est.

Tradução e Resumo

1º De modo geral, apenas a opinião que Santo Afonso chama de "provável" é, de fato, provável para ele. – Por isso, quando usa a fórmula: "De modo provável, alguns autores afirmam", nesse caso, considera provável a sentença deles. – Mas quando utiliza esta outra fórmula: "Os autores afirmam que provavelmente é lícito", com isso não está demonstrando que considera a sentença provável, pois suas palavras indicam que apenas está apresentando o juízo dos autores citados.

2º. Se, falando de alguma opinião, diz: "não se mostra improvável"; ou; "não é chamada de improvável"; nesse caso, regularmente, ele tem a opinião como muito provável, a não ser que oponha algo certo ou notavelmente mais provável.

Ou seja, em termos gerais, Afonso tem como provável a opinião que denomina *provável*. Portanto, quando diz *não parece improvável* ou *não é chamada de improvável*, considera a opinião suficientemente provável.

3º. Uma opinião que não chama, "nem de provável, nem de improvável", geralmente deixa para o julgamento de outros. – Contudo, é preciso analisar o que diz antes ou depois: porque, se não opõe nada e o autor que está citando é de peso, então geralmente a opinião em questão deve ser considerada como muito provável: por exemplo, quando no final da questão adiciona: "Lugo... acrescenta... adverte".

Ou seja, quando não avalia a opinião, nem como *provável*, nem como *improvável*, deixa ao julgamento dos demais.

4º. Se afirmar expressamente a respeito de uma sentença: não ouso condenar, ou não ouso chamá-la de improvável, com isso está declarando que, ao seu juízo, ela é duvidosamente provável, ou que ele a remete ao juízo dos prudentes.

Ou seja, a expressão *não ouso condenar*, ou *não ouso chamá-la de improvável* indica que a opinião, a seu juízo, é duvidosamente provável ou remete ao juízo de outros mais sábios.

5º. *Quando diz que alguma opinião é "mais verdadeira", ou "muito" ou "absolutamente mais provável", ou "mais provável", ou, ainda, "comum" ou "comuníssima": nesse caso não julga mais a oposta como solidamente provável em relação à outra, ainda que não a rejeite expressamente como improvável.*

Ou seja, quando diz que alguma opinião é *mais verdadeira*, ou *muito* ou *absolutamente mais provável*, ou *mais provável* e ainda *comum* ou *comuníssima*: nesse caso, a opinião oposta não é tida como solidamente provável.

6º. Deve-se dizer o mesmo quando chama uma das sentenças de "mais provável" ou "mais comum", e não profere o juízo sobre a oposta; pois quer indicar com essa maneira de falar que aquela opinião se lhe mostra tão mais provável que não reconhece a oposta como verdadeiramente provável.

Ou seja, deve-se dizer o mesmo quando afirma sobre uma das sentenças que é *mais provável* ou *mais comum.*

7º. A sentença à qual ele nada opõe e que simplesmente chama de "provável" (caso que raramente ocorre), ordinariamente funda uma certeza moral para a prática (cfr. n. 78).

Ou seja, a sentença à qual não opõe nada e que chama simplesmente de *provável*, fundamenta certeza moral prática.

8º. A sentença que chama simplesmente de "comum", não dando nenhum juízo sobre a oposta, certamente deve ser considerada como sua.

Ou seja, considera certa a sentença que denomina simplesmente de *comum* sem dizer nada sobre a sentença oposta.

15.6. A EDIÇÃO CRÍTICA. LEONARDO GAUDÉ (1905-1912)

A edição crítica da TM constitui o ponto de partida imprescindível para qualquer estudo sobre a moral de Liguori. O ingente trabalho dessa edição crítica da TM marcou um ponto decisivo nos estudos sobre a moral afonsiana.

15.6.1. Dados histórico-descritivos

– O projeto e a realização

A edição crítica da TM se deve, em sua quase totalidade, ao trabalho do padre redentorista francês, Leonardo Gaudé (1860-1910).[252]

[252] Ver uma sucinta biografia e elogio da pessoa em: Gaudé, IV, p. V-VII. Cf. também Tellería, II, 954-955. 985.

A ideia tinha nascido por ocasião do doutorado de Santo Afonso (1871). Com a aprovação e incentivo do Padre Geral, Nicolau Mauron, o trabalho foi iniciado por uma equipe de redentoristas que recolheu abundante material (concordâncias das edições afonsianas, aquisição dos livros citados na TM, busca da exata ficha bibliográfica das citações afonsianas, etc.).[253]

O próprio L. Gaudé refere três redentoristas que, provenientes de províncias centroeuropeias, trabalharam em Roma durante o generalato do padre Mauron:

- **Francisco Xavier Reuss** (1842-1925),[254] que se dedicou a comprar todas as obras citadas por Afonso, iniciando, assim, a biblioteca da atual Academia Afonsiana.[255]
- **Miguel Ulrich** (1834-1903),[256] a quem se deve o plano geral da obra.
- **João Batista Eichelsbach** (1820-1889),[257] que, durante treze anos, trabalhou na busca dos locais onde foram editados os livros citados na TM.

Contudo, no início de 1887, primeiro centenário da morte de Afonso, toda a responsabilidade e quase todo o trabalho recaíram sobre os ombros de Leonardo Gaudé, chegado da Holanda a Roma em 16 de abril de 1887.

L. Gaudé nasceu no pequeno povoado de Vigneulles, na diocese de Nancy (França), em 22 de outubro de 1860. Aos doze anos entrou na escola apostólica (juvenato) dos redentoristas franceses.

---

253 O próprio Gaudé se refere a três pessoas: Francisco Xavier Reuss, que se dedicou a comprar todas as obras citadas por Afonso, iniciando assim a biblioteca da atual Academia Alfonsiana (cf. BENZERATH, M. *Academia Alfonsiana, 1957-1981.* Roma, 1982. p. 379-381); Miguel Ulrich, a quem se deve o plano geral da obra; e João Batista Eichelsbacher, que durante treze anos trabalhou buscando os lugares onde foram editados os livros citados na TM (Gaudé, I, p. XLV).

254 Dados biográficos: Boland, 317-318. Escritos: De Meulemeester, II, 347-348; III, 374-375. Sobre a condição de poeta latinista: TONDINI, A. *La poesia latina di Francesco Saverio Reuss CSSR*: SH 4 (1956) 156-173.

255 BENZERATH, M. *Academia Alfonsiana, 1957-1981* [Roma, 1982] 379-381.

256 Dados biográficos: Boland, 396. Escritos: De Meulemeester, II, 429-430.

257 Dados biográficos: Boland, 121-122. Escritos: De Meulemeester, II, 138; III, 297.

Depois da profissão religiosa (aos dezesseis anos) fez os estudos de filosofia e teologia, depois dos quais foi ordenado sacerdote (7 de junho de 1884). Em seguida, foi destinado a ensinar filosofia aos candidatos redentoristas na cidade holandesa de Dongen, para onde havia sido transferida a casa de estudos dos redentoristas franceses por causa da perseguição contra os religiosos na França. Deste lugar, foi chamado a Roma, no começo de 1887.

L. Gaudé trabalhou durante 22 anos na preparação da edição da TM afonsiana. Frequentou muitas bibliotecas, tanto as de Roma, quanto as da Itália, Espanha, França e Alemanha para verificar citações e edições das obras morais. O trabalho foi minucioso, prolongado e exaustivo; mas rendeu frutos.

Gaudé ainda encontrou tempo para compor uma obra pessoal sobre o Sistema Moral de Afonso[258] e preparar a 14ª edição do Manual de Moral de Clemente Marc.[259]

Os vinte e dois anos empregados na edição crítica da TM exauriram suas forças. Morreu aos quarenta e nove anos, sem poder ver o quarto e último tomo da TM que havia preparado quase completamente.[260] O trabalho arruinou sua saúde. Morreu repentinamente, em Uvrier, em 14 de agosto de 1910. Esta foi a nota necrológica sobre sua condição humana e religiosa: "Erat Leonardus Gaudé vir solidae virtutis atque observantiae regularis amantissimus. Accedebat indoles bona et sociabilis, quae eum sodalibus aliisque carissimum reddebat" – *Leonardo Gaudé era um homem de virtude sólida e muito amante da observância regular. Tinha, ainda, uma*

---

258 GAUDÉ, L. *De morali systemate S. Alphonsi Mariae de Ligorio historico-theologica dissertatio*. Roma, 1894. Tellería, II, 985, qualifica a obra de "magistral" e afirma: "ninguém melhor capacitado que este digno filho do Santo para expor seu pensamento que vinha esquadrinhando diariamente já há dez anos, enquanto preparava a edição crítica da Teologia Moral; por esse motivo suas conclusões nesse terreno dificilmente admitiriam réplica".

259 Roma, 1911 (2 volumes).

260 Ver, exatamente, o que se deve a ele, em: Gaudé, IV, p. VII. Com certa concessão ao lirismo, fala-se de sua partida com os seguintes termos: "veluti navarchum jamjam littori appulsum, in ipso porto oppresit; salvis tamen pretiosis, quos advexerat, thesauris" – *qual capitão de um navio que estava chegando **à praia**, foi surpreendido já no porto, deixando a salvo, contudo, os tesouros que trazia.*

personalidade boa e sociável, que o tornava muito querido aos confrades e aos outros. O Pe. **Gabriel M. Blanc** (1880-1918)[261] foi o principal responsável pela finalização dos trabalhos.

O cabeçalho da obra parece aludir a um projeto mais ambicioso, ou seja, à edição crítica de todas as obras morais de Afonso, das quais a TM constitui a parte mais qualificada: *Opera moralia Sancti Alphonsi Mariae de Ligorio doctoris Ecclesiae. Obras morais de Santo Afonso Maria de Ligório, Doutor da Igreja.* Na prática, o esforço permaneceu limitado à TM, embora tenham sido acrescentadas outras obras menores, muito ligadas à TM desde a primeira publicação: *Praxis confessarii ad bene excipiendas confessiones* (IV, 521-647) e *Examen ordinandorum ab eodem auctore breviter concinatum ex eadem sua Theologia Morali res scitu necessaria continens* (IV, 649-698). A edição crítica das duas últimas obras foi realizada, principalmente, pelo Pe. Gabriel M. Blanc, que continuou aplicando as normas observadas por Gaudé para a edição da TM.

O resultado visível do trabalho crítico do "consciencioso e laborioso pesquisador"[262] foram quatro grossos volumes (em tamanho *in quarto*), editados pela Tipografia Vaticana de forma escalonada (1905, 1907, 1909, 1912) e que receberam o título comum de *Theologia Moralis. Editio Nova, cum antiquis editionibus collata, in singulis auctorum allegationibus recognita, notis criticis et commentariis illustrata.*

- O tomo I (Roma, 1905) contém os tratados sobre a consciência, sobre as leis, sobre as virtudes teologais e sobre os seis primeiros preceitos do Decálogo (LXII + 722 p.).
- O tomo II (Roma, 1907) contém os tratados sobre o 7º e o 8º preceitos do Decálogo, sobre os preceitos da Igreja, sobre os estados particulares, sobre os atos humanos e sobre os pecados (785 p.).
- O tomo III (Roma, 1909) contém os tratados sobre os sacramentos em geral, sobre o batismo e a confirmação, sobre a eucaristia, sobre a penitência, sobre a extrema-unção e sobre a ordem (944 p.).

---

261 Escritos: De Meulemeester, II, 33.

262 Dessa maneira Tellería, II, 987 qualifica Gaudé.

- O tomo IV (Roma, 1912) contém os tratados sobre o matrimônio e sobre as censuras. Também: a *Praxis congessarii* e o *Examen ordinandorum*, e os índices gerais (VII + 817 p.).

Total: 3.337 páginas.

No frontispício interior de cada um dos tomos aparece o escudo da Congregação do Santíssimo Redentor e, no início do primeiro tomo, há o retrato de Santo Afonso a bico de pena.

- Características da edição

Em seus aspectos formais, a edição apresenta notável qualidade: divisão em partes harmoniosas; elegância e variedade na utilização dos caracteres; adequada combinação de três ou quatro corpos de letra em cada página para distinguir *texto, epígrafe, notas bibliográficas* e *anotações sobre o conteúdo*; divisão da página em duas colunas; linha horizontal em cada página para separar, o texto e as notas bibliográficas, das notas críticas; utilização de papel sólido; resumos na margem, etc.

Quanto ao conteúdo, a edição de Gaudé acrescenta alguns novos elementos ao texto original:

- dedicatória a Pio X e sua resposta (I, p. VII-XII),
- prólogo do editor (I, p. III-XLV e IV, p. V-VII),
- decreto e carta apostólica de concessão do doutorado a Santo Afonso (I, p. XLIX-LI),
- apêndice ao tratado sobre a Eucaristia (III, 415-418),
- outro apêndice, ao tratado sobre o Matrimônio (IV, 267-268), e um terceiro, ao tratado sobre as censuras (IV, 517-520),
- índice dos autores e obras citadas na TM (IV, 785-817).

Do conjunto dos decretos dos Romanos Pontífices da edição afonsiana foram conservadas apenas as proposições condenadas por Alexandre VII, Inocêncio XI e Alexandre VIII (I, p. LVII-LXIII).

Foi suprimido o *Epítome* canônico-moral de Mansi, com o qual terminava a 9ª edição.

Os índices estão colocados no final do tomo, e não no início, como na edição original.

Outras variações são de menor importância:

Foi suprimido o *Monitum typographi ad lectorem* (desde a 6ª edição). A dedicatória de Afonso a Bento XIV recebe um título (*Epistola nuncupatoria Sancti Alphonsi*: t. I, p. LII) e, também, o Prólogo original *Ad Lectorem*: *Praefatio Sancti Alphonsi*: t. I, p. LV. Foi modificado o título da resposta de Bento XIV: o título *Copia della lettera del Sommo Pontefice Benedetto XIV In commendazione dell'Opera*, passa a ser *Responsum Benedicti XIV* (t. I, p. LIV). É colocado o título no primeiro livro, esquecido na edição original (tanto no índice, quanto no texto): *Liber Primus. De regula actuum humanorum* (t. I, p. 1). É escrito corretamente o nome de Hermannus Busenbaum (*Busembai* na edição original: Lib. I, tract. II, c. IV, dubium VI, appendix I; *Busembai* para ser utilizado como genitivo de Busembaum). É homologado o título do tratado 2 do livro 2: *De praecepto spei*. É mudado de lugar o elenco das questões reformadas, passando para antes dos Índices (na 9ª edição aparecia depois do *Index rerum*). A jaculatória inicial da edição de Gaudé é: *Laus Jesu nostro Redemptori et Mariae Inmaculatae nostrae Reginae et Matri* (Louvor a Jesus, nosso Redentor, e a Maria Imaculada, nossa Mãe e Rainha).

Apesar dos novos gostos e orientações, foram mantidos a ordem dos tratados e a divisão geral da obra em sete livros.[263]

Como indica o título da edição, e explica Gaudé na dedicatória a Pio X e no prólogo,[264] o trabalho crítico se concentrou, principalmente, em três frentes:

- restituição genuína do *texto*, cotejando-o com outras passagens da produção moral afonsiana e submetendo-o às indispensáveis atualizações da legislação eclesiástica e civil;
- verificação das *citações* nas respectivas fontes;
- controle da exatidão na atribuição das opiniões aos diversos *autores* citados.

[263] Gaudé, I, p. XLV.
[264] Gaudé, I, p. VII-IX. XLII-XLV.

Para o texto de Busenbaum, foi escolhida como base a edição de 1652 (Münster), confrontada com edições posteriores e com a precedente, de 1650; a razão dessa escolha foi o fato de ser a edição que melhor reflete o pensamento do autor. A mesma razão, somada à declaração da Santa Sé sobre a imunidade de qualquer censura, justifica a escolha da 9ª edição como texto da TM afonsiana. Com efeito, a 9ª edição é a última realizada durante a vida do santo e sobre ela recai a mencionada declaração da Santa Sé; o conteúdo dessa edição é, além do mais, idêntico ao da 8ª edição, preparada com particular empenho pelo autor e, portanto, reflete o pensamento definitivo de Afonso.

15.6.2. Anotações valorativas

Tomada em conjunto, a edição de Gaudé deve ser avaliada de modo muito positivo. A acolhida favorável alcançada em seu momento histórico[265] não decresceu depois de mais de 100 anos de sua publicação. É um instrumento de trabalho imprescindível para todos os estudos sobre a moral afonsiana e inadmissível não ser levado em conta para citar a TM de Afonso. Ainda que Gaudé a tenha intitulado apenas como nova edição, *editio nova*, de fato e com todo o direito pode ser considerada a edição típica, *editio typica*, como a chama Pio X na resposta à dedicatória.[266]

O maior mérito da edição está na verificação das citações, realizadas por Afonso, tanto direta, quanto indiretamente. Foram examinados os mais de 800 autores, com suas respectivas obras (uma ou mais para cada autor) e as mais de 70.000 citações. O trabalho realizado por Gaudé é incalculável e paradigmático.[267] Como fruto

[265] Ver, entre outros, o juízo da *Civiltá Cattolica* 63, 1912, II, 206-211: La nuova edizione critica della Teologia Morale di S. Alfonso.

[266] Gaudé, I, p. XI. Como edição crítica (*critica editio*) foi considerada pelos continuadores de Gaudé (Gaudé, IV, p. V).

[267] Digna de elogio a sua confissão: "Verifiquei pessoalmente, mais uma vez, as citações de cada um dos autores, transcrevendo-as na forma de notas. Pouquíssimos são os autores, e esses de menor importância, que não consegui encontrar. Pouquíssimas são as questões citadas que, sempre benigna e humanamente, recebi por informação de terceiros" (Gaudé, I, p. XLV).

de tal esforço, o leitor tem em mãos, não apenas a verificação das citações afonsianas, mas, também, uma imensa bibliografia teológico-moral. A lista de autores e obras oferecida pelo *Index auctorum et operum* (IV, 785-817) é um catálogo quase completo da produção teológico-moral dos séculos XVI, XVII e XVIII.

Ao lado de seus grandes méritos, não poderiam faltar pequenos problemas, sempre presentes em qualquer obra humana: na última página do tomo IV não estão indicados todos os erros de impressão dos quatro volumes; no *Prólogo* (*Ad lectorem*) de Afonso, por exemplo, ficaram omitidas (I, p. LVI, linha 1ª-2ª) três palavras importantes "inter opiniones (falta: *nimis benignas et*) nimis severas". Outro detalhe: na p. XXI do I tomo a carta 318 da correspondência especial é datada de 1779, quando na verdade é de 1777.

A comparação das citações, grande mérito da edição de Gaudé, ocupou as atenções de tal maneira que outras preocupações passaram a segundo plano ou não apareceram: notações bibliográficas, referências históricas, confronto com o conjunto da produção literária de Afonso, etc. Uma edição crítica com preocupações diferentes completaria o imenso trabalho bibliográfico realizado por Gaudé. Por outro lado, não haveria mais a ânsia apologética de corrigir erros e lacunas de Afonso nas citações de autores.[268]

Deve-se a Gaudé a descrição exata das edições da TM durante a vida de Afonso.[269] Faz parte do seu trabalho crítico a reconstrução do texto afonsiano por meio do confronto da 9ª (=8ª) edição com as precedentes e com outras obras morais do autor. Gaudé não esconde sua predileção pela 7ª edição da TM e pela 6ª da *Instrução e Prática*.[270]

Apesar disso, acredito que seu interesse pelas diferentes edições apresente dois limites. Em primeiro lugar, a análise das edições é de caráter estático: embora situadas em sucessão crono-

---

[268] Grande parte do prólogo do editor é dedicada a essa apologética (Gaudé, I, p. XXV-XLI).

[269] Gaudé, I, p. XIII-XXIII.

[270] Gaudé, I, p. XLII.

lógica, não são estudadas de forma genética e relacionadas com os condicionamentos ambientais. Em segundo lugar, e como consequência, a edição crítica não é suficientemente sensível à gênese evolutiva do texto afonsiano e aos condicionamentos das circunstâncias biográficas do autor e mudanças de seu ambiente. Essa limitação do trabalho de Gaudé resulta particularmente chamativa para a sensibilidade intelectual de nossos dias. No presente estudo sobre a moral afonsiana pretendemos preencher essa lacuna da edição de Gaudé.

É possível resumir a avaliação da edição crítica da TM em duas apreciações: de um lado, mantém sua vigência e seu indiscutível valor na clarificação das citações afonsianas e na constatação bibliográfica das mesmas; por outro lado, falta um tratamento do texto afonsiano que leve em conta a evolução do pensamento do autor e as repercussões dos condicionamentos sociobiográficos.

Em um programa ideal de estudos básicos sobre a moral afonsiana, não deveriam faltar dois aspectos: um sobre a história e a avaliação da edição crítica de Gaudé, tema que bem merece o esforço de uma tese de doutorado; outro, a longo prazo, deveria consistir no projeto de uma nova edição da TM de acordo com as exigências críticas atuais.

Diante de tudo o que foi apresentado, fica fácil sustentar a importância do estudo sociobiográfico da TM de Afonso: o texto de uma edição crítica atual só tem relevância se levar em conta o *contexto* sociobiográfico.

15.6.3. Complementação

Gostaríamos de apresentar o texto com o qual os redentoristas espanhóis - na revista *El Perpetuo Socorro* (com a assinatura de T. E.) - receberam a edição crítica da *Theologia Moralis* de Afonso como principal obra do padre redentorista francês Leonardo Gaudé.

"Cumpre-nos, ao fim, anunciar o quarto volume desta obra monumental pela qual suspiravam as escolas católicas, principalmente, depois de terem visto Santo Afonso Maria de Liguori adornado com o título de Doutor. Ante as demonstrações unanimemente prodigalizadas a ele pela imprensa, não podemos duvidar do acerto com que soube responder a esse público desejo o Pe. Gaudé. E como, a nosso juízo, haveria suspeitas de não estarmos sendo imparciais, preferimos dar lugar preferencial a outros testemunhos, mais autorizados. Já o Papa Pio X, em carta escrita ao autor, afirma que essa edição, *com todo o direito merece ser chamada de edição típica*. Ao explicar o trabalho do sábio redentorista, diz: *mostrastes claramente a mente e as sentenças do Santo Doutor, que todos podem seguir com segurança na doutrina moral, determinando-as com clareza que nunca tinha sido alcançada*. A importante revista francesa *O amigo do clero* chama esta edição de magistral em todos os aspectos. Obra colossal, *lapidar*, que há de deixar plenamente satisfeitos os mais delicados e exigentes em matéria de crítica. Virá o dia - acrescenta - em que só se citará as obras de Moral pela edição do Pe. Gaudé. Enfim, essa publicação é uma das obras mais acabadas da literatura contemporânea.

O Pe. Lehmkuhl, após afirmar, em sua *Teologia Moral*, que essa obra é *opus omnibus desideratissimum* (a obra mais desejada por todos) assegura que, de agora em diante, só será possível saber a difícil ciência da Teologia Moral estudando por esta edição de Santo Afonso. E, verdadeiramente, deixando outros importantes testemunhos, basta passar os olhos por qualquer uma das notas apresentadas para ver a escrupulosidade e sério estudo do autor quando examina o contexto em que Santo Afonso apresenta cada uma das 80.000 citações, espalhadas por toda a sua *Teologia* e as confere nos oitocentos autores diferentes; trabalho que se distingue pelo esforço constante em não violentar a intenção dos autores, mas deixar cada um deles dizer o que quer dizer.

Parece-nos que ninguém poderá negar esse caráter de sinceridade e lealdade ao Pe. Gaudé sem se tornar réu de aberta e manifesta injustiça. Só Deus, e mais algum outro, sabe o trabalho e constância que esse tipo de estudo exige, porque, por sua natureza, é um mérito que fica escondido às inteligências vulgares. Mas é certo que a glória desse monumento erguido à ciência do Doutor da Teologia Moral, fica reservada ao R. P. Leonardo Gaudé e assim bem se poderia explicar por que, terminadas as pesquisas, depois de vinte e sete anos, acabada de imprimir a página 150 deste quarto volume, último da obra, Santo Afonso quis logo chamar, agradecido, este seu filho para não atrasar o prêmio de suas fadigas. O Pe. Leonardo Gaudé faleceu aos quarenta e nove anos, mas o hábito redentorista que apertava entre suas mãos, e a palavra de Santo Afonso, que promete o céu a seus filhos que morrem fiéis à vocação, bem como a recordação da obra, fruto de suas vigílias, lhe terão sido de inefável consolo naquele momento supremo". T. E. (El Perpetuo Socorro 14 [1912] 189-190).

DÉCIMA SEXTA SEÇÃO

Como Afonso construiu seu edifício moral

Na seção anterior, foi exposta a história literária da *Theologia Moralis* (=TM) afonsiana, analisando sua progressiva aparição editorial e seus condicionamentos sociobiográficos. Na presente seção, propomos estudar o modo utilizado por Afonso para levar adiante esse projeto teológico-moral. Em certo sentido, trata-se de descobrir o *gênio* de Afonso ao construir seu edifício moral.

Para analisar e descrever o projeto teológico-moral de Afonso, é imprescindível conhecer qual o *modelo* de moral com que trabalhou. O edifício da TM está concebido e executado em conformidade com a ideia de Afonso do que deveria ser o discurso teológico-moral. Daí, ser necessário dedicar um capítulo a esta questão: como Afonso entendia o discurso teológico-moral?

Em seguida, é preciso perguntar sobre o trabalho de *documentação*, já que os autores não constroem a partir do nada, mas utilizam elementos de construções precedentes. A peculiaridade da documentação de um determinado autor fica manifesta, em grande medida, no diálogo que mantém com outros *autores* do passado ou contemporâneos.

Depois das análises citadas, será possível compreender a forma adotada no *edifício moral* construído por Afonso.

Os destaques dos parágrafos precedentes indicam a temática dos capítulos que compõem a presente seção.

16.1. O MODELO DE MORAL UTILIZADO POR AFONSO

Conforme o programa traçado para a presente seção, neste capítulo nos propomos a responder a uma pergunta: como Afonso de Liguori compreendeu a *moral*? Que função ele assinalou à reflexão moral? Que importância lhe deu? A resposta a essas perguntas nos indicará a razão de ser do edifício teológico-moral construído por Afonso.

Como *moral,* entendemos aqui a disciplina teológico-canônica que, na época de Afonso, oferece bagagem de conhecimento necessário para a realização da prática pastoral conforme as normativas da Igreja. Era esse o caráter duplo da *moral*: por uma lado, olhava para a academia e, consequentemente, postulava as exigências epistemológicas e metodológicas do discurso teológico; por outro lado, olhava para a prática pastoral, de modo especial, para a pastoral da Confissão, mas sem esquecer outras práticas pastorais relacionadas com a responsabilidade moral dos crentes.

A ideia que Afonso formou da moral se encontra plasmada em sua obra escrita, de modo especial, em sua TM. Na obra realizada é onde se pode descobrir, de forma eminente, o modelo empregado. Mas, também, são esclarecedoras numerosas passagens de seus escritos em que expõe, explicitamente, sua concepção do trabalho teológico-moral. A leitura direta dessas passagens é um caminho complementar para conhecer, com exatidão, o pensamento de Afonso sobre o valor, complexidade, identidade e função do saber teológico-moral.

A ideia geral de Afonso sobre a moral pode ser resumida em três afirmações: é um saber *difícil,* é um saber particularmente *necessário* para a pastoral e é um saber com *finalidade salvífica*.

16.1.1. Saber difícil

Afonso se dedicou intensamente ao trabalho da moral pelo período de quatro décadas. Já analisamos como entendia esse trabalho: via o mundo da moral como um mar sem fundo, com problemas continuamente novos e dados cada vez mais numerosos. Não causa admiração, portanto, que reflita sobre a moral, em termos gerais, como um saber particularmente difícil.

Nos escritos de Afonso há várias passagens onde fala expressamente da dificuldade do saber teológico-moral.[1] Destacam-se duas:

> "Tenham certeza de que não se aprende Teologia Moral sem um longo trabalho em que, realmente, não basta consultar os resumos em circulação. A ciência moral, além de necessária para a república cristã, pois dela depende o governo das almas, é também muito difícil pois, por um lado, exige o conhecimento de todas as outras ciências, ofícios e artes e, por outro, envolve matérias as mais diversas e diferentes entre si. Ainda mais, consta em grande parte de leis positivas, apenas facilmente encontradas nos casuístas, de modo especial nos modernos, atualizados quanto a tais tipos de sanções".[2]

---

1 As passagens mais significativas se encontram em: D49, 76; D55, 253; A56, 76. 81; Lettere, III, 590-591; Praxis confessarii, n. 17.

2 D55, 253. "Quisque sibi suadeat moralem theologiam nonnisi longo labore addisci, pro qua certe non sufficit aliquam percurrere summulam earum quae circumferuntur. Porro moralis scientia non solum est necessaria christianae reipublicae, cum ex ea pendeat bonum regimen animarum, sed etiam valde difficilis; tum quia ipsa generalem notitiam requirit omnium aliarum scientiarum, officiorum et artium, tum quia tot diversas et inter se dissitas materias complectitur, tum quia constat in magna parte tot legibus positivis, quae non ita facile, sicut apud casuistas, relatae inveniuntur, et maxime apud recentiores, cum hujusmodi sanctiones in dies prodeant". D55, 253. Doutrina idêntica se encontra em Gaudé, III, 652-653. Afonso anota, além disso: "Finalmente, torna-se tão difícil por causa das inúmeras circunstâncias dos casos das quais depende a variedade das resoluções, pois, a partir da diversidade das circunstâncias tornam-se diferentes os princípios a serem aplicados; e é nisso que consiste a dificuldade, pois é algo que não pode ser feito sem grande discussão ou acurada leitura de vários livros que examinem e esclareçam a questão". ("Demum difficilima evadit propter innumeras casuum circumstantias, ex quibus resolutionum pendet variatio: nam ex circumstantiarum diversitate, diversa applicanda sunt Principia; et in hoc difficultas consistit, cum nequeat id fieri sine magna discussione, vel plurium accurata lectione librorum qui res examinant et dilucidant").

"Saibam os sacerdotes, aprovados por nós para as confissões, que não lhes basta a aprovação do bispo para não se tornarem réus desse ofício diante de Deus; mas é preciso a aprovação de Jesus Cristo, juiz, que os deverá examinar no momento da morte se o exercitaram bem ou mal. Com isso, queremos dizer que, para bem exercitar o seu ofício, o confessor não deve deixar o estudo da moral. Essa ciência não é tão fácil como alguns pensam: ela é muito difícil e muito vasta, tanto em razão das inumeráveis circunstâncias que podem ocorrer em cada caso de consciência, motivo pelo qual sempre se aprendem coisas novas no seu estudo; quanto pelas inúmeras leis positivas que existem hoje em dia. Dessa maneira, se o confessor deixar de reler os livros, com o passar do tempo facilmente se esquecerá até mesmo do que antes já sabia. Portanto, recomendamos a todos que não deixem o estudo da moral, especialmente, quando ocorrerem casos com maiores consequências, como contratos ou obrigações de restituição, impedimentos do matrimônio e semelhantes. Além disso, depois de abrir os livros, não raras vezes, também será necessário buscar o aconselhamento com homens doutos".[3]

Afonso enfatiza as dificuldades provindas do objeto da moral. Aqui, as razões dessas dificuldades:

---

[3] Lettere, III, 590-591 (aos sacerdotes de sua diocese: ano 1764). "Avvertano i sacerdoti, da noi approvati per le confessioni, che non basta loro, a non trovarsi rei per tale officio avanti Dio, l'approvazione avuta dal vescovo; ma vi bisogna l'approvazione di Gesù Cristo giudice, che dovrà esaminare in punto di morte se l'hanno bene o male esercitato. Con ciò vogliamo dire che il confessore, per ben esercitare il suo officio, non deve lasciare lo studio della Morale. Questa scienza non è così facile, come alcuni la credono: ella è molto difficile, ed è molto vasta per ragione delle innumerabili circostanze che possono occorrere in ogni caso di coscienza, e perciò collo studiare sempre s'imparano cose nuove; e per ragione ancora di tante leggi positive che oggidì ci sono. Ond'è che, se il confessore lascia di rivedere i libri, facilmente si dimenticherà col tempo anche di quelle cose che prima già sapea. Per tanto raccomandiamo a tutti di non lasciare lo studio della Morale, specialmente quando occorrono casi di maggior conseguenza, come di contratti o di obblighi di restituzione, d'impedimenti di matrimonio e simili. Allora, oltre il riaprire i libri, bisogna non rare volte prendere anche consiglio da uomini dotti." Afonso retorna sobre esse tema no livro *Selva di materie predicabili ed istruttive* (1760): "Alguns acham que a ciência moral é uma coisa muito fácil: mas Gerson tem razão ao escrever que esta é a mais difícil de todas as ciências... a ciência moral exige o conhecimento de muitas outras ciências e abarca muitas matérias diferentes". (*Opere ascetiche*, III, Torino 1847, 118).

- O objeto moral é *amplíssimo*: todo o conjunto do comportamento humano-cristão (A56, 81; Lettere, III, 591);
- O objeto moral é *diversificado*: diferentes situações da vida (D55, 253; *Praxis*, n. 17);
- O objeto moral é *complexo*: dependente de múltiplas circunstâncias (Lettere, III, 591; *Praxis*, n. 17);
- O objeto da moral é *mutável*: já que mudam as leis positivas que regulam o comportamento (D55, 253).

As dificuldades também vêm dos conhecimentos requeridos para analisar o objeto moral:

- Requer muitos conhecimentos para captar a realidade: dos ofícios e das profissões (*officia et artes*) (D55, 253; *Praxis*, n. 17);
- Precisa de preparação nas diversas ciências: para compreender uma realidade pluridisciplinar (D55, 253);
- É necessária particular capacitação para se mover em matérias obscuras e controversas (A56, 76. 81).

16.1.2. Saber particularmente necessário para a pastoral

Afonso tinha grande estima pela Teologia Moral. Do conjunto de disciplinas da formação eclesiástica, apreciou-a mais que nenhuma outra. Gostava de repetir que lhe tinha dedicado trinta, às vezes, quarenta anos, de particular atenção.

Por temperamento, e pela preparação jurídica, Afonso se sentia particularmente inclinado à análise da conduta humana. Mas não foram essas as razões decisivas que o conduziram a apreciar a importância da Teologia Moral. Foi a prática pastoral, nas duas vertentes, da pregação missionária e do exercício do sacramento da Penitência, que orientou sua preocupação teológica para o discernimento da moralidade do agir cristão. A grande estima de Afonso pela Teologia Moral não é acadêmica, mas pastoral.

Afonso manifestou, por diversos sinais, a importância que reconhecia na Teologia Moral.[4] Recordemos alguns principais e de caráter tipológico:

---

[4] Tellería, I, 826-828.

- Estudo assíduo da moral

Em carta aos congregados redentoristas (8 de agosto de 1754) recomenda "aos confessores o estudo da moral".[5] Um ano mais tarde, recém publicada a 2ª edição da TM, escreve a um jovem padre redentorista (1755) recomendando o estudo diário da moral "ao menos meia hora, quando não estiver nas missões".[6]

- Academia de casos morais

Afonso cuidou para que, em todas as casas de sua Congregação, funcionasse com regularidade semanal a academia dos casos morais, que ele mesmo dirigia quando estava presente, conforme testemunho do padre Picone, no processo de beatificação.[7] Teve a mesma preocupação quando era bispo de Santa Águeda dos Godos: instituiu a academia dos casos morais onde não existia e cuidou que funcionasse melhor onde já havia; esse é um tema constante nas comunicações aos sacerdotes e nos relatórios a Roma.[8]

- Professor de moral

Afonso se preocupou em formar boa equipe de professores para o estudantado (teologado) de sua Congregação. Para explicar a moral, selecionou os professores mais qualificados que assumis-

---

5 Lettere, I, 260-261. Recomendação idêntica se encontra na *Selva di materie predicabili ed istruttive* (1760): o confessor "deve saber ainda ao menos os princípios universais da moral" (Opere ascetiche, III, Torino, 1847, 82).

6 Lettere, III, 677.

7 Lettere, III, 677 nota 1.

8 Lettere, III, 572. 594-595. 616. Sobre o tema do estudo da moral, Afonso retorna frequentemente no livro *Riflessioni utili ai Vescovi* (1745): nos seminários "no seminário, é ótimo fazê-los estudar também a moral, até que todos estejam aptos para confessar, e então o bispo possa utilizá-los" (Opere ascetiche, III, Torino 1847, 866); no que se refere aos ordenandos: é necessário examiná-los "a respeito de toda a moral, que de fato é a ciência mais necessária para ajudar as almas a se salvar" (Opere ascetiche, III, Torino 1847, 867); as conferências de moral: "seria bom que imediatamente o prelado estabelecesse as academias de moral para cada região em condições disso... Bem se sabe, pela experiência, o quanto ajudam tais conferências de moral para o conhecimento dessa ciência tão vasta e tão necessária; isso porque através das conferências melhor se resolvem os casos e mais se fixam as doutrinas" (Opere ascetiche, III, Torino 1847, 868).

sem quando ele não o pudesse fazer pessoalmente. Escrevendo ao padre Caione (20 de janeiro de 1766) recomenda: "O professor de moral deverá ser o melhor sujeito da Congregação, porque, para nós, a moral é a ciência mais necessária".[9]

- Síntese

Os dados expostos deixam muito clara a importância que Afonso reconhecia na moral para a prática pastoral das missões paroquiais e do confessionário.[10] Na *Prática do Confessor*, números 17 e 18, expõe, longamente, a necessidade de o confessor ser versado em moral. Transcrevo um parágrafo do número 17 da *Prática do Confessor*, onde Afonso sintetiza seu pensamento sobre a dificuldade e necessidade da moral para o exercício pastoral do confessor:

> "E dizia São Francisco de Sales que o ofício de ouvir confissões era o maior e mais difícil de todos. E de fato o é. É o maior, porque é o fim de todas as ciências, que não deve ser outro que a salvação eterna; e é também *o mais difícil,* uma vez que, primeiro, a tarefa do confessor requer familiaridade com todas as ciências, com todos os ofícios, e com todas as artes; segundo, porque a ciência da teologia moral compreende muitas matérias diversas; terceiro, porque em grande parte se baseia em muitas leis positivas e cânones sagrados que devem ser entendidos conforme seu verdadeiro significado; ademais, qualquer uma dessas leis torna-se difícil, uma vez que as conclusões devem variar de acordo com cada circunstância, o que torna cada caso diferente dos outros. Alguns, que se gabam de ser teólogos eruditos e de grande importância, não se dignam sequer a passar os olhos, nem mesmo rapidamente, pelos moralistas, aos quais chamam pejorativamente de casuístas. Basta, dizem estes, conhecer a fundo os princípios gerais da teologia moral para ouvir as confissões devidamente; com estes se resolvem, dizem, todos os casos particulares. Ora, quem negará que todos os casos particulares devem ser resolvidos com esses princípios? Mas todo o trabalho, todo o esforço está em adaptar os tais princípios aos casos parti-

[9] Lettere, I, 598.
[10] A56, 76; Gaudé, III, 652-653.

culares, tão emaranhados pela diversidade das circunstâncias; e o discernimento de qual princípio é adequado a cada circunstância é impossível sem uma grande discussão das razões, tanto dum lado como do outro. Foi isto que fizeram os moralistas quando se esforçaram a explicar a partir de quais princípios se deviam resolver muitos casos particulares. Ademais, em nossos tempos, como já foi dito, há tantas leis positivas, tantas bulas, tantos decretos, que não é possível conhecê-los a não ser lendo os casuístas que os compilaram; neles achar-se-á o princípio que se procura conforme exija a variedade dos casos. Por isso, quanto mais recentes são os moralistas, tanto mais úteis que os antigos. Com justiça, o autor das *Instruções para confessores novatos* afirma que muitos teólogos, quanto mais profundos são nas ciências especulativas, tanto mais rasos nas ciências que, como escreve Gerson, são de todas as mais difíceis; e não há nenhum Doutor, por mais versado que seja nessas questões, a quem não ocorra a cada dia um caso diferente. Disso infere-se que o confessor não deve jamais abandonar o estudo da teologia moral. O doutíssimo Sperelli diz, do mesmo modo, que erram feio aqueles confessores que se dedicam integralmente à escolástica, julgando ser inútil gastar tempo com a moral, e que depois não sabem distinguir uma lepra de outra; este erro (acrescenta) leva à perdição eterna os confessores junto com os penitentes."[11]

Afonso se lançou ao trabalho de compor seu próprio manual de moral precisamente por ter tomado consciência da importância especial do púlpito e do confessionário para a pastoral. No prólogo (*Ad Lectorem*) e na dedicatória ao Papa Bento XIV (*Epistula nuncupatoria*) da 2ª edição da TM (1753), vemos escrita e estampada a afirmação da ligação necessária entre o saber teológico-moral e a prática pastoral.

Prólogo:

"Cum praecipuum sit intentum nostrae minimae Congregationis SS. Redemptoris missionibus vacare, cumque missionariorum exercitio necessario annexum sit munus conscientias hominum instruc-

[11] LIGÓRIO, Afonso Maria de. *Prática dos Confessores*. Rio de Janeiro: CDB, 2020. Trad.: Tiago Gadotti. p. 31-32.

tionibus et confessionibus dirigere..." – *"Como o principal intento da nossa mínima Congregação do Santíssimo Redentor é o de se aplicar às missões, e como, necessariamente, anexo à atividade dos missionários está o múnus de dirigir as consciências..."*

Dedicatória:

"Cum enim fuissem Dei beneficio vocatus ad missionum ministerium (...) visa mihi ad hoc fuit necessaria scientia plusquam mediocris rerum moralium, quae tum ad instruendas, tum ad regendas animas esset acommodata" – *"Sendo chamado, por benefício de Deus, ao ministério das missões em favor das populações dispersas pelos campos, e entre elas, daqueles mais destituídos dos auxílios espirituais, constatei a necessidade de uma ciência acima da média nas coisas morais, que fosse destinada, tanto ao ofício de instruir, quanto ao de dirigir as almas".*

16.1.3. *Saber salvífico*

Afonso considera a moral um saber ordenado para a salvação. Não entende a reflexão moral como simples procura pela verdade moral objetiva, e nem, muito menos, um exercício da capacidade discursiva da mente humana. Para ele, a moral "está direcionada diretamente para a prática".[12] Essa "prática", critério que guia todo seu trabalho no campo moral,[13] identifica-se com a busca da verdade concreta que salva.

O dinamismo salvífico da moral encontra pleno significado na totalidade do *corpus alphonsianum*. Tomando em conjunto a produção teológico-moral-espiritual de Afonso, é possível identificar sua concepção de moral como ensinamento prático da santidade cristã. Portanto, Afonso pode ser qualificado como "mestre da vida moral, entendida como vida espiritual"[14] e é possível falar de uma "continuidade, em Santo Afonso, entre moral e ascética".[15]

---

[12] TM, livro V, tract. Praeambulus "De actibus humanis" (Gaudé, II, 689).

[13] Cf. MAJORANO, S. Criterio-guida di S. Alfonso in Teologia Morale: *SM* 9, 1971, p. 117-148.

[14] CAPONE, D. Introduzione generale: *Opere ascetiche*. Roma, 1960, p. 293.

[15] MAJORANO, Sabatino. Criterio-guida di S. Alfonso in Teologia Morale: *SM* 9, 1971, p. 127-137.

Considerando a TM em sua autonomia peculiar, o dinamismo salvífico do saber moral permanece restrito ao âmbito de estreita exigência moral. Na época em que Afonso escreve, moral e espiritualidade eram realidades distintas e, por isso, procurou complementar sua visão da vida cristã com escritos diretamente espirituais.

Todavia, mesmo restringindo o saber moral ao estritamente exigido, em Afonso a moral adquire clara orientação salvífica. Essa orientação aparece especialmente na:

- recusa do *excessivo rigorismo*, que traz consigo uma carga de condenação;[16]
- aceitação pastoral da *ignorância inculpável*, para impedir o pecado formal;[17]
- aplicação dos critérios morais conforme a correta *situação da pessoa*, buscando, não a perfeição formal na aplicação do sistema moral, mas a perfeição pessoal do sujeito em sua situação.[18]

Em síntese, saber *salvífico*, saber *necessário* para a pastoral, saber *difícil*: tais são os traços que descrevem a ideia afonsiana de moral. Nos próximos capítulos, veremos como essa ideia se transforma em discurso teológico-moral e como funciona, de fato, o trabalho literário de Afonso.

16.1.4. *Complemento bibliográfico*

Sobre a compreensão afonsiana da moral

- MAJORANO, S. *Criterio-Guida di S. Alfonso in Teologia Morale:* SM 9 (1971) 117-148.
- AMARANTE, A. V. *Pastoralità come criterio morale:* SM 53 (2015) 37-59.

---

16 *Nimia severitas (...) viam aeternam (...) praecludit*: "A severidade excessiva... fecha... o caminho para a eternidade" (TM, liber I, tract. 1, c. 3, n. 82: Gaudé, I, 61).

17 *Unum peccatum formale omnibus praeponderat materialibus peccatis* "Um só pecado formal tem mais peso do que todos os pecados materiais" (TM, liber VI, tract. 4, c. 2, dub. 5, n. 110: Gaudé, III, 636). "Deus apenas pune o pecado formal, pois é apenas esse que considera como ofensa contra si" (*Praxis Confessarii*, n. 8).

18 Cf. MAJORANO, S. Criterio-guida di S. Alfonso in Teologia Morale: *SM* 9, 1971, p. 133-135.

16.2. AS OPÇÕES METODOLÓGICAS BÁSICAS

16.2.1. O paradigma de discurso teológico-moral afonsiano

O modelo de moral depende, fundamentalmente, do tipo de discurso teológico-moral utilizado. Este, por sua vez, é configurado, e funciona, de acordo com os modelos indicados pelos critérios de verdade moral.

A TM de Afonso não contém um tratado específico sobre a estrutura do discurso moral enquanto tal. Todavia, no exercício da reflexão teológico-moral contida na obra afonsiana existe, implicitamente, uma opção precisa a respeito das fontes do conhecimento moral. Mais ainda, também não faltam posições explícitas sobre esse tema nas *Dissertações* e *Apologias*.

Nas passagens pertinentes destes últimos escritos, Afonso utiliza metodologia de réplica e de apologética: responde aos ataques da frente rigorista e defende a concepção casuística, por ele adotada.

Afonso teve conhecimento exato da discussão suscitada, em sua época, sobre os *lugares* da reflexão teológico-moral. Em várias passagens de seus escritos polêmicos, recolheu a crítica antiprobabilista e a proposta metodológica, lançadas pelos rigoristas, aos quais chamava de "modernos mestres da moral cristã".[19]

Diante dos ataques de D. Concina, e dos demais probabilistas, contra os casuístas,[20] Afonso respondia que não bastavam os princípios gerais da moral; segundo ele, a prática pastoral exigia aplicar os princípios às situações concretas e, portanto, fazer uma reflexão moral de caráter casuísta:

> "Ninguém nega que todos os casos devam ser resolvidos à luz dos princípios. Mas aí está a dificuldade: aplicar, em cada caso concreto, os princípios oportunos. Isso não pode ser alcançado sem uma séria ponderação das razões a favor de uma e de outra parte. E esse é, cabalmente, o trabalho dos moralistas; eles procuram determinar,

---

[19] A64a, 118-119.
[20] A64a, 120.

nos muitos casos particulares, quais são os princípios que devem ser aplicados".[21]

A proposta metodológica dos probabilioristas consistia em queimar os livros dos casuístas e ler unicamente a Sagrada Escritura, os concílios, os cânones e os Santos Padres.[22]

A reação espontânea de Afonso é: "Oh che belle parole!... Ecco la solita cantilena de' signori probabilioristi" - *Ó, que belas palavras, eis a costumeira cantilena dos senhores probabilioristas.*[23]

Ele sabe que não basta citar e seguir Escobar ou Diana,[24] e que é preciso estudar a Sagrada Escritura, os Santos Padres e os cânones.[25] Contudo, também sabe que a Sagrada Escritura não resolve, concretamente, todas as questões de moral[26] e que a Tradição não é unânime, mesmo em questões de direito natural.[27] Por isso, Afonso continua optando pelo método casuístico, embora, sem os exageros em que caíram alguns autores probabilistas.[28]

16.2.2. Opções básicas no trabalho moral de Afonso

Nas mãos de Afonso, o método moral casuísta recebe algumas características particulares. Ele mesmo explicou o modo de construir a sua TM. No início de seu tratado *Sobre a Restituição,* é possível ler um precioso texto de autêntica biografia literária.[29] A partir desta, e de outras passagens, reconstruo a peculiaridade afonsiana no uso do método moral casuísta.

---

21 Afonso recolhe, pontual e exatamente, essas críticas: D49, 73; D55, 249; D65, 239.

22 *Praxis*, n. 17.

23 Afonso conhece e cita, expressamente, essa proposta dos autores probabilioristas: D49, 70; D65, 239.

24 A64a, 98.

25 A64b, 212.

26 Ver as duas passagens mais importantes que Afonso escreveu sobre as fontes da Teologia Moral ou "lugares teológico-morais": A56, 80-84; A64a, 98-103.

27 "Volesse Dio che dalle sacre Scritture avessimo noi le decisioni di tutte le questioni morali" (A64a, 100). Cf. D49, 50, 70; A56, 81.

28 D65, 52-53.

29 Gaudé, II, 52-53. Ver o comentário de: VEREECKE, L. *Sens du doctorat de St. Alphonse dans l'histoire de la théologie morale*: SM 9 (1971) 41-42.

– O "itinerário" do trabalho moral afonsiano

1. Estudo ponderado de cada tema, apresentado sob a forma de caso ou situação prática de consciência. O interesse que o impele não é puramente especulativo, mas de caráter prático ou salvífico ("quae ad praxim magis faciunt" – *que mais se referem à prática*) (GAUDÉ, II, 689).

2. A análise moral da situação se move segundo razões ou argumentos intrínsecos, buscando a verdade objetiva a partir das fontes próprias do discurso teológico-moral. É critério do moralista "rationem auctoritati praeponere" – *colocar a razão antes da autoridade* (GAUDÉ, II, 42; Lettere, I, 260-261). A paixão pela verdade moral nasce da valorização da racionalidade e da convicção de que o encontro salvífico com Deus se realiza na construção real da história humana.

3. Nas questões em que a discussão permanece aberta, ou seja, na maior parte das questões morais estudadas por Afonso, é necessário ler e ponderar tudo o que já foi escrito a respeito: Santos Padres, cânones, teólogos (antigos e modernos, rígidos e benignos) e, de modo especial, Santo Tomás. A leitura desses escritos deve ser realizada, dentro das possibilidades, diretamente nas fontes (A56, 77).

4. No processo de discernimento moral, muito ajuda se aconselhar com "diversos homens doutos" (A56, 77), procedimento que Afonso realmente seguiu em diferentes ocasiões. É conveniente, ainda, conhecer e deixar-se interpelar pelos "dados da experiência", aos quais Afonso foi particularmente sensível.

> Várias vezes Afonso anota, na TM, ter consultado os teólogos (GAUDÉ, III, 49; 225. 315. 569) e a Sagrada Penitenciaria (III, 570). A referência aos médicos também é frequente: "Quidam medicus asseruit mihi..." – *um médico me garantiu...* (GAUDÉ, IV, 94); "... ut medicus valde peritus mihi asseruit" ... *como um médico muito experiente me garantiu* (GAUDÉ, IV, 109); "iuxta recentiores physicos" – *de acordo com os físicos modernos* (GAUDÉ, III, 188); "opinio non sine plausu a peritis recepta" – *opinião recebida com aplauso pelos peritos* (GAUDÉ, 109);

"refert Lugo plures medicos a se Romae consultos putasse..." - *Lugo refere que vários médicos que consultou em Roma acham...* (GAUDÉ, III, 188); "videant periti" - *os peritos (médicos) acham...* (GAUDÉ, III, 84). Afonso também leva em conta a observação experimental (GAUDÉ, IV, 260: "hic casus frequenter occurrit" - *esse caso ocorre com frequência.*

5. A autoridade extrínseca deve ser levada em conta apenas quando faltam argumentos intrínsecos e segundo as normas de uso dessa autoridade extrínseca (D55, 245-248). Quando "todos os sábios" concordam, é oportuno seguir essa opinião comum (A56, 82).

6. Quando se chega a uma solução no estudo do tema, é preciso expô-la com clareza, pois o leitor tem o direito de conhecer o parecer do autor (A56, 77-78). De resto, é preciso estar disposto a se retratar, caso descubra a inconsistência da opinião anteriormente sustentada. Esse modo de proceder foi seguido, escrupulosamente, por Afonso em seu trabalho como moralista.

7. Quando não se vê com clareza uma solução, é dever que quem escreve sobre moral exponha as razões de uma e de outra opção, para que o leitor escolha livremente a sentença que mais o convencer (Lettere, III, 345).

8. Em todo caso, não convém declarar pecaminoso um comportamento "se assim não for indicado por uma razão evidente" (A56, 77-80). Contudo, às vezes, a escolha de uma sentença rígida é a forma mais salvífica de fazer moral (GAUDÉ, I, 62-63. 707, nota a).

- Apreciações afonsianas acerca do trabalho moral

Como conclusão da análise sobre o modelo moral utilizado por Afonso em sua obra escrita, é possível formular um conjunto de avaliações gerais sobre a peculiaridade teológico-moral afonsiana.

A primeira, e mais geral avaliação, consiste em constatar a notável estima de Afonso pela moral enquanto saber eclesial destinado à orientação da prática cristã. Para ele, a moral realmente era uma "ciência", mas ciência de salvação.[30]

[30] Sobre a importância da ciência moral, ver também: Gaudé, III, 652-653.

Afonso contrapôs a *moral do púlpito*, de caráter parenético, à *moral do livro*, de caráter científico:

> "Cum ego munus concinatoris feci, pluries etiam hunc perniciosum usum (= as mulheres descobrirem parte do peito) fortiter conatus sum exprobare; sed cum hic officium agam scriptoris de scientia morali, oportet ut dicam quod juxta veritatem sentio"[31] - *quando eu exercia o ofício de pregador, muitas vezes também procurei condenar esse uso pernicioso* (= as mulheres descobrirem parte do peito)*; mas, como aqui exerço o ofício de escritor de ciência moral, preciso dizer o que penso na verdade.*

Em virtude dessa concepção salvífica da moral, Afonso escolheu não seguir as linhas de conduta de maior "pureza metodológica", marcadas pelas tendências rigoristas da época. Mesmo sabendo que remava contra a corrente, recuperou intuições válidas do casuísmo probabilista. Escolhido esse modelo casuístico, evitou, tanto o gênero abstrato e generalizado dos probabilioristas, quanto a orientação receitualística e não científica dos criadores de *Súmulas* ou *Prontuários*. Sua *praticidade* estava baseada em "princípios" e sempre guiada por uma casuística "prudencial".[32]

A opção em favor de um uso "minimalista" das fontes estritamente teológicas, como a Sagrada Escritura, levou a moral afonsiana a uma orientação também "minimalista" no conteúdo. Não é uma "moral da perfeição cristã", mas sim das "exigências para a salvação". Tal fraqueza foi o preço pago pela obra moral de Afonso para garantir o bem maior da benignidade pastoral.

16.3. O TRABALHO DE DOCUMENTAÇÃO

A preparação dos originais da TM exigiu enorme esforço da parte de Afonso. Mais que em nenhum outro escrito, precisou se submeter à rígida disciplina do trabalho científico: esforço de do-

---

31 Gaudé, I, 351.

32 MAJORANO, S. *Criterio-guida di S. Alfonso in Teologia Morale*: SM 9 (1971) 119-127, 142.

cumentação (na própria biblioteca e visitando bibliotecas de Nápoles), recolha de materiais, formulação de esboços e esquemas, redação definitiva, retoques de última hora.

Como notamos, no cap. 8 da 7ª seção, Afonso contou com a ajuda desinteressada, e plena de afeto filial, de alguns padres jovens de sua Congregação. Dentre eles, seis merecem destaque especial: A. Roscigno, G. Ferrara, L. Negri, G. Caione, A. di Meo, R. Amendolara. Dois dos quais morreram durante o trabalho de preparação do original para a impressão.[33] O auxílio desses colaboradores foi notável: verificação de citações, cópia dos originais, versão para o latim, correção de provas. O texto da 6ª edição da TM, sobretudo a reelaboração do tratado sobre a *Consciência*, foi obra de uma equipe dirigida por Afonso, convalescente em Pagani (1762). Sem dúvida, o último retoque sempre ficou reservado para Afonso, que não era autor de se satisfazer facilmente com o trabalho dos ajudantes.[34]

Neste capítulo, com continuação no seguinte, expomos o trabalho de documentação de Afonso na preparação do texto da TM. Aqui, trataremos dos critérios que o guiaram, deixando para o próximo capítulo a questão dos autores utilizados.

---

[33] Destacam-se como colaboradores os seis seguintes: Aniello Roscigno, Girolamo Ferrara, Lorenzo Negri, Gaspar Caione, Alessandro Di Meo, Pasquale Amendolara. O jovem padre Roscigno foi o grande colaborador na preparação da 2ª edição da TM (1751-1755); "que se matará, literalmente, lendo as fontes, procurando as referências, organizando o índice, corrigindo as provas" (Rey-Mermet, p. 495); morreu aos trinta e dois anos em 7 de maio de 1755; cf. GREGORIO, O. Il Padre Aniello Roscigno (m. 1755) collaboratore di S. Alfonso moralista: *SH* 17, 1969, 373-382. Também o jovem P. Amendolara morreu de tuberculose (1 de maio de 1758) depois de trabalhar intensamente na preparação da 3ª e 4ª edições da TM. O texto da 6ª edição, sobretudo a reelaboração do tratado sobre a "Consciência", foi trabalho em equipe dirigido por Afonso, convalescente em Pagani (1762). Sobre Alessandro Di Meo, cf. GREGORIO, O. Un manoscritto teologico inedito del P. Alessandro di Meo (1726-1789): *SH* 15, 1967, p. 113-125.

[34] Lettere, III, 177. 178. 179. 181. 420.

16.3.1 Traços comuns da moral casuísta

Livros de moral casuística se distinguem, entre outras características formais, pela abundância na referência de autores e por numerosas citações literais.

Essa característica não obedece apenas ao desejo do autor de tornar patente seu alto grau de informação literária, mas, com maior razão, responde à consideração dos autores enquanto *autoridades* que configuram a opinião moral.

A TM de Afonso é exemplo típico dessa característica, formal e de conteúdo, da moral casuística. São mais de 800 (cerca de 885) os autores citados por Afonso e mais de 70.000 as efetivas citações.

Não é meu interesse repetir aqui tudo o que já se conhece sobre esse aspecto da obra moral afonsiana. O estudo do método de trabalho de Afonso como escritor colocou em relevo a importância que dava à documentação: leituras numerosas; verificação dos textos, em alguns casos, nas respectivas fontes; recolhimento de notas ou apontamentos pessoais (que, muitas vezes, foram o embrião de escritos publicados posteriormente); inserção de citações na redação do texto verdadeiro e próprio.[35] No que se refere diretamente à TM, já foram analisadas as estatísticas dos autores referidos e das citações indicadas, a objetividade das citações e o uso direto ou indireto das fontes apresentadas.[36]

Minha contribuição a respeito das fontes, ou documentação literária, não tem interesse apologético, nem finalidade de crítica textual; muito menos, pretende considerar autores citados

---

[35] Para as obras ascéticas, ver o documentado estudo de CACCIATORE, G. Le fonti e i modi di documentazione: S. Alfonso de M. de Liguori: *Opere ascetiche* - Introduzione generale. Roma, 1960, p. 117-290. Para o conjunto da obra afonsiana, cf. BAYÓN, R. *Cómo escribió Alfonso de Ligorio*. Madri, 1940, p. 83-107.

[36] O editor Gaudé realizou uma defesa filial da objetividade das citações afonsianas; explicou a maneira de saber quando Afonso cita diretamente a fonte ou quando o faz através de outro autor; também expôs a doutrina afonsiana sobre a "autoridade extrínseca" das obras dos moralistas (Gaudé, p. XXIV-XLI). Sobre o valor e o uso da "autoridade extrínseca", ver as passagens afonsianas de D55, c. 4, n. 119; TM, lib. I, n. 79.

por Afonso como "autoridades extrínsecas" de seu discurso teológico-moral. A análise que segue, sobre as fontes literárias da TM, se situa na perspectiva de Afonso enquanto autor e, assim, tenta descobrir a *apreciação* do próprio Afonso a respeito dos autores que citava. Portanto, o que diretamente interessa analisar é o grau e a forma de condicionamento sentido por Afonso no diálogo com as obras morais que utiliza.

Para realizar o estudo, segui três caminhos complementares.

Em primeiro lugar, analiso o grau de amplitude e a identidade da documentação utilizada por Afonso.

Em um segundo momento, constato os critérios gerais que orientaram seu trabalho documental na edificação da TM.

Por fim, recolho a avaliação de Afonso sobre os autores citados.

A soma das três perspectivas oferece conhecimento objetivo da etapa documental no processo de elaboração da TM.

Não é possível compreender o trabalho literário de Afonso sem levar em conta o esforço e tempo dedicados à documentação. Mesmo que seus escritos gozem de notável originalidade, não há motivo para desconsiderar suas numerosas leituras como preparação mediata ou imediata. Conhecemos o interesse de Afonso em estar atualizado a respeito das publicações de caráter religioso e, em particular, de temas teológico-morais: recebe livros como presente, compra, procura os que estão em fase de publicação (Pedro Collet, Claude Lacroix na edição de Zaccaria, João Vicente Patuzzi, etc.), consulta-os na biblioteca de Nápoles; pode-se dizer que teve à sua disposição tudo o que se publicava no campo da moral.[37]

Se for verdadeiro o axioma de Francisco de Vitória, "liber fit ex libris" – *um livro é feito a partir de outros livros*, é muito útil conhecer os caminhos seguidos por Afonso no trabalho de documentação para a TM. Em certa medida, a obra moral de Afonso é a soma

[37] Cf. Lettere, III, 221. 518; BAYÓN, R. *Cómo escribió Alfonso de Ligorio*. Madri, 1940, p. 88-90. 92-93; Tellería, I, 420; II, 550-551.

de seus interesses e esforços na etapa de confronto com obras de moralistas precedentes e contemporâneos.

Certamente, Afonso não teve em mãos todas as obras dos mais de 800 autores citados na TM.

> Convém recordar que vários desses autores aparecem apenas no texto de Busenbaum. Outros, são recolhidos de várias fontes. Apenas um número menor dos autores citados foi consultado diretamente por Afonso.

No estado atual dos estudos sobre a moral afonsiana, não é possível determinar com exatidão o número e identidade de todos os autores diretamente utilizados. Além disso, a documentação bibliográfica da TM varia, em intensidade e diversificação, de acordo com a evolução das edições. O "aumento" mais notável se verifica na preparação da 2ª edição, mas também há acréscimos nas edições posteriores (na preparação da 3ª, 6ª e 7ª edições).

16.3.2. Pautas seguidas por Afonso no trabalho de documentação

Para analisar as fontes literárias utilizadas diretamente por Afonso, julgo conveniente expor os critérios que o guiaram em seu trabalho de documentação. Assinalo, na continuação, aquelas pautas que considero mais destacadas, por sua importância objetiva ou por refletir a peculiaridade do trabalho moral afonsiano.

– Discernimento e catalogação das fontes

Afonso não usa as fontes literárias indiscriminadamente. Quando cita moralistas precedentes ou contemporâneos, sabe situá-los dentro da tendência, escola ou família religiosa a que pertencem. Na obra moral afonsiana encontramos a seguinte tipologia dos autores:

Autores antigos e modernos.[38]

Contra a tendência probabiliorista, de citar apenas autores antigos, Afonso não deixa de consultar os moralistas contempo-

---

[38] A56, 77; Gaudé, I, 150; II, 52-53.

râneos. É o que ele mesmo reconhece no *Prólogo* da 2ª edição da TM, quando cita os nomes de Collet e de Concina; aos quais é necessário acrescentar muitos outros, entre eles: Amort, Bento XIV, Cuniliati, Franzoia, Mazzotta, Patuzzi, Torno, Zaccaria.

Autores benignos (laxistas) e rígidos (rigoristas).[39]

Os autores laxistas eram bem conhecidos de todos;[40] Afonso destaca, entre eles: Caramuel, Diana, Fagnano, Sporer, Tamburini.[41] Também demonstra especial interesse na identificação dos autores rígidos. Eis o elenco compilado por Liguori: Merbésio, Genet, Contenson, Natal Alexandre, Habert, Giovenino, Cabassuzzio, Petrocorense, Concina, Collet;[42] também receberam de Afonso a mesma identificação como rígidos: Cuniliati, Franzoia, Patuzzi, Antoine, Juenin, etc.

Autores jesuítas e dominicanos.

Diante da acusação de inclinação filojesuítica, Afonso se defende afirmando que também cita moralistas da família dominicana,[43] na qual "sempre floresceu o estudo da teologia".[44] Os autores dominicanos consultados por Afonso são numerosos: Tomás de Aquino, Raimundo de Peñafort, Antonino de Florença, Melchor Cano, Bartolomeu de Medina, Domingo de Soto, Concina, Cuniliati, Patuzzi, embora não sejam tantos quanto os pertencentes à Companhia de Jesus. De fato, dos cerca de 885 autores citados na TM, 205 são jesuítas.

Autores com qualificação específica.

Seguindo o gosto da moral casuística, Afonso cataloga os autores conforme a força das respectivas opiniões no tocante à maior ou menor probabilidade:

---

39 A56, 77.
40 D55, 248-249.
41 Gaudé, I, 286 (Caramuel); Gaudé, III, 224 (Diana); D49, 15 (Fagnano); Gaudé, II, 601 (Sporer); Gaudé, III, 645 (Tamburini).
42 A56, 77.
43 A64, 277.
44 A64b, 278.

- Autores *insignes*: Castropalao, Viva, Sporer, Laymann.[45]
- Autores *comprovados* (*probati*): Tomás de Aquino, Léssio, Sánchez, Castropalao, Lugo, Laymann, Bonacina, Viva, Lacroix, Roncaglia, Salmanticenses.[46]
- Autores *de peso* (*gravi*): Navarro, Molina, Lugo, Léssio, Vasquez, Laymann, Azor, Filliucci, Cardenas, Salmanticenses, Pichler, Roncaglia, Sporer, Tapia, Fagundez.[47]

Autores *clássicos* (*classici*).

Afonso afirma que é muito difícil (*res valde difficilis est*) saber quais são os autores clássicos em moral,[48] embora não tenha dúvidas em afirmar que, para escrever sua TM, "por diversos anos passei em revista muitíssimos volumes de autores clássicos".[49] Recorda que Lacroix cita: Caetano, Toledo, Navarro, Sá, Busenbaum; e que Cardenas elenca: Suárez, Vasquez, Sánchez, Valencia, Molina, Léssio e Azor; ele, por sua vez, também cataloga, entre os autores clássicos: Lugo, Castropalao, Soto, Laymann, Silvestrina, Angélica, Armilla, Cardenas e os Salmanticenses.[50]

– Uso crítico das fontes

Afonso sempre preferiu descobrir a verdade objetiva, mais que se deixar guiar pela opinião dos autores, mesmo que fossem numerosos e gozassem de grande credibilidade.[51] Não caiu no vício, reputado aos probabilistas, de ser uma "maria vai com as outras" do rebanho dos moralistas de sua própria tendência. O uso crítico das fontes se manifesta de vários modos no trabalho documental de Afonso. Assinalo alguns:

45 Gaudé, I, 296.
46 Prólogo da 1ª edição da TM.
47 A56, 91.
48 D47, 72.
49 Prólogo da TM, a partir da 2ª edição até a 9ª.
50 D49, 72.
51 No Prólogo da 2ª edição afirma que sempre teve a preocupação de antepor a razão à autoridade ("rationem auctoritati praeponere").

- não deixa de procurar evitar e corrigir citações incorretas feitas por outros autores; corrige, por exemplo, citações erradas de Busenbaum[52] e de Lacroix;[53]
- quando as razões adotadas pelos autores não o convencem, não vê problema em discordar do parecer deles, mesmo que o faça de modo respeitoso: "Venero a autoridade de tão grande doutor, mas..."[;54]
- em algumas ocasiões, opta por solução contrária à opinião comumente admitida;[55]
- não se deixa guiar pela catalogação convencional de avaliação dos autores. Em autores rígidos, como Concina, descobre algumas opiniões laxistas;[56] em autores benignos, assinala excessos insustentáveis;[57] em moralistas de grande ciência, como Caramuel, adverte para a correspondente falta da prudência;[58]
- não desqualifica autores pelo simples fato de serem recentes.[59] Embora conhecendo a proposição 27 de Alexandre VII (24 de setembro de 1665) sobre a autoridade dos 97 moralistas "recentes" ou "modernos" (*juniores, moderni*),[60] Afonso sublinha passagens em que tais autores são doutos;[61] além disso, coloca-se entre eles para sustentar uma nova opinião;[62]
- é, ainda, um indicador do uso crítico das fontes, o fato de não dirimir as questões debatidas entre os autores sem remeter a um estudo mais aprofundado dos sábios.[63]

---

52 Gaudé, I, 314 (Busenbaum cita incorretamente Tomás de Aquino e Laymann).
53 Gaudé, II, 30 (Lacroix não cita Lugo muito bem).
54 Gaudé, I, 341; III, 185; III, 469. 470.
55 Gaudé, IV, 29.
56 A64a, 114.
57 D55, 248-249.
58 D55, 248-249.
59 Gaudé, II, 203-204.
60 Proposição condenada: "Se o livro for de algum autor moderno, deve-se ter sua opinião por provável, enquanto não constar estar reprovada como improvável pela Sé Apostólica".
61 Ele confessa, no Prólogo, desde a 2ª até a 9ª edição da TM: "Sobretudo nas controvérsias mais intrincadas, consultei também doutores mais recentes". É assim que faz em várias passagens: Gaudé, II, 290. 408.
62 "Mihi et aliis doctis junioribus…" "Para mim e para outros doutores mais recentes..." (Gaudé, II, 46. 243; IV, 28. 29).
63 *Sapientiores decernant* "Que decidam os mais sábios" (Gaudé, II, 29); "Remeto aos sábios" (Gaudé, II, 507; IV, 96).

– Formas concretas no uso da documentação

Foram muitos os caminhos seguidos por Afonso para utilizar o material das fontes literárias. Sem a pretensão de ser exaustivo, assinalo alguns procedimentos:

Em primeiro lugar, é certo que Afonso escolheu algumas obras como fontes primárias de inspiração e de documentação. É o que ele mesmo reconhece no *Prólogo* da 1ª edição e, também, é possível constatar na aproximação direta da obra.

Não é difícil indicar um conjunto de autores, seguramente utilizados por Afonso, como bibliografia basilar e contínua para a elaboração da TM. Além de Busenbaum e Tomás de Aquino, devem ser recordados: Salmanticenses, Lacroix, Lugo, Sánchez, Roncaglia, Viva, Léssio, Laymann, Collet, Bonacina, Concina, Castropalao.

Outra forma específica de utilização da bibliografia é escolher um ou mais autores como guias particulares para um determinado tratado. Afonso utilizou esse procedimento. Evidenciando seu bom conhecimento da moral casuística, soube escolher os autores mais preparados nas várias matérias como guias para os principais tratados. Assim, por exemplo, usa como guias:

- Para o tratado sobre a consciência: Lacroix, Concina, Franzoia e Cuniliati;
- Para o tratado sobre a lei: Suárez;
- Para o tratado sobre as virtudes: Viva;
- Para o tratado sobre a justiça: Lugo e Léssio;
- Para o tratado sobre o 6º mandamento: Salmanticenses;
- Para o tratado sobre o 8º mandamento: Lugo, Léssio, Salmanticenses e Concina;
- Para o tratado sobre os atos humanos: Tomás de Aquino;
- Para o tratado sobre a penitência: Lacroix;
- Para o tratado sobre o matrimônio: Sánchez;
- Para os tratados sobre os sacramentos em geral e sobre a Eucaristia: Suárez.

O terceiro procedimento seguido por Afonso consiste em utilizar fontes específicas para o estudo monográfico de um tema. Entre os tantos exemplos que poderiam ser citados, destaco os seguintes:

- Para o estudo sobre os bens dos filhos, o autor (preferentemente) usado é Lugo.
- Para a moralidade do furto, os autores (preferentemente) usados são Lugo, Salmanticenses, Lacroix.
- Para os princípios morais da cooperação, o autor (preferentemente) utilizado é Sanchez;
- Para a moralidade da usura, o autor (preferentemente) utilizado é Concina.
- Para o tema da moral da solicitação, o autor (preferentemente) utilizado é Potestà.

E, por fim, a forma ordinária adotada por Afonso a respeito dos moralistas consultados é recolher suas opiniões em vista da solução do caso apresentado. Não lhe interessa acumular nomes, mas expor as razões adotadas pelos autores. Afonso analisa e, se necessário, resolve os casos apresentados, através do confronto das opiniões de moralistas antigos e contemporâneos. Desse modo, seu discurso teológico-moral vai tecendo um arrazoado em que se entrelaçam nomes de autores e critérios objetivos, formando uma síntese particular, conforme o paradigma metodológico da moral casuísta.

16.3.3. As fontes mais recorrentes

Segundo o testemunho que Afonso foi fornecendo nas diversas redações do *Prólogo*, é possível identificar a seguinte documentação utilizada de forma direta:[64]

- Diversos *manuais de moral* em uso nos centros de formação eclesiástica. A eles se refere quando escreve: *"Plurimos relegi, et perpendi auctores" - reli e avaliei diversos autores* (1ª ed.); *"cum etenim plurimos legerim autores" - quando, então, lendo diversos autores* (da 2ª a 9ª edições). Entre esses manuais, utilizou, particularmente, a obra de Busenbaum.

64 Existem duas redações básicas do Prólogo: a da 1ª edição e a da 2ª (que se mantém, com pequenas variantes, até a 9ª edição).

- *textos jurídicos*, canônicos e civis: "textus tum canonicos, tum civiles suis locis diligenter adnotavi" - *referi diligentemente, em seus lugares, os textos, tanto canônicos, quanto civis* (1ª ed.); "hic invenies in suis propriis locis diligenti studio adnotatos textus tum canonicos tum civiles ad rem pertinentes" - *encontrarás aqui, anotados em seus próprios lugares com diligente cuidado, os textos canônicos e civis relacionados à questão* (da 2ª a 9ª ed.).
- as *Proposições condenadas* pelos papas (desde a 2ª edição).
- os *Decretos* recentes dos Sumos Pontífices e, de modo particular, as *Bulas* e *Sanções* de Bento XIV (desde a 2ª edição).
- No que diz respeito à consulta direta dos *teólogos*, julgamos tratar-se de uma questão de notável interesse histórico. Por isso, dedicamos ao assunto uma análise pormenorizada, conteúdo do próximo capítulo.

16.4. AUTORES UTILIZADOS PREFERENTEMENTE POR AFONSO

No presente capítulo, completamos a análise iniciada no precedente. Trata-se de individualizar os autores utilizados por Afonso em seu processo de documentação para compor a *Theologia Moralis*.

16.4.1. Dados e indícios oferecidos por Afonso

Quanto à consulta direta de *teólogos*, a declaração de Afonso nos *Prólogos* apresenta o seguinte balanço:

- Elenco da 1ª edição: Tomás de Aquino, Léssio, Sánchez, Castropalao, Lugo, Laymann, Bonacina, Viva, Lacroix, Roncaglia, Salmanticenses e outros. A ordem aqui apresentada corresponde àquela saída da pena de Afonso.
- Elenco da 2ª até a 7ª edição: expresso em uma fórmula geral: "perplures annos quamplurima auctorum classicorum volumina evolvi tam rigidae quam benignae sententiae, usque ad famigerata opera Continuatoris Honorati Tournely (= P. Collet), et P. Danielis Concina, quae ultimo (ut arbitror) in publicum prodierunt" - *por*

diversos anos passei em revista muitíssimos volumes de autores clássicos, tanto da sentença rígida, quanto da benigna, inclusive as famosas obras do continuador de Honorato Tournely (Pedro Collet) e do Pe. Daniel Concina, que vieram a público nos últimos tempos (até onde fiquei sabendo).

- Elenco da 8ª e 9ª edição: a mesma fórmula precedente, mas com a supressão dos nomes do continuador de Honorato Tournely e de Daniel Concina.
- O prólogo da 1ª edição evidencia a utilização dos Salmanticenses, "qui communi aestimatione moralem hanc scientiam diffuse, et egregie pertractant; Quosque ipse inter ceteros frequentius familiares habui: ita ut fere ommia, quae iidem tot libris latiore calamo in examen revocant, breviter concinnata hic invenies" – *que, segundo opinião geral, apresentam um tratamento aprofundado e excelente da ciência moral; por isso, foram eles que, dentre os demais, utilizei mais próxima e frequentemente, para que encontres, brevemente reunidas, as questões que esses autores examinam longamente em todos os seus livros, muito especialmente, as questões práticas.*
- Da 2ª até a 9ª edição, Afonso apresenta a importância das referências de Santo Tomás de Aquino: "praesertim autem sedulam operam navavi in adnotandis doctrinis D. Thomae, quas in suis fontibus observare curavi" – *Procurei, sobretudo, que a obra fosse a melhor nas indicações das doutrinas de Santo Tomás que, cuidei, fossem conferidas em suas fontes.*
- Da 2ª até a 9ª edição, alude também à consulta aos autores doutos mais recentes, especialmente, a propósito das questões mais intricadas: "Insuper in controversiis intrincatioribus etiam doctos juniores consului" – *Mas também consultei os doutores recentes quando as controvérsias eram mais intrincadas.*

Pelos dados da correspondência epistolar, é possível confirmar o uso dos autores assinalados, 65, mas também, acrescentar alguns nomes à lista dos já mencionados. Os novos nomes são: Mazzotta, Zaccaria, Amort, Patuzzi, Antoine.[66]

65 Lettere, III, 20 (Lacroix); I, 445 (Concina); III, 705 (Bento XIV).

66 Lettere, III, 20 (Mazzotta); III, 246 (Amort); III, 394. 515. 519. 634 (Antoine). Os nomes de Zaccaria e de Patuzzi aparecem com bastante frequência (ver o índice temático do t. III das Lettere).

16.4.2. *Análise direta da obra*

Método mais exato e eficaz para conhecer o grau e forma da documentação da TM é a leitura direta da obra.

Fabriciano Ferrero fez a sondagem da 1ª edição e, da análise dos primeiros três livros, deduziu a lista de autores diretamente usados por Afonso.[67] Retomo os nomes ainda não citados: Azor, Antonino, Caetano, Cárdenas, Diana, Gonet, Molina, Moya, Navarro, Sá, Soto, Suarez, Tamburini, Toledo, Valencia, Vásquez.

Por sua vez, o editor Gaudé já tinha anotado alguns nomes não elencados até agora: Diana, Elbel, Escobar, Holzmann, Navarro, Sporer, Suárez, Soto, Tamburini, Collet, Concina.[68]

Depois de uma leitura atenta de toda a TM, na edição de Gaudé, mas sem a intenção de realizar estatística exaustiva dos autores que parecem ter sido utilizados diretamente por Afonso, deve-se acrescentar, aos nomes já anotados, uma lista maior.

Em três passagens da TM, estudando com atenção uma questão de especial interesse para a prática pastoral, Afonso demonstra o trabalho de documentação realizado e cita expressamente os autores que consultou. Eis os temas em questão e o elenco dos autores citados (coloco entre parênteses os nomes que já reportei anteriormente):

- Questão 1ª: Qual a quantidade necessária para o furto ser considerado pecado mortal?[69]

  Afonso diz que o conhecimento dessa matéria é muito necessário para a prática (*hoc punctum, tam ad praxim scitu necessarium*); por isso preocupou-se em referir as opiniões dos autores (*diversas doctorum sententias sedulo hic congerere curavi*); cita aqueles que consultou (*omnes auctores quos observavi, hic simul refero*). São os seguintes: (Léssio), (Lugo), (Laymann), (Bonacina), Filliucci, (Salmanticenses), Habert, (Concina), (Sporer), (Holzmann), (Ronca-

---

[67] FERRERO, F. Génesis de la doctrina moral alfonsiana: *SH* 23, 1975, p. 319-323.

[68] Gaudé já havia anotado alguns nomes: Diana, Elbel, Escobar, Holzmann, Navarro, Sporer, Suárez, Soto, Tamburini, Collet, Concina (Gaudé, I, p. XXIV).

[69] Gaudé, II, 36-41 (lista na p. 37).

glia), Anacleto, (Elbel), Wigandt, (Lacroix), (Mazzotta), (Tamburini), (Viva), (Toledo), Potestà.

- Questão 2ª: Quais as causas que dispensam do jejum?[70]

  Afonso considera também essa questão muito importante para a prática (*cum sint res omnes pertinentes ad praxim et scitu necessariae*); preocupou-se em examinar as opiniões de muitos autores (*sedulo curavi super hoc puncto quamplures auctores observare*), sobretudo, porque se trata de tema em que a avaliação dos especialistas redunda em probabilidade intrínseca (*doctorum auctoritas in hoc redundat in probabilitatem intrinsecam*). Estes são os autores consultados: (Sánchez), (Laymann), (Léssio), (Azor), Petrocorense, Escobar, (Castropalao), (Bonacina), (Concina), (Sporer), (Roncaglia), (Salmanticenses), (Wingandt), (Holzmann), Abelly, (Viva), (Anacleto), (Lacroix), (Tamburini), (Elbel), (Mazzotta), (Potestà), Renzi.

- Questão 3ª: Jejum eucarístico.[71]

  Para o estudo dessa questão, Afonso tem diante de si o elenco de autores já mencionados (por isso, não coloco nenhum deles entre parênteses); Laymann, Collet, Castropalao, Bonacina, Lugo, Concina, Escobar, Holzmann, Renzi, Salmanticenses, Wigandt, Antoine, Roncaglia, Viva, Tamburini, Lacroix, Sporer, Elbel.

Além das três passagens apresentadas, existem muitas outras revelando a amplidão de horizonte alcançada por Afonso no trabalho de documentação. Ao elenco dos autores mencionados, certamente podem ser acrescentados os seguintes grupos:

- Cano, Corrado, Cuniliati, Franzoia, Ledesma, López, Medina, Prado, Soto, Tapia, Arriaga, Coninck, Elizalde, Esparza, Fagúndez, Henríquez, Pichler, Salas.
- Berti, Cabassuzzio, Contenson, Genet, Gersón, Juenin, Merbésio, Natal Alexandre, Nicole, Sílvio, Milante, Gotti, Cornejo, Córdoba, Jorio, Lorca, Mayor, Muratori, Palacios, Rodríguez, Torno, Caramuel, Fagnano.

---

[70] Gaudé, II, 419-427 (lista na p. 419).

[71] Gaudé, III, 249.

- Sumas: Angélica, Armilla, Astesana, Raimundo de Peñafort, Silvestrina, Tabiena.

16.4.3. *Elenco de autores utilizados*

Sem dúvida, foram muitos mais os autores consultados por Afonso na preparação das diferentes edições de sua TM, mas o elenco de autores que apresento forma o fundo bibliográfico que Afonso utilizou basicamente, e de forma continuada, em sua obra moral.

O conjunto dos moralistas mencionados supera a cifra dos noventa. Colocados em ordem alfabética, formam o seguinte quadro[72]:

Abelly, Luís (1604-1691)
Alexandre, Natal (1639-1724)
Amort, Eusébio (1692-1775)
Angélica (Suma; Angel de Clavásio [+ 1495])
Antoine, Paulo Gabriel (1678-1743)
Antonino, Santo (1389-1459)
Armilla (Suma; Bartolomé Fumo [+ 1545])
Arriaga, Rodrigo (1592-1667)
Artesana (Suma; cerca de 1330)
Azor, João (+ 1608)

Bento XIV (1675-1758)
Berti, João Lourenço (1696-1762)
Bonacina, Martinho (+ 1631)
Busenbaum, Hermann (1609-1668)

Cabassuzzio, João (1605-1685)
Cano, Melchior (1509-1560)
Caramuel, João (1606-1682)
Cárdenas, João (1613-1684)
Castropalao, Fernando (1581-1633).
Collet, Pedro (1693-1770) (= Continuador de Tournely)
Concina, Daniel (1687-1756)

[72] Tomo de Gaudé, IV, 785-817, as referências cronológicas.

Coninck, Gil (1571-1633)
Contenson, Vicente (1641-1674)
Córdoba, Antônio de (1485-1578)
Cornejo, Pedro (1570-1618)
Corrado, João Batista (+ 1606)
Cuniliati, Fulgêncio (+ 1759)
Caetano, Tomás de Vio (1469-1534)

Diana, Antônio (1585-1663)

Elbel, Benjamin (+1756)
Elizalde, Miguel (1626-1678)
Escobar, Antônio (1589-1669)
Esparza, Martinho de (1606-1689)

Fagnano, Próspero (1587-1678)
Fagundez, Estevão (+1645)
Filliucci, Vicente (1566-1622)
Franzoia, Ângelo (+ 1760)

Genet, Francisco (1640-1703)
Gersón, João (1363-1421)
Gonet, João Batista (1616-1681)
Gotti, Vicente Luís (1664-1742)
Habert, Luís (1635-1718)
Henríquez, Enrique (1536-1608)
Holzmann, Apolônio (+ 1748)

Jorio, José (1696-1788)
Juenin, Gaspar (1640-1713)

Lacroix, Cláudio (1652-1714)
Laymann, Paulo (1575-1635)
Ledesma, Pedro de (+ 1616)
Léssio, Leonardo (1554-1623)
López, Luís (+ 1595)

Lorca, Pedro de (1554-1606)
Lugo, João de (1583-1660)

Mayor, João (1478-1540)
Mazzotta, Nicolás (t 1746)
Medina, Bartolomeu de (1527-1581)
Merbésio, Bono (1598-1684)
Milante, Pio Tomás (t 1749)
Molina, Luís de (1535-1600)
Moya, Mateus de (1610-1684)
Muratori, Luís (1672-1750)

Navarro [Doctor] = Martinho de Azpilcueta (1493-1587)
Nicole, Pedro (pseudônimo de W. Wendrochio) (1625-1695)

Palacios, Miguel de (+ 1593)
Patuzzi, João Vicente (1700-1769)
Petrocorense (= TM ad usum seminarii Petrocorensis, Pádua, 1735)
Pichler, Vito (1670-1736)
Potestá, Félix (+ 1702)
Prado, João Martínez de (+ 1668)

Raimundo de Peñafort (Suma) (1175-1275)
Reiffenstuel, Anacleto (1641 -1703).
Renzi, Mateus (hacia 1671)
Rodríguez, Manuel (+ 1613)
Roncaglia, Constantino (1677-1737)

Sá, Manuel (1530-1596)
Salas, João de (1553-1612)
Salmanticenses (s. XVII-XVIII)
Sánchez, Tomás (1550-1610)
Silvestre de Prierias (Suma Silvestrina) (+ 1523)
Sílvio, Francisco (1581-1649)
Soto, Domingo de (1494-1560)

Sporer, Patrício (+ 1714)
Suárez, Francisco (1548-1617)

Tabiena (Suma) (= João Cagnazzo de Tabia, + 1521)
Tamburini, Tomás (1591-1675)
Tapia, Pedro de (1582-1657)
Tomás de Aquino (1227-1274)
Toledo, Francisco (1532-1596)
Torno, Júlio Nicolás (1672-1756)

Valência, Gregório de (1551-1603)
Vázquez, Gabriel (1551-1604)
Viva, Domingo (1648-1710)

Wigandt, Martinho (+ 1708)

Zaccaria, Francisco Antônio (1714-1795)

16.4.4. Anotações avaliativas

Como salta aos olhos, o horizonte bibliográfico de Afonso está limitado à moral pós-tridentina. Escritores anteriores a essa época são lidos e interpretados a partir da recepção que tiveram nas *Institutiones Morales* pós-tridentinas.[73]

Na TM de Afonso está condensado o melhor da moral pós--tridentina. Sua obra moral constitui a síntese final da moral casuística em suas diversas manifestações: os *Livros Penitenciais* e as *Sumas de Casos*, a orientação prática do renascimento tomista e da escola teológica da Companhia de Jesus, a Teologia Moral autônoma das *Institutiones Morales*, as variações introduzidas pela discussão probabilismo - probabiliorismo (laxismo - rigorismo, jansenismo - ortodoxia católica). Afonso constrói sua TM em diálogo com todo esse período da Teologia Moral, uma época que pode ser qualificada pela busca, às vezes angustiada, da certeza da consciência moral na prática do sacramento da Penitência.

[73] Cf. VEREECKE, L. Sens du doctorat de St. Alphonse dans l'histoire de la théologie morale: *SM* 9, 1971, p. 28.

Tal limitação de horizonte bibliográfico comporta para a TM de Afonso uma especialização e riqueza de dados no que se refere à moral casuística. Mas, também, há a contrapartida negativa: faltam as referências bíblicas, as grandes contribuições da patrística e o diálogo com a teologia medieval. Assinalei, anteriormente, como Afonso não havia aceitado o convite metodológico para "retornar à pureza teológico-moral" da Bíblia e dos Santos Padres; mas não tomou essa estrada porque a considerou vinculada às tendências rigoristas e julgou menos adequada à sua concepção salvífico-prática da Teologia Moral.[74]

Com suas luzes e sombras, com as vantagens e inconvenientes, com sua riqueza e carências, a opção documentária de Afonso constitui importante chave de interpretação realista de sua obra moral, mais concretamente, da TM.

16.4.5. Complemento 1: Avaliação de Afonso sobre diversos moralistas

Como complemento, reúno algumas avaliações que Afonso faz sobre determinados moralistas. Além do interesse histórico geral, esse dado também ajuda a compreender melhor o trabalho de documentação realizado por Afonso em sua TM.

Anoto os nomes dos moralistas em ordem alfabética. Os números romanos sozinhos (I, II, III, IV) indicam o tomo da TM, segundo a edição de Gaudé, onde se encontram as avaliações de Afonso sobre os diversos autores.

ABELLY, Luís: avaliação positiva da sua teologia (Lettere, II, 623).

ALEXANDRE, Natal: entre os *autores rígidos* (A56, 77); *defensor extremado da sentença rígida* (D49, 25).

AMORT, Eusébio: *escritor recente e muito douto* (I, 296); *douto* (I, 20); *douto* (D65, 80. 99. 303); *alemão muito erudito* (I, 31); *alemão, homem conhecido em toda parte pela doutrina* (I, 36); *meu contemporâneo escritor* (A64b, 151). Ver a carta de Afonso a Amort (Lettere, III, 246). Sobre

[74] Segundo Zaccaria, os rigoristas se dirigiam por estes três critérios: "Patres jactare plurimum, Pontifices aestimare parvi, recentiores Theologos nihil" (Dissertatio Prolegomena, TM, ed. 3.a, Romae 1757, p. XVIII).

a relação de Afonso com Amort, que nunca cita Afonso em suas obras, ver WEISS, O. Alfonso de Liguori und die deutsche Moraltheologie im 19. Jahrhundert: SM, 25 (1987), 123-124.

ANTOINE, Paulo Gabriel: *autor rígido* (Lettere, III, 394); *entre os autores rígidos* (III, 515. 519. 634).

AZOR, João: entre os autores *"de peso"* (A56, 91).

BENTO XIV: *nosso Papa; nosso Pontífice* (I, 89; II, 392. 393. 394. 448. 494. 504; III, 61. 104. 111. 112. 116; IV, 62. 86. 87. 115. 180. 208. 219. 261. 475. 530. 542. 547); *em seu áureo livro "De Synodo"* (III, 22); *na celebérrima obra* (III, 776); *pelo nosso eruditíssimo Pontífice* (III, 298); *sabiamente diz* (III, 489); *que temos em grande consideração* (III, 73). Ver a entrada "Benedetto XIV" no índice das Lettere, III, 705.

CANO, Melchior: *doutíssimo* (A64b, 150); *eruditíssimo* (I, 99); *em sua mui douta obra "De Locis"* (I, 95).

CARAMUEL, João: *príncipe incontestável dos laxos* (I, 286); *douto, mas privado de prudência* (D55, 248–249).

CASTROPALAO, Fernando: entre os *insignes doutores* (I, 296); autor *comprovado* (*Prólogo* da 1ª edição); autor *clássico* (D49, 72).

COLLET, Pedro: *doutíssimo* (I, 28); entre os *rígidos* (A56, 77); autor consultado (*Prólogo* da TM da 2ª a 9ª edições).

CONCINA, Daniel: *muito douto; douto; com a permissão de tão grande varão* (II, 29; II, 53; III, 480); *rígido* (III, 23; A56, 77; Lettere, I, 445); *severíssimo* (I, 157); *o muito severo p. D. Concina* (D65, 56); *às vezes apresenta opiniões excessivamente benignas* (I, 445; A64a, 114). Muito citado: na 1ª edição da TM (700B; 296 A3; 302 A2); a partir da 2ª edição (Prólogo); em temas concretos (consciência: I, 5. 8. 9-10. 14. 47; usura: II, 260ss.); em A64a.

CUNILIATI, Fulgêncio: Muito utilizado no tratado sobre a consciência (I, 4. 23. 28. 43. 46. 70).

DIANA, Antônio: *sempre benigno* (III, 224).

FAGNANO, Próspero: *príncipe incontestável dos probabilistas* (D49, 15).

GENET, Francisco: entre os *rígidos* (A56, 77); *de intolerável rigor* (II, 468. 470; III, 499).

GOTTI, Vicente Luís: *o doutíssimo card. Gotti* (I, 38); *sabiamente refere o card. Gotti* (I, 43).

HABERT, Luís: *defensor da disciplina rígida* (III, 634); entre os *rígidos* (A56, 77).

JUENINO, Gaspar: *assim fala rigidamente* (III, 474. 499); *conforme seu costume de angustiar as consciências até o extremo* (III, 106).

LACROIX, Cláudio: *o douto P. Lacroix, que trata egregiamente a respeito desse sacramento* (Penitência) (III, 476); autor comprovado (Prólogo da 1ª edição); muito citado (cf. Lettere, III, 20).

LAYMANN, Paulo: entre os doutores *insignes* (I, 296); autor comprovado (*Prólogo* da 1ª edição).

LÉSSIO, Leonardo: autor comprovado (*Prólogo* da 1ª edição); muito citado, especialmente no tratado sobre a justiça e sobre o oitavo mandamento.

LUGO, João de: elogio de Lugo: *o doutíssimo Lugo que, depois de Santo Tomás, sem dúvida pode ser chamado de incontestável príncipe dos teólogos: pois quase sempre, na discussão das dúvidas, esse autor, mais que qualquer outro, põe de tal modo o machado na raiz que as razões elencadas por ele dificilmente podem ser contestadas* (II, 56); *este grande teólogo* (II, 31); *o sapientíssimo Lugo* (III, 646). Muito citado no tratado sobre o 7º mandamento (por exemplo, 19 vezes na discussão sobre os bens dos filhos: II, 5ss). Acrescenta qualificativos às opiniões de Lugo: *com todo mérito, retamente, bem, com razão.* Considera-o autor comprovado (*Prólogo* da 1ª edição).

MAZZOTTA, Nicolau: Muito utilizado na preparação da 3ª edição (Lettere, III, 20).

MILANTE, Pio Tomás: *o douto padre mestre Milante* (II, 68; cf. II, tratado sobre os religiosos).

MURATORI, Luís: *esse homem famosíssimo* (II, 699).

PATUZZI, João Vicente: *meu principal contraditor* (D74, 48); *meu áspero adversário* (I, 26).

SALMANTICENSES: Elogio no *Prólogo* da 1ª edição: *segundo o julgamento comum, tratam a ciência moral de forma egrégia e completa; muito bem acrescentam* (III, 32). Muito citados (por exemplo, no tratado sobre o furto: II, 31ss.; e no tratado sobre o 6º e 8º mandamentos). Entre os autores *de peso* (A56, 91) e *clássicos* (D49, 72). É dos Salmanticenses que Afonso recolhe alusões sobre situações da vida espanhola (touradas: I, 567. 622; III, 305; detalhes do ordenamento jurídico espanhol: I, 73. 611; II, 6). Sobre a relação de Afonso com os Salmanticenses cf. SIERRA, T. San Alfonso y los Salmanticenses morales: *Moralia*, 10 (1988), 235-254.

SANCHEZ, Tomás: autor *comprovado* (*Prólogo* da 1ª edição); entre os *autores de maior peso* (I, 645); *sapientíssimo e piíssimo* (I, 700). Defende Sánchez dos que o caluniavam por tratar temas "escabrosos" (IV, 82-83). Muito citado a partir da 1ª edição (p. 700, A1).

SÍLVIO, Francisco: *o doutíssimo Sílvio* (I, 352; III, 627).

SPORER, Patrício: Entre os *doutores insignes* (I, 296); e os *autores de peso* (A56, 91); *benigno* (III, 601).

SUÁREZ, Francisco: *o padre Suarez* (II, 506; III, 473. 479. 671); *o doutíssimo padre Suarez* (III, 14. 28); *escreve... sabiamente, retamente, meritoriamente, bem, racionalmente* (I, 303; passim). Muito citado (sobretudo no Tratado sobre as Leis e no Tratado sobre a Eucaristia).

TAMBURINI, Tomás: particular ponderação de Tamburini, sobre quem afirma que, apesar de sua tendência a atribuir probabilidade às sentenças, *realmente se expressa teologicamente na resolução das questões a partir dos próprios princípios: de modo a fazer com que as sentenças que ele julga como mais prováveis, sejam as mais prováveis pelo juízo da maioria dos sábios* (II, 123).

TOMÁS DE AQUINO: O autor mais citado (*Prólogo* da 1ª edição) e consultado diretamente (da 2ª a 9ª edições); *príncipe dos teólogos* (I, 26). Muito citado (especialmente na exposição do Sistema Moral e no tratado sobre os atos humanos).

TORNO, Júlio: *o doutíssimo diretor Júlio Torno* (I, 150); *ilustríssimo e doutíssimo bispo* (I, 444; III, 475); *o doutíssimo bispo que me ensinou* (II, 26); *o meu ilustríssimo e doutíssimo mestre* (II, 408; III, 225).

VIVA, Domingos: entre os *doutores insignes* (I, 296); autor *comprovado* (*Prólogo* da 1ª edição). Muito citado (sobretudo, no tratado sobre as virtudes teologais).

Outros detalhes:

Afonso cita Inácio de Loyola (I, 80).

Alude a Francisco de Vitória, *que escreveu antes do ano de 1545* (I, 63).

Recorda que Bañez foi confessor de Santa Teresa (D55, 87).

Cita Domingo de Soto com o título de *Padre Soto* (III, 480).

Cita, com apreço, Santo Antonino de Florença (em várias passagens).

Alude a Clemente XIII, *atualmente reinante* (II, 409).

16.4.6. Complemento 2: As fontes jurídicas da Theologia Moralis

Um dos traços mais característicos da moral casuística é servir-se do direito (eclesiástico e civil) para expor os conteúdos da moral cristã. Mais ainda, é possível afirmar que a moral casuísta, em seu conjunto, e prescindindo de algumas opções concretas, comentadas neste mesmo capítulo, abandonou a epistemologia propriamente teológica e aproximou-se da *epistemologia jurídica*, preferentemente canônica.

Os moralistas casuístas tinham mente de jurista. Basta recordar o ditado: "Para ser bom moralista é necessário ser bom canonista".

É evidente que, em Afonso de Liguori, sua formação jurídica ajudou na formação como moralista, como assinalamos no cap. 2 da 7ª seção.

Levando isso em conta, seria bom tomar nota das fontes jurídicas utilizadas por Afonso na *Theologia Moralis*. Remetemos ao completo e ordenado elenco dessas fontes jurídicas da TM afonsiana oferecido em:

- CHIOVARO, F. *Alfonso de Liguori avvocato* (Palermo, 1997) 43-63: "Fonti giuridiche e letteratura giuridica nella *Theologia Moralis* di Alfonso de Liguori".

16.5. O EDIFÍCIO MORAL CONSTRUÍDO POR AFONSO

Depois de analisar, nos capítulos precedentes desta seção, o *modelo de moral* com o qual Afonso trabalhou, bem como o uso que fez da *documentação teológico-moral*, pretendemos expor, no presente capítulo, o *conteúdo* do projeto teológico-moral afonsiano.

As aproximações que agora apresentamos buscam recolher características tipicamente afonsianas que definem a peculiaridade histórica da TM. A partir dessa análise, podemos encontrar reflexos da peculiaridade da TM em três vertentes: no *esquema geral da obra*; na identidade e na organização dos *tratados principais*; nas *preferências temáticas* que aparecem no conjunto da síntese teológico-moral.

16.5.1. *O esquema geral da obra*

O esquema da TM não é propriedade de Afonso, pois depende de Busenbaum. Contudo, é mérito e habilidade de Afonso de Liguori o fato de ter escolhido, precisamente, Busenbaum. Depois de examinar muitos outros manuais, Afonso se decidiu pelo de Busenbaum. Foi uma decisão acertada, pois o esquema oferecia uma das melhores estruturações da moral casuística.

A TM está organizada, segundo um esquema formal, em *Livros*, que dividem e reagrupam a matéria em partes bastante independentes entre si. Os livros, ou partes, que compõem a síntese moral afonsiana, são sete:

I. A norma dos atos humanos.
II. Os preceitos das virtudes teologais.
III. Os preceitos do decálogo e da Igreja.
IV. Os preceitos particulares (moral dos estados de vida).
V. O modo de conhecer e discernir os pecados.
VI. Os sacramentos.
VII. As censuras eclesiásticas e as irregularidades.

Os *livros*, por sua vez, estão divididos em *tratados*, que constituem blocos temáticos sobre os quais está construída a parte específica e circunscrita pelo livro correspondente. Por exemplo, o livro I, dedicado à *norma dos atos humanos*, se subdivide em dois tratados, que estudam: o primeiro, a *norma interna* (a consciência); o segundo, a *norma externa* (a lei).

Contudo, o número dos tratados nem sempre corresponde ao número dos blocos temáticos que, muitas vezes, são reagrupados em apenas um tratado. Por exemplo: no livro III ("Os preceitos do decálogo e da Igreja") estão agrupados, conjuntamente, o 3º e 4º mandamentos (tratado 3), o 5º e 6º (tratado 4), o 8º, 9º e 10º e os preceitos da Igreja (tratado 6). O mesmo acontece no livro VI ("Os Sacramentos") onde estão agrupados conjuntamente o Batismo e a Confirmação (tratado 2), a Extrema Unção e a Ordem (tratado 5).

A organização interna dos tratados prevê divisão em *capítulos, questões* (*dubium*) e *artigos*. A partir da segunda edição, a matéria dos livros foi repartida em parágrafos com numeração contínua em números arábicos (128 no livro I; 80 no livro II; 1050 no livro III, 292 no livro IV, 84 no livro V, 1148 no livro VI e 470 no livro VII).

Reproduzimos o esquema da TM em suas subdivisões fundamentais: livros, tratados, capítulos, e indico, também, a correspondência com os tomos I, II, III, IV, e as páginas da edição de Gaudé.

ESQUEMA DA TM

[Gaudé - Tomo I]

LIVRO I - *A regra dos atos humanos.*
Tratado 1: A consciência 3-70.
Tratado 2: A lei 71-291.

LIVRO II - *Os preceitos das virtudes teologais.*
Tratado 1: O preceito da fé 295-311.
Tratado 2: O preceito da esperança 313-314.
Tratado 3: O preceito da caridade 315-365.

LIVRO III - *Os mandamentos do decálogo e da Igreja.*
Tratado 1: O primeiro mandamento do decálogo 369-437.
Tratado 2: O segundo mandamento do decálogo 439-544.
Tratado 3: O terceiro mandamento do decálogo 545-620.
Tratado 4: O quarto mandamento do decálogo 621-707.

[Gaudé - Tomo II]

Tratado 5: O sétimo mandamento do decálogo 3-354.
Preâmbulo: a justiça e o direito.

Capítulo 1: o furto.
Capítulo 2: a restituição.
Capítulo 3: os contratos.
Capítulo 4: a tutela e os testamentos.
Tratado 6: O oitavo, nono e décimo mandamentos do decálogo e os preceitos da Igreja 355-440.

LIVRO IV: *Os preceitos particulares* 443-686.
Capítulo 1: O estado religioso.
Capítulo 2: O estado clerical.
Capítulo 3: O estado e as obrigações de alguns seculares e especialmente as profissões jurídicas.

LIVRO V: *O modo de conhecer e discernir os pecados*
Preâmbulo: Os atos humanos em geral 689-703.
Tratado 1: Os pecados 705-767.
Capítulo 1: O pecado em geral.
Capítulo 2: A distinção do pecado mortal e venial.
Capítulo 3: Os pecados capitais.

[Gaudé - Tomo III]

LIVRO VI: *Os sacramentos.*
Tratado 1: Os sacramentos em geral 3-73.
Tratado 2: O Batismo e a Confirmação 75-170.
Tratado 3: A Eucaristia 171-414.
Tratado 4: O sacramento da Penitência 419-716.
Tratado 5: A Extrema Unção e a Ordem 718-825.

[Gaudé - Tomo IV]

Tratado 6: O matrimônio 3-266.

LIVRO VII: *As censuras e a irregularidade* 271-515.
Capítulo 1: As censuras em geral.

Capítulo 2: A excomunhão.
Capítulo 3: A suspensão e a degradação.
Capítulo 4: A interdição.
Capítulo 5: A irregularidade.

Levando em conta o esquema, proponho a seguinte leitura da síntese teológico-moral afonsiana:

- Não há uma ideia geral na organização do conteúdo da moral. Não há, portanto, um critério organizativo, nem organização global. No máximo, é possível notar uma *progressão linear* da temática: dos princípios gerais da moral (Livro I), passa-se à sua aplicação concreta, seja na área dos preceitos (Livros II, III e IV), seja no campo dos sacramentos (Livro IV), seja nas situações anômalas da censura e da irregularidade (Livro VII).
- Na falta de um critério organizativo único, o conteúdo moral é reagrupado em torno de cinco eixos temáticos: a *norma moral*, os *mandamentos*, o *pecado*, os *sacramentos* e as *penas*. Desses quatro núcleos, é preciso descartar completamente o quarto, as *penas* (Livro VII dedicado às censuras eclesiásticas e irregularidades), na medida em que trata de matéria jurídica e não moral. Também seria preciso abandonar, pelo mesmo motivo, a maior parte do núcleo dedicado aos *sacramentos* (Livro VI); desse livro é possível reter apenas, porque de conteúdo moral, alguns elementos dos sacramentos da Penitência e do Matrimônio.
- O conteúdo propriamente moral é formado pelos três núcleos restantes: *norma moral, preceitos* e *pecados*. Dessa maneira, sobram apenas dois eixos temáticos: 1) a norma moral e o pecado (junto com os atos humanos); 2) os preceitos. O primeiro constitui a moral geral (ou os princípios gerais da moral) e o segundo constitui a moral concreta.
- A organização da *moral geral* (Livro I: a norma dos atos humanos; Livro V: o modo de conhecer e discernir os pecados, juntamente com o tratado-preâmbulo sobre os atos humanos) busca analisar o *ato moral*. Essa análise se concretiza em quatro aspectos: dimensão da responsabilidade (tratado-preâmbulo sobre os atos huma-

nos: início do Livro V), norma interna à consciência (Livro I, tratado 1), norma externa ou a lei (Livro I, tratado 2) e culpabilidade (Livro V). Tal orientação da moral geral, imprime ao conjunto da síntese afonsiana a tonalidade global de uma *moral do ato*. Ainda mais, orienta a análise do ato segundo a perspectiva da *culpabilidade*. Por outro lado, a normativa moral vista como *tensão*, muitas vezes conflitiva, entre a consciência (norma interna) e a lei (norma externa) é, precisamente, o que emerge dos dois temas do primeiro livro da TM.

- A *moral concreta* está organizada segundo a categoria do *preceito*. A síntese teológico-moral afonsiana, além de ser uma "moral de atos", é uma "moral de preceitos". O campo dos preceitos está dividido em quatro setores: preceitos das virtudes teologais, mandamentos do decálogo, mandamentos da Igreja e preceitos particulares dos estados de vida. A esses quatro setores é necessário acrescentar a moral matrimonial e situações especiais, analisadas no sacramento da Penitência (habitudinários, ocasionários, reincidentes, etc.).

Levando em conta tal avaliação, a síntese propriamente moral de Afonso fica, quantitativamente, muito reduzida. Tomando como referência a edição de Gaudé (em 4 tomos), o conteúdo especificamente moral da TM ocupa pouco mais de dois tomos, visto que, além dos tratados jurídicos, já assinalados, seria necessário subtrair também as *Dissertações* incluídas na TM (sobre a autoridade do Papa: I, 93-113; sobre os privilégios: I, 187-252; sobre a proibição dos livros: I, 253-291 etc.).

No que se refere à qualidade, de maneira geral, o esquema da moral afonsiana responde ao gosto e interesses da moral casuística. Nota-se, porém, tendência à sobriedade, especialmente nos tratados sobre os princípios da moralidade: temas da moral geral se reduzem à análise do ato voluntário, às afirmações sobre o funcionamento do juízo de consciência, à exposição sobre a noção e o valor da lei e à consideração sobre a determinação de pecado e suas espécies. Em relação à moral geral, a síntese de Afonso sofre de um notável "deslocamento". Enquanto os temas da consciência e da lei ocupam, como é justo, o primeiro lugar (Livro I), o tratado sobre os pecados está colocado, inadequadamente, no fim da moral concreta (Livro V). Por outro lado, a análise sobre o ato voluntário, além de ter sido acrescentada tardiamente, e ser exposta de forma excessivamente resumida, acompanha o tema do pecado em seu "deslocamento" (tratado-preâmbulo do Livro V).

Fere a sensibilidade atual essa organização da moral concreta em torno da categoria do *preceito*. Fere, ainda mais, a redução do dinamismo das virtudes teologais ao âmbito dos preceitos da fé, esperança e caridade (Livro II). Também chama atenção a equiparação entre os mandamentos do decálogo e da Igreja (Livro II), bem como, o longo tratamento dado aos preceitos eclesiásticos (especialmente, o preceito do jejum e da abstinência). Por outro lado, seria desejável um tratamento mais acurado da moralidade dos estados de vida secular (Livro IV, capítulo 3). Afonso trata apenas dos estados vinculados ao mundo da justiça: juízes, advogados, escrivães, secretários, notários, procuradores, etc. (Gaudé, II, 625-627). Não comenta o texto de Busenbaum sobre as profissões médicas, econômicas e empresariais.

16.5.2. Os principais tratados morais

Considerando apenas o conteúdo propriamente moral, o projeto de Afonso se desenvolve em duas séries de tratados maiores: os que abordam os *princípios da moralidade* (moral geral) e os que constituem o conjunto dos *preceitos morais* (moral concreta). Assinalo, na sequência, a peculiaridade dos principais tratados morais de uma e de outra série. Lembro o leitor que, tanto os tratados da primeira série (moral geral), quanto os da segunda série (moral concreta), serão detalhadamente analisados e expostos nas próximas duas seções. Apresento, aqui, apenas o esquema.

– A moral geral: os princípios da moralidade

Afonso não compôs uma *teologia moral fundamental*.[75] Com exceção dos fundamentos antropológico-teológicos colocados por

[75] Ver, apesar disso: REY-MERMET, T. *Morale fondamentale et vie chrétienne à la lumière de l'enseignement de saint Alphonse de Liguori*: Le Supplément n. 177 (1991) 33-51.

Tomás de Aquino, a moral católica não se ocupou da própria fundamentação até a época do Concílio Vaticano II (considerava-se suficiente a fundamentação da ética filosófica).

Como na maioria dos manuais de moral casuística, a moral geral de Afonso se concretiza na proposta dos *princípios da moralidade cristã*. O esquema convencional expunha esses princípios mediante a sequência de tratados: *fim último, ato humano, consciência, lei, pecado, virtude*. A peculiaridade de cada autor, ou de cada tendência, estava na ênfase dada a determinados fatores ou "princípios" e na sua ordem.

Na síntese de Afonso, seguindo a orientação jesuítica, não há um tratado sobre o *fim último*. Por outro lado, a ênfase maior é colocada na categoria de *consciência moral*.

É preciso levar em conta que Afonso trata as questões da moral geral em dois momentos distintos de sua síntese teológico-moral: no livro I (a *norma dos atos humanos*), que divide em dois tratados (*a consciência e a lei*); e no livro V (*modo de conhecer e discernir pecados*), que divide em um preâmbulo (*ato humano*) e em um tratado (*pecado*).

– A moral concreta: os preceitos morais da vida cristã

Os tratados da moral concreta se encadeiam, na síntese de Afonso, na sequência: *virtudes – decálogo – sacramentos*.

Apesar da distinção das três áreas, há um fator que unifica a vida moral cristã: o *preceito*. Com efeito:

- Fala-se das virtudes enquanto *preceitos*.
- O decálogo e as leis eclesiásticas expressam os *preceitos morais básicos* do cristão.
- Os sacramentos são vistos enquanto *âmbitos de obrigações*.

Nas seções seguintes são analisados, mais detidamente, os tratados que correspondem, tanto à moral geral (17ª seção), quanto à moral concreta (18ª seção).

16.5.3. As preferências temáticas

Na TM de Afonso são apresentadas e analisadas mais de 4.000 questões. Não é fácil resumi-las, nem mesmo fazer o balanço de tão vasto conteúdo.

No máximo, podemos indicar a orientação geral, verificável no conjunto temático da obra. Essa orientação aparece, claramente, nas *preferências temáticas*, ou seja, na escolha das questões e no modo particular de confrontá-las.

Diversos caminhos podem ser seguidos para descobrir as preferências temáticas da TM, não todos com o mesmo valor, embora *não* necessariamente excludentes entre si. Aceno, em seguida, para quatro perspectivas a partir das quais é possível perceber a orientação preferencial dos conteúdos da TM.

- Perspectiva apologética

Há interesse *apologético* quando o conteúdo da obra afonsiana é analisado com objetivo de provar, diante de dúvidas ou afirmações contrárias, a ortodoxia e a coerência da doutrina exposta por Afonso. Partindo dessa perspectiva, é normal que, tanto a seleção dos conteúdos, quanto sua interpretação, assumam um viés interessado que, geralmente, não coincide com a objetividade histórica.

O estudo realizado nas últimas três décadas do século XIX, pelo grupo de redentoristas que compôs as *Vindiciae Alphonsianae,* colocava-se em uma perspectiva predominantemente apologética.[76] Partindo dessa perspectiva, identificou-se na TM a preferência por alguns conteúdos particulares. Os temas que, então, apareceram com maior relevo na obra moral afonsiana foram aqueles maiormente debatidos na reflexão moral do século XIX. É interessante prestar atenção ao elenco temático que as *Vindiciae Alphonsianae* ressaltam na obra moral de Afonso:

- Obrigação de referir as ações humanas a Deus;
- Complacência com as más ações (pelo resultado obtido) ou pelo mal do próximo (por um fim bom);

[76] *Vindiciae Alphonsianae* (Roma, 1873).

- Obrigação dos atos de caridade;
- Obrigação da esmola;
- Questões sobre a colaboração e o escândalo;
- Parvidade de matéria no tentar a Deus;
- Sacrilégio na violação do voto;
- Sacrilégio nas ações torpes cometidas na Igreja;
- Questões sobre a simonia;
- O grau de advertência para a blasfêmia;
- Questões sobre o juramento;
- Confissão na missa e satisfação do preceito;
- Parvidade de matéria na deleitação sensível;
- Moralidade dos contatos pudicos entre noivos;
- Obrigação do pacto em matéria torpe;
- Violação e obrigação do matrimônio;
- Questões sobre a pobreza religiosa;
- Questões jurídico-morais sobre a prática dos sacramentos;
- Numerosas questões sobre o sacramento da Penitência e sobre os reincidentes;
- Questões jurídico-morais sobre o matrimônio: noivado, dispensa papal para o matrimônio rato e não consumado, etc.;
- Moralidade do ato conjugal;
- Questões sobre as censuras.

– Perspectiva sistemática

Para descobrir a orientação preferencial dos temas da TM, frequentemente é adotada uma perspectiva *sistemática* que, por sua vez, analisa o conteúdo do projeto moral afonsiano destacando suas contribuições específicas na elucidação de questões apresentadas ao saber teológico-moral enquanto tal. Essa abordagem está mais preocupada com a síntese moral em si mesma do que com particularidades históricas da contribuição afonsiana.

Estudando sistematicamente o conteúdo da TM, é possível descobrir a orientação temática mais sintonizada com interesses contemporâneos da Teologia Moral do que com preocupações históricas do autor. Segundo esse ponto de vista, na TM parecem predominar as seguintes orientações:

- A contribuição afonsiana ao tema da consciência e à, concomitante, discussão sobre o "Sistema Moral";
- A orientação pastoral dada por Afonso ao conjunto da síntese teológico-moral, com as consequentes características de equilíbrio (entre os extremos do laxismo e do rigorismo), da prática, etc.
- As intuições de Afonso de Liguori sobre determinados temas concretos que favorecem uma mudança de perspectiva, nova matização ou solução alternativa; por exemplo, quanto à temática do matrimônio, da moral econômica e do valor da vida humana.

- Perspectiva histórico-moral

Creio que a perspectiva *histórica* não tenha sido suficientemente levada em conta na análise das preferências temáticas da TM afonsiana. Sem negar a positiva funcionalidade das considerações apologética e sistemática, considero a análise histórica extremamente válida para a descoberta da peculiaridade afonsiana na orientação temática da TM.

A perspectiva preferentemente histórica precisa tomar diferentes caminhos, complementares e convergentes, para encontrar a exata orientação temática da TM. Um desses caminhos é acompanhar o percurso da evolução do pensamento afonsiano e perceber, em cada passo, suas flutuações e esforços singulares na busca da formulação definitiva. Sem dúvida alguma, passam a adquirir especial significado histórico os temas em que se pode constatar essa procura, flutuante e esforçada.

Para captar o significado histórico da flutuação do pensamento afonsiano é necessário superar a falsa ideia da moral de Afonso como conjunto monolítico, sem fissuras e sem dúvidas, construído todo de uma só vez para sempre. Entre as mais de 4.000 questões analisadas, em mais de 500 delas Afonso não conclui a discussão porque, além de todo o mais, também constituíam pontos candentes nas disputas teológico-morais da época.

Afonso dava importância às mudanças de opinião que realizou em sua trajetória teológico-moral, frequentemente explicando-se na TM sobre essas variações.[77] Na 2ª edição (no *Prólogo* e na *Dedicatória* a Bento XIV) coloca em relevo o significado da "retratação" de algumas soluções morais. Analisando o elenco das proposições reformadas,[78] constata-se, em termos gerais, um movimento de Afonso para posições menos benignas. Do ponto de vista temático, os interesses estão centrados sobre alguns aspectos: o escândalo e a cooperação, a restituição, questões sobre o 7º mandamento e a prática jurídico-litúrgica dos sacramentos. Assumindo a retratação como critério, a orientação temática da TM estaria refletida nos interesses temáticos reportados.

Quando, para descobrir a orientação temática da TM, se aplica o critério do esforço especial empregado por Afonso no estudo de determinadas questões, o elenco dos temas resulta no seguinte:

- Os tratados sobre a *restituição*, sobre a *penitência* e sobre o *matrimônio*, que, segundo uma explícita confissão de Afonso, contêm muitas horas de trabalho e oferecem muitas novidades no conteúdo;[79]
- O tratado sobre a *consciência*, que saiu inteiramente de sua pena e em sintonia com seus interesses e preocupações, bem como o tratado sobre os *atos humanos* que, não obstante a escassa originalidade, recolhe da tradição teológico-moral elementos que interessam ao autor;

[77] Gaudé, IV, 39; 48 ss.; 285; 360.

[78] O elenco das proposições reformadas foi realizado em três momentos da evolução da TM: na 2ª edição (1753.1755) (58 proposições no tomo I e 41 proposições no tomo II), na 6ª edição (1767) embora a formulação fosse de 1765 (23 proposições reformadas), e na 8ª edição (1779) (3 proposições reformadas). O elenco completo se encontra na edição de Gaudé, IV, 699-709.

[79] Gaudé, II, 52-53 (restituição); III, 421 (penitência); Lettere, III, 867 (os três tratados).

- As dissertações sobre *o uso da opinião provável*, sobre *a ignorância invencível*, sobre *a maldição dos mortos*, sobre o *clérigo habituado*;[80]
- A exposição de alguns temas que atraíram particularmente a atenção e esforço do autor: o *tiranicídio* e a licitude de dar morte ao agressor no caso de *legítima defesa*;[81] a matéria do sacramento *da Confirmação*, tema sobre o qual suou por uns bons quinze dias;[82] o *ministro e a forma do sacramento do Matrimônio*.[83]

A peculiaridade temática da TM pode ser estudada, na perspectiva histórica, também através do método de evidenciar a contribuição de Afonso ao desenvolvimento de categorias e soluções morais. Esse é o modo como tem sido considerada a moral afonsiana nos estudos históricos sobre a Teologia Moral.[84]

Conforme esse critério, as preferências temáticas de Afonso são reconduzíveis, principalmente, ao elenco de categorias e soluções para cujo esclarecimento histórico a contribuição afonsiana é significativa. Eis aqui dois grupos das principais categorias e das soluções mais sublinhadas (indico, entre parênteses, as páginas dos trechos, seguindo a edição de Gaudé):

Categorias:

- Consciência perplexa (I, 6);
- Leis meramente penais (I, 126);
- Epiqueia (I, 182);
- "Intrinsecamente mal" (I, 331. 336. 358. 700; II, 281);
- Parvidade de matéria (I, 288. 389. 397. 479. 567. 626. 645. 666-668);

80 Gaudé, I, 25-64: Uso da opinião provável ou sistema moral (desde a 8ª); Gaudé, I, 147-161: ignorância invencível; Gaudé, I, 444, 459: maldição dos mortos; Gaudé, III, 48-59: clérigo habituado.

81 O tema do tiranicídio aparece apenas na 7ª edição (Livro III, tratado 4, n. 381); o tema da legítima defesa: Gaudé, I, 631-632.

82 Gaudé, III, 141-150.

83 Gaudé, IV, 75-81.

84 Ver, por exemplo, a obra de síntese de BRUCH, R. *Moralia Varia*. Dusseldorf, 1981; ou os estudos monográficos sobre a categoria de "peccatum mortale ex toto genere suo" (MEIER, A. M.) e sobre a doutrina "de parvitate materiae in sexto" (KLEBER, K-H.).

II, 539. 571; III, 333);

- Mal menor (I, 338-344);
- Cooperação (I, 336-365; II, 68. 71-72).

Soluções:

- Proteção da vida humana na sua fase de gestação, em sintonia com as conjecturas do conhecimento embriológico da época (I, 644-649; III, 109-110);
- Solução "antirrevolucionária" no tema do tiranicídio (7ª edição: Livro III, tratado 4, n. 381);
- Exemplo de ambiguidade no tratamento de temas sexuais: não parvidade de matéria (I, 666-668), fornicação (I, 177-178), masturbação (I, 698);
- Posição pessoal rigorista, que influencia a moral posterior, na avaliação dos comportamentos entre os noivos (III, 459);
- Originalidade na impostação do tema sobre os fins do matrimônio (IV, 61-64);
- Prova de não-agostinismo no tocante à moralidade do ato conjugal (IV, 82);
- Radicalização da exigência moral da esmola (I, 328-329) e da destinação universal dos bens (II, 27-33).

Em termos gerais, pode-se afirmar que a posição de Afonso é historicamente decisiva para a formação de categorias e princípios morais, para a recepção da doutrina moral precedente e para o início de soluções comumente admitidas que produzem "opinião moral" na Igreja.

- Perspectiva da sociologia moral

Por último, quero referir um caminho ainda inexplorado para a compreensão da peculiaridade da TM na orientação temática da síntese teológico-moral. É a perspectiva oferecida pelo interesse sociocultural e que se concretiza na pergunta: que tipo de sociedade a moral afonsiana reflete, apoia e justifica?

É evidente que existe na TM um arsenal completo de dados socioculturais. Na obra afonsiana está refletida, em grande medida, a sociedade cristã europeia do século XVIII. Fruto de uma leitura da TM buscando analisar como a síntese teológico-moral afonsiana reflete a sociedade do século XVIII, proponho o seguinte esquema de sociologia moral aplicada à obra afonsiana (as referências são da edição de Gaudé, tomo e página).

Sociologia moral na TM

(A sociedade do século XVIII refletida na TM.)

1. ***Sociologia do universo representativo*** *(sociologia das ideias).*

Ideias antropológicas:

- Uso da razão (maturidade humana): I, 132-133; III, 278. 279.
- As pessoas especiais (deficientes, inábeis, simples): I, 6. 296; III, 435. 514. 631.
- Significado da linguagem e das palavras: I, 441; III, 91ss.
- Estrutura da responsabilidade: tratado "Sobre os atos humanos".
- Sentimentos humanos (desejo, deleitamento, medo, lágrimas): tratado sobre o "pecado" (ver também IV, 192ss; III, 471).
- Ideias sobre a sexualidade: I, 699 (e, em geral, os tratados sobre o 6º mandamento e sobre o matrimônio).
- Ideias médicas (embriologia, ginecologia, etc.): I, 646. 648. 669. 703. 760; III, 84. 85. 635; IV, 94. 97. 98. 100. 104. 106. 134.
- Ideias jurídicas: tratado sobre a lei.
- Ideias sobre a contagem do tempo: III, 256. 434.

2. ***Sociologia da vida quotidiana***

- *A dieta:*

  No tratado sobre o jejum (II, 384-440) encontra-se uma ampla descrição dos alimentos, formas e momentos de alimentação, das ideias dietéticas etc. Por exemplo: carne de porco (II, 394), café, chá, vinho (II, 398. 401); cerveja (II, 401); chocolate (II, 402). Ver sobre o tabaco III, 252. 253.

- *Os trabalhos:*

  Há uma descrição detalhada na exposição moral do 3º mandamento (I, 545-569). Por exemplo: moer, cozinhar... (I, 551-558), copiar (I, 554).

- *As festas:*

  Também sobre essas há descrição detalhada na exposição moral sobre o 3º mandamento (I, 569-599). Além disso,
  Aposta (II, 287).
  Jogos (II, 288).
  Touros (I, 567. 622).

- Os comportamentos reprováveis:
  Gula; embriaguez (II, 758-764).
  Ira (II, 764-766)
  Delação, suspeita, detratação, etc., na exposição sobre o 8º mandamento (II, 359-383).
- O morrer: III, 717-743.

3. *Sociologia das classes sociais, das ocupações e das formas de vida*

- Classes sociais: II, 38-40.
- Diferentes ocupações: exposição sobre o 3º mandamento.
- Servidores: I, 336-365; I, 608-683.
- Profissões jurídicas: II, 625-633.
- Médicos: I, 646. 648. 669. 703. 760; III, 685.
- Pintores, comediantes, artistas, etc.: I, 353.
- Pobres, mendigos: I, 328; II, 10-11. 28-40. 285. 286.
- Sociologia da vida rural: II, 41-43.

4. *Sociologia da vida amorosa*

- Ideias e comportamentos sexuais: tratado sobre o 6º mandamento (I, 665-707).
- Violência sexual: I, 624-625 (violação); II, 115-129 (estupro); I, 628 (castração para manter a voz branca).
- Prostituição: I, 678-679.
- Concepção socio-erótica da mulher: I, 347-349. 351-352; III, 246. 383; IV, 101. 109-110.

- Sinais sociais de afeto: IV, 34.
- Modalidade de noivado: IV, 34.
- Vida sexual no matrimônio: tratado sobre o "uso do matrimônio" (IV, 82-135): o "como, quando e quanto" da vida sexual do casal.
- Vida sexual em relação com os atos religiosos (comunhão): III, 241. 243.

5. *Sociologia da violência*

- Sociologia da violência sentimental (ira), da violência verbal, da violência sexual (ver os n. 2 e 4).
- Violência como agressão e violência como defesa da agressão (I, 631. 632).
- Suicídio: I, 622. 629.
- Violência do Estado: I, 629-630.
- Duelo: I, 656-659.
- Guerra: I, 659. 664.

6. *Sociologia da família*

- *Estrutura e função da família* no período de transição da "família estendida" para a "família nuclear": família autoritária, burguesa, economicista, etc.: tratado sobre o 4º mandamento (I, 600-620).
- *Preocupação econômica*: bens da mulher (II, 7-9); bens dos filhos (II, 4-7); furtos da mulher e dos filhos (II, 471); custos econômicos do filho transferido por motivo de estudo (II, 501).
- *Período pré-matrimonial e formação do casal:* situação de transição entre o matrimônio "contratado" entre os pais e o matrimônio por "livre decisão" dos filhos (IV, 19-25); classe e relação entre classes na escolha do companheiro (IV, 26).
- Procriação: IV, 123ss.
- Ruptura da vida familiar (divórcio): IV, 136-154.

7. *Sociologia política*

- *Burocracia e intromissão do poder político:*

  Leis penais: I, 126.

  Moralidade dos tributos: II, 94-96.

- *Sociedade cristã e liberdade religiosa:*

  Cristãos e turcos: II, 36.

  Liberdade religiosa limitada: I, 310.

8. *Sociologia econômica*

- *Reflexos da vida econômica mercantil* na exposição moral sobre os contratos, por exemplo: venda a crédito (II, 244); "cambio colla ricorsa" (II, 278); contrato de sociedade (II, 307-308); monopólios (II, 247-248).
- *O monetarismo*: conhecimento da equivalência das moedas (II, 37).
- *A usura* exposta detalhadamente (II, 203-232).
- *Sociologia econômica dos testamentos e da tutela*: II, 319. 354.
- Preços das coisas: II, 241; avaliação da maior ou menor gravidade do furto: II, 37.
- *Problemas na vida econômica*: arrendar o direito a mendigar (II, 283); vender o produto de roubo (II, 64-65); coisas encontradas (II, 86-87); furto de relíquias (II, 45).

9. *Sociologia religiosa*

- *Cultura religiosa*: I, 297.
- *Liberdade religiosa*: I, 310.
- *Socialidade sacralizada*:

  Em suas festas (I, 551-558).

  Em seus trabalhos (I, 551-558).

  Tempo sacralizado (I, 394-395).
- *Sociologia dos atos religiosos*: missa (I, 569-599); votos (I, 495-544).
- *Perversões da religião* (1º e 2º mandamentos: I, 369-494):

  Superstição.

  Adivinhação (sonhos, astrologia, curas mágicas).

  Feitiços.

  Sacrilégios.

  Simonia.

  Blasfêmia.

  Juramento.

- *Sociologia clerical*

  Subsistema social clerical: conhecimento necessário, garantia de sustento, celibato, títulos e classes, privilégios, ofícios proibidos, residência, oposições, etc. (Tratado sobre o sacramento da Ordem).

  Forma social: hábito (III, 819-820), tonsura (III, 820-821).

  Bens (II, 12-16).

- *Sociologia dos religiosos*

  Em geral: II, 443-510.
  Mosteiros de monjas: IV, 389ss.

  Companhia de Jesus: II, 658; III, 210.

  Congregação do Santíssimo Redentor: II, 484.

10. *Curiosidades sociológicas*

- Referências histórico-geográficas:

  Sorbonne (I, 97); Nápoles (I, 474-477. 485; II, 25. 304. 687. 783-784); Salamanca (II, 287); México (II, 402); Sevilha (III, 252. 733); Reino das Duas Sicílias (II, 227); concordata de 1741 no Reino de Carlos III, "quem Deus sospitet" (III, 824); Vaticano (III, 252); Cavaleiros de São João de Jerusalém (III, 246).

- Referências à vida espanhola: I, 73. 611; II, 6. 277; III, 159. 215. 224. 413.
- Relações entre os turcos e cristãos: II, 29. 36.
- Regiões "remotas" na época de Afonso: as Índias: IV, 9 (consentimento matrimonial); I, 319 (não obrigação vinculante individualmente de ir evangelizar); China (III, 388: uso da cabeça descoberta).
- Ideias e avaliação sobre: o tabaco (III, 252-253); a circuncisão (III, 4); vida contemplativa (III, 788); o latim (III, 789); os manuscritos de maior valor que os livros (II, 453-454); o estudo (III, 787).
- Juramento de ter frequentado as lições (III, 166).
- Moda social do "cicisbeo" (cavalheiro de companhia de uma senhora casada): não há nenhuma referência na TM, mas está presente nas Lettere, I, 477; II, 567-568.

– Justificação da sociedade do Antigo Regime em ponto de "variação histórica"

Da leitura desse esquema, é possível afirmar que a orientação temática da TM está condicionada pelas referências à sociedade europeia do século XVIII. O edifício moral construído por Afonso deve ser interpretado a partir dessa referência continuada às maneiras de vida de seu século e de sua geografia humana.

Não é esse o momento de analisar o rico significado histórico do complexo século XVIII, objeto do volume precedente da presente História da Teologia Moral. Bastaria notar sua marca mais característica: a sociedade em que Afonso de Liguori compõe sua síntese moral é a sociedade do *Antigo Regime a ponto de revolucionar-se rumo à nova forma social dirigida pelo iluminismo sociopolítico e pela industrialização econômica.*

Sem dúvida alguma, é essa a sociedade refletida na TM. Revendo muitos casos analisados na TM, e ponderando o aspecto que assumem, pelo modo de Afonso colocá-los e dar-lhes uma solução, chega-se à razoável convicção de que, no complexo teológico moral afonsiano, sobrevive a sociedade do Antigo Regime, mas em uma situação de certa ruptura e insegurança.

Os reflexos do Antigo Regime são patentes na própria superfície da TM. A sociedade que, imediatamente, aflora na síntese teológico-moral afonsiana é:

- Uma sociedade *sacral*, refletida na preponderância quantitativa da "moral sacral" (preceitos morais ligados aos atos religiosos, moral do estado clerical e religioso, etc.).
- Uma sociedade *classista* e dirigida pela autoridade hierárquica, refletida especialmente na moral do 4º e 7º mandamentos.
- Uma sociedade *burguesa* em que predominam os valores da boa aparência, do que "convém ao próprio estado", etc.; é uma característica sociocultural que encontramos refletida em muitos casos apresentados na TM (sobre a esmola, sobre a catalogação dos bens em necessários e supérfluos, sobre os bens agredidos que legitimam a defesa até a morte do agressor, etc.).
- Uma sociedade *mercantil*, para a qual o dinheiro, a posse jurídica dos bens, o intercâmbio contratual, a sucessão testamentária, a subtração ou furto, a restituição, a mendicidade e esmola são as categorias socioeconômicas mais importantes (encontramos um reflexo fiel dessa concepção sócio-histórica da vida econômica na moral do 7º mandamento).

A TM reflete a sociedade do Antigo Regime em uma situação particular: quando estão aparecendo sintomas de insegurança nas justificativas, de decomposição na estrutura hierarquizada e de pluralismo nas normas de comportamento. Nos temas que acabei de assinalar como exemplos do reflexo social, podem ser constatados sintomas de uma sociedade a ponto de adotar outra forma de compreensão e de realização da vida humana. De que tipo foi a contribuição de Afonso nessa conjuntura? Favoreceu a mudança ou apoiou a persistência da ordem estabelecida?

Afonso não foi a antítese do Iluminismo e dos seus ideais. Pelo contrário, está enraizado no século XVIII, não apenas cronologicamente, mas também enquanto participante dos novos valores propiciados por esse século e que foram fermento da futura revolução social. Analisando seu modelo de moral, procurei demonstrar alguns elementos indicando a coincidência com o espírito nascido do Iluminismo:

- Promoção da *razão*, dando mais importância à argumentação intrínseca que aos argumentos de autoridade;
- Aceitação dos dados objetivos da experiência em oposição aos "juízos prévios" como critérios de orientação humana;
- Inclinação para o valor da *liberdade* quando não há certeza sobre a lei.

Nesse sentido, Afonso é "o santo do século das luzes"[85] e sua moral começa a antever os ideais do Iluminismo, muito mais na moral fundamental (critérios e orientações da moralidade), que na moral concreta (normas morais de comportamento concreto).[86]

Nas orientações morais concretas, no entanto, Afonso ainda pertence ao Antigo Regime. Embora não se oponha, frontalmente, ao espírito do Iluminismo, sua atitude é cética e crítica. A avaliação de Afonso sobre o Iluminismo é muito distante, quanto ao conteúdo, da avaliação dada, alguns anos depois, por Kant, embora o in-

---

85 Rey-Mermet, p. 11.

86 Lettere, III, 407 (carta de 1772). "Eis onde chegam os literatos do presente século iluminado. Século iluminado e, entretanto, as almas vão à ruína...".

tervalo temporal entre eles seja de poucos anos.[87] Por isso, sua moral justifica uma sociedade com características classistas,[88] na qual conta muito o "decoro" ou "o que convém ao próprio estado"[89] e onde a vida econômica é guiada por ultrapassados mercantilismos.[90]

A moral de Afonso participa da fratura operada em sua vida. Do estado de nobreza por nascimento, ele se "converte" ao estado popular, por escolha cristã de vida. Afonso "quer" pertencer ao povo, mas suas raízes "estão" na nobreza. Sua moral flerta com os valores do Iluminismo, mas, na realidade, justifica a sociedade sacral, hierarquizada e burguesa do Antigo Regime.

O edifício moral construído por Afonso é uma grande construção, localizada em uma geografia concreta, inserida em um entorno histórico inconfundível e com singularidades que a tornam facilmente reconhecível. Nesse capítulo, tentei descrevê-la como se mostra quando acabada, enquanto, nos dois capítulos precedentes, tentei descrevê-la em sua fase de construção. Nos três capítulos a análise foi, preferencialmente, histórica.

Nas duas próximas seções, continuamos analisando o edifício moral erguido por Afonso. A perspectiva da análise será preferentemente de sistemática teológico-moral, procurando descobrir e ponderar as afirmações morais de Afonso, tanto na moral geral (17ª seção), quanto na moral concreta (18ª seção).

16.5.4. Nota bibliográfica

- GALINDO, Á. *Los grandes tratados de la moral en San Alfonso María de Liguori. Arquitectura de su teología moral:* Moralia 10 (1988) 273-304.

---

87 ¿Qué es la Ilustración? (del año 1784); pode ser encontrada em: Filosofía de la Historia (Madri, 1984-3) 25-37. (= KANT, I. Resposta à pergunta: O que é esclarecimento? In: KANT, I. *Textos Seletos*. Edição bilíngue. Petrópolis: Vozes, 1985, p. 100-117).

88 Gaudé, IV, 26-29.

89 Gaudé, I, 328; II, 10 ss.; II, p. 28-29.

90 Nesse aspecto, a obra de Afonso está inserida no contexto geral da moral católica do século XVIII: GROETHUYSEN, B. *La formación de la conciencia burguesa en Francia durante el siglo XVIII*. Madri, 1981.

DÉCIMA SÉTIMA SEÇÃO

A moral geral no projeto teológico-moral de Afonso

Nessa seção, e na seguinte, pretendemos analisar o *conteúdo* da construção teológico-moral de Afonso. Faremos isso, agrupando o conteúdo nas duas áreas convencionais do campo teológico-moral:

- A moral fundamental ou geral (na época de Afonso era mais *geral* que *fundamental*).
- A moral concreta ou especial.

A presente seção expõe o conteúdo da moral geral através de quatro aproximações sucessivas: a primeira, de caráter global; as três seguintes, com referência aos três temas prevalentes na moral geral de Afonso: a *responsabilidade*, a *consciência* e a *lei*. Como demonstraremos no capítulo inicial da seção, as categorias de *pecado* e de *virtude* têm pouca relevância na síntese moral afonsiana. Por outro lado, a categoria de *fim último* não era levada em conta na época de Afonso para as apresentações teológico-morais.

Estes são, portanto, os quatro capítulos que compõem a atual seção:

17.1 A moral geral na síntese teológico-moral de Afonso.

17.2 A responsabilidade moral no pensamento de Afonso.

17.3 A consciência no projeto moral de Afonso.

17.4 Questões relacionadas com a lei.

17.1. A MORAL GERAL NA SÍNTESE TEOLÓGICO-MORAL DE AFONSO

17.1.1. Orientação

O projeto moral de Afonso se desenvolve em duas séries de tratados maiores: os que compõem os *princípios da moralidade* (moral geral) e os que integram o conjunto dos *preceitos morais.* Nessa divisão, é assumida a organização da moral em duas partes, organização já iniciada por Tomás de Aquino: moral geral (ou fundamental) e moral especial (ou concreta).

Afonso não compôs uma *Teologia Moral Fundamental.* Essa carência não é nenhum defeito da síntese afonsiana, se levarmos em conta a época em que foi escrita a TM. A fundamentação da moral cristã era feita na parte dogmática da teologia. Nenhum teólogo moralista, excetuando Tomás de Aquino, se preocupou em compor um tratado sobre a fundamentação da ética teológica.[1] Seria preciso esperar a renovação propiciada pelo Concílio Vaticano II para que surgisse o autêntico tratado teológico da moral fundamental.[2]

No horizonte histórico em que se move a obra de Afonso, a chamada moral geral consistia na proposta dos *princípios* da moralidade cristã. Entendia-se por *princípios,* não os valores, nem os critérios objetivos da moral cristã, mas as estruturas nas quais acontece o juízo moral do cristão. Nesse último sentido, os *princípios* vinham a ser as pautas formais, ou técnicas específicas, mediante as quais alcançava-se uma decisão moral ajustada.

Na etapa da moral casuísta (desde o Concílio de Trento até o Vaticano II), foi sendo configurado um esquema convencional

---

1 MAJORANO, S. *Criterio-guida di S. Alfonso in Teologia Morale*: SM 9 (1971) 143.

2 VIDAL, M. *La fundamentación de la ética teológica como respuesta a la Modernidad*: Moralia 3 (1981) 419-446.

dos *princípios da moralidade*. Tais princípios ficaram reduzidos aos seguintes: *fim último, ato humano, consciência, lei, pecado, virtude*. A peculiaridade de cada autor, ou de cada tendência, manifestava-se na ênfase dada a determinados fatores, ou princípios, e no seu ordenamento.

17.1.2. *Os temas da síntese afonsiana*

Afonso expõe os temas da moral geral em duas ocasiões diferentes de sua síntese teológico-moral: no livro I (*a norma dos atos humanos*), que divide em dois tratados (*a consciência e a lei*); e no livro V (*modo de conhecer e de discernir os pecados*) que divide em um preâmbulo (*ato humano*) e um tratado (*pecado*).

Como se pode observar imediatamente, a moral afonsiana carece de dois temas: o *fim último* e a *virtude*. A ausência do tratado sobre o *fim último* é causa de reprovação dirigida a Afonso por parte dos tomistas.[3] Contudo, é possível compreender essa carência na TM afonsiana se levarmos em conta que o tema é suficientemente abordado em outras obras espirituais de Liguori, e com notável originalidade.[4] Em todo caso, Afonso se insere na tendência teológico-moral, chamada, com razão, jesuítico-liguoriana, para a qual o tema do fim último não tem lugar na moral.[5]

Quanto ao tema da *virtude* como princípio da vida moral, não chama a atenção sua ausência na síntese afonsiana, pois não tem implicações negativas. Afonso introduz o tema das virtudes teologais, mas entendidas enquanto preceitos. Guarda silêncio sobre a virtude em geral, aceitando o silêncio de Busenbaum sobre esse

---

3 PINCKAERS, S. *Les sources de la morale chrétienne* (Friburgo da Suíça, 1985) 265-266.

4 GALINDO, A. *La opción fundamental en el pensamiento de San Alfonso María de Ligorio* (Vitória, 1984) 66-89.

5 VIDAL, M. *Moral de Actitudes. I. Moral Fundamental* (Madri, 1995^8) 286-288. (= VIDAL, M. *Moral de Atitudes*. Tomo I: Moral Fundamental. Aparecida: Santuário, 1993, p. 273-275).

tratado.[6] Já nas obras espirituais, Afonso fala largamente sobre a virtude em geral e sobre as virtudes concretas.

Dos quatro temas, ou princípios da moral geral, desenvolvidos por Afonso, o do *pecado* é o que apresenta menor originalidade. Além de sofrer de um evidente "deslocamento", o conteúdo do tratado é nitidamente casuístico e chamativamente pobre. Reduz-se a:

1. Uma catalogação formal dos pecados segundo o número, segundo a espécie e segundo a distinção mortal/venial.
2. Uma consideração casuística de alguns pecados capitais. O tratado do *ato humano* tem características particulares na síntese afonsiana, como vamos expor no capítulo seguinte.

17.1.3. A tensão entre a consciência *e a* lei

Sem querer subestimar os tratados sobre o ato humano e sobre o pecado, é preciso reconhecer que a moral geral de Afonso se concentra nas duas categorias da *consciência* e da *lei*. Essas duas realidades da vida moral constituem o núcleo da moral geral afonsiana. Nelas se encontra a razão da normatividade moral, que é vista como uma tensão - por vezes, conflituosa - entre a consciência e a lei. As duas constituem a "norma dos atos humanos" (*regula actuum humanorum*); são os dois princípios básicos da moralidade. As duas fontes formam o fundamento da moral afonsiana (livro I).[7]

A impostação da moral afonsiana se encontra, precisamente, na integração das duas normas parciais: a externa ou material (lei) e a interna ou formal (consciência). Para compreender a peculiaridade da compreensão afonsiana da moral, é necessário:

1. Desentranhar o significado dos qualificadores dados a cada uma das normas: externa/interna; remota/próxima; material/formal.

---

[6] Sobre a trajetória histórica do tratado sobre a *virtude* na Teologia Moral: VIDAL, M. *Moral de Actitudes. I. Moral Fundamental.*, I, 779-790. (= VIDAL, M. *Moral de Atitudes.* Tomo I: Moral Fundamental. Aparecida: Santuário, 1993, p. 737-748).

[7] Afonso valorizava muito essa parte da moral, que considerava como a "cabeça de toda a obra": Lettere, III, 201.

2. Ver como essas duas normas se integram para constituir a normativa única e superior da vida moral.

Tanto o *sistema moral*, quanto o funcionamento concreto da análise casuística, dependem da relação estabelecida entre consciência/liberdade e lei/autoridade para constituir a *regula actuum humanorum* - regra dos atos humanos.

O balanço do estudo individual de cada uma das categorias - lei e consciência - inclina-se a favor da consciência. Isso ficará suficientemente claro quando apresentarmos, em capítulo posterior desta mesma seção, o pensamento de Afonso sobre a consciência moral.

Na síntese moral afonsiana, o tema da lei não requer análise extensa, dada sua escassa originalidade. Contudo, devido às questões relacionadas com ela que aparecem no tratado afonsiano, reservaremos um capítulo separado para o tema, embora breve.

17.1.4. A epistemologia teológico-moral

Durante o século XVII, e nos dois primeiros terços do século XVIII, surgiu no campo da Teologia Moral um movimento de maior pureza teológica quanto às fontes da reflexão teológico-moral, especialmente, na França e Itália.[8] Esse movimento de renovação na metodologia moral veio unido com tendências que buscavam uma moral mais "evangélica", de maior "perfeição", mais "radical". Mas, também é preciso reconhecer que um dos objetivos desse movimento de renovação consistia no ataque frontal ao probabilismo e, mais concretamente, à chamada "moral jesuíta". Visto de uma perspectiva histórica, também não ficava de fora desse movimento de renovação na epistemologia teológico-moral o desejo de justificar posições regalistas e antirromanas.

---

[8] HAMEL, E. *Retours à l'Évangile et théologie morale, en France et en Italie, aux XVIIe. et XVIIIe. siècles*: Gregorianum 52 (1971) 639-687; OEPEN, M. *Sittenlehre und Offenbarung in der Moraltheologie des 18. Jahrhunderts* (Werl, 1973); BRUCH, R. *Moralia varia* (Düsseldorf, 1981) 11-30 ("Die Ausbildung der Lehre von den Erkenntnisquellen der Moraltheologie im 17. und 18. Jahrhundert").

Afonso conheceu as propostas de renovação na epistemologia teológico-moral desde os seus primeiros encontros com a Teologia Moral, uma vez que o manual pelo qual foi iniciado nesse campo do conhecimento teológico era pioneiro nessa orientação: referimo-nos a Francisco Genet (1640-1703), representante qualificado da chamada *Moral de Grenoble*. Liguori também conhecia as propostas de epistemologia teológico-moral de seus contemporâneos, D. Concina (1687-1756) e J. V. Patuzzi (1701-1769). Provavelmente, não ignorou as diretrizes de S. Besombes, o primeiro casuísta a propor uma organização sistematizada das fontes do discurso teológico-moral (entre 1709 e 1711).

A maior vantagem de Afonso, nesse aspecto da renovação da epistemologia teológico-moral, foi ter feito *seu* o tratado sobre os "lugares teológicos" do jesuíta Francisco Antônio Zaccaria (1717-1795), publicado como *Liber Prodromus De locis theologicis* na edição que, por sua vez, este jesuíta fez do manual de Lacroix (1749), e incorporado na 3ª edição da *Theologia Moralis* afonsiana.

Além disso, convém recordar que Afonso fez um tratamento explícito da Sagrada Escritura e da tradição em seu comentário sobre a IV Sessão do Concílio de Trento.[9] São interessantes suas análises sobre a Tradição, na qual distingue três tipos de conteúdo: as tradições divinas, as tradições apostólicas (algumas das quais também são divinas porque foram recebidas da boca de Cristo ou reveladas pelo Espírito Santo), e as tradições humanas.[10] Afonso fornece um conjunto de regras para distinguir as tradições "divinas" das "humanas", e vice-versa, aludindo a exemplos de verdadeiro interesse histórico.[11]

Já dissemos, no cap. 2 da seção anterior, que Afonso, apesar de ter conhecimento exato da discussão surgida em seu tempo sobre as fontes ou "lugares" da reflexão teológico-moral, preferiu usar o método casuístico e não entrar nas discussões sobre os luga-

---

9 LIGUORI, A. de. *Opera dogmatica contra gli eretici pretesi riformati*: Opere di S. Alfonso Maria de Liguori, vol. VIII (Turim, 1848) 842-854.

10 *Ibid.*, 851-852.

11 *Ibid.*, 853-854.

res da epistemologia teológico-moral. Acreditava ser suficiente a presença da citada *Dissertação Prolegômena*, de F. A. Zaccaria.

17.2. A RESPONSABILIDADE MORAL NO PENSAMENTO DE AFONSO

17.2.1. Introdução

É muito difícil, para não dizer impossível, fazer uma análise exaustiva do pensamento de Afonso sobre a responsabilidade humana. Sua produção bibliográfica é, impressionantemente, extensa; os gêneros literários que utiliza são muito variados: vão, desde o sermão arrebatado até a exposição crítica, passando pela catequese, exortação e homilia. Por razões de precisão, limitarei o campo de referência direta e expressa às obras classificadas como morais. Falarei, portanto, da responsabilidade moral nas *obras morais* de Afonso. Isso não impede que a interpretação geral leve em conta o conjunto de sua produção literária e de sua prática pastoral.

No que diz respeito à variedade de *linguagens* utilizadas por Afonso, é importante notar que o *Settecento* italiano - também o *Settecento* napolitano - foi uma época cultural em que houve autêntica metamorfose de linguagens: algumas desapareceram, outras surgiram (indústria, cultura, etc.), e muitas existentes se transformaram.[12] Afonso participou dessa variação cultural.[13] Por outro lado, a diversidade de âmbitos em que interveio (controvérsia, púlpito, escritos, etc.) levou-o a tomar consciência de que a formulação moral adquiria tons e nuances distintos, conforme o âmbito em que era formulada. O próprio Afonso advertia que suas afirmações deveriam ser interpretadas de acordo com o gênero literário que estava utilizando.[14]

---

12 LORETELLI, R.; BORGHERO, C. (ed.). *Le metamorfosi dei linguaggi nel Settecento* (Roma, 2007).

13 LIGUORI, G. de. La metamorfosi del linguaggio nella controversistica e nella pratica missionaria di Alfonso de' Liguori: LORETELLI, R.; BORGHERO, C. (ed.). *Le metamorfosi...*, 189-209.

14 Como notamos no capítulo precedente, Afonso contrapõe a "moral do púlpito", de caráter parenético, à "moral do livro", de caráter científico (Gaudé, I, 351).

Todos os tratados sobre moral afonsiana, quer sejam de moral *geral* ou de moral *concreta*, têm a ver com a responsabilidade moral. Esta, por sua vez, verifica-se nas propostas morais sobre o amplo campo da atuação humana. Contudo, parece óbvio não ser o momento de fazer uma análise e uma exposição do conjunto de *responsabilidades* oferecidas pelo projeto moral afonsiano.

O tema da responsabilidade na obra moral afonsiana ficará suficientemente iluminado se forem analisados os *pressupostos fundamentais*. Este é o objetivo do presente capítulo.

Para um desenvolvimento extenso do tema, com referências a uma possível atualização do pensamento afonsiano através de abordagens teológico-morais recentes, remeto à exposição que fiz em outro lugar.[15]

17.2.2. A compreensão antropológica de Afonso

No que diz respeito à *antropologia* no pensamento afonsiano, constatamos a ausência de estudos específicos.[16] Reconhece-se que os dois polos do pensamento afonsiano são: Deus e o homem.[17] Afirma-se, também, que a base de seu sistema espiritual é a "ideia de Deus" e o "conceito de natureza humana".[18] No entanto, são estas duas realidades básicas - Deus e o homem - as menos estudadas na obra de Afonso.

Como se trata de questão pouco estudada, é difícil fazer afirmações taxativas sobre o pensamento antropológico de Afonso. No entanto, me atrevo a oferecer algumas perspectivas que realçam os traços antropológicos mais decisivos na compreensão afonsiana da condição humana.

---

15 VIDAL, M. *Dios misericordioso y conciencia moral* (Madri, 2000) 143-165: "La responsabilidad moral en el pensamiento de Alfonso. Historia y actualidad".

16 BAZIELICH, A. *La spiritualità di Sant'Alfonso Maria de Liguori. Studio storico-teologico*: SH 31 (1983) 372.

17 WEISS, O. *Wer war Alfons von Liguori und was wolte er?*: SH 44 (1997) 395-418.

18 KEUSCH, C. *La dottrina spirituale di Sant'Alfonso Maria De' Liguori* (Milão, 1931) 519-521.

– Paradigma antropológico

A orientação geral da antropologia afonsiana situa-se entre o pessimismo "agostiniano" e o otimismo "semipelagiano" ou "neo-estoico", duas posições opostas e que estiveram em vigor nos séculos XVII e XVIII.[19]

Afonso não manteve um entendimento totalmente pessimista da condição humana. Contudo, é importante reconhecer, como faz S. Raponi, que a antropologia afonsiana pagou tributo ao espírito da época: "O tributo ao dualismo antropológico e, como consequência, à visão, frequentemente, pessimista do corpo, do mundo, do casamento, do amor em geral; em uma palavra, do mundo; muito frequentemente, vinculado com o demônio e com a carne".[20]

Por outro lado, sem cair no otimismo "semipelagiano", Afonso sublinhou a importância e a força da liberdade humana, auxiliada, evidentemente, pela graça, que depende, em grande medida, da oração.

Nesse contexto geral de equilíbrio entre o pessimismo exagerado e o otimismo ingênuo, Afonso compreende a condição humana mediante um esquema ou *paradigma* teórico em que se integram as novas descobertas do cartesianismo e os dados tradicionais do tomismo (e do aristotelismo).

- Do tomismo, assume a compreensão do ser humano como um composto de alma e corpo, bem como a interpretação da atividade anímica através das duas potências da inteligência e da vontade.
- O cartesianismo orientou a antropologia afonsiana para as ideias claras e distintas, que constituem o suporte imprescindível para o dinamismo da vontade, do afeto e da ação concreta.

Portanto, pode-se dizer que a compreensão antropológica afonsiana se serve de um paradigma intelectual-voluntarista em que não está ausente o afeto e a orientação para a prática concreta.[21]

---

[19] *Ibid.*, 521-522.

[20] RAPONI, S. *La spiritualità redentorista delle origini*: SH 44 (1996) 468.

[21] KEUSCH, C. *o. c.*, 150-153.

- Características antropológicas a destacar

Tendo como orientação geral o realismo (equidistante entre o pessimismo e o otimismo), e adotando, como perspectiva global, o paradigma intelectual-voluntarista, a antropologia afonsiana destaca algumas características da condição humana que devem ser tidas como o mais peculiar da visão antropológica de Afonso. Estas são as seguintes:

- A vontade e a inteligência são enriquecidas pelo *sentimento e pelo afeto*. O Iluminismo, ao qual Afonso adere, é o "Iluminismo do coração", uma forma peculiar de compreender e vivenciar os ideais ilustrados na Nápoles da época.[22] É por isso que todo o projeto moral-religioso afonsiano se baseia, como assinalamos em vários pontos do presente volume, em uma *retórica do coração*.[23]
- O *experiencial* assume um papel proeminente na antropologia afonsiana. O discurso claro e distinto, tão típico de Afonso, não se opõe ao vivencial. As ideias estão em função da vida. Por outro lado, a ênfase na vivência implica uma compreensão de mundo pessoal a partir da categoria de *globalidade*. É a pessoa inteira que se sente interpelada e comprometida. Essas duas características - vivência e globalidade - constituem algumas das "premissas românticas" que já estão presentes no pensamento afonsiano.[24]
- Alguns autores destacaram a importância da *memória* na proposta afonsiana.[25] A memória é o lugar antropológico a partir de onde se rememora a ação de Deus. Serve para o crente projetar seu futuro como resposta agradecida às "maravilhas" do Senhor. Com bastante frequência, a memória também precisa ser "curada" das patologias a que está exposta: recordações traumáticas, de carácter mais ou menos escrupuloso.

---

22 DI GENNARO, G.; PIZZUTI, D. *Alfonso de' Liguori e il secolo dei lumi*: Rassegna di Teologia 38 (1997) 293-312.

23 SQUARONTI, G. B. Sant'Alfonso e la parenetica del cuore: GIANNANTONIO, P. (ed.). *Alfonso M. de Liguori e la civiltà letteraria del Settecento* (Città di Castello, 1999) 297-309.

24 SCANZILLO, C. *La visione di S. Alfonso. Premesse romantiche nel secolo dei lumi*: Asprenas 35 (1988) 7-23.

25 HÄRING, B. *Alfonso de Liguori: abogado de la conciencia*: VÁRIOS. La intuición y la espiritualidad de San Alfonso (Roma, 1993) 251-263, especialmente 260-262; MAJORANO, S. *La memoria grata*: San Gerardo 94 (1994) n. 9, 20.

- Também é preciso mencionar a importância dada por Afonso à *condição histórica e biográfica* do ser humano. Porque leva em conta essa dimensão histórico-biográfica, destaca a característica antropológica da *fragilidade humana*. É uma característica com grande importância em sua proposta moral, uma vez que se torna a justificação de um axioma básico do sistema moral afonsiano:

"Tendo em conta a fragilidade da atual condição humana, nem sempre é verdade que o mais seguro seja conduzir as almas pelo caminho estreito".[26] É uma questão de orientação antropológica e moral enfatizada por João Paulo II[27] e assumida pelos comentadores da obra moral afonsiana.[28]

17.2.3. A constituição do sujeito responsável

Da compreensão antropológica em geral, passamos à consideração do sujeito humano enquanto responsável. Dito em linguagem de hoje, trata-se de analisar a ideia de Afonso sobre a *constituição do sujeito responsável*.

Como ponto de partida, convém ter em mente que Afonso escreve sua Teologia Moral com uma grande penúria de antropologia filosófica. Os dados tradicionais do tomismo (e do aristotelismo) tinham dado lugar a uma compreensão abstrata da realidade humana; por outro lado, as novas correntes filosóficas, especialmente o cartesianismo, não haviam conseguido "vitalizar" as bases filosóficas da antropologia.

Diante dessa situação, Afonso adotou outro caminho antropológico. Empregou a antropologia subjacente à concepção atualizada do direito. Para explicar o funcionamento da consciência e, consequentemente, para compreender a constituição do sujeito moral responsável, utilizou os instrumentos fornecidos pela antropologia jurídica. Na verdade, os dois princípios básicos de seu sistema moral,

---

26 Gaudé, II, 53.

27 JOÃO PAULO II. Carta Apostólica Spiritus Domini: *SEDOC* 205, vol. 20, nov/dez 1987. (AAS 79 (1987) 1367).

28 MAJORANO, S. *La teologia morale e il ministero sacerdotale nella visione alfonsiana*: SM 43 (1996) 433-459.

o princípio da "dúvida" e o princípio da "posse", dependem, mais da antropologia jurídica, que da antropologia filosófica. Como diz Capone, Afonso verteu um "espírito novo" em "odres velhos".[29] Foi o espírito afonsiano que questionou a moral da época, que a Igreja do século XIX soube ler e que permanece válido ainda hoje.

A chave para esse "espírito" está na compreensão salvífica da verdade moral. Afonso não entende a reflexão teológico-moral como simples busca da verdade moral objetiva. Para ele, a moral "está inteiramente orientada para a prática".[30] Essa "práxis" é identificada com a procura da verdade concreta que salva.

A orientação salvífica da moral é uma chave hermenêutica decisiva para o pensamento moral afonsiano. É a razão de sua rejeição ao excessivo rigor, que traz consigo uma carga condenatória[31] e não reflete a "clemência divina".[32] Também justifica a orientação "curativa" da pastoral penitencial afonsiana, onde a função de "médico" e "pai" predomina sobre a de "juiz".[33]

O caráter salvífico da verdade moral tem uma função direta e imediata na constituição do sujeito moral responsável que, por sua vez, se constrói em função do caráter salvífico da moral. Daí que, segundo o pensamento moral afonsiano, os seguintes fatores devem ser levados em conta na constituição do sujeito responsável:

- A *fragilidade humana*, assinalada por Afonso em afirmações[34] que João Paulo II qualificou como "memoráveis palavras".[35]

---

29 CAPONE, D. *Realismo umano-cristiano de la teologia morale di S. Alfonso*: SM 9 (1971) 63.

30 Gaudé, I, 689.

31 Gaudé, I, 61.

32 Gaudé, III, 518.

33 CAPONE, D. *Realismo umano-cristiano...*, 86; MAJORANO, S. *Il popolo chiave pastorale di S. Alfonso*: SH 45 (1997) 84; DE ROSA, G. *La figura e l'opera di Sant'Alfonso nell'evoluzione storica*: SH 45 (1997) 224.

34 "Levando em conta a fragilidade da presente condição humana, nem sempre é verdade que o mais seguro seja dirigir as almas pela via estreita" (Gaudé, II, 53). "A excessiva severidade fecha o caminho para a vida eterna" (Gaudé, I, 61). Cf. MAJORANO, S. *Il popolo chiave pastorale...*, 81-82; DE ROSA, G. *La figura e l'opera...*, 224.

35 JOÃO PAULO II. Carta Apostólica Spiritus Domini: *SEDOC* 205, vol. 20, nov/dez 1987, p. 260. AAS 79 (1987) 1368.

- A *gradualidade* na descoberta e realização da verdade moral.[36]
- A aceitação das circunstâncias (históricas e biográficas) como fator importante na constituição da verdade moral. Afonso observa que, devido à mudança das circunstâncias, uma lei que era "certa" pode se tornar "duvidosa".[37] A verdade moral salvífica se realiza na aplicação dos critérios morais de acordo com a situação concreta da pessoa.

Para compreender a ideia de Afonso sobre o sujeito moral, também devemos levar em conta as orientações que ele oferece sobre a interpretação da lei, como assinalaremos em outro capítulo desta seção. Referimo-nos, concretamente, à utilização da *epiqueia* enquanto critério regulador da verdade moral e à ampla margem que Afonso concede à *ignorância invencível* no sujeito moral.

Dos traços antropológico-morais acima destacados, é possível deduzir que, no pensamento afonsiano, o sujeito moral se constitui pelo dinamismo de salvação (ou de condenação), que ocorre em um campo de força em que duas instâncias interagem: a humana e a divina. D. Capone diz: "O ato moral aparece, assim, como o encontro destas duas instâncias de salvação: Cristo Salvador, o homem salvo; e o encontro tem lugar em uma relação de pessoas: Cristo que vem... e o homem que vai ao seu encontro... Aqui está todo o Santo Afonso moralista".[38]

Para Afonso, o sujeito moral se constitui no âmbito de um *realismo humano-cristão*[39] e não no campo abstrato da verdade moral objetiva e acadêmica. No fundo do sistema moral afonsiano bate uma concepção personalista da verdade moral e do sujeito moral. Rejeita o "essencialismo" dos probabilioristas, que fixavam a verdade moral na promulgação "objetiva" (e "coisificada") da lei moral; mas também evita cair no "extrínseco" dos probabilistas,

---

36 MAJORANO, S. *Il popolo chiave pastorale...*, 84-85.

37 *Dell'uso moderato dell'opinione probabile*, 1765, c. III, n. 89: edição de L. Corbetta, t. 29 (Monza, 1831) 199.

38 CAPONE, D. *Realismo umano-cristiano...*, 66.

39 Com essa expressão, define D. Capone, *Realismo umano-cristiano...*, a peculiaridade da moral afonsiana.

para quem a verdade moral se realizava no jogo das probabilidades externas.

Para Afonso, a verdade moral passa através da pessoa. Por isso, não se cansa de repetir a afirmação de Santo Tomás: a bondade moral se mede "secundum bonum apprehensum", ou seja, a verdade moral está no bem objetivo, porém, "na medida em que é apreendido" pela pessoa.[40] Essa orientação afonsiana personalista foi a que superou os confrontos históricos entre "laxismo" e "rigorismo".[41] Hoje também pode ser válida para a superação dos atuais confrontos entre o "objetivismo" exagerado e o "subjetivismo" excessivo.

A partir dessa compreensão personalista do sujeito moral, ganha maior objetividade a afirmação de L. Vereecke, que reconhece três valores no sistema moral de Afonso: o primado da *verdade;* o primado da *consciência;* e o primado da *liberdade.*[42] Da minha parte, anotei que a proposta moral afonsiana participa dos novos valores favorecidos pelo Iluminismo: a *razão,* a *experiência* e a *liberdade.* A presença desses valores indica que a moralidade afonsiana oferece grande novidade e notável riqueza na compreensão do sujeito moral responsável.

17.2.4. A estrutura do exercício da responsabilidade

As duas aproximações precedentes, sobre a compreensão antropológica em geral e sobre a constituição do sujeito responsável em particular, adquirem sua concretude no modo de entender o exercício da responsabilidade através do ato moral. O pensamento de Afonso a esse respeito está exposto no tratado *De actibus humanis* de sua síntese teológico-moral.

---

40 *Quodl.* 3, q. 12, a. 2: "Et ideo actus humanus iudicatur virtuosus vel vitiosus secundum bonum apprehensum in quod per se voluntas fertur, et non secundum materiale obiectum actus". Cf. também: I-II, q. 19, aa. 3 e 5.

41 CAPONE, D. *Realismo umano-cristiano...*, 112-115.

42 VEREECKE, L. *Sens du doctorat de St. Alphonse dans l'histoire de la théologie morale*: SM 9 (1971) 49-50.

- O tratado afonsiano *De Actibus Humanis*

O tratado sobre o ato humano tem uma história peculiar dentro da evolução da *Theologia Moralis* de Afonso. Busenbaum não tinha nenhum tratado sobre o ato humano; sendo assim, nas primeiras edições da TM (1ª até 3ª) o tema não existe. Mas Afonso sentiu sua falta; sem esse tratado, não encontrava lugar para expor os critérios sobre a natureza voluntária ou involuntária das ações humanas. Nas 4ª e 5ª edições introduziu duas colunas de texto onde anotou algumas definições sobre o voluntário e o involuntário. Na 6ª edição, o tratado tomou a forma com a qual chegou até nós. É obra pessoal de Afonso, que afirma ter trabalhado nela durante trinta anos.[43]

No tratado sobre o ato humano, colocado ou, melhor, "deslocado", para antes do tratado sobre o pecado (tratado-preâmbulo do Livro V), o interesse de Afonso é tipicamente casuístico. Adota uma postura "prática" e, deixando de lado questões especulativas de natureza "escolástica", seleciona um conjunto de aspectos cujo conhecimento considera necessário para a prática pastoral:

- Natureza e divisão do ato humano (artigo 1).
- Caráter voluntário/involuntário e liberdade (artigos 2 e 3).
- Noções e fontes da moralidade (artigo 4).
- O ato indiferente ocorre em concreto? (artigo 5).

Afonso se declara devedor de Tomás de Aquino, a quem remete para uma exposição mais completa. A contribuição afonsiana não está no conteúdo, mas na clareza da exposição e na seleção das *formulações* que, a partir dele, passarão à doutrina comumente vigente na moral católica.

Deve-se notar que Afonso também trata temas relacionados com a análise moral do ato humano fora do tratado-preâmbulo *De actibus humanis*. Aqui estão alguns deles:

---

[43] *Dichiarazione del sistema che tiene l'autore intorno alla regola delle azioni morali, e si risponde ad alcune nuove opposizioni che gli vengono fatte*. Publicada como apêndice ao livro *Traduzioni de' Salmi* (Nápoles, 1774). Cito pela edição de L. Corbeta, t. 31 (Monza, 1872) 60.

- Análise da *advertência* e do *consentimento*, bem como dos *desejos* e das *deleitações*, no tratado sobre o pecado.[44]
- Alusões à antropologia moral (*advertência, intenção, medo*, etc.) na *Dissertação* sobre ignorância invencível[45] e em outras passagens da TM.[46]
- Princípios sobre o *escândalo*, a *cooperação* e o *mal menor*, no tratado sobre a caridade.[47]

Na estruturação do tratado afonsiano sobre o ato humano, aparecem as duas partes iniciadas com Santo Tomás: análise psicológica e análise moral. Entretanto, no tratado afonsiano, a apresentação do aspecto psicológico se apresenta notavelmente diminuído. Afonso omite a questão dos momentos em que se divide o ato humano. Sua atenção está focada, primeiramente, em oferecer uma definição precisa do ato humano: *actiones quae procedunt a voluntate hominis deliberata.*[48] Além disso, está preocupado em fazer uma divisão quase exaustiva (*multiplici divisione)* dos atos humanos. Julga necessário precisar esses dois elementos para a múltipla aplicação casuísta da moral.

O centro de atenção da análise psicológica do ato humano é o estudo da *voluntariedade* e da *liberdade*. Dentro dessa preocupação, são examinadas as seguintes questões: a noção de ato voluntário; suas formas: *simpliciter/secundum quid, liberum/necessarium, in se/in causa, directum/indirectum;* causas que impedem a voluntariedade: violência, medo, concupiscência, ignorância.

No estudo do ato humano em sua dimensão moral, Afonso examina em que consiste propriamente a moralidade e quais são seus princípios. Nesse sentido, segue a doutrina vigente em sua época, apontando como princípios da moralidade: o *objeto*, o *fim* e as *circunstâncias*. Completa a matéria levantando a questão de se *os atos indiferentes* ocorrem concretamente.

---

44 Gaudé, II, 707-719; 719-731.

45 Gaudé, I, 147-161.

46 Gaudé, IV, 192 ss.

47 Gaudé, I, 336-365 (cf. II, 68, 71-72).

48 Gaudé, II, 689.

– Limitações e necessários desenvolvimentos

O tratado afonsiano sobre o ato humano deve ser enquadrado na etapa da moralidade casuísta. Tem, portanto, todas as limitações desse tratado na época casuísta:

- A *redução do* comportamento humano à categoria de *ato,* entendido como uma ação singular, separável, concreta. Quando a moral casuística é censurada por ter sido uma *moral de atos,* é precisamente essa atomização que está sendo rejeitada. Ao contrário da singularidade dos atos, a vida moral é um todo organizado. Daí a atual consideração da vida moral como expressão da pessoa integral, que manifesta sua responsabilidade através de *atos,* que supõem *atitudes,* as quais, por sua vez, dependem da *opção fundamental.*
- A redução do componente psicológico da ação humana a fatores *intelectivos* e *volitivos.* Para esse tipo de consideração, carecem de importância fatores tão decisivos do comportamento humano quanto os sentimentos e as emoções.
- A ausência da consideração *relacional* e *social* do comportamento humano, considerado como dependendo de um sujeito individual e quase isolado. A dimensão relacional e social, com seus fatores positivos e negativos, é parte integrante do dinamismo da responsabilidade humana.
- Também está ausente *a dimensão teológica* da ação humana responsável. Na consideração casuísta do ato moral, o dinamismo da graça não é explicitado, ou seja, a presença santificadora do Espírito Santo, a força salvadora de Cristo, a referência "fontal" e finalizadora do Pai.

Ao notar as limitações do tratado casuísta, e afonsiano, sobre o ato humano, já estou apontando os caminhos pelos quais precisa ser atualizado. Insistirei na necessidade de introduzir dois desenvolvimentos no entendimento da ação responsável: a plenitude antropológica e a plenitude teologal. Além disso, aludirei à possibilidade de redescobrir e prolongar uma intuição afonsiana sobre a complexa realidade da decisão humana.

Plenificação antropológica.

Hoje, o dinamismo da responsabilidade humana precisa ser compreendido a partir dos dados que nos são oferecidos pelos diversos saberes antropológicos: biologia, psicologia, sociologia, cultura, filosofia. Não temos espaço aqui, sequer para enumerar, os capítulos que compõem a compreensão antropológica integral da responsabilidade e da humanidade.

Desejo apenas enfatizar a necessidade de incorporar, na análise da ação moral responsável, as perspectivas da psicologia do inconsciente e da emoção,[49] da fenomenologia personalista,[50] e da filosofia reflexiva.[51]

Plenificação teologal.

A responsabilidade moral do cristão está situada no âmbito da fé. O dinamismo antropológico da responsabilidade está aberto ao dinamismo da graça. Não são dois dinamismos sobrepostos, mas duas dimensões de uma mesma realidade.

A encíclica *Veritatis Splendor* apontou como um dos graves perigos da reflexão moral o de separar a ordem moral da ordem da fé.[52] Frente a esse perigo, de hoje e de sempre, a encíclica, baseada no conceito católico de "justificação" (formulado no Concílio de Trento), reafirma o nexo intrínseco entre a "ordem ética" e a "ordem da salvação".[53]

---

49 Ver a tentativa de reinterpretar a doutrina tomasiana a partir das perspectivas citadas: BAUMAN, K. *The Concept of Human Acts Revisited. St. Thomas and the Unconscious in Freedom*: Gregorianum 80 (1999) 147-171. Do mesmo autor: *Das Umbewusste in der Freiheit. Ethische Handlungstheorie im interdisziplinären Gespräch* (Roma, 1996).

50 WOJTYLA, K. *The Acting Person* (Londres, 1979). (= WOJTYLA, K. Persona y acción. Madri: Biblioteca de Autores Cristianos, La Editorial Católica, 1982).

51 RICOEUR, P. *Le volontaire e l'involontaire* (Paris, 1963).

52 *Veritatis Splendor*, 4: "Generalizada se encontra também a opinião que põe em dúvida o nexo intrínseco e indivisível que une entre si a fé e a moral, como se a pertença à Igreja e a sua unidade interna se devesse decidir unicamente em relação à fé, ao passo que se poderia tolerar no âmbito moral um pluralismo de opiniões e de comportamentos, deixados ao juízo da consciência subjetiva individual ou à diversidade dos contextos sociais e culturais".

53 *Ibid.*, 37.

Esse perigo de *extrinsecismo* entre moral e fé precisa ser superado na compreensão da responsabilidade moral. A ação moral responsável é, ao mesmo tempo (sinergicamente), uma ação antropológica e um dinamismo da graça. Essa plenitude teológica da responsabilidade moral é especialmente destacada hoje, descobrindo, na ação humana concreta, a presença ativa do Espírito Santo[54] e relacionando, em geral, a vida moral com a vida espiritual.[55]

– Atualidade e possível atualização da intuição afonsiana

Bruno Forte destacou a validade da intuição afonsiana na discussão sobre os sistemas morais para a compreensão do significado autêntico da decisão moral.[56]

Para esse teólogo, a decisão moral é o ato pelo qual se realiza o encontro salvífico da pessoa com a graça. É a realização finita (no tempo) das possibilidades pessoais com um peso de autotranscendência (de eternidade). No debate sobre os sistemas morais, entra em jogo a estrutura e a função da decisão moral: esse debate "nasce, precisamente, do conflito entre a radicalidade da exigência ética, baseada no *ethos* da graça, e a incerteza de sua realização concreta na mutabilidade e complexidade das situações da vida. Nesse conflito, a certeza moral, muitas vezes, não é absoluta, mas relativa".[57]

A ética da situação resolve o conflito eliminando um dos polos de tensão (a dimensão objetiva) e absolutizando o outro (a temporalidade). Os sistemas rigoristas (tuciorismo, probabiliorismo) sacrificam a necessária mediação histórica e situacional da responsabilidade pessoal. O probabilismo transfere todo o peso da decisão para os condicionamentos extrínsecos. "Na realidade, o confli-

---

[54] NORIEGA, J. *El Espíritu Santo y la acción humana*: Burgense 39 (1998) 357-373.

[55] BILLY, D. J. *The Person of the Holy Spirit as the Source of the Christian Moral Life*: SM 36 (1998) 325-359; VIDAL, M. *Morale e spiritualità. Dalla separazione alla convergenza* (Assis, 1998).

[56] FORTE, B. *L'eternità nel tempo. Saggio di antropologia ed etica sacramentale* (Roma, 1993) 303-307.

[57] *Ibid.*, 304.

to de sistemas revela a tensão mais profunda entre o objetivismo clássico e o subjetivismo que emerge da modernidade".[58]

A intuição de Afonso consistiu em superar as abordagens reducionistas, tanto do probabiliorismo, quanto do probabilismo. Ele situou a decisão moral na pessoa (a consciência que "apreende" a ordem objetiva) e, assim, encontrou o caminho para a solução da crise dos sistemas de moral. "Esse caminho - proposto pelo realismo sapiencial e prudente de Santo Afonso de Liguori - reconhece na decisão moral um ato da pessoa que nele está implicada com toda a riqueza de seus componentes de interioridade e exterioridade, além de interlocutor livre e consciente da aliança com Deus, proveniente da graça".[59]

A partir dessa interpretação, a intuição afonsiana pode ser atualizada hoje como proposta alternativa à atual crise entre *objetivismo* e *subjetivismo* na vida moral e no discurso ético.

17.3. A CONSCIÊNCIA NO PROJETO MORAL DE AFONSO

17.3.1. Introdução

O presente capítulo analisa e expõe a compreensão de Afonso sobre o lugar e a função da consciência na vida moral. Entre os estudiosos do pensamento moral afonsiano (B. Häring, D. Capone, L. Vereecke, M. Vidal, R. Gallagher, S. Majorano, A. V. Amarante, etc.) há uma convicção generalizada sobre a importância decisiva da consciência moral no sistema teológico-pastoral de Afonso.[60] Para o Patrono dos confessores e moralistas, a consciência é o fator indispensável e essencial de todo o processo de salvação (e de condenação) gerado através da vida moral cristã.

O tratado da consciência foi uma criação da moral casuísta. Antes, a função da consciência era atribuída à razão prática, au-

[58] *Ibid.*, 305.
[59] *Ibid.*, 306.
[60] Ver a bibliografia apresentada no texto ao final do presente capítulo.

xiliada pela prudência e pela capacidade de discernimento, bem como pela fé e pelo dom do conselho. A consciência, na interpretação casuísta, não era entendida como uma virtude, como, por exemplo, a prudência, que se forma e se aperfeiçoa pelo exercício, mas consistia em uma espécie de faculdade mediadora entre a lei, que prescreve, e a liberdade, que atua.

Na *Medulla* da Teologia Moral, do jesuíta Hermann Busenbaum, que está na origem da reflexão moral de Afonso de Liguori, encontramos um tratado tipicamente casuístico sobre a consciência, que é considerada como a *norma interior* da ação moral. Foi sobre essa base que Afonso construiu sua visão da consciência moral.

17.3.2. "De conscientia": o tratado mais pessoal de Afonso

O tratado mais pessoal da moral geral, e mesmo, de toda a TM, é o *Sobre a Consciência*. Basta lembrar alguns detalhes sobre a história da redação da TM. Percorreremos novamente esses dados históricos, embora já tenham sido mencionados nos capítulos anteriores.

A TM de Afonso nasceu, já sabemos, como *Comentários* (*Adnotationes)* ao livro de Busenbaum. Em um capítulo anterior, analisei as razões, as vantagens e os inconvenientes de Afonso ter usado o texto de Busenbaum para construir seu edifício moral. Além dos inconvenientes "políticos" da época (por Busenbaum ser jesuíta e representante do probabilismo, duas condições não bem vistas naqueles anos), a presença do texto Busenbaum impediu Afonso de apresentar, com plena liberdade, sua visão de moral.

Em duas ocasiões Afonso tentou se livrar do texto de Busenbaum e fazer totalmente sua (*tutta mia*[61]) a TM: ao preparar a quinta edição, em 1763; e a sétima, em 1772. Nas duas ocasiões, foi obrigado a desistir. Sua TM estava tão ligada ao manual de Busenbaum que torná-la independente significaria o trabalho de escrever uma obra completamente nova. Nesses dois momentos de sua biografia

[61] Lettere, III, 170, 171, 172, 175.

literária, Afonso experimentou o grau de liberdade e servidão por ter usado um texto-base.

No entanto, da primeira tentativa, restou-nos a obra pessoal do tratado *De conscientia.* Na preparação da quinta edição (junho de 1763), Afonso propôs a seu editor, Remondini, uma variação importante para o conjunto da obra: remover o texto de Busenbaum e refazê-lo como uma obra completamente pessoal. Essa reformulação só se concretizou nos tratados *Sobre a consciência* e *Sobre os atos humanos,* tratados que, para grande decepção de Afonso, não apareceram na quinta edição (de 1763). Mas apareceram na sexta edição (1767), embora, nesta edição, os tratados *Sobre a consciência* de Busenbaum e de Afonso ainda sejam apresentados justapostos (um depois do outro).

No atual tratado *De conscientia* da TM, encontra-se a voz pessoal de Afonso. Por outro lado, é nesse lugar de sua síntese moral que coloca, desde as primeiras edições, um texto que lhe era muito caro e muito decisivo para a compreensão de seu sistema moral, refiro-me à *Dissertação sobre o uso da opinião provável* ou sobre o *sistema moral* (título usado a partir da sétima edição).

Para Afonso, a consciência reveste-se de importância especial; é a categoria primacial da vida moral.[62] Enquanto tratado, como já assinalamos, foi elaborado por ele com particular interesse[63] e colocado como porta de entrada do edifício de sua síntese teológico-moral.[64] Enquanto categoria, a consciência constitui o núcleo da sensibilidade moral e é o fundamento *(regula)* imprescindível *(interna)* e constituinte *(formalis)* da moralidade. Embora Afonso possa ser corretamente chamado de "Doutor da Prudência" e, em-

---

[62] HÄRING, B. *Alfonso de Liguori: il primato della coscienza*: Segno 15 (1989) 101-110.

[63] "Speciali studio a me elucubratum": Gaudé, I, 3.

[64] "Hunc tractatum de conscientia quo aditus ad moralem Theologiam aperitur...": Gaudé, I, 3. Ver: GALLAGHER, R. *Where Moral Theology Begins. "Aditus ad Universam Moralem Theologiam"*: KOERPEL, R. C.; TIRIMANNA, V. (ed.). Contemplating the Future of Moral Theology. Essays in Honor of Brian V. Johnstone (Eugene, Oregon, 2017) 21-37.

bora insista, às vezes, na função moral da prudência,[65] sua síntese teológico-moral tem na consciência a característica mais peculiar.

Essa importância objetiva que a consciência exerce na síntese teológico-moral de Afonso, tem sido apreciada pelos estudiosos da moralidade afonsiana. Todos veem nesse tratado da consciência uma das partes mais pessoais e mais bem trabalhadas da síntese moral afonsiana. Basta lembrar dois testemunhos. Para B. Häring, "o papel da consciência é central na moral do Patrono dos moralistas".[66] E para G. Cacciatore, o tratado da consciência constitui uma "obra-prima (*capolavoro*) do grande moralista napolitano e da teologia católica".[67]

17.3.3. Significados e funções da consciência

Uma vez situado o tratado afonsiano sobre a consciência no contexto da moral geral, e tendo notado o interesse especial que nele colocou seu autor, convém agora analisar, de forma sistemática, os significados e funções que a realidade da consciência apresenta no pensamento moral de Afonso. Não quero fazer essa análise me detendo em questões textuais específicas; prefiro reunir o "espírito" que anima a construção afonsiana em torno da consciência.

Na minha opinião, são três as principais vertentes nas quais podem ser expressos o significado e a função que Afonso atribui à consciência moral: fator *personalizante* da vida moral; instância *constitutiva* da moralidade; e expressão da *autonomia* do sujeito moral.

– Consciência: fator "personalizante" da vida moral

Desde o final da Escolástica, e durante todo período pós-tridentino, a consciência moral ocupou um lugar de destaque na vida

---

65 "Prudentia, quae est proxima regula nostrarum actionum": *Dissertatio scholastico-moralis*: edição de L. Corbetta, t. 28 (Monza, 1831) 20.

66 HÄRING, B. *Sant'Alfonso: una morale per i redenti*: VÁRIOS. Morale e Redenzione (Roma, 1983) 23.

67 CACCIATORE, G. *S. Alfonso de Liguori e il Giansenismo* (Florença, 1944) 381

e na reflexão moral do catolicismo. Aqui encontramos a chave da chamada "revolução copernicana" do casuísmo: ter colocado a consciência como o centro, em torno do qual gira o universo moral.[68] Tanto é assim, que se pode falar da moral católica moderna como uma "moral da consciência".

Afonso não foi inovador nesse apreço pela consciência. Outros manualistas, antes dele, haviam colocado o tratado sobre a consciência no primeiro lugar da síntese moral. A intervenção de Afonso, apesar de não ser inovadora, foi decisiva a esse respeito. "A problemática relativa à consciência tornou-se central para a Teologia Moral, enquanto disciplina autônoma, e continuou a ocupar os primeiros lugares nos manuais até meados do século XX, devido à forte influência afonsiana".[69]

Entretanto, Afonso se distanciou da interpretação comum que o casuísmo dava à função da consciência moral. Para a maioria dos casuístas, a consciência era, acima de tudo, um lugar e um conjunto de regras onde, e por meio das quais, realizava-se um *procedimento* a fim de obter a certeza necessária para agir moralmente. A consciência consistia, basicamente, em uma "técnica" para lidar com o jogo das diversas opiniões, em um contexto onde a finalidade não era obter "verdades" objetivas, mas, no máximo, "certezas" subjetivas.

Sob essa compreensão, um tanto *mecanicista,* a consciência tornou-se uma espécie de "fórum, no qual eram aplicadas técnicas de jurisprudência".[70] Consequentemente, gerava um tipo de discurso moral no qual a pessoa ficava reduzida a "sujeito calculante e calculável".[71] O ponto alto dessa forma de entender a atuação da consciência verificou-se no procedimento para sair da "dúvida", que deu origem à diversidade dos, assim chamados, "siste-

---

[68] TURRINI, M. *La coscienza e le leggi. Morale e diritto nei testi per la confessione della prima Età moderna* (Bolonha, 1991) 187.

[69] *Ibid.*, 184.

[70] *Ibid.*, 182.

[71] *Ibid.*, 188.

mas morais", nada mais que estruturas processuais para alcançar a *certeza* moral.

Afonso se afastou dessa interpretação "mecânica" e exageradamente "processual" da consciência moral. Em seu pensamento há uma marcada orientação "personalista",[72] que se traduz na interpretação da consciência como fator "personalizante" da vida moral.

– Consciência: instância "constitutiva" da moralidade

Sem dúvida, a afirmação mais peculiar e decisiva de Afonso, em relação à consciência, é dizer que ela é uma "norma *formal* e *próxima*" do agir moral. Com essa orientação, Afonso se coloca no que chamaríamos hoje de tendência subjetiva do discurso e da vida morais. No entanto, convém explicar essa interpretação para que não seja mal compreendida.

Afonso, como não poderia deixar de ser, admite dois fatores na constituição da ordem moral: um, de caráter objetivo; e o outro, de caráter subjetivo. Na linguagem da época, chama cada fator: *regula actuum humanorum* – regra dos atos humanos.[73]

Convém destacar que os dois fatores são "constitutivos" do universo moral, cada um de acordo com sua própria peculiaridade. Daí que, também o mundo da moralidade, deve ser considerado inserido nessa tensão entre objetividade (o que é o *bom?)* e subjetividade (como sermos *bons?)*.

É necessário notar a qualificação dada por Afonso a cada um dos dois fatores: ao objetivo, ele chama de *regula remota sive materialis,* e o identifica com a *lex divina*, enquanto, ao subjetivo, chama de *regula proxima sive formalis,* e o concretiza na *conscientia.* Pelo

---

[72] CAPONE, D. *Fattualismo o personalismo morale?:* SM 26 (1988) 183-207; Id., *Il personalismo in Alfonso M. de Liguori*: GIANNANTONIO, P. (ed.). *Alfonso M. de Liguori e la società civile del suo tempo* (Florença, 1990) I, 221-257.

[73] Gaudé, I, 3: "Duplex est regula actuum humanorum; una dicitur remota, altera proxima. Remota, sive materialis, est lex divina; proxima vero, sive formalis, est conscientia".

binômio de termos empregados, segue-se que não é possível haver uma polaridade sem a outra (*proxima-remota, formalis-materialis*). Entretanto, pela ressonância linguística, e pelo conteúdo semântico de cada termo, a preferência afonsiana parece se inclinar para a *regula formalis*, que é representada pela consciência.

Afonso não explica em que sentido a consciência é uma instância *constitutiva* da moralidade. Certamente, não aceitaria entender a consciência como fonte *criativa* da moral, nem identificaria o juízo de consciência com uma mera *decisão* da pessoa, segundo o significado que tais interpretações adquirem na condenação que recebem na encíclica *Veritatis Splendor* (n. 54-56). Afonso não fala de uma *decisão*, mas de um juízo ou ditame,[74] embora não reduza esse ditame a um mero reflexo da norma objetiva. Afonso sabe que a ordem objetiva é norma "na medida em que é captada" pela consciência.[75] É no *prout apprehenditur ab ipsa conscientia* que está a função "constitutiva" da consciência na vida moral. E, nesse sentido, podemos falar de "consciência criativa", como o fez B. Häring.[76]

A doutrina afonsiana sobre a força *constitutiva* que a consciência opera na vida moral aparece, com maior relevo, na explicação do caráter vinculante da "consciência invencivelmente errônea".[77]

> A *falibilidade* da consciência e a possível *superação* de tal falibilidade constituem uma questão importante, tanto no pensamento de Afonso, quanto na subsequente tradição moral redentorista.[78] A sensibilidade personalista dessa tradição fica evidente na abordagem e na solução de ambas as questões. Retornaremos a esse ponto no próximo capítulo, quando vamos expor o pensamento de Afonso sobre a ignorância invencível da lei natural. Na verdade, ambas

---

74 Gaudé, I, 3: "Conscientia definitur sic: est judicium seu dictamen practicum rationis".

75 Gaudé, I, 3: "Licet conscientia in omnibus divinae legi conformari debeat, bonitas tamen aut malitia humanarum actionum nobis innotescit, prout ab ipsa conscientia apprehenditur".

76 HÄRING, B. *Norma e coscienza creativa*: Il Regno/attualità 34 (1989) 177-181.

77 VEREECKE, L. *La conscience selon Saint'Alphonse de Liguori*: SM 20 (1983) 262-266.

78 Ver o estudo de: SMYKSY, J. *La diagnosi e il superamento della coscienza fallibile in Sant'Alfonso e nei manuali di teologia morale dei Redentoristi fino al Vaticano II* (Roma, 1999).

as questões - consciência invencivelmente errônea e ignorância invencível da lei natural - são dois lados da mesma realidade.

Segundo Tomás de Aquino, o erro invencível apenas "escusa" do pecado, mas não torna meritório o ato correspondente.[79] Em vez disso, para Afonso, a consciência invencivelmente errônea, não só exime do pecado, mas também (diz ele: *probabilius*) constitui em "meritório" o ato moral. A razão é que, para que um ato seja considerado bom, basta que a ação "seja dirigida pelo ditame da razão e da prudência". Consequentemente, aquele que age com uma consciência invencivelmente errônea, agindo com prudência, "sem dúvida alguma deve ter merecimento, em razão do bem pelo qual age (a glória de Deus, a caridade para com o próximo etc.)".[80]

É interessante constatar o fato de que Afonso apresente como "autoridades", para apoiar sua argumentação, a opinião de dois dominicanos: Fulgêncio Cuniliati[81] e Daniel Concina.[82] Por outro lado, Liguori suaviza a postura negativa de Tomás de Aquino (em: l-ll, q. 19, a. 6 ad 1), trazendo outro texto do *corpus thomasianum*.[83]

---

[79] Afonso assim o reconhece citando o texto de I-II, q. 19, a. 6 ad 1: "Bonum causatur ex integra causa, malum autem ex singularibus defectibus. Et ideo ad hoc quod dicatur malum id, in quod fertur voluntas, sufficit sive quod secundum suam naturam sit malum, sive quod apprehenditur ut malum. Sed ad hoc quod sit bonum, requiritur quod utroque modo sit bonum".

[80] Gaudé, I, 4: "Non solum autem qui operatur cum conscientia invincibiliter erronea non peccat, sed etiam *probabilius acquirit meritum* (...). Ratio, quia ad dicendum aliquem actum bonum, saltem inadaequatum, sufficit ut ille dirigatur per rationis et prudentiae dictamen. Cum ergo operans prudenter agit, procul dubio mereri debet propter bonum finem quo operatur, nempe gloriae Dei aut caritatis erga proximum, etc.; sicut contra demeretur qui bonum opus facit, sed apprehensum ut malum, propter malum finem quo opus illud exequitur".

[81] Gaudé, I, 4: "Ut recte sentit Pater Fulgentius Cuniliati". O texto de F. Cuniliati, que se encontra em todas as edições da obra, está em: *Universae Theologiae Moralis accurata complexio instituendis candidatis accommodata*, Pars Prima, Tractatus Primus, Caput I, Para. III: "De Conscientia Errante": "Agens autem ex Conscientia erronea invincibili, probabilius nobis videtur, quod possit bene, honeste, et prudenter agere, et si adsint requisita, etiam meritorie".

[82] Gaudé, I, 5: "Pater Concina, quamvis in argumento dicat, opera ex conscientia erronea, etsi invincibili, nulla praedita esse bonitate aut merito, postmodum tamen nobiscum sentit".

[83] Gaudé, I, 5. O texto de Santo Tomás é de *Quodlibetum* 3, a. 27: "Actus humanus judicatur virtuosus vel vitiosus, secundum bonum apprehensum, in quod per se voluntas fertur, et non secundum materiale objectum actus".

Como podemos ver, a doutrina afonsiana radicaliza, a favor da consciência, o pensamento de Tomás de Aquino, situando-se mais na órbita de Guilherme de Ockham.[84] A razão dessa postura é que Afonso não acredita em um "objetivismo moral crasso" (*lex ut in se est*), mas em uma "objetividade mediada pela razão" (*lex prout repraesentatur a ratione*).[85]

A partir dessa compreensão da consciência como instância "constitutiva" da moralidade, podemos deduzir a importância que Afonso outorga ao juízo de consciência na pastoral e, mais concretamente, no sacramento da Penitência. É a consciência que "determina" a verdade *prática* e, consequentemente, a verdade que *salva* ou *condena*. Daí o valor do papel que a consciência assume na prática pastoral, especialmente, no sacramento da Penitência.

Observamos, em vários pontos do presente estudo, que a moral afonsiana está organizada em torno de dois interesses: o estudo do funcionamento do *juízo de consciência* e a determinação de sua aplicação na *prática da confissão.* A TM pertence às "morais do confessionário" e também – e, por isso mesmo, diríamos nós, – às "morais da consciência".

– A consciência: expressão da "autonomia" do sujeito

Para Afonso, a consciência é um fator "personalizante" da vida moral; é, também, uma instância "constitutiva" da verdade prática e, portanto, salvífica (ou condenatória). Gostaria de completar essas duas características aludindo aos valores antropológicos que emergem da compreensão afonsiana da consciência. Tais valores estão ligados ao "espírito" de seu sistema moral.

Na 8ª seção, analisamos a relação de Afonso com o espírito do Iluminismo. Enquanto, em aspectos espirituais e dogmáticos, essa relação foi, principalmente, de tom negativo, nas abordagens teológico-morais mudou de tom e se orientou para a relação positiva.

---

[84] VEREECKE, L. *La conscience…*, 263.

[85] Gaudé, I, 153: "Quando peccatur contra legem invincibiliter ignoratam, materialiter tantum, non formaliter peccatur; quia lex, non ut in se est, sed prout repraesentatur a ratione, ita fit regula et mensura nostrae voluntatis".

Como jurista e moralista, Afonso não é a antítese do Iluminismo e de seus ideais. Pelo contrário, está enraizado no século XVIII, não apenas cronologicamente, mas também na medida em que participa dos novos valores trazidos por esse século e que são fermentos da futura revolução social.

No sistema de moral proposto por Afonso, há algumas características que coincidem com o espírito nascido do Iluminismo. Tais características são as opções que aparecem em sua concepção de consciência moral:[86]

1. Promoção da *razão,* dando mais importância à argumentação intrínseca do que aos argumentos de autoridade.
2. Aceitação dos dados objetivos de *experiência,* em oposição aos "pré-julgamentos", como critério de orientação humana.
3. Inclinação para o valor da *liberdade* quando não há certeza sobre a lei.

Nesse sentido, a moral de Afonso começa a vislumbrar os ideais do Iluminismo, mais na moral fundamental (critérios ou orientações da moralidade) do que na moral concreta (pautas morais de comportamento concreto).

17.3.4. Anotação suplementar: a orientação afonsiana em disputa

D. Capone analisou a peculiaridade da "casuística" afonsiana e destacou nela a presença da *prudencialidade.* Para esse estudioso do pensamento afonsiano, a consciência moral, segundo Afonso, é o fator pessoal que integra a função da "prudência" tomasiana e o papel da "casuística" moderna.[87]

---

[86] VEREECKE, L. *La conscience...*, 266-273.

[87] CAPONE, D. *La "Theologia moralis" di S. Alfonso. Prudenzialità nella scienza casistica per la prudenza nella coscienza*: SM 25 (1987) 27-78. Essa posição de Capone é assumida e desenvolvida por MAJORANO, S. *The Formation of Conscience according to the Redemptorist Tradition*: VÁRIOS. *Proceedings of the Third International Congress of Redemptorist Moral Theologians* (Pattaya, 1995) 8-15.

Desde essa perspectiva, não se compreende a pretendida oposição entre a "moral da consciência", de Afonso de Liguori, e a "moral da prudência", de Tomás de Aquino. Tal foi a interpretação dada por Th. Deman,[88] e parece continuar sendo a forma de entender (ou falsear) a peculiaridade afonsiana por parte de alguns moralistas atuais, ou seja, contrastando-a com a de Tomás de Aquino.[89]

Estudos recentes sobre a moral afonsiana superaram esse falso confronto, justificando como genuinamente tomasiana e cristãmente personalista a doutrina de Afonso sobre a consciência moral.

Por outro lado, nas discussões morais em torno da encíclica *Veritatis Splendor* (1993), pareceu ficar obscurecida a doutrina afonsiana sobre a consciência. De fato, a encíclica VS, sem negar o valor da consciência, situa-se mais na sensibilidade moral orientada por, e para, a ordem objetiva. Obviamente, não opta por uma "moral da consciência", mas por uma moral da verdade objetiva. Sobre a possível tensão entre a doutrina da consciência na VS e a postura de Afonso, já refletimos em outro estudo, ao qual remetemos.[90]

Os documentos do pontificado do Papa Francisco, em particular a Exortação Apostólica *Amoris Laetitia* (2016), parecem se situar em âmbito de orientação mais personalista, pois enfatizam, na linha do pensamento afonsiano, o valor primordial da consciência na vida moral do cristão.[91]

Para uma comparação do pensamento de Afonso sobre a consciência com as posturas exageradamente objetivistas da moral recente, e para uma possível atualização das orientações afonsia-

---

88 DEMAN, T. *Probabilisme*: DTC, XIII/1 (Paris, 1936) 590-591. Posição mais matizada, ainda que coincidente com Deman no essencial, é a de LABOURDETTE, M.-M. *Théologie morale*: Revue Thomiste 50 (1950) 191-230 (ver, sobretudo, p. 225, 227, 230).

89 Esta é a impressão a partir do artigo de PINCKAERS, T. S. *La conciencia y el error*: Revista Católica Internacional 15 (1993) 331-342. Impressão que se converte em evidência em: MELINA, L. *Conciencia y verdad en la encíclica "Veritatis Splendor"*: DEL POZO, G. (ed.). Comentarios a la "Veritatis Splendor" (Madri, 1994) 623.

90 VIDAL, M. *La conciencia en el proyecto moral de Alfonso de Liguori*: Moralia 19 (1996) 389-410 = (em tradução italiana) Segno n. 184 (1997) 15-30.

91 *Amoris Laetitia*, n. 304-306 e *passim*.

nas de acordo com os princípios da *misericórdia* e da *benignidade* do atual entendimento teológico-pastoral, também remetemos à apresentação que fizemos em outro lugar.[92]

17.3.5. Complemento bibliográfico

Os principais estudos monográficos sobre o tema da consciência no pensamento teológico-moral de Afonso estão indicados abaixo.

- CAPONE, D. *Legge, coscienza, persona nei moralisti e in S. Alfonso: la gran controversia nel Cinque-Sei-Settecento e oggi*: Asprenas 19 (1972) 133-168.
- CAPONE, D. *Per una teologia della coscienza*: SM 20 (1982) 67-92.
- CAPONE, D. *Qualque nota sulla coscienza morale secondo i tomisti, S. Tommaso e S. Alfonso*: CAPONE, D. La proposta morale di Sant'Alfonso. Sviluppo e attualità. A cura di S. Botero e S. Majorano (Roma, 1997) 335-352.
- VEREECKE, L. *La conscience selon Saint'Alphonse de Liguori*: SM 20 (1983) 259-273.
- HÄRING, B. *Alfonso de Liguori: il primato della coscienza*: Segno 15 (1989) 101-110.
- MAJORANO, S. *The Formation of Conscience according to the Redemptorist Tradition*: VÁRIOS. Proceedings of the Third International Congress of Redemptorist Moral Theologians (Pattaya, 1995) 1-33.
- MAJORANO, S. *Zum Verständnis des Gewissens bei Alfons von Liguori und in der Redemptoristischen Tradition:* Theologie der Gegenwart 39 (1996) 162-171.
- MAJORANO, S. *Al servizio delle coscienze*: RICCI, V. (ed.). Alfonso M. de Liguori maestro di vita spirituale (Milão, 1998) 103-113.
- O'NEIL, K. *La formación de la conciencia moral en la teología contemporánea*: Moralia 19 (1996) 411-430 (tradução alemã em: Theologie der Gegenwart 39 [1996] 172-183).
- VIDAL, M. *La conciencia en el proyecto moral de Alfonso de Liguori*: Moralia 19 (1996) 89-410.

---

92 VIDAL, M. *Dios misericordioso y conciencia moral* (Madri, 2000) 121-141: "La conciencia en el proyecto moral de Alfonso y en las discusiones actuales".

- HÄRING, B. *Santo Afonso de Ligório advogado da Consciência*: Fragmentos de Cultura 7 (1997) 71-80 = C. Ss. R. Communicationes (agosto 1987).
- HÄRING, B. *Alfonso de Liguori: il primato della coscienza*: Segno 15 (1989) 101-110.
- SMIKSY, J. *La diagnosi e il superamento della coscienza fallibile in Sant'Alfonso e nei manuali di teologia morale dei Redentoristi fino al Vaticano II* (Roma, 1999).
- BILLY, D. *Alphonsus on Conscience: A Brief Historical Overview*: Spiritus Patris 27/1 (2001) 13-17.
- FORTE, B. *Libertad y correspondencia. Alfonso y la conciencia moral*: TRIGO, T. (ed.). Dar razón de la esperanza. Homenaje al Prof. Don José Luis Illanes (Pamplona, 2004) 557-574 = (em italiano) *Attualità della morale alfonsiana. Sant'Alfonso e la coscienza ieri e oggi*: SM 45 (2007) 163-183.
- GALLAGHER, R. *Where Moral Theology Begins. "Aditus ad Universam Moralem Theologiam"*: KOERPEL, R. C.; TIRIMANNA, V. (ed.). Contemplating the Future of Moral Theology. Essays in Honor of Brian V. Johnstone (Eugene, Oregon, 2017) 21-37.

17.4. QUESTÕES RELACIONADAS COM A LEI

17.4.1. O tratado afonsiano sobre a lei

O tratado sobre a lei, na síntese moral-teológica de Afonso, não é, nem extenso, nem inovador.

É verdade que se pode constatar a preparação e o gênio jurídico de Afonso, tanto na clareza da apresentação, quanto na precisão dos conceitos. No cap. 2 da 7ª seção, enfatizamos, seguindo outros estudos,[93] que a formação jurídica e a condição de advogado tiveram influência notável na configuração do pensamento moral

[93] FREDA, A. *S. Alfonso universitario*: VÁRIOS. Contributi Bio-Bibliografici (Bréscia, 1940) 81-110; PERLINGIERI, P. *Alfonso de Liguori Giurista*: GIANNANTONIO, P. (ed.). *Alfonso M. de Liguori e la società civile del suo tempo* (Florença, 1990) I, 271-285; CHIOVARO, F. *Alfonso de Liguori avvocato e magistrato*: Il Segno n. 142-343 (1993) 51-54; VEREECKE, L. *Sant'Alfonso giurista. La formazione giuridica e l'influsso sulla morale*: SM 31 (1993) 265-282.

de Afonso. Essa influência não poderia estar ausente no tratamento sobre a lei.

Mas, tanto os aspectos selecionados, quanto a forma como são tratados, não oferecem originalidade no tratado afonsiano sobre a lei.

Por outro lado, está ausente a consideração teológica da lei cristã. Concretamente, falta a exposição da "lei nova ou evangélica", como encontrada na obra de seu adversário, Patuzzi.[94]

Além disso, a maioria das páginas do tratado sobre a lei são dedicadas a quatro *Dissertações:*

- Sobre a autoridade do Romano Pontífice.
- Sobre a ignorância invencível.
- Sobre os privilégios.
- Sobre a proibição de livros perniciosos.

O conteúdo da primeira e da quarta dissertações já foram analisados na seção dedicada ao *Iluminismo* (a proibição dos livros perniciosos) e na seção onde tratamos da relação de Afonso com o *Jurisdicionalismo* (a autoridade do Romano Pontífice). Não apresentando maior importância a dissertação sobre os privilégios, fixaremos a atenção na questão da ignorância invencível, juntamente com outros aspectos relacionados ao tema da lei, que têm atraído a atenção dos estudiosos.

17.4.2. Algumas questões de interesse relacionadas com a lei

Os aspectos do pensamento afonsiano sobre a lei que mais têm interessado e que, objetivamente, têm mais importância, são os que mantêm conexão com o "sistema moral" proposto por Afonso. De fato, as afirmações sobre a lei estão intimamente ligadas à consciência, mais especificamente, aos problemas de consciência, sobre cuja orientação e solução trata o sistema moral.

---

[94] PATUZZI, J. V. *Ethica christiana sive Theologia Moralis*, I (Bassano, 1790) 40-60 ("De lege nova sive Evangelica"). Sobre os tratados tomistas da *Lei nova* : VEREECKE, L. *Les commentaires thomistes du traité de la "lex nova" de saint Thomas d'Aquin au début du XVI siècle*: SM 23 (1985) 163-186.

- Os princípios da dúvida e da posse

Há dois princípios gerais do sistema moral afonsiano que têm a ver com a teoria da lei e que foram suficientemente bem estudados:

- O princípio da *dúvida* na obrigação moral: "A lei duvidosa não obriga".[95]
- O princípio da *posse,* dependendo se a dúvida está na existência da lei (a posse é a favor da liberdade) ou na aplicação a uma situação específica (a posse é a favor da lei).[96] Esse princípio é, claramente, afonsiano.

- Caráter não obrigante da "lei eterna" em si

Também em conexão com o sistema moral proposto por Afonso para orientar a consciência provável, encontra-se seu pensamento sobre a categoria de *lei eterna,* como aparece em suas discussões com Patuzzi.

Afonso não nega a categoria agostiniano-tomista da *lex aeterna.* Mas, frente a abordagens morais excessivamente objetivistas e exageradamente obrigantes, sustenta que:

- A lei eterna, em relação à consciência humana, não é propriamente uma *lei,* ou seja, não é, sem mais, obrigante.[97]
- A que é propriamente lei - e norma obrigante para a consciência moral - é a lei natural, já que só ela está promulgada à razão hu-

---

[95] BOUCHARD, F. *Le principe de la loi douteuse chez St. Alphonse. Étude historique et critique.* Datilografado. Dissertação apresentada à Faculdade de Teologia da Universidade de Ottawa (1947).

[96] SUTTNER, J. *De principio possessionis in systemate morali S. Alfonso.* Datilografado. Dissertação apresentada à Faculdade de Teologia do "Angelicum" de Roma (1939).

[97] Gaudé, I, 41: "Veruntamen [adversus Patuzzi] ego assero (idque clare probabo) quod lex aeterna, respectu hominum, non est propria lex". - *No entanto, eu defendo (e claramente provarei) que a lei eterna não é propriamente lei no que diz respeito aos homens.*

mana. Isso é verdade, mesmo aceitando que a lei natural é uma participação na lei eterna.[98]

A conclusão, para Afonso, é clara: só a lei natural é obrigante, já que só ela pode ser "regra" e "medida" para a razão humana.[99]

Dentro da tradição tomasiana acerca da lei natural (l-ll, qq. 90-108), os probabilioristas do século XVIII, particularmente D. Concina e J. V. Patuzzi, fizeram uma interpretação exageradamente objetivista da ordem moral, apoiando-se no valor da lei eterna, cuja manifestação era a lei natural.[100]

Mais exata e original foi a postura de Afonso, capaz de harmonizar a dimensão objetiva da verdade moral (justificada e apoiada pela *lei eterna)* e a vertente subjetiva dessa verdade, insistindo na condição da promulgação, na razão humana, para que a lei eterna seja obrigante.[101]

"A proposta afonsiana foi capaz de superar o impasse da questão probabilística mediante uma solução que, de acordo com a metodologia típica do santo doutor, resulta sólida teoricamente e, também, realizável na prática pastoral. De fato, Afonso conseguiu conduzir o discurso sobre a lei moral para seu ambiente vital, que é o propriamente teológico-pastoral, e encontrou a maneira de reduzir a pretendida totalização da moral da obrigação, levando-a para o contexto da nova aliança realizada em Cristo Redentor".[102]

---

[98] *Ibidem*: "Propria enim lex quoad ipsos [homines] est lex naturalis; quae, licet sit participatio legis aeternae, ipsa tamen est ea quae proprie homines ligat, cum lex naturalis tantum hominibus promulgetur et rationis lumine applicetur". - *A que é propriamente lei no que se refere aos homens é a lei natural que, mesmo sendo participação na lei eterna, é a que propriamente liga os homens, por ser a lei natural a única que lhes é promulgada e aplicada pela luz da razão.* Segue um amplo desenvolvimento da prova: Gaudé, I, 41-43.

[99] Gaudé, I, 43: "Lex igitur quae hominem ligat est tantum lex naturalis; quia ipsa tantum potest esse homini regula et mensura, qua reguletur et mensuretur". - *Portanto, a lei que liga o homem é somente a lei natural; porque somente ela pode ser regra e medida para o homem, pela qual seja regulado e medido.*

[100] Ver o desenvolvimento em: PANZETTA, A. *L'uomo tra natura e grazia. Il diritto naturale e la legge di grazia in Pasquale Magli (1720-1776)* (Perugia, 2010) 34-39.

[101] *Ibid.*, 40-44: "La soluzione alfonsiana".

[102] *Ibid.*, 44.

Afonso conseguiu tudo isso, segundo D. Capone, porque foi capaz de compreender a ordem objetiva e a dimensão subjetiva da verdade moral no contexto integrador do mistério da pessoa.[103]

– A extensão da ignorância invencível e o valor da epiqueia

O aspecto que, atualmente, desperta mais interesse no pensamento afonsiano sobre a lei é o que se refere à ignorância invencível em relação à lei natural. Há duas razões para isso: pela conexão que o assunto tem com a função da consciência moral, e porque nele se expressa uma peculiaridade notável do pensamento moral afonsiano, que é mais inclinado à "benignidade pastoral" do que ao rigorismo impiedoso.

Em conexão direta e imediata com a questão da ignorância invencível, está a doutrina sobre a epiqueia.[104] Precisamente, a referência ao pensamento de Afonso sobre esse ponto provoca um confronto imponente entre duas tendências destacadas da moral católica atual, a de natureza personalista e a de natureza objetivista.[105]

- O uso da *epiqueia* como critério regulador da verdade moral, mesmo em questões de lei natural,[106] tem, no pensamento de Afonso, uma justificação antropológica.
- O mesmo deve ser dito sobre a aceitação da *ignorância invencível* no sujeito moral. Essa ignorância inculpável impede o pecado formal, o único pecado que ofende a Deus e que se opõe à

[103] CAPONE, D. *Legge, coscienza, persona nei moralisti e in S. Alfonso. "La gran controversia" nel Cinque-Sei-Settecento e oggi*: Asprenas 19 (1972) 133-168.

[104] Ver uma apresentação, embora reduzida, da posição aristotélico-tomista-suareziana e as reformulações atuais, passando em silêncio a etapa da moral casuística (e, consequentemente, de Afonso de Liguori), em: SCHLÖGL-FLIERL, K.: *Epikie. Ein Movens für die Moraltheologie*: SM 55 (2017) 65-97.

[105] VIRT, G. *Epikie und sittliche Selbstimmung*: MIETH, D. (ed.). *Moraltheologie im Abseits? Antwort auf die Enzyklika "Veritatis splendor"* (Friburgo-Basileia-Viena, 1994) 204-219, se refere à doutrina afonsiana de forma positiva e aprovatória; por outro lado, RHONHEIMER, M. *Intentional Actions and the Meaning of Object*: The Thomist 59 (1995) 279-311, crê que a "metodologia" afonsiana não é correta (por tratar a "lei natural" como se fosse uma lei positiva), embora aceite seu "espírito", sem precisar em que consiste esse "espírito" afonsiano.

[106] Gaudé, I, 182: "etiam in naturalibus".

salvação.[107] A "boa fé", na qual, às vezes, é necessário deixar as pessoas,[108] é uma característica importante da antropologia moral e pastoral de Afonso.[109]

É uma peculiaridade do pensamento moral afonsiano ter aceitado e apoiado a afirmação de que a ignorância invencível pode alcançar os conteúdos da lei natural.[110]

17.4.3. *Complemento bibliográfico*

- CURRAN, C. *Invincible ignorance of the Natural Law according to St. Alphonsus* (Roma, 1961).
- CAPONE, D. *Legge, coscienza, persona nei moralisti e in S. Alfonso. "La gran controversia" nel Cinque-Sei-Settecento e oggi*: Asprenas 19 (1972) 133-168.
- VEREECKE, L. *Sant'Alfonso giurista. La formazione giuridica e l'influsso sulla morale*: SM 31 (1993) 265-282.
- PANZETTA, A. *L'uomo tra natura e grazia. Il diritto naturale e la legge di grazia in Pasquale Magli (1720-1776)* (Perugia, 2010) 34-39.
- KENNEDY, T. *Alfonso de Liguori, una morale de avvocato del peccatore*: Segno 38 (2012) n. 332, 65-79, especialmente p. 74-76: "Il trattato della legge di un 'uomo della tradizione'".

---

[107] Gaudé, III, 636; *Praxis confessarii*, n. 8.

[108] Por exemplo, nos comportamentos da vida conjugal: LANGLOIS, C. *Régulation romaine et morale alphonsienne en France dans la première moitié du 19e siècle*: SH 45 (1997) 327-329.

[109] MAJORANO, S. *Il popolo chiave pastorale di S. Alfonso*: SH 45 (1997) 81-82; DE ROSA, G. *La figura e l'opera di Sant'Alfonso nell'evoluzione storica*: SH 45 (1997) 222.

[110] CURRAN, C. *Invincible ignorance of the Natural Law according to St. Alphonsus* (Roma, 1961). Texto completo datilografado da Dissertação na Academia Afonsiana de Roma: *Invincible ignorance of the Natural Law according to St. Alphonsus. An historico-analytical study from 1718 to 1765* (1961).

DÉCIMA OITAVA SEÇÃO

A moral concreta no projeto teológico-moral de Afonso

Em capítulo anterior (cap. 5 da 16ª seção), aludimos ao conjunto das peças que compõem o edifício teológico-moral construído por Afonso. Na presente seção, queremos deter a atenção sobre esse conjunto temático e contemplar, de perto, algumas dessas peças mais significativas para captar a peculiaridade afonsiana no tratamento moral.

Em primeiro lugar, oferecemos uma visão de conjunto da temática moral concreta, tratada na *Theologia Moralis* afonsiana.

Em seguida, centramos a atenção em quatro áreas temáticas concretas: áreas da sexualidade, do matrimônio, da família e da sociedade. Acrescentamos, por fim, um apontamento acerca das mulheres "casadas".

O programa indicado será exposto nos cinco capítulos que compõem a presente seção. Advertimos que o conteúdo dos capítulos será breve, mas buscará sugerir horizontes mais amplos, vislumbrados no pensamento de Afonso. Além disso, tanto o conteúdo, quanto as referências bibliográficas desta seção, precisam ser completadas com os dados oferecidos no cap. 6 da 21ª seção.

Estes são os capítulos da presente seção:

18.1. Visão panorâmica da moral concreta na síntese de Afonso.

18.2. Sexualidade e matrimônio na síntese moral de Afonso.

18.3. A ética familiar na proposta moral afonsiana.

18.4. Sensibilidades de moral social em Afonso.

18.5. Apontamento afonsiano sobre a situação das "casadas".

18.1. VISÃO PANORÂMICA DA MORAL CONCRETA NA SÍNTESE DE AFONSO

O amplo campo dos preceitos morais, em que se concentra a síntese moral de Afonso em sua *Theologia Moralis*, pode ser organizado em torno de quatro pontos:

- Os preceitos morais vinculados aos atos de religião.
- As exigências morais na relação com o valor da vida humana.
- A orientação moral da sexualidade e do matrimônio.
- As implicações morais da vida social.

Não damos destaque especial ao tratado sobre os "preceitos especiais" correspondentes aos estados de vida (Livro IV) porque, os que se referem aos estados religioso e clerical, entram na parte da moral sacral, e os que se referem aos estados seculares, não são suficientemente representativos para constituir um capítulo completo de "moral professional".

18.1.1. Os preceitos morais vinculados aos atos de religião (moral sacral)

Esse núcleo temático é o que ocupa mais espaço na síntese moral afonsiana. Como genuína moral casuísta, a TM de Afonso está marcada pela sacralização: dirige-se a uma socialidade sacralizada, e esta imprime na moral uma orientação sacral. Isso vale, tanto para a seleção dos conteúdos, quanto para a forma de abordá-los.

O amplo tratado dos sacramentos (Livro VI, que ocupa todo o III tomo da edição de Gaudé) pertence, por direito próprio, a esse núcleo de moral sacral. É preciso dizer o mesmo sobre o extenso tratado sobre as censuras eclesiásticas e as irregularidades (Livro VII, que ocupa quase 250 páginas do tomo IV da edição de Gaudé).

Pertencem também à moral sacral:

O conteúdo dos preceitos eclesiásticos.

Afonso faz uma análise ampla e minuciosa deles, ocupando, assim, bastante espaço de sua TM. Merecem destaque as exposições:

1. Sobre o *jejum*: Livro III, tratado 6: p. 384-440 do livro II da edição de Gaudé.
2. Sobre o cumprimento do preceito dominical e festivo: *proibição de trabalhar* (livro III, tratado 3, exposição sobre o terceiro mandamento do decálogo: p. 551-569 do tomo I da edição de Gaudé).

- Os preceitos morais referentes ao *universo da fé*.

Entram aqui, em grande medida, os tratados sobre as três virtudes teologais (Livro II, tratados 1-3: p. 295-365 do tomo I da edição de Gaudé, bem como os tratados sobre o primeiro e segundo mandamentos (Livro III, tratados 1-2: p. 369-544 do tomo I da edição de Gaudé).

- A moral específica dos grupos ou estados de vida vinculados ao mundo sacral.

Entra nesse grupo quase todo o conteúdo do livro IV, dedicado aos "preceitos próprios" dos estados de vida, visto que, praticamente, estão reduzidos ao estado religioso e ao estado clerical.

Nos tratados sobre os mandamentos do decálogo, é abundante o conteúdo diretamente referente à estrutura sacral. Dois exemplos: longa exposição sobre a simonia (no 1º mandamento); estudo detalhado sobre os bens eclesiásticos (no 7º mandamento).

Não é necessário referir a mudança de sensibilidade operada na Teologia Moral atual frente à conotação notavelmente sacral da síntese afonsiana. O atual *acento secular* da moral repercute, de dois modos, sobre a avaliação do núcleo temático afonsiano que chamei "moral sacral" e que é composto pelos preceitos morais vinculados aos atos de religião:

- Por um lado, o conteúdo moral afonsiano perde força normativa e capacidade de iluminar e guiar o comportamento do cristão atual porque este se move, preferentemente, em situações não sacrais, ou vive as situações religiosas sem a imediata conotação de obrigação jurídico-moral.
- Mas, por outro lado, os conteúdos da moral sacral da síntese afonsiana são particularmente úteis, nos dias de hoje, enquanto elementos de sociologia religiosa, mediante os quais se pode conhecer melhor a sociedade cristã do Antigo Regime.

É essa a avaliação, ambivalente, do amplo espaço ocupado pela moral sacral na síntese afonsiana.

18.1.2. As exigências morais na relação com o valor da vida humana (bioética)

Encontramos o tratado de bioética na exposição sobre o quinto mandamento do decálogo (Livro III, tratado V, capítulo I). O interesse prático-pastoral faz a reflexão moral de Afonso descer à casuística mais preocupante de sua época. Através dos temas tratados, conseguimos perceber o grau e conteúdo da sensibilidade moral de seu tempo quanto ao valor da vida humana. Estas são as principais situações abordadas pela moral afonsiana:

- Penas eclesiásticas em que incorrem os homicidas, tanto os verdadeiros e próprios assassinos, quanto aqueles que usam seus serviços (n. 363-364);
- Moralidade das touradas: tanto para os organizadores, quanto para os participantes (n. 365);
- Licitude do suicídio: evitando uma morte pior, por exemplo, ao incendiar o navio para não cair nas mãos dos inimigos (n. 367);
- Valor da vida humana e perigo de estupro (n. 368);
- Ilicitude da autoexecução da pena de morte (n. 369);
- Ações que colocam em grave perigo a vida humana (n. 369);
- Castração dos meninos cantores para conservar a voz branca (n. 374);

- Casuística relacionada ao condenado à morte: obrigação de fornecer-lhe tempo para confessar e comungar; o réu pode comungar sem observar o jejum, etc. (n. 397);
- Moralidade de matar o agressor em caso de legítima defesa: para defender a própria vida (n. 380), para defender algo de grande valor (n. 383), para defender o pudor (n. 386);
- Casuística moral em relação ao aborto direto e indireto (n. 394-397);
- Moralidade do homicídio casual (n. 398);
- O duelo (n. 399-401). Essa questão moral do duelo, "que estava se tornando uma chaga pública, especialmente entre os oficiais da nova 'brigada real'"[1] também foi objeto de um memorial que Afonso dirigiu ao rei de Nápoles, Fernando IV.[2]
- A guerra (n. 404-408).

Analisando o elenco dos temas e o tratamento dado por Afonso, chega-se à conclusão de que o tratado sobre a vida humana constitui um conjunto de especial valor na síntese da TM.

É verdade que falta a consideração fundamental (ético-teológica) sobre o valor da vida humana; mas também é verdade que se verifica na doutrina afonsiana a ambiguidade axiológica existente na tradição teológico-moral católica: afirmação geral de um valor e aceitação de numerosas exceções.[3] Da mesma forma, é característica negativa a impostação do tema em chave individual e interindividual, sem preocupação com o horizonte social (note-se, por exemplo, a pouca importância dada ao tema da guerra).

Contudo, mesmo com essas limitações, o tratado afonsiano sobre a vida humana emerge com particular característica na história da moral. O valor da vida humana é suficientemente afirmado no tratado sobre o quinto mandamento e em outras passagens da TM.[4]

---

1 Tellería, II, 399.

2 Lettere, III, 637-639.

3 VIDAL, M. *Moral de Actitudes. II/1. Moral de la Persona y Bioética teológica* (Madri, 1991[8]) 335-344. (= VIDAL, M. *Moral de Atitudes.* Tomo II - 1ª Parte. Moral da Pessoa e Bioética Teológica. Aparecida: Santuário, 1988. p. 309-328).

4 Ver: Gaudé, III, 77. 84.

No estudo das diferentes edições da TM (capítulo 1 da 15ª seção) já notamos como alguns temas desse tratado (defesa do agressor, tiranicídio) provocaram dificuldades especiais para o autor e como este havia feito um estudo, claro e pleno de matizações, sobre a licitude da legítima defesa e a moral do tiranicídio.[5]

Também, como dado positivo, ainda é necessário assinalar, na reflexão moral de Afonso, a presença das ideias médicas da época,[6] bem como seu interesse por temas de moralidade médica, muito além do tratado sobre o quinto mandamento.[7]

18.1.3. A orientação moral sobre a sexualidade e sobre o matrimônio (moral sexual)

Diante de considerações superficiais e errôneas, é necessário reconhecer que a moral exposta por Afonso não se reduz à moral sexual. O tratado sobre a sexualidade ocupa pouco espaço na síntese afonsiana.

A exposição sobre o sexto mandamento divide, com a exposição sobre o quinto mandamento, o capítulo 2 do tratado 4 do Livro III, preenchendo apenas quarenta páginas da edição de Gaudé: I, 665-707. Confrontando sua extensão com aquela reservada ao sétimo mandamento (p. 3-354 do II tomo da edição de Gaudé), é possível notar como esta última lhe é superior em mais de 300 páginas.

Quanto ao conteúdo, a moral sexual afonsiana não apresenta grande originalidade. Recolhe a doutrina casuística e resume exposições mais amplas de outros autores, especialmente, dos Salmanticenses e de Tomás Sánchez. Sua contribuição específica é a orientação prática e o equilíbrio da prudência pastoral.

É em razão da prudência pastoral que Afonso justifica seu rigorismo nas orientações morais concretas. Acredita que, nessa

---

5 Esses temas aparecem na 7ª edição da TM.

6 Sobre os médicos e as ideias de medicina na TM, ver: Gaudé, I, 646. 648. 699. 703. 760; III, 84. 85; IV, 94. 97. 98. 99. 100. 104. 106. 134.

7 Gaudé, I, 22-23 (experimentação médica); III, 77 (inviolabilidade da vida: caso do martírio); III, 109 (proteção da vida intrauterina).

matéria, a posição moral rigorista seria mais salvífica que a atitude benigna.[8] Apesar dessa justificativa, a doutrina afonsiana resulta excessivamente rígida em alguns pontos, mesmo que tal rigorismo deva ser temperado pelo conhecimento da situação histórica em que escreve.[9]

Por outro lado, nessa matéria da sexualidade, pode ser que Afonso tenha projetado certos temores, de orientação relacionada ao tabu. Ler o início dos tratados sobre o sexto mandamento e sobre o uso do matrimônio:

- "Nunc aegre materiam illam tractandam aggredimur, cujus vel solum nomen hominum mentes inficit..." - *Agora, penosamente, começamos a tratar de uma matéria que, só pelo nome, já perturba a mente dos homens...* : Gaudé, I, 665-666.
- "Piget me de hac materia, quae tantam prae se fert foeditatem, ut castas mentes ipso solo nomine perturbet, longiorem habere sermonem...": Gaudé, IV, 83. *Aflige-me fazer uma longa dissertação sobre essa matéria que porta consigo tanta feiura que,* ***só de*** *ser mencionado seu nome, já perturba as mentes castas.*

Apesar desse normal rigorismo nas questões de moral sexual, algumas decisões morais de Afonso foram consideradas excessivamente benignas em sua época. Tal, pareceu, a alguns bispos e teólogos, sua compreensão moral, manifestada na primeira edição, a respeito do costume das damas de sua época mostrarem parte do peito (*mulier media ubera detegens*).

A passagem da 1ª edição se encontrava na coluna 89, letra c, e na coluna 250, no fim. Diante das reações de alguns bispos e teólogos,[10] Afonso reformou a doutrina na 2ª edição (proposição reformada n. 9 do tomo I e texto no Livro II, n. 55). A formulação definitiva encontra-se ampliada em uma passagem interessante (Gaudé, I, 351-353) em que Afonso distingue entre a "moral do púlpito" (parênese) e a

---

8 Gaudé, I, 707 nota a; III, 465, 631.

9 Postura excessivamente rígida parece ser a adotada por Afonso sobre o comportamento durante o noivado: Gaudé, III, 459; IV, 33-34. Voltaremos a tratar sobre esse tema no próximo capítulo.

10 Tellería, I, 422-423.

"moral científica" (Teologia Moral), e na qual analisa o significado do costume (normalidade sociocultural) para a construção da moralidade. Também se atreve a expressar um dado da sensibilidade erótica napolitana da época ao assinalar a capacidade erógena do peito feminino seminu: "pectus non est pars vehementer provocans ad lasciviam" - *o peito não é uma parte que provoca veementemente à lascívia.* (Gaudé, I, 352).[11]

Entre os aspectos menos lúcidos do tratado afonsiano sobre a moral sexual, é preciso enumerar os seguintes:

A debilidade da argumentação ao tentar justificar, com razões objetivas, tiradas fora do significado humano da sexualidade, determinados comportamentos sexuais como a fornicação[12] e a masturbação.[13]

Sobre alguns temas, a sua reflexão moral ainda se move em imprecisões que, nos moralistas posteriores, encontrarão maior

---

11 Hesito em recolher (mesmo em nota) em página de um volume tão sério como o presente a declaração espontânea de um estilista como Riccardo Tisci (Taranto, 1974), que, além de declarar que "o catolicismo e a religião fazem parte do meu ADN e a moda é uma forma de expressar o meu sentimento religioso", afirma que a desinibição sexual "é algo recebido no leite materno quando se nasce em um país onde existem muitos tabus, mas a sexualidade não é um deles. Cresci rodeado de imagens da Virgem Maria com os seus seios desnudos. Para mim a nudez é natural. Estive recentemente em Nápoles e visitei a capela de Sansevero, com o Cristo velado, uma das obras mais perfeitas do mundo, com um véu fino que, embora esculpido em mármore, parece de seda. Havia tantos nus! A força visual do espaço foi impactante" (18 de novembro de 2017).

12 Gaudé, I, 177-178: "Fornicatio semper est mala jure naturae, licet in aliquo casu cessaret periculum malae educationis prolis. Ratio, quia in fornicatione semper adest periculum magnae hallucinationis, immo in illa, ultra periculum malae educationis, sunt alia damma, scilicet hebetatio mentis, subjectio rationis sensui, etcetera". *A fornicação sempre é má pela lei natural, mesmo que em determinado caso não haja o perigo da má educação. A razão é que, na fornicação, sempre há o perigo de grande alucinação que, especialmente, além do perigo da má educação, causa outros tantos danos, como o enfraquecimento da mente, a sujeição da razão aos sentidos, etc.*

13 Gaudé, I, 698: "Si enim fornicatio est mala, quia est contra educationem prolis, pejor est pollutio, quae est contra prolis generationem" - *Pois, se a fornicação é má porque vai contra a educação da prole, pior é a polução, que vai contra a geração da prole.* Sobre o pano de fundo histórico da argumentação a respeito da imoralidade da masturbação, cf. BAJEN, M. *Pensamiento de Tomás Sánchez S. J. sobre la moral sexual.* Granada, 1976, p. 476.

esclarecimento; é o caso da exposição sobre a não parvidade de matéria no pecado da luxúria.[14]

Na doutrina afonsiana há falta de conhecimento científico, historicamente compreensível, sobre a fisiologia sexual;[15] permanecem, também, atitudes restritivas quanto ao exercício da sexualidade, especialmente, quando relacionada temporalmente com atos religiosos, como a comunhão.[16]

O rigorismo moral se manifesta na avaliação de situações e comportamentos humanos relacionados com o pudor sexual da sociedade: espetáculos, exibição de comediantes, representações pictóricas, etc.[17]

É presente e operante uma certa misoginia no modo de Afonso tratar a sexualidade: a mulher é considerada "perigo mortal";[18] é subvalorizado seu impulso sexual;[19] persistem tabus sobre a fisiologia feminina, por exemplo, a menstruação.[20]

---

14 Gaudé, I, 666-668. "Contudo, ainda Afonso, seguindo Sánchez, não concretiza a parvidade de matéria em atos que, para os moralistas atuais, não são propriamente "venéreos", mas sim "impudicos" (cf. VIDAL, M. *Moral de Atitudes*. Tomo II - 2ª Parte. Moral do amor e da sexualidade. Aparecida: Santuário, 1991, p. 188).

15 Ver as teorias pré-científicas sobre a necessidade de expulsão do sêmen corrompido (Gaudé, I, 699). Para o enquadramento histórico desse ponto, cf. BAJEN, M. *Pensamiento de Tomás Sánchez S. J. sobre la moral sexual*. Granada, 1976, p. 214. Anotar, além disso, as seguintes passagens da TM: Gaudé, I, 703 (prurido); II, 716–717 (vestes apertadas e movimentos sensuais).

16 Sobre as restrições da relação sexual conjugal antes da comunhão: Gaudé, III, 243 (cf. III, 214: polução noturna e comunhão). Sobre a quantidade de atos conjugais no matrimônio: IV, 122 (cf. também: IV, 109-110: coitus post prandium). Contudo, o motivo do débito conjugal escusa do dever do jejum (III, 424).

17 Gaudé, I, 353. Para o conhecimento da atuação pastoral do bispo Afonso frente aos espetáculos teatrais, ver Tannoia, II, 321-322.

18 Afonso se pergunta o que deve fazer uma donzela ("puella") quando prevê que saindo à rua possa ser causa de pecado por causa de sua beleza. Casuisticamente, distingue entre sair à rua para cumprir obrigações (por exemplo, a missa), ou sair sem necessidade de uma obrigação grave; a solução moral é diferente em cada um dos casos (Gaudé, I, 345. 347. 351-352).

19 Gaudé, IV, 101 (mais frígidas); cf. outros dados ginecológicos: IV, 97. 98. 100. 104. 106. 134. A desvalorização da mulher aparece no detalhe de preferir celebrar missa sem acólito a contar com ajuda de uma mulher (III, 383).

20 Gaudé, III, 246.

Contudo, é justo reconhecer qualidades muito positivas no tratamento moral do matrimônio na TM afonsiana. Sua orientação geral se afasta do pessimismo agostiniano, situando-se no âmbito da compreensão mais otimista dos teólogos renascentistas, compreensão adquirida por Afonso, sobretudo, através de Tomás Sánchez. Essa orientação concretiza-se na aceitação, sem restrições, da licitude moral da sexualidade conjugal e na interpretação pessoal da doutrina sobre os fins do matrimônio. Como diz, com certo exagero, um de seus mais recentes biógrafos "Afonso tem inteligência e coragem de ir contra toda a tradição, desde santo Agostinho, para afirmar que a procriação não é o fim primeiro do casamento."[21]

Nas orientações morais sobre a vida conjugal, é preciso buscar a benignidade pastoral. Contra os jansenistas e filojansenistas, Afonso sustenta que a perfeição cristã pode ser vivida também na condição de casados. Proclama a máxima antijansenista afirmando que a comunhão cotidiana é prática normal para os esposos.[22]

Lembramos que a exposição e a avaliação do conteúdo da moral sexual, matrimonial e familiar de Afonso também serão tratadas no próximo capítulo.

18.1.4. As implicações morais da vida social (moral social)

A moral social de Afonso se encontra na ampla exposição sobre o sétimo mandamento (Livro III, tratado 5: Gaudé, II, p. 3-354).

A impostação é claramente casuísta, pois, ao contrário de organizar a matéria segundo o esquema proposto pelos tratados *De justitia e de jure* (séc. XVI-XVII), Afonso se coloca no âmbito da opção casuísta e concentra o conteúdo social dentro da exposição formal sobre o decálogo e, mais exatamente, na exposição do sétimo mandamento (com elementos dispersos no quarto, quinto e oitavo mandamentos).

Tal impostação casuísta imprime uma tonalidade marcadamente individualista e juridicista na moral social afonsiana. Tudo

---

[21] Rey-Mermet, p. 510.

[22] Gaudé, III, 221.

é organizado em torno da justiça *comutativa*, que orienta as exigências morais segundo as duas bases do *domínio* (posse jurídica dos bens) e da *restituição* (devolução dos bens roubados).

Afonso assimilou totalmente essa orientação. Sua moral social se organiza em torno das categorias jurídico-morais de *domínio, restituição* e *contrato*. No manual de Busenbaum não havia referência ao tema do domínio, por isso, Afonso compôs um tratado-preâmbulo *De justitia et jure*, onde, além das noções de justiça e direito, expõe a doutrina jurídico-moral sobre a aquisição de domínio sobre os bens econômicos. Desenvolve, logo em seguida, aquilo que chama *os três dificílimos tratados*: o furto, a restituição e os contratos.[23]

No tema do *domínio*, Afonso expõe as noções jurídicas que estão correlacionadas (noção de domínio, usufruto, modo de adquirir o domínio), mas, sobretudo, concentra-se nos sujeitos do domínio: bens dos filhos, bens da mulher, etc. Chama a atenção o espaço empregado na discussão dos bens dos clérigos (Gaudé, II, 8-17).

O capítulo dedicado ao *furto* apresenta exposição minuciosa sobre temas muito concretos como, por exemplo, quando é possível subtrair coisas de outro sem incorrer em furto, nos casos de extrema necessidade ou como compensação; qual a quantidade necessária para cometer pecado mortal; se os furtos pequenos se unem para formar um todo; o que pensar dos furtos cometidos pelos servos, pelos amigos e pelos parentes.

Mas o tema a que Afonso dedica grande interesse é a *restituição*, que considera particularmente importante para a prática pastoral (Gaudé, II, 52-54). Confessando, previamente, sua sinceridade e esforço pessoais para encontrar soluções equidistantes do rigorismo e do laxismo, revira toda a casuística sobre o dever da restituição para educar, tanto os confessores, quanto os penitentes, em matéria que considera de grande importância para a salvação da alma.

A moral dos *contratos* é exposta com o mesmo interesse prático e casuístico. Graças à sua preparação jurídica, Afonso se destaca

[23] "Tres hos perdificiles sequentes tractatus" – *Estes três tratados seguintes são os mais difíceis*. (Gaudé, II, 3).

na descrição e avaliação moral dos principais contratos econômicos existentes em sua época. Completa essa abordagem com o estudo da *tutela* e dos *testamentos*. Pensando nesses temas relacionados com os contratos e com outras instituições socioeconômicas da época, Afonso afirma que não bastava ler os Santos Padres, mas era preciso estar a par das realidades do momento histórico em que toca ao moralista viver.[24]

A análise do conteúdo e da orientação da moral social afonsiana resulta em valorização globalmente positiva. Na síntese da TM, dois são os temas de máximo relevo: a *consciência*, na parte da moral geral; e o *sétimo mandamento*, na parte da moral específica. A moral social é o tratado mais trabalhado por Afonso dentro da exposição sobre os preceitos morais da vida cristã. As exigências da moral econômica constituem, juntamente com os preceitos morais ligados aos atos religiosos e às orientações morais do matrimônio, o conteúdo mais importante da moral concreta de Afonso.[25]

No cap. 4 da presente seção, faremos uma apresentação mais detalhada da moral social proposta por Afonso.

18.2. SEXUALIDADE E MATRIMÔNIO NA SÍNTESE MORAL DE AFONSO

O que for dito no presente capítulo deve ser contextualizado dentro da visão panorâmica, esboçada no capítulo precedente, e completado com as referências aos estudos sobre temas de moral afonsiana, surgidos desde a segunda metade do séc. XX, tal como são apresentados no cap. 6 da 21ª seção. Os três momentos expositivos referidos constituem, em certo sentido, uma unidade temática.

---

24 DE ROSA, G. *Saint Alphonse et le siècle des Lumières*: VÁRIOS. Saint Alphonse, Pasteur et Docteur (Paris, 1987) 30-33.

25 O mesmo Afonso avaliou, na 2ª edição, três tratados: *de restitutione, de poenitentia, de matrimonio*: Lettere, III, 677.

18.2.1. *Moral sexual*

A moral sexual afonsiana reflete, com algumas matizações peculiares, a letra e o espírito dos posicionamentos e das soluções que tiveram lugar na Teologia Moral católica no período que corre, desde meados do séc. XVI, até fins do séc. XVII. Afonso *encerra* esse período em dois sentidos: enquanto a etapa termina nele e enquanto a síntese afonsiana é o que a geração seguinte vai receber dos três séculos precedentes.

- A moral sexual da época

Entre as caracterizações que podemos assinalar na moral sexual católica, situada no período posterior ao Concílio de Trento, sobressaem três:

Em primeiro lugar, o conjunto da proposta moral católica, do séc. XVI ao XVII, participa do espírito da contrarreforma: é uma moral de *restauração*. Esse objetivo restauracionista fica manifesto no campo da moral sexual: "A partir da segunda metade do século XVI, teve lugar uma virada restauracionista no terreno sexual".[26] Frente ao espírito pagão da época renascentista (séc. XV e primeira metade do séc. XVI), a Igreja trata de recuperar a orientação cristã esquecida, de opor-se às correntes e comportamentos "heterodoxos", e de oferecer uma orientação genuinamente "católica" sobre a sociedade.

A segunda característica tem a ver com o caminho utilizado para restaurar a orientação cristã no comportamento sexual. Em lugar de adotar uma atitude de "diálogo" com a nova cultura, prefere-se recorrer à tradição rigorista e extrair dela os critérios para orientar a conduta sexual dos cristãos. Em termos gerais, a moral sexual católica pós-tridentina:

- Apoia-se sobre o *pessimismo antropológico.*
- Procede mediante uma *análise exageradamente minuciosa.*

---

[26] CANOSA, R. *La restaurazione sessuale. Per una storia della sessualità tra Cinquecento e Settecento* (Milão, 1993) 18-19.

- Expressa-se através de orientações que confiam *mais no rigor que na benignidade.*

Aos séc. XVI ao XVII se aplica, com maior exatidão, o que Delumeau afirma em relação à etapa anterior (séc. XIII a XVI): "Jamais uma civilização inteira foi submetida a uma tal análise no terreno da sexualidade, sobretudo, no âmbito do matrimônio".[27]

Essa restauração, de cunho rigorista, não ocorreu sem confrontos. Entre estes, deve-se recordar as tensões provocadas na Teologia Moral católica e que se expressam através das disputas entre rigorismo e laxismo, entre probabilioristas e probabilistas. Os laxistas e, menos ainda, os probabilistas, não submeteram à revisão os fundamentos da moral sexual católica, nem ofereceram um paradigma alternativo.

Reduziram-se a temperar o rigorismo generalizado:

- Aceitando mais justificações que a finalidade procriativa (por exemplo, o prazer moderado, o "remédio para a concupiscência") para coonestar o exercício da sexualidade conjugal.
- Rebaixando a gravidade de alguns pecados sexuais (de "mortais" são rebaixados para "veniais").
- Buscando adaptar as exigências cristãs às novas condições da vida social da época (por exemplo, reuniões, espetáculos).
- Rejeitando alguns formalismos teóricos e algumas exigências práticas no campo da sexualidade; por exemplo, a rígida catalogação dos pecados sexuais em "espécies atomizadas" e em "circunstâncias que mudam a espécie", com a consequente obrigação de confessar atendo-se a essas categorizações.

As tendências mais abertas dos laxistas (entre os quais, sobressai João Caramuel) e dos probabilistas (entre os quais é preciso destacar, os jesuítas, Tomás Sánchez e Tomás Tamburini) tiveram aceitação, sobretudo, durante a primeira metade do séc. XVII; mas, logo se viram derrotadas pela ofensiva rigorista da Universidade de Lovaina e do clero francês, na segunda metade do séc. XVII,

---

[27] DELUMEAU, J. *Le Péché el la Peur* (Paris 1983) 245-246.

e pelos probabilioristas dominicanos da primeira metade do séc. XVIII (dos quais, um dos chefes de fila foi Daniel Concina).

Analisando de perto as disputas suscitadas na Teologia Moral católica durante a etapa do séc. XVI ao XVIII, é possível aceitar a objetividade desta observação de J. T. Noonan: "A sexualidade constituiu o terreno mais espinhoso que se apresentou à análise dos moralistas na igreja pós-tridentina".[28]

- A posição de Afonso

No contexto indicado, é preciso situar o pensamento moral de Afonso sobre a sexualidade. Ele faz a sistematização definitiva que passará à geração seguinte e se imporá como "oficial" no séc. XIX, século no qual se verifica o fenômeno da "liguorização" da moral católica. Enquanto, em outros campos da moral, a postura afonsiana é de cunho mais benigno, no terreno da moral sexual assume plenamente o espírito e a letra da *restauração* sexual católica, embora rejeite algumas (embora bem poucas) afirmações exageradamente rigoristas.[29]

Analisada em si mesma, a proposta de moral sexual afonsiana me parece rigorista, mesmo levando em conta o contexto histórico que acabo de referir. Afonso, não apenas sublinha que, em matéria de luxúria, *não se dá parvidade de matéria* (*non datur parvitas materia, ita ut omnis delectatio carnalis, cum plena advertentia, et consensu capta, mortale peccatum est*)[30], mas sustenta que, em tal matéria, por motivos pastorais, é preferível seguir a opinião mais segura.

Não é falta de objetividade biográfica aceitar que Afonso projetou, sobre esse campo da moral sexual, certos temores pessoais e determinadas inseguranças não resolvidas. De fato, uma das áreas em que se manifesta sua condição psíquica escrupulosa é a sexua-

---

28 NOONAN, J. T. *Contraception et mariage. Évolution ou contradiction dans la pensée chrétienne* (Paris, 1969) 456.

29 CANOSA, R. *La restaurazione sessuale...*, 91ss.

30 Gaudé, 666-668.

lidade.[31] Por exemplo, suas reações no trato com as mulheres podem ser situadas no âmbito do patológico.[32]

Além de rigorista, a orientação afonsiana da moral sexual tem a característica de ser chamativamente detalhista.[33]

- "Trata o escabroso tema da fornicação e das relações carnais com o outro sexo com uma minuciosa casuística sexofóbica"[34]: sobre o tato (*de tactibus*), sobre os olhares (*de verbis*), sobre o ouvido (*de audientibus verba turpia*) fora do matrimônio.[35] Também alude aos enfeites da mulher,[36] às assistências aos teatros,[37]etc.

- "Mediante uma minuciosa casuística, quase a modo de Boccaccio, apropriada - se diria - para enriquecer a documentação erótica de um novelista libertino, o moralista resenha as variadas formas de relações sexuais, das legítimas até as mais estranhas e peregrinas, como ter relações sexuais em locais sagrados, por exemplo, na igreja, no cemitério, no oratório, no mosteiro, etc".[38] O moralista napolitano se soma à opinião de alguns teólogos, segundo os quais, a relação sexual entre esposos acontecida em lugar sagrado poderia ser escusada de pecado "se estiverem em necessidade moral de ter relação sexual, por exemplo, se houver perigo de incontinência ou tiverem que permanecer muito tempo na igreja".[39]

- Ao tratar sobre a sodomia, Afonso distingue (e descreve) entre sodomia perfeita e imperfeita. Quanto ao sexo oral, se o recebedor é varão, é ato de sodomia, mas se a recebedora for mulher, o ato deve ser avaliado como polução e como pecado *contra naturam*.[40] A relação sexual com uma mulher morta (*cum femina morta*) não é

---

[31] JONES, F. M. *Alphonsus de Liguori. The Saint of Bourbon Naples. 1696-1787* (Dublim, 1992) 69-74.

[32] Tellería, I, 132-133, 280-281, 600-601, 806-807, 829-830.

[33] LIGUORI, G. de. *La metamorfosi del linguaggio nella controversistica e nella pratica missionaria di Alfonso de Liguori*: BORGHERO, C.; LORETELLI, R. (ed.). Le metamorfosi dei linguaggi nel Settecento (Roma, 2011) 205-207.

[34] *Ibid.*, 205.

[35] Gaudé, I, 668-677.

[36] *Ibid.*, I, 672: *an liceat mulieri se ornare?*

[37] *Ibid.*, I, 674-675.

[38] LIGUORI, G. de. *La metamorfosi*..., 206-207.

[39] Ver: Gaudé, I, 687-690.

[40] Gaudé, I, 693.

considerada entre as relações bestiais, mas como polução (*fornicatio affectiva*).[41]

- Afonso não deixa de assinalar o que a mulher deve fazer ao sofrer uma agressão sexual: gritar. Discute: resistir até com perigo de morte?[42]

- Continuação do estudo sobre temas concretos

Nos estudos sobre a moral de Afonso há alusões à moral afonsiana acerca da sexualidade (ver o que foi citado no cap. 6 da 21ª seção); também há alusões nas investigações históricas sobre temas concretos de moral sexual. No entanto, não há estudos específicos e autônomos sobre a temática sexual no pensamento moral afonsiano.

Da minha parte, analisei um tema concreto: a moralidade da sexualidade pré-conjugal, ao que remeto o leitor interessado:

- VIDAL, M. *Las relaciones prematrimoniales. El pensamiento de Alfonso de Liguori (1696-1787):* Moralia 17 (1994) 357-378 = (em tradução italiana) *La coabitazione prima delle nozze:* DE SPIRITO, A. (ed). La figura e l'opera di Alfonso de Liguori nel Sannio (Milão, 1999) 227-239.

18.2.2. Traços inovadores afonsianos na moral matrimonial

- Confronto entre intérpretes

O pensamento moral de Afonso Maria de Liguori sobre o matrimônio foi objeto de confronto entre dois teólogos moralistas que, por sua vez, representavam duas tendências diferentes, na abordagem e nas soluções dos problemas de moral conjugal na Igreja católica, nos anos do Concílio Vaticano II e na época posterior à encíclica *Humanae Vitae* (1968). Referimo-nos a B. Häring e a M. Zalba.

Para Häring, a doutrina de Afonso sobre o matrimônio marca uma inflexão, e até, uma variação, na tradição católica anterior, de cunho agostinista; nesse sentido, as orientações afonsianas se situariam no "espírito personalista", abertamente aceito pelo Concílio

[41] *Ibidem.*

[42] Gaudé, I, 676.

Vaticano II.[43] Zalba, por sua vez, opôs-se diretamente a essa interpretação de Häring; para o moralista espanhol, a doutrina afonsiana se situa dentro da tradição católica precedente,[44] da qual não se afasta, a não ser em matizações,[45] e em algum ponto substantivo concreto.[46]

Outros autores também se aproximaram do pensamento de Afonso sobre a moral conjugal. Desde uma perspectiva histórica, foi o que fez L. Vereecke, situando a doutrina afonsiana no contexto da época.[47] Conforme esse historiador da moral, Afonso precisa ser colocado dentro da corrente de cunho mais "personalista" (frente à corrente que insiste, sobretudo, na dimensão procriativista) da ética sexual[48] e da moral matrimo-

---

43 Essa interpretação pode ser encontrada nos dois capítulos do livro: HÄRING, B. *Matrimonio al rojo vivo* (Madri, 1970) 52-63 ("Doutrina sistemática de Santo Afonso sobre o matrimônio"), 63-69 ("Da sistemática à casuística"). Häring qualifica a doutrina afonsiana com expressões como estas: "algumas teses assombrosas" (p. 51), "uma apreciação quase totalmente nova" (p. 63), "sistematização atrevida" (p. 79). (= O matrimônio: problema debatido (Pontos Controversos). Caxias do Sul: Ed. Paulinas, 1969).

44 A interpretação de M. Zalba se encontra nos três artigos seguintes: *S. Alfonso in contrasto con la tradizione e con S. Agostino?*: Rassegna di Teologia 10 (1969) 369-388; *En torno a una interpretación agustiniana. La tradición prealfonsiana vista por Häring*: Augustinus 15 (1970) 3-18; *Num in doctrina matrimoniali S. Alfonsus novator fuerit (Perpensio iudicii P. Häring)*: Periodica 59 (1970) 315-342.

45 "Santo Afonso não tinha se afastado da linha, mais ou menos, ondulante do pensamento tradicional" (em: Rassegna 10 [1969] 369).

46 Refere-se à interpretação que Afonso faz de *1Cor* 7, 2, e da consequente aceitação do "exercício da vida conjugal como remédio para a concupiscência" (em: *Ibid.*, 385).

47 VEREECKE, L. *L'éthique sexuelle des moralistes post-tridentins*: SM 13 (1975) 175-196 (sobre Afonso: p. 183-184); *Mariage et plaisir sexuel chez les théologiens de l'époque moderne (1300-1789)*: SM 18 (1980) 245-266 (sobre Afonso: p. 265).

48 Para L. Vereecke, a ética sexual dos moralistas pós-tridentinos se divide em duas correntes: a que aceita a sexualidade em razão de sua teleologia (dando, então, lugar a uma "moral fisiológica") e a que, unicamente, justifica a sexualidade por sua finalidade procriativa (que origina uma "moral abstencionista" e negadora da sexualidade). A primeira postura se inicia com Alberto Magno e Tomás de Aquino, continua com Caetano, prolonga-se em Tomás Sánchez, e é assumida por Afonso. A segunda, é resgatada pelo movimento jansenista do séc. XVII através do renascimento do augustinismo moral. Para L. Vereecke, "nenhuma das duas soluções parece satisfatória", sobretudo, levando em conta que a moral sexual é formulada inteiramente por homens, e homens celibatários (em: SM 13 [1975] 196).

nial.[49] Outras interpretações do pensamento afonsiano sobre o matrimônio adotaram a perspectiva sistemática. Tais são as análises de Th. Rey-Mermet, que enfatiza muito o caráter inovador das orientações afonsianas,[50] e de L. Vela, que, tampouco, deixa de expressar uma atitude elogiosa ante a moral matrimonial de Afonso.[51]

Da minha parte, analisei detidamente o tema do matrimônio no pensamento de Afonso e cheguei à conclusão de que há aspectos inovadores de bastante importância, em si mesmos e historicamente. Ressalto, aqui, o que julgo mais importante.

– A inovação principal

Afonso pertence a uma época da moral matrimonial em que já não se fala em "bens" do matrimônio. O significado do matrimônio se expressa com a categoria de "fins". Segundo Liguori, "no matrimônio existem três classes de fins: fins intrínsecos e essenciais, fins intrínsecos acidentais, e fins extrínsecos acidentais. Os fins *intrínsecos essenciais* são dois: a mútua doação, com a obrigação de entregar-se ao outro, e o vínculo indissolúvel. Os fins *intrínsecos acidentais* também são dois: a procriação e o remédio para a concupiscência. Os fins *extrínsecos acidentais* podem ser muitos, como, por exemplo, a paz entre as famílias, a satisfação de algum gosto pessoal".[52]

---

[49] Segundo L. Vereecke, o percurso histórico (de 1300 a 1789) sobre o pensamento dos moralistas católicos acerca da relação entre ato conjugal e prazer sexual "pode parecer extremamente decepcionante" (em: SM 18 [1980] 266), já que faltam completamente as referências antropológicas sobre o que é e como se vive a sexualidade humana. Em todo caso, Afonso se situa na corrente mais "personalista" iniciada por M. Le Maître e J. Maior (em: *Ibid.*, 248-251, 265).

[50] REY-MERMET, T. *A moral de Sto. Afonso.* Aparecida: Santuário, 1991, 89-93 ("Um casamento liberado").

[51] VELA, L. *La doctrina de S. Alfonso Mª de Ligorio sobre los fines del Matrimonio*: Sal Terrae 61 (1973) 599-621. "Santo Afonso descobre no matrimônio valores novos, horizontes novos. Não pode, naturalmente, ter chegado à precisão das formulações atuais, inclusive, levando em conta que estas mesmas necessitam ainda de um maior esclarecimento" (p. 613-614). "A antropologia que subjaz à concepção afonsiana é mais científica que a tomista, e está sempre mais próxima da antropologia bíblica e, desde logo, da atual" (p. 614-615).

[52] Gaudé, IV, 61-62.

Os comentaristas da doutrina afonsiana sobre o matrimônio colocam ênfase particular em destacar a importância da peculiar exposição de Afonso sobre os fins do matrimônio. B. Häring diz que se trata de um "texto clássico que, por desgraça, até agora quase não se levou em conta".[53] Th. Rey-Mermet é mais contundente ao afirmar que, na exposição sobre os fins do matrimônio, Afonso "não duvida em contradizer Santo Agostinho, Santo Tomás e (quase) toda a tradição nascida do direito romano, que será afirmada, ainda, no *Codex Juris Canonici* de 1917 (c. 1013 e 1082) e por Pio XI, na encíclica *Casti Connubii*".[54]

De forma mais ponderada expressa-se L. Vela, quando diz que "a terminologia de Santo Afonso não coincide com aquela atualmente em uso; merece destaque que, para ele, a 'procriação' é um fim intrínseco *acidental*. Sempre, e isso é importantíssimo, Santo Afonso destaca mais o aspecto subjetivo pessoal que o objetivo institucional, e se dá conta de que, enquanto a *traditio mutua* em um sentido espiritual ou, melhor, interpessoal, é algo permanente ou essencial que inclui, entre outras, a obrigação correlativa de 'reddendi debitum', a *procreatio* pode faltar, realisticamente falando e, no caso de muitas esterilidades incuráveis, tem que faltar, e de pouco serve, na prática, falar da essencial orientação dos atos conjugais para a prole".[55]

Partindo dessa interpretação dos fins do matrimônio, na compreensão afonsiana da realidade conjugal *há* dois elementos de particular relevo que parecem chocar contra algumas orientações excessivamente "procriativistas" da tradição anterior e posterior. Refiro-me a estas duas afirmações:

- A procriação *não é um fim essencial* do matrimônio; é apenas um fim intrínseco *acidental*.[56] À luz dessa afirmação, seria preciso re-

---

[53] HÄRING, B. *Matrimonio al rojo vivo* (Madri, 1970) 54. (= O matrimônio: problema debatido (Pontos Controversos). Caxias do Sul: Ed. Paulinas, 1969).

[54] REY-MERMET, T. *A moral de Sto. Afonso.* Aparecida: Santuário, 1991, 91.

[55] VELA, L. *La doctrina de S. Alfonso Mª de Ligorio sobre los fines del Matrimonio*: Sal Terrae 61 (1973), 611-612.

[56] Gaudé, IV, 6l.

visar algumas compreensões exageradamente "procriativistas" do matrimônio e da vida conjugal.

- O matrimônio é lícito e válido *mesmo que sejam excluídos* os dois fins intrínsecos acidentais, concretamente, o *remédio para a concupiscência* e a *procriação*, porque assim contraíram seu matrimônio Maria e José.[57] Também há, aqui, um redimensionamento necessário da procriação (frente aos exageros, que não faltaram na teologia católica) dentro do significado total da instituição matrimonial.

O que pode ser considerado propriamente como inovação afonsiana é a intepretação de *1Cor* 7,2, que a Vulgata traduz assim: "propter fornicationem, unusquisque suam uxorem habeat, et unaquaeque suum virum habeat". Em seu sentido original, o texto paulino não pretende dirimir uma disputa sobre o significado do matrimônio;[58] contudo, a tradição eclesial utilizou-o para justificar o matrimônio em razão de ser "remédio para a concupiscência" (*remedium cuncupiscentiae*).

Afonso se encontrou com uma corrente importante de teólogos (e até majoritária), entre os quais se situava Santo Tomás, que só viam no texto paulino uma simples "indulgência" que não retirava a desordem objetiva inerente a contrair matrimônio com o fim principal de "remédio da concupiscência". Consequentemente, segundo essa interpretação, o contrair matrimônio tendo como fim principal o remédio da concupiscência era, ao menos, pecado venial.

Foi custoso para Afonso se afastar dessa maneira de pensar,[59] sobretudo, ao ter que ir contra o parecer de Santo Tomás, a quem tinha por principal guia em seu trabalho teológico. Contudo, pe-

---

57 Gaudé, IV, 62.

58 VIDAL, S. *Las cartas originales de Pablo* (Madri, 1996), 180-181, nota 83: "não se refere aqui a contrair matrimônio (estaria em contradição com o v. 8, 25ss, 40), mas sim, ao uso dele (v. 3-5); opõe-se à "não ter contato" (v. 1). Isso quer dizer que a afirmação do v. 2 (especificada nos v. 3-5) é de tipo pragmático realista (sobre o uso do matrimônio), e não se pode interpretar como uma afirmação geral sobre o sentido do matrimônio (como *remedium concupiscentiae*)".

59 A exposição, ampla e matizada, encontra-se em: Gaudé, IV, 62-64.

dindo desculpas ao Aquinate, preferiu a intepretação de São João Crisóstomo,[60] que via no texto paulino, não uma "concessão indulgente", mas sim, a afirmação de um valor objetivo do matrimônio. Assim, portanto, Afonso afirma com coragem a ausência de pecado e, consequentemente, a bondade objetiva do matrimônio contraído principalmente por motivação sexual-afetiva ("remédio da concupiscência").

Essa inovação afonsiana tem várias vertentes:

- De um lado, a postura afonsiana foi decisiva para que o texto paulino fosse interpretado, comumente, não como uma "concessão", mas como a afirmação de um "valor" da vida conjugal.
- Por outro lado, como o próprio Zalba reconhece, em contraste com Santo Agostinho, considera como bom (e carente de culpabilidade objetiva) "o exercício da vida conjugal enquanto remédio para a concupiscência".[61]
- Dessa sorte, adota-se uma nova perspectiva para avaliar, de forma mais personalista, as relações intraconjugais e, em geral, a instituição matrimonial.

Em relação à última afirmação, convém recordar a posição básica de Afonso de que os "fins" que justificam o matrimônio são os mesmos que coonestam a relação conjugal.[62] Esse critério ilumina, com uma luz personalista, toda a moral da vida conjugal no pensamento de Afonso.

– Na corrente personalista

O pensamento de Afonso sobre a moral matrimonial está condicionado pelas abordagens e soluções de sua época. Não se pode dizer que sua atitude geral ante as questões básicas do ma-

---

60 "Sed venia tanti Doctoris (cujus sententiis universe obsequi in caeteris ego studui) magis propria videtur interpretatio S. Joannis Chrysostomi": Gaudé, IV, 63.

61 ZALBA, M. *S. Alfonso in contrasto con la tradizione e con S. Agostino?* Rassegna di Teologia 10 (1969) 385.

62 Gaudé, IV, 109: "Iidem enim fines, quos habere licet ad matrimonium contrahendum, cohonestant etiam petitionem copulae".

trimônio seja de cunho de "ruptura". Muito mais, deve-se afirmar que Liguori se mantém dentro das coordenadas da tradição católica, tal como entendida e expressada em seu momento.

Contudo, há nele um "espírito" diferente, que o converte em "alternativa" à opção majoritariamente seguida desde Santo Agostinho até as posturas chamativamente "procriativistas" de determinada tradição teológico-moral. Nesse sentido, é possível dizer que, na continuidade e fidelidade à tradição, em Afonso *há* um traço de "inovação". Sua forma de articular a procriação dentro do significado integral do matrimônio tem repercussões importantes, e de caráter inovador, para a moral matrimonial.

Afonso precisa ser situado na corrente de significação mais personalista e de orientação mais benigna. Como disse J. Delumeau, "espíritos independentes como Dionísio Cartuxo (+1471), Martinho Le Maître (+1481), Tomás Sánchez (+1610), Santo Afonso Maria de Liguori (+1787), fizeram retroceder, pouco a pouco, apesar de uma poderosa oposição conservadora, a impossível moral agostiniana em relação ao matrimônio".[63]

Um dos sinais chamativos dessa orientação inovadora está no abandono da opinião de Santo Tomás, que interpretava de forma pessimista o texto de *1Cor* 7, 2 e, consequentemente, via culpa (ainda que leve) na opção pelo matrimônio contraído como "remédio para a concupiscência". É interessante constatar como, nessa questão, Afonso se distancia de um autor a quem tanto apreciava e a quem tinha por "theologorum princeps". Com maior conheci-

---

[63] DELUMEAU, J. *El catolicismo de Lutero a Voltaire* (Barcelona, 1973). Semelhante avaliação é feita por FARLEY, M. A. *Etica sexual*: NELSON, J. B.; LONGFELLOW, S. P. (ed.). La Sexualidad y lo Sagrado (Bilbao, 1996) 118, quando fala da "tentativa de Afonso Maria de Ligório de integrar o fim paulino do matrimônio com o fim da relação sexual".

mento histórico, também deveria ter afirmado que se distanciava, ao mesmo tempo, da tradição agostiniana.[64]

Entretanto, mais chamativo ainda, é a quem Afonso adere, depois de abandonar Santo Tomás (e a tradição agostiniana): a São João Crisóstomo. É Noonan quem contrapôs as visões de São João Crisóstomo e de Santo Agostinho:[65] a segunda, de cunho mais pessimista e procriativista; e a primeira, de caráter mais otimista e mais relacional. Pergunta-se, além disso, como teria sido a tradição teológica e eclesial posterior se tivesse seguido mais a São Crisóstomo que a Santo Agostinho, e a resposta é que teria existido "um tom teológico diferente, uma visão diferente do matrimônio".[66]

Em todo caso, houve um grande moralista, Afonso de Liguori, que preferiu a opinião de São João Crisóstomo à de Santo Tomás (e, implicitamente, à de Santo Agostinho). Esse "espírito afonsiano", inserido, como esteve, na genuína tradição cristã, serviu para reorientar, teórica e praticamente, a postura global da Igreja, nesse campo, para sensibilidades de cunho mais personalista.

Foi o que aconteceu com as respostas dadas pela Sagrada Penitenciaria, no séc. XIX, às perguntas sobre questões de moral matrimonial. Concretamente, sobre a moralidade da cooperação da esposa no "coitus interruptus" e sobre a necessidade, ou não, de perguntar, no confessionário, sobre os pecados da vida conjugal. O estudo histórico dessa questão apresenta, como balanço global, deixando de lado matizações parciais, a aceitação da orientação

---

64 Tanto B. Häring, quanto Th. Rey-Mermet, nas obras citadas, falam da contraposição entre a postura agostiniana e a postura afonsiana. Contudo, convém levar em conta que Afonso pouco se refere a Santo Agostinho no tema da moral matrimonial. Contabilizei apenas quatro citações das obras agostinianas (e em passagens de pouca importância) no tratado afonsiano sobre o matrimônio da *Theologia Moralis*: Gaudé, IV, 59, 64, 76, 103. Por isso, a referência a Santo Agostinho na obra afonsiana deve ser interpretada de modo *implícito*, ou seja, enquanto a opção agostiniana se encontra na tradição comumente vigente com a qual Afonso se confronta.

65 NOONAN, J. T. *Contraception...*, 127-128.

66 *Ibid.*, 128.

afonsiana na moral matrimonial,[67] ou seja, mais um sinal do processo de liguorização em que entrou a moral católica a partir do segundo terço do século XIX.

- Estudos sobre a moral matrimonial liguoriana

Para as peculiaridades e inovações de Afonso na moral matrimonial, remeto ao meu estudo:

- VIDAL, M. *Rasgos innovadores en la moral matrimonial de San Alfonso María de Liguori:* CASTÁN, J. M.; GUZMÁN, C.; PÉREZ--AGUA, T. M.; SÁNCHEZ GARCÍA, J. M. (ed.). *Hominum causa, omne ius constitutum est.* Escritos sobre el matrimonio en homenaje al Prof. José María Díaz Moreno, S. J. (Madri, 2000) 191-218.

Embora falte uma investigação completa sobre o matrimônio no pensamento de Afonso, há estudos parciais valiosos, entre os quais, podem ser contados:

- VELA, L. *La doctrina de S. Alfonso Mª. de Ligorio sobre los fines del matrimonio:* Sal Terrae 61 (1973) 599-621.
- LANGLOIS, C. *Régulation romaine et morale alphonsienne en France dans la première moitié du 19e. siècle. Les propositions de Mgr Bouvier sur la morale conjugale:* SH 45 (1997) 309-329.
- LASNOSKI, K. *Alphonsus Liguori's Moral Theology of Marriage: Refreshing Realism, Continued Relevance:* Nova et Vetera 9 (2011) 1003-1028.

[67] Um estudo detalhado dessa questão pode ser consultado em: LANGLOIS, C. *Régulation romaine et morale alphonsienne en France dans la première moitié du 19e. siècle. Les propositions de Mgr Bouvier sur la morale conjugale*: SH 45 (1997) 309-329. A matização se refere à forma de invocar a doutrina afonsiana por parte da Sagrada Penitenciaria. Também adverte C. Langlois (p. 327) sobre o perigo de cair em "anacronismos" na hora de interpretar a doutrina afonsiana, perigo do qual acredita não escapar completamente Noonan em sua monumental obra sobre a história da contracepção na moral católica.

18.3. A ÉTICA FAMILIAR NA PROPOSTA MORAL DE AFONSO

18.3.1. O "corpus alphonsianum" sobre a moral familiar

Liguori desenvolveu o conteúdo do quarto preceito do decálogo em diversos momentos de sua produção literária. Trata-se, praticamente, de duplicados de um mesmo tema. A única diversidade que existe é o gênero literário empregado. Podem ser agrupados em três gêneros literários: exposições acadêmicas, orientações pastorais e conteúdos de pregação.

– Exposições acadêmicas

Encontram-se nas obras de orientação propriamente teológico-moral. Antes de mais nada, na *Theologia Moralis* (TM); depois, nos resumos dessa obra magna:

- *Theologia Moralis,* lib. III, tract. III, cap. II: Gaudé, I, 600-620.
- *Istruzione e Pratica,* cap. VII: *Opere di S. Alfonso Maria de Liguori,* IX (Turim, 1855) 134-139.
- *Confessore Diretto,* cap. VII: *Ibid.,* 668-669.
- *Homo apostolicus,* tract. VII, cap. I-III: *Opere di S. Alfonso Maria de Liguori,* VII (Turim, 1848) 132-136. Tradução espanhola: *El hombre apostólico instruido para el confesionario.* Tradução de R. Miguel, I (Barcelona, 1846) 176-182.

– Orientações pastorais

Afonso repete a doutrina sobre as obrigações intrafamiliares na obra destinada a orientar o confessor na prática das confissões:

- *Praxis confessarii,* n. 34-35: Gaudé, IV, 547-548.

  Em italiano: *Pratica del confessore,* cap. II, n. 34-35: *Opere di S. Alfonso Maria de Liguori,* IX (Turim, 1855) 796-797.

  Tradução espanhola: *La práctica del confesor.* Versión y anotaciones de N. Moriones (Madri, 1952) 120-124.

  Tradução brasileira: *Prática dos confessores.* Rio de Janeiro: CDB, 2020. Trad.: Tiago Gadotti.

- Conteúdos de pregação

Afonso também transmite a moral dos deveres familiares nas obras que recolhem os conteúdos de sua pregação. Esta é a obra principal:

- *Istruzione al popolo,* parte 1, cap. IV, Del quarto precetto: *Opere di S. Alfonso Maria de Liguori,* IX (Turim, 1855) 927-935.

  Tradução espanhola: *Instrucción al pueblo.* Tradução de N. Moriones (Madri, 1955) 189-227.

  Tradução brasileira: *Instrução aos católicos.* Rio de Janeiro: Editora CDB, 2020.

Na exposição do quarto mandamento, Afonso insiste, sobretudo, em três séries de relações: 1. Pais e filhos. 2. Cônjuges entre si. 3. Amos e criados. Apresentarei duas dessas relações: pais-filhos e amos-criados, acrescentando a relação entre irmãos.

18.3.2. Relações entre pais e filhos

O pensamento de Afonso sobre a *relação entre pais e filhos* não oferece grandes novidades. Recolhe e transmite a tradicional "moral de deveres" dos pais e dos filhos. A contribuição mais peculiar está na doutrina sobre a intervenção dos pais na vocação sacerdotal e religiosa dos filhos; no entanto, esse conteúdo não corresponde à presente exposição.[68]

Nos lugares que expõe o conteúdo do quarto mandamento do decálogo, Afonso transmite o esquema casuísta da "moral de deveres" dos pais e dos filhos:

> *Theologia Moralis:* Gaudé, I, 600-607; *Praxis confessarii,* n. 34-35; *Istruzione e Pratica: Opere de S. Alfonso Maria de Liguori,* IX (Turim, 1855) 134-136; *Homo apostolicus: Opere...,* VII (Turim, 1848) 132-134; *Confessore diretto: Opere...,* IX (Turim, 1855) 668-669; *Instrucción al pueblo* (Madri, 1955) 189-222.

---

[68] Ver a exposição do tema em: VIDAL, M. *La familia en la vida y en el pensamiento de Alfonso de Liguori (1696-1787)* (Madri, 1995) 204-211, 220-231, 232-240.

Os deveres dos filhos são sintetizados nos três seguintes: "O filho está obrigado a ter para com seu pai amor, respeito e obediência".[69]

- O *dever de amar* obriga a não desejar aos pais nenhum mal, a não murmurar sobre eles e a socorrê-los em suas necessidades, tanto espirituais, quanto materiais.
- O dever de *respeito* deve ser realizado em palavras e ações.
- O dever de *obediência* se refere às "coisas referentes ao serviço da casa e, sobretudo, ao que se refere à manutenção dos bons costumes; e assim, quando os pais proíbem aos filhos o jogo, ou andar em más companhias, ou frequentar lugares suspeitos, é pecado não obedecer".[70]

Ao expor os deveres dos filhos, Afonso alude a dados sócio-históricos. Dos primeiros, transmite expressões que os filhos utilizavam para insultar seus pais: *pazzi, ubbriachi, bestie, scellerati, fattucchieri, ladri* (loucos, bêbados, bestas, bandidos, bruxos, ladrões)[71]. O segundo dado se refere aos gestos de respeito que alguns confessores impunham como reparação das faltas dos filhos em relação a seus pais: "Certos confessores, pouco prudentes, impõem como penitência aos filhos que, chegando em casa, beijem os pés de seus pais (...). Os filhos que não têm o costume de fazê-lo, dificilmente o cumprirão."[72] O "beijar os pés" era uma fórmula utilizada por Afonso na despedida das cartas a seus pais.

Afonso resume *os deveres dos pais* dessa maneira: "Dois são os principais deveres dos pais para com os filhos, sustentá-los com os alimentos, e dar-lhes boa educação".[73]

O *dever que os pais têm de alimentar* persiste "ainda que sejam desobedientes, ainda se houvessem dilapidado sua porção do patrimônio paterno; e mais, ainda que houvessem assumido um matrimônio in-

[69] *Instrução aos católicos*. Rio de Janeiro: Editora CDB, 2020, p. 104.
[70] *Ibidem*.
[71] *Istruzione e Pratica*: l. c., 134.
[72] *Praxis confessarii*, n. 34.
[73] *Instrução aos católicos*. Rio de Janeiro: Editora CDB, 2020, p. 112.

digno e desonroso".[74] Não cumprem esse dever os pais que, "sem justa causa, expulsa seu filho de casa, lhe tira os bens ou se no testamento o priva da legítima herança, ou nega o dote à filha que quer casar-se com pessoa decente".[75] Com frase retórica, Afonso alude a uma realidade sociocultural: "Que deveremos, pois, dizer daqueles bárbaros pais que comem, bebem e jogam seu dinheiro na taverna, enquanto os filhos têm apenas um pedaço de pão em casa para mitigar a fome?"[76]

Afonso situa a *educação dos filhos* como a segunda das duas grandes obrigações que os pais têm em relação aos filhos. Além das orientações esquemáticas, dadas na explicação do quarto mandamento do decálogo,[77] encontramos, no corpo doutrinal afonsiano, o texto de um sermão dedicado, expressamente, à "educação dos filhos".[78] Esse sermão constitui um dos poucos textos afonsianos que tratam, expressa e monograficamente, um tema familiar. A preocupação de Afonso se centra em dois aspectos: na *necessidade* da boa educação e no *modo* de educar bem os filhos. Desde o ponto de vista da história das mentalidades, é o segundo ponto o que oferece maior interesse. É onde se encontram as insistências peculiares de Afonso:

a) O conteúdo da educação é de ordem preferentemente *religiosa.*[79]

b) Afonso sublinha a importância do *bom exemplo.*[80]

c) Também insiste na necessidade de afastar os filhos das *ocasiões de pecado.* Entre essas ocasiões, Afonso anota, concretamente, nove.[81]

d) Dentro dos métodos educativos, aceita a *correção,* e até o *castigo* moderado. "Se amais o filho, corrigi-o com a vara, se já é

[74] *Ibidem.*
[75] *Ibidem.*
[76] *Ibidem.*
[77] *Theologia Moralis*: Gaudé, I, 604-607; *Istruzione e Pratica*: l. c., 135-136; *Homo apostolicus*: l. c., 133-134; *Confessore diretto*: l. c., 668-669; *Praxis confessarii*, n. 35; *Instrução aos católicos. 112-120.*
[78] É o sermão 37 dos *Sermoni compendiati*: *Opere di S. Alfonso Maria de Liguori*, III (Turim, 1847) 505-511. Cito pela tradução de A. Goy que se encontra em: *Obras ascéticas de San Alfonso María de Ligorio*, II (Madri, 1954) 903-913.
[79] *Obras ascéticas...*, II, 908-909. Sobre o conteúdo religioso da educação, Afonso volta a insistir em: Lettere, III, 559, 585, 591, 653-654.
[80] *Obras ascéticas...*, II, 910-911.
[81] *Ibid.*, 911-912.

maiorzinho. Digo com a vara, e não com o bastão, porque, até corrigindo, sois pais e não carrascos. Por isso, quando perceberdes que estais irados, suspendei o castigo, porque, facilmente, poderíeis vos exceder e porque a correção seria inútil, pois o filho o creditaria ao vosso mau humor e não ao zelo que deveríeis ter por sua correção. Acrescentei "se for maiorzinho" porque, quando já for homem feito, de pouco valeriam as correções ou os castigos, a não ser para exasperar-se mais e perder o respeito devido aos pais. De que vale, também, corrigir o filho com tantas injúrias e imprecações? Suprimi algo da sua comida, proibi-lhe o uso de algum enfeite de vestir ou trancai-o em algum quarto".[82]

Afonso, sendo devedor do espírito da época, tempera a função pedagógica do castigo. Adverte:

> "Porém, deve-se castigar aos filhos com discrição, e não com furor, como fazem alguns pais e mães, pois de tal modo, ao invés de tirarem proveito do castigo, os tornam com eles mais perversos. Primeiro se deve admoestar, depois ameaçar, depois castigar, mas de maneira própria a um pai e não de um capataz de navio, com discrição e sem imprecações nem palavras ofensivas. Bastará encerrar-lhes em algum aposento, tirar-lhes algo de alimento, proibir-lhes as roupas mais bonitas e em casos extremos adotar o chicote, eu disse chicote, e não porrete [ou "bastão"]. E por isto há a regra de não pôr a mão nos filhos quando ferve a cólera. Procurai se acalmar um pouco da indignação, e só então castigai".[83]

18.3.3. Relações entre irmãos

Das relações *entre os irmãos* existe uma breve anotação acerca da obrigação que têm de se ajudar economicamente. Os irmãos, "achando-se em possibilidade de fazê-lo, estão obrigados a alimentar a seus irmãos e de dotar suas irmãs, não só quando a necessidade é extrema, mas também na grave, segundo a doutrina comum. Dizem, no entanto, estes autores que, em relação aos ir-

---

[82] *Ibid.*, 913.

[83] *Instrução aos católicos*. Rio de Janeiro: Editora CDB, 2020, p. 114.

mãos e irmãs por parte de mãe, não estão obrigados a outra coisa que alimentá-los".

Assim em: *Opere di S. Alfonso Maria de Liguori,* IX (Turim, 1855) 136 = *Homo apostolicus: Opere di S. Alfonso Maria de Liguori,* VII (Turim, 1848) 134. Tradução espanhola: *Instrucción al pueblo* (Madri, 1955) 206. Tradução brasileira: *Instrução aos católicos.* Rio de Janeiro: Editora CDB, 2020. p. 112.

Também: na *Theologia Moralis* são tratados alguns aspectos relacionados com a economia entre irmãos: Gaudé, II, 309-310 (contrato de sociedade entre irmãos); 345-346 (obrigação de testemunhar a favor dos irmãos); 352 (partilha, entre os irmãos, dos bens do pai sem testamento); 496-497 (entrar na vida religiosa deixando em necessidade os irmãos).

Ao escrever essas notas morais, será que Afonso estaria pensando em suas responsabilidades para com seus próprios irmãos? Não temos a resposta, embora se possa supor que alguma recordação referente a seus irmãos acompanhe essas reflexões morais de Afonso.

Afonso não se contenta com a prática da "moral de deveres". Preocupa-se com a transformação cristã da casa. Para isso, compôs o *regulamento de um pai de família.* É digno de ser lido, ao menos com interesse de história religiosa-cultural, já que esse projeto, enquanto tal, dificilmente poderia ser posto em prática nos dias de hoje.[84]

18.3.4. Relações entre amos e criados

– Dados sócio-históricos

Na família tradicional, sobretudo, na pertencente à classe alta, o pessoal de *serviço doméstico* recebia uma importância especial. Segundo P. Laslett, "uma das características da família euro-

[84] O "regulamento" encontra-se na *Instrução aos católicos.* Rio de Janeiro: Editora CDB, 2020, p. 117-120.

peia" tradicional é a presença de "servos".[85] Já foi bastante estudada a instituição do serviço doméstico em relação à família italiana em geral[86] e à família meridional em particular.[87]

Entre o pessoal de serviço, é preciso contar: camareiros, lacaios, cozinheiros, jardineiros, cocheiros, secretários, etc. O sacerdote "capelão" da família também entrava no mesmo grupo, embora com posto peculiar.

- Pessoal de serviço na família de Afonso

A família Liguori-Cavalieri não era dada à ostentação, entre outras razões, porque sua posição de nobreza não o exigia e porque a economia, zelosamente vigiada por Dom Giuseppe, não o permitia. Contudo, não faltou o normal pessoal de serviço, formado, sobretudo, por escravos turcos ou berberes que dom Giuseppe conseguia, com facilidade e a baixo preço, com seu posto de poder na Armada.[88] "Não era rara, em Nápoles e em Roma, essa classe de servidores, aprisionados nos combates contra os piratas ou nascidos em terras cristãs, de pais escravos e, menos ainda, se pode estranhar encontrá-los na casa de um marinheiro como o pai de Afonso".[89] Tannoia pondera o número de escravos na casa dos Liguori: "tanti schiavi avuti in casa".[90]

Entre os escravos que acompanharam Afonso, conhecemos Abdala, nascido em Rhodes e que, ao "ver os bons exemplos de seu amo", se converteu do islamismo ao cristianismo. Sua conversão coincidiu com a enfermidade que, aos 18 anos, levou-o à mor-

---

85 LASLETT, P. *Servi e servizio nella struttura sociale europea*: Quaderni Storici 68 (1988) 345-354.

86 ARRU, A. *Servi e serve: le particolarità del caso italiano*: BARBAGLI, M.; KERTZER, D. I. (ed.). Storia della famiglia italiana. 1750-1950 (Bolonha, 1992) 273-306.

87 DA MOLIN, G. *Struttura della famiglia e personale di servizio nell'Italia meridionale*: BARBAGLI, M.; KERTZER, D. I. (ed.). *o. c.*, 219-252; Id., *La famiglia nel passato. Strutture familiari nel Regno di Napoli in età moderna* (Bari, 1990) 123-159 ("Famiglia e personale di servizio").

88 Rey-Mermet, 40.

89 Tellería, I, 69.

90 Tannoia, I, 13.

te. Foi resgatado, primeiro, das galeras reais[91] para, em seguida, ser admitido ao batismo, quase *in articulo mortis*. O fato está suficientemente documentado.[92] Tannoia sublinha o afeto de Afonso em relação a Abdala.[93] Além de Abdala, Afonso teve a seu serviço outros criados. Um deles o acompanhará em seu período como advogado, não só para servi-lo, mas também, como sinal de prestígio social. Dom Giuseppe destinou um criado a Afonso recém-ordenado sacerdote.[94] Do serviço dos criados, desfrutou também Caetano, seu irmão sacerdote. Este, em seu testamento, faz menção explícita "a seus criados, Carlos e Caetano, e à sua serva, Jerônima".[95]

Sobre a relação com o pessoal de serviço, Tannoia transmite um detalhe que honra Afonso. No final de uma reunião noturna, os criados não atenderam os hóspedes conforme o gosto de Dom Giuseppe. Este os recriminou com tal insistência que suscitou em Afonso uma palavra de reprovação dirigida a seu pai. Uma bofetada no filho foi a resposta à tentativa de defesa dos criados.[96]

– O pensamento de Afonso sobre as relações entre "amos" e "criados"

Afonso não questionou a estrutura do serviço doméstico do Antigo Regime. Seu pensamento se acomodou a essa instituição discriminatória, efeito e causa de outras muitas injustiças da sociedade tradicional. O que fez foi dar orientações sobre as relações entre amos e criados.

Em todas as passagens em que desenvolve o conteúdo do quarto mandamento do decálogo, introduz as orientações sobre os amos e os criados:

---

91 Tellería, I, 70, nota 42: "a intendência das galeras reais conservava certo direito de propriedade".

92 GREGORIO, O. *Abdalà, valletto di S. Alfonso*: Sant'Alfonso 12 (1941) 164-167; TELLERÍA, R. *Abdalà il "moretto" di S. Alfonso*: Sant'Alfonso 31 (1960) 53-54.

93 Tannoia, I, 13-14.

94 Jones, 59.

95 TELLERÍA, R. *Rev. D. Caietanus de Ligorio. S. Alfonsi frater eiusque nepos Alfonsinus beneficio muniantur a duce Gravina Orsini*: SH 13 (1965) = 345 (o testamento nas p. 355-357).

96 Tellería, I, 62.

- *Theologia Moralis:* Gaudé, I, 608-613.
- *Istruzione e Pratica: Opere di S. Alfonso Maria de Liguori,* IX (Turim, 1855) 136-137.
- *Confessore diretto: Ibid.,* 669.
- *Istruzione al popolo: Ibid.,* 934.
- *Homo apostolicus: Opere di S. Alfonso Maria de Liguori,* VII (Turim, 1848) 134-136.
- *Praxis confessarii,* n. 35.

Em razão de seu interesse para a sociologia histórica, transcrevemos o texto correspondente da exposição na *Instrução ao povo:*

> XXVI. E quanto aos patrões, pecam, em primeiro lugar, se impedem seus empregados de obedecerem às festas, fazendo-lhes trabalhar nestes dias, ou não lhes dando tempo para ouvir a Missa; devem também vigiar que cumpram o preceito pascal e as demais obrigações do cristão. Pecam, em segundo lugar, se não os corrigem quando ofendem a Deus com as blasfêmias, com as palavras obscenas, escândalos ou coisas semelhantes. E pecam, por último, negando-lhes o salário prometido, ou não o pagando no devido tempo.
>
> XXVII. Por sua parte, pecam os empregados: 1) se desobedecem [se não obedecem] seus patrões como devem; 2) se permitem que se prejudique a seus patrões, podendo comodamente impedi-lo; de modo que, vindo o dano de algum estranho, e não de seus companheiros empregados, estão obrigados à restituição; 3) se deixam de trabalhar antes do tempo acordado; 4) se querem ser recompensados furtivamente de seu trabalho, que pensam ser maior que o salário acordado, pois foi condenada por Inocêncio XI a proposição 37 que dizia: *Os empregados e as empregadas da casa podem roubar dos seus patrões às escondidas para compensar seu trabalho que julgarem maior que o salário que recebem.* 5) Pecam se cooperam com algum pecado de seu patrão, ainda quando o fazem contra sua vontade – só poderiam, quem sabe, ter alguma desculpa se, de não querer obedecer, se seguisse um grande dano, contanto que sua cooperação não fosse intrinsecamente má".[97]

[97] *Instrução aos católicos*. Rio de Janeiro: Editora CDB, 2020, p. 121.

Além dessa síntese de "deveres de amos e criados", o *corpus alphonsianum* contém outras muitas recomendações em relação à vida do serviço doméstico.[98] Eis aqui as duas mais importantes:

- *Ocasião de pecado.* Considera como tal a situação de "uma aia de serviço que cede às solicitações de seu amo".[99] Pede a seu irmão Hércules, viúvo antes das segundas núpcias, que "afaste de casa as criadas jovens".[100] Afonso também sabe que o pessoal de serviço costuma comentar temas escabrosos com os jovenzinhos prometidos como esposos, sendo isso ocasião de pecado.[101]
- *Cooperação com os amos.* Afonso analisa com bastante detalhe a moralidade das ações dos criados quando estes colaboram em comportamentos pecaminosos de seus amos: acompanhar a estes a prostíbulos, servir-lhes de correio entre amantes, servir-lhes carne em dia de abstinência, ajudar-lhes na atividade usurária, etc.[102]

18.3.5. Experiência familiar de Afonso

Afonso, enquanto primogênito da família Liguori-Cavalieri, foi um privilegiado no que se refere à educação. Esse é um dado decisivo para sua trajetória biográfica. Aqui, quero apenas referir alguns detalhes que oferecem certa contextualização biográfica ao pensamento afonsiano sobre a educação.

A *criação* dos filhos da família Liguori-Cavalieri deve ter sido boa, e até superior, à média da época. Os filhos cresceram robustos e saudáveis.[103] Não lhes faltou o alimento necessário que, por sua vez, juntamente com a herança genética, explica a notável longevidade dos membros da família.[104]

---

98 Ver as abundantes indicações sob o termo *Famulus* no "Index rerum" da TM: Gaudé, IV, 750.

99 *Praxis confessarii*, n. 61.

100 Lettere, I, 478.

101 Lettere, II, 505.

102 Gaudé, I, 357-360, 364. Sobre a moral casuísta (também a de Afonso de Liguori) da cooperação dos criados em ações imorais de seus amos, ver a monografia de: CUMMINGS, A. M. *The Servant and the Ladder: Cooperation with Evil in the Twenty-First Century* (Leominster, UK, 2014).

103 Tellería, I, 70.

104 Rey-Mermet, 79.

Em relação à criação de Afonso e de seus irmãos, surge uma curiosidade: Dona Ana amamentou seus filhos ou os entregou à atenção de uma ama de leite? Sabemos que "o uso de amas de leite a domicílio estava bastante difundido na aristocracia italiana".[105]

R. Tellería, com um anacronismo idílico, pinta uma cena familiar em que a mãe "lhe dava o peito": "Enquanto Dona Ana ninava seu pequeno com beijos e canções, e quando lhe dava o peito e segurava em seus primeiros passinhos, também ia destilando em sua alma as intimidades da sua própria, aquecidas com as chamas da pura fé".[106]

A. Tannoia não fala diretamente do aleitamento de Afonso. Contudo, parece insinuar que este teve lugar aos peitos de sua mãe: "non fu ad altri affidata l'educazione di Alfonso, come per lo più si pratica da' nobili, ma fu questa tutta cura, anzi di ragion privata, della propria Madre. D. Ana sapeva i suoi *doveri*."[107]

Sublinhei a última palavra - deveres - para conectar essa anotação de Tannoia com a discussão que havia no séc. XVIII sobre a obrigação das mães amamentarem seus filhos. A maior parte dos médicos, filósofos e moralistas, recriminava as mães que não cumpriam esse "dever";[108] como sempre, as recriminações se davam porque a prática normal, ao menos entre a nobreza, era a contrária.

Em sua TM, Afonso sustenta uma postura intermediária. Aceita o princípio de Busenbaum, de que as mães devem dar o peito a seus filhos a não ser que haja uma justa causa que o escuse; mas acrescenta, por sua própria conta, que entre as causas escusantes deve ser colocada: ou que a mãe seja "fraca", ou que seja "nobre" (e isso, de acordo com o costume: *ob consuetudinem*).[109]

Dona Ana se ateve a esse costume da nobreza? Não sabemos. Um detalhe parece inclinar a balança para a afirmação. O

---

105 BARBAGLI, M. *Sotto lo stesso tetto. Mutamenti della famiglia in Italia dal XV al XX secolo* (Bolonha, 2000) 380 (ver p. 366-405: "Pratiche di allevamento dei bambini").

106 Tellería, I, 10.

107 Tannoia, I, 4.

108 BARBAGLI, M. *Sotto lo stesso tetto*..., 393-397.

109 Gaudé, I, 604.

amamentar os filhos prolonga o período de infertilidade, já que impede a ovulação. De fato, o prolongamento do aleitamento foi utilizado com método natural para controlar a natalidade, embora, na época de Afonso, os moralistas não conhecessem essa função.[110] No caso de Dona Ana, uma gravidez seguia muito de perto a outra, o que poderia indicar que não exerceu o aleitamento por si mesma.

18.3.6. Complemento temático: A atitude de Afonso diante da galanteria

– A galanteria na vida de Afonso

A vida napolitana do séc. XVIII não ficou à margem dos usos amatórios.[111] Pelo contrário: a cidade de Nápoles foi um dos centros chaves de importação, de assimilação, de transformação e de exportação das novas modas. Em relação política e administrativa, primeiro com a corte de Madri, e depois, com a de Viena, contato cultural com Paris e, com muita frequência, com os restantes centros urbanos da Itália, Nápoles foi uma das cidades da galanteria oitocentesca.

A vida de Afonso transcorreu dentro desse contexto. Foi educado, não só nas letras e nas artes, mas também, nas formas da elegância: do bem falar, dos bons modos, do canto, do baile, e dos esportes (esgrima), próprios de um cavalheiro.[112]

Em seus anos de juventude, Afonso participou da vida social de Nápoles, às vezes, acompanhando seu pai e, outras vezes, sozinho.[113] As testemunhas da época nos transmitiram recordações de Afonso em contato com o mundo das relações sociais. Recolho duas:

---

[110] Afonso dá por suposto que a mulher pode conceber durante a lactação ao responder à pergunta sobre a possibilidade de solicitar o débito durante essa situação: Gaudé, IV, 94.

[111] Tellería, I, 76.

[112] Rey-Mermet, 37-51.

[113] Tellería, I, 75-85.

Sendo obrigado a participar de uma grande recepção de gala na corte do vice-reino, Dom Giuseppe, seu pai, convidou Afonso para o acompanhar; este se escusou, mas, ao ver a contrariedade do pai, voltou atrás. O pai não aguentou o inicial desplante do filho, a quem se dirigiu com irritação: "Já te disse para fazer a tua vontade real". Deixando o filho plantado, subiu à carroça e, esquecendo o palácio vice-real, se dirigiu para sua propriedade de Marianella.[114]

Outro fato nos introduz na vida de relação dos Liguori-Cavalieri. A família tinha organizado uma das recepções da época. Quando as damas e cavalheiros estavam se retirando, os serviçais se descuidaram, deixando sem iluminação o corredor e as escadas. Depois que os hóspedes se foram, Dom Giuseppe extravasou sua cólera e começou a recriminar os criados. Afonso se interpôs, mas não foi uma boa hora. O pai levantou a mão e desferiu um bofetão no filho.[115]

Os Liguori-Cavalieri não eram pobres, mas, tampouco, excessivamente ricos. Não podiam se permitir gastanças com lacaios, librés, carroças e festas. "Contudo, Dom José não vivia como um misantropo, nem tinha nada de porco-espinho. Seus salões, conforme os usos da época, se animavam, de quando em vez, com os encontros de parentes e amigos, e tanto ele, quanto sua esposa e filhos, sabiam fazer as honras da casa".[116]

É certo que, com sua "conversão", Afonso deu um "adeus ao mundo". Certos detalhes externos - não fazer a barba mais que em raríssimas vezes ao longo da vida, vestir-se com simplicidade - indicam que era sincero quando afirmava que "tudo é vaidade". Mas podemos suspeitar que nunca perdeu a pose de elegância que a galanteria, aprendida e praticada, deixou em sua pessoa. Essa elegância profunda, que, seguramente, sempre teve, é o melhor fruto de sua iniciação à vida social do galante séc. XVIII.

---

114 Tellería, I, 92.
115 *Ibid.*, I, 62.
116 *Ibidem.*

– Postura de Afonso sobre o chichisbeísmo

Pode chamar a atenção não encontrar, na síntese moral afonsiana, o tratamento de um tema de tanta atualidade naquele momento e naquela sociedade como era a realidade do *chichisbeísmo*, de que nos ocupamos, de modo relativamente extenso, no volume precedente: V/2,1143-1156.

Afonso não escreveu, como Roncaglia, um tratado monográfico sobre a moralidade do chichisbeísmo; nem, sequer, dedicou-lhe duas páginas, como Concina, em seu livro de moral. Apenas conhecemos sua reação através das cartas dirigidas a seu irmão, Hércules, e à sua sobrinha, Teresa. Desse modo, ainda que seu pensamento sobre o chichisbeísmo não goze da formalidade dos tratamentos acadêmicos, tem, contudo, a frescura dos dados biográficos.

Escrevendo a seu irmão, Hércules, previne-o contra o desejo de se casar, em segundas núpcias, com uma jovenzinha de bom partido. Para dissuadi-lo, lembra-lhe algo que sucedia na realidade: essa mulher jovem, uma vez casada, "facilmente encontrará algum chichisbéu da moda, que, segundo o costume atual, virá frequentemente à casa encontrar a senhora"; ao marido, não sobrará outro remédio que encerrá-la em um mosteiro ou viver calado.[117] Também lembra a seu irmão os costumes da época, costumes nada honrosos para as mulheres, "nos tempos presentes em que as senhoras costumam ter mais maridos".[118]

Para animar sua sobrinha, Teresa, a abraçar a vida religiosa e dissuadi-la do matrimônio, recorda-lhe os perigos a que estão expostas as casadas quando caem na prática do chichisbeísmo: "Hoje em dia, todas as casadas são fortemente tentadas e muitas caem";[119] "as damas que frequentam as conversações, ordinariamente, perdem a graça de Deus";[120] "nestes tempos as casadas dificilmente

[117] Lettere, I, 476.
[118] *Ibid.*, I, 477.
[119] *Ibid.*, II, 567.
[120] *Ibid.*, II, 605.

se salvam; porque, ordinariamente, todas as damas casadas geralmente vivem em pecado por causa dos muitos chichisbéus que as tentam".[121]

18.3.7. Nota bibliográfica

Dediquei especial atenção à moral familiar, formulada por Afonso, em um estudo monográfico sobre *a família na vida e no pensamento de Afonso de Liguori*. Portanto, remeto o leitor a essas páginas:

- VIDAL, M. *La familia en la vida y en el pensamiento de Alfonso de Liguori (1696-1787)* (Madri, 1995).

18.4. SENSIBILIDADES DE MORAL SOCIAL EM AFONSO

18.4.1. Preocupação de Afonso com a responsabilidade "civil"

Tanto as *capelas do entardecer*, quanto as missões populares, puseram Afonso em contato com as "zonas periféricas" do Reino de Nápoles e com a "parte esquecida" da sociedade. Tratava-se de um mundo "distinto" do seu, espiritual e culturalmente desatendido. O "êxodo" de Afonso para essa realidade humana não teve como motivo nenhuma espécie de despeito ou frustração; foi, muito mais, resultado de uma conversão interior, de toda a sua pessoa, para o "clamor" da gente necessitada. Toda a sua obra terá como meta a "elevação integral" (religiosa e humana) do povo marginalizado.

Essa práxis pastoral afonsiana favoreceu a elevação social do povo simples mediante a criação de atitudes e comportamentos de responsabilização. Por outro lado, a dimensão "civilizatória" da pastoral afonsiana teve repercussão em sua concepção da moral cristã. Esta, precisou insistir na moralidade social, na ética profissional e na cultura da legalidade enquanto suporte imprescindível do bem social.

---

121 *Ibid.*, II, 468.

- Insistência na moralidade social e na cultura da legalidade

Afonso acreditou na "cultura da legalidade".[122] Opôs-se aos excessos do "legalismo" na vida moral do cristão; mas cultivou o respeito à "norma" enquanto base do agir social responsável. Esse respeito à legalidade serve de apoio ao tecido social, cria sensibilidades sociais nos indivíduos, e orienta a consciência moral para a realização do bem comum.

A formação jurídica de Afonso não só configurou seu pensamento moral, mas também, serviu-lhe para justificar uma moralidade pública exigente. Destacou-se a influência da preparação jurídica de Afonso em propor uma moral exigente em relação com a questão da usura.[123]

- Responsabilidade profissional

Seguindo o modelo dos manuais de moral da época, Afonso dedicou um tratado especial à moral dos "estados particulares".[124] Em relação com as "profissões civis", fixou-se, preferentemente, naquelas relacionadas com o mundo da justiça: juízes, advogados, escrivães, secretários, notários, procuradores, etc.[125]

Faz algumas rápidas alusões à moral das profissões médicas, econômicas e empresariais.[126] Não convém esquecer que Afonso já havia tratado as questões relacionadas com essas profissões na exposição sobre o quinto e sexto preceitos do decálogo.

---

[122] DI GENNARO, G.; PIZZUTI, D. *Alfonso de' Liguori e il secolo dei lumi*: Rassega di Teologia 38 (1997) 311-312.

[123] FABRI DOS ANJOS, M. *Usura: Ética dos Juros. Uma releitura latino-americana de Sto. Afonso de Ligório*: Revista Eclesiástica Brasileira 57 (1997) 658-665.

[124] *Liber Quartus. De Praeceptis particularibus certo hominum statui propriis:* Gaudé, II, 441-686.

[125] Gaudé, II, 625-684. Merecem destaque as iniciativas de N. Fasullo (Palermo, Italia) no sentido de promover o pensamento de Afonso no mundo das profissões jurídicas. Editou a moral afonsiana sobre as profissões jurídicas, tomando-a da *Istruzione e Pratica*, c. XII, ponto 3 e de *Il Confessore diretto*, c. XX, ponto único: Alfonso de Liguori, *Degli obblighi de' giudici, avvocati, accusatori e rei* (Palermo, 1998). O próprio N. Fasullo faz uma sucinta, mas exata, introdução à moral afonsiana, com conhecimento preciso da produção bibliográfica a respeito (p. 9-29: "Modernità di un antimoderno").

[126] Gaudé, II, 684-686.

Mais que a "letra" dessa moral profissional, merece destaque o "espírito" que subjaz à preocupação afonsiana. Se Afonso foi sensível em sua vida ao *ethos* da profissionalidade, também esteve preocupado com a responsabilidade profissional do cristão. Desse modo, desmente-se um tópico, muito difundido, de que a ética das profissões corresponde à mentalidade protestante e está ausente do catolicismo.

18.4.2. Orientações de moral social

- Valor histórico

Notamos, no cap. 1 da presente seção, que a moral social da síntese afonsiana não tem a amplitude de horizonte que possuem os tratados jurídico-morais *De justitia et jure.* Afonso não utilizou diretamente, e menos ainda, de forma continuada, as obras sobre moral social de Soto, Bañez, Molina, etc. Mas serviu-se do abundante material recolhido por João de Lugo, que é considerado como o final de uma gloriosa série, iniciada por Vitória e Soto, de autores consagrados ao esclarecimento dos problemas morais da sociedade humana. Em Lugo, a quem Afonso tinha - depois de Tomás de Aquino - por príncipe dos moralistas, ressoa a tradição teológico-moral precedente, mesmo que sua pena deslize para orientações casuístas e individualistas.[127]

Através de Lugo, sem esquecer Léssio, Liguori conectou-se com os clássicos tratados *De justitia et jure,* embora com uma mentalidade, todavia, mais casuísta que a dos ilustres jesuítas.

O valor histórico da moral econômica da síntese afonsiana encontra-se, principalmente, nos seguintes aspectos:

- Oferece um importante capítulo de *história e sociologia econômico-jurídica.* A TM de Afonso transmite, com exatidão e análise críti-

[127] Basta sublinhar a passagem da compreensão de justiça: desde a distributiva até a *comutativa.* Da afirmação de D. de Soto, para o qual a distributiva "praestantior est quam commutativa" (*De Justitia et Jure,* lib. III, q. 6, a. 1), passa-se à de J. de Lugo, para quem "cum justitia commutativa sit magis stricte justitia, de illa nobis principaliter in hoc opere agendum est" (*Disputationes scholasticae et morales* [Paris, 1893] V, 577).

ca, as instituições jurídico-econômicas de sua época: venda a crédito, monopólios, contratos de sociedade, "cambio colla ricorsa", etc.

- Apresenta *orientação moral equilibrada* em relação a alguns comportamentos sobre os quais pesava a suspeita de imoralidade e o rigor das posições jansenistas. A orientação salvífica da moral afonsiana, em confronto com o jansenismo e com o rigorismo probabiliorista, compreende, também, o mundo dos negócios.[128]

- Sensibilidade social

O tratamento moral das questões sociais é um fidedigno testemunho da sensibilidade de Afonso para com a justiça social.

No cap. 6 da 7ª seção, notamos como os biógrafos destacam o compromisso social do bispo Liguori em situações de dificuldade econômica do povo de sua diocese.[129] Essa sensibilidade social se traduziu, também, em discurso teológico-moral.

Com efeito, sabendo que, em Nápoles, A. Genovesi era a máxima autoridade na nova disciplina da economia política, Afonso consultou-o acerca dos monopólios, tanto expressos, quanto tácitos. Dessa consulta, de sua própria reflexão e profunda compaixão para com os pobres, podemos supor que provém a afirmação de Afonso sobre a imoralidade dos monopólios que levavam ao injusto aumento dos preços. "Não pode transigir com isso. Esse preço, injustamente imposto, é sempre injusto, e não basta, para legitimar uma injustiça, o fato de que seja aceita pela opinião corrente".[130] Nessa condenação, também entravam os preços exorbitantes exigidos por contrabandistas sem escrúpulos. "Com maior razão, durante o ano da carestia e nos sucessivos, clamou contra os mercadores sem escrúpulos que traficavam com a fome do povo".[131]

---

[128] Para os comerciantes, como para os casados, Afonso afirma a normalidade, antijansenista, da comunhão diária (Gaudé, III, 221: "etiam pro negotiatoribus et conjugatis").

[129] Rey-Mermet, 579.

[130] *Istruzione e Pratica*, I, c. X, n. 114.

[131] Tellería, II, 216.

Afonso condenou a *usura*, um dos grandes problemas de seu século, e lutou contra a sua prática. Também estabeleceu as razões e as quantias em que era lícito cobrar juros pelos empréstimos. Não admitiu juros só em virtude do empréstimo, algo contrário, segundo ele, ao direito natural, mas alargou os títulos *extrínsecos* para coonestar ações nas quais o dinheiro tinha uma função econômica.

Afonso chegou a dar orientações concretas sobre dois contratos típicos do ambiente rural. Fez isso em uma carta dirigida ao padre dominicano, Terzi, que estava indo pregar a Quaresma na capital da diocese:

> "Rogo que proclame, durante os exercícios, a injustiça de dois contratos que, segundo minhas informações, são feitos ali. O primeiro se reduz a emprestar ao lavrador dois bois, taxados em sessenta ou setenta ducados, e a exigir dele uma taxa anual de dez alqueires (*tomola*) de trigo. Exigência, muito claramente, iníqua, pois setenta ducados não podem ganhar dez alqueires; e se alega, ainda, outra cláusula exorbitante, em virtude da qual, se os bois morrerem, o lavrador deverá pagar a metade de seu valor, condição inaceitável, dado que o risco do objeto deve correr sempre por conta do proprietário. O segundo contrato consiste em emprestar uma porca sob a reserva de que, se tiver crias, repartirão o preço de sua venda; mas se morrer, o lavrador deverá ressarcir a metade de seu valor. Rogo a V. P. que, uma e mais vezes, proteste contra esses dois pactos leoninos".[132]

R. Tellería comenta: "Quando perseguia, assim, as injustiças, mais ou menos comprovadas, compreende-se que perseguisse o crime de atear, voluntariamente, fogo nas casas, bosques, messes e árvores (cf. *Il Confessore di Campagna,* p. 436)".[133]

E acrescenta o biógrafo espanhol:

> "O sentido de justiça social se agudizou [em Afonso] durante o ano de carestia, quando presenciou os abusos que eram cometidos em todos os lugares (...). Ao Prelado, observa Tannoia, 'tanto, ou

[132] Lettere, III, 654.
[133] Tellería, II, 216, nota 72.

mais, que a escassez reinante, revoltava os monopólios expressos ou tácitos', que se escudavam por detrás do costume comumente aceito".[134]

Como ressonância teórica dessa sensibilidade moral de Afonso para com as questões sociais, sobretudo, de caráter econômico, podem ser consideradas muitas das questões tratadas na moral do sétimo mandamento do decálogo e do preceito da caridade.

Ter presentes, de modo especial, as três questões seguintes:

1. Obrigação da esmola: Gaudé, I, 328 ss.

2. O destino universal dos bens: Gaudé, II, 27-33.

3. Opção pelos pobres: Gaudé, II, 10-11, 38-40.

No cap. 6 da 21ª seção, constataremos o interesse que surgiu entre os estudiosos do pensamento moral afonsiano pelas contribuições de Afonso sobre algumas questões de moral social.

– Limitações

Manifestada uma apreciação positiva sobre a moral socioeconômica da *Theologia Moralis* afonsiana, não se pode deixar de reconhecer, também, duas grandes limitações.

Por um lado, faltam, na síntese moral afonsiana, temas cuja presença, hoje em dia, é inquestionável em qualquer manual de Teologia Moral: a moral política, a moral da violência social, a moral da cultura, etc.

Por outro lado, a moral que Afonso propõe acerca das realidades de caráter econômico (contratos, sobretudo), é de cunho conservador: não questiona essas instituições do Antigo Regime, dá por válidas e, sobre essa global aceitação, estabelece os critérios de atuação moral. É, principalmente, no sentido negativo da expressão, uma moral *de conservação* da ordem existente.

---

[134] Tellería, II, 217.

18.5. APONTAMENTO AFONSIANO SOBRE A SITUAÇÃO DAS "CASADAS"

No pensamento de Afonso sobre a família, há um aspecto que chama a atenção: é a sua visão tão pessimista sobre a situação das *casadas*. Ao recolher esse apontamento afonsiano, quero aludir, brevemente, a um elemento que obscurece o quadro da família tradicional: refiro-me ao lugar da mulher na família tradicional.

18.5.1. A mulher na família tradicional

Um dos traços mais negativos da família tradicional é o lugar e a função que, nela, teve a mulher:

- enquanto *esposa,*
- enquanto *mãe,*
- enquanto *irmã,*
- enquanto *criada.*

Em todos esses papéis e funções, encontramos uma injusta *assimetria* do sexo feminino em relação com o sexo masculino (esposa-esposo; mãe-pai; irmã-irmão; criada-criado).

Em sua *antropologia da família meridional,* A. De Spirito dedica um capítulo para observar a família "através da imagem da mulher".[135] Embora os dados se refiram às situações próximas no tempo, suas observações podem ser válidas também em relação à família tradicional. Sobretudo, parece válida a chave hermenêutica: a história da mulher (a "ideia" que é feita delas e a "realidade" que elas vivem) explica, em grande medida, a história das famílias (a "ideia" e a "realidade" da instituição familiar).

É fácil reconhecer que "a mulher transforma o "cru" em "cozido", ou seja, a natureza em cultura, que, com sua função materna, ocupa o centro do sistema cultural de uma comunidade e, portanto, é possível dizer que o coração da cultura, sobretudo, da

---

[135] DE SPIRITO, A. *Antropologia della famiglia meridionale* (Roma, 1983) 109-166.

cultura popular, é feminino".[136] Mas esse lugar central da mulher na cultura, não se traduz em formas concretas de igualdade com o sexo masculino, nem antes de se casar (entre os noivos), nem no matrimônio, nem entre célibes ou solteiros.[137]

No séc. XVIII, também coexistiam as duas visões de mulher. De um lado, o reconhecimento elogioso da condição "feminina" e, por outro, a efetiva desigualdade da mulher em relação ao homem.

Um bom exemplo da primeira atitude é o pensamento e a descrição de G. M. Galanti. No pensamento desse iluminista napolitano, a mulher representa a síntese de tudo o que é humano: se "o espírito da mulher fosse cultivado", poderia chegar a "comportar o mérito dos dois sexos".[138] Por outro lado, a descrição que faz da situação da mulher napolitana - claro, da classe elevada - resume-se nesta afirmação: "Entre nós, sua condição não é infeliz".[139]

A realidade objetiva da maioria das mulheres estava mais próxima do polo da infelicidade que da felicidade.[140] "A mulher se encontrava em uma condição de total sujeição ao homem. Para ela, ficavam os trabalhos mais duros, tanto em casa, quanto no campo. Além da diferença jurídica, mesmo nas classes mais pobres, era reservado às mulheres um trato discriminatório, com consequências

---

[136] *Ibid.*, 109. Essa centralidade da mulher tem sua expressão qualificada no axioma sardo: "Dove non c'è donna non c'è casa". Ver: OPPO, A. *"Dove non c'è donna non c'è casa": lineamenti della famiglia agro-pastorale in Sardegna:* BARBAGLI, M.; KERTZER, D. I. (ed.). Storia della famiglia italiana, 1750-1950 (Bolonha, 1992) 191-218.

[137] DE SPIRITO, A. *Antropologia...*, 187-197.

[138] GALANTI, G. M. *Osservazioni intorno a' romanzi, alla morale e a' diversi generi di sentimento con un saggio sulla condizione delle donne e sulle leggi coniugali* (Nápoles, 1776) 99-105. Citado por: DE SPIRITO, A. *Antropologia...*, 49.

[139] GALANTI, G. M. *Nuova descrizione storica e geografica delle Sicilie* (Nápoles, 1787) I, 394-395. Citado por: ORLANDI, G. *Il Regno di Napoli nel Settecento*: CHIOVARO, F. (ed.). Storia della Congregazione del Santissimo Redentore (Roma, 1993) 68. (= CHIOVARO, F. (ed.). *História da Congregação do Santíssimo Redentor*. Volume 1: As Origens (1732-1793). Aparecida: Santuário/Scala, 2019, p. 65).

[140] ILLIBATO, A. *La donna a Napoli nel Settecento. Aspetti della condizione femminile* (Nápoles, 1985).

no plano alimentar".[141] A prostituição constituía uma das formas mais flagrantes da marginalização da mulher. Januário Sarnelli, um dos primeiros companheiros de Afonso de Liguori, consagrou seu talento e seu trabalho à atenção desse grave problema da cidade de Nápoles.[142]

De forma mais concreta, e com metodologia sócio-histórica, foi analisada a situação jurídica e real da mulher na família tradicional.[143] As conclusões a que esses estudos chegaram apresentam uma imagem bastante triste da condição feminina na família.

Não é outra a imagem da situação da mulher que encontramos na família de Afonso. Basta lembrar o que anotei na quinta seção, sobre a infelicidade matrimonial de sua irmã, Teresa, e sobre a "orientação vocacional" de suas outras duas irmãs, postas em um convento, praticamente, por volta da idade da razão.

Nas cartas de Afonso para sua sobrinha, Teresita, há referências em que se pode perceber semelhante desvalorização da condição feminina. Por exemplo, ele adverte que "é pouco o dote que seu pai lhe deixou" e que, consequentemente, "se ela voltar ao mundo, terá que se contentar com qualquer cavalheiro pobretão".[144]

18.5.2. A situação das "casadas"

Afonso não tem uma reflexão expressa sobre a situação da mulher em sua época. Tampouco, encontramos em seus escritos uma condenação direta da desigualdade que sofria o sexo feminino em relação ao masculino. O pensamento afonsiano assume a condição da mulher na família e na sociedade tradicionais e, a partir daí, oferece orientações morais, como analisei nos capítulos precedentes.

---

[141] ORLANDI, G. *Il Regno di Napoli...*, 66 (ver: p. 66-68).

[142] *Ibid.*, 67.

[143] SARACENO, C. *Le donne nella famiglia: una complessa costruzione giuridica, 1750-1942*: BARBAGLI, M.; KERTZER, D. I. (ed.). *o. c.*, 103-127; PALAZZI, M., *Solitudine femminili e patrilignaggio. Nubili e vedove fra Sete e Ottocento: Ibid.*, 129-158.

[144] Lettere, II, 567.

Apesar dessa aceitação geral do espírito da época, no pensamento afonsiano há um aspecto peculiar que chama a atenção e que vale a pena ser recordado, ao menos, como um dado para a história das mentalidades acerca da família. Refiro-me à descrição que Afonso faz da situação das casadas. Recolherei o que diz e acrescentarei uma anotação interpretativa.

- Descrição afonsiana

Afonso faz a descrição da situação das mulheres casadas em duas passagens de suas obras:

- No *discurso às solteiras devotas* dentro dos *exercícios das missões*, que constituem a terceira parte do livro *Selva de matérias de pregação e instrução.*[145]
- No primeiro capítulo da *Monja Santificada.*[146]

No conteúdo, e em certa medida, na expressão, esses dois textos formam um duplo. Contudo, o segundo pretende situar-se em um gênero literário mais expositivo, enquanto o primeiro se coloca, abertamente, em nível parenético, ao oferecer-se como conteúdo de uma pregação (*discorso*) que costumava dirigir às solteiras, durante a missão redentorista, em uma manhã dos últimos dias, um missionário "em um lugar recolhido, com a assistência de outro sacerdote mais velho".[147]

Recolhe a descrição oferecida pela *Verdadeira Esposa*, transcrevendo os parágrafos principais e ordenando-os dentro de um esquema convencional. Todo esse conjunto provém da afirmação básica do cap. 1, n. 8: "Durante tantos anos, tenho recebido as con-

---

[145] *Selva di materie predicabili ed istruttive*, parte II, cap. VII, 3, "Discorso alle zitelle devote": Opere di S. Alfonso Maria de Liguori, vol. III (Turim, 1847) 269-276.

[146] *La vera Sposa di Gesù Cristo cioè La monaca santa* (Roma, 1935) t. I, 16-19. Tradução de D. De Felipe: *La verdadera esposa de Jesucristo o sea la Monja santa* (Madri, 1953). (= LIGÓRIO, A. *A verdadeira esposa de Jesus Cristo ou A Religiosa santificada por meio das virtudes próprias do seu estado por Sto. Affonso Maria de Ligório. Doutor da Igreja*. Aparecida: Officinas do Santuário d'Apparecida, 1922. Tradução: Antônio Alves Ferreira dos Santos). Citaremos, nas notas seguintes, pela edição brasileira.

[147] *Selva di materie*...: l. c., 269.

fidências de um sem número delas, de todas as condições. Não me lembro de ter achado uma que estivesse contente com a sua sorte." Sobre esse fundo escuro, sobressaem, ainda mais escuros, os seguintes trechos:

A vida ocupada da mulher casada. *A mulher casada pensa nas coisas do mundo.* Deve cuidar de prover a família, educar os filhos, contentar o marido e os diversos parentes deste, às vezes, mais exigentes do que ele: o que faz, como diz ainda o Apóstolo, que seu coração esteja dividido e seus afetos repartidos entre seu marido, seus filhos e Deus. Como acharia tempo bastante para fazer muita oração e frequentar a comunhão, se ela não tem o suficiente para desempenhar os misteres do lar e acudir às necessidades da casa? O marido quer achar tudo pronto, trabalha e zanga-se quando suas ordens não são executadas logo, à sua vontade. Os criados perturbam a casa com gritos, queixas e rixas importunas. Os filhos pequenos choram e pedem sem cessar o que desejam; e os grandes, causam inquietações, temores e penas muito mais amargas, ora pelas más companhias que frequentam, ora pelos perigos que correm, ora pelas doenças que padecem."[148]

Perigos e tentações da vida de casa. "E, prouvera a Deus, que as mulheres casadas não tivessem outra coisa que lamentar, além do impedimento de fazer suas devoções, de orar mais e de comungar muitas outras vezes! O pior de todos os males é o grande perigo em que essas infelizes se acham, continuamente, de perder sua alma e a graça de Deus. Devem viver segundo a sua posição; devem ter casa e pagar criados. Fora de casa, ao menos nas visitas, devem conversar com toda a sorte de pessoas; e em suas casas, é preciso que entretenham relações com os parentes e amigos de seus maridos... Oh! que perigos de perder a Deus em tais ocasiões! Eis o que ignoram as jovens, mas que é bem sabido das mulheres

[148] Verdadeira Esposa, p. 12-13.

que vivem nesse estado perigoso e, também, dos confessores que as ouvem."[149]

Dificuldades para dedicar-se à vida espiritual. "As mulheres casadas têm, pois, de vencer muitos obstáculos para se santificarem; e, quanto mais elevada for a sua posição social no mundo, tanto maiores serão esses entraves. Para se santificar é preciso empregar os meios convenientes: frequentar os sacramentos, dar-se muito à oração mental, praticar muitas mortificações interiores e exteriores, amar o desprezo, as humilhações e a pobreza, é preciso, em uma palavra, estar sempre atento ao que se pode fazer para agradar a Deus; e, por isso, é necessário estar desapegado do mundo. Mas, que tempos, que facilidade, que socorros, que recolhimento, pode ter uma mulher casada, para se aplicar continuamente às coisas de Deus?"[150]

"Vá, pois, fazer oração e conservar-se recolhida, no meio de tantas preocupações e embaraços! Para comungar, com dificuldade poderá sair aos domingos. Restar-lhe-á o bom desejo, mas lhe será moralmente impossível aplicar-se com assiduidade e solicitude aos negócios de sua alma. É verdade que, mesmo privada de todos os meios de se ocupar das coisas do céu, ela poderia merecer pela paciência e resignação com a vontade de Deus, achando-se no desgraçado estado de tanta sujeição; poderia, sem dúvida, mas no meio de tanto ruído e de tantas distrações, sem oração, sem leitura espiritual, sem o socorro dos sacramentos, será bem difícil e quase impossível ter a virtude heroica da paciência e da resignação."[151]

Resumindo: é infeliz a vida das casadas. Mas, deixemos de parte os tristes dias por que passam todas as mulheres casadas, *todas, sem exceção*, digo eu, que durante tantos anos tenho recebido as confidências de um sem número delas, de todas as condições. Não me lembro de ter achado uma que estivesse contente com a sua

[149] Verdadeira Esposa, p. 13.
[150] Verdadeira Esposa, p. 12.
[151] Verdadeira Esposa, p. 13.

sorte. Maus-tratos, zelos da parte dos maridos, enfados causados pelos filhos, necessidades domésticas, sujeição às sogras e parentes, dores de parto sempre acompanhadas de perigo de vida, escrúpulos e inquietações de consciência, sobre a fuga das ocasiões, sobre a educação dos filhos, tudo isto forma uma tempestade horrível e contínua, sob a qual vivem as mulheres casadas, gemendo e lamentando, sem cessar, de terem escolhido, voluntariamente, um estado tão miserável. E queira Deus que não encontrem a desgraça muito maior de perderem a sua alma e de não saírem do inferno desta vida senão para caírem no inferno eterno! Tal a feliz sorte que buscam, por sua própria escolha, as jovens que se entregam ao mundo! Mas, qual! dirá alguém, entre todas as mulheres casadas não haverá nenhuma que se santifique? — Sim, responderei, as há, mas quais? As que se santificam pelo martírio, sofrendo tudo por Deus com uma extrema paciência, oferecendo tudo a Deus com paz e amor, sem se perturbar. Ora, quantas casadas encontrareis que se elevam a esta perfeição? Há algumas; mas são raras como as moscas brancas. E quando achardes uma, vereis que ela não faz outra coisa que chorar de arrependimento de se ter atirado ao mundo, tendo podido consagrar sua virgindade a Jesus Cristo, dar-se toda a Deus e viver feliz."[152]

Ninguém poderá deixar de reconhecer que essa descrição resume pessimismo por todos os lados. O quadro poderia levar como título a frase que reza assim: "A vida miserável e infeliz que levam todas as casadas, *todas*, sem exceção."[153]

– Anotação explicativa

O tom obscuro da descrição precedente pode ter uma explicação primeira no contexto em que está inserida. Nos dois textos anotados, o que interessa ressaltar é o valor da *virgindade*. O livro *A Verdadeira Esposa* dedica o primeiro capítulo a cantar a "exce-

---

[152] *Verdadeira Esposa*, p. 13-14.

[153] *Ibid.*, 22. "Lasciamo poi da parte la vita misera ed infelice, che fanno *tutte* le maritate; e dico *tutte*, senza eccezione" (*La vera Sposa...*: l. c., 17).

lência da virgindade". Afonso encontra motivos para esse elogio no próprio significado da virgindade; mas, servindo-se das técnicas da retórica, também descobre a excelência da virgindade ao compará-la com a vida matrimonial e, concretamente, com a vida das casadas. A eficácia retórica exige exagerar os dois extremos da comparação: a validade da vida da religiosa é tanto maior quanto mais infeliz for pintada a vida da casada.

O mesmo truque retórico é usado para conseguir o objetivo que Afonso persegue na *prática* dirigida às solteiras durante a missão: "Exortar as solteiras a consagrar a Jesus Cristo o lírio da sua virgindade".[154] Obscurecendo a vida das casadas, ressalta mais a luminosidade da vida das que consagram sua virgindade ao Senhor.[155]

No entanto, só contexto literário não explica completamente a visão negativa que os textos afonsianos transmitem. É preciso reconhecer, para além da técnica oratória, uma mensagem que pretende ser objetiva. Afonso não deixa lugar à dúvida: apela para sua própria experiência. Já assinalei, na 5ª seção da presente obra, como o conhecimento direto da infelicidade matrimonial de sua irmã, Teresa, pode estar no pano de fundo dessas páginas. Tampouco, é de descartar o amplo e profundo conhecimento que, em sua longa vida de sacerdote e de bispo, teve da realidade familiar.

Reconhecendo uma grande dose de objetividade histórica nas afirmações afonsianas, permanece a suspeita de que, nesse aspecto, a visão de Afonso resulte excessivamente negativa.

De onde veio esse pessimismo? O que queria comunicar através dele? É difícil saber. O que parece certo é que Afonso não considera o matrimônio como o âmbito mais adequado para rea-

[154] *Selva di materie...*: l. c., 269. (= LIGÓRIO, Afonso. *A Selva*. Sobre o Sacerdócio. Campinas: Livre, 2016. Tradução: Pe. Marinho).

[155] Sobre as "beatas" (*bizzoche*) na realidade sociorreligiosa da Nápoles do *Settecento*: BOCCADAMO, G. *Le bizzoche a Napoli fra Seicento e Settecento*: Campania Sacra 22 (1991) 351-394); Id., *Le case delle bizzoche* (Fiuggi, 1993).

lizar a perfeição cristã, tal como ele entendia. Mais ainda, suspeito que Afonso não veja no matrimônio um lugar de felicidade e de realização pessoal; entendendo-o mais como um estado em que cumpre a vontade de Deus através da prática de alguns deveres que, oxalá, não impeçam o exercício das práticas de piedade cristã.

DÉCIMA NONA SEÇÃO

O sistema moral afonsiano

INTRODUÇÃO. DO EXAGERO À MEDIDA

É certo que Afonso cultivou o gênero literário da polêmica. Nisto, foi filho do seu século. O séc. XVIII foi um século de numerosas controvérsias teológicas.[1]

> No séc. XVIII, há uma floresta de escritores religiosos. No que se refere à Teologia Moral, a floresta é quase impraticável. Daniel Concina, arremedando a retórica ciceroniana, exclamava: "Quousque tandem obruemur innumera moralium librorum multitudine, in quibus nihil loculentius, nihil eruditius expositum apparet, sed eadem semper sola verborum diversitate refecta, atque recocta exhibentur?"[2] Também João Vicente Patuzzi se admirava da abundância de obras de moral, "quibus totus pene Christianus orbis obruitur".[3] Muitas dessas obras eram escritas para levar adiante altercações teológicas intermináveis. Pense-se na polêmica - interminável - sobre a "maldição dos mortos", em que também Afonso se viu envolvido.[4] "O leitor moderno fica pasmado do quão baratos deviam ser os serviços tipográficos".[5]

---

1 BAYÓN, R. *Cómo escribió Alfonso de Ligorio* (Madri, 1940) 236-237.

2 CONCINA, D. *Theologia christiana dogmatico-moralis* (Roma, 1768) I, p. I.

3 PATUZZI, J. V. *Ethica christiana sive Theologia Moralis* (Bassano, 1790) I, p. 1.

4 Tellería, I, 406-409.

5 Tellería, I, 536.

É dentro desse contexto que os biógrafos de Afonso se comprazem em descrever o duelo literário travado entre Liguori e Patuzzi.[6]

Mas, também é certo que a obra moral afonsiana já estava praticamente configurada (1753-1755: 2ª edição da TM) antes da polêmica com Patuzzi.[7] O edifício da TM não depende, no fundamental, do citado confronto teológico. Daí que seria conveniente deixar de lado a perspectiva polêmica na análise do edifício moral afonsiano. Adotar, exclusivamente, ou principalmente, o ponto de vista polêmico, leva a uma distorção da objetividade histórica.

Com essas afirmações, não pretendemos desvalorizar, nem a importância biográfica da controvérsia com Patuzzi, nem a necessidade de conhecer o ambiente teológico da época para analisar a obra moral de Afonso. Na maneira de conduzir a polêmica, aparecem traços típicos da personalidade humana, literária e cristã de Afonso.

Dando provas do realismo expresso no refrão de Sancho Pança: "Pois, põe o teu em conselho, uns dirão que é branco, outros que é negro", Afonso sabe que, ao escrever, se expõe a julgamentos e controvérsias.[8] Reconhece os méritos do adversário.[9] Também sabe ver, nas réplicas do interlocutor, exageros, motivações extra-teológicas, deformações da objetividade.[10] Apela ao juízo da Igreja e ao sadio discernimento dos leitores.[11] O que persegue na discussão é o esclarecimento da verdade.[12] Põe fim à controvérsia quando sua continuidade não traria nova luz ao objeto da discussão.[13]

---

6 Tannoia, II, 102-106; Tellería, II, 287-305; Rey-Mermet, 612-614. Também: BAYÓN, R. *Cómo escribió Alfonso de Ligorio*, 319-336.

7 CITTERIO, F. *Appunti per un capitolo di storia della Teologia Morale: dal Tridentino al Secondo Concilio Vaticano*: La Scuola Cattolica 115 (1987) 511.

8 A56, 76; Lettere, III, 130.

9 A64b, 138; Lettere, III, 205, 209, 211.

10 A64b, 140, 144; Lettere, 229, 258.

11 A56, 93.

12 Lettere, III, 216, 238.

13 A56, 93; A64b, 151, 336.

Por outro lado, o conhecimento das tendências teológicas contra as quais Liguori polemiza é um dado imprescindível para analisar o pensamento teológico-moral afonsiano.

Até há pouco tempo, a perspectiva utilizada para analisar e expor o conteúdo e evolução do pensamento moral de Afonso era, de forma preferente e quase exclusiva, a consideração de seu *sistema moral*. Por outro lado, esse estudo do sistema moral próprio de Afonso era realizado, bastante frequentemente, com "interesse ideológico" ou extra-acadêmico. Ou seja, eram investigações contaminadas, ao menos, em parte, por uma postura previamente adotada e pela consequente metodologia apologética de "defender" ou "exaltar" a importância da opção afonsiana.

Com essa apreciação, não queremos tirar o mérito das contribuições históricas que os estudos contêm, alguns, certamente, valiosos, sobre a evolução do sistema moral de Afonso. Referimo-nos, entre outros, aos estudos de L. Gaudé, S. Modino, F. Delerue, etc., que serão citados no cap. 3 da presente seção.

De nossa parte, cremos que, para conhecer a originalidade da opção afonsiana, é mais importante abordar o tema em chave de *conversão pastoral*, do rigorismo à benignidade, que considerar a peculiaridade de seu sistema moral. Sendo assim, apresentamos o tema no cap. 3 da 15ª seção.

Precisamos reconhecer que Afonso tinha iniciado seu projeto teológico-moral (1748) antes de começar a defender seu sistema para aplicação nos casos da consciência provável. A *Theologia Moralis* afonsiana não procede de seu sistema moral, mas o precede. As discussões sobre a probabilidade moral não dão lugar ao projeto moral afonsiano, mas têm a função de apoiá-lo e justificá-lo. Daí o tom *apologético* dos escritos afonsianos relacionados ao sistema moral.

Portanto, entendemos que as colocações afonsianas sobre o sistema moral não constituem uma reflexão acadêmica em si mesma, ou estejam livres de condicionamentos externos. Pelo contrário, dependem de confrontos com outros teólogos ou, em todo caso, tratam de defender uma opção moral já assumida.

Essas considerações indicam a *medida* que pedimos e a *orientação* que adotamos, ao tratar o tema do sistema moral afonsiano, ao qual dedicamos uma seção, ainda que composta por apenas três breves capítulos:

19.1. O Confronto de Afonso com J. V. Patuzzi.

19.2. A resposta de Afonso à crítica de P. Magli.

19.3. Escritos e afirmações de Afonso acerca do sistema moral.

19.1. O CONFRONTO DE AFONSO COM JOÃO VICENTE PATUZZI

A polêmica entre J. V. Patuzzi e Afonso sobre o sistema moral deste último foi frequentemente rememorada, narrada e analisada. Tanto os biógrafos de Afonso, quanto os analistas de seu pensamento moral, são ricos de dados e intepretações a respeito.[14]

Não julgo necessário voltar a escrever detalhadamente a história do confronto Afonso-Patuzzi. Apenas apresentarei os dados essenciais para, em um segundo momento, tirar algumas conclusões.

19.1.1. Dados essenciais do confronto

O movimento probabiliorista, com o qual Afonso se confrontou diretamente, foi aquele proveniente do convento dominicano reformado de Veneza, com o trio de teólogos moralistas composto por Daniel Concina (1687-1756), João Vicente Patuzzi (1700-1769) e Fulgêncio Cuniliati (+1759). Desse trio de moralistas, fizemos a

[14] Ver a bibliografia apresentada no texto, ao final do capítulo.

apresentação, suficientemente extensa, no precedente cap. 3 da 13ª seção.

Foi J. V. Patuzzi quem deu as caras e foi o primeiro a iniciar a disputa. O "dar as caras" deve ser interpretado conforme o ritual literário da época, ou seja, "através de um pseudônimo", sob o qual todos reconheciam o verdadeiro sujeito. O pseudônimo usado por Patuzzi foi o de Adelfo Dositeo.

Com prosa elevada, de sonoridade cavalheiresca, assim descreve R. Tellería o início do confronto:

> "Armado de espada desembainhada, ocultando o rosto por detrás da viseira do pseudônimo, preparado o espírito em várias décadas de semelhantes lides, vinha do norte da Itália - de Veneza -, mas entrava no torneio por pressão de seus amigos de Nápoles, e não mais em seu auge, tanto por sua saúde enfermiça, quanto pelo duelo, em si, parecer não o fascinar muito".[15]

Patuzzi já havia protagonizado outros confrontos, especialmente com membros da Companhia de Jesus - foram célebres seus confrontos com o sábio jesuíta Zaccaria - e, quase sempre, para defender seu venerado mestre, D. Concina.

A disputa, que agora Afonso iniciava, tinha como motivo a *Breve Dissertação* que havia publicado em 1762. Patuzzi levava em conta o episódio da condenação, por parte do Santo Ofício (17 de fevereiro de 1761), das onze *teses probabilistas* de um sacerdote de Avísio (diocese de Treviso), episódio que será comentado no terceiro capítulo desta seção.

O dominicano arremeteu com um escrito de longo título: *La causa del probabilismo richiamata all'esame* [reexaminada] *da Mgr. D. Alfonso de' Liguori e convicta novellamente* [convencida novamente] *di falsità da Adelfo Dositeo* (Ferrara, 1764, também com edição em Nápoles no mesmo ano, com acréscimo da *Breve Dissertação* de Afonso).

O núcleo da objeção de Patuzzi era Afonso não levar em conta que a *promulgação* das leis divinas (lei eterna) consistia na pró-

---

15 Tellería, II, 295.

pria decisão imanente do Legislador divino, de tal modo que, sendo assim, toda lei (moral) já estava suficientemente promulgada. Não tinha cabimento, portanto, a distinção entre a dúvida sobre a *promulgação* e a dúvida sobre a *aplicação* da lei, distinção que era a base do pensamento afonsiano sobre o uso da opinião provável. Da afirmação de Patuzzi, seguia-se que, diante de duas opiniões igualmente prováveis, a consciência deve escolher a opinião mais segura, já que ninguém pode se submeter ao perigo de pecar. Mais ainda, para o dominicano "por mais que alguém não tenha notícia do preceito, devendo, contudo, tê-la, já se acha ligado a ele e sua transgressão não tem escusa se não observá-lo".

Afonso preparou a resposta. Mas teve dificuldades para publicá-la, já que foram vários os impedimentos que as autoridades napolitanas opuseram, tanto à edição de Nápoles, quanto à venda, no Reino, de exemplares de uma possível edição veneziana.

> "Os padres dominicanos, depois de trabalhá-lo bem, conseguiram que o Governo proibisse a publicação da *Apologia* de Afonso. O problema era que também estavam se preparando para proibir a entrada no Reino quando chegasse de Veneza. Contudo, não sabemos se foi por instância dos dominicanos que [o Rei] renovou a publicação daquela célebre Pragmática que proibia, aos naturais, imprimir no estrangeiro sem licença".[16]

Por fim, Afonso fez uma edição clandestina em Nápoles, de poucos exemplares, e conseguiu introduzir, furtivamente, duzentos exemplares da edição veneziana na cidade partenopeia.[17] O escrito se intitulava: *Apologia dell' Illmo. D. Alfonso de' Liguori (...) in cui si difende la Dissertazione del medesimo (...) dalle opposizioni fatteli da un molto Rvd. P. Lettore, che si nomina Adelfo Dositeo* (Veneza, 1764). Conseguiu dedicá-la ao Papa Clemente XIII.

O conteúdo da resposta afonsiana se concentrava em justificar os dois princípios que apoiavam seu sistema moral:

---

[16] BAYÓN, R. *Cómo escribió Alfonso de Ligorio* (Madri, 1940) 329.
[17] Ver: Tellería, II, 297-299.

1. A lei duvidosa não obriga; portanto, entre duas opiniões igualmente, ou quase igualmente, prováveis, não estamos obrigados a seguir a mais segura.
2. A lei, enquanto permanecer incerta em sua existência, não pode acarretar uma obrigação certa.

Além de apoiar suas afirmações nas razões, Afonso citava mais de oitenta autores como favoráveis à sua maneira de pensar. Entre esses autores, comprazia-se em citar Tomás de Aquino: "Meu sistema está fundado em Santo Tomás". Até chegava a dizer a seu opositor dominicano: "Tenho fora de dúvida que meu contraditor pode desistir de desbancar meu sistema se, primeiro, não refutar Santo Tomás".

Afonso se despedia - por hora - de seu opositor, profetizando o futuro para sua maneira de pensar: "Não me lisonjeio de ser profeta; no entanto, abrigo o sentimento de que nunca a Igreja aceitará como verdadeira a tese de meu antagonista, ou seja, de que não é lícito empregar outras opiniões que as que são moralmente certas em razão de um juízo direto".

Patuzzi respondeu com umas duzentas páginas intituladas *Observações teológicas sobre a Apologia do Ilmo. e Rmo. Monsenhor (...),* às quais Afonso replicou acrescentando alguns parágrafos ao *Apêndice* com o qual, na nova edição da *Apologia* (Bassano, 1765), refutou o rigorismo da *Regra dos costumes* acima mencionada. Mas, pareceu a Afonso que essa não era a resposta adequada. O que fez, então, foi uma refundição de três textos: a *Dissertação* de 1762, a *Resposta apologética* e a *Apologia* (as duas de 1764) e as mencionadas contrarréplicas breves de 1765. Desse trabalho de refundição provém o volume de trezentas páginas intitulado *Dell'uso moderato dell'opinione probabile* (Nápoles, 1765).

Patuzzi não replicou diretamente a Afonso. Concentrou-se na redação de sua grande obra *Ethica cristiana,* a que Afonso prestou atenção, concretamente, no tratamento que o dominicano dava ao caso do tiranicídio.[18] Mas J. V. Patuzzi não pôde ver os seis volu-

[18] Lettere, III, 355, 362.

mes de sua obra quando saíram das prensas de Bassano. Buscando alívio para os nervos desgastados, retirou-se para a quinta do Marquês de Sale, onde a morte o surpreendeu a 26 de maio de 1769.

19.1.2. Significados que emergem do confronto

Merece destaque, em primeiro lugar, tanto a elegância, quanto a sinceridade dos contendentes. Se, em um primeiro momento, houve alguma expressão menos correta, Patuzzi soube pedir desculpas e não negou os louvores devidos à obra moral afonsiana.

De sua parte, Afonso elogiou os escritos de Patuzzi: os teve por "doutos"[19] e por "belíssimos".[20] Mas, também, expressou sua convicção de que, no tema da probabilidade, "não nos entendemos".[21] O leitor não deve estranhar que isso tenha acontecido, pois Afonso lembra: "Aprecio em grande medida aos PP. Patuzzi e Berti por serem realmente doutores, mas a infalibilidade compete apenas a Deus e a sua Igreja".[22]

Ao mesmo tempo em que respeita o adversário e declara a validade do confronto, Afonso trata de eliminar da disputa motivações subjetivas que invadiriam a limpeza de seu discurso. Responde, assim, às acusações insinuadas por Patuzzi: "Dizer que, ao escrever, tenho sido movido pela paixão ou afeto pelos jesuítas, é acusar-me de enorme loucura: é o mesmo que afirmar que, conhecendo a verdade, eu a atraiçoei por causa da minha teimosia e apego aos jesuítas. Nada do gênero: defendo tal opinião porque julgo que, em consciência, deve ser seguida, e penso que não age em boa consciência aquele que obriga os penitentes a seguir a opinião mais segura quando já confessaram os seus pecados e as opiniões são igualmente prováveis. Da minha parte, não confiaria, sem escrúpulos, conceder licenças para confessar àqueles que vão com a corrente rígida".[23]

[19] Lettere, III, 209.
[20] Lettere, III, 211.
[21] Lettere, III, 109.
[22] Lettere, III, 206.
[23] Lettere, III, 205-206.

Quanto ao conteúdo do confronto, reconhece-se que, por sua própria dinâmica e pela reação diante das críticas de Patuzzi, o pensamento moral afonsiano alcançou um estatuto teórico próprio (o *equiprobabilismo*) e uma orientação pastoral equidistante do desumano rigorismo e do irresponsável laxismo. A expressão teórica de sua postura está contida nas *Dissertações* de 1762 e 1765. De fato, seu pensamento moral evoluiu desde o probabilismo simples, defendido nas *dissertações* de *1749* e de 1755, até a proposta pessoal de um "uso moderado" da opinião provável, expressa nas citadas *Dissertações* de 1762 e 1765. É preciso reconhecer que foi na etapa episcopal que Afonso escreveu as melhores páginas sobre seu sistema moral.

Quanto ao êxito da contenda, eis aqui o matizado juízo de um membro da Ordem dominicana a que Patuzzi pertencia:

> "Santo Afonso prevaleceu sobre seus adversários, mas o mérito de haver conseguido uma real contribuição para a Igreja também é devido a tais adversários. Foram estes, de fato, que o obrigaram a calibrar, por todos os lados, sua própria posição. Patuzzi, Berti, González, Cuniliati, Capobianco e Sacco, cada um à sua maneira, fizeram com que evitasse, através de suas críticas, cometer erros de imprecisão, erros que seus inimigos acreditavam ver em seus escritos. A oposição, quando não é preconcebida, tem seus méritos, que precisam ser, honestamente, reconhecidos".[24]

Mas, para além do conteúdo propriamente teológico-moral da disputa, convém recordar um detalhe de humanidade na atuação de Afonso. Já dissemos, no cap. 1 da 15ª seção, que, na 7ª edição da *Theologia Moralis* (1772), Afonso precisou introduzir um Aviso (*Monitum*) no final do tratado sobre a consciência em resposta a uma difamação que apareceu na citada obra póstuma de Patuzzi, *Ethica Christiana sive Theologia Moralis* (Veneza, 1770).

> Com efeito, no *elogium* do autor, o padre Sidênio Veronês, afirmava que Afonso, não sabendo como contestar Patuzzi, se serviu de sua influência episcopal e tomou providências para que a obra do ilus-

24 MIELE, M. *Sant'Alfonso e i domenicani*: SH 59 (2011) 235.

tre dominicano fosse condenada pela Sagrada Congregação do Índice.[25] Afonso reagiu assim: "Que coisa! Era só o que me faltava: ser chamado de delator (...). Não o delatei, nem nunca me veio à mente fazê-lo. Ainda mais, desculpei as injúrias de Patuzzi, dizendo que não eram *injúrias*, mas sim, *recurso retórico* para prestigiar sua causa e buscar, para o seu lado, a concordância do leitor".[26]

"Assim terminou tudo. Afonso tinha 73 anos e ainda lhe restava juventude espiritual para continuar escrevendo e lutando mais outros 18. Sem se dar conta, alguém lembrou dos herois da mitologia".[27]

19.1.3. Nota bibliográfica

- Tellería, II, 292-305.
- Rey-Mermet, 612-616.
- Jones, 424-426.
- BAYÓN, R. *Cómo escribió Alfonso de Ligorio* (Madri, 1940) 319-336: "La controversia con Patuzzi".

19.2. A RESPOSTA DE AFONSO À CRÍTICA DE P. MAGLI

Sobre a pessoa e o pensamento de Pasquale Magli, fizemos uma apresentação em volume precedente (V/2, 912-915). No presente contexto, retomamos alguns dados gerais e nos fixamos no confronto que manteve com Afonso de Liguori.

19.2.1. O personagem

Pasquale Arcangelo Magli nasceu em Martina Franca (província de Taranto, região da Puglia), em 25 de junho de 1720, em uma família remediada.[28] A cidade desfrutava, então, de um mo-

---

25 PATUZZI, J. V. *Ethica Christiana*, I (Bassano, 1770) p. XX.

26 O *Monitum* está nas p. 22-24 e as frases citadas, nas p. 22 e 23 da 7ª edição da *Theologia Moralis* (1772).

27 BAYÓN, R. *Cómo escribió...*, 335-336.

28 PRETI, C. *Magli, Pasquale Arcangelo*: Dizionario Biografico degli Italiani 67 (2006) s. v.

mento especial de esplendor econômico e intelectual, propiciado por atividades agrícolas e comerciais, e apoiado pela presença de um clero culto, tanto regular (conventos de carmelitas, dominicanos, etc.), quanto secular. Foi nesse ambiente culto que se deu a primeira formação do adolescente Magli, que pôde completar seus estudos no Colégio Geral dos Dominicanos, em Lecce.

Em 1739, após receber as ordens menores, foi a Nápoles para completar sua formação e, na cidade partenopeia, foi ordenado sacerdote (1747). Aqui, conheceu Antônio Genovesi, com quem travou amizade e que lhe permitiu fazer contato com os círculos intelectuais da capital do Reino. Na casa do Marquês Matteo Sarno, teve acesso a uma importante biblioteca. Tornou-se membro da academia napolitana, chamada dos *Emuli*, onde era conhecido como Polimate Epimeta, nome com o qual Magli assinou seus primeiros escritos. Também pode ter pertencido a uma academia clerical que tinha sua sede no palácio do bispo ou na casa do cônego Giuseppe Sparano, que deu seu nome à academia.

> "Além de sua participação nesses ambientes, também foi importante para a formação do jovem Magli o contato com o mundo universitário, o que lhe permitiu conhecer os protagonistas da vida cultural da cidade: nas aulas particulares, foi discípulo de Giambattista Vico e Giuseppe Pasquale Cirillo; na Regia Accademia, teve a possibilidade de ouvir Alessio Simmaco Mazzochi, Isidoro Sanchez de Luna e Giacomo Martorelli. A fertilidade desse encontro com uma capital europeia da cultura não demorou muito a produzir efeitos concretos: já em 1740, Magli começou a redigir os primeiros tratados, que começaram a vir à luz em 1746".[29]

19.2.2. Escritos e pensamento próprio

Em 1740, P. Magli escreveu seu primeiro tratado: *Dell'uomo come uomo*. Nos anos 1746 e 1747, deu à impressão um conjunto de tratados: *Raccolta di vari Trattati Filosofici e Teologici*, entre os quais,

---

[29] PANZETTA, A. *L'uomo tra natura e grazia. Il diritto naturale e la legge della grazia in Pasquale Magli (1720-1776)* (Perugia, 2010) 67-68.

destacam-se *Della verità, Della natura e di alcune principali proprietà dell'uomo come uomo, Della natura e di alcune principali proprietà dell'uomo come cittadino, Della divinità della Chiesa Cattolica e Romana, Della natura e di alcune principali proprietà dell'uomo cristiano*. Em 1759, publicou as dissertações que são fruto da controvérsia com Genovesi: *Dissertazioni filosofiche* (...) *in cui si oppongon più difficoltà a parecchi principalissimi pensieri in metafisica de' filosofi leibnitziani e spezialmente del signor D. Antonio Genovesi*. Seguem-se outros escritos de natureza teológica, especificamente, sobre a Missa. O martinês queria, ainda, publicar um escrito, que nunca apareceu, sobre *La ragionevolezza della religione cristiana*.

Nos anos 1772-1773, publicou os escritos que mais nos interessam no presente contexto: as *Dissertazioni* (...) *sul diritto della natura e sulla legge della grazia*, 3 vols. (Nápoles, 1772-1773). Aqui estão as contribuições do Pe. Magli para o desenvolvimento histórico da Teologia Moral. Assim o expõe, sucintamente, o melhor estudioso do pensamento de Magli:

> "O martinês não é um moralista no sentido estrito; pelo menos, se tivermos em mente o modelo dos autores das *Institutiones Morales* ou da manualística do tempo. Nosso autor aparece como um estudioso de questões filosófico-teológicas que mostra grande atenção aos problemas morais: consciência, liberdade, ética social. O interesse pelo tema da lei natural e da lei da graça situa-se dentro dessa atenção particular ao fato moral".[30]

Essa última questão é resolvida afirmando a permanência e validade da ordem ética da natureza, na medida em que é assumida dentro da ordem normativa da economia de graça. Aqui se encontra um núcleo importante do pensamento moral do Pe. Magli.

19.2.3. Um homem para as disputas

O abade Pasquale Magli tornou-se famoso, durante sua vida, pelas personalidades da cultura napolitana da época – A. Genove-

---

[30] *Ibid*. 97. A. Panzetta realizou uma análise detalhada sobre o pensamento de P. Magli acerca do direito natural e da lei da graça: *Ibid*., 137-199 (com os pressupostos teológicos: 101-136).

si, G. M. Galanti e A. de Liguori – com que se confrontou. Também teve a sorte, depois da morte, de ser objeto de um valioso estudo do teólogo moralista da diocese de Taranto, Angelo Panzetta.[31] Aqueles de nós que fomos os primeiros leitores da biografia de Afonso de Liguori, escrita por Raimundo Tellería, já tínhamos feito uma imagem do abade martinês a partir das expressivas palavras castelhanas usadas pelo estudioso espanhol: "Era [Pe. Magli] um gênio sutil e um tanto quanto *atrabiliário* com a sua sagacidade"[32], "*exacerbou-se a bílis* do cônego Magli".[33]

Colocando entre parênteses os excessos linguísticos de R. Tellería, mas, levando em conta os dados que fornece, e assumindo os resultados do estudo sério e ponderado de A. Panzetta, sublinhamos o confronto que esse personagem teve com Afonso. Antes, lembramos das disputas públicas que teve com A. Genovesi e G. M. Galanti.

- A disputa com Antônio Genovesi, inicialmente amigo de P. Magli, foi sustentada pelo segundo quando o primeiro tachou de "platônica" a ideia sobre o critério de verdade defendido pelo martinês em seu tratado *Del Criterio della Verità* (1746).[34] Houve escritos de ambos os lados. É digno de nota o escrito de Genovesi: *Lettere ad un amico provinciale per servire di rischiamento agli elementi metafisici* (1759), no qual o professor salernitano criticou, com grande dureza, as teses de Magli sobre a origem do mal. A disputa ajudou Magli a amadurecer seu trabalho e trouxe algumas dificuldades a Genovesi junto às autoridades romanas. Mas tudo acabou quando o salernitano deixou as questões metafísicas para se dedicar aos temas da economia civil. O que se desfez, foi a amizade entre os dois.[35]
- A disputa com Giuseppe M. Galanti foi motivada quando este último publicou um *Elogio storico del signor abate Antonio Geno-*

[31] Obra citada na precedente nota 2.
[32] Tellería, II, 435.
[33] *Ibid.*, II, 439, nota 2.
[34] Ver os dados precisos da disputa, em: PANZETTA, A. *L'uomo tra natura e grazia...*, 68-73.
[35] FINI, S. *Una polemica metafisica tra Genovesi e l'abate Pasquale Magli*: Rivista Rosminiana 66 (1972) 27-55.

vesi (Nápoles, 1772), no qual lançava críticas muito duras contra o Padre Magli, que descrevia como "uomo di povere lettere e di meschino ingegno". Em resposta, Magli acrescentou um terceiro volume aos dois primeiros de suas *Dissertazioni*. Acusou seu oponente de ter pouca cultura teológica e de cair em declarações deístas e racionalistas.[36]

19.2.4. Confronto com Afonso de Liguori

– Crítica de P. Magli a Afonso

O nome de Afonso apareceu, de passagem, no decorrer da biografia intelectual do Pe. Magli quando discutia com A. Genovesi sobre a relação entre liberdade e graça. A. Genovesi respondeu ao Pe. Magli: "Consulte, sobre esse assunto, o livro *Sobre a Oração* que Dom Afonso de Liguori imprimiu aqui em Nápoles neste ano".[37]

Queremos nos referir à outra relação, de forma mais direta e expressa, entre o P. Magli e Afonso. Tomou a forma de confronto intelectual sobre uma questão básica de teoria moral. A disputa ocorreu na última fase da vida do Pe. Magli.[38]

Em suas *Dissertazioni* (1772), o martinês não nomeou explicitamente Afonso, mas todos entenderam a quem se referia quando criticou o defensor do equiprobabilismo, posição que P. Magli tinha como probabilismo, "melhorado" sim, mas com os vícios estruturais do probabilismo "clássico". Parece que, sem indicá-los, os escritos afonsianos com os quais o martinês se confrontou foram: *Istruzione e pratica per i confessori* (1757) e *Dell'uso moderato dell'opinione probabile* (1765); não visava diretamente o *Monitum* que Afonso tinha inserido, em 1772, no terceiro tomo da *Theologia Moralis*.[39]

A crítica concreta de Magli à proposta de Afonso era que ele privava a lei natural de seu valor, reduzindo a moralidade ao posi-

---

36 Sobre essa disputa: PANZETTA, A. *L'uomo tra natura e grazia...*, 73-76.

37 *Lettere filosofiche* (Nápoles, 1759) 80-81. Ver: Tellería, I, 660.

38 PANZETTA, A. *L'uomo tra natura e grazia...*, 76-83.

39 *Ibid.*, 77, nota 56.

tivismo jurídico, especificamente, ao jogo de, se a lei estava ou não promulgada antes da liberdade. Como consequência lógica, o martinês colocou Afonso entre aqueles que negavam a força religiosa da lei natural, situando Liguori entre os hobbesianos, spinozianos e epicureus.

– A resposta de Afonso a P. Magli

A resposta de Afonso é uma peça fundamental de seu pensamento sobre o sistema moral, aspecto ao qual voltaremos no capítulo seguinte. De fato, por essa razão, e nessa ocasião, Afonso compôs a *Dichiarazione del sistema che tiene l'autore intorno delle azioni morali* (1774).

A fim de responder, por escrito, às objeções de P. Magli, Afonso precisou superar a resistência de seu diretor espiritual, A. Villani, temeroso que o início de outro confronto público do fundador, depois do sustentado com o padre Patuzzi, prejudicaria o Instituto recém-fundado.

Afonso acalmou seu diretor espiritual com este raciocínio:

> "Minha polêmica com o Pe. Patuzzi, cuja importância era superior ao do abade, não causou tal desgraça [a ruína total do Instituto, como temia A. Villani], e iria sobrevir agora porque refuto este que, segundo me dizem, é considerado um fanático e todos assim o julgam por causa de seus escritos?
>
> Contradisse o P. Patuzzi e minhas impugnações me valeram o sufrágio elogioso dos doutos, já que me amparei sobre a doutrina de Santo Tomás e dos melhores teólogos. O senhor Magli põe em circulação novas teorias para me refutar e me hostiliza, chamando-me o seguidor de Hobbes, Spinoza e Epicuro, elogios que Patuzzi nunca me fez. Essas novidades podem deslumbrar a muitos e fazê-los acreditar que, tanto eu, quanto a Congregação, professamos uma doutrina perigosa (...). Portanto, como bispo e superior do Instituto, para salvaguardar meu caráter e defender a honra da Congregação, julgo absolutamente necessário justificar-me e deixar claro que estamos a cem léguas de sermos maniqueus e os hobbesianos que Magli imagina (...). Pedi conselhos a homens prudentes e eles me

deram no sentido de que sou obrigado a me defender, pelo menos como bispo e cabeça da Congregação".[40]

O melhor do confronto entre Afonso e Magli foi a resposta que temos na obra literária de Liguori, ou seja, a

- *Dichiarazione del sistema che tiene l'autore intorno alla regola delle azioni morali, e si responde ad alcune nuove opposizioni che gli vengono fatte* (Nápoles, 1774; Bassano, 1775).[41]

O texto, de umas cinquenta páginas, foi publicado inicialmente em Nápoles e, no ano seguinte, apareceu em edição definitiva em Bassano. Nas duas edições, vem anexado, como apêndice, à *Tradução dos Salmos*.

O significado histórico dessa importante *Dichiarazione* de Afonso tem sido bem estudado e analisado.[42]

O texto abre com uma afirmação que requer correta interpretação *contextualizada* porque, em sua pura *literalidade*, fica exposta às compreensões não exatas: "Algumas pessoas me chamam de probabilista e gostaria de repetir-lhes agora, novamente, que não sou, nem probabilista, nem seguidor do probabilismo, antes, o reprovo" (n. 1). Também nega ser "equiprobabilista", mas "no sentido de afirmar que é lícito, em si mesmo, seguir a opinião equiprovável" (n. 3).

A citada afirmação de Afonso "Não sou, nem probabilista, nem equiprobabilista, no sentido de ser lícito, por si mesmo, seguir a opinião equiprobabilista" (*Io non sono né probabilista, né equipro-*

---

[40] Lettere, III, 457. A acusação de fanatismo contra a pessoa de P. Magli feita por Afonso - acusação assumida e explicada por Rey-Mermet, 616 - precisa ser matizada como indicada: PANZETTA, A. *L'uomo tra natura e grazia...*, 78-79, nota 61.

[41] De Meulemeester, I, 160; Ferrero-Boland, 529-530.

[42] PANZETTA, A. *L'uomo tra natura e grazia...*, 76-83, onde remete às biografias do santo napolitano: A. Berthe, R. Tellería e Th. Rey-Mermet. "Na resposta a Magli, Afonso escreveu um importante folheto acompanhado de apêndice que resulta importante, na medida em que retoma, às vezes com mais clareza, as teses expostas no texto" (PANZETTA, A. *Ibid.*, 83). Ver também: CAPONE, D. *Dissertazioni e note di S. Alfonso sulla probabilità e la coscienza del 1769 al 1777*: SM 3 (1965) 92-101.

babilista, in modo ch'io dica esser per sé lecito Il seguire l'opinione equiprobabile) (n. 3) deve ser interpretada corretamente. Se a discussão terminasse ali, teriam razão aqueles que sustentam que Afonso começou como probabiliorista, e então passou para o probabilismo, para voltar (de acordo com o texto que acaba de ser citado) ao probabiliorismo. Tal interpretação tem sido sustentada em um importante âmbito teológico.[43]

Evidentemente, para Afonso (como para Patuzzi), não é suficiente, nem a equiprobabilidade, nem mesmo a própria probabilioridade a favor da liberdade, para motivar a ação moral; é necessária a certeza. Mas, enquanto a argumentação de Patuzzi termina aí, Afonso continua, explicitando sua compreensão do equiprobabilismo (em favor da liberdade) que justifica a ação moral: é aquele equiprobabilismo que se atém ao fator determinante dos *princípios reflexos* sobre se a dúvida se refere à "promulgação" ou à "aplicação" da lei.

Afonso não pode deixar de afirmar a liberdade de seguir a opinião que favorece a liberdade "quando não nos consta que ela [a lei] está suficientemente promulgada". Nisso radica o equiprobabilismo afirmado por Afonso.

A argumentação de Afonso atingia um ponto sensível da objeção de P. Magli: por um lado, a *promulgação* da lei é um fator constitutivo da própria lei e, por outro, a promulgação é coerente com a *condição racional e livre* do sujeito humano da lei. Portanto, a questão pode ser iluminada por este simples silogismo:

1. A lei, não suficientemente promulgada, não obriga.
2. A lei duvidosa não está suficientemente promulgada.
3. Portanto, a lei duvidosa não obriga (n. 55).[44]

---

43 COULON, R. *Concina*: DTC, III, 707. Segundo D. Capone, a nota de R. Coulon sobre Afonso "não leva em conta o contexto, nem histórico, nem literário, em que o santo medita e expressa seu pensamento" (CAPONE, D. *Dissertazioni e note...*, 96-97, nota 38).

44 Rey-Mermet, 616.

De passagem, Afonso deixou no escrito uma valiosa consideração sobre a *liberdade humana*, que não deve ser identificada com a libertinagem, mas, tampouco, deve ser negada. Trata-se de uma compreensão da liberdade humana muito distante daquela sustentada por Hobbes, Spinoza e Epicuro.

Para concluir a exposição, devemos observar que, de fato, as críticas do Pe. Magli ao sistema moral afonsiano incidiram em abordagens já formuladas por Patuzzi. Além disso, segundo R. Tellería, "uma boa parte das objeções [futuras] de Rosmini [à moral afonsiana] se reduziam àquelas já feitas por Patuzzi e Magli, temperadas com o molho filosófico do genial roveretano".[45]

19.3. ESCRITOS E AFIRMAÇÕES DE AFONSO SOBRE O SISTEMA MORAL

A formulação de seu sistema moral é delineada por Afonso em uma série de escritos que se estendem ao longo do período de 1749 a 1777. Podem ser agrupados em dois gêneros: *Dissertações* e *Apologias*.[46] Esses escritos, além de darem a conhecer a evolução do pensamento afonsiano sobre o sistema moral,[47] também contêm dados preciosos de sua autobiografia intelectual, servem para conhecer as discussões morais da época e refletem, diretamente, o espírito da moral afonsiana. Não é possível conhecer a orientação da moral afonsiana, a menos que se volte, como fonte indispensável e contínua, para esses escritos, de caráter, simultaneamente, expositivo, polêmico e autobiográfico.

[45] Tellería, II, 925.

[46] São 5 *Dissertações* (1749, 1755, 1762, 1765, 1774) e 4 *Apologias* (1756, 1764a, 1764b, 1769).

[47] Com esse objetivo, foram analisados, magistralmente, por D. Capone: CAPONE, D. *Dissertazioni e Note di S. Alfonso sulla probabilità e la coscienza (1748-1763), (1764-1769), (1769-1777)*: SM 1 (1963) 265-343; 2 (1964) 89-155; 3 (1965) 82-149.

19.3.1. Os escritos: "Dissertações" e "Apologias"

Bernhard Häring referiu-se ao valor desses escritos com as seguintes palavras:

> "Foi só ao ler a *Apologia* escrita por Afonso em napolitano-italiano que compreendi sua feição espiritual e seu carisma especial. A franqueza de seu pronunciamento contra seus censores e difamadores é fascinante. Seu tom permanece sempre elegante. Ele não se deixa envolver pela linguagem vulgar de alguns dos escritos que combatem sua moral branda e sua pastoral. E com isso sua questão fundamental ganha cada vez mais força de expressão: Deus não criou o homem para a lei, mas sim para a liberdade do amor e para o amor. A lei só deve existir a serviço da liberdade corretamente compreendida. A partir disso ele conclui com toda a agudeza: é uma grande injustiça impor ao homem, em nome de Deus, encargos legais de caráter duvidoso".[48]

Embora esses escritos já tenham sido apresentados no cap. 1 da 15ª seção, elencamos seus títulos mais uma vez:

As *Dissertações* são:

- D49 - *Dissertatio scholastico-moralis pro usu moderato opinionis probabilis in concursu probabilioris* (Nápoles, 1749).

  Citamos pela edição de L. Corbetta, t. 28 (Monza, 1832), p. 5-79, empregando a sigla: D49.

- D55 - *Dissertatio scholastico-moralis pro usu moderato opinionis probabilis in concursu probabilioris* (Nápoles, 1755).

Citamos pela edição de L. Corbetta, tomo 28 (Monza, 1832), p. 81 -258, com a sigla: D55.

- D62 - *Breve dissertazione dell'uso moderato dell'opinione probabile* (Nápoles, 1762).

Citamos pela edição de L. Corbetta, tomo 29 (Monza, 1831) p. 365-472, com a sigla: D62.

- D 65 - *Dell'uso moderato dell'opinione probabile* (Veneza, 1765).

---

48 HÄRING, B. Carisma e liberdade de espírito: *Ser redentorista hoje*. Testemunhos sobre o carisma. Goiânia: Gráfica e editora redentorista, 1996, p. 207.

Citamos pela edição de L. Corbetta, tomo 29 (Monza, 1831) p. 3-364, com a sigla: D65.

- D 74 - *Dichiarazione del sistema che tiene l'autore intorno alla regola delle azioni morali e si risponde ad alcune nuove opposizioni che gli vengono fatte.* Publicada como apêndice ao livro *Traduzione de' Salmi* (Nápoles, 1774). Citamos pela edição de L. Corbetta, tomo 31 (Monza, 1832) p. 5-95, com a sigla: D74.

As *Apologias* são as seguintes:

- *Risposta apologetica ad una lettera d'un religioso circa l'uso dell'opinione egualmente probabile,* publicada no livro *Confessore diretto per le confessioni della gente di campagna* (Veneza, 1764) 505-530.
- *Apologia in cui si difende la Dissertazione dell'a. sull'uso moderato dell'opinione probabile dalle opposizioni fattegli di un molto Rev. P. Lettore che si nomina "Adelfo Dositeo"* (Veneza, 1764).
- *Apologia della Teologia morale dell'Ill.mo e Rev.mo Mons. D. Alfonso de' Liguori, vescovo di s. Agata de' Gotti, tracciata da taluni per lassa, come seguace del sistema probabilistico e specialmente dell'opinione meno probabile,* opúsculo unido à obra *Delle cerimonie della Messa* (Bassano, 1769) 193-264 (Na edição de Nápoles, do mesmo ano, com paginação própria: 1-57).

Estes são, obviamente, escritos de notável caráter polêmico. Mas também contêm, como acabamos de observar, abundantes referências biográficas. Neles, Afonso insiste em dois grandes interesses: a discussão sobre o uso da opinião provável e a defesa apologética de sua doutrina moral frente aos ataques que recebe.

O conteúdo básico das *Dissertações* e das *Apologias* passou às obras de moral (*Theologia Moralis, Istruzione e Pratica, Homo Apostolicus, Confessore Diretto*), geralmente, no final do tratado sobre a consciência. Nas sucessivas edições da *Theologia Moralis,* Afonso incorpora o mais relevante das *Dissertações*: a de 1755 na quarta edição (1760), a de 1762 na quinta edição (1763), a de 1765 na sexta edição (1767). Deve-se advertir que, ao passar para a Obra de Moral, as posições das *Dissertações* são mitigadas: a afirmação probabilista da *Dissertação* de 1749 torna-se, na 2ª edição da TM, uma rejeição do tuciorismo mitigado (isto é, do probabiliorismo); o antiprobabiliorismo da *Dissertação* de 1755 converte-se em antituciorismo na 3ª edição da TM.

19.3.2. Afirmações

- Noção de "sistema moral"

A expressão *sistema moral* foi cunhada por Afonso e, dele, passou ao uso comum da moral católica.[49] Sistema moral não significa método moral, concepção da moral ou fundamentação/justificação da Teologia Moral. Indica a forma de realizar um juízo vinculante de consciência moral diante de leis objetivamente incertas. O *sistema* consiste na proposta de determinados princípios reflexos para realizar esse juízo de consciência. Os sistemas morais se diversificam em razão dos princípios reflexos e, também, pelos pressupostos antropológico-teológicos em que se apoiam.[50]

Sobre a questão histórica dos sistemas morais, remetemos à exposição que fizemos em volume anterior da presente História da Teologia Moral: V/1, 705-799.

- Configuração do sistema moral afonsiano

Em relação a esse tema, duas constatações se impõem.

Primeira constatação

Depois de ter sido formado no sistema rigorista,[51] Afonso foi "amadurecendo" a formulação de seu próprio sistema moral. Eis aqui as principais etapas:

a) Nas *Dissertações* de 1749 e de 1755 (e na 1ª edição da TM), ele aderiu ao probabilismo, sem quaisquer outras nuances.

b) Na década de 1760 (5ª edição da *Istruzione e Pratica*, 1761; *Dissertações* de 1762 e de 1765; *Risposta apologetica* de 1764 e *Apo-*

---

49 KLEIN, J. *Von Werden und Wesen der Moralsysteme*: Evangelische Theologie 28 (1968) 516.

50 CAPONE, D. *Sistemas morales*: VÁRIOS. Diccionario Enciclopédico de la Teología Moral (Madri, 1978[3]) 1015-1022. (= *Dicionário de Teologia Moral*. São Paulo: Paulus, 1997. p. 1164-1171).

51 Tellería, I, 111-112.

logia de 1769; (6ª-8ª edições da TM) alcançou uma formulação própria em chave de equiprobabilismo prudencial, sistema ao qual, basicamente, permanecerá ligado até sua morte.

Em 1760, ocorreu um episódio que ajudou Afonso a amadurecer seu pensamento sobre o sistema moral. Foi a condenação, pelo Santo Ofício, em 27 de fevereiro de 1761, de *onze teses probabilistas* defendidas pelo cônego regular lateranense de Santo Agostinho, Agostinho Bonora, em Avisio (hoje: Lavis), na diocese de Trento.[52]

"Michael Stasi, editor de Patuzzi em Nápoles, enviou as proposições condenadas a Afonso, perguntando se suas obras de moral também não estariam condenadas em virtude daquela censura. Afonso tranquilizou-o, bem como a Remondini (Lettere, III, 126)".[53]

Afonso examinou a questão cuidadosamente. Pediu a seu amigo, Januário Fatigati, que o informasse sobre o que se dizia em Nápoles a respeito da condenação. Também fez consultas a Roma (ao Mestre do Sacro Palácio, o dominicano Tomás Augustine Ricchini; ao Secretário da Sagrada Congregação do Índice, o também dominicano, Pio Tomás Schiara; e ao penitenciário-mor, o cardeal Antônio Andres Galli). Este último afirmou: "nella condamna del cennato folio di cui mi scrive, no si è inteso condannare veruna delle proposizioni che si controvertono nelle scuole cattoliche, e da molti cattolicamente si difendono" – *na condenação do folheto em questão, sobre o qual me escreveis, não houve a intenção de condenar nenhuma das proposições que são debatidas nas escolas católicas e, por muitos, catolicamente defendidas*. Afonso conclui: "censeo, quod haec sola responsio ad occludenda omnium ora sufficit" – *penso que só essa resposta já basta para calar a boca de todos*. Segundo ele, o probabilismo, em todas as suas formas, não estava condenado. Publicou sua reflexão na *Theologia Moralis*.[54] É

---

52 Sobre esse fato, e sobre os diversos personagens que intervieram nele (além do iniciador, A. Bonora, atuaram como oponentes outros sacerdotes e o bispo de Trento condenou as teses) ver os dados muito concretos de: MARGIOTTI, F. *S. Alfonso e il Collegio della Sacra Famiglia*: SH 6 (1958) 321-323.

53 BAYÓN, R. *Cómo escribió Alfonso de Ligorio* (Madri, 1940) 325.

54 O texto de Afonso se encontra em: Gaudé, I, 65-66: *Monitum I. In quo exponitur decretum S. C. Generalis Inquisitionis Romanae, conditum, anno MDCCLXI, circa usum opinionum probabilium.*

reconhecida a sagacidade interpretativa de Afonso manifestada nesse comentário.[55]

"Este caso das proposições condenadas, o estudo e a discussão, depuravam o pensamento de Afonso que, em 1762, teve que tornar precisas suas ideias frente ao adversário, em uma nova *Breve Dissertação sobre o uso moderado da opinião provável*, que difere, substancialmente, das anteriores".[56]

c) Na década seguinte, por motivos externos ao discurso teológico-moral, "aparenta" um rechaço do probabilismo, embora continue mantendo os princípios de sua postura prudencial equiprobabilista (*Dissertação* de 1774; *Memorial* de 1777).

"Formado no probabilismo, ao qual aderiu, teoricamente, a partir dos livros, na etapa de preparação ao sacerdócio, passado, depois, ao probabilismo indiferenciado, [Afonso] não ficou seguro até formular seu probabilismo moderado em termos de equiprobabilismo, qualificado e prudencial".[57]

"É sabido que Liguori defendeu o probabilismo, sistema comum entre os jesuítas, embora o tenha gradualmente modificado, dando espaço à virtude autêntica da prudência na formação da consciência moral nos casos concretos".[58]

"Para evitar a supressão desta [a Congregação Redentorista], que teria causado graves danos aos fiéis, precisou encobrir com linguagem ambivalente, nos anos setenta e oitenta, sua doutrina constante sobre a consciência moral. Mas não mudou sua doutrina, porque, fazer isso, lhe pareceu prejudicial à consciência dos fiéis".[59]

---

55 Assim o reconhece o adaptador do *Prontuário* de Lárraga (Madri, 1780), Don Francisco Santos y Grosin, que anota: "Veja-se Ligório, que refere à letra o mencionado Decreto, e resolve esse ponto com bastante fundamento" (p. 354). Semelhante reconhecimento positivo expressa: DEMAN, T. *Probabilisme*: DTC, XIII/1 (Paris, 1936) 587 ("ajuizada exegese de Afonso"). Sobre o *Prontuário* de F. Lárraga (1671-1724) e sobre suas muitas adaptações, ver o que foi dito em volume precedente: V/2, 799-808.

56 BAYÓN, R. *Cómo escribió...*, 325.

57 CAPONE, D. *Disertazioni e Note*: SM 3 (1965) 144.

58 CAPONE, D. *Ligorio (Liguori), Alfonso María de*: O'NEILL, C. E.; DOMÍNGUEZ, J. Mª. (ed.). Diccionario de la Compañía de Jesús. Biográfico-temático (Roma-Madri, 2001), III, 2357.

59 *Ibidem.*

Segunda constatação

Essa constatação refere-se, precisamente, à última etapa (década de 1770). Durante esses anos, Afonso não teve toda a liberdade ("externa") para expressar seu ponto de vista moral.[60] Sendo assim, manifestou "externamente" uma posição antiprobabilista e antijesuíta.[61] No entanto, no corpo doutrinal de seus escritos não deixou de defender os princípios básicos de seu sistema moral. Como diz A. Tannoia: "Monsenhor (Afonso) nunca, jamais, se retratou de seu sistema moral, nem, nunca, mudou seus princípios".[62]

Até a 6ª edição (1767), Afonso manteve, no *Prólogo* da TM, a limitação irônica que plasmou na 2ª edição (1753): "Não tenho a intenção de falar da questão de se é possível seguir a opinião menos provável em concurso de outra, provável...". No entanto, o autor não foi coerente com essa declaração, pois em todas as edições inseriu uma *Dissertação* sobre o uso da opinião provável no final do tratado sobre a consciência.[63]

Além disso, a evolução do pensamento moral afonsiano também deve ser analisada, e sobretudo, em função da gênese e desenvolvimento da TM em seu conjunto, não apenas na parte concretamente dedicada ao estudo do uso da opinião provável no juízo de consciência moral.

De fato, a TM surgiu à margem dessa controvérsia secular entre os moralistas católicos. As soluções morais concretas, contidas na obra de Afonso, não dependem, direta ou imediatamente, da orientação adotada na questão sobre o uso da opinião provável.

---

60 CAPONE, D. *Disertazioni e Note*: SM 1 (1963) 281 ("non libertà del santo"); 3 (1965) 120 ("mancava la libertà del proprio pensiero").

61 São chamativas as afirmações da *Dissertação* de 1774: "non sono probabilista ne seguito il probabilismo": edição L. Corbetta, t. 31 (Monza, 1832) 7; "nè equiprobabilista" (*Ibid.*, 9); e do Memorial de 1777: "nelle mie opere stampate mi sono dichiarato contrario alle dottrine de' Gesuiti" (Lettere, III, 493); "io, in più opere da me stampate, ho riprobato il probabilismo" (*Ibid.*, 494).

62 Citado por CAPONE, D. *Dissertazioni e Note*: SM 3 (1965) 143.

63 VEREECKE, L. *Sens du doctorat de St. Alphonse dans l'histoire de la théologie morale*: SM 9 (1971) 45-46.

Afonso afirma que, o sistema moral é uma coisa, e a escolha de opiniões concretas, é outra.[64] Constata que o probabiliorista D. Concina, às vezes, tem opiniões excessivamente benignas,[65] enquanto ele passa por partidário, mais das sentenças rígidas, que das benignas.[66]

É certo que, ao longo de todas as edições da TM, ao final do tratado sobre a consciência, aparece uma *Anotação* (*Monitum*) ou uma *Dissertação,* ou uma exposição do *Sistema Moral* sobre o uso da opinião provável. Também é certo que esses textos são os mais mutáveis no desenvolvimento da TM e os que melhor denotam, tanto a evolução interna do pensamento afonsiano, quanto os impactos sofridos pelos condicionamentos externos.[67] Entretanto, ainda continuo acreditando que a consideração desse tema não deve ser tão hipertrofiada a ponto de impedir analisar, com perspectiva equilibrada, o conjunto do pensamento moral de Afonso.

Na oitava edição da *Theologia Moralis* (1779), é recolhida a última (e definitiva) formulação do sistema moral afonsiano, depois das "tempestades" levantadas contra a moral de Afonso, às quais ele respondeu com a *Dissertação* de 1774 e o *Memorial* de 1777.[68] Essa formulação se encontra na oitava edição, no final do tratado sobre a consciência. É composta de uma longa exposição, de caráter plenamente acadêmico, com o título, preciso e tipicamente afonsiano, de *Morale Systema,*[69] e por dois *Monitum* que constituem respostas às falsas interpretações pontuais e anedóticas sobre o pensamento afonsiano.[70]

Convém levar em conta que Afonso fez a redação final de seu sistema moral em um momento em que precisava se precaver

---

[64] A64a, 114.

[65] *Ibidem.*

[66] A69, 70; Lettere, III, 345.

[67] Ver, a esse respeito, o detalhado estudo de: CAPONE, D. *Dissertazioni e Note di S. Alfonso sulla probabilità e la coscienza (1748-1763), (1764-1769), (1769-1777)*: SM 1 (1963) 265-343; 2 (1964) 89-155; 3 (1965) 82-149.

[68] Lettere, III, 492-507: "Ai Signori della Real Camera di S. Chiara" (Nocera, fine di marzo 1777).

[69] Texto em: Gaudé, I, 25-64.

[70] *Monitum I*: Gaudé, I, 64-66. *Monitum II*: Gaudé, I, 67-70.

contra "ameaças" externas que se intensificavam contra sua Moral. Mas, apesar dessas dificuldades "externas", Afonso continuou a defender, como acabo de observar, os princípios essenciais de seu sistema moral. A formulação, apesar de pequenas dificuldades, é um coroamento digno e fiel de suas investigações e descobertas sobre o sistema moral.[71]

19.3.3. Questões Complementares

- Interpretação da evolução de Afonso

Sobre a evolução do pensamento de Afonso acerca do sistema moral, foram propostas algumas interpretações que não parecem corresponder à objetividade dos dados históricos.

Tal nos parece ser a visão expressa por R. Coulon, no *Dictionnaire de Théologie Catholique*, em artigo sobre *Daniel Concina*.[72] Coulon dividiu a evolução do pensamento moral de Afonso em duas fases. Depois de ter sido iniciado no probabiliorismo-rigorismo durante o período de formação sacerdotal, Afonso teria se tornado, nos primeiros anos de seu sacerdócio, um ardente probabilista. Depois disso, teria passado a aderir, novamente, ao probabiliorismo. Dessa maneira, ao final da trajetória, "ele se encontra com Concina".[73]

Th. Deman sustentou uma interpretação semelhante em seu, extenso e bem documentado, artigo sobre *Probabilismo*, no mesmo DTC.[74] Deman acrescenta uma afirmação chamativa, que já comentamos em outra parte deste volume: "Entre Afonso e Santo Tomás permanece a discordância de dois sistemas irreconciliáveis. Toda tentativa de conciliação está condenada ao concordismo, ou

[71] Sobre essa formulação, escreve CAPONE, D. *Dissertazioni e Note*: SM 3 (1965) 131: "Nonostante tutti i suoi difetti di detaglio e di redazione, esprime una sintesi superiore che corona degnamente il lungo lavoro di s. Afonso quale teologo della coscienza e della persona morale".

[72] COULON, R. *Concina, Daniel*: DTC, III/1 (Paris, 1911) 705-707.

[73] *Ibid.*, 707.

[74] DEMAN, T. *Probabilisme*: DTC, XIII/1 (Paris, 1936) 417-619, sobre Afonso: 580-592.

seja, ao artifício, ou seja, ao fracasso".[75] Não é a interpretação comumente aceita entre os estudiosos da obra moral de Afonso.[76]

> O último grande biógrafo francês de Afonso, introduz uma nota categórica: "Os artigos 'Probabilismo' nos grandes *Dictionnaires* (DTC, DAFC) são tendenciosos. Para uma análise detalhada da evolução afonsiana através de seus escritos, ver SM 1, 2, 3 (1963, 1964, 1965)".[77]

- Sobre a história e o significado do equiprobabilismo enquanto sistema moral

É difícil conhecer a história, anterior a Afonso, tanto do termo, quanto do conceito de *equiprobabilismo.*

Pode-se encontrar orientações equiprobabilistas em moralistas que, geralmente, se movem em outra orientação moral. Assim, "em um *laxista* como João Sánchez (que, por outro lado, depende de Laymann) aparecem proposições equiprováveis como esta: 'si quis facta sufficienti diligentia adhuc est, an expleverit viginti et unum annos, non teneri ad ieiunium, quia tunc non est possessio pro praecepto ieiunii, sed pro libertate illius qui toto tempore antecedenti vigesimum primum annum non habuit' - *Se alguém, realizada a devida diligência, ainda está com dúvida se já completou vinte e um anos, não fica obrigado ao jejum, porque, então, a posse não está a favor do preceito do jejum, mas a favor da liberdade daquele que, durante todo o tempo anterior, não tinha vinte e um anos* (J. Sánchez, Selectae et practicae disputaetationes in administratione sacramentorum [Lyon, 1636] 275)".[78]

No século XVII, alguns moralistas jesuítas usaram o adjetivo *equiprobabilis* para se referir a uma opinião, a fim de matizar e, ao mesmo tempo, apoiar, a opção do probabilismo.[79] Um

---

75 *Ibid.*, 590.

76 JANSEN, J. L. *S. Alphonsus in systemate morali cum S. Thoma concors*: Xenia Thomistica, III (Roma, 1925) 441-448.

77 Rey-Mermet, 507, nota 18.

78 PETROCCHI, M. *Il problema del lassismo nel secolo XVII* (Roma, 1953) 16, nota 6.

79 HURTUBISE, P. *La casuistique dans tous ses états. De Martín Azpilcueta à Alphonse de Liguori* (Montreal, 2005) 195, nota 29, citando: DE BLIC, J. *Jésuites. La théologie morale*: DTC, VIII, 1085, 1088.

deles foi **Christoph Rassler** (1654-1723), professor de moral em Dillingen.[80]

Outro moralista que usou a categoria do *equiprovável* foi o moralista alemão **Eusebio Amort**, muito estimado por Afonso, cuja autoridade citou na *Dissertação* de 1762 e a quem, por carta, pediu ajuda na defesa do uso da opinião equiprovável.[81]

Afonso não usou a expressão *equiprobabilismo,* nem para se referir a seu sistema moral, nem para indicar um sistema moral oposto ao *probabilismo* e ao *probabiliorismo*. Evidentemente, falou muitas vezes de opinião *equiprovável* (*egualmente probabile*: igualmente provável). Quanto ao resto, apesar de algumas interpretações minimalistas da contribuição de Afonso, ele estava consciente de estar propondo um sistema moral. Diz: "*Meu sistema* está fundamentado em Santo Tomás", chegando ao ponto de caracterizá-lo com expressões próximas ao termo equiprobabilismo: "il nostro sistema della *egualmente probabile*".[82]

Assim, o conteúdo e a formulação do sistema moral do equiprobabilismo é obra de Afonso". "O equiprobabilismo é a posição de Santo Afonso a partir de 1762".[83] Seu significado não está bem refletido só no axioma "lex dubia non obligat" (a lei duvidosa não obriga). De fato, a contribuição específica afonsiana é colocar o valor da *liberdade* (da pessoa) acima do valor da lei, através da categoria antropológico-ética de *promulgação*. Para que apareça o universo da moral é necessária a presença ativa da liberdade; não basta a existência da lei objetiva, mesmo que intervenha, para isso, a vontade do Legislador divino (lei eterna).

Depois de Afonso, o termo *equiprobabilismo* adquiriu uso técnico e autônomo para se referir a um peculiar sistema moral, concretamente, aquele proposto e defendido por Liguori.

---

80 EBERLE, A. *Ist der Dillinger Moralprofessor Christoph Rassler der Begründer der Äquiprobabilimus?* (Friburgo, 1951).

81 Lettere, III, 246.

82 *Istruzione e Pratica*, I, n. 42. O sublinhado é meu.

83 PETROCCHI, M. *Il problema...*, 16.

Nota bibliográfica.

- EBERLE, A. *Ist der Dillinger Moralprofessor Christoph Rassler der Begründer der Äquiprobabilismus?* (Friburgo, 1951).
- PALAZZINI, P. *Equiprobabilismo*: EC V, 456-457.
- HÄRING, B. *Äquiprobabilismus*: LTK, I, 782-783.

- Continuam as disputas sobre o probabilismo

A evolução histórica do equiprobabilismo afonsiano está ligada, não apenas ao desenvolvimento das abordagens da Teologia Moral, mas também, à evolução da teoria e da prática do sistema moral probabilista. Não é por nada que, para muitas mentes, é difícil entender a diferença entre um e outro sistema moral, probabilismo e equiprobabilismo.

Depois da morte de Afonso:

- Mais uma vez, o movimento rigorista ganhou força, apoiando o reinado do *probabiliorismo*.
- Surgiram novas formulações, como o *compensacionismo*, próximo ao equiprobabilismo.

  Dois autores se destacam como os principais promotores do sistema moral do *compensacionismo*: o sulpiciano, A. Laloux,[84] e o dominicano, M. Ambrosio Potton (1874).[85] A essência desse sistema moral consiste no fato de o risco de violar a lei *ser compensado* por boas razões, proporcionais à gravidade da lei e ao seu grau de probabilidade.[86]

- Também retornou o probabilismo, buscando justificar sua história e provar sua relevância como sistema moral.

---

[84] LALOUX, A. *Tractatus de actibus humanis* (Paris, 1862; Montpellier-Paris, 1874). Cf. BELLOCQ, D. *Système moral de M. l'abbé Laloux*: Revue des Sciences Ecclésiastiques 31 (1875) 4-25, 167-192.

[85] POTTON, M. A. *De theoria probabilitatis dissertatio theologica* (Paris, 1874) = (resumo) *De théorie du probable. Dissertation théologique* (Paris, 1975); *Une théorie nouvelle et ancienne touchant la question du probabilisme*: Nouvelle Revue Théologique 7 (1975) 372-390.

[86] DTC, III, 604-607; EC, IV, 93-94; PETROCCHI, M. *Il problema...*, 17.

Consequentemente, retornaram as discussões sobre a noção, sobre a relevância teórica e sobre o uso prático do categorema *sistema moral*. Tais discussões ocorreram ao longo do séc. XIX e ainda estavam presentes nas primeiras décadas do século XX.

Convém assinalar que o *punctum dolens* dos confrontos sobre a teoria do sistema moral e sobre o uso prático dos sistemas morais continuou sendo a coerência teórica e a validade prática do *probabilismo* como sistema moral. Para justificar a objetividade histórica dessa afirmação, basta levar em conta os estudos mais representativos que apareceram sobre esse tema no período indicado, como observamos abaixo.

Nota bibliográfica sobre a continuação do estudo sobre o probabilismo.

- *Boletim bibliográfico.*
- SAMPERS, A. *Bibliographia scriptorum de systemate morali S. Alfonsi et de probabilismo in genere, ann. 1787-1922 vulgatorum*: SH 8 (1960) 138-172.

- *Estudos da época (seleção).*
- TER HAAR, F. De *systemate morali antiquorum probabilistarum* (Roma, 1894).
- SCHMITT, A. *Geschichte des Probabilismus* (Innsbruck, 1904).
- WOUTERS, L. *De minusprobabilismo* (Paris, 1905).
- LEHMKUHL, A. *Probabilismus vindicatus* (Friburgo, 1906).
- DEMAN, T. *Probabilisme:* DTC, XI11/1 (Paris, 1936) 417-619.

– Discussões acerca do sistema moral afonsiano no séc. XIX

No contexto indicado, era normal que voltassem as discussões sobre identidade ou diferença entre probabilismo e equiprobabilismo.

Apesar da afirmação, estampada em seção anterior deste mesmo capítulo, de que corresponde a Afonso a autoria de um sistema moral próprio (o sistema equiprobabilista), não se pode ignorar o fato de que, no século XIX, surgiram discussões sobre essa afirmação. O maior confronto foi entre um grupo de redentoristas, editores das chamadas *Vindiciae Alphonsianae*, e o moralista jesuíta Antônio Ballerini. Voltaremos a tal confronto no cap. 3 da 22ª seção.

Além dessa maior tensão, houve outras intervenções menores relativas à identificação do sistema moral sustentado por Afonso. Como tais, podem ser consideradas as seguintes posições:

- A afirmação do sacerdote napolitano, **Simón Vittozzi** (1873), membro da Academia de Santo Tomás, que, em sua dissertação sobre *Santo Afonso e a Teologia Moral,* sustentou: "Com certeza, quantos teólogos moralistas escreveram desde o tempo do Santo até nossos dias, sustentaram que seu sistema é o equiprobabilismo".[87]
- **Tomás Bouquillon** (1873) reconheceu que Afonso, pelo menos desde 1762, sustentou o *sistema do equiprovável*, embora o grande moralista de Bruges tenha identificado o sistema afonsiano, *quoad substantiam*, com o probabilismo comum.[88]
- Entre os teólogos jesuítas que não viram identidade própria no equiprobabilismo afonsiano (distinta do probabilismo), estavam: **X. M. Le Bachelet**[89] e **Guillermo Arendt**[90]. No início do século XX, o jesuíta espanhol **J. B. Ferreres**[91] tinha a mesma visão.
- Outras intervenções sobre o tema foram: a do premonstratense **L. van Reeth** (1875), a do pároco da diocese de Pádua **L. Danielli** (1887), a do sacerdote italiano **V. Bracea** (1887).[92]
- Nas primeiras décadas do séc. XX, os agostinianos espanhóis e professores de Teologia Moral, **C. Arribas**[93] e **J. Martínez,**[94] reco-

---

87 VITTOZZI, S. *S. Alfonso e la Teologia Morale* (Nápoles, 1873) 22.

88 BOUQUILLON, T. *Theologia Moralis Fundamentalis* (Bruges, 1873) 300 ss.

89 LE BACHELET, X. M. *La question liguorienne. Probabilisme et équiprobabilisme* (Paris, 1899).

90 ARENDT, W. *Aequiprobabilismus ab ultimo fundamento discussus* (Roma, 1909).

91 FERRERES, J. B. *Compendium Theologiae Moralis*, I, tract. II, art. III. Essa postura de J. B. Ferreres causou estranheza aos redentoristas espanhóis e foi criticada, entre outros moralistas, pelo agostiniano Jacinto Martínez, que citamos em seguida.

92 Ver as notas bibliográficas em: Tellería, II, 985.

93 ARRIBAS, C. *Estudio crítico sobre el probabilismo moderado* (Barcelona, 1909).

94 MARTÍNEZ, J. *Ars Artium. Lecturas y cuestiones graves acerca del probabilismo* (Bilbao, 1925). Como anotamos, esse agostiniano criticou J. B. Ferreres por não reconhecer em Afonso um sistema moral próprio: o equiprobabilismo (*Ibid.*, 44-63: "Cartas al P. Ferreres").

nheceram que o equiprobabilismo era o sistema moral de Afonso. Os claretianos **J. Busquet**[95] e **A. Peinador**[96] fizeram o mesmo.

- Intervenção dos moralistas redentoristas

Merece destaque o trabalho de um bom grupo de redentoristas que, com grande fervor ao seu fundador, e com não menor sabedoria, demonstrada na análise meticulosa dos textos e na precisão dos conceitos, souberam defender a validade do sistema equiprobabilista e a paternidade afonsiana do último. Destacam-se os seguintes nomes:

- O suíço **João Batista Wittmann** (1848-1908).[97]
- O holandês **Francisco Ter Haar** (1857-1939).[98]
- O francês **Leonardo Gaudé** (1860-1910).[99]
- O holandês **José Aertnys** (1828-1915).[100]
- O, também holandês, **Luis Wouters** (1864-1933).[101]
- O belga **Félix Delerue** (1870-1938).[102]
- O, nascido na Alemanha, mas atuante na Holanda, **João Lorenzo Jansen** (1860-1940), com ampla produção teológica, nomeado *Lector S. Theologiae honoris causa* pelo Padre Geral (20 de novembro de 1913).[103]
- E o luxemburguês **João Batista Raus** (1881-1943).[104]

Não se deve esquecer a defesa de Afonso, feita, na segunda década do séc. XX, pelos redentoristas espanhóis, frente aos que

---

95 BUSQUET, J. *Thesaurus confessarii* (Madri, 1920) 24-26.

96 PEINADOR, A. *Cursus Theologiae Moralis*, I (Madri, 1946) 33.

97 Dados biográficos e escritos: De Meulemeester, II, 472.

98 Dados biográficos: Boland, 385. Escritos: De Meulemeester, II, 420; III, 395. Ver também: Analecta CSsR 19 (1939) 200-206.

99 Dados biográficos: Boland, 136. Escritos: De Meulemeester, II, 153; III, 305.

100 Dados biográficos: Boland, 3-4. Escritos: De Meulemeester, II, 9-11; III, 246.

101 Dados biográficos: Boland, 423. Escritos: De Meulemeester, II, 473-474.

102 Dados biográficos: Boland, 104. Escritos: De Meulemeester, II, 101-102; III, 286.

103 Dados biográficos: Boland, 175. Escritos: De Meulemeester, II, 211-216; II, 326-327.

104 Dados biográficos: Boland, 308-309. Escritos: De Meulemeester, II, 343-344; III, 373.

continuavam a distorcer o pensamento afonsiano sobre o sistema moral.[105]

As obras desses moralistas redentoristas, dedicadas ao tema do sistema moral afonsiano, são citadas no *Complemento bibliográfico* do presente capítulo.

Como conclusão desses estudos sobre a autoria afonsiana de um sistema moral próprio - o equiprobabilismo - pode-se colocar a síntese que C. Marc publicou em seu manual de Teologia Moral, e traz como título a afirmação categórica: S. Alphonsus aequiprobabilismum docuit - *Santo Afonso ensinou o equiprobabilismo.*[106]

- Significado da recepção da orientação moral afonsiana na Igreja

Além das discussões técnicas sobre o sistema moral, pode-se constatar que "no final do século XVIII, o rigorismo parecia ganhar a batalha e Liguori ficou praticamente sozinho (...)". Mas, no século XIX, com a luz sempre crescente da santidade de Liguori, sua doutrina prudente e não casuística foi abrindo caminho".[107]

Em capítulos posteriores, faremos referência à recepção do pensamento moral afonsiano, não apenas pelos moralistas, mas também pelo Magistério oficial da Igreja. Sobre a repercussão dessa recepção eclesial do valor do sistema moral equiprobabilista, convém aceitar a dupla advertência de Th. Deman:[108]

- Por um lado, no Magistério oficial da Igreja não há elogios especiais ao equiprobabilismo como sistema moral.
- Por outro lado, no pensamento de Afonso, o Magistério oficial (por ocasião da beatificação e canonização de Afonso, bem como a concessão do título de Doutor da Igreja e o de Patrono dos con-

---

[105] REOYO, F. *San Alfonso, equiprobabilista. Alrededor de un artículo enciclopédico* [de la Enciclopedia Espasa]: El Perpetuo Socorro 18 (1916) 443-451.

[106] MARC, C. *Institutiones Morales Alphonsianae* (Lyon-Paris, 1920[16]) I, 71-72.

[107] CAPONE, D. *Ligorio (Liguori), Alfonso María de*: O'NEILL, C. E.; DOMÍNGUEZ, J. M. (ed.). Diccionario de la Compañía de Jesús. Biográfico-temático (Roma--Madri, 2001), III, 2357.

[108] DEMAN, T. *Probabilisme...*, 589-590.

fessores e moralistas) não elogia tanto o sistema moral afonsiano, quanto suas soluções morais práticas. De Afonso, a Igreja destaca, acima de tudo, o ter evitado, tanto as sentenças laxistas, quanto as sentenças rígidas.

"A honra de Santo Afonso é ter realizado a obra de que a Igreja de seu tempo tinha necessidade. Ele limitou a nocividade prática do probabilismo e do jansenismo".[109]

19.3.4. Balanço

Sirva de balanço sobre o pensamento moral de Afonso acerca do sistema moral, esta avaliação do teólogo moralista dominicano francês, Michel Labourdette:

> "O probabilismo, de resto, todavia mal distinguido dos excessos laxistas e comprometido pelos mesmos, foi, desde seus inícios, uma grave preocupação para o magistério da Igreja; e assim continuou sendo até o dia em que, do próprio seio das morais de consciência, levantou-se esse monumento chamado *Theologia Moralis* de Santo Afonso. No meio daquele pulular de opiniões prováveis, mais prováveis, menos prováveis, seguras, mais ou menos seguras, algumas manifestamente rigoristas, outras evidentemente laxistas, constituiu-se um conjunto de opiniões morais verdadeiramente seguras, igualmente distantes dos extremos, escrupulosamente pesadas pela consciência de um santo. Desse modo, a Igreja recebia um esplêndido serviço. Louvado e recomendado muitas vezes pelos Soberanos Pontífices e, recentemente, também por Sua Santidade Pio XII [escreve em 1950], Santo Afonso permanece como o mestre *omni exceptione maior*. Já nenhum teólogo tem o direito de ignorar, na solução de um caso concreto, o que Santo Afonso pensou. Voltando às considerações anteriores, tão grande é sua autoridade, tão autenticamente consagrada, que constitui um daqueles 'princípios comuns' aos quais, legitimamente, poderá sempre se referir um confessor para sair da dúvida".[110]

---

109 *Ibid.*, 590.

110 Em: LABOURDETTE, M. Revue Thomiste 58 (1950) 230. Citado por: Rey-Mermet, 503-504.

19.3.5. Complemento bibliográfico

Relato histórico das disputas e das reflexões afonsianas acerca do sistema moral.

- Tellería, II, 287-305: capítulo XVI. "Mi sistema de moral".
- Rey-Mermet, 489-508: "Um grande debate em que se pesam os prós e os contras" (1752-1762).

Boletim bibliográfico sobre o equiprobabilismo afonsiano

- SAMPERS, A. *Bibliographia scriptorum de systemate morali S. Alfonsi et de probabilismo in genere, ann. 1787-1922 vulgatorum*: SH 8 (1960) 138-172.

Estudos clássicos sobre o sistema moral de Afonso

- WITTMANN, J. B. S. *Alphonse et le pur probabilisme* (Gien, departamento de Loiret, França, 1889). Também: Id. (com pseudônimo), *St. Alphonse est-il probabilioriste?* Revue Thomiste 12 (1904) 129-150.
- DE CAIGNY, P. J. *Apologetica de aequiprobabilismo alphonsiano historico-philosophica dissertatio juxta principia Angelici Doctoris instituta* (Tournai, 1894).
- GAUDÉ, L. *De morali systemate S. Alphonsi de Ligorio. Historico--theologica Dissertatio* (Roma, 1894).
- AERTNYS, J. *De Probabilismo S. Alphonsi Mariae* (Wittem, 1872). Também: Id., *Probabilismus oder Aequiprobabilismus? Antwort auf einer Kritik des Dr. Huppert in der "Zeitschrift für katholische Theologie"* (Paderborn, 1896).
- JANSEN, J. L. *L'équiprobabilisme*: Revue Thomiste 6 (1898) 354-366, 420-432. Também: Id., *La question liguorienne. Probabilisme et équiprobabilisme* [Resposta a X.-M. Le Bachelet] (Galoppe, 1899). Possui outros estudos sobre o tema do sistema moral.
- TER HAAR, F. *Ven. Innocentii PP XI de probabilismo decreti historia et vindiciae* (Tournai, 1904). Também: Id., *De systemate morali antiquorum probabilistarum* (Roma, 1894); Id., *Geschichte und Kritik im Dienste der "Minus probabilis"* (Paderborn, 1906). Ver: SAMPERS,

A. *Studia patris Ter Haar de decreto B. Innocentii XI diei 26 julii 1680:* SH 5 (1957) 133-135.

- WOUTERS, L. *De Systemate morali. Dissertatio ad usum scholarum composita* (Galoppe, 1909, 1918[2]). Também: Id., *Probabilismus aut aequiprobabilismus:* Divus Thomas 6 (1896-1899) 661-663; Id., *De minusprobabilismo* (Galoppe, 1905; Amsterdam, 1908[2]). Ver a recensão da obra *De Systemate morali* em: El Perpetuo Socorro 23 (1921) 294-296.
- MONDINO, S. *Studio storico-critico sul sistema morale di S. Alfonso M. de Liguori* (Monza, 1910).
- RAUS, J. B. *St. Alphonse et les variations de son système moral:* Nouvelle Revue Théologique 55 (1928) 241-265, 334-352.
- DELERUE, F. *Le système moral de Saint Alphonse de Liguori Docteur de l'Eglise. Étude historique et philosophique* (Saint-Étienne, 1929).

Análise dos textos afonsianos concernentes ao sistema moral

Os escritos de Afonso relacionados com o sistema moral foram analisados magistralmente por:

- CAPONE, D. *Dissertazioni e Note di S. Alfonso sulla probabilità e la coscienza (1748-1763), (1764-1769), (1769-1777):* SM 1 (1963) 265-343; 2 (1964) 89-155; 3 (1965) 82-149.

VIGÉSIMA SEÇÃO

A Confissão no pensamento afonsiano

20.1. INTRODUÇÃO

Nesta breve introdução à seção, pretendemos sublinhar, em primeiro lugar, a importância da prática do sacramento da Penitência na síntese teológico-moral afonsiana e, em segundo lugar, a conveniência de continuar analisando o desenvolvimento histórico dessa prática sacramental, em razão de sua proximidade com a evolução da reflexão teológico-moral.

20.1.1. Importância do sacramento da Penitência no pensamento moral afonsiano

Dissemos, no cap. 3 da 14ª seção, que o projeto moral afonsiano está organizado em torno de dois interesses principais: o estudo do funcionamento do *juízo de consciência* e a determinação de sua aplicação na *prática da Confissão. Consciência* e *Confissão* são os dois eixos que movem o conjunto doutrinal da TM.

De fato, foram esses dois temas que deram origem às grandes controvérsias em torno da moral de Afonso. Também têm sido consideradas as duas contribuições mais importantes de Liguori para a história da reflexão teológico-moral. Se, no século XIX, a moral afonsiana se impôs como o sistema comumente seguido na Igreja Católica, isso se deveu à vitória da benignidade sobre o rigorismo na prática sacramental (Penitência, Eucaristia). Mais do que um triunfo no campo da teoria moral, foi uma vitória na prática pastoral.

20.1.2. O desenvolvimento histórico do sacramento da Penitência

Em todos os volumes anteriores da presente História da Teologia Moral, dedicamos um amplo capítulo ao sacramento da Penitência, tal como foi entendido e praticado em cada um dos períodos de seu desenvolvimento histórico:

- No Cristianismo primitivo (séc. I-VII): volume II, 673-684.
- Na Idade Média (séc. XIII-XIV): volume III, 821-846.
- No Renascimento ou antes da Reforma protestante (séc. XV-XVI): volume IV/1, 139-154, 597-624; volume IV/2, 309-332 (na América).
- No Concílio de Trento: volume V/1, 179-198.
- No século XVIII (Espanha): volume V/2, 943-956.

Agora é hora de fazer a história da teologia e da prática do sacramento da Penitência no período pós-Tridentino, especificamente, nos séculos XVII e XVIII.

Dada a importância do tema para o conhecimento do futuro do discurso teológico-moral na Idade Moderna, dedicamos a ele uma seção, organizada em dois capítulos:

- No primeiro, é exposto o desenvolvimento da compreensão e da prática do sacramento da Penitência no período pós-Tridentino, até Afonso de Liguori.
- No segundo, é analisado o pensamento de Afonso sobre a prática do sacramento da Penitência.

Estes são, portanto, os títulos dos dois capítulos que compõem a seção:

20.2. Esplendor e sombras na teologia e na prática da Confissão nos séculos XVII-XVIII

20.3. A prática da Confissão segundo Afonso de Liguori

20.2. ESPLENDOR E SOMBRAS NA TEOLOGIA E NA PRÁTICA DA CONFISSÃO NOS SÉC. XVII-XVIII

Escrever a história do sacramento da Penitência nos séculos que se seguiram ao Concílio de Trento requer muito espaço e grande diversidade de aproximações. *A confissão auricular* é uma das principais instituições que determinam a peculiaridade do catolicismo confessional da Idade Moderna. São muitos os fatores que condicionam ou realizam essa história. O presente capítulo é dedicado à consideração de alguns (principais) deles.[1]

20.2.1. A implementação da reforma tridentina

– Perspectivas gerais

Provavelmente, muito do que veio depois de Trento não estava na intenção dos padres conciliares tridentinos. Os "textos" de Trento precisam ser lidos a partir deles mesmos, mas, também, a partir do "efeito" que, de fato, produziram. Serve, também aqui, a hermenêutica bíblica do *Wirkungsgeschichte* (história dos efeitos).

As afirmações teológicas, as determinações práticas e as orientações espirituais que Trento emitiu em relação à Penitência, assumiram seu rosto efetivo através das reformas que foram surgindo na Igreja depois do Concílio. Tais reformas se remetem ao Concílio, mas não brotam, necessariamente, dele. É preciso reconhecer a intervenção de fatores intermediários que transmitiram, orientaram e, no final, tornaram a reforma efetiva.

Houve fatores oficiais que forneceram bases para reforma penitencial. Entre eles, precisamos nomear a publicação do Rito

---

1 Contudo, continua sendo objetiva a afirmação de que "não existe um estudo histórico, sociológico ou doutrinal da confissão pós-tridentina" (GROUPE DE LA BUSSIÈRE. *Pratiques de la confession* [Paris, 1983] 280: em relação aos séc. XVII-XVIII; 281: em relação aos séc. XIX-XX). Há elementos históricos, não apenas nas referências bibliográficas que serão apresentadas nas notas do presente capítulo, mas também em alguns estudos de caráter mais geral, citados no texto, ao final do presente capítulo.

da Penitência dentro do *Rituale Romanum* de 1614,[2] manual litúrgico que seguiu ao *Rituale Ambrosianum* de 1584. Pela primeira vez, houve um rito autônomo e reconhecido por todos, em toda a Igreja, para a celebração da Penitência. O Ritual Romano "fixará, de forma exclusiva e definitiva, a forma ou estrutura da Confissão, que é a que perdura até nossos dias, que o Vaticano II tentará complementar com outras formas".[3]

Foram muitos os pastores pós-tridentinos que promoveram importantes iniciativas pastorais em relação à prática penitencial. Nos 50 anos seguintes a Trento, proliferaram na Igreja os concílios provinciais e sínodos diocesanos. Pois bem, um dos temas que adquiriu importância nesses concílios e sínodos foi a prática do sacramento da Penitência. Recordamos alguns detalhes, colocando entre parênteses o local do sínodo ou concílio.[4]

> A preparação dos confessores era uma preocupação geral; foram prescritas conferências sobre casos morais (Avignon) ou estudo de manuais de moral (Malinas). Assume-se a disposição tridentina sobre a necessidade de licença episcopal para ouvir confissões (Urbino, Amalfi). Também é apoiado o mandato tridentino de nomear um cônego penitenciário nas catedrais e de oferecer a oportunidade de confessores, diferentes dos habituais, para a população. Constata-se como vão sendo, gradualmente, instalados os móveis fixos para ouvir confissões (confessionários). Quase todos os concílios falam da postura do confessor e do penitente, que devem expressar o simbolismo da penitência como julgamento (confessor sentado; penitente de joelhos). Algumas normas advertem contra penitências com conotações econômicas: impor uma esmola ou taxas de missa, de cujas realizações o confessor poderia tirar proveito. Raramente

---

2 *Rituale Romanum* (1614). Título IV. "De Sacramento Poenitentiae". Edição atual: SODI, M.; FLORES ARCAS, J. J. (ed.). *Rituale Romanum. Editio princeps (1614).* Edizione anastatica, Introduzione e Appendici (Cidade do Vaticano, 2004).

3 BOROBIO, D. *Penitencia*: FLORISTÁN, C.; TAMAYO, J. J. (ed.). Conceptos fundamentales del cristianismo (Madri, 1993) 1009. (= *Dicionário de conceitos fundamentais do cristianismo*. São Paulo: Paulus, 1999. p. 606).

4 Os detalhes são tomados de: VEREECKE, L. *De Guillaume d'Ockham à saint Alphonse de Liguori. Études d'histoire de la théologie morale moderne 1300-1787* (Roma, 1986) 490-493, onde se encontram as citações correspondentes.

se encontra menção às cerimônias solenes de penitência. Muitas vezes, é proposto que a penitência pública, da qual fala o tridentino, seja comutada para uma penitência secreta. Em geral, na França e Países Baixos, prescreve-se o controle daqueles que se confessam na Páscoa. Isso não acontece no sul da Itália, onde é mais frequente a admoestação de não impor uma penitência com aparência de lucro para o confessor.

– A reforma de Carlos Borromeo na diocese de Milão

Para a implementação da reforma penitencial de Trento, a máxima figura, nos anos imediatamente posteriores ao Concílio foi, sem dúvida, Carlos Borromeo (1538-1584), canonizado vinte e seis anos após sua morte (1610).[5] O episcopado de Carlos Borromeo (1564-1584) foi, em grande parte, continuado pelos de Gaspar Visconti (1584-1595) e Federico Borromeo (1595-1631).

No conjunto de sua obra pastoral como arcebispo de Milão, Carlos Borromeo aparece como exemplo ou ideal dos pastores reformadores da Igreja tridentina. Seu papel havia sido destacado já nas últimas fases do Concílio. Mas sua importância tornou-se manifesta quando se tornou o legislador modelo da reforma católica na grande arquidiocese de Milão.[6]

Se esse papel de bispo reformador deve ser aplicado ao conjunto da atividade pastoral de Carlos Borromeo, mais ainda deve ser aplicado à reforma da Penitência. Uma vez estabelecida a disciplina na vida do clero, a atenção da reforma eclesial concentrou-se na disciplina da alma, a Confissão.[7] As *Instruções aos Confessores* (1572), da cidade e da diocese, constituem a expressão das disposições aprova-

[5] Entre outras muitas referências bibliográficas, ver: VÁRIOS. *San Carlo e il suo tempo* (Roma, 1986); RIMOLDI, A. *Carlo e Federico Borromeo (1564-1631). Appunti dei loro episcopati, con particolare riferimento all'attività assistenziale*: La Scuola Cattolica 134 (2006) 541-564.

[6] CATTANEO, E. *Il primo Concilio provinciale milanese, 1565*: VÁRIOS. Il Concilio di Trento e la riforma tridentina, I (Roma, 1965) 15-275; GORALSKI, W. *I primi sinodi di San Carlo Borromeo. La riforma tridentina nella provincia ecclesiastica milanese* (Milão, 1989).

[7] DE BOER, W. *The Conquest of the Soul. Confession, Discipline, and Public Order in Counter-Reformation Milan* (Leiden, 2001).

das nos seis concílios da província eclesiástica de Milão, entre 1564 e 1584, sob a autoridade e direção de Carlos Borromeo.

Essas *Instruções*, publicadas em italiano, em 1583, e traduzidas para outros idiomas, tiveram muitas edições, tanto na Itália, quanto em outros países: mais de 19 na Itália, cerca de 20 na França, cerca de 10 na Espanha, de três a cinco na Alemanha. Serviram para orientar o ministério penitencial da diocese de Milão e foram ponto de referência para a confecção de muitas outras orientações para a pastoral da Confissão. Sua influência perdurou até o século XIX. Na França, foram traduzidas, em 1657, e constantemente reeditadas até 1847. [Em Portugal, traduzidas em 1763: *Instruções da Pregação por S. Carlos Borromeo*, traduzidas por D. Joaquim da Encarnação, 1 tomo em 8º, Coimbra, ano 1763]. O Abade J. Gaume, em um *Manual* amplamente utilizado em seminários e noviciados, publicado em 1837, considera-as uma de suas fontes.[8]

As *Instruções* ecoam as orientações eclesiásticas precedentes (os Concílios de Latrão IV e Trento, os teólogos medievais). Há insistências especiais que ganham relevo nas orientações de Borromeo e constituirão características da prática penitencial da Igreja tridentina. Eis, aqui, algumas dessas insistências:

- A necessidade da declaração de *todos* os pecados; a ocultação ou "silenciamento" de alguns dos pecados graves leva ao perigo de precipitar as almas no inferno. A "falsa vergonha" e a ocultação dos pecados tornam-se um tópico nas orientações para a prática penitencial.
- As *cautelas* que o confessor deve seguir para não fazer do ministério da Confissão uma ocasião de perigo para a própria alma. Tais precauções são rigorosas quando se trata de confissões de mulheres.
- O *adiamento* (e, com frequência, também a negação) *da absolvição* é outra das opções pastorais propostas a fim de suscitar um verdadeiro arrependimento, traduzido em eficaz propósito de emenda.

---

8 GAUME, J. *Manuel des confesseurs*, 2 vols. (Paris, 1837), manual de inspiração afonsiana.

Foi escrito que as reformas realizadas por Carlos Borromeo não deslumbram por sua originalidade. Seu valor está na "firmeza com que ele conseguiu traduzir, em atitudes concretas, os ideais do Concílio de Trento". Por essa razão, "conseguiu, não só endireitar a situação da diocese, mas, também, influenciar profundamente o tecido da Igreja pós-tridentina".[9]

A afirmação geral anterior é válida para a reforma do sacramento da Confissão. Além disso, as *Instruções* de Carlos Borromeo tiveram significado histórico, talvez não pretendido por seu autor e promotor. Foram utilizadas, especialmente na Igreja da França, para apoiar posições rigoristas em geral e, mais especificamente, de rigorismo na prática penitencial.[10] Essa influente interpretação rigorista chega até meados do século XIX, até a época em que há "a adoção de uma moral menos intransigente, a de Santo Afonso de Liguori".[11]

"Importa pouco saber se São Carlos Borromeo foi um criador original; o que é certo é que ele 'popularizou' as grandes decisões do Concílio de Trento em matéria de Penitência".[12] Suas *Instruções* estão na origem da explosão da literatura religiosa relacionada ao sacramento da Penitência na Igreja no século XVII. A reforma penitencial do período pós-tridentino depende, em grande parte, das opções pastorais do bispo reformador de Milão: para o bem, na medida em que propiciou uma reforma da moral do povo, e para o bem menor, na medida em que apoiou atitudes e práticas pastorais de rigorismo penitencial. Essa segunda afirmação torna-se ainda mais significativa se levarmos em conta a 'leitura' que foi feita, na França, das *Instruções* de Borromeo.

> As disposições de Carlos Borromeo "não autorizavam, necessariamente, os rigoristas franceses e flamengos do século XVII a colocar,

---

9 MEZZADRI, L. *La Chiesa nell'età dell'assolutismo confessionale*: FLICHE, A.; MARTIN, V. (ed.). Storia della Chiesa, XVIII/2 (1988) 481-482.

10 BERNOS, M. *Saint Charles Borromée et ses "Instructions aux confesseurs", une lecture rigoriste par le clergé français (XVIe.-XIXe. siècle)*: GROUPE DE LA BUSSIERE, *o. c.*, 185-200.

11 *Ibid.*, 199.

12 *Ibid.*, 200.

como fizeram, a campanha para o adiamento geral da absolvição sob a autoridade do santo". Mas "a pastoral milanesa não estava isenta de seus aspectos severos e, ao recordá-la um século depois, os rigoristas, sobretudo, ao compararem-se com seus adversários, podiam se sentir, de boa-fé, seus herdeiros".[13]

20.2.2. *A prática da Confissão, dependente de determinadas opções teológicas e pastorais*

É evidente que a realização concreta do sacramento da Penitência, no catolicismo pós-tridentino, esteve sujeita à influência de determinadas opções teológicas e diferentes práticas pastorais. Dentro desse conjunto de opções e práticas, merecem destaque algumas, de maior significação, tanto por sua proximidade pastoral com a Confissão, quanto por sua influência decisiva na dinâmica interna da prática penitencial.

– A pregação. As missões populares

Entre as práticas pastorais influentes sobre a Penitência, deve continuar sendo destacada, como observamos para a época medieval, a *pregação*. Evidentemente, o objetivo e o conteúdo não se limitavam a ser um preâmbulo ou continuidade da prática penitencial.

Mas a pregação, especialmente de caráter extraordinário, teve muito a ver com o modo de realização da Confissão no período pós-tridentino.[14] A pregação extraordinária tomou a forma de: pregação por ocasião das festas dos santos, pregação em novenas, pregação de festas locais, etc. Dentre as formas de pregação extraordinária, destaca-se a prática pastoral das *missões populares,* como já havíamos exposto em volume anterior: V/1, 117-123.

Embora a pastoral das missões "internas" tenha vindo de antes, elas desempenharam papel decisivo na configuração do catolicismo pós-tridentino. De forma mais concreta, sua influência se

---

[13] QUANTIN, J.-L. *El rigorismo cristiano* (Madri, 2006) 45.

[14] GAN JIMÉNEZ, P. *El sermón y el confesionario, formadores de la conciencia popular*: VÁRIOS. Religiosidad popular. II. Vida y muerte: la imaginación religiosa (Barcelona, 1989) 111-124.

deu no modo de entender e praticar a Confissão durante os séculos que se seguiram a Trento (séc. XVII-XVIII e, em certa medida, o séc. XIX). A estreita relação entre a missão popular e a confissão é amplamente reconhecida por estudiosos da história do catolicismo barroco.[15]

A afirmação acima é válida, especialmente, para o método missionário dos padres lazaristas ou vicentinos, segundo o qual, o trabalho da missão é realizado, de modo especial, no confessionário, onde "são pacificadas" as consciências.[16] Um especialista desse método missionário clássico da Congregação da Missão, afirma o seguinte para todas as missões populares dos padres vicentinos nos séculos XVII e XVIII:

> "O principal instrumento da atividade [do missionário] foi o da Confissão. Com ela, ensinaram a justiça cristã, o perdão e retidão de consciência (...). O objetivo das campanhas missionárias era o seguinte: a luta contra o mal. E a Confissão foi seu principal instrumento. Desde então, por vários séculos, o confessionário, não só tem sido parte do mobiliário litúrgico de nossas igrejas, mas também, tem sido um elemento formativo de nossa sociedade. Deixando de lado qualquer complacência apologética, podemos, leigamente, concluir que, através da confissão, os missionários deram uma contribuição importante para as transformações da sociedade moderna.[17]

Entre os missionários posteriores, destaca-se a palavra de Afonso de Liguori, para quem, o maior fruto das missões populares se encontra nas confissões: "Acreditem em mim, o maior fruto das missões não consiste em ouvir sermões, mas em se ter todo o povo confessado com os missionários". Se alguém, durante a missão, não ajustar as contas de sua vida passada, e não colocar ordem

---

15 DOMPNIER, B. *Missions et confession au XVIIe. siècle*: Groupe de La Bussière, *o. c.*, 201-220.

16 MEZZADRI, L. *Storia delle missioni popolari*: Vita Pastorale 90 (2002) n. 12, 116-119.

17 MEZZADRI, L. *Le missioni popolari e la penitenza nell'esperienza dei missionari lazzaristi italiani nei secoli XVII e XVIII*: Chiesa e Storia 1 (2011) 333-364, hic: 364.

em sua vida futura através da Confissão, os sermões ouvidos serão de pouca utilidade para ele".[18]

A *Confissão Geral* era uma prática apoiada pelas missões populares (também, pelos exercícios espirituais). A missão funcionava como uma espécie de máquina pastoral bem pensada para suscitar a conversão; uma das peças fundamentais era a Confissão. O missionário era um confessor "extraordinário", não apenas por causa das *faculdades* extraordinárias que lhe eram concedidas para perdoar, mas também, por causa da auréola de sua figura, que servia para atrair a confiança dos fiéis. Era uma estratégia pastoral, amplamente aceita, que a "dureza" no púlpito tinha como compensação, e consequência lógica, a "doçura" no confessionário. As confissões eram seguidas pelas *comunhões massivas;* na missão de Estella, em 1713, foram contadas cerca de 14 mil comunhões.[19]

As *missões* apoiaram, efetivamente, a prática da Confissão, embora a avaliação dessa estratégia pastoral não deixe de reconhecer algumas limitações.

> "A missão se apresenta, no século XVII, como ocasião extraordinária para obter o perdão. Ela conduz, massivamente, os fiéis ao confessionário, enfatizando, em particular, que o castigo eterno pairava sobre os impenitentes. Mas, que tipo de mudança trouxe para a concepção e prática do sacramento da Penitência? Referindo-se a um público ignorante das verdades eternas, os missionários insistiram na necessidade de reconhecer o pecado e, muitas vezes, consideraram que esse reconhecimento era adquirido quando os penitentes estavam dispostos a *dizer* seus pecados. A confissão das faltas - confissão no sentido estrito - foi, assim, valorizada em detrimento de outros aspectos ou partes do sacramento. A pastoral usada para levar os fiéis a essa confissão certamente se mostrou eficaz, mas contribuiu pouco para tornar a Confissão parte da prática religiosa comum dos fiéis.[20]

[18] LIGUORI, A. de. *Riflessioni utili ai vescovi*: Opere, III (Turim, 1846) 875.

[19] GONZÁLEZ LOPO, D. L. *Las paradojas de la Contrarreforma: el debate sobre la comunión frecuente*: BALBOA, X.; PERNAS, H. (ed.). Entre nós. Estudios de arte, xeografía e historia en homenaxe ó profesor Xosé Manuel Pose Antelo (Santiago de Compostela, 2001) 378.

[20] DOMPNIER, B. *l. c.*, 219-220.

O caráter extraordinário da Confissão, durante as missões, manteve a eficácia do "extraordinário", mas não chegou a transformar a realidade normal do "ordinário". Por outro lado, embora as missões tenham propiciado transformações de pessoas e grupos humanos (por exemplo, através de "reconciliações" especiais entre pessoas e entre grupos), a ênfase dada à confissão como tal (o *dizer* os pecados) frustrou outros dinamismos internos ao sacramento da Penitência, como a transformação religiosa do sujeito ou a adoção de práticas pastorais de maior conscientização cristã, tanto no âmbito da comunidade cristã, quanto na sociedade.

– As discussões sobre graça e sobre os sistemas morais

A dinâmica interna da Confissão, na era posterior a Trento, também foi influenciada por vários vieses importantes, sofridos na teologia da época: alguns são de caráter dogmático; outros são de orientação moral. Por um lado, o entendimento da obtenção do perdão sacramental foi condicionado por discussões sobre a conjugação entre *graça* e *liberdade*. Por outro lado, a prática penitencial sofreu *orientação moralizadora*, proveniente das abordagens da Teologia Moral da época.

Portanto, é compreensível que a crise surgida em torno dessas duas áreas teológicas tenha tido um impacto sobre a compreensão e a prática da Confissão. Especificamente, foi profundamente condicionada: 1) Pelo Jansenismo.[21] 2) Pela crise dos sistemas morais e, mais especificamente, pelas discussões teóricas sobre o "atricionismo" e o "contricionismo", com suas aplicações práticas.[22]

Em termos gerais, pode-se dizer que a prática penitencial foi introduzida pelos trilhos do rigorismo, tanto teológico (jansenismo), quanto moral (probabiliorismo). Nas igrejas onde os movi-

---

[21] ROSA, M. *Giansenismo e penitenza*: Chiesa e Storia 1 (2011) 259-284.

[22] AMARANTE, A. V. *Probabilismo, attrizionismo e contrizionismo*: Chiesa e Storia 1 (2011) 239-258. Também: PERINELLE, J. *L'attrition d'après le Concile de Trente et d'après Saint Thomas* (Paris, 1927); STELLA, P. *Attrizione e contrizione in età moderna: l'importanza storica di una disputa irrisoluta:* Annali di Scienze Religiose 3 (1198) 151-172.

mentos rigoristas indicados tiveram grande importância, a confissão praticamente desapareceu por quase um século e meio.[23]

No capítulo seguinte, apresentaremos as inovações que Afonso introduz na prática do sacramento da Confissão e que proporcionam, por sua vez, uma solução para o impasse rigorista em que essa prática se encontrava.

- Outros fatores

Sendo uma realidade de tanta significação para a configuração do catolicismo pós-tridentino, a Confissão estava ligada a muitos outros fatores, tanto de cosmovisão teológica, quanto das instituições eclesiais. O fator teológico mais decisivo, como temos observado de várias maneiras, é a compreensão da *justificação*, que, por sua vez, condiciona: a imagem de Deus, a função soteriológica de Cristo, a mediação salvífica da Igreja, a relação entre a ação humana e a graça divina, etc.

Dentre as instituições eclesiásticas em estreita conexão com a prática penitencial, deve-se destacar: a organização eclesiástica das *indulgências* e a instituição da *Penitenciaria Apostólica.* Não é o momento de fazer, sequer, um desenvolvimento mínimo da conexão entre a Confissão tridentina e tais instituições eclesiásticas. Apenas fique sublinhada a importância que a Penitenciaria Apostólica teve, desde sua criação (por volta de 1250), até nossos dias, para situações especiais relacionadas à prática penitencial.[24]

---

23 A influência do rigorismo na prática penitencial passou, da Europa, para os países da América francófona: PLANTE, G. *Le rigorisme au XVIIe siècle: Msgr. De Saint-Vallier et le sacrement de la pénitence* (Gembloux, 1971). Na América espanhola, a exportação dos ideais tridentinos da Penitência teve outras orientações: AZOULAI, M. *Les péchés au Nouveau Monde: les Manuels pour la confession des Indiens, XVIe.-XVIIe. siècles* (Paris, 1993); MARTÍNEZ FERRER, L. *La penitencia en la primera evangelización de México (1523-1585)* (México, 1998).

24 Ver a história dessa relação na recente recopilação de estudos: SODI, M.; ICKX, J. (ed.). *La Penitenzieria Apostolica e il Sacramento della Penitenza. Percorsi storici, giuridici, teologici e prospettive pastorali* (Cidade do Vaticano, 2009). Também: SCHMUGGE, L. *Die Pönitentiarie: ein Tribunal des Gewissens*: Chiesa e Storia 1 (2011) 225-237; PENITENZIERIA APOSTOLICA. *Peccato, Misericordia, Riconciliazione. Dizionario Teologico-Pastorale.* A cura di SODI, M.; NYKIEL, K.; REALI, N. (Cidade do Vaticano, 2016).

É óbvio que o tema das indulgências também teve relação estreita, tanto teológica, quanto prática, com o sacramento da Penitência.[25]

Voltaremos a insistir sobre os dois últimos aspectos - as indulgências e a remissão gratuita mediante a Penitenciaria Apostólica - em uma próxima seção deste mesmo capítulo, quando relacionarmos o *foro* da confissão aos outros *foros* eclesiásticos.

20.2.3. *Destaque especial dado ao "ministro" da confissão: os "ofícios" do confessor*

No pano de fundo da prática eclesial da Penitência, encontram-se as várias imagens oferecidas pela Sagrada Escritura para expressar o dinamismo da conversão e da reconciliação: "retornar" ao bom caminho (*Lc* 15,11-32), "mudar de mentalidade" ou *metanoia* (*Mc* 1,15), aceitar a "reconciliação" (*2Cor* 5,18-20), "ligar" e "desligar" (*Mt* 18,18).[26] Deve ser acrescentado, a essas imagens bíblicas, o desenvolvimento histórico da consciência cristã.

Cada uma das diversas práticas penitenciais históricas serviu-se de uma realidade humana como "imagem" para expressar o significado religioso do sacramento. Assim, por exemplo:

- A *separação* (excomunhão) e a reincorporação (reconciliação) dentro de um grupo: na penitência da Igreja antiga.
- A *transgressão de uma ordem* (e a consequente ofensa jurídica) e o cumprimento da sanção (penitências) para ser perdoado: na penitência tarifada.
- A patologia ou *enfermidade* de um membro da comunidade e a necessidade de recuperação ou cura (com a ajuda de um terapeuta: leigo ou clérigo): formas penitenciais da Idade Média.
- A *ofensa religiosa* (a Deus) e a consequente garantia de que se recebe novamente a justificação divina, cumprindo as condições pes-

[25] UBBIALI, S. *Penitenza, indulgenza, giubileo*: Quaderni di Diritto Ecclesiale (1998) 198-202; CATELA, A.; GRILLO, A. *Indulgenza: storia e significato* (Cinisello Balsamo, 1999); RUSCONI, R. *"Celeste e divino tesoro". Le indulgenze e la vita religiosa dei laici agli inizi dell'età moderna*: Chiesa e Storia 1 (2011) 199-224; GERVAIS, J.-M. *Indulgenza*: PENITENZIERIA APOSTOLICA, Peccato..., 202-210.

[26] RAVASI, G. *I volti della Penitenza*: SODI, M.; ICKX, J. (ed.). *o. c.*, 17-18.

soais adequadas (acima de tudo, o arrependimento) e recorrendo à função mediadora da Igreja: penitência do Concílio de Latrão IV.

Na época do Concílio de Trento, a prática penitencial utilizava várias imagens para entender o papel do confessor. No cristianismo do norte europeu, que vai passar, em grande parte, para a Reforma, predominava a imagem do confessor juiz; enquanto, no cristianismo europeu do sul, era mais frequente entender o sacerdote com a imagem do médico.[27]

O Concílio de Trento não utilizou uma imagem única. É claro que, na letra dos textos, fica ressaltada a imagem de *julgamento*, como foi apontado em volume anterior, quando expusemos a doutrina tridentina sobre o sacramento da Penitência (V/1, 179-198). "Está fora de dúvida que, para os teólogos e padres tridentinos, o paradigma judicial gozava de plausibilidade indiscutível e, precisamente, dentro das coordenadas deste modelo, desenvolveram, espontaneamente, suas argumentações.[28] Embora também seja verdade que, com o uso dessa imagem, o que se pretendia era "garantir a eficácia da palavra da absolvição e o papel decisivo que correspondia ao ministro do sacramento como depositário da autoridade que Cristo havia conferido à Igreja".[29] Esse ato judicial é, de fato, a "dispensa de um benefício" (*dispensatio alieni beneficii).*

Juntamente com a imagem primária de julgamento, Trento também usou a imagem de *cura* ou de ação terapêutica. Citando São Jerônimo, o Concílio justifica a necessidade da confissão em razão do objetivo de curar: "Se o doente tem vergonha de mostrar a ferida ao médico, a medicina não cura o que não sabe".[30]

Na etapa posterior a Trento, foi acrescentada às duas imagens mencionadas, de julgamento e de cura, também a de *ensino* ou es-

---

[27] THAYER, A. T. *Judge and doctor: images of the confessor in printed model sermon collections, 1450-1520*: LUANDI, K. L.; THAYER, A. T. (ed.). Penitence in the Age of Reformation (Aldershot, 2000) 10-29.

[28] MAFFEIS, A. *l. c.*, 205.

[29] *Ibid.*, 205.

[30] Sessão XIV, cap. 5: DH, 1680. A citação de São Jerônimo é dos *Commentarii in Ecclesiastem*, 10, 11: PL 23, 1152ª.

cola de formação. De acordo com essa última imagem, a prática penitencial era considerada um âmbito adequado para a instrução nas verdades fundamentais da fé cristã. O confessor, além de ser juiz e médico, era também mestre e *pai*. Nos livros pós-tridentinos de pastoral penitencial, eram quatro os "ofícios" assinalados ao ministério do confessor: pai, juiz, médico, mestre.[31]

A função instrutiva desenvolveu-se ainda mais e chegou a englobar a função de *direção espiritual*.[32] Essa foi uma das ampliações mais decisivas nas funções do ministro da Penitência. Dessa forma, a Confissão tornou-se o âmbito normal da direção espiritual, aspecto sobre o qual incidiram os estudos modernos sobre a direção espiritual.[33]

> "Autênticos profissionais da direção das consciências, os jesuítas fizeram da Confissão o lugar privilegiado para ouvir e ajudar quem recorria ao sacramento para resolver dúvidas e tormentos secretos. Em sua obra, encontra-se a face moderna de um sacramento que não era mais mero instrumento para administrar a justiça da Igreja (em uma de suas formas), mas havia se tornado, acima de tudo, meio para construir a pessoa ao longo de um itinerário de aperfeiçoamento e ascensão espiritual. Daí derivou o incentivo que os jesuítas deram à prática da Confissão frequente".[34]

Tendo presente o que acabamos de recordar, não é de estranhar que, na etapa posterior a Trento, o ministro da Confissão tenha adquirido destaque especial. O *confessor* tornou-se uma das

---

[31] Sobre os "ofícios do confessor" nos Manuais de Confessores da Idade Moderna: BERTINI MALGARINI, P.; TURRINI, M. *Il confessore come direttore d'anime in Alfonso Maria de Liguori*: CATTO, M. (ed.). La direzione spirituale tra medioevo ed età moderna. Percorsi di ricerca e contesti specifici (Bolonha, 2004) 205-287, especialmente, p. 207-214.

[32] SARACO, A. *Direzione spirituale*: PENITENZIERIA APOSTOLICA, Peccato…, 128-136.

[33] Ver os estudos recolhidos na obra coletiva: FILORAMO, G. (ed.). *Storia della direzione spirituale. III. L'età moderna* (Bréscia, 2008). Também: CATTO, M. (ed.). *La direzione spirituale tra medioevo ed età moderna. Percorsi di ricerca e contesti specifici* (Bolonha, 2004); ZARRI, G. *La direzione spirituale*: Chiesa e Storia 1 (2001) 307-331.

[34] PROSPERI, A. *El Concilio de Trento. Una introducción* (Valladolid, 2008) 114.

figuras e funções mais importantes na vida religiosa da Igreja tridentina.[35] Nunca, como nesse período, o ministro da Penitência gozou de tanto prestígio e sua função nunca foi tão valorizada. O título do livro, no qual A. Prosperi desenha uma história da religião na idade moderna italiana, destaca três figuras e três funções na Igreja pós-tridentina: *inquisidores, confessores, missionários.*[36]

Por isso, nessa etapa, um dos temas mais analisados foi o dos *ofícios do confessor.* A maior insistência em um ou outro desses "ofícios" é indício da orientação moral e pastoral de cada tratadista. No capítulo seguinte, observaremos a particularidade de Afonso de Liguori, que se inclinou mais para a figura de *pai* e de *mestre,* que para a figura do *juiz.*

20.2.4. Algumas questões relacionadas ao sacramento da Penitência

– Foro interno e foro externo: relação de "foros"

A penitência é, tanto uma virtude cristã, quanto uma ação eclesial de natureza sacramental.[37] Aqui, sem esquecer a dimensão da virtude, consideramos a penitência em seu aspecto sacramental.

O sacramento da Penitência pertence à ordem da justiça na Igreja.[38] Por uma questão de princípio e, fundamentalmente, a justiça penitencial corresponde à justiça do "foro interno". Entretanto, embora a distinção entre "foro interno"

---

[35] O'BANION, P. J. *A priest who appears god: manuals of confession and the construction of clerical identities in Early Modern Spain*: JANSE, W.; PITKIN, B. (ed.). The formation of clerical and confessional identities in Early Modern Europe (Leiden, 2006) 333-348. Também: INCITI, G. *Confessore*: PENITENZIERIA APOSTOLICA, Peccato..., 103-110.

[36] PROSPERI, A. *Tribunali della coscienza. Inquisitori, confessori, missionari* (Turim, 1996).

[37] OGGIONI, G. *Concilio tridentino e rapporto tra penitenza virtù e penitenza sacramento*: VÁRIOS. Miscellanea Carlo Figini (Venegono Inferiore, 1964) 221-251.

[38] PRODI, P. *Una storia della giustizia. Dal pluralismo dei fori al moderno dualismo tra coscienza e diritto* (Bolonha, 2000).

e "foro externo" seja esclarecedora, não convém radicalizar a distinção.[39]

A relação entre os dois foros já era levada em conta nos manuais medievais para confessores, ou seja, livros, inicialmente, dedicados a ajudar os padres no ministério relacionado ao foro interno de consciência.[40] De fato, os que escreviam sobre o foro interno *(moralistas)* também levavam em conta a dimensão moral das leis canônicas (o objeto dos *canonistas* ou *decretalistas)*. O componente do direito romano e canônico nas *Sumas de Confessores* tem sido suficientemente destacado.[41]

Com relação ao aspecto moral do direito, Padre Michaud-Quantin observou que, para os moralistas medievais, o direito canônico tinha significado moral, pois seus preceitos e proibições expressavam a vontade divina e, consequentemente, sua transgressão constituía um pecado. Ao passar para o foro de consciência, o direito canônico era considerado, sobretudo, desde a intenção do sujeito e desde as circunstâncias em que ele se encontrava, a fim de chegar a uma sentença que teria a condição de juízo moral.[42]

A questão da relação entre "foro interno" e "foro externo" foi retomada, na Igreja pós-tridentina, em relação com a Confissão. Tem sido analisada, de forma especial, a conexão entre absolvi-

---

[39] Sobre o foro interno: SARACENI, G. *Riflessioni sul foro interno nel quadro generale della giurisdizione della Chiesa* (Pádua, 1961); MOSTAZA, A. *Forum internum/ forum externum (Sobre a natureza jurídica do foro interno)*: Revista Española de Derecho Canónico 23 (1967) 253-331; Id., *De foro interno iuxta canonistas postridentinos*: VÁRIOS. Acta Conventus Internationalis Canonistarum (Romae, 20-25/V/1968) (Cidade do Vaticano, 1970) 269-294; ERDÖ, P. *Foro interno e Foro esterno nel Diritto canonico. Questioni fondamentali*: Periodica 95 (2006) 3-35; NIKIEL, K. *Foro interno*: PENITENZIERIA APOSTOLICA, Peccato…, 185-189.

[40] GOERING, J. *The Internal Forum and the Literature of Penance and Confession:* Traditio 59 (2004) 208-226.

[41] TRUSEN, W. *Forum internum und gelehrtes Recht im Spätmittelalter. Summae confessorum und Traktate als Wegbereiter der Rezeption*: Zeitschrift der Savigny-Stiftung für Rechtsgeschichte. Kanonistiche Abteilung 57 (1971) 83-126.

[42] MICHAUD-QUANTIN, P. *Sommes de casuistique et manuels de confession au moyen âge (XII-XVI siècles)* (Lovaina-Lille-Montreal, 1962) 37-38.

ção sacramental e direito penal eclesiástico.[43] Não é fácil articular o *espaço penitencial* (ao qual o sujeito tem livre acesso, no qual ele se reconhece como "pecador" e no qual ele é perdoado) e o *espaço penal* (ao qual o sujeito tem acesso de forma coercitiva, no qual ele é tratado como "delinquente" e no qual ele é punido).

No *itinerário* da reforma do direito canônico de 1983, vozes críticas se levantaram contra o ordenamento penal eclesiástico: algumas pediam a eliminação total do direito penal eclesiástico (mudando a figura jurídica de "leis penais" para a de "ordenamento disciplinar"); outras, propunham o desaparecimento das penas "latae sententiae".[44] São estas últimas penas as que têm a conexão mais direta com a Confissão sacramental. De fato, essa figura de penas "latae sententiae" permaneceu no ordenamento jurídico da Igreja, embora, de forma mais reduzida. Em todo caso, para incorrer em tal situação penal, é necessário ter plena responsabilidade e consciência de pecado. Mas, mesmo que se aceite a limitação originada por tais exigências, ainda é difícil aceitar a sobreposição do espaço penitencial sacramental e o espaço penal.

Situando a questão em horizonte mais amplo, a partir da prática penitencial e dos livros de moral correspondentes, foi formando-se um *corpus* doutrinal que, ao iluminar o campo da justiça na Igreja, também lançou luz sobre a distinção entre foros, o interno e o externo, na doutrina comum das sociedades modernas. Dessa forma, foi propiciada a distinção entre moral e direito, distinção que teve, e continua a ter, muita importância nas sociedades modernas.[45]

---

[43] COCCOPALMERIO, F. *Sacramentum Paenitentiae et ius poenale in structura Ecclesiae*: Periodica 64 (1975) 393-405; DE MAGISTRIS, L. *Il foro interno e i compiti della Penitenzieria Apostolica*: Congregazione dei Vescovi, Duc in altum. Pellegrinaggio alla Tomba di San Pietro (Cidade do Vaticano, 2004) 99-121.

[44] VENTURA, M. *Pena e penitenza nel diritto canonico postconciliare* (Nápoles, 1996).

[45] PRODI, P. *Una storia della giustizia...*, 455-585.

Também tem sido destacada a conexão entre o tribunal da Penitência e o tribunal da Inquisição.[46] No volume III desta História da Teologia Moral, foram lembrados os diferentes pontos de vista que mantiveram sobre o assunto, de um lado, o canonista Raimundo de Peñafort e, de outro, os teólogos Tomás de Aquino e Boaventura. Para o primeiro, a Penitência era tribunal, tanto para o julgamento religioso, quanto para o julgamento inquisitorial; os teólogos, ao contrário, defendiam a diferença e separação das duas esferas de justiça. Há, entretanto, alguns autores que seguem pensando que a confissão, medieval e tridentina, funcionou como auxílio ao tribunal da inquisição.

A. Prosperi sustenta que "aqueles que iam se confessar na paróquia, como era obrigatório fazer, segundo os decretos tridentinos, eram interrogados sobre uma ampla gama de matérias; se, de sua confissão, resultasse algo que não estivesse de acordo com a ortodoxia tridentina, fosse uma blasfêmia de tipo herético ou uma jaculatória recitada para curar uma doença, eram dispensados sem absolvição e com a obrigação de se apresentarem perante o vigário da Inquisição".[47] Em certa medida, o pároco, sobretudo, no ofício de confessor, "devia colaborar com o outro representante institucional do mundo eclesiástico, o inquisidor (do qual, muitas vezes, chegou a ser vigário)".[48]

Por sua vez, o Pe. Prodi viu certa equivocidade no texto tridentino em relação aos *casos reservados* (capítulo 6 do grande [e longo] *decretum de reformatione* da XXIV sessão).[49] Além de sublinhar nele a importância que adquire a jurisdição episcopal, sendo capaz de absolver os casos reservados à Sé Apostólica, Prodi destaca que, segundo o tridentino, essa jurisdição episcopal atinge áreas que, em si mesmas, pertenceriam à Inquisição. Na verdade, o texto diz: "A mesma coisa [absolver casos reservados à Sé Apostólica] é permitida no crime de heresia (*in haeresis crimine*), mas somente a eles [aos

---

[46] PROSPERI, A. *Tribunali della coscienza. Inquisitori, confessori, missionari* (Turim, 1996); BRAMBILLA, E. *Alle origini del Sant'Uffizio. Penitenza, confessione e giurisdizione spirituale nel medioevo al XVI secolo* (Bolonha, 2000).

[47] PROSPERI, A. *El Concilio de Trento...*, 133.

[48] *Ibidem.*

[49] PRODI, P. *L'istituto della penitenza...*, 47.

bispos] e no foro de consciência, e não a seus vigários". Isso explicaria as tensões entre os bispos e os inquisidores na Idade Moderna.

- Confissão: "disciplina" ou "prática religiosa"?

Ao analisar o significado da penitência medieval, apresentamos a interpretação daqueles autores, entre os quais devemos destacar Th. N. Tentler, que, sem negar outras funções para a prática penitencial, atribuem-lhe, antes de qualquer coisa, a função de *disciplina*. Outros autores expõem, e procuram justificar, a mesma apreciação em relação à Confissão sacramental pós-tridentina. Alguns historiadores italianos consagraram o termo *"disciplinamento"* para se referir a essa função.[50]

A função disciplinar da Confissão estaria situada no complexo processo social-cultural, ocorrido nas sociedades europeias do início da Idade Moderna, de querer submeter os cidadãos à disciplina social. A Igreja tridentina também teria entrado nessa dinâmica em relação a seus fiéis *(paroquianos)*. A prática penitencial seria um dos principais meios para alcançar a prática da disciplina dentro da comunidade cristã (disciplina eclesiástica) e na sociedade civil (disciplina social). Para justificar a existência dessa função de disciplina social na prática da confissão, há autores que recorrem às análises concretas. Por exemplo, analisam a doutrina dos moralistas católicos, onde se encontra a doutrina sobre a obrigação moral de cumprir as leis civis (e, consequentemente, sobre a obrigação de *confessar* suas infrações) em geral[51] ou, mais especificamente, em relação aos impostos,[52] ou sobre a moralidade dos comportamentos sexuais (e, consequentemente, a obrigação de uma *confissão detalhada* das faltas sexuais).[53]

---

50 Ver o conjunto de estudos da obra coletiva: PRODI, P. (ed.). *Disciplina dell'anima, disciplina del corpo e disciplina della società tra medioevo ed età moderna* (Bolonha, 1994).

51 TURRINI, M. *La coscienza e le leggi. Morale e diritto nei testi per la confessione della prima Età moderna* (Bolonha, 1991).

52 LAVENIA, V. *L'infamia e il perdono. Tributi, pene e confessione nella teologia morale della prima età moderna* (Bolonha, 2004).

53 TROMBETTA, P. L. *La confessione della lussuria. Definizione e controllo del piacere nel cattolicesimo* (Gênova, 1991); PELAJA, M.; SCARAFFIA, L. *Due in una carne. Chiesa e sessualità nella storia* (Bari-Roma, 2008) 124 ss.

É difícil negar essa função de *disciplinamento* (tanto eclesial, quanto social) na prática penitencial pós-tridentina. O que está em debate é se essa foi uma função pretendida, direta ou primariamente, ou se foi um efeito concomitante e derivado. Pesando os dados disponíveis, estamos inclinados a concordar com aqueles que veem na confissão sacramental da Igreja tridentina um objetivo principalmente religioso, mesmo que, secundariamente, e de forma derivada, ela também tivesse funções disciplinadoras nos dois âmbitos indicados, eclesiástico e social.[54]

– A sede da Confissão: o confessionário

O *confessionário* não foi uma invenção de Carlos Borromeo; mas foi ele quem desenhou sua estrutura e a difundiu. A partir de 1565, o confessionário com uma grade foi prescrito como o local para a celebração *ordinária do* sacramento da Penitência.[55]

A celebração da penitência canônica da Igreja antiga, especificamente, a absolvição, acontecia no templo (dentro do templo ou no átrio, segundo as diversas tradições) durante uma reunião litúrgica (geralmente, em Roma, na Quinta-feira Santa; na Espanha, na Sexta-feira Santa). A Penitência tarifada da alta Idade Média era, geralmente, celebrada na igreja, mas não publicamente, e sim, em um lugar adequado para o confessor e o penitente (na presença de outros fiéis, mas um pouco separados deles, para que não pudessem ser ouvidos). Uma forma similar de celebração foi adotada para a confissão auricu-

---

54 ZARRI, G. *Introduzione*: FILORAMO, G. (ed.). Storia della direzione spirituale..., 5-53, especialmente, 10-11. "Dopo la stagione degli studi dedicati ai penitenziali e ai confessionali come mappa tassonomica dei peccati, e quella dell'obbligo della confessione annuale come strumento di repressione e disciplinamento sociale, bisognerà prendere atto che una pratica ben più estesa ed incisiva della confessione concorreva a formare il 'cristiano nuovo'" (*Ibid.*, 11).

55 Sobre a história do uso do confessionário: LÓPEZ, P. *El lugar para la celebración de la penitencia*: Scripta Theologica 25 (1993) 857-900; BLANCO, A. *Spazio e tempo nella riconciliazione sacramentale. Studio storico, teologico e canonistico del confessionale e della frequenza della confessione* (Roma, 1999), obra resumida em: BLANCO, A. *Historia del confesionario* (Madri, 2000). Também: BEDONI, P. *Confessionale – Aula penitenziale*: PENITENZIERIA APOSTOLICA, Peccato..., 92-93.

lar prescrita pelo Lateranense IV.[56] Isso é o que refletem as representações da prática penitencial conservadas em miniaturas e pinturas da época. Por exemplo, na abóbada da Igreja da Coroação, em Nápoles (em torno de 1360-1365), é mostrado um sacerdote sentado em uma cadeira e uma mulher ajoelhada diante dele; o sacerdote não olha para a mulher, mas tem seu rosto virado em outra direção.[57]

Inicialmente, os locais eram móveis. Mas, com o tempo, eles se tornaram assentos fixos, presos a parede, dentro da igreja. O primeiro testemunho desses assentos fixos é encontrado em Pisa, no século XIV.[58] No período próximo ao Concílio de Trento, aumentam os testemunhos a favor da existência de assentos fixos para confissão. Na Espanha, merece destaque o pedido de João de Ávila, no *Primeiro Memorial ao Concílio de Trento*: "Aqueles que confessam as mulheres fora do confessionário correm perigo por causa da ocasião que têm de ver o rosto das mulheres tão de perto e, para elas, é uma grande ocasião de manter seus pecados em silêncio, e esse perigo toca aos homens também. Convém que nas igrejas haja confessionários, pelo menos um biombo, que é fácil; de maneira que o confessor seja visto por todos e que o penitente possa permanecer escondido".[59] Na Itália, o confessionário foi introduzido em inícios de 1540, pelo bispo de Verana, Gian Matteo Giberti.[60]

---

56 Sobre a prática imposta pelo concílio medieval não se conhece o ritual, já que, como não era função própria dos bispos, não entrava propriamente no *Pontifical*. O mais antigo documento pictórico conhecido da prática da confissão auricular encontra-se em um afresco da igreja paroquial de Oña (Burgos) onde é narrada, em imagens, a vida de Maria Egipcíaca.

57 BLANCO, A. *Historia del confesionario...*, 71-73. No tríptico sobre os sacramentos, de Roger van der Weyden (cerca de 1445) apresenta um sacerdote sentado sobre uma cadeira aberta, fixa, de madeira escura, diante da qual está um homem de joelhos em atitude implorante, enquanto uma mulher, um pouco retirada, espera a sua vez.

58 LÓPEZ, P. *a. c.*, 879.

59 ÁVILA, J. de. *Memorial primero para el Concilio de Trento*: Obras Completas. Edición de L. Sala Balust y F. Martín Hernández, t. VI (Madri, 1971) 72.

60 AMARANTE, A. V. "*Pratica del Confessore per ben esercitare il suo ministero*": SM 45 (2007) 352, nota 6. Ver: GIBERTI, G. M. *Constitutiones* (Verona, 1542). Sobre a influência desse bispo de Verona na posterior reforma, levada a cabo em Milão por Carlos Borromeo: CATTANEO, E. *Influenze veronesi nella legislazione di S. Carlo Borromeo* (Pádua, 1960).

Mesmo levando em conta tais testemunhos, "as notícias sobre os confessionários não são muito abundantes na primeira metade do século XVI, sugerindo que, mesmo se fossem utilizados desde o início deste século, ou um pouco antes, seu uso ainda não era generalizado; de fato, ainda não havia sido prescrito pela autoridade eclesiástica, exceto em algum lugar isolado".[61]

Foi, sobretudo, na diocese de Milão que Carlos Borromeo adotou as prescrições de maior influência posterior para toda a Igreja sobre a obrigatoriedade do *confessionário com grade.*[62] No concílio provincial de 1565, ele determinou que a confissão ordinária fosse ouvida em locais especialmente designados para isso, dotados de grades. Também prescreveu que, onde não houvesse tais lugares, deveriam ser feitos esforços para providenciá-los o mais rápido possível. Tais determinações foram renovadas dez anos depois, já falando, agora, de *confessionários.* A partir de então, seguiram-se prescrições semelhantes em muitas outras dioceses da catolicidade.[63]

> O *confessionário,* o *altar* e o *púlpito* constituem os três elementos fundamentais - decorativos e práticos - da nova arquitetura da igreja tridentina. Quanto ao confessionário, "talvez seja a invenção mais genial, atribuída a Carlos Borromeo e, depois, espalhada nas décadas seguintes por toda a Europa católica. É uma síntese visível da concepção tridentina do foro penitencial: sede de tribunal em sua solenidade, mas também, na modéstia das pequenas igrejas do campo, expressa o caráter jurisdicional da confissão, ao mesmo tempo em que expressa a privacidade e o segredo, por meio da separação da grade, sem, no entanto, subtraí-lo do discreto controle público, realizando, assim, um objetivo simbólico fundamental".[64]
>
> O confessionário de Carlos Borromeo "expressa, na forma, uma concepção estritamente individual do pecado, sancionando o final de uma época na qual a dimensão comunitária havia predominado.

---

61 BLANCO, A. *Historia del confesionario...*, 79.

62 DE BOER, W. *"Ad audiendi non videndi commoditatem": note sull'introduzione del confessionale sopratutto in Italia*: Quaderni Storici 77 (1991) 543-572.

63 Ver dados em: BLANCO, A. *Historia del confesionario...*, 106-111.

64 PRODI, P. *L'istituto della penitenza...*, 48.

Nisto, o Arcebispo de Milão, para seu pesar, coincidia com os jesuítas, dos quais o separavam muitas coisas, e com os quais teve não poucas tensões em Milão".[65]

A normativa alcançou seu nível supremo quando o *Ritual Romano* de 1614 determinou que as confissões fossem ouvidas em confessionário colocado em local visível e equipado com uma grade. Abundam normas posteriores no mesmo sentido, entre elas, as do código de 1917 (cânon 909).

O confessionário tem tido múltiplos significados, alguns práticos e outros simbólicos. Entre os simbólicos: 1) manifestou o caráter judicial do sacramento (o confessor, sentado; o penitente, ajoelhado); 2) expressou o papel e a função destacada do sacerdote. Há estudos que reúnem as diversas representações da prática da confissão; neles se percebe a variedade de espaços, de posturas, de formas expressivas em que se realiza a celebração penitencial.[66] É digno de ser levado em conta o caráter simbólico que os confessionários representam no catolicismo pós-tridentino. Juntamente com os púlpitos, os confessionários são expressão do catolicismo moderno. Em alguns casos, significam a exuberância e o caráter barroco desse cristianismo; em outros, acrescentam a nuance contrarreformista.

> Nesse sentido, merecem consideração especial os púlpitos e confessionários das igrejas contrarreformistas dos Países Baixos católicos, dependentes da coroa espanhola: púlpitos da catedral de Bruxelas, da igreja de São João Batista de Bruxelas, da igreja de São Pedro em Lovaina, da catedral da Antuérpia, etc.; confessionários da igreja de São Miguel de Lovaina, da catedral da Antuérpia: nove confessionários procedentes da abadia cisterciense de Hemiksem, etc.

A partir do novo *Ordo Paenitentiae* (1973) e do código de 1983 (cânon 964), cabe às Conferências Episcopais dar normas sobre "a sede para ouvir confissões".[67] É difícil crer que o confessionário

---

65 PROSPERI, A. *El concilio de Trento*, 114.

66 Ver as representações e o estudo correspondente que oferece: RUSCONI, R. *L'ordine dei peccati* (Bolonha, 2002) 161-181 ("Figure della confessione").

67 Sobre as diversas normativas emanadas das Conferências Episcopais: BLANCO, A. *Historia del confesionario...*, 197-202.

pós-tridentino reúna as condições requeridas para constituir-se em espaço celebrativo do sacramento da Penitência, tal como é compreendido hoje.[68]

20.2.5. *Interpretações da confissão pós-tridentina*

A organização tridentina do sacramento da Penitência forma unidade com a instituição penitencial do Concílio Lateranense IV (1215). A tal instituto teológico-sacramental pode ser dado o nome de *forma católica* da Penitência, em contraste com *interpretações protestantes* e posições teóricas que criticam, de forma mais ou menos radical, tal instituição eclesial.

Nesta seção, são apresentadas algumas interpretações, não estritamente teológicas, mas socioculturais, da instituição católica medieval e pós-tridentina do sacramento da Penitência. Desse modo, completa-se a visão intrateológica que delineamos nas seções anteriores do presente capítulo.

Dois tipos de interpretações se destacam: a) A que, sem se opor à instituição católica da Penitência, interpreta seu significado a partir da "história das mentalidades"; b) A que critica radicalmente a instituição penitencial católica a partir de pressupostos de natureza antropológica e sociológica. A seguir, apresentamos, brevemente, o significado de cada uma dessas duas formas de interpretação.

- Interpretação dentro da "história das mentalidades" (J. Delumeau)

O historiador das mentalidades religiosas, Jean Delumeau, realizou uma série de incursões no mundo das ideias e sensibilidades da cristandade europeia, desde o final da Idade Média até o século XVIII:

---

68 GENERO, G. *La sede penitenziale*: Rivista di Pastorale Liturgica 89 (2002) 22-27. Também: SIRBONI, S. *Lo spazio per il sacramento della Penitenza*: Vita in Cristo e nella Chiesa 10 (1997) 46-48; VÁRIOS. *Espaces de réconciliation*: Chroniques d'art sacré 90 (2007).

- Começou a análise pela ideia e sentimento de *medo: La peur en Occident (XIVe.-XVIIle. siècles)* (Paris, 1978) = *Medo no Ocidente, séculos XIV-XVIII. Una ciudad sitiada* (Madri, 1980). (= DELUMEAU, J. *História do medo no Ocidente*. São Paulo: Companhia das Letras, 1990).
- Prosseguiu o estudo sobre a ideia e o sentimento de *pecado: Le péché et la peur. La culpabilisation en Occident (XIIIe.-XVIIIe. siècles)* (Paris, 1983) = *Il peccato e la paura. L'idea della colpa in Occidente dal XIII al XVIII secolo* (Bolonha, 1987); (= DELUMEAU, J. *O pecado e o medo*: a culpabilização no ocidente (séculos XIII-XVIII). Bauru: Edusc, 2003. 2 vol.) e sobre a ideia e o sentimento de *segurança: Rassurer et punir (Paris,* 1989).
- Para culminar com a exposição sobre *confissão: L'aveu et le pardon. Les difficultés de la confession (XIlle.-XVIIle. siècles)* (Paris, 1990) = *La confesión y el perdón. Las dificultades de la confesión, siglos XIII a XVIII* (Madri, 1992). (= DELUMEAU, J. *A Confissão e o Perdão*. As dificuldades da confissão nos séculos XIII a XVIII. São Paulo: Companhia das Letras, 1991). Também: *Le prétre et le ministére de la pénitence: conseils aux confesseurs (XVIe.-XVIIle. siècles)*: Ricerche per la storia religiosa di Roma 7 (1988) 26-37.

Em sua última lição no Collège de France (1994), J. Delumeau expôs a inquietação que lhe causou haver constatado, nessas investigações, o rosto escuro de um determinado cristianismo.[69] No último dos livros mencionados, ele se confrontou com a realidade da confissão medieval e tridentina, tal como refletido na literatura teológico-moral destinada ao serviço pastoral dos confessores.[70] Utilizando abundante material dessa literatura religiosa específica (Antonino de Florença, João Gerson, Martín de Azpilcueta, Bartolomeu de Medina, Catecismo Romano, Carlos Borromeo, João Eudes, Francisco de Sales, Leonardo de Porto Maurício, Afonso de Liguori e muitos outros autores), recorda a doutrina comum sobre

---

69 DELUMEAU, J. *Un regard en arrière* (Paris, 1994). Também: Id., *De la peur à la paix*: MELLONI, A. (ed.). Cristianesimo nella storia. Saggi in onore di G. Alberigo (Bolonha, 1996) 563-576.

70 DELUMEAU, J. *L'aveu et le pardon. Les dificultés de la confession aux XIIIe.-XVIIIe. siècles* (Paris, 1990).

os fatores decisivos que configuraram, historicamente, a prática sacramental da penitência na Igreja Católica do final da Idade Média e início dos tempos modernos:

- As teorias sobre o motivo do arrependimento, que deram origem à doutrina da *contrição* e à doutrina da *atrição.*
- As justificativas dadas para propor e, em vários casos, exigir, a prática do *adiamento* (e, em alguns casos, da *negação)* da absolvição.
- A catalogação das *ocasiões* e *recaídas* no pecado, que resultou na classificação dos pecadores em *habituados, ocasionários, reincidentes.* Cada uma dessas situações exigia escolhas particulares na prática da confissão.
- Os *sistemas de moral,* ou seja, a forma de solucionar as dúvidas na teoria moral, que colocaram a prática penitencial em meio às opções extremas do laxismo e do rigorismo.

Situada no contexto de tais preocupações, a Confissão é entendida como uma grande estratégia religiosa para alcançar a *tranquilidade da consciência.*[71] A função do confessor era vista, segundo expressão usada por Gerson e outros, como a de um obstetra espiritual: ajuda a "tirar" a confissão necessária e exata dos pecados e, assim, obter a alegria de uma alma tranquilizada ou acalmada.

Mas nem sempre se conseguia isso. E, quando era conseguido, trazia consigo muitas "dores de parto". Eram muitas as exigências feitas para se poder chegar a uma confissão "requerida" em toda a sua exatidão. Foram essas dificuldades que causaram a "desertificação dos confessionários" desde o final do século XVII até quase meados do século XIX.

Jean Delumeau constata que tal prática de confissão não era conhecida, nem pela cristandade ortodoxa, nem pelas Igrejas nas-

[71] Sobre o significado histórico da "tranquilização do penitente": DE ROSA, G. *Saint Alphonse et le siècle des lumières*: VÁRIOS. Alphonse de Liguori, Pasteur et Docteur (Paris, 1987) 36-46. No pensamento afonsiano, a tranquilização se refere à paz psicológico-religiosa dada às almas que se debatem na angústia neurótico-religiosa; assim intitula uma obra: *Quiete per le anime scrupulose* (1751). A situação do escrúpulo tem a ver com o rigorismo.

cidas da Reforma Protestante. Mais ainda, acredita que a doutrina e a prática religiosas da confissão na Igreja Católica "não têm equivalente na história". Pois nenhuma outra igreja cristã ou outra religião deu tanta importância, como o catolicismo, à confissão detalhada e repetida dos pecados".[72]

Se essas exigências forem compreendidas dentro de uma mentalidade rigorista, nos encontramos com uma normativa de Confissão que se torna, de fato, "impraticável". Tal foi a situação criada, especialmente na França e nos Países Baixos católicos, ao longo do século XVII. *O rigorismo* se impôs como um ideal de perfeição cristã. Esse rigorismo se concretizou na Confissão através de uma dupla justificativa: o retorno à prática penitencial da Igreja antiga e a aplicação da teologia agostiniana.[73]

Certamente, a incorporação da moral ligoriana na formação dos sacerdotes trouxe um respiro nesse panorama *jansenizado*. A atividade pastoral do Cura d'Ars não pode ser compreendida sem os novos parâmetros do "justo meio moral" e da "benignidade pastoral", trazidos pela liguorização da moral católica.

No entanto, a crise da Confissão ainda não terminou. Era quase inevitável, no catolicismo pós-tridentino, essa crise na concepção e prática do sacramento da Penitência. Em resumo, tal crise deveu-se, tanto a fatores endógenos, quanto exógenos:

- *Fatores exógenos* incluem: a) variação antropológica; b) mudanças culturais; c) mudanças na função social de religião; d) desenvolvimento teológico (hamartologia, eclesiologia, sacramentologia, etc.); e) crise da consciência moral, bem como crise no discurso teológico-moral.
- *Entre os fatores endógenos* estão as exigências requeridas para colocar em prática os fatores da práxis sacramental: a declaração, o arrependimento, etc.

---

[72] DELUMEAU, J. *L'aveu et le pardon...*, 7.

[73] QUANTIN, J. L. *o. c.*, 26-35.

A análise de J. Delumeau sobre a interpretação e prática da confissão católica, do século XIII ao XVIII, levanta a questão de saber se esse instituto eclesial não foi fator decisivo para aumentar, não apenas o sentimento de culpa, o que parece historicamente objetivo, mas também, uma *cultura religiosa do medo,* o que significaria ter que admitir uma *função patogênica* na prática histórica do sacramento da Penitência. Com efeito, uma cultura religiosa do medo,[74] muito próxima da cultura religiosa da angústia,[75] é frontalmente contrária ao cristianismo, religião de salvação.

– Interpretações "críticas"

O instituto eclesiástico-sacramental da Confissão *auricular* ou *Confissão católica,* como tem sido entendida e praticada nos períodos medieval e pós-tridentino, tem sido alvo de críticas, algumas delas, de natureza radical. Há críticas vindas do campo religioso, como a radical do anticlerical americano Henry Charles Lea (1896) que avaliou a confissão auricular como um "instrumento de tortura" ou, a mais moderada, do historiador N. Tentler (1977), que descreveu a confissão auricular medieval como instituição que atormentou Lutero em sua própria vida e escandalizou Calvino. Outras críticas vêm de campos não-teológicos, que se movem no horizonte epistemológico da sócio-história ou da sociocultura.

Sirva como expressão de todas essas críticas, de índole sociocultural, a apresentada por A. González Polvillo.[76]

Esse professor de história na Universidade de Sevilha, bom conhecedor da literatura teológico-moral casuísta,[77] radicaliza a

---

[74] Sobre as funções negativas do sentimento de medo: DILLENS, A.-M. (ed.). *La peur. Émotion, passion, raison* (Bruxelas, 2006); MARINA, J. A. *Anatomía del miedo* (Madri, 2006). (= *O Medo Tratado.* Sobre a Valentia. Lisboa: Sextante, 2008).

[75] FERRERO, F. *Angustia religiosa y moral cristiana en el siglo XVIII. Notas para una lectura de las fuentes históricas*: Moralia 9 (1987) 51-64.

[76] GONZÁLEZ POLVILLO, A. *El gobierno de los otros. Confesión y control de la conciencia en la España Moderna* (Sevilha, 2011).

[77] Ver sua ingente obra de compilação: GONZÁLEZ POLVILLO, A. *Análisis y Repertorio de los Tratados y Manuales para la Confesión en el Mundo Hispano (ss. XV-XVIII)* (Huelva, 2009).

interpretação que tem sido feita da função social do catolicismo (e, também, do protestantismo), na Época Moderna, através da categoria de *disciplinamento social,* chave hermenêutica utilizada, sobretudo, pela historiografia religiosa alemã e italiana. A Confissão católica, não só operou um disciplinamento social;[78] foi "um método de alienação social que supera a categoria historiográfica de disciplinamento social".[79]

Na opinião de A. Gonzalez Polvillo,

> "O termo historiográfico apropriado para descrever esse processo de imposição de uma disciplina ao corpo social nos Estados católicos dos séculos alto modernos que, naturalmente, inclui o disciplinamento de sua própria gestualidade, seria o de *alienação social,* na medida em que a estrutura essencial da consciência humana se transforma, ou melhor ainda, é transformada e substituída, pela introjeção de um conjunto de normas morais que cerceiam a reflexão e a liberdade intelectual e que codificam a consciência, de tal forma, que seu caráter subjetivo, sua indeterminação essencial, é anulado no universo de interpretações já dadas, fechadas e encerradas que essa moral dogmática impõe e que se torna objetiva nessa *consciência impressa* que governa e disciplina a gestualidade social, precisamente, a partir da explicação do mundo e do imaginário que lhe corresponde".[80]

Para justificar sua tese, o autor recorre à *estrutura* do sacramento e às *diretrizes* oferecidas por um grande número de tratadistas (entre os quais: A. de Florença, J. de Pedraza, F. Alcocer, M. de Azpilcueta, P. Ciruelo, B. de Medina, J. de Dueñas, M. Rodrigues, E. de Villalobos, J. de Corella, João Machado de Chaves, Cristóvão de la Vega). Tanto a estrutura, quanto as orientações, favorecem a técnica do *esvaziamento da própria consciência para introjetar uma consciência alheia.* O título da obra indica essa técnica ("O governo dos outros"), assumindo, assim, uma orientação totalmente contrária ao grito kantiano *sapere aude,* vinda do Padre J. B. Scaramelli: "Deus quer que o homem seja governado por outro".

---

78 GONZÁLEZ POLVILLO, A. *El gobierno de los otros....*, 27-31.

79 *Ibid.*, 27-31.

80 *Ibid.*, 30.

A. Gonzalez Polvillo não hesita em acreditar que, com seu estudo, desmascara o caráter alienante da instituição católica da *confissão auricular:* "Trata-se de observar como foi levada a cabo, por parte de uma poderosa elite social e cultural, a implementação da confissão auricular, umas das tecnologias de poder mais sofisticadas jamais inventada e posta em prática pelos homens; como se produziu sua recepção por essa estrutura humana que se tentou coisificar, e quais efeitos sociais, psicológicos e de degradação de sua própria e íntima dignidade teve nela e na sociedade, massiva e massificada, da Espanha supercatólica, contrarreformista, pós-tridentina e barroca, dos séculos XVI e XVII".[81]

20.2.6. Abertura para o futuro

No ponto anterior, aludimos à situação de crise pela qual passou a prática penitencial, definitivamente organizada no Concílio de Trento. Mas, vale notar que, no período entre Trento e o Vaticano II, não se levantaram vozes de certa importância pedindo reformas.

> "No âmbito da Igreja Católica, a teologia e a praxe penitenciais são, até hoje, caracterizadas pelas decisões tridentinas. Sem dúvida, nesse terreno devemos registrar também crises, em cujo decurso foram continuamente levantadas inclusive questões que diziam respeito à origem e à ideia originária desse sacramento. Isto, sobretudo, na época do Iluminismo e no, assim chamado, modernismo (cf. DS 3446s); sempre, porém, a crise era resolvida com base na concepção tridentina".[82]

No século XX, foram feitos importantes estudos sobre a história da Penitência. A partir deles, obteve-se melhor conhecimento sobre a evolução histórica da prática penitencial e sobre as diferentes abordagens teológicas, especialmente, no período medieval.

---

[81] *Ibid.*, 31.

[82] VORGRIMLER, H. *La lucha del cristiano con el pecado*: Mysterium Salutis, V (Madri, 1984) 407. (= *A luta do cristão contra o pecado*. Mysterium Salutis, V-2. Petrópolis: Vozes, 1984, p. 203). Sobre a confissão nos Manuais de Pastoral da Ilustração: STADEL, K. *Busse in Aufklärung und Gegenwart* (Paderborn, 1974).

Do ponto de vista da teologia sistemática, a contribuição mais original, antes do Concílio Vaticano II, foi a redescoberta da dimensão eclesial da Penitência (e do pecado). Essa redescoberta é devida a M. de la Taille (1872-1933) e sua discípula, B. Xiberta (1897-1967), que a expressou com formulação a modo de tese escolástica: "reconciliatio cum ecclesia est res et sacramentum sacramenti paenitentiae".[83] Enquanto, para os teólogos medievais, a *res et sacramentum* era a penitência interior, agora ela se concretiza na reconciliação com a Igreja.[84] "O teólogo belga, G. Philips, teve notícia dessa doutrina de M. de la Taille e, em 1964, em sua qualidade de secretário da comissão teológica do Vaticano II, tentou integrá-la no texto conciliar da *Lumen Gentium*".[85]

O Concílio Vaticano II propôs uma reforma do ritual da Penitência, sem indicar critérios específicos para o sacramento em questão, mas mantendo-se em um plano geral e, poderíamos até dizer, formal.[86]

No esboço de sacramentologia, contido no n. 11 da *Lumen Gentium*, o sacramento da Penitência é apresentado através de uma teologia comumente aceita, sem pretensão de dirimir questões discutidas historicamente. No entanto, introduz uma novidade, a dimensão eclesial do sacramento: "Aqueles que se aproximam do sacramento da Penitência obtêm perdão pela ofensa contra Deus através da misericórdia deste e, ao mesmo tempo (*simul*), reconciliam-se com a Igreja que, ao pecar, ofenderam, e que, em sua caridade, com exemplos e com a oração, ajuda-os em sua conversão".[87] A formulação utiliza expressões que deixam a doutrina aberta

---

[83] XIBERTA, B. *Clavis Ecclesiae. De ordine absolutionis sacramentalis ad reconciliationem cum Ecclesia* (Roma, 1922). Uma postura crítica frente a essa teologia de M. de La Taille e de B. Xiberta, apoiando-se em Tomás de Aquino: SZABÓ, S. B. *La Réconciliation sacramentelle et ses enjeux ecclésiologiques* (Friburgo da Suíça, 2010).

[84] Sobre o pensamento de B. Xiberta a respeito da reconciliação com a Igreja: MILLÁN, F. *Reconciliación con la Iglesia. Influencia de B. F. M. Xiberta (1897-1967) en la teología penitencial del siglo XX* (Roma, 1997).

[85] VORGRIMLER, H. *l. c.*, 408, nota 145.

[86] SC, 72.

[87] LG, 11.

para maiores esclarecimentos; tal é expressão adverbial *simul* (ao mesmo tempo), que deixa aberta à interpretação o modo concreto de conceber a relação entre o perdão de Deus e a reconciliação com a Igreja.

Situando-nos no nível histórico do Vaticano II, duas coisas parecem claras. Por um lado, o Concílio tomou a decisão de reformar o ritual da Penitência e assim desencadeou, mesmo sem querer explicitamente fazê-lo, um processo de autêntica reformulação interna do sacramento, tanto no nível teológico, quanto na ordem pastoral. Por outro lado, fez essa opção sem partir da situação de crise em que já se encontrava a prática penitencial da Igreja; os estudos sobre a situação real virão depois do Concílio. A partir disso, pode-se deduzir que o Vaticano II não teve a intenção de modificar a doutrina de Trento sobre a Penitência, mas, no máximo, "completar a teologia penitencial de Trento com o aspecto eclesial do pecado e do perdão dos pecados".[88]

No entanto, a história dos textos, como tenho observado várias vezes, não é medida apenas pelo seu significado redacional *(Redaktionsgeschichte)*, mas, também, pelo efeito subsequente que produz *(Wirkungsgeschichte)*. Daí, ser possível dizer que, a partir das afirmações do Vaticano II, nasceu outro capítulo histórico no desenvolvimento da Penitência na vida da Igreja. Contudo, a narração desse capítulo já não toca mais à presente reflexão, que teve o propósito de concluir-se às portas do *Ordo Paenitentiae,* publicado pela Congregação para o Culto Divino, em 2 de dezembro de 1973.

20.2.7. Complemento bibliográfico

Estudos gerais sobre confissão na fase pós-tridentina

- DELUMEAU, J. *L'aveu et le pardon. Les difficultés de la confession, XIIIe.-XVIIIe. siècles* (Paris, 1990). (= DELUMEAU, J. *A Confissão e o Perdão.* As dificuldades da confissão nos séculos XIII a XVIII. São Paulo: Companhia das Letras, 1991).

---

[88] VORGRIMLER, H. *l. c.*, 410.

- PROSPERI, A. *Tribunali della coscienza. Inquisitori, confessori, missionari* (Turim, 1996) 211-548.
- MYERS, W. D. *"Poor, Sinning Folk". Confession and Conscience in Counter-Reformation Germany* (Ithaca-Londres, 1996).
- RUSCONI, R. *L'ordine dei peccati. La confessione tra medioevo ed età moderna* (Bolonha, 2002).
- MAFFEIS, A. *La coscienza e il giudice. II sacramento della penitenza nella chiesa tridentina:* VÁRIOS. Perdono e Riconciliazione (Bréscia, 2006) 187-230.
- PRODI, P. *L'istituto della penitenza: nodi storici:* Chiesa e Storia 1 (2011) 15-68.

20.3. A PRÁTICA DA CONFISSÃO SEGUNDO AFONSO DE LIGUORI.

20.3.1. Escrito de Afonso sobre a prática da confissão

No cap. 1 da 15ª seção, ao apresentar os *escritos* de Afonso sobre temas teológico-morais, anunciamos uma apresentação mais extensa da obra afonsiana dedicada à Confissão. Oferecemos a apresentação neste momento.[89]

- Dados bibliográficos

Pratica del confessore per ben esercitare il suo ministero (Nápoles, 1755) = *Praxis confessarii ad bene excipiendas confessiones* (Veneza, 1757).[90]

Para publicar essa obra, Afonso solicitou a aprovação, em 19 de outubro de 1751, e obteve o *imprimatur* em 15 de maio de 1753, mas precisou esperar até 1755 para vê-la publicada.

---

[89] Sobre a gênese e o conteúdo da afonsiana *Pratica del confessore*, ver o detalhado estudo de: AMARANTE, A. V. *"Pratica del confessore per ben esercitare il suo ministero"*: SM 45 (2007) 349-376.

[90] De Meulemeester, I, 81-84; Ferrero-Boland, 512. Ver: Tellería, I, 565-568, 650-652, 703-704; Rey-Mermet, 503-504.

A obra apareceu em italiano, unida à TM (2ª edição), no final do tomo 2 (Nápoles, 1755); também foi publicada, em italiano, em edição autônoma (Nápoles, 1755). Houve, pelo menos, duas outras edições furtivas do texto italiano, sem o consentimento do autor: Nápoles 1760 (editor Migliaccio) e Veneza 1771 (editor Vito). Traduzida para o latim, apareceu no final de todas as edições venezianas da TM, a partir da 3ª edição (1757). Remondini fez uma edição separada, naquele mesmo ano de 1757, do texto latino da *Praxis*.

> Impedido pela enfermidade e outras ocupações, Afonso pediu a Remondini que providenciasse a tradução.[91] Mas teve que se encarregar dela pessoalmente. Pediu a ajuda de seus irmãos: Jerônimo Ferrara traduziu os primeiros sete capítulos, e Gaspar Caione, o resto.[92] O autor fez o trabalho de supervisão, registrando, como em outras ocasiões, o tempo (e esforço) que lhe exigiu.[93]

Há um intercâmbio epistolar entre Afonso e o editor Remondini que pode ser interpretado como referência a uma possível edição veneziana do texto italiano da *Pratica*.[94] Mas essas referências epistolares não são claras; e, além disso, nenhum exemplar dessa edição hipotética foi encontrado.[95]

Houve 11 edições do texto latino durante a vida do autor. As edições póstumas, contando as do texto italiano e as do texto latino, junto com as traduções (francês, polonês, espanhol, português etc.), ultrapassam trinta.

Afonso queria que a *Pratica del confessore (Praxis Confessarii)* sempre acompanhasse sua grande obra moral, *a Theologia Moralis*.

- Há uma edição crítica da tradução latina realizada por G. M. Blanc: a) inserida na edição crítica da TM: Gaudé, IV, 521-647; b) em edição autônoma: Sanctus Alphonsus M. de Ligorio, *Praxis confessarii ad bene excipiendas confessiones*. Editio nova cum antiquis editionibus et italico textu collata in singulis auctorum alle-

[91] Lettere, III, 33-34.
[92] Lettere, III, 38-39.
[93] Lettere, III, 40, 42, 43, 45, 47, 56.
[94] Lettere, III, 39, 40, 46.
[95] De Meulemeester, I, 82, nota 2.

gationibus recognita notisque criticis et commentariis illustrata cura et studio p. Gabrielis Mariae Blanc (Roma, 1912). Citaremos esta última edição com o sobrenome do editor: *Edição latina* Blanc.

- Dentre as muitas edições e traduções após a morte do autor (cerca de cinquenta), destacamos:

a) A edição do texto italiano de Giuseppe Pistoni: S. Alfonso Maria de' Liguori, *Pratica del confessore per ben esercitare il suo ministero.* A cura del can. Giuseppe Pistoni, del Seminario Metropolitano di Modena in collaborazione con i Padri Francescani Conventuali di Casa Mariana, Frigento (AV). Con aggiunta, in appendice, di materiale a cura di P. Alfonso Maria Sutton, OFM Conv., S. T. D. (Frigento, 1987^2; a 1ª edição: Frigento, 1948). A edição é adaptada ao Código de Direito Canônico de 1983. Vamos citar essa edição com o sobrenome do editor: *Edição italiana* Pistoni.

b) A tradução espanhola, do original italiano, foi feita pelo redentorista espanhol Nicanor Moriones: S. Alfonso Mª. de Ligorio, *La práctica del confesor para ejercitar bien su ministerio.* Versión del original italiano y anotaciones del R. P. Nicanor Moriones, redentorista, doctor en derecho canónico (Madri, 1952). A edição está adaptada ao Código de Direito Canônico de 1917. Citaremos essa tradução com o sobrenome do tradutor-editor: *Tradução espanhola* Moriones.

c) Tradução brasileira (da versão latina): LIGÓRIO, Santo Afonso Maria de. *Prática dos confessores.* Rio de Janeiro: Ed. CDB, 2020. Tradução: Tiago Gadotti.

- O conteúdo

Essa obra, "verdadeiramente de ouro",[96] foi projetada por Afonso para orientar a prática da Confissão. Obviamente, tem como referência a prática sacramental pós-tridentina.

O escrito abre com uma *Introdução* de poucas, mas densas, palavras, nas quais pondera, tanto a necessidade de confessores doutos e santos, quanto a utilidade que, para si mesmos e para

---

[96] BLANC, G. em: *Edição latina* Blanc, p. V.

a Igreja, representam aqueles que, verdadeiramente, o sejam. Seguem-se, sem pretender uma organização sistemática entre eles, os nove capítulos que compõem o conteúdo da obra:

- Os *ofícios do* confessor (cap. 1): *pai, médico, mestre, juiz.*
- As *perguntas* que o confessor deve fazer ao *povo rude* (cap. 2): usando o esquema dos mandamentos (Decálogo) e dos preceitos da Igreja.
- As *perguntas* às pessoas de *diversas profissões e condições* quando são de consciência religiosa abandonada: sacerdotes, párocos, bispos, monjas de clausura, juízes e notários, médicos, cirurgiões e farmacêuticos, comerciantes, alfaiates, trabalhadores por comissão ou vendedores, barbeiros ou cabeleireiros (cap. 3).
- Como o confessor deve se comportar em relação àqueles que estão em *ocasião próxima* de pecado (cap. 4).
- Conduta do confessor com os *criminosos acostumados* e *reincidentes* (cap. 5).
- Conduta do confessor com penitentes que estão sob *censura* ou *caso reservado, ou* na *obrigação de denunciar, ou* com *impedimento impediente ou dirimente* de matrimônio (cap. 6).
- Conduta do confessor com diferentes classes de pessoas: *crianças, jovens* e *moças,* pessoas *escrupulosas,* pessoas *devotas, surdos-mudos, moribundos, condenados à morte, endemoniados* (cap. 7).
- Sobre a prudência do confessor: *escolha das opiniões, correção dos próprios erros* na confissão; observância do *sigilo sacramental, trato com as mulheres* (cap. 8).
- Conduta do confessor na *direção das almas espirituais* (último capítulo: cap. 9).

De acordo com a moda da época, e segundo o procedimento de Afonso, uma vez exposto o conteúdo principal da obra, outros tópicos são acrescentados ao livro de forma mais curta, bem como, apêndices aos temas tratados no corpo da obra:

- *Outros temas:* a) *Regulamento para uma religiosa* que deseja ser conduzida pelos caminhos da perfeição, b) *Avisos gerais* para a perfeição.

- *Apêndices:* a) Avisos aos *confessores.* Avisos aos *párocos.* Breve exposição da prática da *oração mental,* b) Sobre a assistência aos *moribundos.*

Há algumas variantes entre o texto italiano (*Pratica*) e a tradução latina (*Praxis*), embora tais mudanças não alterem o significado fundamental do texto comum. Essas variantes podem ser vistas na *Tradução espanhola* Moriones, 555-564.

O índice da obra mostra o rico conteúdo do texto afonsiano:

- Conteúdo *moral:* de moral concreta, revendo os mandamentos de Deus e os preceitos da Igreja, no cap. 2; e de moral fundamental, concretamente na escolha das opiniões (cap. 8, parágrafo 1). A *Pratica* não substitui a *Theologia Moralis,* mas recolhe seus elementos essenciais.
- Conteúdo *sociológico-moral:* o cap. 3 é uma descrição de sociologia moral profissional. Nessa obra há referências às profissões que não aparecem na *Theologia Moralis* (médicos, cirurgiões, farmacêuticos, etc.). O leitor moderno é obrigado a um leve sorriso quando pousa os olhos sobre o texto afonsiano acerca da moral dos *barbeiros, cabeleireiros,* etc.
- Conteúdo de *prática pastoral:* em referência aos habituados e reincidentes; levando em conta a diversidade de pessoas: em razão da idade (crianças, jovens), do sexo (moças, mulheres), das limitações (surdos-mudos), da estrutura psicológica (pessoas escrupulosas), da condição religiosa (pessoas devotas), de situações especiais (moribundos, condenados à morte, endemoniados).
- Conteúdo sobre a *compreensão do sacramento da Penitência e sua prática* (o fundamental capítulo 1).

Conteúdo especial da *Pratica* é o que aparece no último capítulo e será comentado aqui, no cap. 3 da 21ª seção: uma exposição sintética de teologia mística.

Além do valor do amplo conteúdo que oferece, a *Pratica* afonsiana tem o mérito de ter feito uma proposta de prática penitencial muito distante, tanto do laxismo, quanto do rigorismo. Poderíamos dizer que é a proposta da Igreja pós-tridentina que, sem claudicar nos princípios básicos da moral cristã, leva em conta a fragilidade da condição humana. O livro de Afonso é expressão qualificada, em um dado momento histórico, da atitude da Igreja que compreende o pecador e lhe proporciona o perdão do Senhor.

– Comparação com outros escritos semelhantes da época

Na época e no ambiente em que Afonso publicou sua *Pratica del confessore*, vieram à luz outras obras, semelhantes em conteúdo e objetivo:[97]

> A anônima *Istruzione per li novelli confessori* (Roma, 1726; Nápoles, 1737); a do capuchinho G. M. Migliorini da Bergamo (1672-1753), *L'uomo apostolico istruito nella sua vocazione al confessionario* (Bréscia, 1732; com dez edições entre 1726 e 1798); a do grande missionário L. de Porto Maurício, *Direttorio della confessione generale* (Roma, 1739); a do pároco de Rimini, G. M. Malatessa Garuffi, *Il parroco nel confessionale* (Veneza, 1741); a do amigo de Afonso, G. Iorio, *Istruzione chiara, e pratica per li confessori di Terre, e Villaggi* (Veneza, 1745); a do arcebispo de Gênova, G. M. Saporoto (1743-1767), *Istruzione generale pei novelli confessori de' monisteri di religiose della città, e diocesi di Genova* (Gênova, 1746); a do bispo de Narni, N. Terzago, *Istruzione pratica sopra la fedele amministrazione del sagramento della penitenza* (Roma, 1760).
>
> Além disso: B. de Castelvetere (1708-1756), *Direttorio per li confessori* (Veneza, 1763); G. B. Scaramelli (1687-1752), *Direttorio mystico* (Veneza, 1754).
>
> Afonso usou o livro de P. Segneri (1624-1694), senior, *Il confessore istruito* (Veneza e Bassano, s. a.), conforme consta pelo exemplar conservado no Arquivo Geral dos Redentoristas em Roma.

Entre todas as obras sobre a prática da Confissão com as quais o livro de Afonso se confrontou, deve-se destacar a *Istruzione dei Confessori o dei Penitenti* (Veneza, 1753) de D. Concina.

---

[97] Ver detalhes bibliográficos em: BERTINI MALGARINI, P.; TURRINI, M. *Il confessore come direttore d'anime in Alfonso Maria de Liguori*: CATTO, M. (ed.). La direzione spirituale tra medioevo ed età moderna. Percorsi di ricerca e contesti specifici (Bolonha, 2004) 205-287, especialmente, p. 214-229.

O padre jesuíta Zaccaria publicou, em 1758, o volume 12 de sua *Storia letteraria d'Italia,* onde confrontou Concina e Afonso por causa do tratamento que davam ao tema da Confissão. Chegou a afirmar:

> "Oh, que bom antídoto," - disse ele sobre a obra afonsiana, - "contra aquela, mais Filípica, que *Instrução* [refere-se à *Istruzione* conciniana] de confessores e penitentes! (...) Que diferença! A *Prática* do Pe. Liguori respira unção divina, toda caridade, doçura e moderação, a *Instrução* [de Concina] respira furor, toda exaltação, ferocidade, fanatismo. No primeiro, vemos o homem sábio que busca a salvação das almas; no segundo, um escritor violento que afunda os fiéis no desespero. A primeira, com método fácil e doutrina justa, procede para facilitar o caminho da penitência; a segunda é uma confusão de opiniões tresloucadas com as quais ele torna a Confissão sacramental odiosa. Bendito seja este religioso culto e piedoso [Afonso]".[98]

Como é fácil concluir, "os partidários de Concina, especialmente Patuzzi, ficaram ofendidos e responderam, em 1761, com uma *Anatomia* da obra de Zaccaria".[99]

O trabalho de Afonso mostra sua peculiaridade, não apenas quando comparado com o de D. Concina, mas também, com todos os escritos de seu tempo sobre temas relacionados à prática da Confissão. É comumente aceito que, na figura e obra de Afonso de Liguori, encontra-se a solução para a crise do rigorismo moral que vai da segunda metade do século XVII até a primeira metade do século XVIII. A *Prática do Confessor* traz essa solução para o terreno concreto da Confissão.

20.3.2. *Apreciações sobre a proposta afonsiana*

Neste ponto, preferimos dar a palavra aos estudiosos da obra afonsiana. Reunimos algumas apreciações que sublinham os méritos dessa pequena obra, mas que é de grande importância no conjunto da produção teológico-moral de Afonso.

---

[98] Citado por: BAYÓN, R. *Cómo escribió Alfonso de Ligorio* (Madri, 1940) 323-324.
[99] *Ibid.*, 324.

Este é o juízo de um clássico conhecedor da produção literária afonsiana: "Depois de uma experiência de muitos anos de estudo, trabalho e confessionário, pleno, já, de consumada doutrina e santidade, quando, chegada a hora, aparece como enviado de Deus que dita leis no meio de tantos erros e desvarios de opiniões e sistemas, Afonso só terá que trazer para a página escrita a longa prática de seu singular apostolado".[100]

A pessoa que trabalhou na tradução espanhola e na adaptação ao Código de Direito Canônico de 1917, dessa obra de Afonso, assim resume sua visão do escrito afonsiano:

> "É uma pequena obra, escassa em páginas, mas densa em doutrina pastoral; nela, foram reunidas todas as exaltadas virtudes do grande confessor e moralista Afonso de Liguori: aquele zelo ardente para tirar do pecado os mais necessitados pecadores; aquela mistura inusitada de firmeza e ternura, diante da qual o pecador, nem permanece em vã confiança para continuar pecando, nem desaba sob o peso do medo para desesperar de sua salvação; aquele grande senso comum que o leva, sem desvios de especulações e coisas inúteis, a curar diretamente as feridas da alma; aquela unção que, mesmo nos livros de doutrina, como este, entra na alma elevando-a suavemente a Deus; aquele instinto certeiro que sempre o levou a escolher o caminho seguro, evitando extremos de laxismo e rigor, e que mereceu tão grandes elogios de nossa Mãe Igreja; e, finalmente, aquela prudência soberana, assistida por uma santidade incorruptível".[101] "Os parágrafos deste pequeno livro, não só carregam o peso de uma inteligência soberana, mas também o valioso endosso da experiência vivida".[102] E "já que vamos ressaltar [mais] méritos da *Prática*, admiremos também sua concisão e clareza, virtudes que Afonso se esmerava em colocar, e colocava, em seus livros".[103]

Segundo o moralista espanhol Raimundo Rincón, as seguintes qualidades se destacam na *Prática do confessor* afonsiana:

- "O ponto focal é sua concepção do sacramento da Penitência como uma grande manifestação do amor misericordioso de Deus.

---

[100] ROMANO, C. M. *Delle opere di s. Alfonso de Liguori* (Roma, 1896) 120.
[101] *Tradução espanhola* [da *Pratica*] Moriones, 22-23.
[102] *Ibid.*, 25.
[103] *Ibidem.*

Dessa visão, conclui qual deve ser a atitude do confessor: 'Ut omnia unico verbo complectar, debet esse in charitate dives, in mansuetudine mellifluus, in prudentia gravis' – *para resumir tudo em uma única palavra, deve ser rico em caridade, melífluo em mansidão, sério na prudência.*

- Os vários papéis, ou funções do confessor, são apresentados numa ordem muito significativa: pai, médico, doutor e juiz. O ofício de pai é o que dá sentido e permeia todos os outros, até o ponto de a caridade paterna, em forma de acolhida total, ter que se manifestar em todas as fases do processo penitencial (...).
- Sua concepção das qualidades e características do ministro pode ser descrita como sendo de palpitante atualidade. Recordemos, brevemente, que, para o Patrono dos confessores, ele deve se distinguir por uma bondade positiva, adquirida através do exercício constante das virtudes, por uma ciência incomum e por uma prudência requintada (...).
- Santo Afonso, um homem de sua época, estudou em detalhe a obrigação dos párocos e 'curas', bem como o dever que pesa sobre os 'simples sacerdotes' de se habilitarem para ouvir confissões; independentemente de distinções e opiniões, concluiu que 'este é o principal dever dos sacerdotes,' e um dos propósitos especiais para os quais Deus os escolheu para o sacerdócio (...).
- Nesta obra, escrita, sobretudo, para preparar e ajudar os confessores, reflete-se, de modo claro e constante, a obrigação imperativa de respeitar a consciência de cada homem, mesmo do cristão inculto. No século das Luzes, as escolas abundavam, e cada uma procurava impor seu próprio ponto de vista, moldando o rigorismo, que defendia a aplicação mais rigorosa e mais uniforme das leis, a todos, sem deixar espaço para a liberdade criativa. Nesse contexto, o santo, não só procura a maneira de conciliar as diversas e, às vezes, opostas teorias; mas, mais ainda, livre de falsos medos, deixa 'à consciência sincera de cada um a decisão do caso concreto, desde que procure, sinceramente, a vontade de Deus e faça o melhor possível' (B. Häring)".[104]

---

[104] RINCÓN, R. *Confesores para la "Nueva Evangelización"*: Scripta Fulgentina 1 (1991) 84-87.

Entre as peculiaridades e inovações concretas da obra de Afonso sobre a prática da Confissão, já destacamos, no capítulo anterior, a que diz respeito à *ordenação dos ofícios* atribuídos ao confessor.[105] Afonso ordenou os ofícios do confessor, começando pelo de *pai,* continuando com os de *médico* e *mestre,* e terminando com o de *juiz* (cap. 1). Deu mais ênfase ao papel de *pai* e não ao de juiz.[106] Por outro lado, colocou ênfase especial na função *curativa* do sacramento: "Enquanto dedica pouco espaço ao ofício de *juiz* - o ofício próprio do Concílio de Trento - reserva mais páginas para o de médico que para os outros três juntos: como o samaritano, ele quer curar; como o bom pastor, quer salvar".[107]

Por outro lado, o moralista napolitano também considerou válida a presença da direção espiritual na esfera da confissão sacramental.[108]

20.3.3. Significado histórico da obra afonsiana

O significado histórico da afonsiana *Prática do confessor* adquire relevo se a situarmos no contexto do século XVIII, e considerarmos a influência que o pensamento afonsiano exerceu na prática do confessionário no século XIX.

---

[105] Sobre os *ofícios* do confessor nos Manuais de confessores da Idade Moderna: BERTINI MALGARINI, P.; TURRINI, M. *Il confessore direttore d'anime in Alfonso Maria de Liguori*: CATTO, M. (ed.). La direzione spirituale tra medioevo ed età moderna. Percorsi di ricerca e contesti specifici (Bolonha, 2004) 205-287, especialmente, p. 207-214.

[106] MAJORANO, S. *Il confessore, pastore ideale nelle opere di Sant'Alfonso*: SM 28 (2000) 321-345; Id., *Sant'Alfonso Maria de' Liguori: il confessore "officio di carità istituito dal Redentore solamente in bene delle anime"*: Chiesa e Storia 1 (2011) 285-306.

[107] REY-MERMET, T. *La riconciliazione...*, 233. Sobre a orientação terapêutica na compreensão afonsiana da prática do sacramento da Confissão: HAJDUK, R. *Therapeutische Beichtpraxis. Eine Rückbesinnung auf die Rolle des Beichtvaters nach dem Buch "Praxis confessarii" vom Heiligen Alfons Maria de Liguori*: SM 38 (2000) 5-43.

[108] LAGE, E. *S. Alfonso e la direzione spirituale*: SH 48 (2000) 9-48; Id., *S. Alfonso Maria de Liguori e la direzione spirituale*: ZARRI, G. (ed.). Storia della Direzione spirituale. III. L'età moderna (Bréscia, 2008) 527-541; BERTINI MALGARINI, P.; TURRINI, M. *Il confessore come direttore d'anime in S. Alfonso Maria de Liguori*: CATTO, M. (ed.). La direzione spirituale tra medioevo ed età Moderna (Bolonha, 2004) 205-287.

Se situarmos esse trabalho de Afonso no contexto do século XVIII, podemos apreciar o contraste entre o rigorismo daquele momento histórico e a variação de benignidade que Liguori tentou introduzir.[109]

> "O século XVIII havia visto, um pouco por toda parte, o triunfo progressivo dos rigoristas, que, diante do vento da permissividade vinda do Renascimento, tinham dado um cunho de severidade ao clima oficial da Igreja (...). Párocos, bispos, professores de seminários, pregadores e confessores estavam convencidos de que a honra de Deus seria prejudicada se eles não adotassem uma postura de dureza com os pecadores. Assim - pior para o Evangelho - o rigorismo se tornou o dono do campo".[110]

Nesse contexto de rigor, a orientação benigna de Afonso assume um significado ainda maior. É, além disso, uma orientação que influenciará o desenvolvimento histórico da prática sacramental na Igreja. Confrontando a posição benigna de Afonso com a posição rigorista do moralista Paolo Rulfi (1731ca.-1811) em seu tratado sobre Penitência, Pe. D. Guenzi afirma: "O desenvolvimento histórico, não sem dificuldades, dará razão à linha liguoriana no arco das décadas seguintes, mas a característica do rigorismo na administração dos sacramentos perdurará até meados do século XIX, ao menos, nas regiões francesas e piemontesas".[111]

Usando uma poderosa imagem, posta em circulação por G. de Rosa[112], Afonso realizou uma "revolução copernicana" na prática do sacramento da Penitência. A benignidade que ele defende em sua moral está toda voltada para a prática do sacramento da

---

109 REY-MERMET, T. *La riconciliazione in s. Alfonso e nel suo tempo*: ÁLVAREZ VERDES, L.; MAJORANO, S. (ed.). Morale e Redenzione (Roma, 1983) 223-234.

110 *Ibid.*, 228.

111 GUENZI, P. D. *"Inter ipsos graviores antiprobabilistas". L'opera di Paolo Rulfi (1731ca.-1811) nello specchio delle dispute teologico-morali del secolo XVIII* (Cantalupa, Turim, 2013) 586. Sobre o tratado *De Poenitentia* de P. Rulfi: *Ibid.*, 497-586: "Um exemplar tratado sobre o quarto sacramento entre a fixação dogmática tridentina e a oposição 'rigorista' à 'falsa poenitentia'".

112 Ver: DE SPIRITO, A. *Alfonso de Liguori vescovo a forza e moralista geniale* (Roma, 2015) 119.

Penitência, que deve ser contemplado a partir da perspectiva do *sujeito* penitente (é aqui que reside a virada copernicana). É uma benignidade para a prática da reconciliação sacramental (sem esquecer o sacramento da Eucaristia: a comunhão).

> Ao juízo de A. V. Amarante, a visão afonsiana da Confissão "coloca a proposta pastoral da Igreja pós-tridentina em relação com a fragilidade humana (...). Afonso sublinha que o ato de amor, no qual se expressa o sacramento da Penitência, para ser bem realizado, requer preparação teológica e imersão no mistério de Cristo para conduzir, ensinar e educar o povo de Deus no caminho da salvação (...). Nas páginas da *Prática,* há um binômio muito estreito - que Afonso desenvolverá maiormente nas obras seguintes - entre a verdade e a caridade. (...) (Afonso quer que os cristãos percorram o caminho da santidade), respeitando os ritmos de compreensão e imersão no mistério da vida".[113]

A influência histórica do pensamento de Afonso sobre a prática da Confissão foi enorme. Em grande medida, a Confissão, sequestrada pelo rigorismo jansenista, voltou à normalização pastoral, quando a moral católica passou por um processo de "liguorização", especialmente durante o século XIX.[114] Foi nesse século que ocorreu, na França, o fenômeno do Cura d'Ars, em cujo cuidado pastoral do confessionário ressoaram os traços da benignidade afonsiana,[115] como tem sido reconhecido pelos estudiosos do trabalho pastoral de João Maria Vianney e pelo próprio Papa João Paulo II:

> "A doçura com que o Cura d'Ars acolhia os pecadores nunca degenerou em fraqueza. Ele não lhes concedia a absolvição sem estar bem seguro da sinceridade de seu arrependimento. É verdade que, até 1840, era um *rigorista,* assim como a maioria dos confessores da França daquela época. Ainda seguia os princípios que, em 1815, foram ensinados no Seminário Maior de Lyon. A partir de 1840,

113 AMARANTE, A. V. *"Pratica del confessore...*, 374-375.

114 GUERBER, J. *Le Ralliement du clergé français à la morale liguorienne* (Roma, 1973).

115 GUERBER, J. *Le rôle de Pio Brunone Lanteri dans l'introduction de la morale liguorienne en France*: SH 4 (1956) 343-344.

graças às suas relações com o Sr. Tailhades, um sacerdote piedoso e inclinado à indulgência; graças aos conselhos do Pe. Camelet, superior dos missionários diocesanos, que, no exercício de seu ministério, havia adquirido uma profunda experiência na direção das almas; graças, sobretudo, ao estudo da teologia de Santo Afonso de Liguori, que o Cardeal Gousset acabara de publicar em francês, o Cura d'Ars mostrou-se, visivelmente, menos severo".[116]

"Santo Afonso foi essencialmente um 'Mestre da Verdade', qualificado e seguro, e nos comove o pensamento de que São João Maria Vianney, exemplo e modelo de todos os eclesiásticos, párocos, teólogos, padres engajados nos vários campos do ministério, também foi formado em sua escola".[117]

Nessa transformação, ou revolução copernicana, da prática do sacramento da Confissão, um papel proeminente deve ser reconhecido a Alexandre-Raymond Devie (1767-1852), Bispo de Belley (de 1823 até sua morte) e "primeiro bispo" do Cura d'Ars.[118] Por volta de 1792, A.-R. Devie "descobriu" a moral de Afonso. Foi "através do liguorismo que se deu uma *revolução copernicana* na ordem sacramental[119]: "A confissão é para o homem [para o cristão] e não o homem [o cristão] para a confissão".[120] "Em apenas trinta anos (1820-1850 ca.), o edifício dogmático e prático do rigorismo ruiu na França".[121]

Há algum estudioso da obra afonsiana que se opõe a essa interpretação da função histórica do pensamento afonsiano sobre a

---

116 TROCHU, E. *El Cura de Ars* [1928] (Madri, 2003⁹) 352-353. A aproximação do Cura d'Ars à moral afonsiana pode acontecer de várias maneiras: "Ou lhe foram comunicadas oralmente as interpretações de Santo Afonso Maria de Liguori, ou lhe foram emprestadas as obras do santo. A edição de Gousset (*Théologie morale à l'usage des curés et des confesseurs*, 2 tomos in 8°, Paris, Lecoffré) que o Cura d'Ars tinha em sua biblioteca, é de 1845" (*Ibid.*, 353, nota 63).

117 *Insegnamenti di Giovanni Paolo II*, XV/1 (Cidade do Vaticano, 1994) 252. Tomado de: MAJORANO, S. *Sant'Alfonso Maria de' Liguori: il confessore "officio di carità istituito dal Redentore solamente in bene delle anime"*: Chiesa e Storia 1 (2011) 288, nota 11.

118 BOUTRY, P. *Prêtres et paroisses au pays du Curé d'Ars* (Paris, 1986) 408-422 : "Une révolution copernicienne: Mgr Devie et la morale de saint Alphonse de Liguori".

119 *Ibid.*, 419.

120 *Ibidem.*

121 *Ibid.*, 408.

Confissão em chave de "revolução copernicana". Constatando que tal perspectiva é assumida por vários intérpretes do pensamento moral afonsiano (B. Häring, Th. Rey-Mermet, M. Vidal, S. Majorano, A. Donato etc.), A. de Spirito sustenta que se trata de um exagero e, até mesmo, uma invenção.[122]

Entretanto, com uma ou outra metáfora, não se pode deixar de formular e, antes disso, reconhecer a variação decisiva que a recepção eclesial do pensamento de Afonso introduziu na prática da Confissão. Como diz um bom conhecedor do espírito contido na figura de Afonso e transmitido por ela,

> "fazer algum sacrifício ao tempo em que se vive - os santos vivem na história e alguns não teriam sentido se fossem colocados fora dela -, colocar a pastoral em conexão com a fragilidade humana, fazer o perdão depender da misericórdia mais que da lei, restituir à Confissão e ao confessor a função de um ato de amor: tudo isso foi, para aquele século [XVIII] e para nós, um acontecimento extraordinário. De juiz, o sacerdote se converte em pai: essa é a transformação que, em Afonso, não podia deixar de vir de sua prática do Evangelho, inquieta e generosa, vivida no meio dos condenados, dos fora-da-lei, dos pobres. Essa vida evangélica o libertará, pouco a pouco, do sombrio rigorismo de sua juventude, um rigorismo do qual estiveram cheios todo o séc. XVII e parte do séc. XVIII. Em suma, o resultado dessa revolução copernicana na Teologia Moral não teria sido possível se Afonso não tivesse tomado consciência do lugar da liberdade como fundamento da fé e das opiniões do cristão, ao qual o missionário, o bispo ou o sacerdote, tinham que oferecer o apoio da caridade".[123]

20.3.4. Nota sobre o "adiamento" da absolvição

Assumindo a função de "médico" espiritual, cabe ao confessor zelar pela "saúde" espiritual do penitente. Uma prática que, nos tempos do catolicismo pós-tridentino tinha uma função me-

---

[122] DE SPIRITO, A. *Alfonso de Liguori vescovo a forza e moralista geniale* (Roma, 2015) 49-63: "Una supposta 'rivoluzione copernicana'".

[123] DE ROSA, G. *Saint Alphonse et le siècle des Lumières*: VÁRIOS. Alphonse de Liguori, Pasteur et Docteur (Paris, 1987) 45-46.

dicinal, era adiar a absolvição: estratégia espiritual para suscitar o arrependimento e conduzir à conversão efetiva.[124]

> "A absolvição, e seu possível adiamento, tem um significado profundamente salvífico, pois constituem o primeiro passo em uma jornada de conversão a Cristo, que é um dinamismo de crescimento contínuo".[125]

Afonso argumentou que o confessor não era o juiz das "opiniões" do penitente, mas das "disposições" do penitente, orientadas para a mudança de conduta.[126] A partir dessa condição de juiz - e médico - das disposições do penitente, cabe ao confessor discernir a autenticidade do arrependimento e, mais do que isso, suscitar no penitente um firme propósito de autêntica conversão.

Em seus escritos de moral, influenciado pelos critérios e sensibilidades de seu tempo, Afonso assumiu a possibilidade de retardar a absolvição como estratégia pastoral.[127] Para o discernimento da questão, pediu que fossem evitados os extremos do rigor e da facilidade: *qui aequo sunt faciliores quam qui aequo rigidiores sunt.*[128] Na realização dessa *via intermediária,* Afonso acredita que os perigos e as tentações vêm mais do lado do rigor do que do lado da facilidade.[129]

Algumas palavras do Afonso ancião, transmitidas por Tannoia, de que ele não despediu nenhum penitente sem absolvição, levaram à propagação da ideia de que Afonso não deixou sem absolvição nenhum penitente que se aproximasse dele. Sem necessidade de nos estendermos em muitos argumentos, apoiamos

---

124 DONATO, A. *L'assoluzione sacramentale e il suo differimento. Genesi storica del personalismo alfonsiano tra prassi e riflessione teologica*: SH 63 (2015) 23-44. Também: O'BRIEN, R. F. *The Absolution of Recidivis in the Sacrament of Penance* (Washington, 1943).

125 DONATO, A. *L'assoluzione...*, 42-43.

126 Gaudé, III, 626-627.

127 A exposição mais clara encontra-se em: TM, lib. VI, tract. IV, c. 1 (n. 461-464): Gaudé, III, 473-477.

128 Gaudé, III, 477.

129 *Ibidem*: "Quidam rigiditatibus addicti, qui per unicum rigoris tramitem animas conducunt...".

a carência de verdade de tal afirmação.[130] Esta, não se baseia em dados históricos e, o que é mais marcante, contradiz as palavras de Afonso que declarou: "*ego semper sic me gessi in praxi, et sic pergam me gerere*" - *eu mesmo sempre agi assim e assim continuarei a agir.*[131] Naturalmente, Afonso deixa em aberto a possibilidade de que outros confessores adotem um comportamento diferente: "*unusquisque (...) dirigere se debet juxta lumen a Deo sibi datum*" - *cada um deve se dirigir pela luz recebida de Deus.*[132]

20.3.5 Complemento bibliográfico

- O confessor e a Confissão no pensamento de Afonso

- REY-MERMET, T. *La riconciliazione in S. Alfonso e nel suo tempo:* ÁLVAREZ VERDES, L.; MAJORANO, S. (ed.). Morale e Redenzione (Roma, 1983) 223-234.
- CAPONE, D. *II compito del confessore, compito di carità in Cristo*: S. Botero; S. Majorano (ed.). La proposta morale di Sant'Alfonso. Sviluppo e attualità (Roma, 1997) 261-295.
- PIATEK, M. M. *O Sacramento da Reconciliação em Santo Afonso M. de Ligório:* Fragmentos de Cultura 7 (1997) 81-116.
- PERCHINUNNO, M. *La proposta di S. Alfonso Maria de Liguori. Indicazioni alfonsiane per iI sacramento della Riconciliazione* (Materdomini, 1997).
- MAJORANO, S. *II confessore, pastore ideale nelle opere di Sant'Alfonso:* SM 38 (2000) 321-346.
- Id., *Sant'Alfonso Maria de' Liguori: il confessore "officio di carità istituito dal Redentore solamente in bene delle anime":* Chiesa e Storia 1 (2011) 285-306.
- HAJDUK, R. *Therapeutische Beichtpraxis. Eine Rückbesinnung auf di Rolle des Beichtvaters nach dem Buch "Praxis confessarii" von Heiligen Alfons Maria de Liguori:* SM 38 (2000) 5-43.

---

130 CLEARY, J. A. *Did St. Alphonsus Ever Refused Absolution?*: Irish Ecclesiastical Record 62 (1943) 389-391.

131 *Praxis*, n. 69: Gaudé, IV, 564.

132 Gaudé, III, 477.

- AMARANTE, A. V. *"Pratica del confessore per ben esercitare il suo ministero"*: SM 45 (2007) 349-375.

- WEISS, O. *Vom Jansenismus zum Liguorismus in der Beichtpastoral* (1700-1850): SH 63 (2015) 45-74.

- DONATO, A. *L'assoluzione sacramentale e il suo differimento. Genesi storica del personalismo alfonsiano tra prassi pastorale e riflessione teologica:* SH 63 (2015) 23-44.

- **Edições da obra afonsiana no século XIX, na Espanha**

- *Práctica de confesores para confesar a la gente del campo.* Obra escrita por San Alfonso María de Ligorio y traducida del italiano por un presbítero. 2ª edición, censurada y corregida por el R. R. Ramón Buldó, Provincial franciscano (Barcelona, 1882) 282 p.

- *Excerpta ex libro cui titulus: "Homo apostolicus instructus in sua vocatione ad audiendas confesiones", auctore B. Alphonso Maria de Ligorio, seu sensa ejusdem* (Palmae Balearium, 1830). [Um pequeno tomo de 117 páginas, em latim].

- **Edição brasileira**

Il confessore diretto:

- LIGÓRIO, Afonso Maria de. *Guia dos Confessores da Gente do Campo.* Obra de S. Afonso Maria de Ligório, traduzida do italiano por ordem do Exmo. bispo atual de Mariana. Da edição de Roma de 1837. 1855.

Praxis Confessarii:

- LIGÓRIO, Afonso Maria de. *Prática dos Confessores.* Rio de Janeiro: CDB, 2020. Trad.: Tiago Gadotti. 172p.

VIGÉSIMA PRIMEIRA SEÇÃO

História da recepção e da interpretação da Moral Afonsiana (séc. XIX-XX)

21.1. INTRODUÇÃO

21.1.1. Orientação temática

Para personalidades com forte influência histórica por seus escritos, obras institucionalizadas ou fundação de institutos religiosos, costumeiramente verifica-se uma espécie de lei: há um nítido corte entre o significado real de sua vida e o significado que se lhes atribui depois da morte. Essa lei apresenta comprovação qualificada na personalidade histórica de Afonso.

Durante sua longa vida, Afonso de Liguori influiu de forma relevante, com sua participação concreta, na vida do Reino de Nápoles e no conjunto da Igreja do século XVIII, especialmente, através de sua prática missionária e de seus escritos, frequentemente polêmicos, outras vezes doutrinais, sempre edificantes. Assim se mostra Afonso em sua peculiaridade sociobiográfica que, contudo, não é completamente conhecida e até, muitas vezes, distorcida.

Unido a esse Afonso do século XVIII, existe um outro: aquele do século XIX e parte do século XX. Devido a diversos fatores, nos dois últimos séculos foi realizada uma leitura *interessada* do Afonso real, gerando outra imagem do santo napolitano. Às vezes, as duas imagens encontram-se justapostas, dando lugar a desdobramentos que levam à perda de identidade; outras vezes, as imagens se sobrepõem, originando autêntica distorção da figura; frequentemente, a nova imagem elimina a imagem original.

Pode-se dizer que Afonso de Liguori foi um homem afortunado depois da morte. Foi beatificado (1816) e canonizado (1839) com relativa rapidez.[1] Declarado Doutor da Igreja (1871) antes do centenário de sua morte. Mais tarde, em momento de notável euforia eclesial, foi proclamado Padroeiro dos confessores e moralistas (1950).[2]

Mas, toda essa exaltação teve um preço: Afonso de Liguori foi utilizado, muito além de seu próprio desejo e significado original, como bandeira para alistar pessoas e grupos em movimentos e causas que, apenas em parte, estavam relacionados a sua pessoa.[3] Alguns desses movimentos foram de tipo claramente conservador, e mesmo, restauracionista.[4]

Semelhante distorção da imagem original de Afonso, pode ser constatada, de forma evidente, nas *leituras interessadas* a que foi submetida sua obra moral. As idas e vindas históricas originaram

---

1 AMARANTE, A. V. *Dagli altari all'altare*: VICIDOMINI, G. (ed.). Alfonso M. de Liguori. Un santo per il terzo millennio (Materdomini, s. a. [= 2010]) 165-172; Id., *Ricostruzione storica dell'iter canonico della beatificazione di Alfonso M. de Liguori nel secondo centenario (1815-2016)*: SH 65 (2017) 271-295. Anota Tellería, II, 829: "É difícil avaliar, hoje em dia, depois de mais de um século [escreve em 1950], o significado daquela exaltação de Afonso à honra dos altares, quando a coalisão jansenista-febroniana estava muito longe de abandonar suas posições". Ver o seguinte artigo, escrito por motivo do centenário da canonização de Afonso: HENZE, C. M. *Der hl. Kirchenlehrer Alfons v. Liguori. Zur Jahrhundertfeier seiner Heiligsprechung*: Zeitschrift für Aszese und Mystik 19 (1940) 103-113.

2 As Bulas, das citadas decisões pontifícias, foram publicadas (em latim e em tradução italiana, espanhola e inglesa) por: AMARANTE, A. V.; MARRAZZO, A. *Santo, Dottore e Patrono. I quattro documenti pontifici sulla glorificazione di sant'Alfonso Maria de Liguori* (Nápoles, 2009).

3 Tellería, II, 829: "Os campeões da restauração católica adotaram o nome de Afonso como bandeira própria e da Igreja no terreno das consciências".

4 Sobre a "criação" da imagem de Afonso como "campeão da Restauração" por obra dos redentoristas do séc. XIX (sobretudo, dos redentoristas "transalpinos"), ver: CHIOVARO, F. *Interventi* [depois da apresentação de R. de Maio]: GIANNANTONIO, P. (ed.). Alfonso M. de Liguori e la società del suo tempo (Florença, 1990) I, 110.

mudanças de avaliação que produziram, por sua vez, certa *ironia histórica*. Foram ironias históricas na interpretação da moral afonsiana, durante o século XIX e primeira metade do século XX, entre outras, as seguintes:

- Afonso, que lutou contra a corrente do rigorismo moral, foi utilizado para combater um pretenso laxismo moral moderno;
- Afonso, que foi construindo o seu sistema moral entre dúvidas e tentativas, e que não realizou qualquer refundição total de sua TM por falta de tempo e saúde, foi utilizado como garantia de certeza doutrinal;
- Afonso, que amou e admirou a Companhia de Jesus, foi utilizado como motivo para virulentas disputas entre jesuítas e redentoristas (no final do século XIX).

A presente seção pretende analisar e expor a trajetória geral e as vicissitudes mais relevantes da moral afonsiana durante os dois séculos e meio de sua recepção histórica. Serão assinalados, para algumas dessas diferentes interpretações, os diferentes tipos de "leitura" correspondente. Além disso, também indicarei a existência, ou deficiência, de bibliografia pertinente e mais qualificada.

Os temas específicos dos sete capítulos que compõem esta seção são os seguintes:

21.2. Penetração progressiva da orientação afonsiana na moral católica. "Liguorização" da moral católica no século XIX.

21.3. Dois episódios no processo de "liguorização" da moral católica no século XIX.

21.4. Críticas e reticências à moral afonsiana no séc. XIX.

21.5. Reconhecimento oficial da moral afonsiana no séc. XIX e primeira metade do séc. XX.

21.6. A moral afonsiana a partir da segunda metade do século XX. Leitura "doutrinal".

21.7. Recepção da moral afonsiana pelo recente magistério eclesiástico.

21.8. Estudos sobre a moral afonsiana a partir da década de 1970.

21.1.2. Bibliografia geral

- Estudos sobre a penetração da moral afonsiana conforme as nações e áreas linguísticas

Nos anos 1990, houve um interesse particular pelo estudo da recepção da moral afonsiana. De fato, o congresso organizado em Roma para comemorar o terceiro centenário do nascimento de Afonso (5-7 de março de 1997) tratou dessa questão:

- VÁRIOS. *La ricezione della Dottrina Alfonsiana:* SH 45 (1997) n. 1 e 2.

Preferencialmente, a pesquisa se concentrou na recepção durante o séc. XIX. Sobressaem os seguintes tópicos e estudos:

Uma apresentação geral sobre a evolução histórica da figura e da obra afonsianas pode ser encontrada no estudo de:

- DE ROSA, G. *La figura e l'opera di Sant'Alfonso nell'evoluzione storica:* SH 45 (1997) 207-224.

A controvérsia em torno das *Vindiciae Alphonsianae* foi revisitada, mas a partir da perspectiva original e interessante do "método moral" de Afonso:

- GALLAGHER, R. *The moral method of St. Alphonsus in the light of the "Vindiciae" Controversy:* SH 45 (1997) 331-349.

Para a penetração do pensamento afonsiano no conjunto das nações europeias, há dados abundantes em:

- TELLERÍA, R. *San Alfonso María de Ligorio, Fundador, Obispo y Doctor,* II (Madri, 1951) 829-841, 873-888.

A recepção da moral afonsiana nos países de língua francesa, durante o século XIX, foi decisiva para a liguorização da moral católica e sua vitória sobre posições rigoristas de sabor filojansenista.

Vale a pena notar o estudo pioneiro de:

- GUERBER, J. *Le ralliement du clergé français à la morale liguorienne. L'abbé Gousset et ses précurseurs (1785-1832)* (Roma, 1973), onde demonstra que a liguorização da moral católica foi decisiva para superar posições rigoristas de sabor filojansenista na França.

Além disso:

- BOUTRY, P. *Prêtres et paroisses au pays du Curé d'Ars* (Paris, 1986) 408-422: "Une révolution copernicienne: Mgr Devie et la morale de saint Alphonse de Liguori".
- LECRIVAIN, P. *Saint Alphonse aux risques du rigorisme et du liguorisme:* VÁRIOS. Alphonse de Liguori, Pasteur et Docteur (Paris, 1987) 231-272.
- LANGLOIS, C. *La difficile conjoncture liguorienne de 1832*: DORE, J.; THEOBALD, C. (ed.). Penser la foi (Paris, 1993) 645-661.
- Id., *Régulation romaine et morale alphonsienne en France dans la première moitié du 19e siècle. Les propositions de Mgr Bouvier sur la morale conjugale:* SH 45 (1997) 309-329.

Para conhecer a difusão do liguorismo na Bélgica, há abundantes dados em:

- DE MEULEMEESTER, M. *Introduction de la Théologie morale de saint Alphonse de Liguori en Belgique:* Ephemerides Theologicae Lovanienses 16 (1939) 468-484.
- Id., *Influences ascétiques de St-Alphonse en Belgique* (Esschen, 1923 na capa, e 1922 no interior da página principal).

Ao pesquisador O. Weiss devemos os estudos melhor documentados sobre a difícil e controversa recepção do pensamento afonsiano no mundo de língua alemã:

- WEISS, O. *Alfonso de Liguori und die deutsche Moraltheologie im 19. Jahrhundert:* SM 25 (1987) 123-161 = em tradução francesa: VÁRIOS. *Saint Alphonse de Liguori, Pasteur et Docteur* (Paris, 1987) 183-229.
- Id., *Döllinger et les Rédemptoristes:* SH 38 (1990) 393-444.
- Id., *Zwischen rigoristischer Moral und Barmherzigkeit Gottes. Zur Rezeption des hl. Alfons von Liguori in deutschen Sprachraum:* Theologische-Praktische Quartalschrift 144 (1996) 293-308 = *Tra misericordia e rigorismo. La recezione della dottrina di s. Alfonso nei paesi germanici nell'Ottocento:* SH 45 (1997) 269-290.
- Id., *Der Kampf gegen die "Liguorimoral" (1894-1905):* SH 46 (1998) 103-256.

- Id., *Deutsche oder römische Moral? -Oder: der Streit um Alfons von Liguori. Ein Beitrag zur Auseinandersetzung zwischen Romanismus und Germanismus im 19. Jahrhundert* (Regensburg, 2001).

Sobre a recepção do pensamento afonsiano na Espanha e na América Latina:

Dedicou uma extensa e documentada pesquisa: FERRERO, F. *La recepción del magisterio alfonsiano en las iglesias de España:* SH 45 (1997) 225-267.

Há um estudo específico sobre a recepção do pensamento moral afonsiano:

CEPEDAL, T. *La introducción/recepción de la obra moral alfonsiana en la Península Ibérica:* Moralia 10 (1988) 255-271.

Sobre a recepção da moral afonsiana na Itália:

Há uma aproximação parcial, em termos de temática (moral sexual) e referida apenas aos autores redentoristas, em BEVILACQUA, M. *La realtà corporea dell'uomo nel pensiero morale di Sant'Alfonso e degli Autori Redentoristi del XIX secolo* (Roma, 1991).

São investigações quase exaustivas, e autênticas monografias, os dois artigos de ORLANDI, G. *La recezione della dottrina morale di S. Alfonso Maria de Liguori durante la Restaurazione:* SH 45 (1997) 353-452; Id., *Il "Caso Panzuti": Ibid.*, 453-513.

Dos estudos indicados, podemos deduzir a ampla difusão do pensamento afonsiano na teologia e na vida da Igreja ao longo do séc. XIX.

Como se pode imaginar, a recepção da moral afonsiana não foi igualmente bem-sucedida em todas as áreas linguísticas, eclesiásticas e culturais:

- A recepção nos países francófonos foi decisiva para a liguorização da moral católica e para sua vitória frente às posições rigoristas de sabor filojansenista.
- Na Itália, a recepção da moral afonsiana foi ampla, tanto no âmbito da Congregação do Santíssimo Redentor, quanto fora dela.[5]

[5] Tellería, II, 830-831.

Não procedeu de forma retilínea, mas aberta às várias interpretações.

- A recepção do pensamento afonsiano na Espanha e na América Latina, sem ser muito significativa, não foi em nada conflitiva.

Tannoia talvez exagere quando pondera a presença de obras afonsianas na Espanha. Afirma sobre as obras ascéticas: "Também penetraram na Espanha e foram traduzidas muitas de suas obras. Escrevendo-lhe um religioso desde Valladolid, elogiava suas obras e felicitava pelo grande bem que, traduzidas ao espanhol, estavam fazendo naqueles reinos".[6] A respeito da difusão da TM afonsiana, observa: "Prelados e jesuítas, residentes em Roma, concordam em testemunhar que, na Espanha, essa é a moral por excelência, a que está mais em voga, a que sustentam os autores de maior prestígio (...). A santidade e a doutrina do servo de Deus têm pasmado toda classe de pessoas na Espanha".[7]

O certo é que várias obras afonsianas foram publicadas na Espanha antes do final do século XVIII: *As Glórias de Maria* (1774), A *Missa e o Ofício atropelados* (1788), *Visitas ao Santíssimo Sacramento* (1793).

21.2. PENETRAÇÃO PROGRESSIVA DA ORIENTAÇÃO AFONSIANA NA MORAL CATÓLICA. A "LIGUORIZAÇÃO" DA MORAL CATÓLICA NO SÉC. XIX

Ao longo do séc. XIX, a moral afonsiana penetrou na vida e na consciência da Igreja, de tal forma, que é possível falar de uma *liguorização da* moral católica desse período eclesial, embora também seja necessário reconhecer que não faltaram seus críticos.

No presente capítulo, reunimos os principais dados atestando a penetração da moral afonsiana no mundo das ideias e fatos da Igreja do séc. XIX (e primeira metade do séc. XX). Deixamos para o

[6] Tannoia, IV, 87.

[7] Tannoia, IV, 79.

cap. 4 da presente seção a referência às reações críticas sobre o pensamento afonsiano, especialmente, em ambientes de língua alemã.

21.2.1. Fato singular

Se, como ele mesmo confessava, para o pesar de Afonso e de sua maneira de pensar, a moral católica foi dominada pelo rigorismo durante o séc. XVIII, o séc. XIX passou, da égide rigorista, para a hegemonia afonsiana. Ao longo do séc. XIX, houve um amplo e profundo movimento de conversão eclesial para a moral afonsiana.[8] O séc. XIX nasceu rigorista e terminou impregnado pela moral liguoriana.

> "No final do século XVIII, o rigorismo parecia ganhar a batalha e Liguori permaneceu praticamente sozinho. Mas, no século XIX, com a luz sempre crescente da santidade de Liguori, sua doutrina prudente e não casuística foi abrindo caminho".[9]

Segundo J. Guerber, pode ser considerado um caso único na história da teologia o fato de a doutrina de um autor (nesse caso: sua doutrina moral) ter se tornado, em poucas décadas, a doutrina comum da Igreja.[10]

No período que vai de sua morte (1787) até a canonização (1839), situa-se o início e a orientação decisiva do movimento eclesial em favor de Afonso e sua moral. Como sabemos, esse movimento, e a correspondente leitura da TM afonsiana, se difunde, com normais altos e baixos, durante todo o século XIX e primeira metade do século XX, constituindo, seu último sinal particular, a proclamação de Afonso como padroeiro dos confessores e moralistas (1950).

---

[8] Uma apresentação geral sobre a evolução histórica da interpretação da figura e da obra afonsianas: DE ROSA, G. *La figura e l'opera di Sant'Alfonso nell'evoluzione storica*: SH 5 (1997) 207-224.

[9] CAPONE, D. *Ligorio (Liguori), Alfonso María de*: O'NEILL, C. E.; DOMÍNGUEZ, J. M. (ed.). Diccionario de la Compañía de Jesús. Biográfico-temático (Roma-Madri, 2001) III, 2357.

[10] GUERBER, J. *Le ralliement du clergé français à la morale liguorienne* (Roma, 1977) 3. Assim o autor intitula a penetração da moral afonsiana no mundo eclesiástico francês: "do rigorismo francês ao reinado de Santo Afonso" (*Ibid.*, 1-4).

Tal leitura *entusiasta* e *fervorosa* da moral afonsiana não surgiu diretamente de interesses eclesiais ou congregacionais. Veio unida com tendências e posições antijansenistas, muito conformes aos ideais e objetivos da ação histórica de Afonso.

A respeito da adesão à moral afonsiana, há muitas referências e dados concretos que constituem, ao mesmo tempo, sua causa e sua expressão histórica. Pesquisas posteriores buscaram analisar, sistematizar e interpretar esse material. Tanto os dados históricos, quanto as investigações posteriores, formam parte importante da historiografia da moral afonsiana. Referimo-nos a esse conjunto histórico e interpretativo, destacando aspectos que consideramos principais:

21.2.2 Difusão da *Theologia Moralis* ao longo do séc. XIX.

21.2.3 Fatores comuns que propiciaram a penetração do pensamento afonsiano na vida da Igreja.

21.2.4 Fatores diretamente ligados à Teologia Moral.

Deixamos para o próximo capítulo dois episódios significativos do séc. XIX, diretamente relacionados com a moral afonsiana: a declaração como Doutor da Igreja (1871) e as disputas em torno da posição intelectual adotada pelo moralista jesuíta Antônio Ballerini.

Também lembramos ao leitor que as disputas do séc. XIX sobre o sistema moral de Afonso já foram tratadas no cap. 4 da 20ª seção.

21.2.2. *Difusão da* Theologia Moralis *ao longo do séc. XIX*

– Já durante a vida de Afonso

O editor Remondini, no *Monitum Typographi ad Lectorem* da 6ª edição (1767), referiu-se explicitamente à difusão da *Theologia Moralis* (= TM), inclusive, *extra Europam.*[11] A proibição da obra em

[11] O *Monitum Typographi ad Lectorem* (iniciado na 6ª edição e mantido até a 9ª) faz este elogio à obra: "opus istud quinque vicibus editum benigne lectum, et extra Europam quoque traslatum, communique plausu exceptum ubique fuit" – *esta obra, benignamente acolhida em suas cinco edições, também foi levada para fora da Europa, recebendo aprovação em toda parte.*

Portugal[12] e as dificuldades com a censura na Espanha[13] são testemunhos claros de sua penetração nos países da Europa.

Com relação às dificuldades inquisitoriais na Espanha, deve-se lembrar que a Inquisição espanhola já havia tratado da *Praxis Confessarii* afonsiana em 1762, embora, sem quaisquer consequências condenatórias.[14]

Isso aconteceu quando, em 1793, Afonso foi denunciado à Inquisição espanhola, desde Pamplona, pelo capuchinho José de Maturana, por defender a opinião de que "se, depois da confissão, alguém se lembra de um pecado mortal que foi esquecido sem culpa, não é obrigado a confessá-lo antes de receber a comunhão; bastando declará-lo na próxima confissão".[15] Depois do mencionado processo, a Inquisição ordenou que o texto denunciado fosse retirado da obra afonsiana (1804).[16] Essa mesma opinião tinha sido defendida, de forma mais branda (apenas como "provável"), pelo carmelita Pedro Cornejo de Pedrosa (1566-1618) e mandada tirar pela Inquisição (1747).[17] O denunciante de Afonso sabia, e foi por isso que apresentou a denúncia.

Afonso também conhecia, tanto a opinião de Cornejo, quanto a correspondente condenação da Inquisição, mas não se sentia vinculado por ela, o que também parece ter perturbado o Tribunal do Conselho Supremo.

O que defenderam, tanto Cornejo, quanto Afonso, e o que a Inquisição condenou, logo se tornou doutrina comum nos manuais da Teologia Moral casuísta.[18]

Esse episódio inquisitorial não diminui a importância do dado transmitido por Tannoia: "anche ristampata si vede [la TM]

12 Lettere, III, 363-364.

13 CEPEDAL, T. *La Inquisición española ante la moral de S. Alfonso (1793-1804)*: Pentecostés 15 (1977) 293-334.

14 *Índice último de los libros prohibidos y mandados expurgar* (Madri, 1790) 160.

15 Gaudé, III, 223-225, n. 257.

16 Ver a análise detalhada de CEPEDAL, T. no *a. c.* na nota precedente (n. 6).

17 CEPEDAL, T. *La Inquisición...*, 305-306.

18 REGATILLO, E.; ZALBA, M. *Theologiae Moralis Summa*, III (Madri, 1954) 239, n. 324: "haec sententia tuta est in praxi" – *esta sentença é segura na prática.*

nelle Spagne".[19] De fato, a primeira edição da TM fora da Itália, depois da 9ª edição afonsiana, foi feita na Espanha: é a 1ª edição *matritensis* de 1797 (não de 1796, como escreve De Meulemeester), em 3 volumes, Typis Societatis: *Theologia Moralis Illmi. ac Revmi. D. Alphonsi de Ligorio, ed. 1ª Matritensis.*

São abundantes as referências epistolares de Afonso à difusão europeia de sua TM, não em vão, publicada na cidade de Veneza, aberta ao mercado europeu, e em língua latina. Para o período anterior e posterior à morte de Afonso, são decisivos os testemunhos pormenorizados de Tannoia.[20]

– Edições da *Theologia Moralis* após a morte de Afonso

Um canal importante para a penetração da moral afonsiana na teologia e na vida cristã é representado pelas edições da TM. Até agora, o inventário mais completo foi o realizado por De Meulemeester.[21] Conforme tal inventário, houve 59 edições da TM depois da morte de Afonso até a edição crítica de Gaudé (1905-1912), sem incluir os mais de 100 *Compêndios* ou *Manuais* redigidos com o material afonsiano.

> No início do século XIX, durante um período de dez anos, as prensas de Antuérpia e Malinas lançaram quatro edições da *Theologia Moralis* de Afonso. "Diante destas, a *Teologia* rigorista de Pedro Dens, que estava no poder desde 1777, perdeu gradualmente seu lugar de honra nos seminários. Após a canonização de Santo Afonso, os professores de Malinas, que marcavam a pauta para as outras dioceses, propuseram, em uma assembleia interdiocesana de reitores de seminário, que a *Teologia afonsiana* fosse declarada como base da formação dos ministros do altar".[22]

Embora sejam valiosos os dados sobre as edições da TM imediatamente posteriores à morte de Afonso, é necessário reconhecer a falta de estudos que investiguem e avaliem o grau de amplitude

---

19 Tannoia, III, 77.
20 Tannoia, III, 76-83.
21 De Meulemeester, I, 66-68.
22 Tellería, II, 887.

e profundidade da difusão da TM afonsiana durante o final do séc. XVIII e início do séc. XIX. Essa lacuna deve ser preenchida com pesquisas, inicialmente parciais (rastreamento de coleções de bibliotecas, movimento comercial das aduanas, etc.), para culminar em trabalhos de síntese que, necessariamente, serão de natureza aproximativa.

Depois da edição crítica de Gaudé, houve apenas a edição fotocopiada da mesma (1953). Diante desse dado, D. Capone observa: "Fazendo uma espécie de estatística, poderíamos dizer que, durante o século XIX, a cada dois anos houve uma nova edição da TM e, de 1891 a 1912, apenas uma edição. Uma nova não está prevista, e precisaria ser crítica".[23]

Ao lado da revisão e análise das edições da TM, posteriores à morte de Afonso, também precisamos incluir estudos sobre a introdução do pensamento moral afonsiano nas diversas nações e áreas linguísticas. No capítulo anterior, oferecemos uma bibliografia ampla e diversificada (conforme as áreas linguísticas) sobre esse aspecto.

21.2.3. Fatores comuns que levaram à propagação da moral afonsiana

O processo de liguorização da moral católica durante o séc. XIX é o efeito da confluência de múltiplos fatores que resultaram na presença marcante de Afonso na vida eclesial daquele século. Nesse ponto, referimos os fatores *comuns,* entendendo, como tais, os relacionados à exaltação da pessoa de Afonso e difusão do conjunto de sua obra, especialmente, a de natureza teológica, espiritual e pastoral.[24]

Entre esses fatores comuns ou gerais, além da expansão e força da Congregação do Santíssimo Redentor, destacam-se: o reco-

---

[23] CAPONE, D. *Realismo umano-cristiano nella Teologia Morale di S. Alfonso*: SM 9 (1971) 60.

[24] Ver uma ampla e matizada exposição do tema em: CEPEDAL, T. *Presencia de san Alfonso María de Liguori en la vida religiosa y sacerdotal del s. XIX*: Confer n. 103 (1988) 511-550.

nhecimento oficial da santidade de Afonso e a ação do movimento das *Amicizie Cristiane* e de outros centros de fervor afonsiano.

- O reconhecimento oficial da santidade de Afonso

O movimento de fervor dirigido a Afonso e a penetração do liguorismo na Teologia Moral católica esteve diretamente ligado aos acontecimentos da beatificação (1816), da canonização (1836), do doutorado (1871) e da declaração como padroeiro dos confessores e moralistas (1950). Tudo isso, somado, ainda, às concomitantes declarações oficiais do "nihil censura dignum" (*em nada digno de censura*) e do "tuto sequi potest" (*pode ser seguido com segurança*) sobre a doutrina moral afonsiana.

O reconhecimento oficial da santidade e o prestígio religioso do autor reverteram sobre a obra, acrescentando um suplemento de autoridade extrínseca.

> "O reconhecimento da santidade de Afonso de Liguori, mediante a primeira etapa da beatificação, reconheceu, em certo sentido, a validade, tanto de sua mensagem espiritual moral, quanto da dinâmica apostólica proposta pela mensagem afonsiana e permitiu que os redentoristas se espalhassem pelo mundo".[25]

Depois de sua morte, Afonso triunfou definitivamente sobre seus adversários literários através da força de sua santidade. Esta, juntamente com o fervor filial e o desejo de prestígio dos redentoristas, foi a razão decisiva para que ele não permanecesse no anonimato comum, no qual muitos outros moralistas do séc. XVIII permaneceram, alguns dos quais (como Daniel Concina) de maior valor intelectual que Afonso. O argumento da autoridade extrínseca, baseado, principalmente, na aceitação oficial da santidade de vida de Afonso, desempenhou papel decisivo na propagação e penetração do liguorismo.

Já aludimos a esse fator, do reconhecimento oficial da doutrina moral afonsiana, no capítulo introdutório desta seção, e o

[25] AMARANTE, A. V. *La ricostruzione storica dell'iter canonico della beatificazione di Alfonso M. de Liguori nel secondo centenario (1816-2016)*: SH 65 (2017) 294.

faremos novamente no cap. 5 desta mesma seção. A indicação de tais documentos, até 4 de fevereiro de 1938, pode ser encontrada em De Meulemeester, III, 239-244: "Liste chronologique des documents du St. Siège rendant témoignage au sujet de la doctrine et des oeuvres de S. Alphonse".

– A atuação do movimento das "Amicizie cristiane"

Teve grande mérito no triunfo da orientação afonsiana na vida da Igreja o movimento cultural-eclesial das *Amicizie cristiane*[26], sendo um de seus iniciadores o jesuíta **Nicolás José Albert von Diesbach** (1732-1798). Nascido em Berna, em uma família nobre e calvinista, dedicado à profissão militar, casado com uma filha do cônsul espanhol em Nice, convertido ao catolicismo, viúvo (1758), professou na Companhia de Jesus, depois de cuja supressão (1773), dedicou-se ao apostolado da boa imprensa, fundando uma sociedade chamada *Amicizia cristiana.* Provavelmente, tinha conhecido Afonso em Nápoles e, certamente, manteve boa amizade com Clemente Maria Hofbauer, propagador da Congregação do Santíssimo Redentor nos países transalpinos.[27]

A sociedade *Amicizia cristiana* foi o embrião de uma associação de clérigos, levada a termo pelo discípulo de Diesbach, outro grande propagador da obra afonsiana: **Pio Bruno Lanteri** (1759-1830).[28] Esse "sacerdote modelo, zeloso e incansável, herdeiro espiritual do Padre Diesbach",[29] nascido em Cuneo (Piemonte), foi o fundador da Congregação dos Oblatos da Virgem Maria (1815) (agregados como oblatos à Congregação do Santíssimo Redentor em 1857, pelo Geral redentorista, Nicolau Mauron; ainda existen-

---

[26] DE ROSA, G. *Saint Alphonse et le siècle des Lumières*: VÁRIOS. Alphonse de Liguori, Pasteur et Docteur (Paris, 1987) 40-41.

[27] Tellería, II, 834.

[28] GRISERI, G. *Lanteri, Pio Bruno (Brunone)*: Dizionario Biografico degli Italiani 63 (2004) s. v. Sobre P. B. Lanteri, ver: GASTALDI, P. P. *Della vita del servo di Dio Pio Brunone Lanteri fondatore della Congregazione degli Oblati di Maria Vergine* (Turim, 1870); PIATTI, T. *Un precursore dell'Azione Cattolica. Il servo di Dio Pio Brunone Lanteri*, con una *Introduzione* de E. Rosa (Turim, 1926).

[29] Tellería, II, 878.

tes, em número de cerca de 200, em 1986). O Pe. B. Lanteri foi declarado venerável por Paulo VI (1965).

De particular importância para a difusão do pensamento moral de Afonso foi o escrito de P. B. Lanteri, publicado em francês, sob o título *Réflexions sur la sainteté et la doctrine du Bienhereux Liguori* (Lyon, 1832), logo traduzido ao italiano e espanhol (Madri, 1833) e amplamente distribuído na Itália, França, Bélgica e Espanha. Esse escrito "constitui, segundo nossos conhecimentos, a primeira apologia editada na França em defesa da moral de Santo Afonso".[30]

> Lanteri também foi benemérito divulgador dos escritos de Afonso, incentivando e financiando a edição das *Obras* de Afonso feita por Marietti (1825-1827). Teve interesse especial em divulgar o *Homo Apostolicus* afonsiano.

N. J. A. von Diesbach e P. B. Lanteri foram pioneiros na divulgação das obras de Afonso em toda a Europa e, especialmente, no Piemonte. De fato, depois da Campanha, o Piemonte se tornou a região mais afonsiana da Itália.

Em Turim, surgiu um cenáculo liguoriano.[31] A esse cenáculo deve ser adscrito o *Convictorio Eclesiástico de Turim,* criado em 1817 por **Luís Maria Fortunato Guala** (Turim, 1775), teólogo e amigo de Lanteri,[32] em cuja frente estava **José Cafasso** (1811-1860) e onde **João Bosco** (1815-1888) temperou seu espírito e adquiriu seu fervor afonsiano.[33]

---

30 GUERBER, J. *Le rôle de Pio Brunone Lanteri dans l'introduction de la morale liguoriene en France*: SH 4 (1956) 343-373, hic: 346. Ver também: SAMPERS, A. *Venerabilis fundatoris Oblatorum Mariae Virginis in Sanctum Fundatorem nostrum devotio*: Analecta CSSR 13 (1934) 67-69; Id., *Institutum Oblatorum*: SH 26 (1978) 91.

31 GREGORIO, O. *Maria Cristina di Sardegna*: SH 12 (1964) 389-390.

32 L. Mª. F. Guala solicitou (1828) à Cúria romana uma resposta sobre a licitude de seguir a doutrina moral afonsiana. Foi T. Gousset quem, fazendo pergunta semelhante, obteve resposta positiva em 1831: "tuto sequi potest" – *pode ser seguida com segurança.*

33 VALENTINI, E. *Don Bosco e Sant'Alfonso* (Pagani, 1972).

- Outros focos de fervor afonsiano

Além de Campanha e do Piemonte, a região da Ligúria é mencionada como área geográfica onde a admiração fervorosa por Afonso de Liguori cresceu e se espalhou. São dignos de nota: o bispo e fundador **Antônio Maria Gianelli** (1789-1846)[34] e o sacerdote **José Frassinetti** (1804-1868),[35] do qual voltaremos a falar neste mesmo capítulo.

Seria longa a lista com todas as pessoas e instituições que demonstraram admiração pela pessoa e pela obra religiosa de Afonso e trabalharam para a difusão do pensamento afonsiano ao longo do séc. XIX. Basta nomear: **Vicente Pallotti** (1797-1855) e sua Sociedade do Apostolado Católico; **Antonio Maria Claret** (1807-1870) e os Filhos do Imaculado Coração de Maria; **Miguel Sureda** (1827-1896) e os Liguorinos de Maiorca; **Madre Antonia Maria de Oviedo e Schönthal** (1822-1898) e as Oblatas do Santíssimo Redentor; **Eugene Mazenod** (1782-1861) e os Oblatos de Maria Imaculada; **João Maria de La Mennais** (1780-1860) e os Menesianos.[36]

- Outros fatores de caráter geral

Ainda devem ser acrescentados outros fatores, de natureza geral, que levaram à exaltação da pessoa de Afonso e difusão de suas obras na cultura religiosa do séc. XIX:

- A promoção popular de Afonso através de panegíricos e elogios.[37]
- A publicação de suas obras, especialmente a edição das *Obras Completas,* entre as quais, a de Lucas Corbeta (Monza, 1822-1833) em 68 volumes e as duas de Jacinto Marietti: a de 1825-1827 em 70 volumes in-12° e a de 1826-1833 em 101 pequenos volumes.[38]

---

34 CEPEDAL, T. *Presencia...*, 523-526.

35 *Ibid.*, 526-527.

36 Sobre a relação de cada uma das pessoas nomeadas no texto (e de suas respectivas obras) com a figura e a obra de Afonso, ver os dados precisos em: CEPEDAL, T. *Presencia...*, 531-550.

37 Antologia de elogios: JANSEN, J. L. *Testimonia de Sancti Alfonsi Mariae de Ligorio in Ecclesiae Catholicae doctrinam atque vitam influxu* (Galopiae, 1928).

38 Sobre as edições de Marietti e sobre a publicada em Monza, ver: Tellería, II, 879.

Junto com a edição das obras afonsianas, há as traduções para os diversos idiomas europeus: francês, alemão, espanhol, português, etc.[39]

21.2.4. *Fatores diretamente ligados à Teologia Moral*

– A obra moral de Tomás Gousset (1792-1866)

Tomás Maria José Gousset (1792-1866), sacerdote e professor no seminário de Besançon e, mais tarde, bispo de Perigeux (1836), Reims (1840) e cardeal da Igreja (1750), bebeu a admiração por Afonso nos círculos dos irmãos La Mennais,[40] admiração que se enraizou ainda mais com sua peregrinação a Roma e, possivelmente, aos lugares afonsianos.[41]

A atuação de Gousset foi importante para a penetração da moral liguoriana no catolicismo francês e fora da França.[42] Deve-se à iniciativa desse abade francês, redigida pelo Arcebispo de Besançon, duas respostas da Sagrada Penitenciaria (3 de julho de 1831), em uma das quais aceita-se que "o professor de Teologia Sagrada pode abraçar e ensinar com segurança as opiniões defendidas em sua *Teologia Moral* pelo Beato Afonso de Liguori" e, na outra, é vetado molestar "o confessor que, na prática do tribunal sagrado da penitência, segue as opiniões do Beato Afonso de Liguori".[43]

T. Gousset escreveu uma apologia da moral afonsiana antes de ser elevado às dignidades eclesiásticas: *Justification de la théologie morale du bienheureux Alphonse de Liguori* (Besançon, 1832). Também compôs um manual de Teologia Moral inspirado na obra de Afonso: *Théologie Morale à l'usage de curés et de confesseurs,* 2 vols. (Paris, 1844); *Manuale compendium Moralis Theologiae, juxta principia S. Alphonsi Ligori,* 2 vols. (Besançon, 1844; Milão, 1850, 1859).

---

39 Tellería, II, 926.

40 Sobre a "rede menesiana" a favor de Afonso de Liguori: LECRIVAIN, P. *Saint Alphonse aux risques du rigorisme et du liguorisme*: VÁRIOS. Alphonse de Liguori, Pasteur et Docteur..., 247-250.

41 Ver a apresentação sobre T. Gousset em: Tellería, II, 885-887.

42 DE ROSA, G. *Saint Alphonse et le siècle des Lumières*: VÁRIOS. Alphonse de Liguori, Pasteur et Docteur..., 38-40.

43 Texto em: *Acta Doctoratus,* 91. Ver: Tellería, II, 885-886.

A *Teologia Moral* de T. Gouset "foi conquistando seguidores e se impondo às novas gerações de sacerdotes, não sem enfrentar duras refregas com a retaguarda galicano-jansenista".[44]

Ao apreço de Gousset pela orientação moral afonsiana, logo se somou o santo **Cura d'Ars,** João Maria Vianney, que, formado dentro da mentalidade moral rigorista no seminário, tendeu a suavizar esse rigorismo aderindo às orientações morais afonsianas, como observamos no cap. 3 da 19ª seção.

- Compêndios da Moral Afonsiana

Compêndios de autoria redentorista.

Foi rápida a publicação de uma síntese-adaptação da *Theologia Moralis* afonsiana pelo redentorista napolitano **Blas Panzuti** (1773-1846), que ocupou posições importantes no governo geral: consultor, vigário, procurador.[45] A obra foi intitulada: *Theologia Moralis Beati Alphonsi M. de Ligorio, redacta ad usum studiosae juventutis ipsius praesertim Congregationis, 4 vols.* (Nápoles, 1824, 1833², 1840³).[46]

O compêndio mais influente da moral afonsiana nos círculos europeus, entre os compostos por redentoristas, foi o escrito pelo redentorista alsaciano **Martin Schmitt** (1804-1851): *Epitome Theologiae Moralis S. Alphonsi Mariae de Liguorio* (Lyon, 1848).[47] O padre Schmitt foi um brilhante professor em Friburgo, Suíça. A guerra de Sonderburg obrigou-o, e a seus alunos, a partirem para a cidade francesa de Contamine-sur-Arve, onde morreu prematuramente (quinta-feira santa, 1851).

> "Ao escrever sua obra [o *Epítome*] tinha em mente - como refere no prólogo - obras semelhantes de Galán, Panzuti, Neiraguet e, sobretudo, Moullet, mais difundido na Suíça e nem sempre fiel às opiniões de Santo Afonso. Por essa razão, Pe. Schmitt sentiu o dever

---

44 Tellería, II, 887.

45 Dados biográficos: Boland, 275. Escritos: De Meulemeester, II, 302.

46 Ver o detalhado estudo de: ORLANDI, G. *Il "Caso Panzuti"*: SH 45 (1997) 453-513.

47 De Meulemeester, II, 385-386; III, 201.

de se mostrar um discípulo fiel do santo e aconselhava seus leitores a irem às fontes: *Theologia Moralis* e *Homo Apostolicus*, que, naquela época, era amorosamente reeditada pelo Pe. Haringer".[48]

Outro compêndio de moral afonsiana, devido a um redentorista, foi o publicado pelo holandês **Antônio Konings** (1821-1884), professor de moral no teologado redentorista (estudantado) de Wittem (Holanda) e provincial na província holandesa, transferido para a província norte-americana de Baltimore, em cujo estudantado (em llchester, Maryland) atuou como professor de moral.[49] Na América do Norte, publicou um compêndio da teologia afonsiana, considerado um dos três primeiros manuais de moral na América do Norte, juntamente com os de Kenrick e Sabetti[50]: *Theologia Moralis S. Alphonsi in Compendium redacta et usui ven. cleri americani accommodata (Boston, 1874, com seis edições posteriores, sendo a última: Cincinati, Ohio, 1888[7])*. Especialista em moral e direito canônico, A. Konings publicou um tratado sobre os atos humanos: *Theologia Moralis Fundamentalis seu Tractatus de Actibus Humanis* (Nova Iorque, 1882).

Compêndios de autoria não redentorista.

Ao longo do século XIX, surgiram outros *compêndios* da TM afonsiana, devidos a autores não redentoristas. Os seguintes são dignos de nota:

- *Alphonsi Ligorii olim Episcopi S. Agathae Gothorum, et Rectoris majoris Congregationis SS. Redemptoris Theologia Moralis in compendium redacta, 2 vols.* (Ferrara, 1789; com reedições em: Bassano, 1791, 1821, 1839; Nápoles, 1804; Módena, 1823; Madri, 1832: prima editio hispanica), cujo autor é **Andrés Galán** (1735-1825), jesuíta espanhol, nascido em Tarazona, residente na Itália (como teólogo e cônego do bispo de Anagni) após a expulsão dos jesuítas

48 Tellería, II, 929.

49 Dados biográficos: Boland, 187. Escritos: De Meulemeester, II, 227-228; III, 333.

50 MCKEEVER, P. E. *Seventy-Five Years of Moral Theology in America*: CURRAN, C. E.; R. A. McCormick (ed.). The Historical Development of Fundamental Moral Theology in the United States (Readings, n. 11) (Nova Iorque, 1999) 6-7.

dos territórios do império espanhol, decretada por Carlos III, em 1767, e falecido em Roma, em 5 de agosto de 1825, depois de ter reingressado na Companhia de Jesus, restabelecida pelo Papa Pio VII em 1814.[51]

- O suíço **J. P. Moullet**, professor de Teologia Moral em Friburgo (Suíça) e, posteriormente, vigário geral da diocese de Lausanne,[52] publicou um *Compendium Theologiae Moralis, quod ad usum theologiae candidatorum, ex variis auctoribus praesertim ex B. Liguorio excerpsit, 2 vols.* (Friburgo, Suíça, 1834; há outras edições posteriores: Prato, 1845). Morreu em Friburgo, em 1858.
- Outro compêndio da moral afonsiana de sucesso foi o de **Deodato Neyraguet** (1790-1858), sacerdote da diocese de Rodez e membro da Congregação dos Sagrados Corações: *Compendium Theologiae Moralis S. Alfonsi Maria de Ligorio* (publicado em Toulouse, 1839, e muitas vezes reeditado: em Paris, Lião, Tournai, Pavia, Pádua, Nápoles, Rhodes, Roma, Regensburgo, Benevento, etc.).[53] A obra teve 23 edições entre 1839 e 1863. Na Espanha, foi publicado no latim original (Barcelona, 1847, 1852, 1858, 1859, etc.) e na tradução espanhola (Madri, 1852, 1856, 1859, etc.). Foi traduzido para o árabe e publicado pelos franciscanos da Terra Santa (Jerusalém, 1858).
- **José Frassinetti** (1804-1868), sacerdote da Ligúria, na diocese de Gênova, "tornou-se, em Gênova, a alma e o apoio de um grupo de jovens sacerdotes que se tornariam os membros mais significativos do clero genovês na segunda metade do século XIX".[54] Fundou a *Pia União dos Filhos de Santa Maria Imaculada.* Além de desenvolver uma intensa atividade pastoral, encontrou tempo para escrever muitas obras - quase uma centena - sobre ascética, pastoral e teologia. Entre esses escritos, publicou o *Compendio della teologia morale di S. Alfonso M. de Liguori, varios vols.* (Gênova, 1866, com outras edições posteriores no mesmo local: 1905[10]; Roma 1905: volume 13 das *Opere complete).* A obra, "fruto de mui-

51 De Meulemeester, III, 209; Tellería, I, 832.
52 De Meulemeester, III, 209.
53 De Meulemeester, I, 247; III, 210.
54 CEPEDAL, T. *Presencia...*, 526.

tos anos de trabalho e ministério"[55] foi repetidamente editada e publicada na tradução francesa.[56] O grupo de sacerdotes genoveses influenciado por J. Frassinetti teve Afonso de Liguori como seu guia moral.[57] [FRASSINETTI, Giuseppe. *Compêndio de Theologia Moral segundo Santo Afonso Maria de Ligório*. Rio de Janeiro: Garnier, 1872. Trad. da 5a. ed. italiana de 1865 por ordem de D. Antônio Ferreira Viçoso, bispo de Mariana. 420p].

M. De Meulemeester menciona outros *Compêndios* da moral afonsiana, dos quais registramos apenas a ficha bibliográfica:[58]

- *Excerpta ex libro cui titulus Homo Apostolicus instructus in sua vocatione ad audiendas confessiones, auctore S. Alphonso M. De Ligorio seu sensus ejusdem* (Avinhão, 1824).
- BELLACOSA, L. [sacerdote napolitano], *Manuale di Teologia Morale ovvero estratto dell'opera di Beato Alfonso Maria dei Liguori chi ha per titolo "Istruzione e pratica"* (Nápoles, 1837).
- ANÔNIMO [Paul Beorchia, S. J. + 1859], *Compendium theologiae moralis Sancti Alphonsi Mariae de Ligorio sive medulla theologiae moralis Hermanni Busenbaum, Societatis Jesu ab ipso Ligorio, adjectis nonnullis animadversionibus probata,* 2 vols. (Voghera, Piemonte, 1840).
- R. S. O., *Lexicon Theologiae Moralis ex operibus S. Alphonsi Mariae de Ligorio depromptum et secundum codicis Albertini constitutiones moderatum* (Vercelli, 1846; Roma, 1848, 1851, 1858; Barcelona, 1862: R. S. O. e Salvador Mestres, *Hispano juri accomodatum).*
- ANÔNIMO. *Compendium ex genuina doctrina S. Alphonsi M. de Liguorio,* 2 vols. (Verona, 1851; Milão, 1859).
- GRASSI, J. *Universa theologia moralis juxta doctrinam S. Alphonsi M. de Liguori,* 3 vols. (Ancona, 1852-1854).
- BERMAN, J. P. *Theologia moralis ex S. Ligorio et aliis probatissimis antiquis auctoribus methodice digesta et seminariorum cursui accommodata,* 7 vols. (Paris, 1854-1855).

---

55 *Ibid.*, 527.

56 De Meulemeester, III, 218.

57 MALASCA, M. *Rapporti di Francesco Cabrera con G. Frassinetti*: Regnum Dei 40 (1984) 434.

58 De Meulemeester, III, 209-213.

- PORPORA, A. *Theologia Moralis,* 4 vols. (Nápoles, 1855).
- COLAUZZI, D. *Compendium theologiae moralis B. Alphonsi M. de Ligorio ad usum scholarum concinnatum,* 2 vols. (Pádua, 1860-1862).
- NINZATTI, J. *Theologia Moralis Episcopi et Ecclesiae Doctoris S. Alphonsi Mariae de Ligorio, logico ordine digesta,* 2 vols. (Pádua, 1879; Veneza, 1882, 1885; Turim, 1887, 1891, 1896[6]).
- MORINO, J. [vicentino], *Theologia Moralis ad mentem S. Alphonsi M. de Ligorio Epis. et Doct. et ex ejus operibus potissimum deprompta,* 2 vols. (Turim, 1893, 1899[5]).
- MORINO, J. *Enchiridion theologiae moralis ad mentem S. Alphonsi M. de Ligorio* (Turim, 1897, 1898, 1904).
- MORINO, J. *Manuale theologiae moralis* (Turim, 1887[2]).
- COZZI, A. *Disputationes Theologiae Moralis methodo positiva-casuistica confectae ex fontibus S. Thomae Aquinatis et S. Alphonsi M. de Ligorio,* 4 vols. (Turim, 1911-1913).

- Manuais de Teologia Moral com inspiração afonsiana

Além dos *Compêndios,* também procedem da TM de Afonso *os Manuais de* Teologia Moral inspirados na obra afonsiana. É fácil perceber a influência afonsiana nos manuais de Teologia Moral produzidos na segunda metade do séc. XIX. Apresentamos, agora, as obras mais significativas.

Durante o séc. XVIII, Paulo Rulfi tinha sido professor de Teologia Moral em Novara, de tendência rigorista, cujo pensamento foi exposto em volume anterior (V/2, 915-919). A orientação benigna de Afonso foi assumida, no século XIX, por **Pedro Scavini** (1790-1869), professor de Moral no seminário de Novara, cônego e vigário geral da diocese, que participou da reviravolta liguoriana no Piemonte e publicou, trinta anos após a morte do Pe. Rulfi, uma *Theologia moralis universa ad mentem S. Alphonsi M. de Liguorio* (Novara, 1841; com muitas edições posteriores em: Novara, 1844, 1847, etc.; Bruxelas, 1847; Paris, 1854, 1859, 1863; Milão, 1862, 1874, 1880, 1884, 1890[14]), "ortodoxamente afonsiana, reimpressa pela quarta vez em meio aos debates, logo dedicada ao Papa Pio IX e elogiada por ele em carta de 7 de abril de 1847".[59] [= SCAVINI, P. *Theologia Moral Universal, segundo o pensamento de S. Affonso M. de Liguorio, bispo e doutor*, dedicada ao Sancto Padre Pio Nono. Vertida para o português da duodécima edição. Versão de Padre José D'Almeida e Silva. Vizeu: Editores Proprietários Almeida e Salvador, 1879. 5 vol.].

Do manual do Pe. Scavini, foi feito um *Compêndio* (Milão, 1880) pelo cônego de Novara, **J. A. del Vecchio.**

Depois da restauração da Companhia de Jesus pelo Papa Pio VII, em 1814, o ensino de teologia foi retomado no Colégio Romano. **João Pedro Gury** foi nomeado para ensinar Teologia Moral. Compôs um *Compendium Theologiae Moralis* (1850) e publicou um livro de *Casus* (1862). Tanto a docência, quanto os escritos desse jesuíta, "foram claramente inspirados pela doutrina de Liguori".[60]

> Por suas qualidades metodológicas, sem esquecer as de conteúdo, o *Compendium de* J. P. Gury foi comentado por Ballerini, Palmieri, Dumas, Ferrares, Tummulo, Bulot, Jorio e outros. Nas edições comentadas por A. Ballerini, é negada a Afonso a paternidade de um novo sistema moral *(equiprobabilismo)*, fazendo-o seguidor do probabilismo normal.[61]

Sobre o pano de fundo da relação de afeto e apreço dos Filhos do Imaculado Coração de Maria (Claretianos), e de seu fundador, para com Afonso de Liguori,[62] cabe destacar aqui a recepção e impulso que **Antônio Maria Claret** (1817-1870) deu à orientação mo-

---

59 Tellería, II, 925.

60 *Ibidem.*

61 GURY, J. P. *Compendium Theologiae Moralis ab auctore recognitum et Antonii Ballerini adnotationibus locupletatum.* Editio decima, editio quinta hispana (Barcelona, 1892) I, 54, nota c): "Auctorem huius systematis [aequiprobabilismi] quidam dixerunt S. Alphonsum de Ligorio. At non ita intelligi id debet nec potest, quasi a communi systemate probabilismi, quod et ipse acerrime defendit, aliquanto vir sanctus recesserit" – *Alguns afirmaram que o autor desse sistema [equiprobabilismo] é Santo Afonso de Ligório. No entanto, isso não deve, nem pode, ser entendido como se o santo alguma vez tivesse se afastado do sistema do probabilismo comum, que ele mesmo defendeu acerrimamente.*

62 CEPEDAL, T. *Presencia...*, 533-536. Também: SANTIDRIÁN, P. *San Alfonso en la vida de San Antonio María Claret*: El Perpetuo Socorro 51 (1950) 205-209.

ral afonsiana. Além de promover a inclusão das obras espirituais afonsianas entre as publicadas pela *Biblioteca Religiosa* de Barcelona,[63] A. M. Claret incluiu vários elementos da moral afonsiana nas notas introduzidas na edição do *Prontuário de* Lárraga, como relatamos em volume anterior da presente História da Teologia Moral (V/2, 806-807). É necessário enfatizar a importância que A. M. Claret deu à *Prática do Confessor* afonsiana, que queria ver incluída no manual moral: "Também se há de incluir, no referido *Lárraga*, a *Praxis* de São Ligório, em espanhol".[64]

> "Provavelmente, tampouco foi estranha ao Pe. Claret, de uma forma ou de outra, a reedição do texto da *Theologia Moralis*, publicada em Barcelona (1858) e enriquecida com apêndice sobre a Bula da Cruzada. Completava-se, assim, a divulgação dos originais afonsianos, promovida desde Burgos, alguns anos antes, por D. Raimundo Miguel, quando passou para o castelhano o *Homo Apostolicus* e publicou-o, primeiro em Paris, e logo depois, em Barcelona (1846)".[65]

O *Prontuário* de Lárraga teve outros editores e refundidores: E. Sacrest (1906), M. Saralegui (1907), P. Lumbreras (1950). Todos eles, "sem diminuir sua devoção ao anjo das escolas, Santo Tomás de Aquino", confirmaram a marca afonsiana na exposição de Teologia Moral.[66]

Além dos mencionados, na segunda metade do século XIX houve outros manuais de Teologia Moral influenciados pela orientação geral e afirmações concretas da *Theologia Moralis* de Afonso de Liguori. Indicamos seis autores, três dos quais ensinaram Teologia Moral na América do Norte, e anexamos uma nota sobre a penetração do espírito liguoriano no Brasil.

---

63 Tellería, II, 930: "Nem todas essas versões [das obras de Afonso publicadas pela *Biblioteca Religiosa*], nem, tampouco, as de Dom Joaquín Roca y Cornet [Tellería, II, 929] podem ser consideradas castiças e elegantes; mas, mesmo com seus problemas de estilo, colocaram em circulação não poucas joias da ascética afonsiana e substituíram, com relativo decoro, a falta de uma edição completa, até hoje não realizada [anos 1950]".

64 CLARET, A. M. *Epistolario*, I, 312.

65 Tellería, II, 930.

66 Tellería, II, 983.

Francis Patrick Kenrich (1797-1863), sacerdote nascido na Irlanda, preparado, teologicamente, no Colégio da Propaganda, em Roma, chegou à América do Norte em 1821. Foi bispo da Filadélfia (coadjutor: 1830-1842; titular: 1842-1850) e Arcebispo de Baltimore (1851-1863). Além de outros trabalhos, de caráter preferentemente controverso, escreveu uma *Theologia Dogmatica,* 4 vols., (1839-1840) e uma *Theologia Moralis,* 3 vols. (Filadélfia, 1841-1843). As duas obras tornaram-se manuais clássicos para o ensino eclesiástico nos seminários da América do Norte.

Luis Sabetti (1839-1897), jesuíta italiano que havia estudado moral com Gury e Ballerini, foi professor de Teologia Moral no teologado jesuíta em Woodstock, Maryland. Sintetizou, em um volume, os dois volumes do manual de Gury-Ballerini: *Compendium Theologiae Moralis* (1882, 1889^{5}). As edições posteriores foram cuidadas por seu sucessor, T. Barret. Em 1931, apareceu a 33ª edição. No *Prefácio,* Sabetti nomeia expressamente Afonso de Liguori como fonte primária de sua obra.

Tomás Bouquillon (1840-1902), sacerdote belga, doutor em teologia pela Universidade Gregoriana (Roma), professor de Teologia Moral em Bruges (1867-1877) e em Lille (1877-1885), transferiu-se para os Estados Unidos da América, onde também lecionou moral. Foi professor de Teologia Moral na Universidade Católica Americana (Washington), de 1889 a 1902. Publicou uma *Theologia Moralis Fundamentalis* (Bruges, 1873, 1890^{2}). Como observamos no capítulo 4 da seção anterior, T. Bouquillon reconheceu que Afonso tinha sustentado o *sistema do equiprovável,* embora identificado, *quoad substantiam,* com o probabilismo comum.

José Maria Morán (1804-1884), dominicano asturiano de prestígio e ampla atividade, professor de Teologia Moral no Centro Teológico Dominicano em Ocaña (Toledo), escreveu uma *Teología Moral según la doctrina y los doctores de la Iglesia Santo Tomás de Aquino y San Alfonso María de Ligorio, 3 vols.* (Madri, 1883-1884, com edições posteriores: 1899, em 4 vols.; anotada por Miguel Saralegui, Madri, 1904, em 4 vols.). Escreve no prólogo da obra: "Não há dúvida de que, de cinco partes das aulas católicas (que são, principalmente, os seminários conciliares), pelo menos quatro e meia seguem hoje a doutrina do doutor Santo Afonso Maria de Liguori".

Januário Bucceroni (1841-1918), *Institutiones Theologiae Moralis secundum doctrinam S. Thomae et S. Alphonsi, 2 vols.* (Roma, 1891-1892; sexta edição em 1915, em 4 vols.). Esse jesuíta, nascido em Nápoles, fez seus estudos eclesiásticos na Bélgica, onde lecionou matérias eclesiásticas durante vários anos. Foi chamado a Roma para ser professor de Teologia Moral na Universidade Gregoriana, onde lecionou de 1885 a 1918. Na introdução de suas *Institutiones,* declara que uma de suas principais fontes é a TM de Afonso.

José D'Annibale (1815-1892). Foi professor de Teologia Moral no seminário de Rieti (a partir de 1851), serviço que prestou durante 30 anos e, mais tarde, tornou-se cardeal. Após vinte anos de ensino, publicou um manual de Teologia Moral, em três volumes, com o título *Summula Theologiae Moralis* (1874-1876; segunda edição em 1881, e terceira, em 1892). Serviu como Vigário Geral e foi nomeado Bispo Titular em 1881. No ano seguinte, foi chamado à Cúria Romana e criado cardeal em 1889. Tellería afirma que "nos três volumes de sua *Summula* (1881), base do posterior renome do autor, era latente um tão profundo sentimento de veneração pelo fundador dos redentoristas que só seus próprios filhos conseguiam igualá-lo".[67]

Em 1865, foi publicado no Rio de Janeiro, em tradução portuguesa, o *Compêndio* da Teologia Moral de Afonso de Liguori, redigido em italiano por José Frassinetti.[68] Essa decisão do Bispo de Mariana, A. Ferreira Viçoso, é outro sinal que indica a mudança de direção em moral: do rigorismo jansenista, há uma tendência a passar para uma moral de benignidade pastoral.[69]

---

[67] Tellería, II, 981.

[68] *Compêndio de Theologia Moral de Santo Affonso Maria de Ligori.* Redigido pelo padre José Frassinetti, traduzido do italiano, da 5ª edição de Gênova, 1865, por ordem de Exmo. e Revmo. Sr. Dom Antônio Ferreira Viçoso -Conde da Conceição -bispo de Mariana (Rio de Janeiro: Garnier, 1872).

[69] MELO, A. J. de. *Jansenismo no Brasil. Traços históricos de uma Moral rigorista.* Aparecida: Santuário, 2014. 149.

"O objetivo dessa tradução foi, com certeza, dar aos sacerdotes, especialmente aos confessores, um instrumento de orientação segura, fiel ao Concílio de Trento para a resolução dos sérios problemas morais dos próprios sacerdotes e do povo, bem como substituir outros compêndios de teologia moral, que circulavam no Brasil e na Província de Minas Gerais, repletos de doutrinas condenadas pela Igreja. Vemos que Dom Viçoso foi um bispo de transição, pois, ao mesmo tempo em que escreveu textos e usou argumentos de profundo teor rigorista, visando à conversão dos padres e do povo, introduziu essa obra que marca a passagem do rigor jansenista para uma teologia de tom profundamente evangélico, que tanto marcou a pregação e as obras desse grande reformador do clero italiano e da teologia moral, que é Santo Afonso Maria de Liguori".[70]

Dentro do mesmo objetivo, entra a tradução, que o citado bispo Ferreira Viçoso, mandou fazer da pequena obra de Afonso de Liguori: O *Guia dos Confessores da Gente do Campo*: "Com o mesmo objetivo de apoiar a seus sacerdotes espalhados nos muitos e pequenos vilarejos de sua extensa diocese. Se a pregação rigorista separava esses dois grandes reformadores da Igreja [o bispo Liguori e o bispo Viçoso], o caráter prático de seus escritos e iniciativas pastorais os uniam profundamente".[71]

No seminário da diocese do bispo Ferreira Viçoso, tenderam a perder importância os autores galicano-jansenistas que, tradicionalmente, haviam ocupado a orientação teológico-pastoral dos seminários do Brasil: Natal Alexandre, Fleury, Antoine, Collet, etc.[72]

– A influência afonsiana nas obras dedicadas ao clero

Orientações gerais e elementos concretos da moral afonsiana são encontrados em muitos trabalhos dedicados a ilustrar a pastoral sacerdotal. Cabe nomear:

- O *Manual de Confessores* (1837), muitas vezes editado em francês e em versões (entre elas, espanhola), por João José Gaume (1802-

[70] *Ibid.*, 150.
[71] *Ibidem.*
[72] *Ibid.*, 207.

1879).[73] A influência afonsiana é proclamada no título de outro livro desse mesmo autor a respeito dos escrúpulos.[74]

- A, também frequentemente editada, *Clave de Teología Moral,* pelo padre Domingo Diez, na qual é ponderada a autoridade de Afonso de Liguori.[75]
- O *Tesoro del sacerdote* (1861, com muitas edições posteriores), de José Mach.[76]
- A *Teología Moral en noventa conferencias,* pelo sacerdote e, mais tarde, monge beneditino, Bernardo Sala, discípulo do padre Claret.[77]

- A escola afonsiano-redentorista entra no circuito dos grandes manuais de Teologia Moral

A penetração da orientação afonsiana na corrente de Teologia Moral Católica atingiu sua máxima expressão na configuração de uma tradição manualística própria da Congregação do Santíssimo Redentor. Os iniciadores dessa tradição são os seguintes:

- C. Marc, *Institutiones morales Alphonsianae,* 2 vols. (Roma, 1885).

Clement Marc (1831-1887) nasceu em um vilarejo da diocese de Verdun (França), professou como Redentorista em 1853. Foi professor de Teologia Moral em Téterchen (Lorraine, departamento de Moselle). Faleceu em Roma em 13 de dezembro de 1887, um ano e meio após sua obra ter sido publicada.[78] Teve tempo de preparar a segunda edição e deixar material para a terceira edição.

Esse manual, "espelho fidedigno do pensamento afonsiano e, por isso, obra muito estimada nas aulas",[79] foi projetado e conside-

---

73 Sobre a viagem de J. J. Gaume à Italia e sobre sua visita aos redentoristas: Tellería, II, 931-932.

74 GAUME, J. J. *El escrúpulo. Pequeño manual para uso de almas timoratas y de sus confesores según la doctrina de san Francisco de Sales y Alfonso María de Ligorio* (México, 1895).

75 DÍEZ, D. *Clave de la Teología Moral* (Madri, 1884^{4}) 84.

76 MACH, J. *Tesoro del sacerdote* (Barcelona, 1861) 55: "Teología de san Alfonso de Ligorio".

77 SALA, S. *Teología Moral en noventa conferencias* (Vic, 1868): dedica a primeira conferência à autoridade de Santo Afonso (p. 9-11).

78 Boland, 224.

79 Tellería, II, 982.

rado como a expressão oficial do pensamento moral da Congregação do Santíssimo Redentor.

> Os redentoristas espanhóis, através da revista *El Perpetuo Socorro,* não economizaram elogios ao trabalho de C. Marc: "Aqui está uma obra moral que reúne, entre mil, três qualidades invejáveis:
>
> É a moral que melhor expressa a *mente* de Santo Afonso.
>
> O *método* que ele segue é o melhor; todas as matérias são encontradas pelo leitor em seus próprios lugares, seguindo uma lógica inflexível.
>
> Outra excelente qualidade é a *clareza.* O Pe. Marc não precisa de intérprete; é transparente, claro e sem ambiguidades.
>
> Não duvidamos afirmar que o Pe. Marc escreveu uma obra clássica que pode ser colocada ao lado dos melhores mestres".[80]

Três padres redentoristas estiveram envolvidos nas reedições do manual, que chegou a sua 21ª edição em 1946: o francês **Francisco Xavier Gestermann** (1869-1922), professor de Teologia Moral no Estudantado de Echternach (Luxemburgo);[81] o, também francês, **João Kannengiesser** (1844-1907);[82] e o luxemburguês **João Batista Raus** (1881-1943).[83]

- J. Aertnys, *Theologia Moralis juxta doctrinam S. Alphonsi Mariae de Ligorio, Doctoris Ecclesiae,* 2 vols. (Tournai, 1886-1887).

José Aertnijs (ou: **Aertnys)** (1828-1915) nasceu em Eindhoven (Holanda), professou como redentorista em 1846 e foi ordenado sacerdote em 1854. Durante quarenta anos foi professor de Teologia Moral no teologado redentorista em Wittem (Holanda), onde faleceu.[84]

Seu manual de Teologia Moral, adotado como texto em muitos seminários, foi editado oito vezes durante a vida do autor

[80] El Perpetuo Socorro 13 (1911) 46.
[81] De Meulemeester, II, 159.
[82] Boland, 181.
[83] Dados biográficos: Boland, 308-309. Escritos: De Meulemeester, 343-344.
[84] Dados biográficos: Boland, 3-4. Escritos: De Meulemeester, II, 223.

(1913[8]); essas oito primeiras edições lançaram no mercado 16.000 exemplares.

> "De corte e inspiração análoga às *Institutiones* do padre Marc, a obra do redentorista holandês foi classificada entre as mais ponderadas de seu gênero, sobretudo, desde a morte de seu autor (1915), foi publicada sob a responsabilidade do padre Cornélio Damen, catedrático da mesma disciplina, por várias décadas, no colégio romano da Propaganda Fide e consultor do Santo Ofício".[85]

Além do manual, J. Aertnys tem extensa bibliografia,[86] da qual extraímos: *De Probabilismo moderato S. Alphonsi Mariae. Dissertatio scholastico-moralis* (Wittem, 1872); *Fasciculus theologiae moralis, tractans 1º de occasionariis et recidiviis, 2º de usu matrimonii juxta doctrinam S. Alphonsi de Ligorio* (Tournai, 1882); *Probabilismus oder Aequi-probabilismus. Antwort auf eine Kritik des Dr. Huppert* (Paderborn, 1896).

A partir da nona edição (Galoppe, 1818-1819[9]), o manual foi editado pelo redentorista holandês **Cornélio Afonso Damen** (1881-1953), professor de Teologia Moral no Colégio Urbaniano da Propaganda (Roma)[87] e autor de outros estudos sobre moral.[88] C. Damen foi responsável por 8 edições, até a 16ª edição, em 1950. Para a 17ª edição de 1956-1958, um terceiro moralista juntou-se ao grupo, o redentorista **João Visser** (1912-1991), professor de Teologia Moral no citado Colégio de Propaganda e primeiro Diretor da Academia Afonsiana. Com esse manual, cursaram a disciplina de Teologia Moral muitos sacerdotes, especialmente redentoristas, da geração anterior ao Concílio Vaticano II (nesse grupo se encontra o escritor destas linhas). Contudo, mesmo depois do Concílio Vaticano II, saiu uma outra edição: AERTNYS, J.; DAMEN, C.; VISSER, J., *Theologia Moralis secundum doctrinam S. Alphonsi de Ligorio Doctoris Ecclesiae,* 4 vols. (Turim, 1967-1969).

- L. Wouters: *Manuale Theologiae Moralis* (Bruges, 1933).

---

85 Tellería, II, 982.
86 De Meulemeester, II, 9-11; III, 246.
87 Boland, 101. Também: Tellería II, 982, 988.
88 De Meulemeester, II, 79-80; III, 279.

Louis Wouters (1864-1933), nascido em Hertogenbosch (Holanda), ensinou Teologia Moral no teologado redentorista em Wittem (Holanda) e na *Schola Major* (Roma). Foi um escritor prolífico, especialmente em temas de moral.[89] Já anotamos seus escritos sobre o sistema moral afonsiano; também é digno de nota seu *Tractatus dogmatico-moralis de Virtute Castitatis et de Vitiis oppositis* (Bruges, 1928).

Seu manual de Teologia Moral apareceu no ano de seu falecimento, tendo revisado as últimas páginas de sua obra no leito de morte.[90] É um manual "sólido e ortodoxamente afonsiano dentro de sua modernidade. Nos dois volumes, esmerou-se, de modo especial, em enfocar os problemas contemporâneos, também os sociais, à luz da verdade eterna contida na tradição católica e no magistério dos últimos Pontífices".[91]

Houve outros redentoristas que colaboraram na promoção da moral afonsiana. Alguns, não diretamente desde a cátedra de Teologia Moral, mas da cátedra de Teologia Dogmática, como o redentorista dos Estados Unidos da América, **Francisco Connell** (1898-1967), professor de Teologia Dogmática no teologado de Esopus (Nova Iorque).[92]

De Meulemeester compôs um índice temático, em cinco colunas bem apertadas, das contribuições que os redentoristas fizeram ao campo da Teologia Moral até a década de 1930.[93]

21.2.5. Balanço

Afonso foi uma personalidade religiosa do séc. XVIII. Entretanto, seu pleno reconhecimento e influência decisiva sobre a Igreja ocorreram no séc. XIX. Como diz um teórico da espiritualidade

---

89 Dados biográficos: Boland, 423. Escritos: De Meulemeester, II, 473-474.
90 De Meulemeester, III, 473.
91 Tellería, II, 982.
92 Dados biográficos: Boland, 87. Escritos: De Meulemeester, II, 72; III, 275.
93 De Meulemeester, III, 426-428: "Table méthodique classant les publications signalées dans cette bibliographie, d'après les matières qui y son traitées. Théologie Morale".

cristã, no século XVIII, Afonso fundou uma família religiosa que adquiriu grande desenvolvimento no século XIX, tornando-se um "lar intenso de vida espiritual".[94]

A afirmação é válida para a obra afonsiana como um todo, mas é especialmente válida para seu pensamento moral. A TM de Afonso penetrou na consciência eclesial de tal forma que alcançou a máxima aceitação a que um texto teológico poderia aspirar. Essa aceitação foi o resultado da atuação fervorosa de pessoas e grupos identificados com o espírito de Afonso: na primeira metade do século XIX, prevaleceu a metodologia do trabalho fervoroso; na segunda metade, foi introduzida a metodologia do trabalho apologético.

Mas, mesmo esse amplo e denso esforço de fervor e de apologética, não teria alcançado a *liguorização da* moral católica se, na TM de Afonso, já não houvesse as orientações que se pretendia introduzir na moral e na pastoral da Igreja. Refiro-me, concretamente, ao espírito antijansenista e de benignidade pastoral, e à popularização da salvação cristã.[95]

No século XIX, a teologia moral afonsiana tornou-se a marca registrada da *normalização* moral na Igreja. Diante do rigorismo que reinava desde o século XVII, especialmente nas igrejas da França e da Bélgica, impôs-se uma moral mais benigna, com função direta para a normalização da prática no sacramento da Penitência.

É evidente que essa liguorização da moral católica não implicou em uma renovação das bases doutrinárias do discurso teológi-

---

94 Fazendo referência direta aos redentoristas e passionistas, afirma GUIBERT, J. de. *Lecciones de Teología Espiritual* (Madri, 1953) 110: "Duas famílias religiosas, nascidas no séc. XVIII, alcançaram grande desenvolvimento no séc. XIX, chegando a ser lugares intensos de vida espiritual".

95 "O grande valor da 'vitória' afonsiana consiste, além da superação definitiva do rigorismo, mais ou menos jansenista, no fato de que a teologia moral e pastoral de Liguori conseguiu criar no povo (para usar as palavras já citadas de De Luca), sobretudo nos simples, um coração e uma vida de santos, e de grandes santos": MAJORANO, S. *Fattori e linee della diffusione della Teologia Morale di S. Alfonso sino alla sua proclamazione a Dottore della Chiesa*: ÁLVAREZ VERDES, L.; MAJORANO, S. (ed.). Morale e Redenzione (Roma, 1983) 253.

co-moral, nem foi, tampouco, uma adaptação lúcida da mensagem moral cristã às exigências culturais da época. Consistia apenas na solução de um inexplicável problema intraeclesial, no qual as questões eclesiológicas, não bem resolvidas, levaram a um rigorismo moral pouco coerente com a benignidade pastoral e, de modo algum, identificável com a genuína radicalidade ética do Evangelho.

Sem a figura de Afonso, não pode ser explicada uma página importante da Igreja, já que a vida da Igreja foi moldada, em grande parte, pela sua influência. Mas, ao mesmo tempo, a aceitação eclesial do espírito afonsiano condicionou notavelmente a interpretação histórica de Afonso. Basta lembrar os preconceitos conservadores que sua figura adotou a partir de então, bem como a justificação extrínseca de seu valor científico e ortodoxia doutrinária (pela santidade de vida e pelos pronunciamentos oficiais da Igreja: beatificação, canonização, doutorado).[96]

Toda glorificação sempre tem um preço. Afonso também precisou pagar pela sua. Esse preço consistiu, fundamentalmente, no obscurecimento de sua imagem genuína: o Afonso do séc. XIX substituiu, parcialmente, o Afonso real do século XVIII. Por isso, hoje há uma forte insistência pela redescoberta da moral afonsiana em seu contexto próprio. Essa é a leitura sociobiográfica, à luz da qual devem ser avaliadas as leituras "interessadas" do século XIX e primeira metade do século XX.

21.2.6. Complemento bibliográfico

– Sobre a penetração da moral afonsiana na teologia e na vida da Igreja

Vários fatores, mencionados neste capítulo, que levaram à penetração da moral afonsiana na teologia e na vida eclesial, foram estudados com bastante interesse e resultados satisfatórios.

---

[96] Apoiaram sua argumentação a favor de Afonso sobre o "valor extrínseco", em grande medida, tanto Lanteri, quanto Gousset: GUERBER, J. *Le ralliement...*, 119-122, 213-234.

- O estudo pioneiro, e um dos mais importantes, foi o de GUERBER, J. *Le ralliement du clergé français à la morale liguorienne. L'abbé Gousset et ses précurseus (1785-1832)* (Roma, 1973). Uma parte desse estudo, contida na tese de doutorado apresentada e defendida pelo autor na Universidade Gregoriana (Roma), foi publicada, previamente, sob o título: *Le role de Pio Bruno Lanteri dans l'introduction de la morale liguorienne en France:* SH 4 (1956) 343-373. Merece destaque a recensão de L. Vereecke sobre a obra de J. Guerber: SH 21 (1973) 443-459.
- Uma aproximação sintética do conjunto de fatores que favoreceram a penetração da moral afonsiana na vida da Igreja pode ser encontrada em MAJORANO, S. *Fattori e linee della diffusione della Teologia Morale di S. Alfonso fino a la sua proclamazione a Dottore della Chiesa:* ÁLVAREZ VERDES, L.; MAJORANO, S. (ed.). Morale e Redenzione (Roma, 1983) 235-253.
- A influência da moral afonsiana sobre a manualística moral do século XIX (e do XX) tem sido estudada por: GALLAGHER, R. *Il sistema manualistico della Teologia Morale dalla morte di Sant'Alfonso ad oggi:* ÁLVAREZ VERDES, L.; MAJORANO, S. (ed.). Morale e Redenzione (Roma, 1983) 255-257. Ver também: ESCUDERO, J. *La manualística ligoriana de Teología Moral desde la canonización de San Alfonso hasta la proclamación como Doctor de la Iglesia (1836-1871)* (Roma, 1990).
- Uma apresentação muito esquemática: GERARDI, R. *Storia della Morale* (Bolonha, 2003) 411-421: "La diffusione della Morale alfonsiana e i Manuali".

21.3. DOIS EPISÓDIOS NO PROCESSO DE "LIGUORIZAÇÃO" DA MORAL CATÓLICA NO SÉCULO XIX

Na segunda metade do século XIX, a persistente penetração da moral afonsiana na vida católica enfrentou vários obstáculos: críticas de profissionais da Teologia Moral; disputas de prestígio entre institutos religiosos; anseio dos redentoristas em ter uma escola ou sistema de moral; e, sobretudo, o exame cuidadoso do valor científico e ortodoxia doutrinária de Afonso na obtenção do doutorado.

Diante dessas dificuldades, surgiu o estudo e interpretação da moral afonsiana com acentuado acento *apologético*.

São muitos os elementos em que se concretizou a leitura apologética da moral afonsiana na segunda metade do séc. XIX, com prolongamentos no séc. XX. Os dois mais relevantes serão analisados abaixo: a causa do Doutorado de Afonso e o confronto com Antônio Ballerini.

21.3.1. *Promoção de Afonso a Doutor da Igreja*

A proclamação de Afonso como Doutor da Igreja (1871) conferiu prestígio singular à moral afonsiana. O movimento da causa do doutorado e, por fim, a proclamação, exigiram o exame da validade científica e ortodoxia doutrinal da produção moral de Afonso. No centro das discussões estava a TM.

Para promover a causa do doutorado afonsiano, foi utilizada a estratégia defensiva e apologética.[97] Uma equipe de redentoristas, entre os quais se destacaram Rudolf von Smetana, Michel Ulrich e Adam Pfab, prepararam uma *Resposta* às objeções que, então, circulavam nos ambientes universitários romanos contra a doutrina moral de Afonso.

Essa defesa da moral afonsiana constitui parte considerável das *Acta doctoratus, ou* seja, *Sacra Rituum Congregatione... Urbis et Orbis concessionis tituli Doctoris...* (Roma, 1870) *Pars IV, Responsio ad Animadversiones R. P. D. Promotoris Fidei, c. IV, "De morali S. Alphonsi doctrina et systemate" (p. 90-113)* e *c. V, "De objectionibus particularibus circa quaestiones morales" (p. 114-153); Pars V, Summarium additionale in quo exhibentur, a quibusdam theologis elaborata, responsa ad difficultates contra doctrinam moralem S. Alphonsi a clarissimo P. Antonio Ballerino, Soc. Jesu, objectas, et in animadversionibus R. P. D. Promotoris Fidei allegatas (p. 6-515).*[98]

---

[97] Sobre a história da promoção de Afonso ao Doutorado: ver a bibliografia apresentada no final do presente capítulo.

[98] Sobre o pano de fundo histórico dessa defesa e sobre seus autores: ORLANDI, G. *La causa per il dottorato di S. Alfonso. Preparazione -Svolgimento -Ripercussioni (1866-1871)*: SH 19 (1971) 28-30, 52-54.

Não seria justo desvalorizar a importância dessa defesa da moral afonsiana, estreitamente ligada à causa do doutorado. A obtenção do título constituiu o cume do processo de "oficialização" eclesial da doutrina moral de Afonso. Com o doutorado, foi vencido o último grande ataque de seus adversários teólogos que pretendiam reduzir a moral afonsiana apenas a uma variação, sem particular importância, na produção teológico-moral do casuísmo probabilista. Por outro lado, com a vitória, tornou-se definitivamente consagrada a ortodoxia doutrinal da TM. Outros títulos e honras posteriores, entre as quais, a proclamação como Padroeiro dos Confessores e Moralistas (1950), foram consequências do triunfo alcançado com o doutorado.

Juntamente com os aspectos positivos, também é necessário reconhecer os negativos. A revisão histórica dos acontecimentos, passados 150 anos, oferece saldo bastante negativo para a figura de Afonso como moralista. A imagem teológico-moral de Afonso ficou marcada pela orientação peculiar do catolicismo do pontificado de Pio IX. Com fervor filial, mesmo não completamente lúcido, os redentoristas daquele período quiseram ver a coincidência do pensamento afonsiano com a orientação doutrinal do catolicismo então imperante. Um sinal dessa metodologia se encontra na ânsia de demonstrar que os "erros doutrinais" do século XIX já haviam sido combatidos e refutados, por Afonso, no século precedente.

O defensor da causa do Doutorado de Afonso apoiou, em parte, sua argumentação sobre esta asserção, que desenvolveu longamente: "Sanctus Alphonsus praecipuos errores in Syllabo proscriptos refutavit, et ideo Doctor nostri aevi merito compellandus est" - *Santo Afonso refutou os principais erros proscritos pelo Sílabo e, por isso, pode ser chamado, com razão, Doutor da nossa época* (Acta doctoratus, "Responsio ad Animadversiones", 21-35) (cf. também, p. 46-70). Tal argumentação converteu-se em "lugar comum" da apologética afonsiana. Foi usada, frequentemente, nos elogios dos pontífices à figura de Santo Afonso:

- Leão XIII, em 1879, ao agradecer, com o breve *Licet universum*, a edição francesa dos escritos afonsianos, ressalta a intuição de

Afonso em adiantar-se no combate dos erros do século XIX e, de modo especial, aqueles condenados pelo *Sílabo*;[99]

- Pio X, ao aceitar a dedicatória das obras dogmáticas de Afonso, traduzidas ao latim por A. Walter, considera-as um "poderoso antídoto contra os erros da época presente".[100]

Desse modo, a imagem de Afonso permaneceu ligada a um momento histórico do catolicismo que, na verdade, não era o seu. A tática utilizada pelos defensores de Afonso foi hábil e eficaz em seu breve período histórico, mas "a longo prazo se revelaria um cálculo equivocado".[101] Duas consequências justificam a afirmação precedente: por um lado, quando o catolicismo adotar novas orientações, de tipo realmente mais progressista, o prestígio de Afonso sofrerá drástica diminuição; por outro, a imagem do Afonso real permanecerá bastante escondida por baixo da que lhe foi sobreposta no final do séc. XIX.[102]

A causa do Doutorado de Afonso, realizada na Sagrada Congregação dos Ritos, não foi uma marcha triunfal. Teve seus momentos de dificuldade. Uma delas foi quando a Congregação remeteu as objeções do promotor da fé e as respostas do advogado ao exame de dois teólogos: um deles deu parecer completamente positivo, mas o outro expressou sérias dúvidas sobre a conveniência de conceder o Doutorado a Afonso.[103] Não são conhecidos os nomes dos dois teólogos.[104] A deliberação final da Congregação dos Ritos, realizada em 11 de março de 1871, apresentou resultado

---

[99] ASS 12 (1879) 273.

[100] WALTER, A. *Opera Dogmatica S. Alphonsi* (Roma, 1903), *Littera Pii X ad interpretem*.

[101] ORLANDI, G. *La causa...*, 66.

[102] Essa "distorção" da imagem de Afonso foi destacada por: DE MAIO, R. *S. Alfonso e la cultura religiosa dell'Illuminismo*: GIANNANTONIO, P. (ed.). Alfonso M. de Liguori e la società civile del suo tempo (Florença, 1990) I, 106.

[103] Tellería, II, 944-945.

[104] Em uma crônica manuscrita da província redentorista belga (conservada no Arquivo Geral da Congregação Redentorista em Roma), posterior aos fatos, há a anotação de que foi um padre jesuíta o teólogo a emitir o voto negativo. No entanto, tal afirmação é fruto, mais de especulação, que de informação séria: ORLANDI, G. *La causa...*, 57-58.

positivo. O Papa aprovou e tornou público o decreto no dia 23 do mesmo mês de março[105] (comunicou a decisão à hierarquia católica do mundo inteiro através da carta apostólica *Qui Ecclesiae*, de 7 de julho do mesmo ano[106]).

> "Nesse decreto [de 11 de março de 1871] há uma frase que despertou dúvidas. Parece que um professor de moral perguntou à Sagrada Penitenciaria se, quando afirma que Afonso 'inter implexas theologorum sive laxiores sive rigidiores sententias tutam stravisse viam', deveria ser entendido a respeito do equiprobabilismo, que então estaria sendo recomendado. A resposta do cônego Ciccolini, substituto do secretário da Congregação dos Ritos, declarou as dúvidas 'fora de lugar', visto que a Sagrada Congregação não tinha querido entrar em preferências de sistema".[107]

De maior interesse histórico foram as dificuldades levantadas pelo teólogo consultor. Tais dificuldades vieram, basicamente, dos círculos teológicos romanos, agitados pela intervenção do respeitado professor de Teologia Moral da Universidade Gregoriana, Antônio Ballerini. Portanto, é necessário conectar a causa do doutorado de Afonso com essas tensões de natureza acadêmica. É o episódio que comentaremos em seguida.

21.3.2. As "Reivindicações Afonsianas"

A causa do Doutorado de Afonso está ligada ao confronto entre os redentoristas e o moralista jesuíta **Antônio Ballerini** (1805-1881), considerado o "princeps moralistarum" do século XIX.[108] Trata-se do "único caso, limitado e circunscrito em ambas as partes, de divergência entre os discípulos de Santo Afonso e os de Santo Inácio".[109]

---

[105] Pius IX, *Acta*, V (Roma, 1871) 298.

[106] *Ibid.*, 336 = ASS 6 (1871) 320.

[107] Tellería, 945, nota 52, remetendo a: MONDINO, S. *Studio sul sistema morale di Sant'Alfonso* (Monza, 1911) 149.

[108] HURTER, V, 1793-1794: "Moralistarum fere princeps hoc aeva exstitit Antonius Ballerini". Sobre Ballerini, cf. SOMMERVOGEL, I, 843-848.

[109] MUCCI, G. *In margine al centenario alfonsiano*: La Civiltà Cattolica 138 (1987) IV, 141.

A obra principal de Ballerini foi o comentário a Busenbaum, finalizado e editado por D. Palmieri: *Opus theologicum morale in Busenbaum medullam*, 7 vols. (Prato, 1889-1893), obra que "será o manual de Teologia Moral mais considerável do século XIX".[110]

A. Ballerini teve duas intervenções, nas quais, além de enquadrar o sistema moral de Afonso no probabilismo simples, apontou algumas sombras (metodológicas e de conteúdo) na TM. Tais foram: a aula inaugural do ano acadêmico 1863-1864 no Colégio Romano, onde era professor de Teologia Moral;[111] e as *Anotações* com as quais enriqueceu a 17ª edição do *Compêndio* moral de J.-P. Gury.[112]

Os redentoristas tiveram a impressão de que tais interpretações queriam privar Afonso de seu merecido prestígio, levado ao cume desde a metade do século XIX. E, ainda mais, "atribuíram ao autor o inconfessado propósito de querer reduzir seu fundador ao papel subalterno de comentador de um jesuíta, Busenbaum".[113] Da mesma forma, como pensavam que o promotor da fé na causa do Doutorado de Afonso havia utilizado as reservas e críticas de Ballerini,[114] pensando no mesmo autor, compuseram a *Responsio ad Animadversiones* e o *Summarium additionale*.[115]

Mas o confronto não se resolveu com essa réplica. Os autores redentoristas publicaram ainda as "Reinvidicações Afonsianas" (*Vindiciae alphonsianae*), acrescentando novos materiais aos já publicados nas *Acta doctoratus*.

---

[110] CAFARRA, C. *Historia (de la teología moral)*: VÁRIOS. Diccionario enciclopédico de Teología Moral (Madri, 1978³) 448.

[111] *De morali systemate S. Alphonsi Mariae de Ligorio dissertatio habita in Aula Maxima Collegii Romani in solemni studiorum instauratione an. MDCCCLXIII* (Roma, 1864). A obra é dedicada à Congregação do Santíssimo Redentor.

[112] *Compendium theologiae moralis*. Editio decima septima (Turim, 1866). Nas primeiras edições (a 1ª é de 1850) Gury declarava explicitamente sua inspiração e dependência da TM afonsiana. Sobre as edições do *Compêndio* de Gury, ver: SOMMERVOGEL, III, 1856-1959.

[113] ORLANDI, G. La causa per il dottorato di S. Alfonso. Preparazione-Svolgimento-Ripercussione (1866-1871): SH 19 (1971), p. 29.

[114] Acta doctoratus, "Animadversiones R. P. Promotoris Fidei", 7-20.

[115] Acta doctoratus, "Responsio ad Animadversiones", 90-153; "Summarium additionale", 6-515.

As *Reinvidicações Afonsianas,*[116] publicadas em meados de 1873, compunham "um magnífico volume de quase mil páginas, sólido, documentado, esmagador em seu valor intrínseco e não no recurso a palavras grosseiras, mesmo que, às vezes, partam da aljava dardos aguçados. Em sua composição, haviam trabalhado, sob a direção do septuagenário Pe. Smetana, os experientes moralistas Häringer e Ulrich".[117]

O vienense **Rudolf von Smetana** (1802-1871), após ficar viúvo e ter resolvido o futuro da filha, entrou na Congregação do Santíssimo Redentor em 1831. Desempenhou funções importantes na Congregação. Foi o principal inspirador das *Vindiciae alphonsianae.* Faleceu em Gars am Inn (Alemanha), em 2 de setembro de 1871.[118]

O bávaro **Michael Haringer** (1817-1887) entrou na Congregação já como sacerdote, deu aulas aos teólogos redentoristas e foi eleito consultor geral. Enquanto esteve em Roma, foi consultor de várias Congregações romanas e nomeado teólogo do Concílio Vaticano I. Faleceu em Roma, no dia 19 de abril de 1887.[119]

O alsaciano **Michael Ulrich** (1834-1903) passou a maior parte de sua vida em Roma, no serviço direto ao Padre Geral, Nicolau Mauron (1818-1893), obtendo grande estima de muitos membros da Cúria Romana. Faleceu em Attert (Bélgica), em 2 de agosto de 1903.[120]

Provavelmente, também colaborou nas *Vindiciae:* o bávaro **Adam Pfab** (1821-1906) que, como provincial da província romana, residia na casa geral em Roma;[121] e, o também bávaro, **João Batista Eichelsbacher** (1820-1889), que serviu na cúria geral de Roma desde 1864, onde faleceu em 8 de janeiro de 1889,[122] depois de ter ajudado o Padre Gaudé na preparação da edição crítica da *Theologia Moralis* afonsiana.[123]

---

[116] *Vindiciae alphonsianae seu Doctoris Ecclesiae S. Alphonsi M. Ligorio doctrina moralis vindicata.* Roma, 1873.
[117] Tellería, II, 947.
[118] Boland, 366-367.
[119] Boland, 154-155.
[120] Boland, 396.
[121] Boland, 288.
[122] Boland, 121-122.
[123] Tellería, II, 947, nota 58.

A obra *Vindiciae alphonsianae* causou grande impacto nos ambientes teológicos, suscitando comentários animados de ambos os lados. Tanto que, no ano seguinte de sua publicação, foi feita outra edição em dois volumes, nos quais foram acrescentados novos elementos; entre eles, uma resposta à publicação mencionada abaixo.

De fato, como era de se esperar, houve resposta do partido balleriano, que chegou a publicar umas *Vindiciae ballerinianae* (Bruges, 1873), obra do jesuíta belga Víctor de Buck. Essa obra "tratou principalmente de questões de natureza geral e teceu o panegírico da pessoa de Ballerini, cujas virtudes religiosas ninguém havia negado, e houve um esforço para manter seu crédito como 'príncipe entre os moralistas de sua época' (Hurter, Génicot)".[124]

De sua parte, o padre redentorista Leonardo Gaudé, na edição crítica da TM, não deixou de notar os erros de citação contidos nas obras de Ballerini,[125] justificando tal trabalho: "Cum enim auctor iste, acris sane ingenii, plus justo proclivis videatur ad aliorum errores carpendos, lectorem de hac insimulandi temeritate commonitum volui, ne facile Ballerinio arguenti fidem praebeat, neve illi affirmati aut neganti statim credat" –*"Como esse autor, de gênio certamente áspero, parece mais inclinado a apontar os erros dos outros, quis alertar o leitor sobre a temeridade de suas acusações. Isso, para que não dê facilmente crédito ao juízo de Ballerini, e nem acredite imediatamente naquilo que ele afirma ou nega"*.[126] A disputa atingiu notáveis graus de virulência, envolvendo autores estranhos à Companhia de Jesus e à Congregação do Santíssimo Redentor, e causando uma ruptura momentânea nas relações amistosas, anteriores e posteriores, entre esses dois Institutos.

Falta um estudo completo sobre a história e o significado dessa controvérsia. Levando em conta os dados descritivos dos fatos,[127]

---

[124] Tellería, II, 948.
[125] Gaudé, I, p. XXX-XXXIX.
[126] Gaudé, I, p. XXXIX.
[127] Tellería, II, 943-944. 947-948; ORLANDI, G. *La causa per il dottorato di S. Alfonso. Preparazione-Svolgimento-Ripercussione (1866-1871)*: SH 19 (1971), p. 28-29. 61-63.

bem como os estudos sobre o significado teológico desses fatos,[128] é possível afirmar que o grande perdedor do confronto apaixonado foi o próprio Afonso. Os escritos, tanto de tipo defensivo, quanto críticos, forneceram escassa contribuição para a pesquisa histórica e doutrinal da moral afonsiana. Pelo contrário, a figura de Afonso como moralista saiu distorcida devido aos exageros típicos de um confronto polêmico.[129]

21.3.3. Balanço

Avaliada em seu conjunto, a produção literária sobre a moral afonsiana, em conexão com os dois fatos comentados neste capítulo, moveu-se em terrenos excessivamente apaixonados e foi condicionada por interesses alheios ao exame objetivo da doutrina. O resultado foi: aprisionamento da moral afonsiana em um sistema de escola, dissociação das raízes sociobiográficas do séc. XVIII, certa fossilização como preço para a garantia da ortodoxia oficial, e alistamento de Afonso nas tendências conservadoras e restauracionistas.

Olhando com a distância de mais de um século, é possível aceitar a avaliação de que "essa produção abundante, medíocre como um todo, essencialmente polêmica e desprovida de perspectiva histórica, constitui mais uma barreira entre o pensamento do grande moralista e seus leitores de hoje".[130]

---

[128] R. Gallagher examinou a controvérsia desde a perspectiva original e interessante do "método moral de Afonso": GALLAGHER, R. *The moral method of St. Alphonsus in the light of the "Vindiciae" Controversy*: SH 45 (1997) 331-349.

[129] Nesse sentido, ver a revisão da polêmica, feita por MUCCI, Giandomenico. In margine al centenario alfonsiano: *La Civiltà cattolica*, 138 (1987) IV, p. 140-148; esse jesuíta concorda com a avaliação realizada anteriormente por ORLANDI, G. art. cit., 64: a polêmica foi "estéril no final das contas".

[130] GUERBER, J. *Le ralliement du clergé français à la morale liguorienne* (Roma, 1973) 9. Essa opinião é compartilhada por: ESCUDERO, J. *La manualística ligoriana de Teología Moral desde la canonización de San Alfonso hasta la proclamación como Doctor de la Iglesia (1836-1871)* (Roma, 1990) 94: "Quem sabe, as disputas em torno dos diversos 'sistemas morais' e, em particular, a controvérsia sobre o 'sistema' de Santo Afonso, tenham obscurecido o valor específico de sua Teologia Moral".

Deve-se ter em mente que a disputa com Ballerini avivou a questão sobre o sistema moral de Afonso. O sistema de Afonso: era simples *probabilismo*, como sustentava Ballerini? Ou um sistema próprio, o *equiprobabilismo*, como sustentavam os redentoristas?

O leitor deve estar lembrado de que a questão do sistema moral afonsiano - a chamada "questão liguoriana" - foi largamente exposta na precedente 19ª seção.

Também nessa disputa, a ânsia em defender Afonso e o desejo de ter um sistema próprio (uma "escola própria"), conduziu a família liguoriana (redentoristas e não redentoristas) a uma leitura da moral afonsiana que, se não contrária ao genuíno pensamento do fundador, ao menos, era bastante distante dos interesses de Afonso ao construir sua TM.

Essa leitura a-histórica e apologética também foi apoiada por outros fatores não diretamente acadêmicos, como:

- A expansão da Congregação do Santíssimo Redentor. Expansão ligada ao prestígio do fundador;[131]
- A consolidação dos redentoristas como cultores da Teologia Moral;[132]
- A vinculação entre a defesa da moral afonsiana e a defesa da moral católica diante das injúrias e ataques provenientes de ambientes não católicos.[133]

---

[131] FERRERO, F. El primer centenario de la muerte de San Alfonso Maria de Ligorio (1787-1887) en la Congregación del Santísimo Redentor: *SH* 32 (1984) 249-314, destaca a "mentalidade apologética" na CSsR daquele momento: "Portanto, não há nada de estranho na tendência de apresentar o Santo Doutor como impugnador, por excelência, dos erros modernos... Santo Afonso era muito mais apresentado como oposto ao moderno. A partir disso, passou-se facilmente à apropriação de sua doutrina por parte de todos os que tendiam a se considerar defensores exclusivos da tradição, da verdade e do passado. O dano que tudo isso causou à figura do Santo é suficientemente conhecido para que insistamos a respeito dele aqui" (p. 276-277).

[132] Sobre o primeiro grupo de moralistas redentoristas, cf. De Meulemeester, III, 426-428; Tellería, II, 981-982; ORLANDI, G. La causa per il dottorato di S. Alfonso. Preparazione -Svolgimento -Ripercussione (1866-1871): SH 19 (1971), p. 64, nota 212.

[133] Cf. De Meulemeester, I, 42-45; III, 203-204 (publicações antiafonsianas); Tellería, II, 991, nota 92.

De tudo o que foi dito sobre as leituras da moral afonsiana durante o século XIX, podem ser deduzidas algumas conclusões importantes. A TM de Afonso penetrou, de tal modo, na consciência eclesial, que alcançou a máxima aceitação a que um texto teológico poderia aspirar. Tal aceitação foi efeito da atuação fervorosa de pessoas e grupos identificados com o espírito de Afonso: na primeira metade do século XIX, prevaleceu a metodologia do trabalho fervoroso; na segunda metade, se firmou a metodologia do trabalho apologético.

Sem a figura de Afonso, seria impossível explicar uma importante página da história da Igreja, pois a vida eclesial foi configurada em grande parte pela sua influência. Entretanto, semelhante aceitação do espírito afonsiano condicionou notavelmente a interpretação histórica de Afonso. Bastaria recordar os aspectos conservadores que sua figura assumiu em seguida, bem como a justificação extrínseca de seu valor científico e de sua ortodoxia doutrinal (pela santidade de vida e pelos pronunciamentos oficiais da Igreja: beatificação, canonização, doutorado).[134]

Mas, por outro lado, é preciso reconhecer que toda glorificação tem sempre o seu preço e Afonso também teve que pagar pela sua. Esse preço consistiu, fundamentalmente, no obscurecimento de sua genuína imagem: em parte, o Afonso real, do século XVIII, foi suplantado pelo Afonso do século XIX. Por isso, compreende-se a insistência atual no redescobrimento da moral afonsiana em seu próprio contexto.

21.3.4. Complemento bibliográfico

Sobre a causa do doutorado afonsiano

Estudos históricos

- SAMPERS, A. *Bestreben und erste Ansätze des hl. Alfons zum Kirchenlehrer zu erklären kurz nach seiner Heiligsprechung, 1839-1844*: SH 19 (1971) 5-24.

---

[134] Em grande medida, Lanteri e Gousset apoiaram sobre o valor extrínseco sua argumentação a favor da TM (cf. GUERBER, J. *Le ralliement du clergé français a la morale liguorienne. L'abbé Gousset et ses précurseurs (1785-1832)*. Roma, 1977, p. 119-122. 213-234).

- SAMPERS, A. *Le vicende della Causa di Dottorato di S. Alfonso M. de Liguori, 1830–1871:* R. Bellvederi (ed.). Miscellanea Card. Giuseppe Siri (Gênova, 1973) 215-231.
- ORLANDI, G. *La causa per il dottorato di S. Alfonso. Preparazione – Svolgimento – Ripercussioni (1866-1871):* SH 19 (1971) 25-240.
- MAJORANO, S. *Fattori e linee della diffusione della teologia morale di S. Alfonso fino a la sua proclamazione a Dottore della Chiesa:* ÁLVAREZ VERDES, L.; MAJORANO, S. (ed.). Morale e Redenzione (Roma, 1983) 235-253.

Interpretações.

- SM 9 (1971): "S. Alfonsus Maria de Ligorio Doctor Ecclesiae 1871 - 1971". Levar em conta, especialmente:
- GARRONE, G. M. Card. "Saint Alphonse Docteur, mais quel docteur?" p. 9-23.
- VEREECKE, L. *Sens du doctorat de saint Alphonse de Liguori dans l'histoire de la théologie morale*: Id., De Guillaume d'Ockham à saint Alphonse de Liguori (Roma, 1986) 567-594 = SM 9 (1971) 25-57.
- DE ROSA, G. S. *Alfonso e il secolo dei Lumi*: Rassegna di Teologia 28 (1987) 13-31.

Resumos informativos.

- SARABIA, R. *[San Alfonso] El Doctor de la Iglesia*: El Perpetuo Socorro 10 (1908) 372-377.
- GAMARRA, V. P. de. *San Alfonso, Doctor de la Iglesia (1871-1921):* El Perpetuo Socorro 23 (1921) 93-95.
- ZABALZA, C. P. *El Doctor moralista:* Ibid., 330-337.
- ÁLVAREZ, A. *El Doctor ascético:* Ibid., 360-369.
- ESPRIT, J. *Avances del doctor celosísimo:* El Perpetuo Socorro 28 (1926) 327–332.
- ESPRIT, J. *Un tríptico de Doctores en la Santa Iglesia de Dios:* El Perpetuo Socorro 29 (1927) 313-316.

Sobre a controvérsia das *Vindiciae*

Dados históricos.

- Tellería, II, 943-944, 947-948.
- ORLANDI, G. *La causa per il dottorato di S. Alfonso. Preparazione – Svolgimento – Ripercussioni (1866-1871):* SH 19 (1971) 28-30, 52-54.

Reflexão

- MUCCI, G. *In margine al centenario alfonsiano:* La Civiltà Cattolica 138 (1987) IV, 140-148.
- GALLAGHER, R. *The moral method of St. Alphonsus in the light of the "Vindiciae" Controversy:* SH 45 (1997) 331-349.

21.4. CRÍTICAS E RETICÊNCIAS À MORAL AFONSIANA NO SÉCULO XIX

Embora tenha havido mais elogios que críticas a Afonso de Liguori ao longo do séc. XIX, não convém deixar de notar as últimas. Tanto os aplausos, quanto as reticências, tiveram seu principal ponto de referência na Teologia Moral. Como diz R. Tellería, "na realidade, nem os admiradores, nem os detratores, permaneceram sempre no justo meio ao julgar as declarações da Igreja, alguns, elevando-as à categoria de cânones obrigatórios, outros, rebaixando-as ao nível de fórmulas quase burocráticas".[135]

Em 1827, foi publicado, em Amiens, um tratado *De Justitia et Jure,* onde eram expressas as seguintes declarações, transmitidas por Th. Gousset:

> "Quanto à Teologia Moral, colocamos no mesmo saco os ligorianos e os rigoristas, embora sejam um rebanho incontável. Ficamos pasmos que tenha sido impressa agora, em Amiens, a *Teologia* de Dom Ligório, rescendente de probabilismo, uma vez que a teologia ligoriana dista tanto da teologia dos grandes teólogos belgas quanto o

[135] Tellería, II, 875.

céu da terra. Quisera o Senhor que essa Teologia Moral, que mais verdadeiramente deveria ser chamada *imoral*, não houvesse jamais visto a luz ou, pelo menos, sem antes de ter sido desinfectada".[136]

21.4.1. Reticências na Itália

Em 1821, foi publicado em Nápoles um escrito com o título O *Pedante contra o chamado semi-probabilismo*, fruto da pena do vicentino Andrés Tingelo.[137] O autor do panfleto, junto com as críticas à orientação benigna da moral afonsiana, insinuou a história infundada, sem citar qualquer texto, da existência de uma retração póstuma de Afonso a respeito do sistema moral que havia defendido em sua Teologia Moral. Por outro lado, rebaixava o valor das declarações de Roma a favor da moral afonsiana.

> O boato da retração de Afonso se espalhou bastante, chegando até a Lombardia de Pedro Tamburini, "o cérebro melhor organizado do jansenismo italiano, ancorado em seus erros até os 90 anos de vida (1737-1827), [que] lutava para desvirtuar a impressão causada em seus discípulos pela trajetória ascensional do novo Beato [Afonso]".[138] Também Eustáquio Degola (1761-1826), outro dos hierarcas do jansenismo italiano tardio, estava preocupado com o sucesso (constatável pela reimpressão) das obras de Afonso.[139]

Houve uma resposta - "contundente", na opinião de R. Tellería[140] - às críticas do *Il Pedante* por parte do redentorista Santiago Basso.[141] Também constituiu um notável apoio à moral de Afonso, a publicação e o sucesso do manual de moral afonsiana publicado, em quatro volumes, pelo redentorista napolitano Blas Panzuti, obra que já mencionamos no cap. 2 desta mesma seção.

As maiores reticências à moral afonsiana vieram de **Antônio Rosmini Serbati** (1797-1855), uma das máximas figuras do catoli-

---

[136] GOUSSET, T. *Justification de la théologie morale du bienheureux Alphonse de Liguori* (Besançon, 1832) 4. Recolhido de: Tellería, II, 884.
[137] TINGELO, A. *Il Pedante contro il così detto Semi-Probabilismo* (Nápoles, 1821).
[138] Tellería, II, 876.
[139] *Ibidem.*
[140] Tellería, II, 875.
[141] *Riflessioni critiche sull'opusculo "Il Pedante"* (Nápoles, 1823).

cismo italiano da época e o maior filósofo italiano do século XIX. Cultivador de questões morais, mais do ponto de vista filosófico que teológico (*Principi della scienza morale,* 1831; *Trattato della coscienza morale,* 1839), seu olhar se dirigiu, preferencialmente, ao pensamento moral de Afonso.[142]

A avaliação de Rosmini sobre a moral afonsiana foi ambivalente:

Por um lado, elogiou Afonso "como o santíssimo moralista de nossos tempos". Viu em Liguori "uma finíssima intuição prática", que compensava "certa carência de *vis philosophica*". Escreveu: "À moral do Pe. Natal Alexandre, prefiro, de longe, a de São Ligório, em geral, excelente, com exceção, talvez, de algumas questões sobre a consciência, a respeito das quais tratei em meu tratado sobre a consciência".[143]

Por outro lado, acusou Afonso de certa confusão e falta de precisão nas ideias. Essas objeções se referiam, sobretudo, a duas afirmações afonsianas:

1ª A dificuldade de conhecer, pela razão, toda a lei natural, aspecto em que o roveretano era mais otimista.

2ª O valor dado à consciência, em oposição à preferência de Rosmini pela lei.

Rosmini, com base no otimismo a respeito da capacidade da inteligência e a bondade da ordem objetiva, não entendia a ênfase de Afonso no fato de que *a lei duvidosa não obriga.* Essas divergências "revelavam duas concepções antropológicas diversas. Para

---

142 GREGORIO, O. *Sant'Alfonso e il filosofo Rosmini*: SH 14 (1966) 185-192; VELOCCI, G. *Antonio Rosmini e s. Alfonso de' Liguori*: SM 25 (1987) 105-122 = *Antonio Rosmini et saint Alphonse de Liguori*: VÁRIOS. Alphonse de Liguori, Pasteur et Docteur (Paris, 1987) 161-181. Afonso também foi relacionado com Rosmini a partir de uma perspectiva literária, ressaltando a diferente atitude de uma pessoa do Norte (Rosmini) e de uma pessoa do Sul (Afonso) ante a etapa final, maneirista, do Barroco: D'ONOFRIO, T. *Motivi arcadici in Alfonso ed in Rosmini*: GIANNANTONIO, P. (ed.). Alfonso M. de Liguori e la civiltà letteraria del Settecento (Città di Castello, 1999) 435-442.

143 ROSMINI, A. *Epistolario,* IX (Casale Monferrato, 1888) 504.

Rosmini, o homem nasce submetido à lei, enquanto, para Santo Afonso, a liberdade precede a lei".[144]

> Em seu *Tratado da Consciência Moral* (1839), Rosmini, juntamente com elogios, "atribuía, ao santo moralista, deslizes, inconsistências e faltas de lógica: mas, tudo isso não impedia - felizmente - de modelar os clérigos de seu Instituto da Caridade nos passos da moral prática afonsiana e de escrever, em honra do santo, uma biografia popular (1848)".[145] "A rigor, boa parte das objeções de Rosmini se reduziam àquelas feitas por Patuzzi e Magli, temperadas com o molho filosófico do genial roveretano".[146]

Também apresentou reticências ao pensamento moral afonsiano, **Vincenzo Gioberti** (1801-1852), sacerdote (desde 1825), político (vinculado à política do *Risorgimento*) e filósofo com orientação intuicionista, de raízes platônicas, tendendo a superar o subjetivismo moderno iniciado por Descartes.[147] Em seus ataques furiosos contra os jesuítas no *Jesuíta Moderno* (1846), dirigiu algumas de suas invectivas contra a pessoa de Afonso.

Reprovava aos jesuítas por utilizarem a doutrina de Liguori como escudo de defesa:

> "Como é costume de vossa Ordem, vos ufanais da autoridade deste varão ilustre [Afonso de Liguori]. Não sei se os jesuítas e seus seguidores promoveram mais honra ou mais vilipêndio ao venerado nome de Santo Afonso, citando-o a torto e a direito, propagando-o como autor único e pouco menos que infalível, escudando-se atrás de seu nome para justificar suas próprias manobras e convertendo-o pouco menos que em corifeu de seita. Se o santo bispo levantasse sua cabeça, não creio que se mostraria muito grato pela maneira como empregais sua autoridade, pela opinião que suscitais entre os profanos a respeito de sua pessoa e de seus ensinamentos".

---

[144] VILANOVA, E. *Historia de la teología cristiana*, III (Barcelona, 1992) 525.
[145] Tellería, II, 924.
[146] Tellería, II, 925.
[147] TRANIELLO, F. *Gioberti, Vincenzo*: Dizionario Biografico degli Italiani, 55 (Roma, 2001) a. v.

E acrescentava sobre Afonso:

"Em Liguori devemos distinguir três coisas: santidade, doutrina e ciência. A santidade foi grande, manifesta, e se destacou, sobretudo, na virtude que não é mais característica da Companhia, a saber: na instrução e aperfeiçoamento das classes pobres e abandonadas. Sua doutrina foi genuinamente católica e irrepreensível. Quanto à ciência, isto é, à abundância e solidez de sua erudição, sentido crítico e profundidade de pensamento, coesão de raciocínio e demais prendas chamadas científicas, erram aqueles que colocam nelas o valor de Liguori, pois não foi um douto, mas apóstolo, e conquistou a admiração de todos com as empresas da palavra e do ministério evangélico, muito mais que com a pena".[148]

21.4.2. No Reino Unido: John Henry Newman (1801-1890)

A difusão das obras afonsianas chegou às terras do Reino Unido e da Irlanda, juntamente com a presença dos redentoristas e com sua atividade missionária.[149] Os redentoristas ingleses, entre eles, o provincial **Robert Aston Coffin** (1819-1885),[150] promoveram a publicação das obras espirituais de Afonso em tradução inglesa.

Fora da Congregação do Santíssimo Redentor, houve intervenções a favor de Afonso com notável significado, tais como: a conferência, amplamente divulgada (traduzida em francês), do futuro Cardeal **Henry Edward Manning** (1808-1892) sobre a *Missão de Santo Afonso Maria de Liguori, ungido pelo Espírito Santo para debelar o pecado,* e a adesão do oratoriano inglês **Frederick William Faber** (1814-1863) ao pensamento espiritual e pastoral de Afonso (escreveu uma *Vida* do santo napolitano).

A postura do teólogo anglicano, convertido ao catolicismo e, mais tarde, cardeal da Igreja Católica, **John Henry Newman,** foi mais

---

[148] GIOBERTI, V. *Il jesuita moderno*, II (Lausana, 1846) 469-473. Citado por: Tellería, II, 925.

[149] Tellería, II, 926-927. Ver: SHARP, J. *Reapers of the Harvest. The Redemptorists in Great Britain and Ireland 1843-1898* (Dublim, 1989); Id., *The Alphonsian Mission in Britain and Ireland in the nineteenth century*: SH 45 (1997) 291-307.

[150] Boland, 83-84; Id., *R. A. Coffin and the English Oratory*: SH 28 (1980) 147-174. Também merecem destaque as atuações dos padres Tomás Eduardo Bridgett (1829-1899): Boland, 31; e Tomás Livius (1828-1903): Boland, 206.

complexa. Esse insigne convertido se relacionou, direta e expressamente, com dois aspectos do pensamento de Afonso: o tema mariano e o tema moral.[151] Deixando de lado a questão da devoção mariana, à qual já nos referimos no cap. 6 da 13ª seção, agora concentramos nossa atenção no confronto do teólogo inglês com a moral afonsiana.[152]

O início do confronto de J. H. Newman com a moral afonsiana foi dado pela publicação de um panfleto do reverendo anglicano Charles Kingsley (1819-1875), professor régio de História na Universidade de Cambridge e tutor particular do Príncipe de Gales, com o título provocador *What then does Dr. Newman mean?* (1864).

A pergunta de Kingsley assumia uma crítica comum dos anglicanos em relação aos católicos: segundo os anglicanos, os católicos só aceitavam a verdade quando em benefício da Igreja Católica. De acordo com o sentimento comum dos anglicanos, era isso que estava escrito nos livros de moral católica e o que os padres católicos aprendiam: a aceitação moral do *equívoco,* como subterfúgio para proteger os próprios interesses. Para justificar sua pergunta-acusação, Kingsley remete ao que Afonso ensinou em sua *Theologia Moralis* sobre equívoco *(aequivocatio).* Mais que o próprio texto de Afonso, Kingsley parece ter consultado os manuais de P. Scavini *(Theologia Moralis Universa,* 1847) e D. Neyraguet *(Compendium Theologiae Moralis,* 1841).

À provocação de Kingsley, Newman respondeu com sua *Apologia pro vita sua.*[153] O teólogo da "fé como assentimento" e da "evo-

---

[151] Ver a mais recente exposição: GALLAGHER, R. *Cardinal Newman and saint Alphonsus. An Unlikely Meeting of Minds*: SH 65 (2017) 297-317. Também: VELOCCI, G. *Sant'Alfonso visto da Newman*: Rivista di Vita Spirituale 40 (1986) 167-180.

[152] Ver a análise do tema em: GALLAGHER, R. *Cardinal Newman...*, 306-316. Também: SWANSTON, H. F. G. *Celebrating Eternity Now. A Study in the Theology of St Alphonsus de Liguori (1696-1787)* (Chawton, Hampshire, UK, 1995) 155-160.

[153] NEWMAN, J. H. *Apologia pro vita sua: being A Reply to a Pamphlet entitled "What, then, does Dr. Newman mean?"* (Londres, 1864). Tradução espanhola: *Apología "pro vita sua". Historia de mis ideas religiosas.* Tradução de D. Ruiz Bueno (Madri, 1977) 214 ss. e 264-275: "Nota G: Sobre a mentira e o equívoco". Citarei pela tradução espanhola, tendo em conta o original inglês. [= NEWMAN, J. H. *Apologia Pro Vita Sua, ou história das minhas opiniões religiosas.* Edições Paulinas, Rio de Janeiro 1963. Trad. F. Machado da Fonseca.].

lução homogênea do dogma cristão", respeitando as regras de um jogo limpo, também se referiu ao ensinamento afonsiano. Nessa resposta está seu confronto com o pensamento moral de Afonso. O texto afonsiano em questão está na *Theologia Moralis,* liber III, tract. II, dubium IV. Também é encontrado no *Homo Apostolicus,* tract. V, cap. 2, 15. Nessas passagens, Afonso afirma que *a equivocatio* só é lícita quando existe uma *causa justa* e se uma *mentira não é usada para* esconder a verdade.

O comentário-resposta de Newman consiste em uma avaliação geral e uma consideração específica.

A apreciação geral leva-o a distinguir entre o "caráter italiano" (*the Italian character*), cuja altura de visão não deixa de admirar, e a "regra inglesa de conduta" (*the English rule of conduct*), que ele prefere (*I like better*) ao "caráter italiano".

A consideração concreta se encontra mais desenvolvida e é mais complexa. Consiste em se opor à avaliação moral que Afonso oferece sobre o equívoco, sem desprezar Afonso - "que era um amante da verdade" (*a lover of truth*) - e confiando em não perder sua proteção (*intercession*). Com efeito:

a) Por um lado, J. H. Newman admite ("creio eu", diz ele) que "Santo Afonso adotou o mesmo ponto de vista dos teólogos anglicanos sobre a justa causa [para poder aceitar o equívoco] já que ele a define como *quicumque finis honestus, ad servanda bona spiritui vel corpori utilia,* que é exatamente a maneira como eles compreendem, a julgar pelos exemplos que apresentam".[154]

b) Mas, por outro lado, Newman se dissocia, aberta e claramente, do pensamento afonsiano: "De minha parte, afirmo, clara e positivamente e sem reservas de nenhuma espécie que, nessa parte de sua doutrina, não sigo a esse homem santo e caritativo [Afonso de Liguori]. A Igreja permite várias escolas de opinião e, neste ponto, eu sigo outros. Sigo o Cardeal Gerdil, Natal Alexandre, e até, Santo Agostinho".[155]

---

[154] NEWMAN, J. H. Apología *"pro vita sua"*..., 265-266.
[155] *Ibid.*, 220.

Ao se afastar do parecer de Afonso, J. H. Newman "não pretende faltar ao respeito com um grande santo".[156] Ele o faz por convicção pessoal ("penso que, em casos extremos, me seria lícita a mentira, mas nunca o equívoco"),[157] sem deixar de reconhecer que, desse modo, se une ao parecer do "resto de seus compatriotas, [pois] se há algo que particularmente predispõe os ingleses contra a Igreja Católica é a doutrina dos grandes autores sobre o equívoco".[158]

Frente à postura de Newman, permanecem duas grandes questões.[159] A primeira diz respeito a sua avaliação geral: o que Newman quis dizer com "caráter italiano", contrário à "regra inglesa de conduta"? Ele não explicou. A segunda, tem a ver com sua avaliação concreta: a posição de Afonso é diferente da de Gerdil, Natal Alexandre ou do Catecismo de Trento, ao qual Newman também remete? Será que Newman entendeu bem o que Afonso diz sobre a moralidade da *aequivocatio?*

Ampliando o horizonte teórico da questão, Newman oferece outras duas perspectivas de maior alcance:

- O teólogo inglês explica - pensando nos anglicanos - o que significa a recomendação oficial da Igreja a respeito dos escritos afonsianos: não é uma *canonização da* doutrina, mas uma *recomendação* de segurança prática.[160] Essa é uma boa anotação que Newman transmite.
- Afirma a coerência do pluralismo moral e a possibilidade de mudar de opinião (naturalmente, em questões que não estão fechadas): "O próprio Santo Afonso mudou de opinião, muitas vezes, no decorrer de seus escritos, e não se pode pensar, nem por um momento, que somos obrigados a apoiar cada uma de suas opiniões, quando ele mesmo não se sentiu pessoalmente obrigado a

[156] *Ibid.*, 272.
[157] *Ibid.*, 273.
[158] *Ibid.*, 272-273.
[159] GALLAGHER, R. *Cardinal Newman...*, 308-310.
[160] NEWMAN, J. H. Apología *"pro vita sua"...*, 267-268.

fazê-lo".[161] Também essa afirmação de Newman é uma boa contribuição.

Além disso, J. H. Newman comunica um traço de sua personalidade intelectual: não fez estudos especiais em Teologia Moral e, sobretudo, não simpatiza com a casuística moral: "A casuística é uma ciência nobre, mas eu não me sinto inclinado a ela, nem por minhas aptidões, nem pela reviravolta do meu espírito".[162]

Em relação ao conjunto da recepção da pessoa e da obra de Afonso no mundo religioso britânico, vale a pena notar a dificuldade que havia de unir o significado de Liguori com o amplo movimento do ultramontanismo. Se, em várias nações do continente, funcionou positivamente - em benefício da causa liguoriana - a vinculação Afonso-Restauração, no Reino Unido adquiriu um sinal oposto, negativo, ao transformar a Restauração em Ultramontanismo.[163]

21.4.3. *Críticas, com alguns elogios, nos países de língua alemã*

- Aspectos positivos

Nas terras da Alemanha e da Áustria, as obras de Afonso logo puderam ser lidas em tradução alemã.[164] Também foram publicadas, no latim original, a *Theologia Moralis* e o *Homo Apostolicus* pelo Pe. **Michael Haringer** (1817-1887),[165] "discípulo (e amigo) de Görres e um dos mais beneméritos escritores do Instituto".[166]

Durante a vida do autor, a *Theologia Moralis* de Afonso não teve grande difusão no mundo teológico-moral germânico. "Foi

[161] *Ibid.*, 268-269.
[162] *Ibid.*, 269.
[163] SHARP, J. *The Influence of St Alphonsus Liguori in nineteenth-century Britain*: Downside Review 101 (1983) 60-76; Id., *In the Catholic Tradition: St Alphonsus Liguori (1696-1787), Doctor of the Church*: Priests and People 5 (1991) 327.
[164] Sobre a promoção das obras afonsianas pelos redentoristas transalpinos, com certa tendência a uma interpretação rigorista, ver: WEISS, O. *Von Liguorismus zum Rigorismus. Stationen einer fatalen Entwicklung*: SH 48 (2000) 109-136.
[165] Boland, 154-155.
[166] Tellería, II, 926.

Daniel Concina, e não Afonso de Liguori, quem se tornou autoridade para a maior parte dos moralistas alemães da segunda metade do século XVIII. Santo Afonso não encontrará partidários dedicados até meados do século XIX".[167]

Sem atingir esse nível de devota entrega à moral afonsiana, mesmo antes da canonização de Afonso alguns moralistas, na Alemanha e na Áustria, começaram a sentir a influência afonsiana. Entre eles:

José Ambrósio Stapf (1785-1830), sacerdote secular, professor de Teologia Moral no Liceu de Innsbruck e no Centro Teológico (seminário) de Brixen (Tirol), que publicou uma *Theologia Moralis,* em 4 vols. (Innsbruck, 1827-1831; 1855^{7}) e um *Epitome theologiae moralis publicis praelectionibus acomodata,* em 2 vols. (Innsbruck, 1832).[168] Esse moralista foi um dos primeiros que, no âmbito germânico, iniciaram o caminho da Restauração, como será exposto no próximo volume desta História da Teologia Moral.

Ludwig Adalbert Waibel (1787-1852), franciscano, provincial da província franciscana da Baviera, escritor fecundo, que, entre outros escritos teológicos, publicou uma Teologia Moral com orientação claramente casuística e "seguindo o espírito de Santo Afonso": *Moraltheologie nach dem Geiste des hl. Alfons M. Liguori, mit reichlicher Kasuistik* (Regensburgo, 1839).[169]

Esses dois pioneiros do encontro da Teologia Moral alemã com a orientação moral afonsiana "não tardarão em dar as mãos aos discípulos do Pe. Hofbauer".[170] Tanto que, em meados do século XIX, o triunfo do chamado "ultramontanismo" na Teologia Mo-

---

[167] DIEBOLT, J. *La théologie morale catholique en Allemagne au temps du Philosophisme et de la Restauration, 1750-1850* (Estrasburgo, 1926) 25.

[168] Sobre J. A. Stapf e sua obra moral, ver: DIEBOLT, J. *La théologie morale...*, 178-181.

[169] Sobre L. A. Waibel e sua obra moral, ver: DIEBOLT, J. *La théologie morale...*, 74-77.

[170] Tellería, II, 888.

ral católica estava assegurado.[171] Para consolidar esse ultramontanismo, veio o predomínio da tradição casuísta na moral católica: com jesuítas, como Génicot e Noldin; com dominicanos, como Lehmkuhl; com redentoristas, como Aertnys e Wouters; e outros.

- As críticas

Mesmo com a aceitação positiva, que acaba de ser apresentada, é preciso reconhecer que, em termos gerais, a recepção da moral afonsiana no mundo de língua alemã foi difícil e controversa.[172] As críticas vieram, principalmente, dos setores protestantes.

Os teólogos protestantes viram, em Afonso, um *jesuíta redivivo* e consideraram sua moral como uma *moral jesuíta* requentada. Esta, por sua vez, já havia sido submetida a uma crítica muito dura.

A partir dessa perspectiva, avaliaram a obra moral de Afonso. Foi o procedimento da obra mais representativa da literatura teológico-moral anticasuísta e antijesuíta alemã, escrita por **João José Ignacio von Döllinger** (1799-1890), sacerdote católico que rejeitou o dogma da infalibilidade pontifícia e foi, por isso, excomungado (1871), e por **Francisco Henrique Reusch** (1823–1900), teólogo católico que passou para a Igreja dos Velhos Católicos: *Geschichte der Moralstreitigkeiten in der römisch-katholischen Kirche seit dem sechzehnten Jahrhundert mit Beiträgen zur Geschichte und Charakteristik des Jesuitenordens* (Nördlingen, 1889) I, 356-476.

Para esses autores, Afonso infundiu um alento de vida à recentemente "falecida" (supressa) Companhia de Jesus. Tendo sido supressa aquela, Deus teria suscitado, na pessoa e na obra de Afonso, "um novo combatente a favor do probabilismo".[173]

---

[171] LÉCRIVAIN, P. *Saint Alphonse aux risques du rigorisme et du liguorisme*: VÁRIOS. Alphonse de Liguori, Pasteur et Docteur (Paris, 1987) 263-265.

[172] Remetemos aos documentados estudos de O. Weiss citados no cap. 1 (introdutório) desta seção.

[173] VON DÖLLINGER, I.; REUSCH, F. H. *Geschichte der Moralstreitigkeiten in der römisch-katholische Kirche* (Nördlingen, 1889) I, p. V. Ver o desenvolvimento do tema em: *Ibid.*, 356-476.

I. von Döllinger e Fr. H. Reusch ressaltaram, na biografia afonsiana, os dados suscetíveis de má interpretação (e foi feita) em relação à higiene, escrúpulos, penitências, espiritualidade concretizada na repetição quase mecânica de atos, etc.[174] Por outro lado, os dois autores são responsáveis pela opinião generalizada, no mundo de língua alemã, de que as obras de Afonso não alcançavam o caráter científico exigido, especialmente no que diz respeito às citações apresentadas. Esse último aspecto recebeu resposta precisa de D. Capone.[175]

Sobre tais interpretações de Döllinger e de Reusch se apoiará A. von Harnack para afirmar que Afonso é, no catolicismo da contrarreforma, a contraimagem de Lutero (*das wahre Gegenbild zu Luther*) e que representa, nos novos tempos, o que, nos antigos, representou Santo Agostinho (*an die Stelle Augustins*),[176] acrescentando que Liguori e Voltaire, contemporâneos em vida, foram os homens mais influentes, os condutores de almas, nas nações românicas da Europa.[177]

O maior despropósito contra a figura e o pensamento de Afonso veio do panfleto composto por **Robert Grassmann (1815-1901)** com o título: *Auszüge aus der von der Päpsten Pius XI. und Leo XIII. ex Cathedra als Norm für die Römisch-katholische Kirche sanktionierten Moraltheologie des Heiligen Dr. Alphonsus Maria de' Liguori und die furchtbare Gefahr dieser Moraltheologie für die Sittlichkeit der Völker. Als Manuskript gedruckt für Staatsmänner, Richter, Offiziere, Geistliche, Lehrer und Familienväter* (= *Extratos da Teologia Moral de Santo Afonso de Liguori, sancionada ex cathedra pelos Papas Pio IX e Leão XIII como norma da Igreja Romana e o temível perigo desta Teologia Moral para a moralidade dos povos. Editado pro manuscripto para políti-*

---

[174] *Ibid.*, I, 356 ss.

[175] CAPONE, D. *Le citazioni nelle opere ascetiche di S. Alfonso: Introduzione generale*, 297-299.

[176] VON HARNACK, A. *Lehrbuch der Dogmengeschichte*, III (Tubinga, 1910[4]) 755.

[177] *Ibid.*, III, 755, nota 1.

cos, juízes, oficiais, clero, professores e pais de família) (Stettin, 1896).[178] Em 1901, havia alcançado a 88ª edição. O autor sustentou que, desde a publicação, foram vendidos 100.000 exemplares do panfleto por ano. As enciclopédias não registram perfil de R. Grassmann como pessoa suficientemente equilibrada.[179]

> Uma publicação italiana fez eco aos violentos ataques de Grassmann. Foi o semanário satírico *L'Asino* (cujo diretor era G. Podrecca), que publicou, em julho de 1901, nos números de 26 a 30, repetidas ofensas contra Afonso, também publicando um panfleto anônimo de 32 páginas com o título *I misteri del confessionale. La Morale Teologica. S. Alfonso svelato.*[180]

Além disso, no mundo alemão, houve a comparação entre a moral católica e a moral protestante, com menosprezo da primeira (na qual, como é normal, entrava a moral afonsiana). Foram publicadas as *Provinciais de* Pascal e a oposição entre a moral jesuíta e a jansenista, presente na obra, foi transformada em oposição entre a moral católica e a protestante.[181] Uma afirmação típica desse confronto foi culpar a moral católica (jesuíta, obviamente; e, consequentemente, também afonsiana) por defender o princípio de que "os fins justificam os meios".[182]

A oposição à moral afonsiana foi, mais uma vez, trazida à luz por um ex-jesuíta, convertido ao protestantismo, o conde **Paul von Hoensbroech** (1852-1923), com seus vários livros sobre o *Ultramontanismo,* no qual constava *Die ultramontane Moral* (Leipzig, 1900, 1902^{4}). Houve resposta de W. Herrmann: *Römische und evangelische Sittlichkeit* (Marburgo, 1900, 1903^{3}); de J. Mausbach: *Die "ul-*

---

[178] Sobre o enfrentamento de R. Grassmann com a moral afonsiana: WEISS, O. *Deutsche oder römische Moral? Oder: Der Streit um Alfons von Liguori. Ein Beitrag zu Auseinandersetzung zwischen Romanismus und Germanismus im 19. Jahrhundert* (Regensburgo, 2001) 157-174.

[179] BACHEN, K. *Vorgeschichte, Geschichte und Politik der Deutscher Zentrumspartei*, vol. 9 (Colônia, 1932) 153.

[180] LAGE, E. *S. Alfonso e la direzione spirituale*: SH 48 (2000) 10, nota 2.

[181] Ver: HEALY, R. *The Jesuit Specter in Imperial Germany* (Boston-Leiden, 2003) 144-172: "The Moral Critique".

[182] *Ibid.*, 153. Também: ZÖCKLER, O. *Die Absichtslenkung oder Der Zweck heiligt die Mittel. Beitrag zur Beleuchtung der Jesuitenfrage* (Gütersloh, 1902).

tra-montane Moral" nach Paul Graf von Hoensbroech (Berlim, 1902); e também do redentorista J. L. Jansen: *Der heilige Alfonso von Liguori gegen Hoensbroech verteidigt* (Münster, 1904).

Do exposto acima, fica claro que a figura de Afonso estava presente na teologia moral alemã na virada do século. Nos anos seguintes, a importância da "questão liguoriana" diminuiu e as discussões se concentraram em outro interesse: a continuidade do paradigma casuístico, tal como defendia - entre muitos outros - A. Lehmkuhl, ou a necessidade de um novo paradigma, como proposto por J. Mausbach.[183] Mas, esse tópico pertence ao próximo volume da História da Teologia Moral.

21.4.4. *A modo de balanço*

Como um balanço do que foi tratado neste capítulo, queremos recolher a caracterização que um reconhecido especialista em história da teologia, o monge de Montserrat, Evangelista Vilanova, emitiu sobre a recepção ambivalente da mensagem de Afonso na Europa do século XIX.

> "Enquanto uma efervescência, muito explicável, dominava os estudos de Teologia Moral no mundo germânico, a situação na Itália era bastante diversa. A figura de Santo Afonso M. de Liguori havia marcado um estilo, difundido nos seminários através de manuais de caráter jurídico-pastoral, orientados a formar confessores. A adesão dos moralistas ao sistema afonsiano havia sido promovida pelas autoridades romanas. E com sucesso. Isso é comprovado pela aceitação que teve na França, Bélgica, Espanha - apesar das reticências dos primeiros momentos - e, até mesmo, na Alemanha.
>
> A concessão do título de Doutor da Igreja a Santo Afonso (1871) era o reconhecimento da influência exercida por sua moral na Igreja Católica e encorajava sua promoção. Para Pio IX, os motivos da proclamação foram a luta contra os erros jansenistas, a indicação de um caminho seguro e ideal para os diretores de almas, a defesa da doutrina da Imaculada Conceição e da infalibilidade pontifícia.

---

[183] Ver a apresentação dessa nova temática em: GRILL, R. *Wegbereiter einer erneuerten Moraltheologie* (Friburgo da Suíça, 2008) 12-20.

É verdade que houve outras motivações ocasionais: agradecer aos redentoristas por seu zelo em defender e difundir o dogma da infalibilidade e o da Imaculada Conceição, com a conotação concreta de opor-se aos bispos galicanos.

Pode-se dizer que a proclamação de Santo Afonso como Doutor da Igreja não implicava a imposição de seu sistema moral, nem canonizava seu tipo de teologia. Isso explica as *Reinvindicações Afonsianas* suscitadas pela interpretação que o jesuíta Ballerini fez do sistema moral de Santo Afonso.

A isso acrescentou-se que as questões escolásticas não levavam em conta os novos problemas decorrentes do colonialismo e dos nacionalismos, os conflitos sociais e a participação dos católicos na política... Por essa razão, muitos consideravam que a proclamação universal de Santo Afonso como doutor, ocorrida no ano seguinte ao Vaticano I, tinha um claro significado antimoderno, além de oferecer aos episcopados a oportunidade de expressar sua devoção ao centralismo pontifício (os bispos alemães manifestaram certa resistência, conscientes de que a moral afonsiana não correspondia àquela das salas universitárias de seus países).

De fato, não foram essas as únicas oposições. Espíritos abertos, como Rosmini e Gioberti, e teólogos seguros, como Newman e Scheeben, também apresentaram suas reservas".[184]

21.5. O RECONHECIMENTO OFICIAL DA MORAL AFONSIANA NO SÉCULO XIX E NA PRIMEIRA METADE DO SÉCULO XX

O pensamento teológico-moral de Afonso de Liguori teve, ao longo do século XIX, ampla e profunda "recepção" na vida da Igreja. Nos capítulos 2 e 3 desta seção, expus o que chamei de "liguorização" da moral católica durante o século XIX.

Tal liguorização não ocorreu apenas no âmbito da vida pastoral e da reflexão teológica, mas, também, foi assumida pelo Ma-

[184] VILANOVA, E. *Historia de la teología cristiana*, III (Barcelona, 1992) 523-524.

gistério da Igreja. Afonso foi beatificado (1816), canonizado (1839), declarado doutor da Igreja (1871), e proclamado patrono dos confessores e moralistas (1950). Por ocasião ou motivo dessas intervenções oficiais, o pensamento moral afonsiano recebeu notáveis elogios da parte do Magistério eclesiástico, que devem ser lidos como expressão de aprovação geral de sua doutrina.[185]

No presente capítulo, referimos as intervenções do Magistério eclesiástico no século XIX e primeira metade do século XX, até a proclamação de Afonso como patrono dos confessores e moralistas, por Pio XII, em 1950. O significado deste último evento nos leva a dividir o capítulo em duas seções: na primeira, referimos o reconhecimento oficial da moral afonsiana até o ano de 1950; dedicamos a segunda parte à proclamação de Afonso como patrono dos confessores e moralistas.

21.5.1. Reconhecimento oficial da moral afonsiana (séc. XIX e primeira metade do século XX)

Não consideramos necessário concentrar, longamente, a atenção nas intervenções oficiais da Igreja sobre o valor do pensamento moral de Afonso no período que vai de sua morte até 1950. Limitamo-nos a assinalar os fatos mais significativos, sem acrescentar longos comentários que, além disso, podem ser encontrados nas referências bibliográficas fornecidas.

- Desde a morte até o Doutorado (1871)

Estas são as principais intervenções oficiais do Magistério Eclesiástico reconhecendo, explicitamente, o valor da doutrina moral afonsiana:

- O exame dos escritos de Afonso, em vista de sua beatificação, terminou com a afirmação *nihil (in iis) censura dignum - não há nada (neles) digno de censura* (decreto da Congregação dos Ritos de 18

[185] Ver os documentos oficiais, com comentários pertinentes, em: AMARANTE, A. V.; MARRAZZO, A. *Santo, Dottore e Patrono. I quattro documenti pontifici sulla glorificazione di Sant'Alfonso Maria de Liguori* (Materdomini, 2009).

de maio de 1803).[186] Essa afirmação foi assumida na Bula de Canonização de 26 de maio de 1839.

- A Sagrada Penitenciaria, em resposta à pergunta do Bispo de Besançon (5 de julho de 1832), reconheceu que a moral afonsiana pode ser seguida com segurança: *sequi tuto possit.*[187] Houve outras respostas dos organismos da Cúria Romana - a, chamada, Sagrada Penitenciaria (8 de junho de 1842), a Sagrada Congregação da Inquisição (18 de julho de 1860), a Sagrada Congregação do Concílio (29 de julho de 1860) - onde a doutrina moral afonsiana foi rubricada ou referida como orientação ou como confirmação da doutrina assumida (*consulat probatos auctores, praesertim Sanctum Alphonsum*).[188]
- Na Carta Apostólica (7 de julho de 1871), em que o declarou Doutor da Igreja, o Papa Pio IX afirmou que a moral de Afonso tinha aberto um caminho seguro pelo qual se podia transitar sem perigo.[189]

- **A partir do Doutorado** (a partir de 1871).

No decreto *Urbis et Orbis,* de 23 de março de 1871, pelo qual Pio IX proclamou Afonso Doutor da Igreja, o Papa afirmou: "Ele [Afonso] foi quem, com suas doutas obras, sobretudo, com seus tratados de Teologia Moral, afugentou e fez desaparecer as trevas dos erros, tão largamente espalhados pela impiedade e pelo jansenismo".

O mesmo Papa, ao promover o culto do santo Doutor (7 de julho de 1871), reafirmou: "Foi uma providencial disposição do Deus

[186] Texto em: *Summarium* (para a declaração como Doutor da Igreja) (Roma, 1970) 80: "Cum nihil censura dignum procedi posse ad ulteriora, si Ssmo. placuerit".

[187] Texto em: DH, 2725.

[188] Ver: Tellería: II, 933-934.

[189] Carta Apostólica *Qui Ecclesiae,* de 7 de julho de 1871: "inter implexas theologorum tum laxiores, tum rigidiores sententias, ad tutam muniendam viam, per quam christifidelium animarum moderatores inoffenso pede incedere possent" -*para indicar o caminho firme e seguro entre as complexas sentenças dos teólogos, tanto as mais laxas, quanto as mais rígidas, pelo qual, os que dirigem as almas dos fiéis cristãos, pudessem avançar com passo seguro...* (Gaudé, I, p. XLIX; completa: p. XLIX-LI).

Todo-Poderoso que, quando as doutrinas jansenistas atraíam os olhos das novas gerações e envolviam e agitavam muitos nos enganos do erro, surgisse Santo Afonso Maria de Ligório, que (...) com seus escritos sábios e laboriosos se esforçou para arrancar pela raiz e exterminar do campo do Senhor essa praga saída do inferno".

Depois do Doutorado (1871), os Pontífices Romanos não deixaram de se voltar à pessoa e, sobretudo, ao magistério de Afonso para corroborar as afirmações e propor orientações. Do amplo elenco de citações disponíveis,[190] respigamos algumas.

O Papa Leão XIII, em carta aos bispos da Itália (8 de dezembro de 1902), chama Afonso de "o maior e mais suave dos moralistas". E, antes desse elogio, ressaltava que a doutrina moral de Afonso "era tida em grandíssima estima em toda a terra e marcava uma norma segura para todos os diretores de consciências". De acordo com o breve *Consueverunt omni tempore* de Pio XII (26 de abril de 1950), o que Leão XIII disse foi "confirmado por Pio X em uma carta dirigida, em 1903, ao Padre Gaudé, editor de *Teologia Moral*" (n. 4).

O Papa Pio XI, em sua encíclica *Ad catholici sacerdotii* (20 de dezembro de 1935), tratando das qualidades que devem brilhar no confessor de clérigos, toma, literalmente, as palavras e conselhos dados por Afonso de Liguori sobre o mesmo assunto.

21.5.2. Proclamação de Afonso como patrono dos confessores e moralistas (1950)

Através do Breve Apostólico *Consueverunt omni tempore,* de 26 de abril de 1950, o Papa Pio XII proclamou Afonso como Patrono de todos os confessores e moralistas.[191] Aludiu à recorrência histórica: "Aproveitando o segundo centenário da primeira edição da celebérrima *Teologia Moral*" (n. 5).

---

[190] Ver: Tellería, II, 988-993. Também: JANSEN, J. L. *Testimonia de S. Alphonso de Ligorio* (Galopiae, 1928).

[191] *Consueverunt omni tempore*: AAS 42 (1950) 595-597.

A história do processo que culminou com a proclamação do patronato é suficientemente bem conhecida e tem sido frequentemente rememorada.[192] Além disso, é um procedimento normalmente seguido para tais eventos eclesiásticos.

As intervenções da Congregação do Santíssimo Redentor para a obtenção do patronato de Afonso, inicialmente para confessores e, mais tarde, estendido aos moralistas, começaram no início do século XX, com iniciativas do Padre Geral, Matias Raus (1829-1917): audiência com o Papa Leão XIII (15 de agosto de 1901) e petição de adesão ao episcopado de todo o mundo (com mais de 400 respostas favoráveis). Trinta anos mais tarde, o processo foi retomado, por iniciativa do novo Padre Geral, Patrício Murray (1865-1947), que encaminhou a petição oficial à Congregação dos Ritos (15 de dezembro de 1938). O Padre F. Ter Haar publicou um opúsculo sobre a conveniência do patronato.[193]

Por ocasião da morte do Papa Pio XI (10 de fevereiro de 1939), a mencionada Congregação dos Ritos deu uma resposta com adiamento.[194] O seguinte Padre Geral, Leonardo Buys (1896-1953), insistiu novamente, e o processo foi concluído, no qual teve atuação eficaz o redentorista Oreste Gregorio, bem como uma recepção muito positiva pelos dois teólogos delegados pela Congregação: o jesuíta M. Creusen e o dominicano F. Cordovani, Mestre do Sacro Palácio, sob cuja inspiração, o patrocínio foi estendido também aos moralistas, além do inicial, dos confessores.

---

192 FIORE, S. *A cinquant'anni dalla proclamazione di S. Alfonso a patrono dei confessori e dei moralisti (1950-2000). Un evento, un'eredità*: SH 48 (2000) 3-8, especialmente, p. 4-6. Também: ver a bibliografia apresentada no final do texto do presente capítulo.

193 TER HAAR, F. *Sitne conveniens S. Alphonsum M. de Ligorio coelestem Confessariorum patronum declarari?* (Roma, 1938).

194 Tellería, II, 991, nota 93: apresenta o seguinte motivo para o adiamento: "Na decisão pelo adiamento, influenciou o desejo de não dar pretexto para o nacionalismo teutônico que, já antes de Hitler, havia atacado a moral afonsiana pela pena de Matilde Ludendorf, consorte do marechal germânico". Cf. LUDENDORF, M. (Dr. Von Kemnitz): *Ein Blick in die Morallehre der römischen Kirche*, Munique (s. d.). Na capa traz um retrato, ou melhor, uma caricatura de Santo Afonso, cuja doutrina apresenta como reflexo do Talmud: *Liguori und Talmud* (p. 38)".

A justificativa do patrocínio baseia-se em declarações gerais e não fornece novas interpretações do significado histórico de Afonso como moralista.

"Pouco ou nada é dito sobre a contribuição específica de Santo Afonso para o desenvolvimento da ciência moral; pouco ou nada é dito sobre o contexto histórico no qual ele escreveu e atuou; pouco ou nada é dito sobre as perspectivas pastorais e doutrinais que essa proclamação poderia favorecer".[195]

Ao declará-lo Padroeiro dos confessores e moralistas, o Papa Pio XII reconhecia, no pensamento de Afonso, seu caráter "exímio" e sua "difusão por todas as partes".[196]

Sobre a prática das Confissões, afirmava o Breve: "Afonso, como incansável missionário, destacou-se maravilhosamente por sua doutrina, prudência, assiduidade e paciência em ouvir as confissões dos fiéis; como Bispo da Diocese de Santa Águeda dos Godos, que governou santissimamente, formou muitos excelentes ministros do sacramento da Penitência, em cujo tribunal ele mesmo se sentava, com grande frequência, para ouvir as confissões" (n. 4).

Sobre o pensamento moral afonsiano (a respeito do sacramento da Penitência): "Para formar e dirigir os confessores, ele nos deixou, por palavra e em seus escritos, uma exímia doutrina, aplaudidíssima até nossos dias por todo o mundo católico e, muitas vezes, recomendada com graves palavras pelos Soberanos Pontífices, como norma segura para aqueles que administram o sacramento da Penitência e para aqueles que se ocupam na direção das almas" (n. 4).

Nota Bibliográfica

Sobre os dados históricos (antecedentes, processo, evento, etc.)

- TER HAAR, F. *Sitne conveniens S. Alphonsum M. de Ligorio coelestem Confessariorum patronum declarari?* (Roma, 1938).

---

[195] FIORE, S. *A cinquant'anni...*, 7.

[196] *Consueverunt omni tempore*: AAS 42 (1950) 596; completo: 595-597.

- Analecta CSsR 22 (1950) 77-80.
- S. Alfonso 21 (1950) 84-86.
- Tellería, III, 991-993.
- TELLERÍA, R. *San Alfonso María de Liguori, patrono de los confesores:* El Perpetuo Socorro 51 (1950) 262-266.
- RUIZ, D. *Glosa-Recuerdo de la Proclamación de San Alfonso M. de Ligorio patrono de confesores y moralistas* (Santander, 1951).
- SPICILEGIUM HISTORICUM 48 (2000) fascículo 1: "50° della Proclamazione di S. Alfonso a Patrono dei confessori e dei moralisti (1950-2000)": ler, especialmente, o estudo de: FIORE, S. "A cinquant'anni dalla proclamazione di S. Alfonso a patrono dei confessori e dei moralisti (1950-2000). Un evento, un'ereditá", p. 3-8.

Sobre o conteúdo do Breve Apostólico

- SISTO, G. *Leggendo il Breve Apostolico "Consueverunt omni tempore" del 26 aprile 1950:* S. Alfonso 21 (1950) 87-90.
- RUIZ, D. *El breve apostólico declarando a s. Alfonso patrono de los confesores:* Revista Española de Derecho Canónico 6 (1951) 327-336.
- RUIZ, D. *Patrono de confesores y moralistas:* Moralia (1ª época) 3 (1956-1957) 158-161.
- LUIS, A. *San Alfonso María de Ligorio, Patrono de confesores y moralistas, en la historia de la pastoral:* Moralia (1ª época) 5 (1960-1961) 7-24.

Sobre o significado teológico e pastoral

- HÄRING, B. *Alfons von Liguori als Patron der Beichtväter und Moraltheologen*: Geist und Leben 23 (1950) 376-379.
- STUDIA MORALIA 38 (2000) n. 2: "La morale alfonsiana: una risposta alle sfide di ieri e oggi".
- HIDBER, B. *La morale alfonsiana: strumento per una risposta alle sfide di ieri e di oggi*: SM 38 (2000) 291-296.
- GALLAGHER, R. *The Alphonsian Tradition in the Light of "Consueverunt omni tempore"*: SM 38 (2000) 297-319.

21.5.3. *Balanço*

À luz destas e de outras expressões de aceitação do pensamento afonsiano pela Igreja, podemos compreender a, já citada, reflexão do notável pesquisador da recepção da moral afonsiana no século XIX, J. Guerber, quando declarou que pode ser considerado caso único na história da teologia a doutrina de um autor ter se tornado, em poucas décadas após sua morte, doutrina comum da Igreja, como aconteceu com a doutrina de Santo Afonso.[197]

Também é compreensível que, em 1958, a suprema autoridade da Congregação do Santíssimo Redentor tenha afirmado, na *Ratio generalis studiorum*, que "a teologia moral católica hoje é, verdadeiramente, afonsiana".[198]

21.6. A MORAL AFONSIANA A PARTIR DA SEGUNDA METADE DO SÉCULO XX. LEITURA "DOUTRINAL"

21.6.1. *Enquadramento*

A figura de Afonso como moralista ocupou posição de curiosa ambiguidade nos trabalhos de renovação da Teologia Moral católica durante a segunda metade do século XX.

Como representante qualificado do casuísmo, Afonso deveria ter sido alvo privilegiado das críticas dirigidas contra a moral casuísta. No entanto, não foi o que aconteceu. Afonso desfrutou de simpatia generalizada e difundida entre os moralistas católicos de tendência progressista. Isso se deveu, entre outras razões, à apresentação seletiva das características atraentes de sua doutrina, feita pelos moralistas da Congregação do Santíssimo Redentor. Também teve influência o prestígio de sério progressismo atribuído aos centros de Teologia Moral dirigidos pelos redentoristas: a *Accade-*

---

[197] GUERBER, J. *Le ralliement du clergé français à la morale liguorienne. L'abbé Gousset et ses précurseurs (1785-1832)* (Roma, 1977) 3.

[198] *Ratio generalis studiorum*: Analecta C. SS. R. 30 (1968) 295: "quinimmo theologia moralis catholica hodie revero Alphonsiana est".

mia Alfonsiana, em Roma, e o *Instituto Superior de Ciencias Morales,* em Madri. A simpatia para com os filhos envolveu, também, o fundador. Pode-se afirmar que, assim como no século XIX, o nome de Afonso e dos redentoristas esteve ligado aos movimentos intraeclesiais de tipo conservador,[199] na segunda metade do século XX a ligação foi estabelecida com posições progressistas. Dessa maneira, a moral afonsiana, que deveria ter sido impactada pela crise do casuísmo, se viu, de fato, colocada no grupo dos renovadores.

A esse respeito, é fácil notar a existência de duas estratégias diferentes, nos séculos XIX e XX, para propor e promover o pensamento de Afonso. No século XIX, Afonso foi vinculado ao ascendente e poderoso movimento da *Restauração* e, em alguns casos, chegou a ser unido ao fenômeno eclesiástico do *Ultramontanismo.* Do lado contrário, no século XX, Liguori foi unido à ampla corrente da *Renovação,* cujo ponto de referência normativo foi o Concílio Vaticano II. Em ambas as estratégias, o que se pretendia foi alcançado: a promoção da figura e da obra de Afonso. Isso significou, além de demonstrar a sagacidade intelectual dos promotores, *reorientar* o significado histórico de Afonso de acordo com as ideias predominantes do momento histórico correspondente.[200]

As afirmações precedentes parecem aludir à existência de abundantes e valiosos estudos sobre a moral afonsiana. Não é o caso. A escassez de pesquisas sobre a TM de Afonso continua sendo uma constatação válida para as décadas centrais do século XX. Por mais estranho que possa parecer, a moral afonsiana tem sido objeto de pouquíssimos estudos (teses de mestrado e doutorado), tanto na Academia Afonsiana, quanto no Instituto Superior de Ciências Morais.[201] O apreço à figura de Afonso como moralista não se traduziu em trabalhos de pesquisa sobre sua obra teológico-moral.

---

199 Ver, como exemplo: VEREECKE, L. *Les Rédemptoristes et le mouvement intégriste au début du XX siècle*: SH 20 (1972) 393-410.

200 Essa é a interpretação de GRILL, R. *Wegbereiter einer erneuerten Moraltheologie* (Friburgo da Suíça, 2008) 19-20, remetendo a um estudo meu: VIDAL, M. *Bernhard Häring -Ein Theologe in der alfonsianischen Tradition:* SCHMIED, A.; RÖMELT, J. (ed.). 50 Jahre "Das Gesetz Christi". Der Beitrag Bernhard Härings zur Erneuerung der Moraltheologie (Munique, 2005) 143-173.

201 VEREECKE, L. *Histoire et morale à l'Academia Alphonsiana (1957-1982)*: SM 20 (1982) 11-27.

Como consequência das duas ambiguidades apresentadas, surge, ainda, uma terceira. As referências feitas à moral afonsiana têm sido de natureza geral e com tom laudatório não muito concreto. A retórica e a grandiloquência prevaleceram sobre o estudo atencioso e detalhado. Com exceção de algumas poucas investigações, que anotarei neste mesmo capítulo, os estudos realizados sobre a obra moral de Afonso não confrontaram seu significado histórico dentro das próprias coordenadas particulares do autor e do século XVIII, nem levaram em conta a gênese sociobiográfica da TM de Afonso.

21.6.2. *Leitura "Doutrinal"*

Na segunda metade do século XX, predominou a leitura *doutrinal* da obra moral afonsiana, perdendo atualidade a leitura *apologética*, típica do século XIX. Além disso, aceitou-se como base de estudo a edição crítica, ou seja, a leitura *textual*. Na leitura *doutrinal* procura-se descobrir e expor o conteúdo doutrinal dos textos afonsianos, situando-os no âmbito da história da reflexão teológico-moral católica.

Auxílio indispensável para um conhecimento bastante completo dos estudos realizados sobre a doutrina moral afonsiana é oferecido pelos *repertórios bibliográficos*. Os nomes de Maurice De Meulemeester, para o período anterior a 1938,[202] e de Andreas Sampers, para os anos sucessivos,[203] ficaram indissoluvelmente ligados ao trabalho bibliográfico sobre a TM de Afonso. Tiveram magnífica continuidade com outros pesquisadores: O. Weiss, F. Ferrero, A. Owczarski. As listas bibliográficas foram citadas na *Introdução Geral* deste volume.

---

202 De Meulemeester, I, p. 29-35; III, p. 199-201.

203 SAMPERS, A. Bibliographia circa Theologiam Moralem S. Alfonsi, 1938-1971: SM 9 (1971) p. 341-357; Bibliographia alfonsiana, 1971-1972: SH 20 (1972) p. 302-357; Bibliographia alfonsiana 1972-1974: SH 22 (1974) p. 437-443; Bibliographia alfonsiana 1972-1978: SH 26 (1978) p. 478-487. O trabalho de Sampers foi continuado por FERRERO, F; WEISS, O. Bibliografia alfonsiana (1978-1988): VÁRIOS. *Studia et subsidia de vita et operibus S. Alfonsi Mariae de Ligorio (1696-1787) bis centenaria memoria recurrente ab eius obitu beato*. Roma, 1990, p. 565-647.

As investigações doutrinais sobre a moral afonsiana durante as últimas décadas podem ser catalogadas sob uma série de títulos que, por sua vez, constituem outras tantas partes do presente capítulo.

Advertimos que o conteúdo deste capítulo complementa os dados fornecidos nas seções 17ª e 18ª.

21.6.3. Declarações sobre o estado atual da moral afonsiana

A celebração do bicentenário da primeira edição da TM (1748-1948), bem como o patrocínio oficial dos confessores e moralistas (1950), significou para Afonso uma reatualização no início da segunda metade do século XX.

Entre as contribuições, por ocasião do bicentenário da primeira edição da TM, estão as seguintes:

- MURPHY, F. X. *The Moral Theology of St. Alphonsus Liguori 1749-1948:* Thought 23 (1948) 605-620.
- CASTILLA, B. *En el centenario de la Moral de San Alfonso de Ligorio*: Ilustración del Clero 42 (1949) 11-15.
- DI GIOVANNI, E. *Il bicentenario della Morale di Sant'Alfonso.* Divus Thomas (Piac.) 52 (1951) 234-235.

A proclamação de Afonso como patrono dos confessores e moralistas, pelo Papa Pio XII, mediante o Breve Apostólico *Consueverunt omni tempore*, de 26 de abril de 1950, já foi amplamente comentada no capítulo anterior, destacando o que tinha, e ainda tem, de implicações para a compreensão do pensamento moral afonsiano.

Nos anos que se seguiram à proclamação do patrocínio afonsiano, também não faltaram reflexões mostrando a relevância da moral afonsiana:

- BÉRUBÉ, G. *Saint Alphonse, moraliste actuel?* Revue de l'Université d'Ottawa (Section Spéciale) 27 (1957) 65-98.
- HÄRING, B. *È attuale la teologia morale di S. Alfonso?* Id., Problemi attuali di teologia morale e pastorale (Roma, 1967) 61-85.

- DI MARINO, A. *Significato della dottrina morale di S. Alfonso ai nostri tempi:* Iannuarius (Nápoles) 54 (1973) 105-109.

Para justificar a afirmação sobre a atualidade da moral afonsiana, foram sublinhadas as notas gerais que a caracterizam: benignidade, prudência, pastoralidade. Além disso, foi destacada a atualidade de algumas orientações concretas: sobre o valor da consciência, sobre o uso da epiqueia, etc. Também não se esqueceu de recorrer aos argumentos de autoridade extrínseca.[204]

21.6.4. *Temas concretos submetidos a estudo*

No conjunto da síntese moral afonsiana, alguns temas atraíram o interesse científico de aspirantes ao doutorado e autores já consagrados, por isso, é interessante notar os aspectos da TM que têm sido objeto de teses doutorais e de pesquisas especiais. O quadro panorâmico desses estudos apresenta pontos da TM que a sensibilidade atual considera mais relevantes, embora a prevalência de um ou de outro ponto nem sempre coincida, por si só, com a validade objetiva da moral afonsiana.

Convém advertir que, na enumeração de estudos sobre os temas concretos da TM, foram levados em conta, não só os que se referem direta ou exclusivamente à doutrina afonsiana, mas também, os que incluíram o pensamento de Afonso no tratamento de um contexto histórico mais amplo, ou pesquisa monográfica, sobre um tema moral.

- Julgamento moral: entre "consciência" e "lei"

O aspecto que mais atrai o interesse dos estudiosos da TM continua sendo a doutrina de Afonso a respeito do *juízo de consciência*. Embora tenha perdido interesse o pano de fundo do *sistema moral*, readquiriu atualidade o pensamento moral de Afonso sobre

[204] Essa consideração é amplamente desenvolvida na *Ratio generalis studiorum* da CSsR ao justificar a orientação afonsiana da Teologia Moral que deve ser adotada nos centros teológicos da Congregação: Analecta CSsR 30 (1958) 272-300.

a *consciência* e sua relação com a *lei*.[205] Acredito que essa preferência esteja baseada em razões objetivas, já que o tratado sobre a consciência é uma das partes mais pessoais e melhor trabalhadas da síntese moral afonsiana.[206]

A doutrina de Afonso sobre a consciência moral foi exposta em duas formas de aproximação, diversas no método, mas complementares no conteúdo.

Uma delas, analisou o texto afonsiano em si mesmo, notando a coerência interna do pensamento e mostrando a coesão das teses na construção de uma doutrina homogênea e pessoal.[207] O resultado dessa aproximação é a descoberta das três opções típicas do Afonso moralista: 1) opção pela verdade, 2) opção pela razão, 3) opção pela liberdade. Trata-se de três valores que impregnam a síntese moral afonsiana e refletem o ambiente do Iluminismo em que Liguori viveu; continuam sendo três valores diante dos quais o homem de hoje é particularmente sensível.

A segunda aproximação à doutrina afonsiana sobre a consciência moral analisa o tema com metodologia de confronto, e mesmo, de apologética.[208] Recordamos a disputa de Afonso com Concina e com Patuzzi: enquanto estes defendiam uma verdade moral *objetiva* (a verdade da prudência tomista), Liguori buscava a verdade moral *personalizada* (em sede de consciência). O mesmo confronto retorna no século XX: o tomista Th. Deman opõe à "moral da consciência" (Afonso) a "moral da prudência" (Tomás de Aquino) e o redentorista C. Damen reinvindica a figura moral de

---

205 CAPONE, D. *Legge, coscienza, persona, nei moralisti e in S. Alfonso: la "gran controversia" nel Cinque-Sei-Settecento e oggi*: Asprenas 19 (1972) 133-168; Id., *Il pluralismo in teologia morale*: Rivista di Teologia Morale 6 (1974) 289-302.

206 HÄRING, B. Sant'Alfonso: una morale per i redenti: VA.AA. *Morale e Redenzione*. Roma, 1983, p. 23: "o papel da consciência é central na moral do patrono dos moralistas".

207 VEREECKE, L. La conscience selon Saint-Alphonse de Liguori: SM 20 (1983) p. 259-273 = La coscienza nel pensiero di S. Alfonso de Liguori: VÁRIOS. *Morale e Redenzione*. Roma, 1981, p. 169-183 = La coscience selon saint Alphonse de Liguori: *De Guillaume d'Ockham à saint Alphonse de Liguori*. Roma, 1986, p. 533-566 = AA.VV. *A Moral e os grandes desafios do presente*. Porto, 1988, p. 7-22.

208 CAPONE, D. Per la teologia della coscienza cristiana: SM 20 (1982), p. 67-92.

Afonso como *doutor da prudência*. Os estudos de Capone procuraram superar essa tensão, justificando, como genuinamente tomasiana e cristianamente personalista, a doutrina de Afonso sobre a consciência moral.

Além do mais, nos estudos históricos sobre a doutrina moral católica sobre a consciência, não faltou a referência ao pensamento de Afonso. Sirva, como exemplo, o estudo histórico sobre a consciência *perplexa*. Recolhe-se o pensamento afonsiano, afirmando que faz doutrina ou escola para os moralistas seguintes (A. Lehmkuhl, H. Noldin, O. Schilling, etc.).[209]

Na TM de Afonso, o tema da *lei* mantém estreita relação com o tema da consciência e tem sido objeto de várias teses doutorais que analisam, concretamente, os seguintes aspectos:

- o princípio da lei duvidosa,[210]

- o princípio da posse,[211]

- a ignorância invencível, inclusive, da lei natural.[212]

Este último aspecto é o que dá maior atualidade ao pensamento moral afonsiano e exprime sua notável particularidade. Além disso, também mantém estreita conexão com outra categoria jurídico-moral na qual se entrelaçam o valor da lei e a função da consciência:

- A categoria da *epiqueia*.

A doutrina de Afonso sobre epiqueia tem sido interpretada de diferentes maneiras, dependendo das tendências em que se situam os autores para ler o pensamento afonsiano:

---

209 BRUCH, R. *Moralia varia. Lehrgeschichtliche Untersuchungen zur moraltheologischen Fragen* (Düsseldorf, 1981) 187-198: "Das perplexe Gewissen" (sobre o pensamento afonsiano: 197-198).

210 BOUCHARD, F. *Le principe de la loi douteuse chez St. Alphonse*. Etude historique et critique. Datilografado. Dissertação na Faculdade de Teologia da Universidade de Ottawa, 1947.

211 SUTTNER, J. *De principio possessionis in systemate morali S. Alfonso*. Datilografado. Dissertação na Faculdade de Teologia do Angelicum de Roma, 1939.

212 CURRAN, C. *Invincible ignorance of the Natural Law according to St. Alphonsus*. Roma, 1961. Texto completo datilografado da Dissertação na Academia Afonsiana de Roma: *Invincible ignorance of the Natural Law according to St. Alphonsus. An historico-analytical study from 1748 to 1765*, 1961.

G. Virt deu interpretação ampla da doutrina afonsiana: VIRT, G. *Epikie und sittliche Selbsbestimmung:* MIETH, D. (ed.). Moraltheologie im Abseits? (Friburgo - Basileia - Viena, 1994) 203-220, especialmente, as p. 204, 219.

Opôs-se a essa interpretação ampla: RHONHEIMER, M. *Intentional Actions and the Meaning of Object:* The Thomist 59 (1995) 279-311.

O texto de Afonso é claro em sua formulação: a epiqueia ocorre, não somente nas leis humanas, mas também nas leis naturais *(etiam in naturalibus, ubi actio possit ex circunstantiis a malitia denudari - também nas leis naturais, quando, pelas circunstâncias, a malícia possa ser excluída da ação.* Gaudé, I, 182).

B. Häring assinalou que alguns episcopados (especificamente, os episcopados canadense e francês) aplicaram esse critério afonsiano às situações de conflito de deveres que surgem na vida conjugal: HÄRING, B. *Coscienza* e magistero: VÁRIOS. Magistero e morale (Bolonha, 1970) 336.

Em relação ao tema da lei, destacou-se a importância, na personalidade intelectual de Afonso, de sua condição de advogado. A formação jurídica e a prática da advocacia configuraram nele uma *forma prática* de lidar com questões morais, bem como uma atitude inicial de estar a *favor (defesa) do cliente,* nesse caso, o cristão. É uma vertente da personalidade intelectual de Afonso que já destacamos, tanto no cap. 1 da 6ª seção, quanto no cap. 2 da 7ª seção.

- Questões de moral geral

Em relação aos outros temas, de *moral geral,* o interesse historiográfico não foi notável. Em grande medida, essa falta de estudos se explica pela configuração particular da TM afonsiana: na síntese liguoriana, fora dos tratados sobre a consciência e sobre a lei, os temas de moral geral estão ausentes ou muito diminuídos: não existe um tratado sobre o *fim último;* o tratado sobre os *atos humanos* entrou tardiamente nas edições da TM (de forma decisiva, na 6ª edição) e não recebeu elaboração independente e relevante, sendo inserido como *preâmbulo* ao tratado sobre os pecados que, embora presente desde a primeira edição, não oferece grande originalidade em sua impostação teórica. Além disso, ainda falta, na TM, um tratado sobre as *virtudes* como consideração especial da moral geral, pois as virtudes (singularmente, as teologais) são objeto de estudo na moral especial ou concreta.

Apesar dessa avaliação geral sobre o escasso interesse bibliográfico suscitado pelos temas de moral geral presentes na TM, não podem ser subestimadas as contribuições existentes sobre o assunto, algumas de notável valor científico, e outras, surpreendentemente, originais. Entre as últimas, é preciso destacar a investigação de:

- GALINDO, Á. *La opción fundamental en el pensamiento de San Alfonso María de Ligorio* (Vitoria, 1984). É o resultado da tese de doutorado defendida na Accademia Alfonsiana de Roma (curso 1982-1983).

Embora não empregue o termo opção fundamental, Afonso concebe a vida cristã como desenvolvimento da decisão radical em favor de Cristo Redentor. A pesquisa de Galindo tem a habilidade de expor o pensamento afonsiano integrando a TM com as obras de espiritualidade e, desse modo, consegue construir um quadro da "antropologia moral" afonsiana, onde não falta o tema do fim último, nem se descuida a visão dinâmica da vida cristã (virtudes), com o contraponto negativo do pecado.

Quanto à doutrina afonsiana sobre o *pecado,* há um estudo analisando o aspecto concreto dentro do conjunto histórico mais amplo: a advertência requerida para o pecado mortal segundo os moralistas, de Caetano a Afonso:

- ROCCO, H. *La advertencia requerida para el pecado mortal en los moralistas desde Cayetano hasta San Alfonso:* Archivo Teológico Granadino 19 (1956) 134-142.

Além disso, são interessantes as referências de Jean Delumeau sobre o sentimento de medo e sua relação com a doutrina do pecado na cultura ocidental cristã (séc. XIII-XVIII).[213]

---

[213] DELUMEAU, J. *Le peché et la peur.* La culpabilisation en Occident XII -XVIII siècles. Paris, 1983. [DELUMEAU, J. *O pecado e o medo*: a culpabilização no ocidente (séculos XIII-XVIII). Bauru: Edusc, 2003. 2 volumes.] Ver os contrapontos de VEREECKE, L. Une morale de la peure. A propos du livre de Jean Delumeau: SM 22 (1984) p. 311-318.

Um estudo sério e ponderado sobre a categoria moral de *cooperação*, na doutrina afonsiana, devemos a:

- ROY, R. *Notion de la coopération selon St. Alphonse et ses sources* (Roma, 1969) = *La coopération selon St. Alfonse:* SM 6 (1968) 377-435. É o conteúdo da tese de doutorado apresentada na faculdade de teologia Angelicum de Roma (1959).

  A investigação expõe a gênese do pensamento afonsiano através da análise evolutiva de suas diferentes reformulações. Também estuda, detalhadamente, as fontes utilizadas por Afonso, sendo a principal, a *Opus Morale* de Tomás Sánchez. A elucidação do tema da cooperação custou notável esforço a Afonso, que o considerava um ponto de grande importância para a prática moral.[214]

O pensamento moral afonsiano sobre a cooperação em geral e, concretamente, sobre a cooperação dos criados em ações imorais dos amos, foi recolhido em um estudo histórico sobre esse tema concreto, devido a Andrews McLean Cummings.[215]

Em estudos históricos acerca das ideias morais da tradição católica sobre indicar (a realização de) um *mal menor* a quem está disposto a cometer um *mal maior*,[216] foi sublinhado o bom senso, e até a originalidade de Afonso, ao ter tomado como guia, a fim de coonestar a indicação, não *ad peccandum*, mas *ad minus peccandum*,[217] ao moralista Tomás Sánchez e, através dele, ter assumido a referência de Santo Agostinho no *De adulterinis coniugiis*, fundida com a do Decreto de Graciano (c. 9, C. 33, q. 2, *si quodverius*). Também foi notado que a doutrina afonsiana foi a que passou à casuística católica posterior.[218]

---

[214] "Quest'è un punto di molta importanza che mi è costato molta fatica a decifrarlo" -*Este é um ponto de muita importância que me custou muita fadiga para decifrar* (*Pratica del confessore*, n. 23).

[215] CUMMINGS, A. M. *The Servant and the Ladder: Cooperation with Evil in the Twenty-First Century* (Leominster, UK, 2014).

[216] BRUCH, R. *Moralia varia. Lehrgeschichtliche Untersuchungen zur moraltheologischen Fragen* (Düsseldorf, 1981) 166-186; "Die Bevorzugung des kleineren Übels in moraltheologischer Beurteilung. Ein problemgeschichtlicher Durchblick".

[217] *Theologia Moralis*, l. II, tract. III, dubium V, art. II, n. 57: Gaudé, I, 353-354.

[218] BRUCH, R. *Moralia varia...*, 182-183.

Em relação às categorias da moral geral no pensamento de Afonso, também é digno de nota o estudo sobre os *atos intrinsecamente maus*, devido ao moralista redentorista teuto-argentino:

- ULRICH, O. F. *San Alfonso y la encíclica Veritatis Splendor*. Stromata 52 (1996) 141-151.

  O autor chama a atenção para ausência de referências, na encíclica, à obra moral de Afonso (só uma referência, no n. 78). Além disso, estuda o pensamento de Afonso sobre os atos intrinsecamente maus e o compara com o ensinamento da encíclica.

Nesse capítulo, dedicado aos estudos sobre a moral geral afonsiana, ainda podem ser incluídas as reflexões sobre o uso dos dados sociológicos por parte de Afonso, reflexões devidas ao redentorista irlandês, professor da Academia Afonsiana:

- O'RIORDAN, J. *The sociology of Moral Theology*. SM 9 (1971) 149-177.

Seguindo o fio condutor dos diversos livros da TM, O'Riordan evidencia as implicações sociológicas no tratamento de importantes temas morais.

- Questões de moral concreta

No amplo terreno da *moral especial* ou concreta, poucos temas da TM afonsiana têm suscitado o interesse dos autores. Por outro lado, as escassas referências à TM costumam situar-se em estudos com enfoque mais amplo, tanto histórica, quanto tematicamente. O conjunto de pesquisas diretas e de referências parciais pode ser dividido em quatro grupos: moralidade do aborto; moral sexual; moral matrimonial e moral social.

Moralidade do aborto

Na TM de Afonso não existe estudo completo e específico sobre a *moralidade do aborto*. Contudo, na reflexão teológico-moral atual sobre o aborto são frequentes as referências feitas à doutrina afonsiana. Tais referências se referem, especialmente, a dois aspectos:

Em primeiro lugar, referências ao pensamento de Afonso sobre o momento da *animação*.

Algum jornalista, pouco formado em temas teológico-morais, tergiversou e extrapolou a doutrina afonsiana, entendendo o feto *corrompido* da TM como um feto com *má formação congênita* e, então, justificando o aborto *eugenético* com a autoridade de Liguori.[219]

Estudos sérios acerca da história das ideias morais católicas recolhem o pensamento de Afonso de forma mais objetiva e mais matizada.[220] Uma consideração dessa índole descobre, na doutrina afonsiana, a presença de duas teses sobre a animação do feto: a tese da animação retardada e a tese da animação praticamente imediata.[221] No pensamento de Afonso prevalece a primeira tese, de acordo com a tradição teológica. Todavia, sua preocupação em estar atualizado com o progresso científico faz com que se mostre aberto à tese - na época, "progressista" - da animação imediata.[222] Em todo caso, a doutrina afonsiana se situa dentro do tuciorismo moral de descartar moralmente o aborto, inclusive na (possível) fase de não animação do feto.[223]

O segundo aspecto estudado se refere expressamente à *moralidade* do aborto, sobre o que também existem estudos.[224]

O pensamento de Afonso se move dentro da distinção entre aborto direto e indireto, e feto animado e não animado, embora, com algu-

219 MIRET, E. El Catolicismo, la ley y el aborto. 2/Una tradición abierta: diario *EL PAIS*, 16.11.83.

220 BRUCH, R. *Moralia varia. Lehrgeschichtliche Untersuchung zur moraltheologischen Fragen* (Düsseldorf, 1981) 259-283: "Der Schutz des vorpersonalen menschlichen Lebens im Mutterleib in moraltheologische Sicht" (sobre o pensamento afonsiano: 261-262).

221 GAFO, J. *El aborto y el comienzo de la vida humana* (Madri, 1979) 105-106.

222 Tese da animação retardada: L. III, tract. 4, cap. 1, dubium 4: Gaudé, I, n. 394 (p. 648). Tese da animação imediata: L. VI, tract. 2, c. 1, dubium 4, n.124: Gaudé, III, 109.

223 Para Afonso, o aborto antes da animação não é propriamente um homicídio, entretanto "de homicidio tenetur... quia, licet vitam homini non adimat, proxime tamen vitam hominis impedit" (L. III, tract. 4, cap. 1, dubium 4, n. 394: Gaudé, I, p. 645.

224 HONINGS, B. *L'aborto nella dottrina morale dei manualisti.* Da Sant'Alfonso a Bernhard Häring: SM 12 (1974) p. 257-323 (sobre a doutrina afonsiana, p. 266–274).

mas imprecisões. Conhece as diversas opiniões sobre a moralidade do aborto direto no período de feto inanimado e diante do perigo de vida para mãe: a posição negativa de Léssio (seguida por Lugo e Salmanticenses) e a posição afirmativa de Sánchez (seguida por Laymann). Afonso se inclina para a negativa, ao mesmo tempo em que apresenta o contrassenso da segunda posição.[225]

Moral sexual

Nas pesquisas sobre a história da *moral sexual,* são frequentes as alusões ao pensamento moral afonsiano. Contudo, o tema (a moral sexual no pensamento de Afonso) ainda aguarda pesquisa séria que analise as fontes doutrinais, o contexto sócio-histórico ao qual as contribuições peculiares de Afonso pretendem responder e a comparação com as doutrinas de sua época.

Dois aspectos foram estudados de modo mais desenvolvido: a tese da parvidade de matéria no pecado sexual[226] e a moralidade das relações pré-matrimoniais.[227] Ao estudo desses dois aspectos, deve ser acrescentada a consideração sobre a avaliação afonsiana de alguns comportamentos sexuais desviantes[228] e sobre a sexualidade feminina.[229]

Eu mesmo analisei duas questões de moral sexual no pensamento de Afonso: *Las relaciones prematrimoniales. El pensamiento*

---

[225] "Ad quid enim sumere pharmacum directe ad expellendum fetum, cum possit et sufficiat indirecte expelli?" (L. III, tract. 4, cap. 1, dubium 4: Gaudé, I, n. 394, p. 645-646).

[226] DÍAZ MORENO, J. M. La doctrina moral sobre la parvedad de materia "in re venerea" desde Cayetano hasta San Alfonso: *Archivo Teológico Granadino* 23 (1960) p. 5-138; KLEBER, K-H. *De parvitate materiae in sexto.* Regensburgo, 1971, p. 274-280.

[227] SUESCUN, J. *La moralidad de las relaciones prematrimoniales según la doctrina de S. Alfonso y su tiempo.* Dissertação apresentada na Faculdade de Teologia da Universidade Gregoriana. Roma, 1955; SCHLECHTENBERGER, B. *Vorund ausserehelicher Verkehr.* Die Stellung der katholischen Moraltheologen seit Alphons von Liguori. Remscheid, 1970; VIDAL, M. *Moral y sexualidad prematrimonial.* Madri, 1971, p. 63-67.

[228] GERMINO, M. A. *Stupro e comportamenti sessuali nei "tribunali della coscienza"*: Rivista Storica del Sannio 22 (2004) 97-120.

[229] ZITO, P. *Un "serraglio di femmine mondane". I pericoli del sesso debole secondo Sant'Alfonso M. de' Liguori*: Rivista Storica del Sannio 22 (2004) 121-132.

de Alfonso de Liguori (1696-1787): Moralia 17 (1994) 357-378; *El chichisbeísmo, singular uso amatorio del siglo XVIII, y la moral católica:* Moralia 18 (1995) 75-94.

Nos estudos históricos sobre a moral sexual, não faltam referências à doutrina afonsiana. Costuma-se situar Afonso dentro da corrente de orientação mais personalista, na qual a finalidade procriativa da sexualidade é articulada com o *remedium concupiscentiae.* Assim faz: FARLEY, M. A. *Sexual ethics:* REICH, W. T. (ed.). Encyclopedia of Bioethics, V (Nova Iorque, 1995) 2363-2375, especialmente p. 2369. Uma exposição mais ampla se encontra em: CANOSA, R. *La restaurazione sessuale. Per una storia della sessualità tra Cinquecento e Settecento* (Milão, 1993) 80-96.

Além disso, não são privadas de interesse as alusões de alguns estudos sócio-históricos sobre a vida sexual no século XVIII: TARCZYLO, T. *Sexe et liberté au siècle des Lumières* (Paris, 1983); FLANDRIN, J.-L. *La moral sexual en Occidente. Evolución de las actitudes y comportamientos* (Barcelona, 1984); BERARD, P. *Le sexe entre Tradition et Modernité, XVI-XVIII siècle:* Cahiers Internationaux de Sociologie 76 (1984) 135-160.

Lembramos ao leitor que na 18ª seção foi feita uma apresentação do conteúdo da moral afonsiana acerca da sexualidade.

Moral matrimonial e familiar

A *moral matrimonial* liguoriana tem sido melhor estudada, embora ainda falte uma pesquisa completa e definitiva. A atenção se concentrou sobre os seguintes aspectos:

- a justificação moral do ato conjugal,[230]
- a relação entre prazer sexual e moralidade do ato conjugal,[231]

230 BOTERO, J. S. *La moralidad del acto conyugal en la teología moral de los siglos XVII-XVIII.* Manizales, 1983.

231 VEREECKE, L. L'éthique sexuelle des moralistes post-tridentins: SM 13 (1975) p. 175-196 (sobre Afonso, p. 183-184); Mariage et plaisir sexuel chez les théologiens de l'époque moderne (1300-1789): SM 18 (1980) p. 245-266 (sobre Afonso, p. 265).

- a doutrina sobre os fins do matrimônio,[232]
- o, assim chamado, "abuso do matrimônio" (impedir a procriação),[233]
- a consonância da doutrina matrimonial afonsiana com as orientações atuais.[234]

Foi investigado o uso feito da doutrina matrimonial afonsiana para dirimir questões de moral matrimonial suscitadas no séc. XIX.[235]

Digno de atenção é o debate entre Bernhard Häring e Marcellino Zalba, a propósito do antiaugustinismo afonsiano em matéria de moral matrimonial, defendido por Häring[236] e negado por Zalba.[237] Sem pretender dirimir a disputa, parece que se aceita inserir a moral sexual afonsiana em uma tradição nascida à margem da corrente do rigorismo e do augustinismo, como aquela iniciada por João Maior.[238]

Ao redentorista colombiano, Sílvio Botero, se deve, além do citado estudo sobre a moralidade do ato conjugal, o destaque da atualidade da doutrina afonsiana sobre a moral matrimonial para orientar questões candentes de hoje. Foi o que fez, na década de 1990, através de seus livros e numerosos artigos sobre moral conjugal: *Las uniones consensuadas* (Bogotá, 1998); *¿Castidad conyugal o humanización de*

[232] VELA, L. La doctrina de S. Alfonso M. de Ligorio sobre los fines del matrimonio: *Sal Terrae* 61 (1973) 599-621.

[233] BRUCH, R. *Moralia varia...*, 231-257: "Die naturgesetzlichen Grundlagen der Lehre vom *abusus matrimonii* in moraltheologischer Betrachtung" (sobre o pensamento afonsiano: p. 241).

[234] LASNOSKI, K. *Alphonsus Liguori's Moral Theology of Marriage: Refreshing Realism, Continued Relevance*: Nova et Vetera 9 (2011) 1003-1028.

[235] LANGLOIS, C. *Régulation romaine et morale alphonsienne en France dans la première moitié du 19e. siècle. Les propositions de Mgr Bouvier sur la morale conjugale*: SH 45 (1997) 309-329.

[236] HÄRING, B. *Brennpunk Ehe*. Heutige Probleme und Perspektive in Tradition und Lehramt. Bergen-Enkheim, 1968, p. 26-33.

[237] ZALBA, M. S. Alfonso in contrasto con la tradizione e con S. Agostino? (sfogliando Bernhard Häring): *Rassegna di Teologia* 10 (1969) p. 369-388; ZALBA, M. En torno a una interpretación agustiniana. La tradición prealfonsiana vista por Häring: *Augustinus* 15 (1970) p. 3-18; ZALBA, M. Num in doctrina matrimoniali S. Alfonsus novator fuerit (Perpensio iudicii P. Häring): *Periodica* 59 (1970) p. 315-342.

[238] CONCHA, S. *La teología del matrimonio en Joannes Maior*. Santiago do Chile, 1971, 137 p.

la sexualidad? Una nueva perspectiva: Carthaginensia 14 (1998) 321-343; *El cónyuge abandonado inocentemente: un problema a replantear:* Estudios Eclesiásticos 73 (1998) 443-472; *Vivere la verità nell'amore. Fondamenti e orientamenti per un'etica coniugale* (Roma, 1999).

A realidade da *família* na vida e no pensamento de Afonso foi objeto de um estudo específico, já anotado.[239] Também foi recordada a doutrina afonsiana sobre as dificuldades no caminho da santidade por parte das mulheres casadas.[240]

Moral social

Sobre a moral social de Afonso, o silêncio é quase absoluto,[241] quebrado apenas por algumas vozes que mostram interesse notável pelo pensamento social afonsiano. Tais são:

- O estudo de James Healy sobre a posição dos moralistas - como intervenção ou não intervenção - acerca do *salário justo.* Estudo pensado em função da doutrina de Leão XIII sobre o tema na encíclica *Rerum Novarum.*[242] A análise vai desde 1750 (começando com o pensamento de Afonso de Liguori)[243] até 1890 (ano da publicação da citada encíclica social).
- Também merecem destaque as apresentações do pensamento afonsiano em temas de tanto interesse quanto a *usura*[244] e outras questões econômicas relacionadas com ela: a *dívida externa.*[245]

239 VIDAL, M. *La familia en la vida y en el pensamiento de Alfonso de Liguori (1696-1787)* (Madri, 1995); Id., *La famiglia nella vita e nel pensiero di Alfonso de Liguori (1696-1787)*: SM 32 (1994) 341-366, artigo traduzido para o alemão em: SH 42 (1994) 5-32.

240 RAPONI, S. *La chiamata universale alla santità in S. Alfonso. Il caso delle donne sposate*: SH 45 (1997) 169-204.

241 VOSMAN, F. J. H. *Giovanni Maior (1467-1550) e la sua morale economica intorno al contratto di società*: SH 32 (1984) 3: "As teorias de S. Afonso de Liguori sobre a moral econômica foram objeto de poucos estudos, e estes, em geral, não vão além de alguma observação marginal".

242 HEALY, J. *The just Wage, 1750-1890.* A study of Moralist from St. Alphonsus to Leo XIII. La Haya, 1966, p. 136-179.

243 *Ibid.*, 136-179.

244 CESCHINI, M. *La dottrina alfonsiana su usura e interesse*: Segno n. 172 (1996) 81-90; TRIFONE, G. P. *Tra morale e ragion pratica: il dilemma delle "usurae" in Alfonso M. de' Liguori*: Rivista Storica del Sannio 22 (2004) 55-96.

245 FABRI DOS ANJOS, M. *Usura: Ética dos Juros. Uma releitura latino-americana de Sto. Afonso de Ligório*: Revista Eclesiástica Brasileira 57 (1997) 658-665; VÁRIOS. *Diritto alla vita e debito estero* (Nápoles, 1997).

A usura constituiu uma grande preocupação - teórica e prática - na época de Afonso.[246] Ele também foi sensível aos comportamentos e situações da economia usurária, pois entendia que os bens econômicos entravam no geral direito à vida.[247] Daí provêm as afirmações afonsianas, assumidas da genuína tradição cristã, acerca da prioridade das necessidades fundamentais da vida sobre os empréstimos e demais contratos.[248] Afonso buscou criar uma cultura da economia onde o centro fosse a caridade, mediada pela justiça.[249]

- Outro tema do pensamento moral afonsiano que atraiu a atenção estudiosa é o do *trabalho*: não apenas em sua interrupção por causa do preceito do repouso dominical e festivo (Gaudé, I, 551-552) mas, também, enquanto atividade humana da qual depende o ganho econômico (Gaudé, II, 204, 308).[250]

O estudo do pensamento jurídico-econômico-social de Afonso, todavia, poderia dar ocasião para conhecer, não apenas suas preocupações sociais, mas também o contexto sócio-histórico do século XVIII napolitano. A análise das fontes literárias,[251] a apresentação da sua contribuição particular e a constatação da sucessiva influência, são capítulos que esperam a dedicação interessada dos estudiosos da moral católica.

---

[246] FERRANDINO, V. *Credito ed usura al tempo di Sant'Alfonso Maria de' Liguori*: VÁRIOS. Diritto alla vita..., 53-73. Também: COPPOLA, R. *Appartenenza dei beni ed usura nell'insegnamento e nel diritto della Chiesa cattolica*: Ibid., 75-97; GAMBA, C. *Natura, proprietà ed usura secondo lo "ius commune"*: Ibid., 99-128; MONGILLO, D. A. *La dottrina sull'usura nella "Summa Theologiae" di s. Tommaso*: Ibid., 129-149.

[247] Ver os estudos referidos na nota 46.

[248] CATALANO, P. *Diritto alla vita, proprietà e debito nella prospettiva alfonsiana*: VÁRIOS. Diritto alla vita..., 21-27; FABRI DOS ANJOS, M. *Sant'Alfonso e l'usura*: Ibid., 29-37.

[249] BRESSAN, E. *Giustizia e povertà nel pensiero di Sant'Alfonso de' Liguori*: VÁRIOS. Diritto alla vita..., 39-51.

[250] BUZZI, F. *Il lavoro tra XVI e XVIII secolo. Alcune linee di riflessione teologica e spirituale*: La Scuola Cattolica 124 (1996) 793-794, artigo completo: 779-807.

[251] Uma das fontes antigas é João Maior: VOSMAN, F. J. H. Giovanni Maior [1467-1550] e la sua morale economica intorno al contratto di società: SH 32 [1984] 3.

Moral profissional

Deve-se à preocupação do redentorista siciliano, Nino Fasullo, os interessados terem à mão, em tradução italiana, o pensamento de Afonso sobre a ética das profissões jurídicas, tomado da *Istruzione e Pratica,* c. XII, ponto 3 e de *Il confessore diretto,* c. XX, ponto único: Alfonso de Liguori, *Degli obblighi de' giudici, avvocati, accusatori e rei* (Palermo, 1998).

Já observamos que o próprio N. Fassullo faz uma introdução sucinta, mas exata, à moral afonsiana, com conhecimento preciso da produção bibliográfica existente (p. 9-29).

21.6.5. *O impacto na prática penitencial*

Em vários momentos do presente volume afirmamos que a moral afonsiana está organizada em torno de duas preocupações: o estudo do funcionamento do *juízo de consciência* e a determinação de sua aplicação na prática da *Confissão.*

Também constatamos que, se para alguns estudiosos do pensamento afonsiano, o *proprium* da moral afonsiana está na doutrina sobre a função da consciência na vida moral,[252] com igual ênfase, e pelas mesmas razões, é possível afirmar que a peculiaridade da TM se encontra, também, na aplicação do juízo de consciência na prática da Confissão.

De fato, foram, precisamente, esses dois temas que originaram as grandes polêmicas sobre a moral de Afonso. Também são consideradas as duas contribuições mais importantes de Liguori para a história da reflexão teológico-moral.

Aguardando estudos definitivos, é preciso recordar e levar em conta aproximações já realizadas sobre aspectos singulares da doutrina exposta na TM sobre a prática penitencial. Há análises do pensamento afonsiano sobre:

- a função ("ofícios") do confessor em termos gerais, questão a que foram dedicados estudos de grande interesse histórico e com notável carga de atualidade pastoral;[253]

[252] CAPONE, D. Per la teologia della coscienza cristiana: SM 20 (1982) 67.
[253] CAPONE, D. Il compito del confessore, compito di carità in Cristo: riflessioni pastorale con S. Alfonso M. de' Liguori: *Seminarium* 13 (1974) 439-473.

- a atuação concreta do confessor diante da ignorância invencível do penitente (em comparação com a doutrina de Concina);[254]

- a contrição e a absolvição;[255]

-o adiamento da absolvição;[256]

- a ocasião próxima de pecado.[257]

Em relação aos "ofícios do confessor", foi estudada a peculiaridade de Afonso de Liguori, que se inclina mais para a figura de pai e de *mestre* que de *juiz*.[258] Afonso ordenou os ofícios do confessor, começando pelo de pai e continuando com os de médico e mestre, para terminar com o de juiz, ordem que mostra a *função terapêutica* que Afonso atribuía ao sacramento da Penitência.[259]

Por outro lado, o moralista napolitano também considerou válida a presença da *direção espiritual* na esfera da confissão sacramental. O pensamento de Afonso sobre a direção espiritual tem estreita relação com a articulação entre espiritualidade e moral, tema que vem recebendo atenção.[260]

---

[254] ABATA, R. *The doctrine of Fr. Daniel Concina and St. Alphonso in regard to the admonition to be given to invincibly ignorant penitents*. Dissertação datilografada apresentada na Academia Afonsiana. Roma, 1962.

[255] REGAN, A. Contrition and absolution: *The Australasian Catholic Record* 26 (1955) p. 288-307.

[256] DIMATTEO, A. II differimento dell'assoluzione in S. Alfonso. Gli habituati o consuetudinari e i recidivi: SH 28 (1980) p. 353-430. Dissertação apresentada na Academia Afonsiana, Roma, curso 1978-1979. Sobre esse aspecto é preciso recordar a obra de TER HAAR, F. *De occasionariis et recidivis*. Turim, 1936.

[257] REGAN, A. The proximate occasion of sin according to St. Alphonsus: *The Australasian Catholic Record* 26 (1949) p. 97-109; O'NEILL, P. St. *Alphonsus and the doctrine of the proximate occasion of sin*. Dissertação datilografada apresentada na Academia Afonsiana. Roma, 1963.

[258] MAJORANO, S. *Il confessore, pastore ideale nelle opere di Sant'Alfonso*: SM 28 (2000) 321-345; Id., *Sant'Alfonso Maria de' Liguori: il confessore "officio di carità istituito dal Redentore solamente in bene delle anime"*: Chiesa e Storia 1 (2011) 285-306.

[259] HAJDUK, R. *Therapeutische Beichtpraxis. Eine Rückbesinnung auf die Rolle des Beichtvaters nach dem Buch "Praxis confessarii" vom Heiligen Alfons Maria de Liguori*: SM 38 (2000) 5-43.

[260] LAGE, E. *S. Alfonso e la direzione spirituale*: SH 48 (2000) 9-48; BILLY, D. J. *St. Alphonsus and Today's Spiritual Direction*: Review for Religious 61 (2002) 243-252.

21.7. RECEPÇÃO DA MORAL AFONSIANA PELO RECENTE MAGISTÉRIO ECLESIÁSTICO

O objetivo deste capítulo é apresentar a recepção que o Magistério eclesiástico fez da moral afonsiana. Fixamo-nos no Magistério eclesiástico recente, concretamente, nas manifestações de Paulo VI e João Paulo II. Devido à sua relevância, incluímos também dois textos pertencentes a dois cardeais da última etapa da Igreja: um, do Cardeal Albino Luciani, futuro Papa João Paulo I, e o outro do Cardeal J.-M. Villot, Secretário de Estado no pontificado de Paulo VI. Encerramos a seção com uma breve alusão aos Papas Bento XVI e Francisco, e uma avaliação geral.

Por razões de espaço, e levando em conta o grande conteúdo dos documentos magisteriais aos quais nos referimos, não podemos nos estender em comentários. Também observo que não se faz referência a documentos de bispos individuais ou de grupos de bispos, entre os quais se destacam os bispos do sul da Itália, onde a herança afonsiana é mais evidente.[261]

21.7.1. Duas alocuções de Paulo VI

O Papa Paulo VI dirigiu duas *alocuções* aos membros de dois Capítulos Gerais dos redentoristas, em 1967 e em 1973. Nesses dois discursos, há referências explícitas à moral da tradição redentorista e, mais concretamente, a Santo Afonso enquanto teólogo moralista.

– Alocução do ano de 1967

Em 1967, Paulo VI não pôde receber em audiência os membros do Capítulo Geral, mas lhes enviou a *alocução* que tinha pre-

[261] Em relação à herança afonsiana no sul da Itália, ver as conclusões do grupo de estudo sobre "A herança da tradição teológico-espiritual do Sul" no Congresso celebrado em Nápoles nos dias 10-11 de janeiro de 1996 sobre a "Teologia e Chiesa nel Sud d'Italia. Memoria, coscienza, progetto". As Atas do Congresso foram publicadas em: Asprenas 43 (1996) n. 2. As conclusões do grupo de estudo sobre "L'eredità della tradizione teologico-spirituale del Sud" estão nas p. 258-266 (diretamente, sobre a herança afonsiana: p. 263-264), assinadas por C. Scanzillo.

parado, datada de 21 de setembro de 1967.[262] No Capítulo Geral daquele ano, culminava o trabalho de adaptação das constituições redentoristas, tal como havia pedido o Concílio Vaticano II. Daí que a intervenção do Papa se fixasse, inicialmente, sobre o trabalho realizado nesse aspecto da vida interna da Congregação. Na legislação renovada, Paulo VI destacou um aspecto peculiar que caracteriza o novo espírito das constituições e que recupera, por sua vez, o espírito do fundador: a *caridade pastoral* como núcleo organizador da vida e do trabalho.

Na continuação, passa a referir-se a Santo Afonso, destacando a atualidade de sua mensagem:

> "Ele (Santo Afonso) certamente, e mais que qualquer outro Doutor da Igreja, parece pertencer aos nossos tempos por suas egrégias iniciativas, pelas formas de apostolado introduzidas por ele e, sobretudo, por seus luminosos escritos que, ainda hoje, são manuseados pelos fiéis com grande proveito espiritual. Nesses escritos como que continua soprando ainda o espírito desse Santo celestial, parece ressoar ainda a voz que, inspirada como por um sopro do alto, suavemente atraía os ouvintes e tão veementemente inflamava suas almas no amor de Deus, dando-lhes, ao mesmo tempo, uma lição de como pregar a Palavra de Deus".

O restante do discurso, sua parte mais extensa, é dedicado à moral, tal como ensinada na tradição redentorista. Sobressaem dois aspectos:

> – *Elogio da tradição moral redentorista*:
>
> "A esta caridade pastoral está unido outro campo de vossa atividade, em cujo cultivo vossa Congregação adquiriu egrégios méritos, a saber: o campo do estudo da Teologia Moral, cujo fruto recente, e por certo extraordinário, é o Instituto Afonsiano (Academia

[262] PAULO VI. Allocutio ad Sodales Congregationis Sanctissimi Redemptoris, qui Romam convenerunt, ut Generali religiosae suae communitatis Consilio interessent: *AAS* 59, 1967, p. 960-963. Sigo a tradução espanhola, distribuída internamente na Congregação, que pode ser lida em: El Perpetuo Socorro 68 (1968) n. 894, 350.

Afonsiana). Nesse tempo em que urge a recomendação do Concílio Ecumênico: 'Tenha-se especial cuidado em aperfeiçoar a Teologia Moral' (*Optatam Totius*, 16), apenas é fácil dizer quanta esperança e expectativa temos colocada na colaboração de vosso trabalho, tanto mais que, nesse terreno, não faltam os que andam desviados".

– Orientações para realizar, sem desvios, a orientação do Vaticano II sobre o ensino da moral cristã.

O Papa recorda a orientação dada pelo Concílio Vaticano II: "Ponha-se especial cuidado em aperfeiçoar a teologia moral, cuja exposição científica, mais alimentada pela Sagrada Escritura, deve revelar a grandeza da vocação dos fiéis em Cristo e a sua obrigação de dar frutos na caridade para a vida do mundo" (*Optatam Totius*, 16).

Animando a realizar essa tarefa, encomendada pelo Vaticano II, o Papa preveniu contra possíveis desvios e indicou critérios positivos:

> *Perigo de interpretar mal o Concílio Vaticano II*: "Pois, e não sem grande dor, temos visto como circulam opiniões pouco recomendáveis de alguns que, desentendendo-se do magistério da Igreja e apoiando-se em falsas interpretações do Concílio, acomodam perigosamente a moral cristã às inclinações e distorcidos critérios deste mundo, como se o que precisasse ser acomodado fosse a lei de Cristo ao mundo, e não o mundo à lei de Cristo".
>
> *Necessidade de harmonizar a doutrina conciliar com a doutrina tradicional proposta pelo magistério da Igreja*: Ao colocar em prática a renovação pedida pelo Concílio "deveis ter um diligente cuidado de que se manifeste a estreita união e harmonia existente entre a doutrina conciliar e a doutrina proposta, em tempos passados, pelo magistério eclesiástico. Evite-se a desorientação dos fiéis, como se, em virtude do magistério do Concílio, fossem lícitas agora muitas coisas que antes a Igreja reprovava como intrinsecamente más. Quem não percebe que aqui o resultado seria um falso relativismo moral e que correria perigo todo o patrimônio doutrinal da Igreja?"
>
> *Fidelidade ao magistério eclesiástico*: "Por conseguinte, agora, mais que nunca, é necessário submeter-se com plena fidelidade, com hu-

milde e dócil obséquio da mente, ao vivo magistério da Igreja; magistério que, ao ser 'para todo teólogo a próxima e universal norma da verdade' (encíclica *Humani Generis*), não deve ser considerado como um injusto freio à investigação científica, mas sim, condição necessária para o verdadeiro progresso da doutrina sagrada".

No final do discurso, retoma Santo Afonso para destacar dois aspectos: sua condição de Doutor e Padroeiro dos Confessores e Moralistas, e a segurança de sua orientação teológico-moral.

> Vosso "Fundador, por sua excelsa santidade de vida, por seu amor à Igreja, por sua firme obediência à Sé Apostólica, por sua luminosa e segura doutrina, foi considerado digno de ser declarado Doutor da Igreja Universal e Celeste Padroeiro, diante de Deus, de todos os Confessores e cultores da Teologia Moral. Tudo isso nos dá uma grande esperança de que vós, tal como nos tempos passados, vos mostrareis, também no porvir, dignos filhos de tão grande pai, e que, guardando cuidadosamente a herança espiritual por ele confiada, vos esforçareis, a seu exemplo, por todos os meios, em abrir 'um caminho seguro pelo qual os diretores das almas dos fiéis cristãos possam caminhar sem perigo de tropeçar' (Pio IX, Carta Apostólica *Qui Ecclesiae suae*, 7 de julho de 1871)".

- Alocução do ano de 1973

Em 5 de outubro de 1973, Paulo VI recebeu em audiência os membros do Capítulo Geral dos redentoristas. Terminado o discurso oficial, em latim, no qual se referiu a aspectos gerais da vida religiosa, o Papa improvisou uma longa intervenção em italiano[263]. Por ter sido testemunha ocular, posso afirmar que se notavam o entusiasmo e carinho acompanhando suas palavras: "Basta de latim? Não podemos calar o que sentimos nessa ocasião, quando, realmente, o coração está, como o nosso, neste momento, cheio da

---

[263] Essa intervenção, tomada de uma gravação, se encontra nas: ACTA CAPITULI XVIII, 85, Allegato 19 b. Archivio Generale CSsR, Roma. Tradução brasileira: Discurso de Paulo VI ao Capítulo Geral de 1973. Palavras de improviso do Sumo Pontífice, proferidas em italiano (tiradas de uma gravação): VÁRIOS. *Espiritualidade Redentorista 2*. Aparecida: Santuário, 1991, p. 107-109. Trad.: Pe. Beijamin Menegolla.

presença destes caríssimos irmãos, filhos e amigos que nos visitam e quando, realmente, o espírito está penetrado da função e vocação que tendes na Igreja. Não sei se todos entenderão o italiano; mas isto não importa. Compreendeis ao menos - não é verdade? - o gesto de nossa paternidade".

Em primeiro lugar, o Papa expressa o afeto e reconhecimento agradecido da Santa Sé para com a Congregação do Santíssimo Redentor: "Sabei-vos amados pela Igreja, e amados especialmente por esta Sé Apostólica ... a Cátedra de São Pedro, a Igreja de Roma, está unida a vós e vos quer bem, vos estima e agradece".

Na continuação, alude aos principais aspectos da atividade dos redentoristas, agradecendo-lhes:

- pela proximidade pastoral ao povo;
- pela direção espiritual;
- pela obra missionária.

Dentre as obras a que os redentoristas se dedicam, o Papa destaca o serviço à Teologia Moral: "Enfim, caríssimos, vós tendes uma qualificação que vos define, vos especializa na Igreja de Deus. Sede continuadores da escola moral, de ética religiosa, de Teologia Moral, da qual o fundador Santo Afonso Maria de Ligório vos deixou magníficos volumes e com a herança de dizer: continuai!"

Nessa alocução improvisada, Paulo VI faz uma exposição sistematizada das características e exigências da tradição afonsiana em moral. Indicou alguns aspectos que brotam espontaneamente de sua preocupação pastoral e dos seus conhecimentos da tradição redentorista. Coloco título nos quatro parágrafos que dedica ao trabalho moral dos redentoristas:

- *Convite a uma reflexão moral séria, crítica e, inclusive, radical*: "Especializai-vos realmente nesta parte da ciência eclesiástica, da Teologia Moral; procurai ser deveras autores e estudiosos qualificados e muito sérios... (as leis morais) que são codificadas e expressas na Teologia Moral podem estar sujeitas a exames críticos, mesmo radicais, especialmente alguns pontos em que a observância da lei de Deus e da comprovação da Igreja se tornam árduas e difíceis".

- *Discípulos da Cátedra de Cristo, nosso Mestre*: "Sede hábeis moralistas, vos recomendamos tanto! A lei de Deus não se muda. Não devemos ser fáceis em colocar em discussão aquilo que nos vem de Deus, nem mesmo a interpretação que, subsequentemente, a Igreja lhe faz com toda a cautela e com toda a sabedoria; devemos dizer 'assim disse', 'assim quer o Senhor'. Tende grande confiança neste magistério, que guia a todos nós, porque todos somos alunos, somos todos estudantes, somos todos discípulos da Cátedra de Cristo, o qual é o nosso mestre!"
- *Fazer compreensível para o homem de hoje a moral cristã*: "E quando se afirma o princípio, quando a lei é estabelecida e é clara em sua exigência e no seu poder de se fazer observada e de se curvar sobre as necessidades dos homens, então, vos tornareis pastores. Isto quer dizer, procurai a maneira de a tornar compreensível - teologia da linguagem. Procurai ser modernos: teologia do tempo. Procurai ser compreensivos com a sociedade em que vivemos - diria, teologia do povo".
- *Elasticidade da lei de Deus na pastoral*: "Sede hábeis pastores. Como antes vos dizia, aproximai as almas, no ministério, especialmente da confissão e encontrareis tanta indulgência quanta seja necessária, quanta - diria - elasticidade a própria lei de Deus pode assumir exatamente para se adaptar às fraquezas, às necessidades das vicissitudes humanas".

Na avaliação do, então professor da Academia Afonsiana, Seán O'Riordan, "com essas palavras Paulo VI, generosamente, embora com prudência e cautela, aprovou o projeto de renovação da Teologia Moral que a Academia Afonsiana promovia nos anos 70".[264]

21.7.2. O testemunho de dois cardeais: Albino Luciani e João Maria Villot

- Carta do Cardeal Albino Luciani (1972)

Em seu breve pontificado, o Papa João Paulo I não teve oportunidade para manifestar seu apreço por Santo Afonso. Ele o fez

264 O'RIORDAN, S. Il teologo moralista nell'Accademia Alfonsiana: *SM* 33, 1995, p. 53.

antes de assumir a Cátedra de Pedro, quando era patriarca de Veneza, em *carta* dirigida aos sacerdotes de sua diocese, na Quinta-feira Santa de 1972.[265] A ocasião apresentou-se com a celebração do centenário do Doutorado de Santo Afonso (1971).

É uma *carta* escrita com grande simplicidade de forma; não tem nenhuma pretensão de cunho científico. Transpira afeto afonsiano por todos os poros. Quanto ao conteúdo, fixa-se nos aspectos mais positivos da vida e pensamento do santo napolitano. A figura de Afonso que emerge do conjunto da exposição é humanamente simpática, pastoralmente convincente, e espiritualmente atraente. Merecem destaque as aplicações que o cardeal Luciani recolhe da vida e pensamento afonsianos para a situação concreta dos sacerdotes de sua diocese.

O texto está organizado em três partes. Na primeira, faz uma apresentação geral da biografia afonsiana ("Afonso, santo sereno"). A segunda é dedicada a expor o trabalho pastoral de Afonso como sacerdote e bispo ("Afonso, pastor de almas"). Na terceira, é apresentado seu trabalho teológico ("Afonso, teólogo").

Na biografia de Afonso, considerada como um "evangelho vivido",[266] destaca um traço não muito presente nas apresentações convencionais: seu *caráter alegre*. Luciani reconhece que, nisto, é devedor do livro de Oreste Gregório "Monsenhor se diverte".[267] As anedotas jocosas pertencem à época de bispo[268] e a conclusão é óbvia: "Sorria magnificamente... porque era santo".[269]

Luciani recorda que o título dado a Santo Afonso é "Doutor Zelosíssimo".[270] Daí que dedique a segunda parte de sua carta a apresentar a obra pastoral de Afonso.[271] Sublinha, tanto seu trabalho evangelizador (missões, catequese, retiros), quanto seu minis-

---

[265] LUCIANI, A. *S. Alfonso cent'anni fa Dottore della Chiesa*. Veneza, 1972.

[266] LUCIANI, A. *S. Alfonso cent'anni fa Dottore della Chiesa*. Veneza, 1972, p. 3: "A vida dos santos é evangelho vivido".

[267] GREGORIO, O. *Monsignore si diverte*. Roma, 1962.

[268] LUCIANI, A. *S. Alfonso cent'anni fa Dottore della Chiesa*, p. 5-10.

[269] *Ibidem*, p. 5.

[270] *Ibidem*, p. 3.

[271] *Ibidem*, p. 14-26.

tério sacramental (Penitência, Eucaristia). Não esquece a "diaconia da autoridade", quando era bispo, "exercida, por sua vez, com suavidade e firmeza".[272]

A terceira parte da carta é dedicada a apresentar a faceta teológica de Afonso. Em primeiro lugar, descreve seu *estilo de teologia*: orientação prática ("é teólogo em vista dos problemas práticos que é preciso resolver rapidamente, a partir da experiência vivida"), clareza na exposição ("capacidade de síntese" e com "fome e sede de clareza") e conteúdo seguro ("respeito à Tradição")[273]: "O púlpito e o confessionário lhe indicavam quais eram as necessidades imediatas das pessoas naquele preciso momento: teólogo justo, para o tempo justo".[274]

Na continuação, Luciani passa em revista a obra teológica de Afonso, dividindo-a em três grupos: 1. Teologia Dogmática, 2. Teologia Moral e 3. Teologia Ascética[275].

> Na *dogmática afonsiana*, destaca o interesse pela teologia fundamental: "Afonso considerava indispensável a Teologia Fundamental".[276] Detém-se mais na apresentação da *espiritualidade afonsiana*. Segundo Luciani, "o Afonso escritor ascético continua o Afonso missionário (...). Escreve como prega e escreve aquilo que acaba de pregar".[277] Por outro lado, utiliza a estratégia de publicar livros curtos, algo assim como "livros de bolso", e adaptados às necessidades concretas do povo.[278] O núcleo da espiritualidade afonsiana é este: "O homem é objeto, por parte de Deus, de um amor imenso e indefectível; na correspondência a esse amor consiste, tanto a felicidade do homem, quanto a glória de Deus".[279]

Os parágrafos dedicados à moral afonsiana não se detêm em questões concretas. Vão diretamente ao significado essencial da

[272] *Ibidem*, p. 23-24.
[273] *Ibidem*, p. 27-28.
[274] *Ibidem*, p. 27.
[275] *Ibidem*, p. 28-30 (dogmática), 30-31 (moral), 31-35 (ascética).
[276] *Ibidem*, p. 29.
[277] *Ibidem*, p. 31.
[278] *Ibidem*, p. 32.
[279] *Ibidem*, p. 33.

proposta de Afonso. Considero que são os parágrafos mais contundentes da carta. Aqui se percebe o professor de moral que foi o cardeal Albino Luciani.

- Parte da seguinte avaliação formal: "Se é doutor da Igreja, Afonso o deve a seu sistema moral".[280] A avaliação substantiva, ou de conteúdo, tem idêntica contundência: Afonso, com seu sistema moral, "produziu uma verdadeira revolução na ciência moral, dando um golpe definitivo no rigorismo e traçando uma via média, que nem atemoriza as almas com as angústias de uma salvação impossível, nem as lança nos braços do laxismo".[281]
- A via média de Afonso é "a via da prudência cristã, que já existia antes dele". O mérito de Afonso foi "ter levado à perfeição a fórmula já existente do probabilismo e de apoiá-la com argumentos totalmente convincentes que acabaram por se impor e prevalecer no ensinamento teológico".[282] Embora pareça que Afonso tenha matizado o probabilismo, inclinando-se para o equiprobabilismo, segue sendo claro que "sua rejeição do rigorismo é plena e clara. Essa rejeição lhe custou infinitas lutas, nas quais se encontrou quase sozinho".[283]
- Luciani termina, recordando a recepção eclesial da doutrina moral afonsiana. Refere-se concretamente à resposta da Sagrada Penitenciaria ao bispo de Besançon em 1831. De maneira geral, nota que "a Igreja reconheceu (em Afonso), depois de sua morte, uma autoridade única em Teologia Moral e aprovou seu espírito de moderação".[284]

Como se vê, a carta de Luciani reconhece em Afonso um papel decisivo na história da Teologia Moral moderna. Para isso, assinala a função que desempenhou na luta e vitória contra o rigorismo, com sua proposta de um "espírito de moderação" e de uma "via média de prudência cristã".

- Carta da Secretaria de Estado João Maria Villot (1972)

Por ocasião do centenário do Doutorado de Afonso (1971), o cardeal Secretário de Estado, Jean-Marie Villot, enviou, em 29 de

[280] *Ibidem*, p. 30.
[281] *Ibidem*, p. 30.
[282] *Ibidem*, p. 30.
[283] *Ibidem*, p. 31.
[284] *Ibidem*, p. 31.

outubro de 1972, uma *carta* ao cardeal Camillo Ruini, Arcebispo de Nápoles.[285] Esse documento é de interesse especial, porque apresenta os critérios de uma autêntica renovação da Teologia Moral na Igreja, tomando como referência normativa o pensamento teológico-moral de Afonso.

A *carta* começa com duas afirmações gerais sobre o significado histórico de Afonso. No primeiro ponto, ressalta seu sentido pastoral: "Santo Afonso foi, durante toda a sua longa vida, um 'pastor animarum' (...). Esta foi para ele a *suprema lex*. Sob essa luz se ilumina sua obra (...). O zelo pastoral o fez também teólogo".[286] A segunda afirmação, situa Afonso na relação com o *jansenismo*: "Quando o rigorismo jansenista, como reação ao laxismo moral, impedia uma relação viva e pessoal com Deus e a paz interior dos cristãos de boa vontade, os escritos do santo abriram aos fiéis, em sua fraqueza cotidiana, uma via ao Pai das misericórdias e ao Cristo Redentor".[287]

No contexto dessas duas perspectivas, a carta formula o peso da obra moral afonsiana: "Santo Afonso aprofundou e renovou a Teologia Moral com o compromisso e dedicação pessoal de sua fé, de seu zelo e de seu trabalho científico".[288]

É então que estabelece a correlação entre a "renovação" da Teologia Moral, levada a cabo por Afonso, com a tarefa de "renovação", pedida pelo Concílio Vaticano II para essa disciplina teológica, no decreto *Optatam Totius* n. 16: "Também hoje há necessidade de semelhante renovação e aprofundamento na Teologia. Por isso, as celebrações afonsianas nos oferecem oportunidade de dirigir diretrizes e indicações, sobretudo para a Teologia Moral de hoje, que deve realizar uma importante tarefa, de que tanto necessita a Igreja e o mundo atual".[289]

A *carta* propõe e desenvolve cinco critérios para alcançar uma autêntica renovação da Teologia Moral. Estes critérios, os vê preco-

---

[285] VILLOT, G. M. Carta da Secretaria de Estado João Maria Villot. *L'Osservatore Romano*, n. 252, ano CXII, 30-31 out 1972, p. 2.

[286] *Ibidem.*

[287] *Ibidem.*

[288] *Ibidem.*

[289] *Ibidem.*

nizados na obra moral de Afonso, embora também os fundamente nos textos do Concílio Vaticano II. Para compreender o significado, e aceitar a validade de tais critérios, não é necessário maior comentário. Apenas passo a enumerá-los, destacando algumas frases representativas.[290] Fixo-me nos quatro primeiros, já que o último se refere à necessidade de uma contínua evangelização:

1. *Tema central: a vocação em Cristo*: "A Teologia Moral deve ser algo mais que interpretação de um código moral ou exercício de casuística, embora essas coisas sempre conservem seu valor. A Teologia Moral hoje tem como centro a realidade mais profunda da vida cristã, que consiste na vocação em Cristo e na aceitação dessa vocação, e tudo como 'graça' do Redentor".

2. *Abertura ao homem de hoje desde a própria experiência*: "A experiência moral permite ao teólogo refletir sobre a moralidade humana e cristã, e é condição para poder contribuir na solução dos problemas morais da humanidade; tratará, portanto, de compreender a mentalidade do homem moderno e os problemas pessoais e sociais que implicam questões morais de grande importância".

3. *Entre o "rigorismo" e o "laxismo"*: "É necessário evitar, em tudo, um duplo perigo: o de não precisar, com suficiente clareza, qual é a vontade de Deus, impondo aos homens obrigações pouco fundamentadas, e o de pôr em dúvida exigências morais plenamente fundamentadas. Toda parcialidade na Teologia Moral, o rigorismo e o laxismo, não conduz a nenhum bem e prejudica a autêntica 'humanização' e cristianização do homem e da sociedade".

4. *Fontes de uma sadia Teologia Moral*: "Em primeiro lugar, deverá dirigir-se à Sagrada Escritura". A Teologia Moral tem, além disso, a obrigação de aprender da *história das ideias morais do Povo de Deus*: "O Povo de Deus é um só, mas ordenado hierarquicamente. Compreende-se, portanto, que a Teologia Moral deva estar especialmente atenta à palavra daqueles que, como *pastores*, podem dizer autenticamente qual é o verdadeiro espírito do povo de Deus". "Essa teologia deve se esforçar, além disso, para compreender o *homem atual* e, quanto possível,

[290] *Ibidem.*

diferentes homens das diversas culturas. Sem um tal esforço nunca se tocará a realidade da vida; deve, portanto, familiarizar-se com os conhecimentos essenciais das ciências humanas e conhecer a fundo o setor da realidade a que quer se dirigir, e inclusive dialogar com os homens que não possuem a luz do Evangelho".

A imagem de Teologia Moral que a *carta* apresenta está em expressa consonância com as orientações do Concílio Vaticano II. Além disso, em cada uma das quatro orientações assinaladas, há referência direta ao projeto teológico-moral de Afonso.

Desse modo, surge a imagem de uma Teologia Moral enraizada na tradição cristã, coerente com sua própria epistemologia, e em diálogo com todas as propostas morais válidas. Esse traço do diálogo é sublinhado expressamente pela carta: "Juntamente com os não cristãos, deverá empreender a tarefa de assinalar aquelas soluções aos problemas humanos contemporâneos que melhor respondam à realidade e à dignidade do homem (cf. *Gaudium et Spes* n. 33 e 40). A Teologia Moral católica, iluminada com a luz do Evangelho e destinada a ser luz dos povos, se propõe a prestar uma colaboração autêntica e aceitável a todos os homens de boa vontade; não é, portanto, uma moral normativa apenas para os católicos. Assim o pede, por outro lado, a doutrina católica tradicional sobre o valor universal e perene da que chamamos lei natural, da qual o magistério da Igreja é guarda e intérprete autêntico".

21.7.3. Duas Cartas Apostólicas e um Discurso de João Paulo II.

Devemos ao Papa João Paulo II duas Cartas Apostólicas dirigidas ao Superior Geral dos redentoristas: a primeira, por ocasião do segundo centenário da morte de Santo Afonso (1987); a segunda, motivada pelo terceiro centenário de seu nascimento (1996). Nas duas, particularmente, na primeira, há referências de grande significado sobre a obra moral do Padroeiro dos Confessores e Moralistas. Acrescentaremos a referência ao discurso pronunciado em Pagani, em 12 de novembro de 1990.

- Carta Apostólica por motivo do II Centenário da morte de Afonso (1987)

A Carta Apostólica *Spiritus Domini* (1º de agosto de 1987)[291], por motivo do II Centenário da morte de Afonso, é um breve tratado de *afonsianismo*.[292] Nela, também são citados os cardeais Roncalli (João XXIII) e Luciani (João Paulo I).

Aproximações gerais

A *perspectiva* adotada é uma combinação de história e atualidade, utilizando técnica parecida com a composição fotográfica, onde são sobrepostas duas imagens, em nosso caso, o passado do Afonso histórico e o presente de sua atualização. De fato, o gênero literário com que qualifica o documento comemorativo é o de "recordação ainda atual".[293] As referências históricas estão em função de sua atualização, e a atualização se baseia no significado dos dados históricos. A afirmação da atualidade de Afonso é explícita: "A história da Igreja e a história da piedade popular testemunham que a mensagem de Santo Afonso ainda é atual"[294].

O sujeito do documento é o Papa. Contudo, a comemoração tem pretensão de ser um ato eclesial: "Participando com toda a Igreja"[295]; "celebração da Igreja"[296]. Todo o documento transpira eclesialidade. Tanto é assim, que uma das afirmações do Papa, de maior novidade e importância sobre significado de Afonso, é seu sentido eclesial: "A doutrina de Afonso, mesmo quando inova, e então, principalmente, emerge da consciência plurissecular da Igreja. Possuía, como poucos, o sentido da Igreja, critério este que

291 Encontra-se em: *AAS* 79, 1987, p. 1365-1375. Tradução brasileira em: JOÃO PAULO II. Carta Apostólica Spiritus Domini: *SEDOC* 205, vol. 20, nov/dez 1987, p. 258-265.

292 CAPRILE, G. *Lettera Apostolica per II Centenario alfonsiano*: La Civiltà Cattolica 138 (1987) 75-78; DURRWELL, F. X. *La Lettre Apostolique "Spiritus Domini" (1 août 1987)*: SM 25 (1987) 419-422.

293 JOÃO PAULO II. Carta Apostólica Spiritus Domini: *SEDOC* 205, vol. 20, nov/dez 1987, p. 261.

294 *Ibidem*, p. 262.

295 *Ibidem*, p. 258.

296 *Ibidem*, p. 262.

o orientou na pesquisa teológica e na práxis pastoral, a ponto de se tornar, ele próprio, de certa forma, a voz da Igreja"[297].

A *apresentação global* sobre a figura de Afonso é a de um "mestre de sabedoria"[298]: "... foi mestre de sabedoria no seu tempo, e que continua a iluminar o caminho do Povo de Deus com o exemplo da sua vida e com a sua doutrina, qual luz refletida de Cristo, luz das Nações"[299]. Essa magnífica apresentação de Afonso como "mestre da sabedoria" orienta o conjunto do documento.

O *conteúdo* da Carta Apostólica se organiza em torno de cinco núcleos temáticos: 1) breve resenha dos dados biográficos de Afonso; 2) exposição, um pouco mais extensa, de sua atividade de escritor; 3) referência à recepção eclesial de sua mensagem; 4) resenha de "alguns aspectos que hoje parecem mais eloquentes"; 5) três aplicações, como "lição de vida", para os redentoristas.

Não é momento para expor e comentar os cinco temas da Carta Apostólica. Apenas quero recolher elementos que, a meu ver, o Papa descobre como maior novidade na vida e mensagem de Afonso.

Traços de novidade da Carta

- *União inseparável entre apostolado da palavra e da ação, e apostolado da pena*: "... esses são dois aspectos inseparáveis da sua vida, que mutuamente se completam, conferindo à produção literária de Afonso um caráter pastoral inconfundível"[300]. "Do mesmo modo que a sua obra moral e dogmática, aliás, em maior medida, os escritos espirituais de Afonso derivam do apostolado e o integram"[301].
- *Amigo do povo*: "Santo Afonso foi um grande amigo do povo: do povo simples, do povo dos bairros mais pobres de Nápoles, então capital do Reino; do povo humilde, dos trabalhadores e sobretudo do povo da roça. Toda a vida do Santo como Missionário, Fundador, Bispo e escritor revela esse senso do povo". Em função do povo, repensará a pregação, a catequese, o ensinamento da moral e a própria vida espiritual"[302]. "As características da sua

[297] *Ibidem*, p. 262.
[298] *Ibidem*, p. 258.
[299] *Ibidem*, p. 258.
[300] *Ibidem*, p. 259.
[301] *Ibidem*, p. 260.
[302] *Ibidem*, p. 262.

espiritualidade podem resumir-se numa só palavra: é uma espiritualidade adaptada ao povo"[303].

- *A salvação e a santidade como objetivos.* "Na raiz desse seu amor ao povo está a solicitude pela salvação eterna, sua e dos outros. No entanto, não busca a mera salvação, mas também a perfeição, a santidade"[304]. "Todos são chamados à santidade, cada um no seu próprio estado. A santidade e a perfeição consistem, essencialmente, no amor a Deus, o qual atinge seu ponto máximo na uniformidade com a vontade de Deus"[305].
- *Inovações na opção pastoral*: 1) êxodo para as "zonas periféricas" e para a "parte esquecida" da sociedade; "uma experiência importante para ele, pois, conhecendo bem aquela camada da população, pobre de cultura humana e carente de bens espirituais, amadureceu nele a opção decisiva pelas 'almas mais abandonadas' dos campos e povoados da zona rural"[306]; 2) preferência "pelos pobres e os humildes"[307]; 3) "forte compromisso no apostolado secular"[308].
- *A ternura e a afabilidade* como traços de Afonso. Não é frequente destacar esses traços na figura de Afonso. João Paulo II o faz: 1) descrevendo a opção de Afonso pelo pobre como "ternura para com o pobre"[309]; 2) afirmando que "a popularidade que perpetuou a memória do nosso Santo se explica pela sua brevidade, clareza, simplicidade, otimismo, afabilidade que chega até a ternura"[310].

A obra moral de Afonso

Essa Carta Apostólica de João Paulo II é o documento do magistério eclesiástico recente que destacou, com maior ênfase, o papel de Afonso na história da Teologia Moral contemporânea e sua opção por uma moral da "benignidade pastoral".

---

303 *Ibidem*, p. 261.
304 *Ibidem*, p. 262.
305 *Ibidem*, p. 261.
306 *Ibidem*, p. 259.
307 *Ibidem*, p. 259.
308 *Ibidem*, p. 259.
309 *Ibidem*, p. 262.
310 *Ibidem*, p. 262.

Sobre o *lugar* de Afonso na história da Teologia Moral, faz duas afirmações:

- Primeira, "Afonso foi o renovador da moral"[311];
- Segunda, "Suas obras 'Praxis Confessarii', 'Homo Apostolicus' e, a principal delas, a 'Theologia Moralis' fizeram dele o mestre da ciência moral católica"[312].

A peculiar *contribuição* de Afonso, nesse terreno da reflexão e vida católicas, é descrita como processo de conversão intelectual e abertura de uma via segura entre os extremos do laxismo e do rigorismo: "... em contato com o povo que encontrava no confessionário, especialmente nas Missões, foi modificando, pouco a pouco, e não sem esforço, a sua mentalidade, para chegar ao justo equilíbrio, dosando a severidade com a liberdade"[313].

O Papa enfatiza, de modo especial, a postura de Afonso *contra o excessivo rigorismo* moral na pastoral:

> "A propósito do excessivo rigor com que, muitas vezes, os sacerdotes administravam o sacramento da Penitência - por ele chamado de 'Ministério da graça e do perdão' - costumava dizer: 'Assim como o laxismo dos confessores é a ruína dos penitentes, assim também o rigorismo lhes faz um grande mal. Reprovo certos rigores, que não se baseiam na ciência moral, e que destroem em vez de edificar. Com os pecadores se deve agir com caridade e mansidão, a exemplo de Cristo. Por isso, se quisermos salvar almas para Deus, devemos imitar, não a Jansênio, mas sim a Jesus Cristo, que é o modelo de todos os missionários' (A. Tannoia, III, 88). E, na sua principal obra de Teologia Moral, escreveu, entre outras, estas memoráveis palavras: 'Já que é certo, ou se deve ter como certo... que não se deve impor nada às pessoas sob culpa grave, senão quando houver uma razão evidente para isso (...). Dada a fragilidade da presente condição humana, nem sempre é verdade que seja mais seguro conduzir as pessoas pelo caminho mais estreito (GAUDÉ, II, p. 53); pois vemos que a Igreja condena, tanto a demasiada liberdade, quanto o excessivo rigor"[314].

---

[311] *Ibidem*, p. 259.
[312] *Ibidem*, p. 260.
[313] *Ibidem*, p. 259.
[314] *Ibidem*, p. 259-260.

Como conclusão, o Papa propõe o critério da *benignidade pastoral*. É o primeiro documento magisterial onde aparece, pela primeira vez, a expressão *benignidade pastoral*, da qual o autor destas linhas se considera o iniciador. O Papa deixa esta missão aos redentoristas: "Sempre, porém, se deve recordar que, na direção espiritual, como também no ensino da moral, a norma necessária e irrecusável, à qual sempre é necessário obedecer, é a Palavra de Deus, enquanto autenticamente interpretada pelo Magistério. Além disso, adote-se como linha de conduta a benignidade pastoral (...) de acordo com a sábia advertência do Papa Paulo VI: 'Não minimizar em nada a doutrina salutar de Cristo é forma de caridade eminente para com as almas. Mas isso deve andar sempre acompanhado, também, da paciência e da bondade, de que o mesmo Senhor deu o exemplo, ao tratar com os homens'"[315].

– Carta Apostólica por ocasião do III Centenário de nascimento de Afonso (1996)

Conexão com a Carta Apostólica precedente.

A Carta Apostólica de João Paulo II, por ocasião do III Centenário de nascimento de Afonso, tem um tom mais exortativo e menos expositivo que a precedente.[316] Não obstante, se mantém nas coordenadas metodológicas e temáticas marcadas pela Carta Apostólica de 1987.

Quanto à *metodologia*, continua utilizando a mesma técnica, ou seja, sobrepõe a mensagem de Afonso à vida da Igreja de hoje e interpreta esta, em relação com aquela. Todo o documento busca, a um só tempo, interpretação e atualização da mensagem afonsiana.

A segunda carta retoma o *tema principal* da primeira, citando, textualmente, uma passagem decisiva: "Como já tive ocasião de fazer no segundo centenário da morte de Santo Afonso, também hoje me uno com grande alegria aos redentoristas na 'recordação, todavia atual, de um santo que ... foi mestre de sabedoria no seu tempo, e

---

315 *Ibidem*, p. 264.

316 Lettera di Giovanni Paolo II per il III Centenario della nascita di sant'Alfonso Maria de' Liguori. *L'Osservatore Romano, n. 222, anno CXXXVI, 27 set 1996. p. 5.* (AAS 79 [1987] 1365).

que continua a iluminar o caminho do Povo de Deus com o exemplo da sua vida e com a sua doutrina, qual luz refletida de Cristo, luz das Nações' (Carta Apostólica Spiritus Domini, p. 258)"[317].

Volta a insistir em alguns aspectos peculiares e atuais da mensagem afonsiana para a vida eclesial de hoje:

- *Opção pastoral pelos abandonados*: "Sobretudo, é necessário permanecer fiéis à opção do fundador pelos abandonados"[318].
- *Promoção dos leigos*: "O compromisso pela promoção de um laicato cada dia mais consciente da dignidade e das responsabilidades batismais é essencial para uma Igreja que queira responder aos desafios do terceiro milênio"[319].

Contribuições dessa nova Carta Apostólica.

A Carta Apostólica de 1987 fazia uma consideração histórica e atual do conjunto da vida e da obra de Afonso; ou seja, recordava "os traços fundamentais da proposta afonsiana nos âmbitos espiritual, moral e pastoral"[320]. Na Carta Apostólica de 1996 prevalece uma consideração de caráter setorial: fixa-se, preferentemente, na dimensão missionária da mensagem afonsiana. É dentro desse contexto missionário que adquirem relevo as perspectivas oferecidas pelo Papa para interpretar e atualizar a proposta de Afonso.

Em primeiro lugar, apresenta o *segredo* da vida de Afonso desde o objetivo da evangelização: "O anúncio aos abandonados e, especialmente, aos pobres, constituiu o segredo da vida do santo doutor"; "desde o momento de sua 'conversão' em 1723, viveu, sem reservas, o zelo evangelizador, segundo as palavras de Paulo: 'se prego o Evangelho, não tenho que sentir orgulho; é minha obrigação fazê-lo. Pois, ai de mim se não evangelizar' (*1Cor* 9, 16)"[321].

---

[317] *Ibidem.*
[318] *Ibidem.*
[319] *Ibidem.*
[320] *Ibidem.*
[321] *Ibidem.* Utiliza a mesma chave hermenêutica para interpretar a história dos redentoristas: "A vitalidade e o dinamismo da comunidade redentorista, ao longo de seus séculos de história, residem em sua fidelidade ao espírito missionário".

Uma parte importante da segunda Carta Apostólica é dedicada à exposição, e necessária atualização, do espírito missionário, segundo o carisma fundacional de Afonso:

- *Resposta às questões concretas da humanidade*: "É uma pregação que necessita se encarnar nos desafios concretos que a humanidade tem que afrontar hoje e dos quais depende seu próprio futuro. Só assim poderá se tornar realidade a civilização do amor, por todos desejada"[322].
- *Métodos*: renovação dos tradicionais e uso dos novos: "As formas desse anúncio devem ser renovadas constantemente à luz das possibilidades e das exigências dos diferentes contextos... Isso vale, de maneira particular, para a 'missão popular', que durante esses dois séculos caracterizou a pregação redentorista"[323]. "É necessário, além disso, servir-se dos demais meios modernos com os quais é possível levar a verdade aos homens e mulheres de hoje (...). O exemplo de Santo Afonso deve estimular os redentoristas de hoje a usar, cada vez com maior competência, todos os meios de comunicação social"[324].
- *Opção por um estilo simples, substancioso e claro*: "Permanecendo fiéis a um estilo simples, substancial e claro"[325].

Toda a exposição sobre a proposta afonsiana se move dentro de uma atmosfera que torna peculiar essa Carta Apostólica de João Paulo II. Creio que tal *atmosfera* é a *misericórdia divina*. Não se encontrará outro documento do Magistério eclesiástico que ressalte, com tanta ênfase, a dimensão de misericórdia divina na mensagem afonsiana:

- *O cristocentrismo de Afonso é um cristocentrismo de misericórdia*: "Com Santo Afonso é necessário afirmar o lugar central que Cristo ocupa como mistério de misericórdia do Pai em toda a pastoral"[326].
- O *conteúdo nuclear do anúncio missionário é a misericórdia divina*: "É necessário não deixar nunca de proclamar a misericórdia divina"[327].

---

322 *Ibidem.*
323 *Ibidem.*
324 *Ibidem.*
325 *Ibidem.*
326 *Ibidem.*
327 *Ibidem.*

- A *conversão autêntica não brota do medo, mais sim, da experiência do amor misericordioso*: "Segue sendo muito atual, para toda a pastoral, a advertência de Santo Afonso: 'É preciso se convencer de que as conversões feitas apenas por medo dos castigos divinos duram pouco (...); se não entra no coração o santo amor de Deus, dificilmente perseverará'. Por essa razão, 'o esforço principal do pregador' deverá consistir 'em fazer que, em cada pregação, seus ouvintes se inflamem do santo amor' (Opere, III, Turim, 1847, 288)"[328].
- A *experiência da misericórdia divina conduz à santidade*: "Dessa conversão centrada no amor brota a constante aspiração à santidade"[329].

Referências à Teologia Moral.

A Carta Apostólica não dedica muito espaço à dimensão moral da mensagem afonsiana. Contudo, suas anotações sobre esse aspecto são de grande fineza e proporcionam orientações muito válidas para o momento atual.

As alusões à moral afonsiana se situam dentro de duas perspectivas que são a chave da interpretação. Por um lado, se situam dentro da citada atmosfera de *misericórdia*. Por outro, o objetivo das orientações propostas não é tanto a teoria teológico-moral, mas sim a *pedagogia*, ou seja, tornar funcional a dimensão moral cristã na situação atual.

Levando em conta esse contexto de misericórdia divina e de interesse pedagógico, o documento assinala *alguns traços* na proposta moral afonsiana que a fazem digna de originalidade na história da moral cristã e a convertem em mensagem de grande atualidade[330]:

- *Superação do divórcio entre fé e vida*: "Santo Afonso se esforçou, particularmente, para que em todos os estratos do povo de Deus fosse superada a separação entre fé e vida"; "a fidelidade ao fundador exige, de maneira particular dos redentoristas, essa capaci-

[328] *Ibidem*.
[329] *Ibidem*.
[330] Os textos citados na continuação se encontram em: *ibidem*.

dade e esse compromisso, indispensáveis para a 'mobilização geral das consciências e um esforço ético comum' que não me canso de indicar como solução dos problemas, inclusive mais graves, como os relacionados com a vida (*Evangelium Vitae*, 95)".

- *Percorrer o caminho, desde os princípios gerais, até as aplicações concretas:* "É necessário não se deter nunca apenas na enunciação dos princípios, mas também iluminar com eles a vida diária, para permitir que a consciência de cada batizado percorra um caminho seguro".
- *Saber distinguir o essencial, do menos importante*: "Esse espírito prático de Santo Afonso requer ir ao essencial e ao concreto, como resposta às questões que efetivamente contam para o povo, na fidelidade ao Evangelho e à Tradição viva da Igreja".
- *A atuação da consciência madura na complexidade atual*: O espírito afonsiano "impulsiona a maturidade das consciências, capazes de iluminar, com a sabedoria do Espírito, a complexidade das diferentes situações da vida".
- *Respeito à lei da gradualidade*: "O anúncio é autêntico quando, seguindo a pedagogia de Cristo, se concretiza no acompanhamento paciente da consciência de cada um, pelo caminho gradual, rumo à verdade e ao bem".
- *Renovação do sacramento da Penitência*: "O espírito prático do fundador deve continuar estimulando seus filhos no trabalho pastoral, especialmente em vistas à renovação do sacramento da Reconciliação;" nesse sacramento é onde se verifica, de modo especial, "a acolhida de pai e a paciência de médico" do pregador do Evangelho.

Como se pode facilmente observar, as anotações precedentes, sem pretender uma análise científica da moral afonsiana, expressam, de forma original e precisa, a peculiaridade de Afonso nesse terreno da moral, que ele cultivou de maneira especial. Também são indicações muito valiosas para orientar a crise da prática moral na comunidade católica de hoje.

Discurso em Pagani (12 de novembro de 1990)

O Papa João Paulo II visitou a Basílica de Pagani (Itália), onde são veneradas as relíquias de Afonso de Liguori. Ao fazer isso, o

Papa polonês recordou expressamente a visita, ao mesmo lugar, de seu predecessor, o Papa Pio IX (8 de outubro de 1849), durante seu exílio em Gaeta.

Aludindo a sua anterior Carta apostólica (1° de agosto de 1987), o Papa quis recordar em seu discurso alguns dos ensinamentos de Afonso.[331] Apresento-os de forma esquemática:

- *Afonso foi um mestre de vida cristã.* E o foi com sua pregação e com seus escritos.[332]
- Entre seus escritos, destaca-se a *Teologia Moral,* apreciável pela elevação de sua doutrina, por seu singular equilíbrio de critérios e por sua sensibilidade pastoral. Foram seus escritos morais que valeram a Afonso o título de Doutor da Igreja e o título de Padroeiro dos Confessores e Moralistas.[333]
- A memória do patrocínio dos confessores leva o Papa a continuar seu discurso sobre o tema do pensamento (e da prática pastoral) de Afonso em relação à *confissão.*[334] Para orientar essa prática pastoral, Afonso compôs a *Praxis confessarii.*[335] Além disso, "toda a *Theologia Moralis* está orientada para o ministério da confissão. Mais do que um trabalho universitário, a obra é o êxito da longa experiência missionária do santo".[336]
- A última parte do discurso foi dedicada a apresentar a dimensão espiritual - vivida e ensinada - de Afonso, que o Papa afirma ter sido um "Mestre de vida espiritual".[337] "O fim e o segredo da perfeição evangélica, para o Santo Doutor, está propriamente nisto: no intercâmbio de amor de Deus com nosso amor de criaturas suas".[338]

[331] Ver o texto italiano em: AAS 83 (1991) 652-657.
[332] *Ibid.*, 653.
[333] *Ibidem.*
[334] *Ibid.*, 653-654.
[335] *Ibid.*, 654.
[336] *Ibidem.*
[337] *Ibid.*, 655.
[338] *Ibidem.*

- Complemento

O Papa João Paulo II, na citada Carta Apostólica *Spiritus Domini* (1987), diz que "Do Papa João XXIII, de veneranda memória, apraz-nos recordar a seguinte exclamação"[339] que constitui uma confissão de afeto cordial em relação à figura de Afonso. É a seguinte: "Ó Santo Afonso, Santo Afonso! Que glória e que tema de estudo para o clero italiano! Sua vida e suas obras nos são familiares desde os primeiros anos de nossa formação eclesiástica!"[340]

---

339 JOÃO PAULO II. Carta Apostólica Spiritus Domini: *SEDOC* 205, vol. 20, nov/dez 1987, p. 261.

340 RONCALLI, A. G. *Il giornale dell'anima* (Roma, 1964) 462. (= Diário íntimo e outros escritos de piedade. São Paulo: Livraria Morais Editora, 1964, p. 502-503). Achamos conveniente, na edição brasileira, transcrever o trecho completo: "Oh, Santo Afonso, Santo Afonso! Que glória e objeto de estudo e veneração para o clero italiano! A sua vida e as suas obras eram-nos familiares desde os primeiros anos da nossa formação eclesiástica. Assim me tinham iniciado em Bérgamo. E por certo o grande doutor e bispo cujo espírito devia mais tarde estender-se para além dos Alpes e expandir-se prodigiosamente depois da sua morte, suscitando uma floração maravilhosa de apostolado e de santidade, retrata na sua figura querida aquilo que mais corresponde ao nosso temperamento de italianos, aberto, perspicaz, cheio de equilíbrio e ao mesmo tempo de liberdade, de solidez, de poesia. O padre Francesco Pitocchi conhecia o seu Santo Afonso, amava-o e fazia-o conhecer e amar com fervor surpreendente. Floresciam nos seus lábios, com facilidade admirável, episódios e particularidades da vida do grande santo, que ele sabia aplicar oportunamente, como exemplo e encorajamento para nós nos vários casos da nossa vida: repetia pensamentos e palavras tiradas dos seus escritos que tinha sempre à mão, e dos quais aconselhava uma frequente leitura. Era costume dizer que Santo Afonso nunca envelhece; que, para além da forma simples e por vezes descuidada, havia tesouros inesgotados de doutrina, de ciência sacra, daquela ciência que é perene e raiz de santidade. Cheio de respeito e de grande estima pelos outros institutos religiosos que honram a Igreja, levado por uma especial veneração pelos padres jesuítas que tinham sido os mestres da sua juventude, sentia-se, no entanto, sobretudo redentorista de alma e coração, feliz e reconhecido a Deus pela sua vocação; fiel, sacrificado às suas obrigações até ao escrúpulo entusiasmado pela sua congregação, comprazia-se em exaltar-lhe os méritos, os esplendores do apostolado em toda a Europa e nas missões estrangeiras, os frutos antigos e novos de ciência e de santificação das almas. Por vezes interessava mais detalhadamente algum de nós por aquilo que lhe era caro. Assim, lembro como mandou traduzir para italiano em 1904 a Francesco Borgongini uma bela publicação de um confrade francês sobre *Santo Afonso e a música sacra,* se não me engano; e a mim deu-me o encargo de preparar, conforme fiz, um brevíssimo *resumo da vida de Soror Maria Celeste,* que veio a ser difundida em folhas soltas entre o povo".

21.7.4. *Duas catequeses de Bento XVI*

- Catequese de Bento XVI na Audiência Geral de quarta-feira, 30 de março de 2011.[341]

Prezados irmãos e irmãs

Hoje gostaria de apresentar-vos a figura de um santo Doutor da Igreja, ao qual devemos muito, porque foi um insigne teólogo moralista e um mestre de vida espiritual para todos, principalmente para as pessoas simples. É o autor das palavras e da música de um dos cânticos de Natal mais populares na Itália, e não só: *Tu scendi dalle stelle.*

Pertencente a uma família napolitana nobre e rica, Afonso Maria de Ligório nasceu em 1696. Dotado de acentuadas qualidades intelectuais, com apenas 16 anos obteve a licenciatura em direito civil e canônico. Era o advogado mais brilhante do foro de Nápoles: durante oito anos venceu todas as causas que defendeu. Todavia, na sua alma sedenta de Deus e desejosa de perfeição, o Senhor levava-o a compreender que outra era a vocação à qual o chamava. Com efeito, em 1723, indignado pela corrupção e a injustiça que viciavam o ambiente forense, abandonou a sua profissão - e com ela a riqueza e o sucesso - e decidiu tornar-se sacerdote, não obstante a oposição da parte do pai. Teve mestres excelentes, que o introduziram no estudo da Sagrada Escritura, da História da Igreja e da Mística. Adquiriu uma vasta cultura teológica, que fez frutificar quando, depois de alguns anos, empreendeu a sua obra de escritor. Foi ordenado presbítero em 1726 e, pelo exercício do ministério, uniu-se à Congregação diocesana das Missões apostólicas. Afonso deu início a uma obra de evangelização e de catequese no meio das camadas mais humildes da sociedade napolitana, às quais gostava de pregar, e que instruía acerca das verdades basilares da fé. Não poucas destas pessoas, pobres e modestas, às quais se dirigia, dedicavam-se com frequência aos vícios e praticavam

[341] Texto, em italiano: L'Osservatore Romano de 31 março de 2011. Texto português em: BENTO XVI. *Doutores da Igreja*. São Paulo, Paulus, 2012. p. 49-55.

ações criminosas. Com paciência ensinava-as a rezar, encorajando-as a melhorar o seu estilo de vida. Afonso alcançou resultados excelentes: nos bairros mais miseráveis da cidade multiplicavam-se grupos de pessoas que, à noite, se reuniam nas casas particulares e nas oficinas, para rezar e para meditar a Palavra de Deus, sob a orientação de alguns catequistas formados por Afonso e por outros sacerdotes, que visitavam regularmente estes grupos de fiéis. Quando, por vontade do arcebispo de Nápoles, estas reuniões começaram a realizar-se nas capelas da cidade, receberam o nome de "capelas vespertinas". Elas constituíram uma verdadeira fonte de educação moral, de restabelecimento social e de ajuda recíproca entre os pobres: furtos, duelos e prostituição quase chegaram a desaparecer.

Embora o contexto social e religioso da época de santo Afonso fosse muito diferente do nosso, as "capelas vespertinas" parecem um modelo de obra missionária em que podemos nos inspirar também hoje, para uma "nova evangelização", particularmente dos mais pobres, e para construir uma convivência humana mais justa, fraterna e solidária. Aos sacerdotes é confiada uma tarefa de ministério espiritual, enquanto leigos bem formados podem ser animadores cristãos eficazes, fermento evangélico autêntico no seio da sociedade.

Depois de ter pensado em partir para evangelizar os povos pagãos, Afonso, com 35 anos de idade, entrou em contato com os camponeses e com os pastores das regiões do interior do Reino de Nápoles e, impressionado com a sua ignorância religiosa e com o estado de abandono em que viviam, decidiu deixar a capital e dedicar-se a estas pessoas, que eram pobres espiritual e materialmente. Em 1732 fundou a Congregação religiosa do Santíssimo Redentor, que pôs sob a tutela do bispo Tomás Falcoia, e da qual sucessivamente ele mesmo se tornou o superior. Estes religiosos, guiados por Afonso, foram autênticos missionários itinerantes, que chegaram até aos povoados mais remotos, exortando à conversão e à perseverança na vida cristã, sobretudo por meio da oração. Ainda hoje os Redentoristas, espalhados por muitos países do mundo, com novas formas de apostolado, continuam esta missão de evangelização. Penso neles com reconhecimento, exortando-os a ser sempre fiéis ao exemplo do seu santo fundador.

Estimado pela sua bondade e pelo seu zelo pastoral, em 1762 Afonso foi nomeado bispo de Santa Águeda dos Godos, ministério que, depois das enfermidades que o afligiam, deixou em 1775, por concessão do Papa Pio VI. Em 1787, o mesmo Pontífice, recebendo a notícia do seu falecimento, ocorrido depois de muitos sofrimentos, exclamou: "Era um santo!" E não se equivocava: Afonso foi canonizado em 1839 e, em 1871, proclamado Doutor da Igreja. Este título adapta-se-lhe por múltiplos motivos. Antes de tudo, porque ele propôs um rico ensinamento de teologia moral, que exprime adequadamente a doutrina católica, a tal ponto que foi proclamado pelo Papa Pio XII "Padroeiro de todos os confessores e moralistas". Na sua época difundiu-se uma interpretação muito rigorosa da vida moral, também por causa da mentalidade jansenista que, em vez de alimentar a confiança e a esperança na misericórdia de Deus, fomentava o medo e apresentava um rosto de Deus áspero e severo, muito distante daquele que nos foi revelado por Jesus.

Sobretudo na sua obra principal, intitulada *Teologia Moral,* santo Afonso propõe uma síntese equilibrada e convincente entre as exigências da lei de Deus, esculpida nos nossos corações, revelada plenamente por Cristo e interpretada respeitavelmente pela Igreja, e os dinamismos da consciência e da liberdade do homem que, precisamente na adesão à verdade e ao bem, permitem o amadurecimento e a realização da pessoa. Aos pastores de almas e aos confessores, Afonso recomendava que fossem fiéis à doutrina moral católica, assumindo ao mesmo tempo uma atitude caritativa, compreensiva e dócil, a fim de que os penitentes pudessem sentir-se acompanhados, sustentados e encorajados no seu caminho de fé e de vida cristã. Santo Afonso nunca se cansava de repetir que os sacerdotes são um sinal visível da misericórdia infinita de Deus, que perdoa e ilumina a mente e o coração do pecador a fim de que se converta e mude de vida. Na nossa época, em que existem claros sinais de perda da consciência moral e – é necessário reconhecê-lo – de uma certa falta de estima pelo sacramento da Confissão, o ensinamento de santo Afonso ainda é de grande atualidade.

Além das obras de teologia, santo Afonso compôs muitíssimos outros escritos, destinados à formação religiosa do povo. O estilo é simples e agradável. Lidas e traduzidas em numerosas línguas, as obras de santo Afonso contribuíram para plasmar a espiritualidade popular dos últimos dois séculos. Algumas delas são textos que se devem ler com grande proveito ainda hoje, como *As Máximas eternas, As glórias de Maria* e *A prática de amar Jesus Cristo;* esta última obra representa a síntese do seu pensamento e a sua obra-prima. Ele insiste muito sobre a necessidade da oração, que permite se abrir à Graça divina para cumprir quotidianamente a vontade de Deus e alcançar a santificação pessoal.

No que se refere à oração, ele escreve: "Deus não nega a ninguém a graça da oração, com a qual se obtém a ajuda para vencer qualquer concupiscência e tentação. Digo, reitero e repetirei sempre, enquanto viver, que toda a nossa salvação se encontra na oração". Daqui deriva o seu famoso axioma: "Quem reza, se salva" (*Del gran mezzo della preghiera e opuscoli affini. Opere ascetiche II*, Roma 1962, p. 171). A este propósito, volta-me ao pensamento a exortação do meu predecessor, o Venerável Servo de Deus João Paulo II: "As nossas comunidades cristãs devem tornar-se 'escolas de oração'... Então, é preciso que a educação para a oração se torne um ponto qualificativo de toda a programação pastoral" (Carta Apostólica *Novo Millennio Ineunte,* 33.34).

Entre as formas de oração aconselhadas fervorosamente por santo Afonso sobressai a visita ao Santíssimo Sacramento ou, como diríamos hoje, a adoração, breve ou prolongada, pessoal ou comunitária, diante da Eucaristia. "Sem dúvida – escreve Afonso – entre todas as devoções, a de adorar Jesus sacramentado é a primeira depois dos sacramentos, a mais querida a Deus e a mais útil para nós... Oh, como é bom permanecer diante de um altar com fé... e apresentar-lhe as próprias necessidades, como faz um amigo a outro amigo, no qual se tem toda a confiança!" (*Visitas ao Santíssimo Sacramento e à Santíssima Maria para cada dia do mês.* Introdução). Com efeito, a espiritualidade afonsiana é eminentemente cristológica, centrada em Cristo e no seu Evangelho. A meditação do mistério da Encarnação e da Paixão do Senhor é frequentemente objeto da sua pregação. Com efeito, nestes acontecimentos a Redenção é oferecida "abundantemente" a todos os homens. E precisamente porque é cristológica, a piedade afonsiana é também requintadamente mariana. Devotíssimo de Maria, ele explica o seu papel na história da salvação: Sócia da Redenção e Medianeira da graça, Mãe, Advogada e Rainha. Além disso, santo Afonso afirma que a devoção à Maria nos será de grande conforto na hora da nossa morte. Ele estava persuadido de que a meditação sobre o nosso destino eterno, sobre a nossa chamada a participar para sempre nas bem-aventuranças de Deus, assim como sobre a trágica possibilidade da condenação, contribui para viver com serenidade e empenhamento, e para enfrentar a realidade da morte, conservando sempre plena confiança na bondade de Deus.

Santo Afonso Maria de Ligório é um exemplo de pastor zeloso, que conquistou as almas pregando o Evangelho e administrando os Sacramentos, unido a uma maneira de agir caracterizada por uma bondade suave e mansa, que nascia da relação intensa com Deus, que é a Bondade infinita. Ele tinha uma visão realisticamente otimista dos recursos de bem que o Senhor concede a cada homem, e dava importância aos afetos e aos sentimentos do coração, mas também da mente, para poder amar a Deus e ao próximo.

Como conclusão, gostaria de recordar que o nosso santo, analogamente a são Francisco de Sales – sobre o qual já falei há algumas semanas – insiste em dizer que a santidade permanece acessível a cada cristão: "O religioso como religioso, o secular como secular, o sacerdote como sacerdote, o casado como casado, o mercador como mercador, o soldado como soldado, e assim por diante com todas as outras condições" (*Prática de amar Jesus Cristo. Obras ascéticas* I, Roma 1933, p. 79).

Demos graças ao Senhor que, com a sua Providência, suscita santos e doutores em diferentes lugares e tempos, que falam a mesma linguagem para nos convidar a crescer na fé e a viver com amor e alegria o nosso ser cristãos, nos gestos simples de cada dia, para caminhar pela vereda da santidade, pela estrada rumo a Deus e à verdadeira alegria. Obrigado!

- Catequese de Bento XVI na Audiência Geral em Castel Gandolfo (1° de agosto de 2012). [342]

Santo Afonso Maria de Ligório e a oração.

Queridos irmãos e irmãs!

Celebramos hoje a memória litúrgica de Santo Afonso Maria de Ligório, Bispo e Doutor da Igreja, fundador da Congregação do Santíssimo Redentor, Redentoristas, padroeiro dos estudiosos de teologia moral e dos confessores. Afonso é um dos santos mais populares do século XVIII, devido ao seu estilo simples e imediato e à sua doutrina sobre o sacramento da Penitência: num período de grande rigorismo, fruto da influência jansenista, ele aconselhava aos confessores que administrassem este Sacramento manifestando o abraço jubiloso de Deus Pai, que na sua misericórdia infinita não se cansa de acolher o filho arrependido. A celebração hodierna oferece-nos a ocasião para refletir sobre os ensinamentos de santo Afonso acerca da oração, extremamente preciosos e cheios de alento espiritual. Remonta ao ano de 1759 o seu tratado *Do grande meio da Oração*, que ele considerava o mais útil de todos os seus escritos. De fato, descreve a oração como "o meio necessário e seguro para alcançar a salvação e todas as graças das quais temos necessidade" (Introdução). Nesta frase está sintetizado o modo afonsiano de compreender a oração.

Antes de tudo, afirmando que é um meio, chama-nos para a meta a alcançar: Deus criou-nos por amor, para nos poder doar a vida em plenitude; mas esta meta, esta vida plena, por causa do

342 Em italiano: L'Osservatore Romano, Anno CLII n. 177 (46.123), 2 ago 2012, p. 8.

pecado afastou-se, por assim dizer – como todos sabemos – e só a graça de Deus pode torná-la acessível. Para explicar esta verdade basilar e fazer entender de modo direto como é real para o homem o risco de "se perder", santo Afonso cunhou um famoso axioma, muito elementar, que diz: "Quem reza salva-se, quem não reza condena-se!" Comentando esta frase lapidar, acrescentava: "Enfim, salvar-se sem rezar é dificílimo, aliás impossível... mas rezando a salvação é algo garantido e facílimo" (II, Conclusão). E ainda: "Se não rezarmos, não teremos desculpas, porque a graça de rezar é concedida a cada um... se não nos salvarmos, toda a culpa será nossa, porque não rezamos" (ibid.). Portanto, ao dizer que a oração é um meio necessário, santo Afonso desejava fazer compreender que em cada situação da vida não se pode deixar de rezar, sobretudo nos momentos de provação e dificuldade. Devemos sempre bater à porta do Senhor, conscientes de que Ele cuida dos seus filhos, de nós, em tudo". Por conseguinte, somos convidados a não ter medo de recorrer a Ele e de lhe apresentar com confiança os nossos pedidos, na certeza de que obteremos aquilo de que precisamos.

Queridos amigos, esta é a questão central: o que é deveras necessário na minha vida? Respondo com santo Afonso: "A saúde e todas as graças que lhe são essenciais" (ibid.); naturalmente, ele entende não só a saúde do corpo, mas, antes de tudo, da alma, que Jesus nos doa. Mais do que qualquer coisa, temos necessidade da sua presença libertadora que torna deveras plenamente humana e, portanto, cheia de alegria, a nossa existência. E só através da oração podemos acolhê-Lo, a sua Graça que, iluminando-nos em todas as situações, nos ajuda a discernir o verdadeiro bem e, fortalecendo-nos, torna eficaz também a nossa vontade, isto é, torna-a capaz de atuar o bem que conhecemos. Muitas vezes reconhecemos o bem, mas não somos capazes de o levar a cabo. Com a oração conseguimos realizá-lo. O discípulo do Senhor está consciente de que se encontra sempre exposto à tentação e não deixa de pedir ajuda a Deus na oração para a vencer.

Santo Afonso menciona o exemplo de são Filipe Néri – muito interessante – que "desde o primeiro momento quando despertava de manhã, dizia a Deus: "Senhor, mantende hoje as mãos sobre Filipe, pois caso contrário Filipe atraiçoar-vos-á" (III, 3). Grande realista! Ele pede a Deus para manter a sua mão sobre ele. Também nós, conscientes da nossa fragilidade, devemos pedir a ajuda de Deus com humildade, confiando na riqueza da sua misericórdia. Num outro trecho, santo Afonso diz: "Nós somos pobres de tudo, mas se pedirmos já não seremos pobres. Nós somos pobres mas Deus é rico" (II, 4). E, nas pegadas de santo Agostinho, convida cada cristão a não ter medo de pedir a Deus, com as orações, a força que não possui, e que lhe é necessária para fazer o bem, na certeza de que o Senhor não nega a sua ajuda a quem lha pede com humildade (cf. III, 3). Prezados amigos, santo Afonso recorda-nos que a relação com Deus é essencial na nossa vida. Sem ela, falta--nos a relação fundamental, que só se realiza no falar com Deus, na oração pessoal diária e com a participação nos Sacramentos, e assim esta relação pode crescer em nós, pode aumentar em nós a presença divina que orienta o nosso caminho, que o ilumina e o torna seguro e sereno, até no meio das dificuldades e perigos. Obrigado!

21.7.5. Contrapontos

Os capítulos da presente seção, e da anterior, demostraram, tanto a ampla e profunda recepção do pensamento moral afonsiano na teologia e na vida da Igreja durante os séculos XIX e XX, quanto o reconhecimento positivo desse ensinamento pelos Papas e por importantes órgãos oficiais de Roma. A "liguorização" da moral e a "recepção eclesial" do pensamento afonsiano constituem duas vertentes de uma mesma realidade.

João Paulo II ecoou essa aceitação do pensamento afonsiano pelos Papas na Carta Apostólica *Spiritus Domini* (1 de agosto de 1987), por ocasião do segundo centenário da morte de Afonso.[343]

Mas, para alguns observadores, não passou despercebido o fato de os documentos do Concílio Vaticano II não terem sido pró-

[343] JOÃO PAULO II. Carta Apostólica Spiritus Domini: *SEDOC* 205, vol. 20, nov/dez 1987, p. 261.

digos em referências ao pensamento dos Doutores da Igreja e, mais especificamente, ao de Afonso de Liguori.[344]

> A esse respeito, o eclesiólogo franciscano, U. Betti, observou uma certa contradição no mesmo Concílio.[345] Por um lado, exorta as Universidades Católicas a propiciarem um tipo de conhecimento no qual "a fé e a razão convergem em uma única verdade, seguindo os passos dos doutores da Igreja, especialmente Santo Tomás de Aquino".[346] Mas, por outro lado, nas notas que acompanham os 16 documentos conciliares, há muito poucas referências a esses doutores da Igreja. Nunca são citados: Anselmo de Aosta, Pedro Crisólogo, Bernardo, Afonso de Liguori, Francisco de Sales, Efrém, João da Cruz, Antônio de Pádua e Lourenço de Bríndisi.[347]

Afonso também não tem tido muita sorte na distribuição de referências em documentos eclesiásticos pós-conciliares. Em artigo na revista *La Civiltà Cattolica,* o jesuíta G. Mucci fez eco desse fato:

> "Quando Santo Afonso de Liguori foi proclamado Doutor da Igreja, apenas 84 anos após sua morte, houve uma persuasão geral de que ele era o doutor por excelência no campo moral. Hoje, parece que muitos teólogos não concordam com essa opinião. E os próprios documentos do Magistério recente, quando tratam de problemas morais (cf., por exemplo, *Veritatis Splendor),* são mais inspirados em Santo Tomás de Aquino do que em Santo Afonso de Liguori".[348] Nem a encíclica *Evangelium Vitae* (1995), texto de explícito conteúdo moral, cita Afonso de Liguori.

---

344 TIRIMANNA, V. *La ricezione della morale alfonsiana dopo il Vaticano II*: WITASZEK, G.; ZAMBONI, S. (ed.). La misericordia nella tradizione alfonsiana (Roma, 2016) 33-51.

345 BETTI, U. *A proposito del conferimento del titolo di dottore della Chiesa*: Antonianum 63 (1988) 278-291 (aqui: 283-284).

346 *Gravissimum educationis,* 10.

347 BETTI, U. *a. c.,* 285, nota 22.

348 MUCCI, G. *La concessione del titolo di Dottore della Chiesa*: La Civiltà Cattolica 148 (1997) IV, 573. A citação pertence a: OLMS, D. *Présentation du Rapporteur*: Congregatio de causis sanctorum, Positio concessionis tituli Doctoris Ecclesiae Universalis S. Theresiae a Jesu Infante et a Sacro Vultu moniali professae Ordinis Carmelitarum Discalceatorum in Monasterio Lexoviensi, Chalons-sur Saône, Rimbaud, 1997, VIII, nota 12.

Em relação direta com a encíclica *Veritatis Splendor,* S. Majorano observa que, embora essa encíclica coloque especial ênfase na salvaguarda do "patrimônio moral" da Igreja (VS, 4) e recorde, na Introdução, que ela foi anunciada na Carta Apostólica *Spiritus Domini* por ocasião do segundo centenário da morte de Santo Afonso, "surpreendente, por isso mesmo, que a encíclica não valorize, ao longo de seu desenvolvimento, a visão de Santo Afonso, que também é parte importante da tradição eclesial".[349]

A única citação afonsiana (nomeando Afonso como "patrono dos confessores e moralistas") é encontrada no n. 78, referindo-se à necessária ordenação dos atos a Deus: "A este respeito, o patrono dos moralistas e confessores ensina: 'Não basta realizar obras boas, é preciso fazê-las bem. Para que nossas obras sejam boas e perfeitas é necessário fazê-las com o puro propósito de agradar a Deus'" (*Veritatis Splendor*, n. 78). A citação pertence ao livro *Prática de Amar a Jesus Cristo,* VII, 3.

Também não convém deixar de notar uma série de dados que sustentam a impressão de que o último terço do século XX, e os anos iniciais do XXI, não foram os melhores momentos para a recepção da moral afonsiana pelos órgãos oficiais da Igreja. Gostaria de destacar alguns dados, que analisei cuidadosamente em outros lugares:

- Uma espécie de "ofensiva", no final dos anos oitenta e início dos anos noventa do século passado, por parte de alguns grupos conservadores, contra as abordagens de certos moralistas de clara filiação personalista e, em alguns casos, de declarada filiação afonsiana (como é o caso de Bernhard Häring).[350]
- A apresentação da moral cristã feita pelo *Catecismo da Igreja Católica* (1992) e pela encíclica *Veritatis Splendor* (1993), orientada para uma "restauração neoescolástica" da Teologia Moral.[351]

---

349 MAJORANO, S. *Il teologo moralista oggi*: SM 38 (1995) 32, nota 25.

350 VIDAL, M. *Retos morales en la sociedad y en la Iglesia* (Estella, 1992) 7-25 ("¿Qué está pasando en la Iglesia con la Moral?").

351 VIDAL, M. *La moral cristiana en el nuevo Catecismo* (Madri, 1993) (= *A moral cristã no novo catecismo*. Petrópolis: Vozes, 1994); Id., *La propuesta moral de Juan Pablo II. Comentario teológico-moral de la encíclica "Veritatis splendor"* (Madri, 1994). (= *O esplendor da verdade – Veritatis Splendor*. Comentário teológico-moral por Marciano Vidal. Porto: Editorial Perpétuo Socorro, 1994).

- Dessas tentativas de restaurar a orientação neoescolástica na Teologia Moral, surgiu a opção por um retorno ao "objetivismo moral", corrente de pensamento que pretende colocar um freio ao personalismo moral pós-conciliar e à orientação subjetivista da tradição teológica dos últimos tempos.[352]

Nesse novo contexto, parece que a opção afonsiana pela benignidade moral não tem mais a vigência de que desfrutou em épocas passadas.

O que podemos dizer sobre isso?

Sem negar a importância das precedentes constatações, convém levar em conta que se trata de dados pontuais e concretos. Tais dados não tiram a validade do apreço sustentado pelo Magistério eclesiástico, mesmo do mais recente, pela figura e obra de Afonso.

Por outro lado, existem outros dados concretos em que a orientação de benignidade moral, própria das abordagens teológico-morais de Afonso, se fazem presentes e operantes:

1. Nos n. 1857-1862 do *Catecismo da* Igreja, sem citar Afonso, são levadas em conta as circunstâncias atenuantes da imputabilidade moral.

2. Na exortação apostólica *Familiaris Consortio* (1981), foi formulada a *lei da gradualidade* (n. 34), sem citar expressamente Afonso, mas não sem uma referência implícita ao espírito de sua moral.

3. Esta referência, também apenas implícita, ao espírito da moral afonsiana é ainda mais evidente na orientação moral do *Vademecum para Confessores* (1997), do Pontifício Conselho para a Família diante de situações familiares difíceis (n. 21).

4. As discussões sobre temas morais do matrimônio e da família nos Sínodos sobre a Família (2014: extraordinário; 2015: ordinário) levaram em conta, pelo menos de modo geral e de forma implícita, a peculiaridade da orientação afonsiana.[353]

---

[352] VIDAL, M. *La encíclica "Veritatis splendor" y el Catecismo universal*: MIETH, D. (ed.). ¿La Teología Moral fuera de juego? (Barcelona, 1995) 277-304.

[353] MAJORANO, S. *Problemi morali emergenti dal Sinodo*: ZAMBONI, S. Le sfide della famiglia oggi (Roma, 2015) 29-49.

5. O Cardeal W. Kasper apelou explicitamente à abordagem moral de Afonso de Liguori para apoiar uma pastoral da benignidade em relação às pessoas divorciadas que voltam a casar.[354]

21.7.6. *Papa Francisco*

As duas últimas anotações nos aproximam do Magistério mais atual: o do Papa Francisco. Na letra e no espírito da exortação apostólica *Amoris Laetitia* (2016) há, além da formulação de um novo paradigma eclesial de matrimônio e família,[355] um conjunto de sensibilidades morais especiais:

- Aprofunda e amplia o princípio moral da *gradualidade* (AL, 44, 60, 271, 295, 300, 305), expressando-o, também, como lei do crescimento moral (AL, 35).
- Pede levar em conta as *circunstâncias atenuantes da* responsabilidade pessoal (AL, 301-303).
- Apoia a decisão moral sobre um processo de *discernimento* (AL, 36, 37, 304, *passim),* cujo resultado deve ser assumido pela consciência pessoal de um sujeito condicionado por suas próprias circunstâncias.
- Pede dar mais importância à função da *consciência moral* de cada pessoa (AL 303, 306), base sobre a qual se apoia a solução de consciência, para aceitar a plena participação na Eucaristia das pessoas batizadas divorciadas que voltaram a casar (AL, 305, nota 351).

Além de constatar, na *Amoris Laetitia,* a inovação da presença de sensibilidades morais concretas de cunho personalista e de uma orientação benigna, ambas as posturas consonantes com as abordagens da moral afonsiana, há intérpretes que viram, no texto da citada exortação apostólica pós-sinodal, uma proposta moral que complementa a oferecida pela Encíclica *Veritatis Splendor* (1993). Esta encíclica insistiu no polo objetivo da vida moral. Em *Amoris*

---

[354] KASPER, W. *El evangelio de la familia* (Santander, 2014^{2}) 91. (= *O Evangelho da família*. Prior Velho: Paulinas, 2014).

[355] VIDAL, M. *La fuerza innovadora de "Amoris Laetitia". Hacia un nuevo "paradigma eclesial" de matrimonio y familia*: Moralia, 41 (2018) 59-99.

Laetitia, a ênfase é colocada no polo subjetivo: no sujeito concreto circunstanciado, que age através da base do discernimento e que se responsabiliza, definitivamente, mediante sua própria consciência. Estaríamos, portanto, em uma variação teológico-moral importante. Variação que, para alguns, suporia uma mudança de paradigma em Teologia Moral.[356]

Tal variação personalista é totalmente coerente com o espírito da moral afonsiana. Também concorde com a orientação afonsiana é o constante apelo do Papa Francisco à *misericórdia*.[357]

Em um futuro próximo, a categoria da misericórdia terá que alimentar a vitalidade do discurso teológico-moral.[358] Essa nova sensibilidade teológico-pastoral leva a destacar a linha misericordiosa dentro da tradição afonsiana-redentorista.[359] Um filão que tem seu início na própria experiência religiosa e pastoral de Afonso:

> "Ao encarnar-se entre os abandonados, escutando sua fragilidade, Afonso amadurece sua conversão à visão misericordiosa da verdade moral".[360]

---

[356] Remeto a três referências bibliográficas importantes: KELLY, C. M. *The Role of the Moral Theologian in the Church: A Proposal in Light of "Amoris Laetitia"*: Theological Studies 77 (2016) 922-948; VALUET, B. *"Amoris laetitia": Le chapitre VIII est-il une révolution*: Revue Thomiste 116 (2016) 585-618; GOERTZ, S.; WITTING, C. (ed.). *"Amoris Laetitia" – Wendepunkt für die Moraltheologie?* (Friburgo de Brisgóvia, 2016), com pronta tradução italiana: GOERTZ, S.; WITTING, C. (ed.). *"Amoris Laetitia": Un punto de svolta per la Teologia Morale?* Edizione italiana a cura di Antonio Autiero (Cinisello Balsamo, 2017).

[357] FRANCISCO, Papa. *Misericordiae Vultus.* Bula de proclamação do Jubileu Extraordinário da Misericórdia. São Paulo: Paulinas, 2015. (11 de abril de 2015). Também: FRANCISCO, Papa. *Misericordiosos como o Pai.* Catequeses sobre a misericórdia. São Paulo: Paulus, 2015.

[358] DE CASTRO MILLEN, M. I.; ZACHARIAS, R. (ed.). *O imperativo Ético da Misericórdia* (Aparecida, 2016).

[359] WITASEK, G.; ZAMBONI, S. (ed.). *La misericordia nella tradizione alfonsiana* (Roma, 2016). Ver o artigo de: AMARANTE, A. V. "La misericordia in sant'Alfonso Maria de Liguori", p. 15-32.

[360] MAJORANO, S. *Misericordia e teologia morale: il contributo della visione alfonsiana*: WODKA, A. S. (ed.). Inaugurazione. Anno Accademico 2014-2015 (Roma, 2015) 49. Também: MAJORANO, S. *Sant'Alfonso e il discernimento:* DONATO, A.; MIMEAULT, J. (ed.). Il discernimento. Fondamenti e luoghi di esercizio (Roma, 2018) 65-77.

Em 9 de fevereiro de 2019, o Papa Francisco recebeu em audiência os professores e alunos da Academia Afonsiana, por ocasião dos 70 anos desse centro acadêmico romano, especialmente dedicado ao cultivo da Teologia Moral, cuja direção corresponde à Congregação do Santíssimo Redentor. Em seu, bem pensado e estimulante discurso, o Papa se referiu aos desafios que tem diante de si a reflexão teológico-moral no hoje da Igreja e da sociedade. Sem deixar de beber nas fecundas fontes do Mistério de Cristo, o discurso teológico-moral há de corresponder às necessidades de uma Igreja "em saída", buscando iluminar as novas questões da ciência e da técnica, promovendo uma consciência moral que "supere a ética meramente individualista" (GS, 30) até chegar a ouvir os gritos da terra, de mil maneiras violada e ferida, e não tendo medo de "sujar as mãos" na análise e na solução dos problemas concretos.

Todo esse programa para a Teologia Moral do presente e do futuro é visto pelo Papa Francisco muito em consonância com o espírito da moral proposta por Afonso de Liguori, da qual ele destaca duas características decisivas: a capacidade de escuta das situações concretas e a resposta sempre misericordiosa e salvífica.

"Como Santo Afonso, sempre devemos evitar nos deixar aprisionar por posturas de escola ou por julgamentos formulados longe da situação concreta e das possibilidades reais das pessoas (cf. *Amoris Laetitia*, 36)".

"Santo Afonso se deu conta, muito cedo, de que não se tratava de um mundo do qual se defender e, menos ainda, condenar, mas *curar* e libertar, imitando a ação de Cristo. (...) Todas as palavras da Teologia Moral devem deixar-se moldar por essa lógica misericordiosa".

A partir do que foi dito, pode-se deduzir que, inaugurada uma importante variação na vida da Igreja com a presença ativa do Papa Francisco, nos encontramos em um tempo ou época propícia para a orientação afonsiana da moral cristã.

– Discurso do Papa Francisco aos professores e aos estudantes da Academia Afonsiana, Instituto Superior de Teologia. *Sala Clementina, sábado, 9 de fevereiro de 2019.*[361]

Padre Moderador-Geral

Estimados irmãos e irmãs!

Recebo-vos por ocasião do 70° aniversário da fundação da Academia Afonsiana. Estou grato ao Moderador-Geral pelas suas palavras e dirijo a todos vós a minha cordial saudação. Esta celebração da vossa instituição universitária é um momento de gratidão ao Senhor pelo serviço de pesquisa e de formação teológica que ela pôde realizar. O setor teológico específico, próprio da Academia Afonsiana, é o saber moral, ao qual compete a difícil, mas indispensável tarefa de fazer encontrar e acolher Cristo na vida quotidiana concreta, como Aquele que, libertando-nos do pecado, da tristeza, do vazio interior e do isolamento, faz nascer e renascer em nós a alegria (cf. Exortação Apostólica *Evangelii Gaudium,* 1).

Nestes setenta anos, a Academia Afonsiana comprometeu-se, como recordam os vossos *Estatutos,* a aprofundar a teologia moral *sub lumine mysterii Christi,* procurando responder à evolução da sociedade e das culturas, no respeito constante pelo Magistério (cf. n. 1). E fê-lo, inspirando-se no seu Padroeiro celestial, Santo Afonso Maria de Ligório.

A celebração do aniversário de uma instituição como a vossa não pode se limitar à recordação daquilo que foi feito, mas deve impelir sobretudo a olhar em frente, a reencontrar entusiasmo na missão, a projetar passos corajosos para responder melhor às expectativas do povo de Deus. E é providencial que o vosso septuagésimo aniversário se celebre no período em que todas as estruturas acadêmicas da Igreja são chamadas a um compromisso mais decisivo de renovada planificação e renovação. Foi quanto convidei a

[361] Achamos por bem acrescentar à edição brasileira esse discurso. Tradução em português: L'Osservatore Romano, edição em português, Ano L, número 8 (2.554), Cidade do Vaticano, 19 fev 2019, p. 4 e 6.

fazer através da Constituição Apostólica *Veritatis Gaudium*, acerca das Universidades e das Faculdades eclesiásticas. Valorizando o "rico patrimônio de aprofundamentos e diretrizes", derivado do Vaticano II e posto em prática com o "perseverante compromisso de mediação cultural e social do Evangelho atuado pelo povo de Deus nas diferentes áreas continentais e em diálogo com as várias culturas", é necessário abrir-se "àquela renovação sábia e corajosa que é requerida pela transformação missionária de uma Igreja 'em saída'" (cf. n. 3).

Não se trata unicamente de uma revisão dos Estatutos e dos planos de estudo, mas de uma renovação de toda a vida acadêmica, favorecida também pelas possibilidades que hoje o desenvolvimento informático oferece à investigação e à didática. Para esta finalidade, é indispensável assumir como critério "prioritário e permanente [...] o da contemplação e da introdução espiritual, intelectual e existencial, no coração do *querigma*, ou seja, da feliz notícia, sempre nova e fascinante, do Evangelho de Jesus". Só então será possível pôr em prática um "diálogo sem reservas: não como mera atitude tática, mas como exigência intrínseca para fazer experiência comunitária da alegria da Verdade e aprofundar o seu significado e as suas implicações práticas". E a atenção à "interdisciplinaridade e à transdisciplinaridade, exercidas com sabedoria e criatividade à luz da Revelação", será acompanhada pelo reconhecimento da "necessidade urgente de 'criar rede'", não somente entre as instituições eclesiais do mundo inteiro, mas inclusive "com as instituições acadêmicas dos diferentes países e com as que se inspiram nas várias tradições culturais e religiosas", fazendo seus os "problemas de alcance epocal que hoje investem a humanidade, chegando a propor pistas oportunas e realistas de resolução" (cf. n. 4).

Trata-se de instâncias às quais estou persuadido de que a Academia Afonsiana já é sensível e saberá responder com prontidão e coragem confiante, assim como na segunda metade do século passado conseguiu levar a cabo a renovação da teologia moral, desejada pelo Concílio Vaticano II.

Agora, a fidelidade às raízes afonsianas do vosso Instituto exige de vós um compromisso ainda mais convicto e generoso em prol de uma teologia moral animada pela tensão missionária da Igreja "em saída". Como Santo Afonso, devemos sempre evitar de nos deixarmos aprisionar em posições de escola ou em juízos formulados "distante da situação concreta e das possibilidades efetivas" das pessoas e das famílias. De igual modo, é preciso precaver-se de uma "excessiva idealização" da vida cristã, que não é capaz de despertar "a confiança na graça" (cf. Exortação Apostólica pós-sinodal *Amoris Laetitia*, 36). Ao contrário, pondo-nos à escuta respeitadora da realidade e procurando discernir juntos os sinais da presença do Espírito, que gera libertação e novas possibilidades, conseguiremos ajudar todos a caminhar com alegria ao longo da vereda do bem.

A realidade que se deve ouvir são, antes de tudo, os sofrimentos e as esperanças daqueles que as numerosas formas de poder do pecado continuam a condenar à insegurança, à pobreza e à marginalização. Santo Afonso compreendeu rapidamente que não se tratava de um mundo do qual se defender, e muito menos para condenar, mas para curar e libertar, à imitação do agir de Cristo: encarnar-se e compartilhar as necessidades, despertar as expectativas mais profundas do coração, fazer experimentar que cada pessoa, por mais frágil e pecadora que seja, está no Coração do Pai celestial e é amada por Cristo até à Cruz. Aqueles que são sensibilizados por este amor, sentem a urgência de responder amando.

Todas as palavras da teologia moral devem deixar-se plasmar por esta lógica misericordiosa, que nos permite encontrá-las realmente como palavras de vida em plenitude. Com efeito, elas são um eco das palavras do Mestre, o qual diz aos discípulos que não veio "para condenar o mundo, mas para o salvar" (*Jo* 12,47), e que a vontade do seu Pai é que eles "tenham vida e a tenham em abundância" (*Jo* 10,10) e participem na plenitude da sua alegria (cf. *Jo* 17,13). "Embora seja verdade que é preciso ter cuidado com a integralidade da doutrina moral da Igreja, todavia sempre se deve prestar atenção especial a evidenciar e encorajar os valores mais altos e centrais do Evangelho, particularmente o primado da caridade como resposta à iniciativa gratuita do amor de Deus" (cf. Exortação Apostólica pós-sinodal *Amoris Laetitia*, 311).

Com o Apóstolo Paulo, a teologia moral é chamada a levar todos a experimentar que "a Lei do Espírito que dá Vida em Jesus Cristo", liberta "da lei do pecado e da morte", pelo que não podemos "recair no medo", uma vez que recebemos "o Espírito de adoção mediante o qual clamamos: 'Abá, Pai!'" (cf. *Rm* 8,2.15). E o mesmo Espírito faz com que esta liberdade nunca possa ser indiferença em relação a quantos vivem em necessidade, mas "coração de próximo" que se deixa interpelar e está pronto para cuidar amorosamente dele.

Nestes últimos anos, a teologia moral comprometeu-se em acolher a vigorosa admoestação do Concílio Vaticano II, a "superar a ética individualista" e a promover a consciência de que "quanto mais o mundo se unifica, tanto mais as obrigações dos homens transcendem os grupos particulares e se estendem progressivamente a todo o mundo" (Constituição pastoral *Gaudium et Spes*, 30). Os passos dados devem levar-nos a enfrentar com maior prontidão os novos e graves desafios que derivam da rapidez com que se desenvolve a nossa sociedade. Limito-me a recordar aqueles devidos ao crescente predomínio da lógica "da competitividade e da lei do mais forte", que "considera o ser humano em si mesmo como um bem de consumo que se pode usar e depois deitar fora", dando "início à cultura do 'descarte'" (cf. Exortação Apostólica *Evangelii Gaudium*, 53).

O mesmo pode ser dito do clamor da terra, violentada e ferida de numerosas maneiras pela exploração egoísta. A dimensão ecológica é um componente imprescindível da responsabilidade de cada pessoa e de cada nação. Faz-me refletir o fato de que quando administro a Reconciliação — também antes, quando eu o fazia — raramente alguém confessa ter feito violência à natureza, à terra, à criação. Ainda não temos consciência deste pecado. Vós tendes a tarefa de o fazer. A teologia moral deve fazer sua a urgência de participar de maneira convicta num esforço conjunto em prol do cuidado da casa comum, mediante formas viáveis de desenvolvimento integral.

A investigação moral é chamada a promover um diálogo e um compromisso compartilhado também a respeito das novas possibilidades que o desenvolvimento das ciências biomédicas põe à disposição da humanidade. No entanto, nunca deverá faltar o testemunho sincero do valor incondicional de cada vida, reiterando que é precisamente a vida mais frágil e indefesa pela qual somos chamados a nos responsabilizar de maneira solidária e confiante.

Estou persuadido de que a Academia Afonsiana continuará a se comprometer a favor de uma teologia moral que não hesita em "sujar as mãos", com a concretude dos problemas, principalmente com a fragilidade e o sofrimento daqueles que mais veem ameaçado o seu futuro, dando testemunho franco de Cristo, "Caminho, Verdade e Vida" (*Jo* 14,6).

Caros irmãos e irmãs, enquanto vos agradeço esta visita, animo-vos a dar continuidade ao vosso serviço eclesial, em adesão constante ao Magistério de Igreja e, de coração, concedo a todos a Bênção Apostólica. Por favor, recordai-vos de rezar por mim.

21.8. ESTUDOS SOBRE A MORAL AFONSIANA A PARTIR DA DÉCADA DE 1970

Hoje não seria mais objetiva a avaliação, de várias décadas atrás, que pode ser lida no estudo de J. Guerber sobre a recepção da moral afonsiana entre o clero francês do séc. XIX.[362] Na introdu-

[362] GUERBER, J. *Le ralliement du clergé français à la morale liguorienne* (Roma, 1973). O livro constitui o resultado de uma tese de doutoramento defendida na Universidade Gregoriana, com aprovação acadêmica datada de 1965. A *Introdução,* onde aparece a apreciação, tem a data de junho de 1972 em Yaundé (Camarões).

ção, afirmava que "até hoje, a moral de Santo Afonso não foi objeto de nenhum estudo objetivo, nem mesmo, o menos profundo". Comparando com a situação dos estudos sobre a mariologia afonsiana, observou que "seriam necessárias monografias suficientes para destacar a fisionomia própria do ensino de Santo Afonso, o significado exato de seu trabalho e sua influência na evolução das ideias e da prática pastoral".[363]

É interessante notar que um estudo mais recente, resultado de outra tese de doutorado defendida em Roma, retoma e repete a mesma avaliação.[364]

Ao contrário do que diz essa avaliação, é preciso afirmar que o panorama da historiografia da moral de Afonso mudou profundamente nos últimos cinquenta anos. Estudos sobre a moral de Afonso conheceram momento de notável esplendor no último terço do séc. XX e início do séc. XXI.

21.8.1. Nas últimas três décadas do séc. XX

Em cada uma das três últimas décadas do séc. XX, houve uma comemoração afonsiana, em torno da qual foram organizados congressos, semanas de estudo, reflexões, estudos e publicações (1971-1987-1996). É fácil constatar que, em todas essas celebrações, o aspecto do pensamento afonsiano que mais chamou a atenção dos estudiosos foi sua doutrina moral.

– A década de 1970

A década de 1970 viu a celebração do primeiro centenário da proclamação de Afonso como Doutor da Igreja (1871). Estudos mais importantes sobre a moral afonsiana, por ocasião da celebração desse centenário (1971), apareceram publicados em número monográfico da revista *Studia Moralia* da Academia Afonsiana de Roma:

---

[363] *Ibid.*, 9.

[364] ESCUDERO, J. *La manualística ligoriana de Teología Moral desde la canonización de San Alfonso hasta su proclamación como Doctor de la Iglesia (1836-1871)* (Roma, 1990) 94.

- SM 9 (1971): "S. Alfonsus Maria de Ligorio Doctor Ecclesiae 1871-1971".

Como antecedentes imediatos desses estudos, é necessário assinalar a pesquisa de D. Capone sobre o "sistema moral afonsiano", a partir dos próprios textos de Afonso, contextualizados dentro das discussões da época:

- SM 1 (1963) 265-343; 2 (1964) 89-155; 3 (1965) 82-149.

- A década de 1980

Na década de 1980, mais precisamente, por ocasião da celebração do segundo centenário da morte de Afonso (1987), ocorre uma variação qualitativa na interpretação do significado histórico e possível atualização da moral afonsiana.

Nesse contexto, merecem destaque os seguintes grupos de publicações sobre a moral afonsiana:

Três monografias:

- VIDAL, M. *Frente al rigorismo moral, benignidad pastoral. Alfonso de Liguori (1696-1787)* (Madri, 1986), com tradução italiana atualizada: *La Morale di Sant'Alfonso. Dal rigorismo alla benignità* (Roma, 1992).
- REY-MERMET, T. *La morale selon Saint Alphonse de Liguori* (Paris, 1987). (= Rey-Mermet, Théodule. *A moral de Sto. Afonso*. Aparecida: Santuário, 1991).
- THÉBERGE, R. *Liguori et la formation morale de la* conscience (Sainte Foy, 1987). É um estudo detalhado do *Homo Apostolicus,* desde a perspectiva da formação da consciência.

Quatro obras coletivas:

- ÁLVAREZ VERDES, L.; MAJORANO, S. (ed.). *Morale e Redenzione* (Roma, 1983).
- VÁRIOS. *Saint Alphonse de Liguori, Pasteur et Docteur* (Paris, 1987).
- VÁRIOS. *Actualité pastorale d'Alphonse de Liguori* (Ste-Anne-de--Beaupré, 1988).

- VÁRIOS. *A moral e os grandes desafios do presente* (Porto, 1988).

Números monográficos de três revistas:

- SM 25 (1987) 3-461: "Alfonso de' Liguori. Deuxième Centenaire de sa mort (1787–1987)". A destacar:

  CAPONE, D. "La 'Theologia Moralis' di S. Alfonso. Prudenzialità nella scienza casistica per la prudenza nella coscienza", p. 27-78.

  MAJORANO, S. "La teologia morale nell'insieme del pensiero morale alfonsiano", p. 79-103.

- Moralia 10 (1988) 123-376: "La moral alfonsiana: raíces y retos".
- Asprenas 35 (1988) 1-166: "S. Alfonso M. de Liguori: Una teologia dalla prassi pastorale".

  A destacar:

  CAPONE, D. "La Teologia morale in S. Alfonso", p. 24-40.

  MAJORANO, S. "Spiritualità e vita morale in S. Alfonso", p. 41-56.

Outros estudos:

- CAPONE, D. *Per una Teologia morale prudenziale con S. Alfonso:* VÁRIOS. Attualità della Teologia Morale (Roma, 1987) 63-85.
- CAPONE, D. *Prudenzialità nella scienza casistica per la prudenza nella coscienza:* SM 25 (1987) 27-78.
- CAPONE, D. *Fattualismo e personalismo in morale:* SM 26 (1988) 183-207.

  Ver o estudo de: AMARANTE, A. V. *Prudenza e prudenzialità in s. Alfonso. Lettura con Domenico Capone CSSR:* SM 43 (2005) 469-492, especialmente, p. 479-489: "Prudenza e Prudenzialità nella TM alfonsiana".

- VEREECKE, L. *Sant'Alfonso de Liguori moralista ieri e oggi:* La Civiltà Cattolica 139 (1988) III, 365-378.
- GALINDO, Á. *La obra moral de San Alfonso María de Ligorio. Polémicas e influencias:* Salmanticensis 36 (1989) 73-94.
- LÓPEZ, T. *El problema de las fuentes y el método de la teología moral en San Alfonso María de Ligorio:* Scripta Theologica 21 (1989) 141-149.

Também:

- O monumental e exaustivo número monográfico de Spicilegium Historicum CSSR 36-37 (1988-1989): "Studia et subsidia de vita et operibus S. Alfonsi Mariae de Ligorio (1696-1787). Bis centenaria memoria recurrente ab eius obitu beato, 1787-1987". Nas p. 565-647 desse volume há uma cuidada e extensa *Bibliografia Afonsiana* (1978-1988), preparada por O. Weiss e F. Ferrero.
- Nesse momento histórico, foi decisiva a intervenção de João Paulo II com a Carta Apostólica *Spiritus Domini* de 1987[365], na qual consagrou a interpretação dada pelos estudiosos à moral afonsiana: uma "moral da benignidade pastoral" em oposição ao rigorismo jansenista.[366]

- Década de 1990

Nos anos 1990 houve outra comemoração afonsiana: a celebração do terceiro centenário do nascimento do santo napolitano (1696).

Há crônicas recolhendo as contribuições surgidas dos atos celebrativos:

- OWCZARSKI, A. *Cronaca del III Centenario della nascita di Sant'Alfonso Maria de Liguori:* SH 46 (1998) 429-464.
- PALESE, S. *Terzo centenario della nascita di sant'Alfonso:* Asprenas 45 (1998) 98-100.

O conjunto de estudos mais representativo foi a publicação das Atas do Congresso, realizado em Roma, de 5 a 7 de março de 1997. O foco dos trabalhos é indicado pelo título dado ao Congresso e pela publicação das Atas: *A recepção do pensamento afonsiano na Igreja.* A maioria dos trabalhos tratou da recepção da moral afonsiana nos séculos XIX e XX:

- VÁRIOS. *La recepción del pensamiento alfonsiano en la Iglesia:* SH 45 (1997) fase. 1-2.

---

365 AAS 79 (1987) 1365-1375.

366 "Semper, praeterea, veluti ductrix habeatur benignitas pastoralis": AAS 79 (1987) 1374.

Embora o conteúdo pertença às décadas anteriores, vale a pena notar a publicação dos estudos de D. Capone sobre a moral afonsiana, mais especificamente, os relacionados com a gênese de seu sistema moral:

- CAPONE, D. *La proposta morale di Sant'Alfonso. Sviluppo e attualità.* A cura di S. Botero e S. Majorano (Roma, 1997).

Entre os *estudos* dessa década, dedicados a analisar e expor o pensamento moral de Alfonso, cabe mencionar os seguintes:

- CAPONE, D. *Il personalismo in Alfonso M. de Liguori:* GIANNANTONIO, P. (ed.). Alfonso M. de Liguori e la società civile del suo tempo (Florença, 1990) I, 221-257.

  O personalismo em seu estilo pessoal (p. 223-226).

  O personalismo em sua vida pastoral em relação com o povo simples (p. 226-236).

  O personalismo em sua Teologia Moral (p. 237-256): frente à opção legalista, a moral afonsiana "é, principalmente, uma teologia da pessoa que se expressa e se realiza em sua atuação; desse modo, a moral se transforma, de casuística, em moral prudencial" (p. 240).

- DELUMEAU, J. *S. Alfonso dottor della fiducia*: GIANNANTONIO, P. (ed.). *Alfonso M. de Liguori e la società civile del suo tempo* (Florença, 1990) I, 205-218. Essa característica é notada, especialmente, nas diretrizes afonsianas sobre a prática pastoral da confissão.

  Afonso se situa na tradição "abrangente" de Gerson, Antonino de Florença e Francisco de Sales. Por outro lado, reduz o rigor encontrado nas *Instruções aos Confessores* de São Carlos Borromeo.

- REY-MERMET, T. *Morale fondamentale et vie chrétienne à la lumière de l'enseignement de saint Alphonse de Liguori*: Le Supplément n. 177 (1991) 33-51 = *Teologia morale e vita cristiana nell'insegnamento di Sant'Alfonso de Liguori*: Asprenas 43 (1996) 231-246.

- MONDIN, B. *Storia della Teologia. 3. Epoca moderna* (Bolonha, 1996) 495-515: "Lo sviluppo della teologia morale: S. Alfonso de' Liguori".

- MAJORANO, S. *La teologia morale e il ministero sacerdotale nella visione alfonsiana*: SM 34 (1996) 433-459; Id., *Il popolo chiave pastorale di S. Alfonso*: SH 45 (1997) 71-89; Id., *La teologia come fedeltà alla chenosi del Redentore: La proposta di S. Alfonso Maria de Liguori*: Divus Thomas 20 (1998) 94-115.

Também se refere à moral afonsiana, em seu sentido geral, embora aborde a questão específica da tentativa, liderada pelo Pe. Blasucci, de escrever um "manual alternativo" à *Theologia Moralis* de Afonso, para responder às acusações de "jesuitismo" sofridas pelos redentoristas na Sicília, o artigo de:

- CHIOVARO, F. *S. Alfonso Maria de Liguori. Ritratto di un moralista*: SH 45 (1997) 121-153 (especialmente: 124-137).

Há um apontamento esquemático sobre a peculiaridade da consideração moral afonsiana em comparação com outras abordagens éticas:

- NORMANNO, G. *La morale di S. Alfonso M. De Liguori e le concezioni etiche del suo tempo*: GIANNANTONIO, P. (ed.). Alfonso M. De Liguori e la civiltà letteraria del Settecento (Città di Castello, 1999) 385-387.

Nesse apontamento, são feitas as seguintes afirmações:

"S. Afonso não é um filósofo, mas, certamente, sua reflexão moral se apoia em uma antropologia, que não é a pessimista dos jansenistas, e responde à situação cultural de sua época" (p. 385).

"O modelo antropológico no qual Afonso se inspira é o da dignidade do homem, da responsabilidade ética da pessoa e da articulação entre liberdade humana e graça divina" (p. 385).

"Na base da moral afonsiana estão os princípios fundamentais que são facilmente encontrados na cultura do *Settecento*: verdade, razão e consciência" (p. 385).

A modernidade de Afonso consiste "em preferir a liberdade à lei, a responsabilidade subjetiva à objetividade da norma" (p. 386).

"Na base da avaliação moral está a verdade. Entretanto, a verdade não é concebida como absoluta e perene, no sentido metafísico, mas vista como 'certeza', constituída de diferentes graus, que o sujeito alcança através de um raciocínio baseado nos primeiros princípios e considerando a situação concreta" (p. 386).

"Certamente, Afonso é fiel à tradição, mas nunca apela apenas ao princípio da autoridade, privilegiando o julgamento do sujeito" (p. 386).

"O conceito mais importante da moral de Santo Afonso é o da consciência, através do qual são superados, tanto o rigorismo, quanto o laxismo, e que apresenta certa afinidade com a moral kantiana devido à prioridade que concede, pelo menos, em princípio, à moralidade sobre a legalidade" (p. 386).

"A consciência não tem o valor de pura subjetividade, muito menos de arbitrariedade, mas é sinônimo de responsabilidade pessoal, atividade de reflexão, interiorização da lei" (p. 386-387).

"Em conclusão, uma moral aberta ao homem, respeitosa de sua liberdade, aberta a uma compreensão pastoral das exigências e debilidades humanas" (p. 387).

21.8.2. No século XXI

Nas primeiras décadas do séc. XXI, os estudos sobre a moral afonsiana não foram tão abundantes quanto nas duas últimas décadas do século XX. Entretanto, não faltaram abordagens valiosas, sejam elas de natureza global ou relacionadas a um aspecto específico.

Anotamos dois números monográficos de revista (Studia Moralia, Spicilegium Historicum CSSR) por ocasião dos 50 anos do patronato afonsiano dos confessores e moralistas e, em seguida, reunimos os estudos (e coleções de estudos) mais destacados, organizando-os em dois grupos: com orientação preferencialmente histórica e com conteúdo preferencialmente sistemático.

- Por ocasião do 50° aniversário do patronato afonsiano dos confessores e moralistas

- SM 38 (2000) n. 2: "La morale alfonsiana: una risposta alle sfide di ieri e oggi". Destacamos dois estudos:

  GALLAGHER, R. "The Alphonsian Tradition in the Light of 'Consueverunt omni tempore'. The Theological Significance of an Ecclesial Event", p. 297-319.

MAJORANO, S. "Il confessore, pastore ideale nelle opere di sant'Alfonso", p. 321-346.

- SH 48 (2000) fascículo 1: "50° della Proclamazione di S. Alfonso a Patrono dei confessori e dei moralisti (1950-2000)". Destacamos o estudo de:

  FIORE, S. "A cinquant'anni dalla proclamazione di S. Alfonso a patrono dei confessori e dei moralisti (1950-2000). Un evento, un 'ereditá'", p. 3-8.

- Consideração preferencialmente histórica

- HURTUBISE, P. *La casuistique dans tous ses états. De Martín Azpilcueta à Alphonse de Liguori* (Montreal, 2005) 181-203, e passim.

Trata-se de um estudo detalhado e bem documentado sobre o conteúdo e significado histórico do pensamento moral afonsiano, inserido dentro de uma magnífica monografia sobre o período histórico da moral casuística (séc. XVI-XVIII).

Para o Pe. Hurtubise:

1. A moral de Afonso expressa, perfeitamente, o paradigma da casuística moral, uma nova disciplina dentro do tronco teológico, essencialmente prática e com método mais próximo aos postulados do direito canônico que da teologia (p. 202-203).
2. Afonso de Liguori, "pode não ter sido, como alguns afirmaram, o maior dos moralistas dos tempos modernos, mas, certamente, foi um dos representativos e um dos mais influentes" (p. 202).

- AMARANTE, A. V. *Alfonso de Liguori: da studente di Morale a dottore della Chiesa*: VICIDOMINI, G. (ed.). Alfonso M. de Liguori. Un santo per il terzo millennio (Materdomini, s. a. [= 2010]) 297–319.

A. V. Amarante divide a cronologia do pensamento moral afonsiano em três momentos:

1. A etapa formativa.
2. Desde a insatisfação na prática pastoral até a formulação do sistema moral.
3. Estágio de maturação.

Afonso recebeu uma formação probabiliorista (1722-1726); do probabiliorismo, passou ao probabilismo (1744-1754); para chegar à solução definitiva, através da formulação do sistema moral equiprobabilista (1756-1767).

O moralista redentorista napolitano também examina os fatores condicionantes que influenciaram o pensamento moral afonsiano: a discussão com Patuzzi; a "tempestade" na Sicília; o confronto com o cônego Magli; a intervenção do fiscal De León.

- CIAMPA, O. *Alfonso da giurista a moralista*: VICIDOMINI, G. (ed.). Alfonso M. de Liguori..., p. 369–376.
- DI NARDI, V. *Pedagogia moral attraverso l'epistolario alfonsiano*: VICIDOMINI, G. (ed.). Alfonso M. de Liguori..., p. 369-376.
- SERINO, A. *Il Corpus Alphonsianum: per una lettura compiuta dell'opera morale e ascetica di Alfonso de Liguori*: VICIDOMINI, G. (ed.). Alfonso M. de Liguori..., p. 369-376.
- DONATO, A. *La proposta morale e il contributo alfonsiano alla storia della catechesi* (1732-1742): VICIDOMINI, G. (ed.). Alfonso M. de Liguori..., p. 401-419.

- **Consideração preferentemente sistemática ou de conteúdo**

- KLAFKA, Z. *Il Cristo Redentore come icona della misericordia di Dio Padre, centro della proposta morale alfonsiana* (Roma, 2001).
- FORTE, B. *Libertad y correspondencia. Alfonso y la conciencia moral*: TRIGO, T. (ed.). Dar razón de la esperanza. Homenaje al Prof. Don José Luis Miañes (Pamplona, 2004) 557-574 = (em italiano) *Attualità della morale alfonsiana. Sant'Alfonso e la coscienza ieri e oggi:* SM 45 (2007) 163-183.
- VIDAL, M. *Aspetti innovatori ed attualità della morale alfonsiana:* VICIDOMINI, G. (ed.). Alfonso M. de Liguori. Un santo per il terzo millennio (Materdomini, s. a. [= 2010]), p. 321-351.
- GALLAGHER, R. *L'actualité de la théologie morale de saint Alphonse de Liguori:* Revue d'Éthique de Théologie Morale n. 268 (2012) 35-57.
- Id., *Where Moral Theology Begins. "Aditus ad Universam Moralem Theologiam"*: KOERPEL, R. C.; TIRIMANNA, V. (ed.). Contempla-

ting the Future of Moral Theology. Essays in Honor of Brian V. Johnstone (Eugene, Oregon, 2017) 21 -37.

- AMARANTE, A. V. *Dignità e servizio. La formazione morale del sacerdote secondo Alfonso de Liguori:* SM 50 (2012) 89-114.
- PIAZZA, O. F.; ABBATATIELLO, A. (ed.). *Alfonso Maria de Liguori e il Concilio Vaticano II. Attualità e intuizioni* (Roma, 2013).
- DE SPIRITO, A. *Alfonso de Liguori vescovo a forza e moralista geniale* (Roma, 2015). Também: Id., *Sant'Alfonso e la "rivoluzione copernicana" della morale e della pietà cristiana*: AMARANTE, A. V. (ed.). Fedeli alla chenosi del Redentore. Scritti in onore di Sabatino Majorano (Bolonha, 2014) 13-42.
- SACCO, F. *Il dinamismo della carità. La vita cristiana nel pensiero di sant'Alfonso M. de Liguori* (Materdomini, 2015).
- TIRIMANNA, V. *Le sfide contemporanee al metodo pastorale alfonsiano in Teologia Morale:* DEL MISSIER, G.; WODKA, A. S. (ed.). Le sfide cruciali per la riflessione etica oggi (Pádua, 2015) 135-159
- MAJORANO, S. *Misericordia e teologia morale: il contributo della visione alfonsiana:* WODKA, A. S. (ed.). Inaugurazione. Anno Accademico 2014-2015 (Academia Afonsiana, Roma) (Roma, 2015) 45-63 = (em versão inglesa) *The Alphonsian Criteria of Merciful Pastoral Discernment. In the Light of Chapter VIII of the Exhortation "Amoris Laetitia":* SM 55 (2017) 8-32.
- WITASZEK, G.; ZAMBONI, S. (ed.). *La misericordia nella tradizione alfonsiana* (Roma, 2016). Ver: AMARANTE, A. V. "La misericordia in sant'Alfonso Maria de Liguori", p. 15-32.

21.8.3. Bibliografia afonsiana de três estudiosos napolitanos

Sabatino Majorano

- *Criterio guida di S. Alfonso in teologia morale:* SM 9 (1971) 117-148.
- *Fattori e linee della diffusione della teologia morale di S. Alfonso fino alla sua proclamazione a dottore della chiesa:* ÁLVAREZ VERDES, L.; MAJORANO, S. (ed.). Morale e Redenzione (Roma, 1983) 235-253.
- *La scelta per il popolo di Alfonso de Liguori:* D'EPISCOPO, F. (ed.). S. Alfonso Maria de Liguori e la cultura meridionale (Cosenza, 1985) 9-38.

- *La teologia morale nell'insieme del pensiero alfonsiano:* SM 25 (1987) 79-103. *Spiritualità e vita morale in S. Alfonso:* Asprenas 25 (1988) 41-56.
- *La coscienza. Per una lettura cristiana* (Cinisello Balsamo, 1994, 2008[2]).
- *La teologia morale e il ministero sacerdotale nella visione alfonsiana:* SM 34 (1996) 433-459.
- *La teologia morale di Sant'Alfonso:* Rivista di scienze religiose 11 (1997) 295–308.
- *Essere Chiesa con gli abbandonati. Prospettive alfonsiane di vita cristiana* (Materdomini, AV, 1997).
- *S. Alfonso maestro di morale: verità e libertà nella carità al servizio delle coscienze, Padri e medici nel sacramento della riconciliazione:* RICCI, V. (ed.). Alfonso M. De Liguori maestro di vita spirituale (Milão, 1998) 103-113; 114-122; 123-132.
- *La teologia come fedeltà alla chenosi del redentore: La proposta di S. Alfonso Maria de Liguori:* Divus Thomas 20 (1998) 94-115.
- *Alfonso de Liguori:* SODI, M.; TRIACCA, A. M. (ed.). Dizionario di Omiletica (Leumann, TO –Gorle, BG, 1998) 19-21. [=SODI, M.; TRIACCA, A. M. (ed.). Dicionário de Homilética. São Paulo: Paulus/Loyola, 2010.].
- *II confessore pastore ideale nelle opere di Sant'Alfonso:* SM 38 (2000) 321-346.
- *Kénosis y verdad moral: el significado de la visión alfonsiana:* RUBIO, M.; GARCÍA, V.; GÓMEZ MIER, V. (ed.). La ética cristiana hoy: horizontes de sentido. Homenaje a Marciano Vidal (Madri, 2003) 193-211.
- *Alfonso Maria de Liguori:* VEGLIANTI, T. (ed.). Dizionario teologico sul Sangue di Cristo (Cidade de Vaticano, 2007) 38-45.
- *Przezwyciezenie rigoryzmu w praktyce spowiedzi propozycja sw. Alfonsa Liguori:* Homo Dei 77 (2008) n. 289, 24-35.
- *Sant'Alfonso Maria de' Liguori: il confessore "officio di carità istituito dal Redentore solamente in bene delle anime":* Chiesa e Storia 1 (2011) 285-306.

- *Alfonso de Liguori: la santità per e con gli abbandonati:* VICIDOMINI, G. (ed.). Alfonso M. de Liguori, un Santo per il terzo millennio. Atti del Convegno nel 170° anniversario della canonizzazione di S. Alfonso (1839-2009), Scala-Ciorani-Pagani 22-26 maggio 2009 (Materdomini, AV, 2012) 27-51.
- *Misericordia e teologia morale: il contributo della visione alfonsiana:* WODKA, A. Inaugurazione Anno Accademico 2014-2015 (Roma, 2015) 45-63.
- *II Sinodo 2015 e la proposta alfonsiana:* WODKA, A. (ed.). Inaugurazione Anno Accademico 2015-2016 (Roma, 2016) 67-90.
- *The Alphonsian Criterio of Merciful Pastoral Discernment. In the Light of Chapter VIII of the Exhortation "Amoris laetitia":* SM 55 (2017) 7-32.

Alfonso V. Amarante

- *Dottrina cristiana alfonsiana:* SM 46 (2008) 469-485.
- *Istruzione al Popolo. La proposta catechetica alfonsiana:* SM 47 (2009) 75-97.
- *Probabilismo, attrizionismo e contrizionismo:* Chiesa e Storia 1 (2011) 239–258.
- *Dignità e servizio. La formazione morale del sacerdote secondo Alfonso de Liguori:* SM 50 (2012) 89-114.
- *Un Vescovo Missionario. Nel 250° anniversario dell'elezione dell'ordinazione vescovile di Alfonso de Liguori:* SH 60 (2012) 3-32.
- *II progetto caritativo di vita cristiana alfonsiano: la ricerca della volontà di Dio:* PIAZZA, O. F.; ABBATIELLO, A. (ed.). Alfonso Maria de Liguori e il Concilio Vaticano II, attualità e intuizioni (Roma, 2013) 85-130.
- *Die Kooperation in Denken und Werk des heiligen Alfons M. von Liguori:* ROSENBERGER, M.; SCHAUPP, W. (ed.). Ein Pakt mit dem Bösen? Die moraltheologische Lehre der "Cooperatio ad malum" und ihre Bedeutung heute (Munique, 2015) 45-58.
- *II contributo alfonsiano e redentorista al nuovo umanesimo:* Bollettino di Informazione ABEI (Associazione dei Bibliotecari Ecclesiastici Italiani) 3 (2015) 37-49.

- *Pastoralità come criterio morale:* SM 53 (2015) 37-59.
- *La misericordia in sant'Alfonso M. de Liguori:* SM, Supplemento 7, 54 (2016) 15-32.
- *Alfonso de Liguori e la pastorale della misericordia:* WODKA, A. S.; SACCO, F. (ed.). "Va' e anche tu fa' lo stesso" (Lc 19, 37). Misericordia e vita morale (Roma, 2017) 71-81.

Antônio Donato

- *La proposta morale e il contributo alfonsiano alla storia della catechesi:* VICIDOMINI, G. (ed.). Alfonso de Liguori, un Santo per il terzo millennio. Atti del Convegno nel 170° anniversario della canonizzazione di S. Alfonso (1839-2009) (Materdomini, 2012) 401-420.
- *L'assoluzione sacramentale e il suo differimento. Genesi storica del personalismo alfonsiano tra prassi pastorale e riflessione* teologica: SH 63 (2015) 23-44.

VIGÉSIMA SEGUNDA SEÇÃO

Balanço (provisório) sobre a obra moral de Afonso de Liguori

Nas seções anteriores, que compõem a quarta parte deste volume expressamente dedicado à análise da obra moral de Afonso de Liguori, utilizamos duas metodologias complementares: a que chamamos de *conteudística*, ou seja, considerando diretamente o *conteúdo dos* textos afonsianos, e a que chamamos *sociobiográfica*, ou seja, analisando o impacto dos condicionamentos sociais e biográficos no pensamento moral de Afonso.

O uso da primeira metodologia nos levou a expor e analisar os conteúdos e orientações do pensamento moral afonsiano. Com a segunda metodologia, pudemos comprovar como a obra moral de Afonso é, em grande parte, produto da peculiar biografia do autor e, em certa medida, também efeito de determinados condicionamentos socioculturais do momento histórico em que Liguori viveu.

Na presente seção, queremos reunir, a modo de balanço (sempre provisório), a compreensão que, hoje, podemos ter da obra moral de Afonso de Liguori.

Dividimos o conteúdo desse balanço em quatro vertentes complementares, que constituem o conteúdo dos quatro capítulos integrantes da seção:

22.1. **Lugar histórico e caracterização da moral afonsiana.**

22.2. **A pastoralidade da moral afonsiana.**

22.3. **Inovações e espírito de liberdade em Afonso moralista.**

22.4. **A tradição moral afonsiana.**

22.1. LUGAR HISTÓRICO E CARACTERIZAÇÃO DA MORAL AFONSIANA

22.1.1. O lugar de Afonso na história da Teologia Moral

Há aqueles que colocam Afonso de Liguori ao lado de Tomás de Aquino, apontando Tomás como representante da moral especulativa e Afonso como representante da moral prática.[1] No entanto, também há reações tomistas totalmente opostas a essa interpretação. Para tais autores, os sistemas morais de Aquino e Liguori são diferentes e, portanto, não podem ser conciliados. Afonso seria um representante qualificado da "moral da consciência", enquanto Tomás ofereceria a genuína "moral da prudência".[2]

Deixando de lado tais interpretações, provenientes de pré-julgamentos valorativos, o lugar de Afonso na evolução histórica da reflexão teológico-moral católica assume exata relevância quando enquadramos sua obra no gênero literário pós-tridentino das *Institutiones Morales,* e relacionamos seu pensamento à crise moral do laxismo e do rigorismo (probabilismo e probabiliorismo) dos séc. XVII e XVIII. É comumente aceito que a doutrina moral afonsiana representa a superação do jansenismo e a solução do confronto laxismo-rigorismo (probabilismo-probabiliorismo).

Essa é a visão oferecida pelo historiador da moral católica, L. Vereecke,[3] orientação seguida por muitos outros, como: A. Hor-

---

1 CAPONE, D. *S. Tommaso e S. Alfonso in teologia morale*: Asprenas 21 (1974) 439-473.

2 DEMAN, T. *Probabilisme*: DTC, XIII/1 (Paris, 1936) 590-591.

3 VEREECKE, L. *Historia de la teología moral*: VÁRIOS. Nuevo Diccionario de Teología Moral (Madri, 1992) 837. (= *Dicionário de teologia moral.* São Paulo: Paulus, 1997, p. 564).

telano,[4] V. Carraud e O. Chaline,[5] Ch. E. Curran,[6] F. Citterio,[7] P. D. Guenzi,[8] J. Römelt,[9] etc.

Afonso, enquanto moralista, "encerra uma época e abre outra".[10] A moral afonsiana reflete, com algumas nuances peculiares, a letra e o espírito das abordagens e soluções que tiveram lugar, na Teologia Moral católica, no período que vai de meados do século XVI até finais do século XVIII. Afonso "encerra" o período em duplo sentido: na medida em que essa etapa termina nele, e na medida em que a síntese afonsiana é o que a geração seguinte vai receber dos três séculos anteriores. Ele faz a sistematização definitiva que passará à geração seguinte e vai se impor como "oficial" no século XIX, século em que se verifica o fenômeno da "liguorização" da moral católica. É possível aceitar como válida a afirmação de que Afonso de Liguori é o expoente mais ilustre da Teologia Moral *recebida* até seu momento histórico.

O historiador luterano, A. von Harnack, viu a função histórica da moral afonsiana como consagração e oficialização, na Igreja Católica, do espírito e da letra da moral defendida pelos moralistas da Companhia de Jesus:

> "Na época em que a Companhia de Jesus foi supressa, Deus suscitou um novo campeão do probabilismo e garantiu, para o futuro, à

---

4 HORTELANO, A. *Alfonso María de Ligorio, San.* II. Doctrina moral: Gran Enciclopedia Rialp, I (Madri, 1971) 658-659.

5 CARRAUD, V. ; CHALINE, O. *Casuistique*: CANTO-SPERBER, M. (ed.). Dictionnaire d'éthique et de philosophie morale (Paris, 1996) 220. (= CANTO-SPERBER, M. (ed.). *Dicionário de Ética e Filosofia moral.* São Leopoldo: Ed. Unisinos, 2003. vol.1, p. 207).

6 CURRAN, C. E. *History and Contemporary Issues. Studies in Moral Theology* (Nova Iorque, 1996) 19-20.

7 CITTERIO, F. *Appunti per un capitolo di storia della Teologia Morale: dal Tridentino al Secondo Concilio Vaticano*: La Scuola Cattolica 115 (1987) 510-512.

8 GUENZI, P. D. *"Inter ipsos graviores antiprobabilistas". L'opera di Paolo Rulfi (1731ca.-1811) nello specchio delle dispute teologico-morali del secolo XVIII* (Cantalupa, Turim, 2013) 86-89.

9 RÖMELT, J. *Alfons von Liguori (1696-1787)*: HILPERT, K. (ed.). Christliche Ethik im Porträt. Leben und Werk Bedeutender Moraltheologen (Friburgo-Basilea-Viena, 2012) 429-446.

10 CACCIATORE, 16-17.

Companhia um triunfo que, segundo os olhos humanos, ninguém jamais poderia ter previsto. Tal foi o fundador dos redentoristas, Afonso de Liguori, o teólogo romano mais influente desde os dias da Contrarreforma. Beatificado (1816), canonizado (1839), Doutor da Igreja (1871), Liguori é a antítese exata de Lutero e, no catolicismo moderno, tomou o lugar de Santo Agostinho (...). Nenhum Pascal se levantou contra ele no século XIX; pelo contrário, de ano para ano cresceu a autoridade de Liguori, o novo Agostinho. Ele reina hoje em todas as ordens religiosas, em todos os seminários, em todos os manuais de moral".[11]

Foi o mesmo que expressou, com objetivo divulgativo, Fülöp-Miller:

> "Que a teologia moral jesuíta tenha gozado de uma posição predominante na Igreja Católica deve ser creditado, principalmente, ao trabalho do casuísta Afonso [o original diz, erroneamente: Franz] de Liguori, que não pertencia à Companhia de Jesus, mas foi o fundador da Ordem [sic] dos redentoristas. A *Teologia Moral* de Liguori é uma compilação de quase todas as opiniões teológico-morais anteriores, e dentre os 815 autores que Liguori recolheu, toma os fundamentos, principalmente, de jesuítas. Os Papas recomendaram especialmente e impuseram a obra de Liguori, e finalmente, a sancionaram de forma conclusiva com a canonização do autor. Desde então, os princípios morais dos jesuítas foram estendidos, através de Liguori, a todos os lugares onde o clero católico exerce a cura de almas e administra a confissão".[12]

Em resumo, a obra moral afonsiana marca cronologicamente - também causalmente - o fim da crise do laxismo e do rigorismo.[13] Para as gerações posteriores, Afonso será "o último dos grandes casuístas"[14]; sua TM é a obra que resume e encerra a moral católica do Antigo Regime. Embora outras obras morais sejam publicadas

---

[11] VON HARNACK, A. *Lehrbuch der Dogmengeschichte* (Friburgo, 1894-1897) III, 677-678.

[12] FÜLÖP-MILLER, R. *El poder y los secretos de los Jesuitas* (Madri, 1931) 201-202.

[13] VEREECKE, L. *Sens du doctorat de St. Alphonse dans l'histoire de la théologie morale*: SM 9 (1971) 28-39.

[14] BRUCH, R. *Moralia varia* (Düsseldorf, 1981) 241.

depois da sua, Afonso é o moralista que representa o cume e o fim da moral pós-tridentina. Com a Revolução Francesa, abre-se uma nova etapa da vida e da reflexão moral dos católicos. Afonso morre (1787) na véspera da transformação revolucionária na Europa.

Deve-se notar que, o que foi dito até agora, corresponde ao Afonso *histórico*. Há outras imagens posteriores, do Afonso moralista, que orientam seu significado em outras direções. Por exemplo, na primeira metade do século XIX, o fato da moral afonsiana ter se imposto como sistema comumente seguido na Igreja Católica, deve-se à questão de a orientação moral de Afonso ser vista como a vitória da benignidade sobre o rigorismo na prática sacramental (Penitência, Eucaristia). Entretanto, a recepção da moral afonsiana mudou no último terço do século XIX, quando, especialmente nos círculos anglo-saxões, tomou forma um Afonso "ultramontano" e mais rígido, em moral, que o Afonso histórico.[15]

22.1.2. *Caracterização da moral afonsiana*

Tem havido uma preocupação especial em encontrar a autêntica caracterização da moral afonsiana. Esse interesse é condicionado por dois conjuntos de motivações: por um lado, para explicar o êxito alcançado pela TM; por outro, para justificar o valor intrínseco da obra moral liguoriana. De acordo com esse enfoque, há uma série de características, ou valores, na síntese moral de Afonso que explicam sua rápida e profunda penetração na vida da Igreja e constituem a garantia de sua perene atualidade.

As reflexões sobre as características da moral afonsiana podem ser divididas em dois grupos. Um deles utiliza, como fonte direta e quase exclusiva, os elogios que a hierarquia eclesiástica e autores qualificados dirigiram a Afonso. Com base nesses elogios, são repetidamente atribuídas à moral afonsiana as seguintes características: moral da *prudência;* moral da *via intermédia* (entre o

[15] TIRIMANNA, V. *Le sfide contemporanee al metodo pastorale alfonsiano in Teologia Morale*: DEL MISSIER, G.; WODKA, A. S. (ed.). Le sfide cruciali per la riflessione etica oggi (Pádua, 2015) 141-143.

excesso do laxismo e a dureza do rigorismo); moral da *ponderação* e da *ortodoxia católica; moral da erudição* e da *abundância doutrinária;* moral do *zelo apostólico; moral da experiência pastoral;* moral *nascida da santidade* e que *leva à santidade.*

A segunda orientação, procura caracterizar a moral afonsiana em seu próprio conteúdo. Os estudos marcados por essa orientação são os mais valiosos e os que oferecem melhores resultados.

É na consideração direta da obra moral afonsiana que se descobre a *centralidade do agente moral* na compreensão de Afonso: a dimensão subjetiva da moral, a função personalizadora da moral, o valor da consciência moral. Como consequência dessa orientação global, entre as características atribuídas à moral afonsiana destacam-se as seguintes:

- *Prudencialidade* (Domenico Capone) juntamente com a importância dada à *consciência* (Bernhard Häring) e à *pessoa* (Théodule Rey-Mermet).
- *Pastoralidade,* vinculada à prática e à evangelização (Sabatino Majorano, José Román Flecha Andrés).
- A proximidade com o *povo,* a quem é proposta a busca da *santidade,* de caráter *cristocêntrico* (Santino Raponi, Rodrigue Théberge).

O aprofundamento dessas características põe em destaque o *caráter salvífico* da síntese moral afonsiana. Para B. Häring, a moral de Afonso transpira "abundante redenção" *(copiosa redemptio),* pois está ligada à experiência do Deus gratuito e misericordioso, revelado em Cristo Salvador, e se traduz na participação irrestrita nos sacramentos e nas urgências da santidade para todos.[16] De acordo com essa interpretação, a moral de Afonso está intimamente relacionada com sua obra de fundador: *moral* e *redenção* são duas magnitudes estreitamente ligadas, tanto na vida de Afonso, quanto no projeto apostólico da Congregação do Santíssimo Redentor.

---

16 Dentre os vários estudos, ver: HÄRING, B. *Moral für Erlösten. Der Gedanken der Erlösung bei Alfons von Liguori*: Theologie der Gegenwart 25 (1982) 2-11; Id., *Sant'Alfonso: una morale per i redenti*: ÁLVAREZ VERDES, L.; MAJORANO, S. (ed.). Morale e Redenzione (Roma, 1983) 17-32.

A relação entre *moral* e *redenção* inspirou a programação e realização de vários congressos celebrados por ocasião dos 250 anos da Congregação do Santíssimo Redentor e do bicentenário da morte de Afonso: Academia Afonsiana (Roma), Instituto Superior de Ciências Morais (Madri), Ste-Anne-de-Beaupré (Canadá), Porto (Portugal).[17]

Em razão de sua condição salvífica, a moral, segundo Afonso, "não pode impor obrigações sob pena de culpa grave a menos que a razão seja evidente".[18] Toda proposta moral cristã deve levar em conta a condição humana, sendo uma das suas estruturas, a *fragilidade*.[19]

Não podendo desenvolver com amplidão cada uma das características aqui observadas, vou me concentrar na dimensão *pastoral* da moral afonsiana. O capítulo seguinte é dedicado à apresentação dessa característica.

22.1.3. *Significado histórico*

Tanto o lugar histórico, quanto a caracterização da moral afonsiana, assumem seu significado exato se considerarmos a obra moral de Afonso como a saída para a crise do "rigorismo" e do "laxismo". No quadro histórico da moral católica do século XVIII, a figura de Afonso emerge como a de alguém que oferece uma saída cristã para a crise da consciência moral católica da época.

Mas, antes de chegar a essa solução de benignidade, o próprio Afonso teve que experimentar em sua vida os efeitos negativos do rigorismo. Em um capítulo específico, analisamos a "conversão" de Afonso, do rigorismo para benignidade (cap. 3 da 14ª seção).

O significado histórico de Afonso de Liguori como moralista reside em ter sido o representante mais qualificado daqueles

---

17 FERRERO, F. *Preparación, manifestaciones y perspectivas del Bicentenario*: VÁRIOS. Studia et subsidia de vita et operibus S. Alfonsi Mariae de Ligorio (1696-1787) bis centenaria memoria recurrente ab eius obitu beato (Roma, 1990) 42-43.

18 Gaudé, II, 52-54.

19 MAJORANO, S. *Fragilità e proposta morale*: SABETTA, A. (ed.). Ambula per hominem et pervenies ad Deum. Studi in onore di S. E. Mons. Ignazio Sanna (Roma, 2012) 415-434.

que, explícita e efetivamente, se opuseram à distorção rigorista do Evangelho e propiciaram a redescoberta da benignidade, nascida da abundante salvação cristã, em uma época de profunda crise da consciência moral católica.

Durante a vida do autor, a *Theologia Moralis* foi uma barragem contra a corrente moral dominante que Th. Rey-Mermet, com brilhante metáfora, chama de "maré negra" do rigorismo. A reflexão teológico-moral, paciente, séria, custosa e imparcial e, acima de tudo, a experiência pastoral com as pessoas simples,[20] conduziram Afonso a uma compreensão salvífica da moral cristã. Essa é a perspectiva mais adequada para admirar e analisar o edifício moral que ele construiu.

O significado de Afonso como moralista não está tanto no conteúdo direto e preciso de seus escritos morais ou nos casos examinados, quanto na atitude global adotada por ele em relação à vida moral dos cristãos. O mérito de Afonso está, sobretudo, "em ter sabido conciliar as exigências da verdade com os direitos da consciência e com a liberdade do sujeito".[21]

Afonso trabalhou com o mesmo paradigma da Teologia Moral com o qual os moralistas rigoristas compunham suas obras e no mesmo contexto sociocultural; era o paradigma casuísta e o contexto sociocultural do Antigo Regime. Entretanto, a diferença foi que os últimos adotaram uma orientação rigorista, enquanto Afonso escolheu a opção salvífica da benignidade.[22]

Segundo Bruno Forte, Liguori "soube juntar, em pleno Século das Luzes, o valor da lei moral, fundamentada na transcendência divina, ao da consciência e da liberdade, segundo uma relação de correspondência dinâmica a ser realizada na historicidade da condição humana e, ao mesmo tempo, de modo a antecipar na moralidade dos atos o sabor iluminador e realizador da eternidade".[23]

---

20 Gaudé, I, p. LVI.

21 CITTERIO, F. *Appunti...*, 512.

22 GUENZI, P. D. "*Inter ipsos graviores antiprobabilistas...*", 89.

23 FORTE, B. *L'uno per l'altro. Per un'etica della trascendenza* (Bréscia, 2003) 58. (= *Um pelo outro*: por uma ética da transcendência. São Paulo: Paulinas, 2006, p. 55).

Em uma época de confusão moral,

> "foi Santo Afonso de Ligório, herdeiro da linha renovadora dos jesuítas e, muito contrário ao jansenismo, o grande renovador. Com sensibilidade evangélica e desde sua permeabilidade ao sofrimento humano, ele reagiu contra o rigorismo legal, sem menosprezar as normas, e encontrou o meio equidistante entre os extremos das soluções apresentadas. Na orientação pastoral de Santo Afonso, prevalece o estudo das soluções concretas da conduta moral sobre a aplicação mecânica de fórmulas ou leis, por mais verdadeiras que elas sejam. Preocupado em libertar os fiéis da culpa doentia, ele enfatiza: 'Quando a consciência reta tem razões iguais, ou quase igualmente boas, para o uso criador da liberdade, ela não está obrigada por uma lei que seja duvidosa em si mesma ou em sua aplicação concreta'. Assim, acolhe a ascensão da subjetividade no mundo moderno: a lei não deve apagar a consciência criadora se não tiver razões mais fortes que a própria pessoa interiorize e faça suas".[24]

A obra moral afonsiana significou o fim, não apenas cronológico, mas também, e sobretudo, causal, da crise do rigorismo, crise que havia submetido a consciência católica a uma overdose intolerável de angústia e opressão.

Para um grande conhecedor da evolução das *mentalidades católicas,* refletida nos manuais de Confissão, a característica da moral afonsiana é ter sabido formular uma *moral do justo meio e da benignidade* e *ter tornado aceitável e praticável,* para o povo cristão em geral, a prática dos mandamentos da lei de Deus e da Igreja, bem como a obrigação da Confissão.[25]

Como observa G. de Rosa, em certo sentido "a teologia de Santo Afonso está situada fora de uma estreita classificação de ordem histórica, precisamente por causa da humanidade que a inspira, por causa da única preocupação que a sustenta e que é a da salvação em todas as circunstâncias e condições (...). De Afonso de

---

[24] ESPEJA, J. *Lo Divino en la experiencia Humana. Sobre la condición moral* (Madri, 2016) 53-54.

[25] DELUMEAU, J. *Morale e pastorale de saint Alphonse: bienveillance et juste milieu*: VÁRIOS. Alphonse de Liguori, Pasteur et Docteur (Paris, 1987) 139-159.

Liguori, o historiador luterano e teólogo Adolfo von Harnack foi capaz de escrever, comparando-o com Voltaire: 'Liguori e Voltaire são exatamente contemporâneos e ambos foram os mais influentes condutores de almas e das nações latinas.'"[26]

Sob a luz das reflexões precedentes, é possível compreender e aceitar a afirmação de que Afonso é o *príncipe dos moralistas*, entendendo: dos moralistas *casuístas*. Foi assim que se expressaram dois intelectuais católicos do primeiro terço do século XX. Francisco Olgiati (1886-1962), filósofo neoescolástico e professor da Universidade do Sagrado Coração de Milão, disse de Afonso que era "o príncipe dos moralistas" (*Il principe dei moralisti*).[27] Idêntica expressão, em latim, empregou o moralista dominicano Domingos Prümmer (1966-1931) para se referir a Afonso: "Princeps moralistarum".[28]

22.2. A PASTORALIDADE DA MORAL AFONSIANA

A dimensão pastoral da moral cristã, segundo a compreensão de Afonso de Liguori, não se refere tanto à apresentação de conteúdos morais nas diversas ações pastorais, por exemplo, nas missões populares,[29] mas sim, à *pastoralidade* inerente à reflexão teológico-moral e à proposta da verdade moral cristã em si mesma.

Essa é uma das características e uma das contribuições de Afonso para a Teologia Moral. Segundo Afonso, a reflexão teológico-moral, além de seu significado, necessariamente, especulativo, tem um *interesse prático*. O objetivo último das abordagens e soluções morais é orientar a *prática pastoral*, tanto na pregação e catequese, quanto na direção das consciências.

---

26 DE ROSA, G. *Saint Alphonse et le siècle des Lumières*: VÁRIOS. Alphonse de Liguori, Pasteur et Docteur (Paris, 1978) 46.

27 OLGIATI, F. *Novissimi schemi di conferenze* (Milão, 1933) 67-74.

28 PRÜMMER, D. M. *Manuale Theologiae Moralis secundum principia S. Thomae Aquinatis*, I (Friburgo, 1923) 15.

29 VIDAL, M. *La predicación moral hoy en las Misiones*: VÁRIOS. Las Misiones populares hoy (Madri, 1973) 117-135.

Pessoalmente, tenho dedicado vários estudos a essa característica da moral afonsiana:

- *La "praxis": rasgo característico de la moral alfonsiana y reto a la Teología Moral actual:* SM 25 (1987) 299-322.
- *La "pastoralidad" de la teología moral:* Confer n. 103 (1988) 437-460.
- *La Science morale au Service des priorités pastorales selon le dynamisme de Saint Alphonse de Liguori (1696-1787):* Le Supplément [atual: Revue d'Éthique et de Théologie Morale] n. 166 (1988) 119-136.

Resumo o conteúdo dos três estudos, tentando destacar a característica da pastoralidade na moral afonsiana.

22.2.1. *A pastoralidade: dinamismo organizador do discurso teológico-moral*

A prática pastoral foi o ponto de partida da reflexão teológico-moral de Afonso. A primeira edição da *Theologia Moralis* (1748) constitui uma edição do manual de Busenbaum, sobre o qual Afonso fez suas próprias *anotações,* incluídas no corpo da obra daquele escritor. O primeiro biógrafo de Afonso, Antônio Tannoia, adverte que as passagens próprias de Afonso provêm dos casos de moral que iam surgindo em sua atividade pastoral.[30] A prática pastoral foi o critério orientador de sua reflexão teológico-moral. Na moral afonsiana, tanto o conteúdo, quanto a forma de tratar os temas, foram condicionados pela orientação impressa pela prática pastoral.

O próprio Afonso observa, no *Prólogo da* 2ª edição (repetido até a 9ª), que muitos dos conteúdos de sua *Theologia Moralis* têm sua origem, não na leitura dos livros, mas na prática pastoral.[31]

Na introdução ao *Tractatus Praeambulus, De Actibus Humanis in genere,* (Tratado Introdutório: Sobre os Atos Humanos em geral), Afonso expõe, de forma precisa, como entendia sua opção pela orientação pastoral na reflexão teológico-moral.[32]

---

30 Tannoia, I, 245.

31 Gaudé, I, p. LVI: "nec non plura hic exposui, quae magis missionum et Confessionum exercitio, quam librorum lectione didici" – *além disso, aqui expus muitas coisas que aprendi, mais das missões e do exercício das Confissões, que do estudo dos livros.*

32 Gaudé, II, 689.

- A Teologia Moral "deve ser inteiramente dirigida à prática" (= *tota ad praxim est dirigenda*).
- A reflexão teológico-moral deve ter como objetivo a busca da verdade que salva (*tuae animarumque saluti consulere cupiens = antes, pensando mais na tua salvação e das almas*) e da perfeição cristã (*quibus prodesse, non obesse valeam animarum profectui = com as quais mais pudesse ajudar, não prejudicar, o progresso das almas*).
- O discurso teológico-moral, deixando as questões estéreis que levariam a uma perda de tempo (*nonne, si secus fecerem, et ego oleum operamque in elucubrando perderem, et tu frustra tempus tereres, in huiusmodi inutilia legendo? = Ora, se não fizesse assim, não é verdade que eu perderia o óleo e o trabalho, e tu desperdiçarias inutilmente teu tempo lendo semelhantes inutilidades?*), há de selecionar as questões que são úteis e necessárias para a prática (*ea tantum seligere cogito quae in hac materia magis utilia quaeque scitu necessaria ad praxim existimantur = penso em reunir apenas questões consideradas mais úteis e necessárias de se saber, nessa matéria, para a prática*).

22.2.2. *Implicações para a orientação concreta. Tomar consciência da complexidade da realidade moral*

A moral sempre foi um dos campos mais difíceis do conhecimento teológico. Afonso de Liguori, que esteve intensamente envolvido no trabalho teológico-moral durante um longo período de quatro décadas, via o mundo da moral como um mar sem fundo, com problemas continuamente novos e com dados cada vez mais numerosos e complicados. Em 21 de janeiro de 1762, escreveu: "Faz quarenta anos que estudo moral"[33]; já em 1756 anotava: a moral "tem sido meu estudo por mais de trinta anos"[34]; na *Dissertação de* 1774 confessava: "Sobre essa matéria, li inúmeros livros durante trinta anos".[35]

Depois de tantos anos de estudo, tinha que admitir: "Sempre encontro coisas novas".[36] Ele é ainda mais gráfico quando confes-

[33] Lettere, III, 141.
[34] Lettere, III, 27.
[35] *Dichiarazione del sistema*: edição de L. Corbetta, t. 31 (Monza, 1872) 60.
[36] Lettere, III, 41.

sa: "A moral é um caos que não termina nunca. Estou sempre lendo e sempre encontro coisas novas".[37]

Não é de estranhar que, à mente e à pena do Patrono dos confessores e moralistas, muitas vezes venha à tona o tema da dificuldade da moral. São muitas e significativas as passagens em que retorna a essa ideia.

Sem o perigo de nos equivocarmos, podemos pensar que Afonso teria enfatizado ainda mais as dificuldades da moral se tivesse vivido em nosso tempo. Não em vão, nossa sociedade é chamada de "sociedade complexa" ou "sociedade de risco", a saber, uma sociedade na qual é preciso tomar decisões sobre questões de grande complexidade e, além disso, tomá-las com rapidez e sabendo que delas dependem resultados de amplo e longo alcance para um número cada vez maior de sujeitos.

– Princípios para a resolução de conflitos de consciência

Há situações, na prática pastoral, em que surgem autênticos "conflitos de consciência" entre a norma moral objetiva e a responsabilidade subjetiva. O próprio ensinamento tradicional da Igreja afirma que, em tais situações, segue válido o princípio básico da inviolabilidade da consciência moral.

Essa afirmação deve ser lida e interpretada dentro dos seguintes parâmetros teóricos: 1) não nega, mas *pressupõe,* a validade da norma objetiva; 2) limita-se às *situações conflitivas;* 3) trata de captar a peculiaridade moral de tais situações através das *categorias morais* tradicionais e atuais. Trata-se, portanto, de *autênticos conflitos de consciência.* Para resolvê-los, não é negada, mas afirmada, a necessidade de levar em conta a norma objetiva, e remete-se a um princípio tradicional da moral católica: "Seguirá sendo válido o princípio básico da inviolabilidade da consciência moral".

Como expusemos nos capítulos 3 e 4 da 17ª seção, Afonso deu importância às categorias de *consciência perplexa* e de *ignorân-*

[37] Lettere, III, 144.

cia invencível. Como diz um estudioso da moral afonsiana, devido à complexidade da nossa sociedade "estas são situações que estão se tornando cada vez mais frequentes hoje em dia".[38] Isso não se deve à falta de informação, mas ao fluxo incessante de mensagens, às vezes, contraditórias.

Afonso teria aceitado o significado e a função de uma nova categoria moral que surgiu no último terço do séc. XX: a chamada *lei da gradualidade.* Foi uma categoria, inicialmente, utilizada pelo Magistério Eclesiástico *(Familiaris Consortio,* 34), mas logo assumida e desenvolvida pela reflexão teológico-moral.

> O *Vade-mécum para confessores sobre alguns temas de moral conjugal,* do Pontifício Conselho para a Família (12 de fevereiro de 1997), formula o significado desse princípio nos seguintes termos: "A lei da gradualidade pastoral, que não pode ser confundida com a 'gradualidade da lei' que pretende diminuir suas exigências, implica uma *ruptura decisiva* com o pecado e um *caminho progressivo* para a união total com a vontade de Deus e com suas exigências amorosas.[39]

João Paulo II canonizou, expressamente, o que veio a ser chamado, entre os estudiosos da moral afonsiana, o *princípio da benignidade pastoral,* tal como foi entendido e praticado por Afonso: "No ministério das confissões e na direção das almas, e especialmente na pastoral dos santuários confiados ao vosso Instituto, deve sempre guiá-los a benignidade pastoral, sem consentir em diminuições da doutrina salvífica de Cristo".[40]

---

[38] MAJORANO, S. *Misericordia e teologia morale: il contributo della visione alfonsiana*: WODKA, A. S. Accademia Alfonsiana. Inaugurazione Anno Accademico 2014-2015 (Roma, 2015) 62.

[39] Pontificio Consejo para la Familia, *Vademecum para los confesores sobre algunos temas de moral conyugal* (Cidade do Vaticano, 1997) 21. (= PONTIFÍCIO CONSELHO PARA A FAMÍLIA. *Vade-mécum para os confessores.* Temas de moral relacionados à vida conjugal. São Paulo: Loyola, 1997).

[40] JOÃO PAULO II. Carta Apostólica Spiritus Domini: *SEDOC* 205, vol. 20, nov/dez 1987, p. 264. Sobre o princípio da benignidade pastoral: VIDAL, M. *Benignity*: WALES, S.; BILLY, D. (ed.). Lexicon of Redemptorist Spirituality (Roma, 2011) 30-32. (= S. WALES; D. BILLY (ed.). *Dicionário de Espiritualidade Redentorista.* Goiânia: Scala, 2012. Trad.: José Raimundo Vidigal, p. 41-43).

Com relação à opção afonsiana de deixar o penitente na ignorância inculpável para não fazê-lo passar, indevidamente, do "pecado material" para "pecado formal", convém sublinhar a recomendação dada pelo Pontifício Conselho para a Família no *Vade-mécum para confessores sobre alguns temas de moral conjugal:*

> "Certamente, continua sendo válido o princípio, que também se refere à castidade conjugal, segundo o qual é preferível deixar os penitentes na boa-fé se estiverem em erro devido a uma ignorância subjetivamente invencível, quando se prevê que o penitente, mesmo depois de ter sido orientado a viver no âmbito da fé, não modificaria sua própria conduta, e assim passaria a pecar formalmente; contudo, mesmo nesses casos, o confessor deve animar esses penitentes a acolher o plano de Deus em suas próprias vidas, também as exigências conjugais, por meio da oração, do chamado e da exortação para formar a consciência e o ensinamento da Igreja".[41]

O princípio afonsiano da benignidade pastoral tem uma sólida justificação no princípio formulado pelo Concílio Vaticano II em *Dignitatis Humanae* (n. 1) e recolhido por João Paulo II na Carta Apostólica *Tertio Millennio Adveniente* (n. 35): "A verdade não se impõe, a não ser pela força da própria verdade que penetra, ao mesmo tempo, com suavidade e firmeza, nas almas". *Suavidade e firmeza:* constituem as duas atitudes que definem a benignidade pastoral, tal como Afonso a entendia e tal como é proposta na atualidade.

22.2.3. *Orientação necessária*

Afonso sempre teve em alta consideração a moral. Ele a considerava como "ciência das ciências" e "arte das artes". Considerava-a um saber *difícil,* embora imprescindível para a prática pastoral. Sem negar sua condição de *saber,* viu na moral, sobretudo, sua finalidade prática.[42]

---

[41] PONTIFÍCIO CONSELHO PARA A FAMÍLIA. *Vade-mécum para os confessores.* Temas de moral relacionados à vida conjugal. n. 8.

[42] THEBERGE, R. *Une morale pour la pastorale de la miséricorde: "L'Homo apostolicus"*: VÁRIOS. Alphonse de Liguori, Pasteur et Docteur (Paris, 1987) 137-138.

Pode-se dizer, portanto, que o discurso teológico-moral de Afonso é regido, não pelo princípio de pureza acadêmica, mas pelo critério de coerência com a prática pastoral. A *praticidade,* identificada com a *pastoralidade,* constitui uma decisiva chave explicativa da moral afonsiana.

Acreditamos que, respeitando a peculiaridade das diversas tradições teológico-morais dentro da Igreja, essa orientação deve ser assumida e realizada pela teologia moral católica como tal. A eclesialidade, própria da moral cristã, traz consigo, necessariamente, a nota da pastoralidade.

22.2.4. *Nota bibliográfica*

– Sobre a pastoralidade da moral afonsiana

- CAPONE, D. *Pastoralità, prudenza, coscienza*: VÁRIOS. Magistero e morale (Bolonha, 1970) 247-389.
- MCDONAUGH, W. *"New terrain" and a "stumbling Stone" in Redemptorist contribution to "Gaudium et spes": on relating and juxtaposing truth's formulation and its experience:* SM 35 (1977) 9-49.
- THÉBERGE, R. *Une morale pour une pastorale de la miséricorde: L' Homo apos*tolicus: VÁRIOS. Alphonse de Liguori, Pasteur et Docteur (Paris, 1987) 127-138.
- GALLAGHER, R. *The art of being pastoral as a moral theologian*: Asian Horizons 7 (2013) 476-490. Também: Id., *The Alphonsian Tradition in the Light of "Consueverunt omni tempore". The Theological Significance of an Ecclesial Event.* SM 38 (2000) 297-319.
- TIRIMANNA, V. *Le sfide contemporanee al metodo pastorale alfonsiano in Teologia Morale:* DEL MISSIER, G.; WODKA, A. S. (ed.). Le sfide cruciali per la riflessione etica oggi (Pádua, 2015) 135-159, especialmente, p. 137-140: "Sul metodo morale pastorale alfonsiano".
- MAJORANO, S. *Misericordia e teologia morale: el contributo della visione alfonsiana:* WODKA, A. S. (ed.). Accademia Alfonsiana. Inaugurazione Anno Accademico 2014-2015 (Roma, 2015) 45-63.
- AMARANTE, A. V. *Pastoralità come criterio morale*: SM 53 (2015) 37-59.

22.3. INOVAÇÕES E ESPÍRITO DE LIBERDADE EM AFONSO MORALISTA

22.3.1. *A característica "inovadora" da figura histórica de Afonso*

Afonso realiza inovações em quase todos os campos de seu trabalho como escritor e como pastor. Limito-me aqui a apontar algumas das inovações em relação, sobretudo, a seu projeto pastoral. Destacam-se: a criação das "capelas do entardecer", ou seja, escolas de vida cristã e de elevação humana para os leigos e com os leigos; a acentuação formativa e catequética das Missões Populares; um novo estilo na pregação e na apresentação do Evangelho.

As *capelas do entardecer* ("cappelle serotine") constituem uma "inovação pastoral afonsiana".[43] Além de outros aspectos positivos, não há dúvida de que essa prática pastoral promoveu a recuperação social das pessoas marginalizadas, bem como um aumento de seu nível de responsabilidade. Isso é reconhecido pelo Cardeal Luciani (futuro João Paulo I) e pelo Papa João Paulo II. Para o primeiro, Afonso "procurava, com a instrução fácil e simples, a recuperação religiosa e civil dos 'marginalizados' (*lazzaroni*)".[44] Para João Paulo II, as capelas do entardecer "se tornaram uma escola de reeducação social e moral".[45] Ver esse aspecto no cap. 3 da 7ª seção.

As *Missões Populares,* como entendidas e praticadas por Afonso, também têm notáveis "inovações".[46] Uma dessas peculiaridades inovadoras é a acentuação do aspecto "formativo", através da importância dada à "catequese" e à "instrução" (ao povo em geral e aos diversos grupos em particular). A elevação cultural do povo é consequência dessa acentuação da dimensão formativa das Missões.

---

[43] Cf. DI GENNARO, G.; PIZZUTI, D., *Alfonso de' Liguori e il secolo dei lumi. Una rivisitazione storico-sociologica in occasione del terzo centenario della nascita*: Rassegna di Teologia 38 (1997) 304-307.

[44] LUCIANI, A. *S. Alfonso cent'anni fa era proclamato dottore della Chiesa* (Veneza, 1972) 15.

[45] JOÃO PAULO II. Carta Apostólica Spiritus Domini: *SEDOC* 205, vol. 20, nov/dez 1987, p. 259.

[46] Cf. DI GENNARO, G.; PIZZUTI, D. *a. c.*, 307-310.

A pregação e os escritos de Afonso têm uma marca própria. Esse "estilo" é identificado com o "homem" do qual brotam. Em sua *pregação*, Afonso foge de qualquer vaidade formal e todo "fogo de artifício", para se concentrar em sua função prática: "instruir" a mente e "mover" o coração do povo para uma prática individual e social em conformidade com a nobre condição de pessoas e filhos de Deus.

Em seus *escritos*, não pretende "surpreender" os cultos e intelectuais, mas "formar" o povo simples. A estratégia de "obras curtas", na forma de livros de bolso, enquadra-se nesse objetivo.[47] O estilo claro, concentrado e direto, é sinal, não só da mente preparada de Afonso, mas também, de seu desejo de alcançar a formação do povo comum.[48]

No *trabalho teológico* ainda é possível falar, segundo A. Luciani, de "um estilo (próprio) de Teologia". O Cardeal de Veneza, e futuro Papa João Paulo I, resume esse estilo mediante as seguintes características:[49] "Afonso era um teólogo em vista dos problemas práticos a serem resolvidos imediatamente, em função das experiências vividas"; "ele havia estudado uma filosofia eclética, não aristotélica: daí seu horror às sutilezas e discussões inúteis"; "o estudo do direito e a prática do fórum haviam incutido nele um grande respeito pela tradição e a capacidade para desenrolar casos complicados"; "o púlpito e o confessionário lhe diziam quais eram as necessidades imediatas das almas naquele momento concreto: o teólogo certo para o momento certo".

22.3.2. *Entre a Tradição e a inovação*

João Paulo II destacou duas características na personalidade de Afonso que, aparentemente, parecem contraditórias, mas, no fundo, constituem a chave explicativa do valor objetivo e da capacidade atualizadora da moral afonsiana. O Papa afirma que Afonso foi um homem da Tradição e, ao mesmo tempo, um renovador da moral católica.[50]

Sem dúvida alguma, Afonso sentiu "um grande respeito pela Tradição".[51] Convém recordar que fez um tratamento explícito

[47] Cf. LUCIANI, A. *o. c.*, 32.
[48] Cf. *Ibid.*, 27-28.
[49] As frases entre aspas estão em: *Ibid.*, 27.
[50] JOÃO PAULO II. Carta Apostólica Spiritus Domini: *SEDOC* 205, vol. 20, nov/dez 1987, p. 262. (AAS 79 (1978) 1365-1375).
[51] LUCIANI, A. *o. c.*, 27-28.

sobre a Tradição em seu comentário à IV Sessão do Concílio de Trento.[52] Merece destaque sua análise sobre os três tipos de conteúdo da Tradição: as tradições divinas, as apostólicas (algumas das quais também são divinas porque foram recebidas da boca de Cristo ou reveladas pelo Espírito Santo), e as tradições humanas.[53] Além disso, fornece um conjunto de regras para distinguir as tradições "divinas" das "humanas" e vice-versa, aludindo a exemplos de verdadeiro interesse histórico.[54]

Em seu trabalho teológico-moral, Afonso, de fato, usou a Tradição como lugar teológico e fonte da moral cristã, fazendo uso dos Padres da Igreja e dos grandes teólogos medievais, especialmente Santo Tomás, que ele considera o "theologorum princeps".[55] Foi um homem da tradição, a tal nível, que João Paulo II chegou a fazer esta afirmação: "Possuía como poucos o *sentido da Igreja*, critério esse que o orientou na pesquisa teológica e na práxis pastoral, a ponto de se tornar ele próprio, de certa forma, a voz da Igreja".[56]

Mas a proposta afonsiana, enraizada na Tradição, não se volta nostalgicamente para o passado. O olhar de Afonso está voltado para o presente e para o futuro. Sente como suas as necessidades do povo. E essas urgências não se resolvem olhando para trás, mas com olhos postos no futuro.

Foi também João Paulo II quem enfatizou, fortemente, o caráter inovador de Afonso no campo da moral. Na apreciação do Papa, as grandes obras da moral de Afonso "fizeram dele o mestre da ciência moral católica".[57] Mais ainda, "Afonso foi o renovador da moral".[58]

---

[52] Alfonso de Liguori, *Opera dogmatica contra gli eretici pretesi riformati*: Opere di S. Alfonso Maria de Liguori, VIII (Turim, 1848) 842-854.

[53] *Ibid.*, 851-852.

[54] *Ibid.*, 853-854.

[55] Gaudé, I, 26.

[56] JOÃO PAULO II. Carta Apostólica Spiritus Domini: *SEDOC* 205, vol. 20, nov/dez 1987, p. 262: "nam 'sensum Ecclesiae' summopere habuit... adeo ut fuerit ipse quodammodo vox Ecclesiae" (*Spiritus Domini*: AAS 79 (1987) 1372).

[57] JOÃO PAULO II. Carta Apostólica Spiritus Domini: *SEDOC* 205, vol. 20, nov/dez 1987, p. 260. "magistrum sapientiae moralis catholicae prodant" (AAS 79 (1987) 1367).

[58] JOÃO PAULO II. Carta Apostólica Spiritus Domini: *SEDOC* 205, vol. 20, nov/dez 1987, p. 259. "verum enimvero fuit Alfonsus rerum moralium, id est doctrinae de moribus, restitutor" (AAS 79 (1987) 1367).

22.3.3. *Inovações morais concretas*

- Inovações em que Afonso se afasta do sentir da escolástica, concretamente, de Tomás de Aquino

As inovações mais marcantes são aquelas em que Afonso, com seu pesar e pedindo desculpas, se afasta da opinião da escolástica, mais especificamente, da de Tomás de Aquino, que ele teve como seu máximo mestre nas questões teológicas.[59]

- Esse é o caso da afirmação de Afonso sobre o *estatuto da consciência invencivelmente errônea,* cujos atos, não apenas estão escusados de culpa (só o que santo Tomás aceitava), mas também são meritórios (o que Santo Tomás negava e G. Ockham afirmava).
- A mesma coisa se aplica ao parecer de Afonso sobre a licitude do matrimônio e do ato conjugal por motivo de ser *remedium concupiscentiae,* afastando-se, assim, da interpretação de Santo Tomás.
- Vale a pena acrescentar outra questão na qual Afonso também se afastou, abertamente, da opinião de Santo Agostinho e de Santo Tomás: a rejeição moral da *tolerância social da prostituição.* Apoiando-se em razões de dignidade humana, demonstrando grande sensibilidade para com as pessoas marginalizadas, e referindo-se aos estudos e práticas pastorais de seu companheiro, Januário Sarnelli, com as mulheres prostituídas da cidade de Nápoles, Afonso se opôs à tolerância social da prostituição, mesmo sabendo que estava indo contra a opinião de Santo Agostinho e de Santo Tomás.[60]

- Outras inovações (já discutidas nos capítulos anteriores)

No tratado sobre os princípios da moral.

- Aceitação da ignorância invencível e ampliação de seu campo de ação às normas do direito natural. A ignorância inculpável impede o pecado formal, o único que ofende a Deus e que se opõe à salvação.[61] Essa afirmação é traduzida na prática pastoral em, às vezes, ter que deixar na "boa fé" as pessoas que pecam com ignorância inculpável.[62]

---

[59] Gaudé, II, 689.

[60] Gaudé, I, 678-679.

[61] Gaudé, III, 636: *Praxis confessarii*, n. 8.

[62] Por exemplo, nos comportamentos da vida conjugal: LANGLOIS, C. *Régulation romaine et morale alphonsienne en France dans la première moitié du 19e siècle*: SH 45 (1997) 327-329.

- Em conexão direta e imediata com a questão da ignorância invencível, está a doutrina sobre a epiqueia. O uso da *epiqueia* como critério regulador da verdade moral, mesmo em questões de lei natural,[63] tem, no pensamento de Afonso, uma justificação de natureza antropológico-teológica.
- Afonso deu especial importância à *lei da gradualidade* na descoberta e realização da verdade moral.
- O mesmo deve ser dito sobre a aceitação das *circunstâncias*, históricas e biográficas, como fator importante na constituição da verdade moral. Afonso observou que, devido à mudança de circunstâncias, uma lei que era "certa" pode passar a ser "duvidosa".[64] A verdade moral salvífica se realiza na aplicação dos critérios morais, de acordo com a situação concreta da pessoa.
- A *fragilidade humana* foi ponderada por Afonso em afirmações[65] que João Paulo II qualificou de "palavras memoráveis".[66]

No tratado de moral matrimonial

Junto com a consciência, a moral matrimonial foi o campo em que se constatam as inovações mais importantes do pensamento moral afonsiano. Além da inovação já anotada (a licitude do matrimônio, e do ato conjugal, em razão de ser *remedium concupiscentiae*), ainda outras são dignas de nota:

- Na ordenação afonsiana dos fins do matrimônio, a procriação *não é um fim essencial do* matrimônio; é apenas um fim intrínseco *acidental*.[67]
- O matrimônio é lícito e válido *mesmo que se excluam* os dois fins intrínsecos acidentais, a saber, o remédio da concupiscência e a *procriação*. Dessa maneira contraíram seu matrimônio Maria e José.[68]

---

[63] Gaudé, I, 182: "etiam in naturalibus".

[64] *Dell'uso moderato dell'opinione probabile*, 1765, c. III, n. 89. Edição de L. Corbetta, t. 29 (Monza, 1831) 199.

[65] "Atendendo à fragilidade da presente condição humana, nem sempre é verdade que o mais seguro seja dirigir as almas pela via estreita" (Gaudé, II, 53). "A excessiva severidade fecha o caminho para a vida eterna" (Gaudé, I, 61).

[66] JOÃO PAULO II. Carta Apostólica Spiritus Domini: *SEDOC* 205, vol. 20, nov/dez 1987, p. 260. (AAS 79 (1987) 1368).

[67] Gaudé, IV, 61.

[68] Gaudé, IV, 62.

- A intenção procriadora não é exigida em toda relação conjugal;[69] mais ainda, pode-se admitir que, às vezes, seja lícito desejar não ter filhos,[70] em razão do princípio de responsabilidade geral, que deve abarcar toda a realidade do matrimônio e da família.

22.3.4. *Um espírito livre*

Em vários momentos do trabalho teológico-moral, Afonso formulou sua independência de julgamento. Basta citar estas memoráveis palavras: "Com todas as minhas forças, sempre coloquei a razão acima da autoridade; e quando as razões me convenceram, não tive dificuldade em ir contra o parecer de vários autores"; consequentemente, "não segui como uma ovelha (para usar a expressão dos rigoristas), cegamente, a opinião dos autores".[71]

O moralista Afonso não só fez prevalecer sua razão e sua liberdade frente à autoridade dos outros moralistas, mas também manteve sua liberdade diante de decisões da autoridade eclesiástica que considerava obsoletas. Refiro-me, especificamente, a certas decisões dos Romanos Pontífices e de outras instâncias da Cúria Romana. Basta citar dois casos:

- Afonso sustentava a opinião de que "quando alguém, depois da confissão, se lembra de um pecado mortal que foi inculpavelmente esquecido, não é obrigado a confessá-lo antes de receber

---

69 Gaudé, IV, 109: "Consequenter resolvitur licitum esse uti matrimonio: a) prolis causa; etsi haec non necessario debeat intendi cum exercetur: dummodo positive non impediatur" - *Consequentemente, resolve-se que é lícito o uso do matrimônio: a) por causa da prole; mesmo que esta não seja necessariamente a intenção quando é exercido: desde que não seja positivamente impedida.*

70 Gaudé, IV, 123.

71 Gaudé, II, 52: "Non tanquam ovis (ut verbis utar rigoristarum) semitas scriptorum caeco ductu sectatus sum; sed operam dedi ut veritatem assequerer, aut sententias quae magis veritati accedunt amplexarer. Pro viribus sum conatus semper rationem auctoritati praeponere; et ubi ratio me convicit, non renui auctoribus plurimis contraire, etiam iis quibus magis forsan adhaerere potuissem: utpote quia, cum hanc scientiam addiscerem, ad manus meas ante alios illi pervenerunt". -*De modo que, para usar as palavras dos rigoristas, não segui como ovelha, cegamente, a trilha dos escritores; mas empreguei muito trabalho para assegurar a verdade, ou abraçar sentenças que mais se aproximassem da verdade. - Com todas as minhas forças, sempre busquei colocar a razão antes da autoridade; e quando fui convencido pela razão, não hesitei em contrariar diversos autores, mesmo aqueles a quem, talvez, mais pudesse aderir pelo fato de, antes de quaisquer outros, terem sido os primeiros que chegaram às minhas mãos quando aprendi essa ciência.*

a comunhão; basta declará-lo na próxima confissão".[72] Ele o faz, sabendo que a Inquisição Espanhola (1747) havia mandado riscar essa opinião, defendida pelo carmelita Pedro Cornejo de Pedrosa (1566-1618). Tal opção de liberdade, levou Afonso a um pequeno incidente com a Inquisição espanhola,[73] como comentamos no cap. 2 da 21ª seção.

- Diante da proibição de exigir qualquer coisa pelo empréstimo concedido *usque ad certum tempus,* Afonso soube distinguir entre a prorrogação temporária intrínseca ao empréstimo e a prorrogação temporária *extrínseca* ao empréstimo: a primeira estava proibida, mas não a segunda.[74]
- De passagem (*obiter notandum*), Afonso observa que "alguns tendem a reprovar todas as opiniões que têm alguma semelhança com uma proposição condenada", coisa que "é contrária à natureza das proposições condenadas", uma vez que apenas deve ser entendido como condenado o que está expressamente (*expresse*) ou virtualmente (*virtualiter*) contido na proposição condenada. Além disso, "falando de modo geral, as proposições condenadas devem ser entendidas como estão formuladas (*ut jacent*) e com o sentido exato (*in sensu rigoroso*) e querido pelos autores (*ab auctoribus intento*).[75]

As duas citadas interpretações de decretos da autoridade eclesiástica por parte de Afonso nos levam a lembrar que Liguori não compôs um tratado de epistemologia teológico-moral.

A opção de Afonso foi assumir, em sua *Theologia Moralis,* e fazer *seu,* o tratado sobre "lugares teológicos" do jesuíta Francisco Antônio Zaccaria (1717-1795), publicado como *Liber Prodromus De locis theologicis* na edição que, por sua vez, este jesuíta fez do manual de Lacroix (1749), e incorporado à obra afonsiana (desde a 3ª até a 7ª edição) como *Dissertação Prolegômena.*

---

72 Gaudé, III, 223-225, n. 257.

73 CEPEDAL, T. *La Inquisición española ante la moral de S. Alfonso (1793-1804)*: Pentecostés 15 (1977) 293-334.

74 Gaudé, II, 205, n. 760.

75 *Ibidem.*

Pelos motivos que comentamos (cap. 3 da 15ª seção), Afonso foi diminuindo, gradualmente, a importância dessa *Dissertação,* até ser suprimida na 8ª edição (e na 9ª). Mas, constatando a necessidade de ter alguns critérios de interpretação dos decretos da autoridade eclesiástica, manteve as duas páginas e meia referentes à questão, intituladas *De Romanorum Pontificum decretis eorumque usu in Morali Theologia* (Sobre os Decretos dos Romanos Pontífices e seu uso na Teologia Moral), às quais o editor antepôs uma nota explicativa *Ad lectorem monitum* (ambas as peças permanecem nas edições posteriores à morte de Afonso, mas, surpreendentemente (em nossa opinião), não são mantidas na edição crítica de Gaudé).[76]

Pois bem, nesses *cânones* (ou normas) *para usar* (ou interpretar) *os decretos pontifícios - Canones in uso Pontificiorum Decretorum servandi* - a postura hermenêutica de Afonso não tende ao maximalismo, mas sim, a redimensionar o valor normativo dos decretos para baixo. Por exemplo:

> Canon II. Cave ne quod merae disciplinae praeceptum fuit, id ad Morales quaestiones decidendas trahas (cita exemplos). - *Cuidado para não considerar como questões morais já decididas, coisas que foram prescritas por mera questão de disciplina.*
>
> Canon IV. Pontificis decreto aliquid universim permittenti non derogatur per subsequentia decreta, quae in specialibus quibusdam casibus illud limitant (cita exemplos). *Algo permitido, de modo geral, por um decreto pontifício, não é derrogado por decretos posteriores que o limitem em alguns casos especiais.*
>
> Canon X. Ex alicuius propositionis Pontificia damnatione non licet inferre damnationem alterius, quae alteri omnino rationi innititur (cita exemplos). *A partir da condenação pontifícia de uma dada proposição, não é permitido concluir a condenação de uma outra que se baseie inteiramente em outra justificativa.*
>
> Canon XI. Ex eo, quod Pontifices aliquid sub anathematis poena prohibeant, non fit, illud semper *de se* grave esse peccatum (cita

[76] Na 10ª edição (Bassano, 1793) no *Ad lectorem monitum* fala-se no t. I, p. 221 e os *Canones in usu Pontificiorum Decretorum servandi* no t. I, depois do Índice, p. XXXVII-XXXIX. Esses *cânones* constituíam a primeira parte do cap. 3 da II Parte (*Didática*) da *Dissertatio Prolegomena.*

exemplos). *Do fato de os pontífices terem proibido algo sob pena de anátema, não se segue que tal coisa sempre seja*, em si mesma, *pecado grave*.

Canon XII. Ubi Pontifices aliquid prohibent, ad circumstantias attendere oportet prohibitionis (remete ao Canon VIII). *Quando os pontífices proíbem alguma coisa, é necessário prestar atenção às circunstâncias da proibição.*

Canon XIII. Si quid Pontifices prohibuerint, videndum num vivae vocis oraculo ita mentem suam explicuerint, ut locus non sit argumentationi ad alium omnino casum (dá o exemplo do *contrato trino*). *Se os pontífices tiverem proibido alguma coisa, deve-se observar se explicaram de viva voz a sua intenção, para não dar lugar à aplicação do argumento a um caso inteiramente diferente.*

Canon XIV. Videndum praeterea est, num posterior Pontifices latam a decessoribus suis prohibitionem restrinxerint. *Por fim, deve-se observar se, posteriormente, os Pontífices não restringiram uma proibição feita por seus antecessores*. Exemplo: Gregório XIV restringiu ao aborto de feto animado a pena que Sixto V havia imposto para todo tipo de aborto (também de feto inanimado).

Foi B. Häring quem melhor destacou a característica de liberdade na reflexão teológico-moral de Afonso.[77] Ele dá dois exemplos: "Sua coragem [de Afonso] para a nova interpretação nos empréstimos com juros" e "sua resistência ao rigorismo agostiniano em matéria sexual [e matrimonial]". Tendo já enfatizado a contribuição particular de Afonso em matéria de moral matrimonial, recolho a anotação de B. Häring sobre a moral dos empréstimos.

"Afonso foi alvo de muitas hostilidades, sobretudo, devido a sua postura diante da proibição dos juros. Seus oponentes puderam facilmente colocar diante de seus olhos os numerosos documentos da Igreja que proibiam cobrança de juros. Afonso teve a liberdade de espírito de empreender uma nova interpretação em vista das mudanças radicais na economia e na sociedade. Ele acentuava que

[77] HÄRING, B. *Carisma y libertad de espíritu*: VÁRIOS. Ser Redentorista hoy. Testimonios sobre el Carisma (Roma, 1996) 203-214. (= HÄRING, B. Carisma e liberdade de espírito: *Ser redentorista hoje*. Testemunhos sobre o carisma. Goiânia: Gráfica e Editora Redentorista, 1996. p. 201-212).

os juros têm que ser moderados, e oferecia numerosos critérios claros. Diante das difamações, o que o movia a se engajar com tanta obstinação nessa nova interpretação era sua fé inabalável de que todos os homens são chamados à salvação e à santidade. Numa interpretação estreita da proibição dos juros, muitos homens de participação ativa na vida econômica não podiam ser absolvidos se não prometessem deixar de cobrar juros. Afonso teve, enfim, sorte, pois Bento XIV tomou sua defesa nessa questão, embora oficialmente a antiga proibição dos juros só tenha sido abolida e recebida nova interpretação um século mais tarde".[78]

22.4. A TRADIÇÃO MORAL AFONSIANA

Neste último capítulo da seção dedicada a fazer um balanço da proposta moral afonsiana, pretendemos condensar tal balanço na formulação e explicação de uma tradição teológico-moral: a tradição afonsiana.

22.4.1. *A Tradição e as tradições em teologia moral*

A Tradição constitui, juntamente com a Sagrada Escritura, uma das fontes constitutivas da verdade moral cristã, já que é, também, um dos canais de transmissão da Revelação divina.[79]

A encíclica *Veritatis Splendor* é o documento do Magistério eclesiástico recente que mais enfatizou o caráter normativo da Tradição para a Teologia Moral. Define a autêntica moral cristã como "ensinamento moral baseado na Sagrada Escritura e na viva Tradição apostólica" (n. 5), apelando para a "resposta tradicional da Igreja" e para seu "patrimônio moral" (n. 4). No n° 27, esclarece mais o papel da Tradição na reflexão teológico-moral, falando de "grande Tradição de ensinamento e vida da Igreja, que tem como testemunhas a doutrina dos Padres, a vida dos Santos, a liturgia da Igreja e o ensinamento do Magistério". Apesar das referências

---

[78] *Ibid.*, 209-210. (=208).

[79] Ver o segundo capítulo e, de modo especial, o n. 8 da constituição *Dei Verbum* do Concílio Vaticano II. A mesma doutrina é, pontualmente, recolhida pelo *Catecismo da Igreja Católica*, n. 75-83.

observadas, é preciso reconhecer que a encíclica não contém "uma teologia explícita sobre a tradição".[80]

Os moralistas casuístas quase nunca refletiram sobre o papel da Tradição na reflexão teológico-moral.[81] Os teólogos moralistas da época recente recolhem a afirmação geral do caráter normativo da Tradição para a verdade moral e enfatizam a articulação da Tradição com a Sagrada Escritura e o Magistério eclesiástico, a fim de constituir os três lugares propriamente teológicos da epistemologia teológico-moral.[82] Entretanto, fora dessas afirmações gerais, permanece uma grande parcimônia no desenvolvimento concreto do valor normativo da Tradição.[83] É uma questão aberta que requer mais pesquisas e deve suscitar importantes debates no futuro.[84]

Dentro da grande Tradição (com letra maiúscula), e tratando de transmiti-la e inculturá-la, localizam-se as tradições (com letra minúscula). Com ressonâncias da obra de Y. Congar,[85] o *Catecismo*

---

[80] JOHNSTONE, B. V. *Faithful Action. The Catholic Moral Tradition and "Veritatis Splendor"*: SM 31 (1993) 283-284.

[81] Como diz CURRAN, C. E. *The Catholic Moral Tradition Today* (Washington, 1999) 53, "os antigos manuais de teologia moral se ocuparam pouco da tradição."

[82] PINCKAERS, S. *La morale chrétienne et ses sources: Écriture, Tradition et Magistère*: Anthropotes 3 (1987) 25-42. Ver as referências mais específicas de: JOHNSTONE, B. V. *The Argument from Tradition in Catholic (Moral) Theology*: Irish Theological Quarterly 69 (2004) 139-155.

[83] Tentei preencher essa lacuna, oferecendo uma apresentação sistemática da epistemologia teológico-moral em: VIDAL, M. *Nueva Moral Fundamental. El hogar teológico de la Ética* (Madri, 2002^2) 869-992 (sobre a Tradição: p. 934-952). Tradução italiana: *Nuova morale fondamentale. La dimora teologica dell'etica* (Bolonha, 2004) 805-897. Tradução brasileira: VIDAL, M. *Nova Moral Fundamental*: o lar teológico da ética. São Paulo: Paulinas; Aparecida: Santuário, 2003, p. 809-870 (sobre a Tradição: p. 828-843).

[84] Um exemplo de debate é o que protagonizaram: JOHNSTONE, B. V. *Can Tradition Be a Source of Moral Truth? A Reply to Karl-Wilhem Merks*: SM 37 (1999) 431-451 e MERKS, K. -M. *Tradition und moralische Wahrheit. Eine Antwort an Brian V. Johnstone*: SM 38 (2000) 265-278. Para o primeiro, a tradição e, mais concretamente, a tradição católica, "can be, when understood in a particular sense, and under certains conditions, a source of moral truth" (*a. c.*, 449). O segundo pede que se distinga entre "critério" (*Kriterium*) e "fonte" (*Quelle*); segundo ele, a tradição não é propriamente um "critério" para a verdade moral, mas sim uma "fonte" com a qual se confrontam os critério de verdade moral, os quais pertencem à consciência e à responsabilidade do indivíduo (*a. c.*, 269-271).

[85] CONGAR, Y. *La tradition et les traditions* (Paris, 1960).

da Igreja Católica se refere a essas tradições no n. 83: "É necessário distinguir dela (da Tradição) as 'tradições' teológicas, disciplinares, litúrgicas ou devocionais nascidas ao longo do tempo nas Igrejas locais. Estas, constituem formas particulares nas quais a grande Tradição recebe expressões adaptadas aos diversos lugares e às diversas épocas".

A Comissão Teológica Internacional desenvolveu um pouco mais a afirmação anterior: "Desde o início, essa Tradição vivente da Igreja assume grande número de formas diferentes nas tradições particulares (*traditiones*). Sua riqueza inesgotável se exprime numa pluralidade de doutrinas, cantos, símbolos, ritos, disciplinas e instituições. A Tradição, desse modo, mostra a fecundidade através de sua 'inculturação' nas Igrejas locais distintas, segundo as situações culturais das mesmas".[86]

Ninguém poderá negar a existência de tradições teológico-morais. Estas se encaixam nas "tradições teológicas" referidas no *Catecismo,* no número 83, acima mencionado. Não é o momento de analisar, nem sequer enumerar, todas as tradições teológico-morais. Basta dizer que, nesse conjunto, sobressaem, em primeiro lugar, a tradição tomasiana, a tradição franciscana, a tradição jesuíta.

As tradições teológico-morais, assim como as outras tradições (espiritual, litúrgica, etc.) devem ser julgadas a partir da grande Tradição.[87] É uma exigência da reflexão teológico-moral atual fazer o discernimento das tradições teológico-morais em seu con-

---

86 COMISIÓN TEOLÓGICA INTERNACIONAL. *La interpretación de los Dogmas* (1988): Documentos, 1969-1996. Edición preparada por C. Pozo (Madri, 1998) 443-444. (= COMISSÃO TEOLÓGICA INTERNACIONAL. *A interpretação dos dogmas*: *SEDOC* 222, vol. 23, set/out 1990. p. 208).

87 "É à luz da grande Tradição que estas (as tradições) podem ser mantidas, modificadas ou mesmo abandonadas, sob a guia do Magistério da Igreja." (*Catecismo da Igreja Católica,* n. 83). "Estas múltiplas tradições são ortodoxas, na medida em que testemunham a única Tradição apostólica e a transmitem." COMISSÃO TEOLÓGICA INTERNACIONAL. *A interpretação dos dogmas*: *SEDOC* 222, vol. 23, set/out 1990. p. 208. Cf. O'COLLINS, G. *Criterios para la interpretación de las tradiciones*: LATOURELLE, R.; O'COLLINS, G. (ed.). *Problemas y perspectivas en teología fundamental* (Salamanca, 1982) 462-480. (=*Problemas e Perspectivas de Teologia Fundamental*. São Paulo: Loyola, 1993).

junto ou em uma área determinada (moral sexual, bioética, moral social, etc.).[88]

Além desse trabalho de discernimento, a reflexão teológico-moral atual tem a tarefa de tomar consciência, de explicitar e justificar a pertença a uma determinada tradição. Esse pertencimento é um dos componentes da epistemologia teológico-moral, pois coincide com o que, em teoria epistemológica, é chamado de "pertença a uma determinada tradição de pesquisa".[89]

22.4.2. *Existência da tradição afonsiana em moral*

Os estudos sobre a moral afonsiana conheceram um momento de esplendor nas três últimas décadas do século XX. No entanto, dentro dessa produção bibliográfica não são abundantes os estudos explícitos e diretos sobre o pensamento moral afonsiano enquanto "tradição teológico-moral".[90]

Depois de haver dedicado muitas horas ao estudo da moral afonsiana, estou convencido de que se pode falar com objetividade de uma tradição afonsiana dentro da reflexão teológico-moral católica.

Afonso de Liguori representa um marco importante da Tradição na moral católica, pois foi proclamado Doutor da Igreja, especialmente, por suas obras morais. O "espírito" de sua doutrina moral está orientado para a salvação do povo simples, tendo cons-

---

88 Ver os dados apresentados nos seguintes estudos, de tom predominantemente crítico: HOOSE, B. *Received Wisdom? Reviewing the Role of Tradition in Christian Ethics* (Londres, 1994); THIEL, J. E. *Tradition and Authoritative Reasoning. A Nonfoundamentalist Perspective*: Theological Studies 56 (1995) 627-651; CURRAN, C. E. *History and Contemporary Issues: Studies in Moral Theology* (Nova Iorque, 1996).

89 Sobre esse constructo epistemológico e sobre sua função em teologia, ver o fundamentado e iluminador estudo de: GÓMEZ MIER, V. *Sobre tradición y tradiciones de investigación*: La Ciudad de Dios 209 (1996) 231-270.

90 Constituem uma exceção as valiosas contribuições de: GALLAGHER, R. *The Alphonsian Tradition in the Light of "Consueverunt omni tempore"*: SM 38 (2000) 297-319; *Interpreting Thomas Aquinas: Aspects of the Redemptorist and Jesuit Schools in the Twentieth Century*: POPE, S. J. (ed.). The Ethics of Aquinas (Washington, 2002) 374-384.

tituído um fator decisivo para a superação do "rigorismo jansenista", principalmente, na prática do sacramento da Penitência.

Em vários capítulos da seção anterior expusemos a ampla e profunda "recepção" da moral afonsiana na vida da Igreja (cap. 2 da 21ª seção), bem como, nas declarações do Magistério eclesiástico em favor da moral afonsiana, de Pio IX a João Paulo II (cap. 5 e 7 da 21ª seção).

Convém enfatizar a importância da Carta Apostólica de João Paulo II, *Spiritus Domini* (1 de agosto de 1987), por ocasião do II Centenário da morte de Afonso, que consagra a existência de uma tradição afonsiana e descreve suas características essenciais.[91]

Sobre Afonso se diz que "foi o renovador da moral"[92] e "o mestre da moral católica".[93] De maior significado para nosso tema é outra das afirmações básicas do citado documento: "Ele (Afonso) tinha, como poucos, o 'sensus Ecclesiae', um critério que o acompanhou na pesquisa teológica e na prática pastoral até chegar a ser, ele mesmo, em certo sentido, a voz da Igreja".[94]

22.4.3. *O espírito – as características – da tradição afonsiana em moral*

O mais importante da moral de Afonso não está tanto nos conteúdos concretos, ou seja, na resolução concreta dos casos analisados, mas no *espírito* com que as questões morais são abordadas e resolvidas. É esse *espírito* que, com as normais adaptações históricas, pode continuar tendo funcionalidade na configuração de uma determinada tradição moral dentro da Igreja, tanto na reflexão teológica, quanto na prática pastoral.

Nos capítulos anteriores desta seção, anotamos e analisamos as características que configuram a peculiaridade da tradição

---

91 JOÃO PAULO II. Carta Apostólica Spiritus Domini: *SEDOC* 205, vol. 20, nov/dez 1987, p. 258-265. (AAS 79 (1987) 1365-1375).

92 *Ibid.*, 1367: "Alfonsus rerum moralium (fuit) restitutor".

93 *Ibid.*, 1368: "magistrum sapientiae moralis catholicae prodant".

94 *Ibid.*, 1372: "nam 'sensum Ecclesiae' summopere habuit, quo tum in theologicis insiquisitionibus, tum in pastorali rerum usu, semper ductus est; adeo ut fuerit ipse quodammodo vox Ecclesiae".

afonsiana. Entre elas, destacamos (e voltamos a assinalar) quatro: a pastoralidade, o caráter salvífico, a integração em um projeto cristão unitário e a benignidade.

- Pastoralidade

Recolhemos duas afirmações do cap. 2, desta mesma seção.

Na moral afonsiana, tanto o conteúdo, quanto a forma de tratar os temas, são condicionados pela orientação dada pela prática pastoral. Frequentemente, remete aos escolásticos as questões que lhe parecem carecer de funcionalidade pastoral. Por outro lado, detém-se naquelas que têm um interesse notável para a prática pastoral do momento histórico.

Pode-se dizer que o discurso teológico-moral afonsiano é regido, não pelo princípio de pureza acadêmica (academicismo), mas pelo critério de coerência com a prática pastoral. A praticidade, identificada com a *pastoralidade,* constitui uma chave explicativa da moral afonsiana.

- Caráter salvífico

O discurso moral afonsiano não consiste na busca da verdade assepticamente objetiva, mas da verdade que salva. Em razão dessa condição salvífica da verdade moral, Afonso fez a opção metodológica pelo casuísmo, superando a ilusão da pretendida radicalidade evangélica defendida pelos moralistas tucioristas e filojansenistas.

O dinamismo salvífico da moral afonsiana funciona em todo o conjunto de seu projeto teológico-moral. De modo concreto, pode ser constatado:

- Na rejeição ao excessivo rigorismo, que carrega em si uma carga de condenação.
- Na aceitação pastoral da ignorância inculpável, para impedir o pecado formal.
- Na aplicação dos critérios morais de acordo com a situação concreta da pessoa, buscando, não a perfeição formal na aplicação do sistema, mas a perfeição pessoal do sujeito em situação.

- Projeto unitário de vida cristã

É evidente que a relação da moral com os outros escritos afonsianos de natureza teológico-pastoral e espiritual não está à flor da página. Liguori compôs sua moral em uma época em que esta corria em trilhos paralelos ao dogma e à espiritualidade. No entanto, essa unidade existe. Deve ser procurada em áreas mais profundas, onde sopra o único e mesmo espírito afonsiano.

Para descobrir o significado histórico e a atualidade da mensagem moral de Afonso é necessário levar em conta, não apenas os, chamados, escritos morais, mas também aquelas obras que expõem a moral da perfeição cristã e complementam a moral destinada ao confessor. O livro *A Prática do Amor a Jesus Cristo* é a exposição mais completa da moral da perfeição, tal como compreendida por Santo Afonso.

Se a entendermos desta forma, a moral de Afonso se revela como autêntica pedagogia de vida cristã. É uma moral de tipo, preferencialmente, positivo, tem uma formulação pedagógico-educativa, expressa-se através do canal das virtudes e se insere no conjunto do mistério cristão.

- Benignidade pastoral

Ressaltamos que o significado histórico da obra moral de Afonso, em seu conjunto, é suficientemente representado pela expressão que indica um movimento de rejeição e aceitação: do rigorismo (rejeição) à benignidade (aceitação). Em outras palavras, a passagem, ou conversão, desde o rigorismo moral à benignidade pastoral é a chave explicativa fundamental da obra moral afonsiana: de sua gênese, de sua configuração como obra literária, de seu confronto com outras posições no século XVIII e de sua recepção eclesial durante os séc. XIX e XX.

Essa compreensão da moral afonsiana, desde o ponto de vista da benignidade pastoral, já se encontra na obra de Tannoia, quando diz que a moral de Afonso evitava os dois extremos do laxismo probabilista e do rigorismo tuciorista.[95] No entanto, a expressão

[95] Tannoia, III, 88.

benignidade pastoral é de cunhagem recente. Eu me considero afortunado por ter sido um dos primeiros, se não o primeiro, e dos que mais insistentemente caracterizaram a moral afonsiana como moral da benignidade pastoral. O Papa João Paulo II emprega a expressão *benignidade pastoral* na Carta Apostólica por ocasião do segundo centenário da morte de Santo Afonso.[96]

O significado histórico de Afonso como moralista reside em ter sido o representante mais qualificado daqueles que, de forma explícita e de modo eficaz, se opuseram à distorção rigorista do Evangelho e propiciaram a redescoberta da benignidade, nascida da abundante salvação cristã, em uma época de profunda crise da consciência moral católica.

A nossa, também é uma época de profunda crise moral. A moral cristã pode continuar a oferecer uma mensagem de salvação ao mundo de hoje se formos capazes de entrar no espírito da benignidade cristã e, assim, oferecer uma mensagem moral nascida da fonte da misericórdia de Deus, manifestada na pessoa e na obra de Jesus, como o Papa Francisco expressou na Bula do Jubileu da Misericórdia.[97] *Benignidade* e *Misericórdia* são elementos irrenunciáveis da tradição moral afonsiana.[98]

A proposta moral afonsiana tem estrutura misericordiosa. Para Afonso, "o imperativo moral não pode ser identificado com o imperativo jurídico; é um imperativo em caminho, de cura e de crescimento".[99]

---

[96] JOÃO PAULO II. Carta Apostólica Spiritus Domini: *SEDOC* 205, vol. 20, nov/dez 1987, p. 264. (AAS 79 (1987) 1374): "Semper, praeterea, veluti ductrix habeatur benignitas pastoralis."

[97] FRANCISCO, Papa. *Misericordiae Vultus.* Bula de proclamação do Jubileu Extraordinário da Misericórdia. São Paulo: Paulinas, 2015. (11 de abril de 2015). Ver o comentário de: FIDALGO, T. *El rostro de la misericordia. Principio y proceso de credibilidad*: Moralia 39 (2016) 123-160.

[98] WITASZEK, G.; ZAMBONI, S. (ed.). *La misericordia nella tradizione alfonsiana* (Roma, 2016).

[99] MAJORANO, S. *Misericordia e teologia morale: il contributo della visione alfonsiana*: WODKA, A. S. (ed.). Inaugurazione. Anno accademico 2014-2015, Accademia Alfonsiana (Roma, 2015) 58.